蒙汉文互译 蒙汉 出版工程

成吉思汗史记 上

赛熙亚乐　著

图日莫黑　译

内蒙古人民出版社

图书在版编目（ＣＩＰ）数据

成吉思汗史记：全 2 册 / 赛熙亚乐著；图日莫黑译 .
－－ 呼和浩特：内蒙古人民出版社，2018.12
（蒙汉文互译出版工程）
ISBN 978-7-204-15772-3

Ⅰ . ①成… Ⅱ . ①赛… ②图… Ⅲ . ①成吉思汗
（ 1162-1227 ） – 传记 Ⅳ . ① K827=47

中国版本图书馆 CIP 数据核字 (2018) 第 299264 号

成吉思汗史记（上下）

作　　者　赛熙亚乐
译　　者　图日莫黑
责任编辑　王曼　董丽娟　段瑞昕　孙红梅
封面设计　徐敬东
责任监印　王丽燕
出版发行　内蒙古人民出版社
地　　址　呼和浩特市新城区中山东路 8 号波士名人国际 B 座
网　　址　http ://www.impph.cn
印　　刷　内蒙古恩科赛美好印刷有限公司
开　　本　710mm×1000mm　1/16
印　　张　52
字　　数　800 千
版　　次　2019 年 1 月第 1 版
印　　次　2019 年 1 月第 1 次印刷
印　　数　1—2000 册
书　　号　ISBN 978-7-204-15772-3
定　　价　198.00 元（全 2 册）

如发现印装质量问题，请与我社联系。

联系电话：（0471）3946120

"蒙汉文互译出版"工程
专家组

文化与文学组组长 特·官布扎布

史学与文献组组长 王石庄

成　　员 （按姓氏笔画排序）

仁钦　白·特木尔巴根　那仁朝格图

梅花　萨日娜　锡林巴特尔　嘎日迪

额尔顿哈达　额尔德木图

总　序

姜伯彦

　　文化是一个国家、一个民族的灵魂。文化兴则国运兴，文化强则民族强。夺取新时代中国特色社会主义伟大胜利，实现中华民族伟大复兴，必须坚定文化自信，推动文化繁荣兴盛，在创造性转化、创新性发展中，铸就中华文化新辉煌。

　　文化因交流而多彩，

　　文明因交融而灿烂。

　　蒙古民族是中华民族大家庭中的一员，在长达千年的历史时空中，"马背民族"绘就了气势恢宏、光彩夺目的历史画卷，创造了悠久灿烂的历史文化。蒙古族音乐、舞蹈、曲艺、绘画、军事、科技、历史典籍、文学作品和风俗习惯等极具特色、内涵丰富，形成了多彩厚重的文化积淀，为铸就灿烂辉煌的中华文化做出了独特、卓越的贡献。

时代在发展，历史在前进。在历史长河中创造的、并为灿烂多彩的中华文化做出卓越贡献的蒙古族历史文化，也面临着保护性抢救、拓展性挖掘和传承性弘扬的时代课题。立足新时代，系统总结蒙古族历史文化，传承弘扬蒙古族历史文化精神，集中展现蒙古族历史文化精髓，对于坚定文化自信、推进内蒙古文化强区建设、建设社会主义文化强国意义重大。

文化的厚植在于交流，

文化的发展在于交流，

文化的魅力在于交流。

蒙古民族创造的独具特色的历史文化，既是蒙古族的，更是中国的、世界的。把以母语形式记载和流传下来的蒙古族历史文化、文学艺术、军事科技、民间艺术、民俗风情等方面的文献典籍译成汉文出版，既是人们认识、欣赏、品味蒙古族和壮美内蒙古的一把钥匙，也是人们认识、欣赏、品味丰富独特的蒙古族历史文化的一个窗口。同时，将反映中华民族五千年文明孕育出来的中华传统文化，党领导人民在革命、建设、改革中创造的革命文化和社会主义先进文化的文籍译成蒙古文出版，能够进一步促进蒙古族文化在汲取中华传统文化、革命文化和社会主义先进文化的内涵精髓中突出民族性、体现时代性，在融合发展、繁荣兴盛中熠熠生辉；能够进一步促进各民族人民在坚定文化自信中增强"五个认同"，为实现中华民族伟大复兴的中国梦砥砺前行、不懈奋斗。同时也为世界其他国家和地区的蒙古族同胞了解认知中华文化，了解认知中国，了解认知中华民族团结奋斗、繁荣发展的生动实践提供了重要渠道。

文脉相传、薪火相承。在内蒙古自治区党委、政府的高度重视下，我们启动了"蒙汉文互译出版"工程。工程坚持"抢救挖掘、交流交融、传承弘扬"的原则，精选蒙古族历史文化典籍中有传承、传播价值的作品翻译成汉文出版，精选中华传统文化、革命文化和社会主义先进文化典籍中有交流、传播价值的作品翻译成蒙古文出版，以此服务"一带一路"倡议，树立国际视野，面向世界推介传播蒙汉文互译出版精品。

"蒙汉文互译出版"工程，由自治区党委宣传部组织领导，由自治区新闻出版局具体实施，由编委会统筹推进。工程面向国内外征集有价值的选题作品，由专家委员会筛选、评审并确定出版对象。工程指定出版单位，按照标识、开本、封面、版式、纸张"五统一"的方式出版，立足系统化、规模化、标准化，将互译出版的图书做成系列。

文化贵在大众化。文化若不能面向大众传播，就难以形成高度的文化自觉和文化自信。"蒙汉文互译出版"工程坚持大众化方向和通俗化、时代化原则，在尊重原义、保留原味的基础上，使译著更鲜活、更生动、更具可读性和吸引力。

文化重在面向世界。不能走向世界的文化，难以在世界文化的交流和碰撞中尽显强大的生机活力和认同力、影响力。"蒙汉文互译出版"工程运用市场手段，对翻译作品进行全方位的宣介、多渠道发行，最大限度地让国内外读者欣赏到蒙汉文互译出版精品，感受中华文化和蒙古族历史文化的魅力。

回眸过去，在内蒙古出版史上，如此系统化、大规模、高质量地打造"蒙汉文互译出版"工程，尚为首次。我们深知工程意义深远、使命光荣、责任重大，定不辱使命、不负众望，把"蒙汉文互译出版"工程组织好、实施好、推进好，为推动社会主义文化繁荣兴盛做出贡献。同时，我们也深知蒙古族历史文化和中华文化的典籍文献、发展成果浩如烟海，故工程浩大，加之蒙汉文互译难度较大，互译出版作品难免存有疏漏和不足，敬请赐教。

2017 年 12 月

出版者荐言

　　成吉思汗是蒙古族伟大的英雄，也是一位震撼世界的著名历史人物。成吉思汗在蒙古民族的形成和发展中功德无量，对中华民族的统一和发展所做的贡献非凡卓越，甚至对整个欧亚大陆国家和民族的历史发展进程有着无与伦比的影响力。因而，认真研究这一著名历史人物并对其做出理性公正的评价对于研究蒙古族历史、丰富我国历史文化宝库以及研究相关国家和地区的历史而言，都有非常重要的意义。多年来，诸多蒙古族历史学家和国内外蒙古学学者都在做有关成吉思汗的历史研究工作，且硕果累累。如今，研究成吉思汗及蒙古族历史文化的学者日益增多，全方位的蒙古学研究工作已经在世界范围内广泛展开。这一切确确实实地反映出蒙古民族历史文化对世界历史文化影响之深刻。

由我社出版的赛熙亚乐同志用自己的母语撰写的大作《成吉思汗史记》，实属蒙古史研究领域的又一非凡成就。

　　为撰写《成吉思汗史记》，1974—1981 年，作者花费七年时间做了大量的准备工作。自 1981 年 9 月开始撰写，于 1982 年 10 月完稿。1983 年 3 月第一次修稿，1983 年 8 月末到 10 月初第二次修稿，定稿于 1983 年 11 月。

　　赛熙亚乐同志在编撰这部大作的过程中可谓是不辞辛苦且孜孜不倦，十年过去了，如今终于收笔付梓。这对于作者本身来说是件值得欢喜和自豪的事情，对于广大读者而言也是可喜可贺。

　　作者在编写《成吉思汗史记》时采用了编年史的形式。作者以成吉思汗生平事迹为突出点，但并没有局限于此，而是围绕这个主脉详细阐述了与之相关的主要历史人物、部族、国家、地区等，并附上注解。为了突出主要内容，作者将作品分为正文、随章注解、附录三个部分，还附有 130 多幅历史插画和 20 幅地图。正文由 10 章 71 节构成。注解附于每一章正文之后，共292 条，比常规注解详细而全面，是补充正文内容的不可或缺的部分。其中主要包括历史资料的来源，还有前人相关研究之详情、观点、评语以及作者自己的说明、观点、评语等。有些注解分析透彻、释述详细，因而不仅是正文的补充，也可视作独立论文。正文和注解相分隔，保证了正文的连贯流畅，避免给人以啰唆或时断时续的阅读感受，从而使读者能够系统了解成吉思汗的生平事迹。附录置于全文之后，包括成吉思汗生平事迹年表，成吉思汗四大斡儿朵及诸汗子、公主简介，成吉思汗家族世系表，名录，引用文献史料目录五项内容。出于更好地辩证历史事实的目的，本书选用多张珍贵历史插图，有的甚至首次公开发表。毫无疑问，这些珍贵插图将会是蒙古族古代史研究所需的史实资料，将会对广大学者的研究工作有所帮助。

赛熙亚乐同志在撰写《成吉思汗史记》时充分利用了自己精通多种语言的优势，不辞辛苦地翻阅了210余部关于成吉思汗及蒙古历史的蒙古、汉、俄及日文文献史料，用于充实完善自己的作品。尤其在其中广泛引用了那些国内外史学家未曾引用或没有引用条件的蒙古文文献，因而比起其他史学家所著关于成吉思汗的历史书籍，这部作品内容更为丰富、史料更为全面、形式更为生动、结构更为严谨。

赛熙亚乐同志在撰写《成吉思汗史记》时，坚持马克思主义历史唯物论，公正而非极端、全面而非片面、真实而非虚假、辩证而非形而上地阐述了成吉思汗生平事迹以及他对人类历史所做的贡献和所产生的影响。他没有迷失于前人对成吉思汗的赞颂或诅咒，而是站在历史唯物主义的立场上，正如留金锁同志所讲，"没有全盘认同关于成吉思汗的赞颂，也没有全盘否定批判"，而是依据历史事实给出了自己公正的评价。"明辨知与不知才是真正的知识。"关于暂时还未理解或没有充足依据来证实的问题，作者并没有装懂，而是以实事求是的态度注明"这个问题有待继续研究"。这才是真正的科学态度。

《成吉思汗史记》的内容大致可分为三部分：

第一部分为1～6章，主要叙述自成吉思汗诞生到统一蒙古诸部、建立蒙古帝国的40多年的历史。

这一时段是成吉思汗一生中经历最为丰富的阶段，也是蒙古族民族共同体形成的历史进程中最具突出意义的时段。

12世纪末13世纪初，原有的"全体蒙古"溃散解体，蒙古社会又一次呈现出四分五裂的散乱状态，塔塔儿、客列亦惕、篾儿乞惕等部相互争夺土地、权力和财产，导致各部族之间的战事接连不断。尤其是在1170年，也速该把阿秃儿被塔塔儿部加害身亡后，其部族分崩离析，泰亦赤兀惕部认为"深水已经干涸了，明亮的石头已经破碎了"，便将也速该把阿秃儿的妻儿弃置而叛离，后来甚至以敌相待，三番五次袭扰帖木真（铁木真）一家，将帖木真的家族逼到了衰落灭亡的边缘。

帖木真从小就生活在水深火热之中，遭受百般苦痛磨难的经历使其自幼便学会了忍耐，并成长为一名性格坚强刚毅的英雄，立志传承祖先的事业，统一蒙古诸部。

成吉思汗是一位深谋远虑的政治家。他一登上政治舞台便确立了统一蒙古诸部、建立蒙古帝国的宏大政治目标，并为实现这一目标实行了把握所有可把握的机遇、结交所有可结交的对象、依靠所有可依靠的力量的政治策略。因而，很多有识之士和部族陆续投奔其帐下，团结在一起，帖木真的实力日益强大。成吉思汗在经历险境和战争的过程中，结识了锁儿罕失剌、赤老温、孛斡儿出、木华黎、孛罗忽勒等挚友、猛将、贤相，并与他们结为生死之交；又与王汗恢复了父辈关系；与札木合恢复了安答的友情。他们都曾给过帖木真很大的帮助和支持。成吉思汗既能够与拥护自己的人建立友谊，又擅长与那些曾经反对自己甚至敌对自己的人处理好关系。例如别速迭部者别在阔亦田战役中射伤了成吉思汗，成吉思汗却因赏识者别的忠诚和勇猛，不但没有怪罪他，反而不计前嫌地重用了他。与这些人建立关系并团结在一起，使帖木真得到了蒙古社会各个阶层的拥护，其下属部族及朋友亲信日益增多，多数尼伦蒙古部贵族和名流团结在其麾下，统一蒙古诸部的中坚力量就此形成。

帖木真不畏艰难、机智勇敢，是个翱翔在悬崖峭壁之上的雄鹰般所向披靡的英雄。也速该把阿秃儿去世之后的十多年间，他在艰苦奋战的过程中尽显自己在政治、军事方面的超人天赋和卓越才能。因而，历尽战乱年代的水深火热、家破人亡的苦痛磨难和部族内外的压迫掠夺的"全体蒙古人"，将平息战乱、结束散乱局面、制止外敌入侵、统一蒙古诸部、建立和平繁荣的社会环境的愿望寄托到了帖木真的身上。

帖木真不负众望地圆满完成了这一关系到蒙古民族命运的历史使命。他为了统一蒙古诸部而不断加强自己的政治力量，整顿曾经散乱的军队，扩充军队，将军队打造成纪律严明、战斗力超强的蒙古铁骑，并依靠以这一军事力量为中心的蒙古民众力量，经过几十年坚持不懈的奋战，消灭了反对和阻止蒙古族统一的塔塔儿、主儿勤、篾儿乞惕、客列亦惕、乃蛮等部族和札木合等人，将蒙古高原上的蒙古诸部统一到一起，于1206 年召开忽里勒台（大会）宣告建立蒙古帝国，从而开启了蒙古民族历史的新纪元。蒙古民族正是从这个时候开始在世界民族之林崛起，从此与其他民族并驾齐驱。

巩固内政、防御外敌是关系到一个国家和民族生死存亡的重大问题。成吉思汗在建立蒙古帝国之后的初始阶段，为了巩固帝国的江山社稷，在扩张版图、平息战乱、肃清所有明暗残敌、分拨战利品、安抚百姓的同时，采取各种有效措施，建立国家权力机构和行政机构，制定法律，推广文化教育，并推动了畜牧业、农业和手工业的发展。

第二部分为 7 ～ 9 章，主要叙述成吉思汗对外扩张的征战史。

成吉思汗对外扩张的征战大致可分为南征和西征两个阶段。南征的主要目标为成吉思汗祖辈以来的宿敌金朝。当时金朝的统治者实行"以夷制夷"的阴毒政策，不断在蒙古部族间挑起战争，自己则采取"三年一征、五年一徙"的恶毒手段，掠杀蒙古百姓，甚至先后俘虏成吉思汗的祖先俺巴孩可汗、斡勤巴儿合黑和王汗的祖父忽儿察忽思不亦鲁黑罕等人，并将他们一一虐杀。在这种情况下，已崛起的蒙古帝国征伐金朝报仇雪恨实属反抗民族压迫的正义战争。但金朝属于人力、物力比较雄厚的大国，因而征伐金朝需要做多方面的准备工作。成吉思汗统一蒙古诸部并安抚国民以巩固自己的统治地位正是最为关键的准备工作。此外，还有一项不可或缺的准备工作，就是设法消除来自西夏这一金朝战略屏障的后顾之忧。于是成吉思汗在1211年出征金朝之前，自1205年开始先后三次征伐西夏，大大削弱了西夏的军事力量，加深了金朝和西夏之间的矛盾，从而创造了各个击破的有利条件。这三次征伐西夏的战役是征战的重要组成部分，就此拉开了征金战事的序幕。

成吉思汗做足征伐宿敌金朝的所有准备工作之后，1211—1215年间，以金朝都城中都为主要攻击目标，亲自率领蒙古铁骑，与金朝展开三次大规模战役，给予金朝毁灭性的打击，就此报得不共戴天之仇。之后，成吉思汗将军事指挥权交给了大将木华黎，自己则为处理后方事务于1215年回到蒙古帝国。虽然成吉思汗再没有踏足中原战场，但这三次征金战役给后来的斡歌歹（窝阔台）可汗消灭金朝以及忽必烈可汗统一中国打下了坚实的基础。由此可见，成吉思汗对统一中国做出了不可磨灭的历史贡献。

成吉思汗西征的主要目标为中亚大国花剌子模。任何国家和民族因难以忍受异国他族的压迫凌辱而奋起抗争或给予对方毁灭性的打击都属于正义之举。蒙古帝国在建国之初一直在争取与花剌子模建立商贸往来，和平共处，而非试图挑起战争。因此，当时的蒙古帝国以友好的态度欢迎从花剌子模和其他国家、地区到来的使臣和商人，并采取措施保护他们的人身和财产安全。但成吉思汗派出的商队到达花剌子模之后，对方却杀人越货，违背道义。于是成吉思汗派遣使臣到花剌子模交涉，要求对方将劫持蒙古商队、杀人越货的罪犯绳之以法。但花剌子模却没有惩治罪犯，反而杀害了蒙古帝国的使臣。在不堪忍受这般凌辱的情况下，成吉思汗率领蒙古铁骑出征花剌子模，以毁灭性的战祸惩戒了花剌子模。

成吉思汗后两次征伐西夏与其西征有着直接的关系。准备西征的成吉思汗希望获得西夏的军事援助，但西夏统治者却没有提供援助，反而恶语相加激怒了成吉思汗。之后在成吉思汗西征期间，西夏与金朝恢复了关系，向蒙古帝国挑起了战争。于是成吉思汗在 1225 年末到 1227 年秋季第五次征伐西夏，将其攻灭。

第三部分为第 10 章，主要是作者对成吉思汗生平事迹、思想观念、性格品质等方面的认识和评价。在该章的注解中，作者还罗列了古往今来的国内外专家学者对于成吉思汗的各种评价。阅读这一章，我们可以大致了解不同时代不同人对成吉思汗的不同评价和认识，也能够看出人们对成吉思汗的认识和评价还在不断变化。

成吉思汗是震撼世界的伟大政治家和杰出军事家。他对蒙古民族的形成和发展、对中华民族的统一和发展、对开通东西方交通路线和商贸往来、对开阔世人的眼界以及对人类科学文化的发展都起到了不可估量的作用，做出了不可磨灭的历史贡献。

但是，作为蒙古封建贵族阶级的代表人物，成吉思汗身上无法避免地存在一些贵族阶级的阴暗面。由他发动的大规模战争使蒙古民众以及被征服国家和民族的民众遭受了灾难性的战争创伤，这是成吉思汗有待批判的一面。

内蒙古人民出版社

1985 年 11 月 15 日

原版序言

　　赛熙亚乐同志撰写的《成吉思汗史记》即将出版，这是我国、我区蒙古历史研究事业的又一可喜可贺的成就。

　　赛熙亚乐同志是一位在内蒙古军区长期从事文化事业的蒙古学学者。他曾经搜集了很多有关蒙古历史的文献史料和文物，从事蒙古史研究长达几十年。由他编写的这部大作正是他几十年孜孜不倦的研究之成果。首先应该提到的是，赛熙亚乐同志在编撰这部《成吉思汗史记》的过程中花费了长达十年的时间和精力。

　　《成吉思汗史记》是一部内容丰富的佳作，除了正文还包括随章注解和附录等内容。正文由十章七十一节构成，每一章之后安插了注解，共二百九十二条。其中详明介绍了关于成吉思汗的基本历史资料和后人的研究成果，作者也提出了自己明辨是非的观点，因而每一条注解都可看作是辩证某一历史问题的独立文章。正文的后面还有包括成吉思汗生平事迹年表，成吉思汗四大斡儿朵及诸汗子、公主简介，成吉思汗家族世系表等内容的附录。赛熙亚乐同志临摹或拍摄全国相关图书馆和博物馆所藏蒙古古代史相关的历史文物，从中挑选一百类（个别种类包括数幅图画）图画附插于自己的书中。毫无疑问，这一百类珍贵图画将会是蒙古史研究所需的具有充分依据的具体资料。

为了编写《成吉思汗史记》，赛熙亚乐同志前后翻阅了很多有关成吉思汗的蒙古、汉、俄和日文文献史料，即后人所著三十余部成吉思汗传记作品和二百余部相关书籍资料。难能可贵的是，书中引用了国内外史学家未曾引用的很多蒙古文书籍资料。因而，比起其他人所著成吉思汗传记作品，本书在内容上更为丰富。

作者以公正的态度对待历史资料，遵循马列主义，系统、全面、公正地叙述了成吉思汗生平事迹和对人类历史所起的作用。作者又实事求是地评价了后人关于成吉思汗的研究成果，没有全盘认同关于成吉思汗的赞颂，也没有全盘否定批判，以马克思主义历史唯物论辨明了其中的是非。因此，赛熙亚乐同志编写的这本书，内容丰富，史料依据充分，历史观点正确无误。

在赛熙亚乐同志的作品出版之际，作为有幸最早拜读的读者之一，我在此写下这段序言，权当自己的心得体会罢了。也许是以拙文屏蔽了作者的佳作，望广大读者朋友明辨。

留金锁

1985 年 6 月于呼和浩特

作者简述

在我印象中，诸如"前言"之类的篇章所写的大概是文章的主要内容、写作经过或应向读者阐明的内容等。而我这篇"作者简述"是我再平常不过的心里话。

虽说编写扬名天下的蒙古族伟大英雄成吉思汗传记作品，对自己而言是件可终生自豪之事，但一想到将拙著奉到广大读者的手上以及各位老师、老一辈史学家和专家学者们的书案上，我便着实心慌不已。说实话，我没有系统地学习过历史专业知识，也没有从事过历史专项研究，更没有过撰写历史书籍的计划。但我热爱自己的故土，热爱自己的民族，且因蒙古历史而自豪，这种爱和自豪早已融入我的血液中，将会始终流淌在我的血脉里，将会化作永恒的生命力量。在这种力量的鼓舞下，我很早就开始搜集和研究蒙古族历史书籍，从中学到了些许，于是想编写类似《蒙古族历史人物鉴》的历史书籍，便从 20 世纪 70 年代中期起，与纳·阿拉坦沙同志一起开始了编写相关卡片资料的工作。也许，可以视这项工作为如今敬献给广大读者的这本《成吉思汗史记》的开篇。

我和纳·阿拉坦沙同志花费近三年的时间，翻阅蒙古史相关的主要历史文献，编写了以几千名历史人物生平事迹为内容的卡片资料。在完成这项工作的过程中，我们观察到了一种现象，即我们编写的卡片资料中，不同历史人物的历史事迹内容量很不平衡。某些历史人物的历史事迹仅用几句或几段话便可概括，而某些历史人物的历史事迹叙述却有几十张、几百张卡片，甚至会装满好几个文件袋。根据这样的实际情况，我们及时改变了计划。我们认为，在长期搜集相关资料且具备充足条件的情况下，若率先着手编写相关资料依据比较充足的主要历史人物传记作品，也许会在一定程度上较快满足广大读者的迫切需求。于是我们决定初始阶段编写元朝建立之前的几位主要历史人物的传记作品。其中，我接手编写成吉思汗传记作品的工作，阿拉坦沙同志接手编写斡歌歹、贵由和蒙哥三位可汗传记作品的工作。这便是我着手编写这部《成吉思汗史记》的缘由。

一直以来，关于成吉思汗的很多传记作品在国内外以多种语言文字出版发行。尤其是关于成吉思汗的历史研究很早就已经开始，且日益深入，范围越发广泛，到如今已经演变为覆盖世界范围的研究项目。无数个研究结果已经证实，成吉思汗不仅仅是关系到蒙古历史和中国历史的人物，更是对世界历史起到重大影响的伟大人物。这可谓是别人替我们做了作为成吉思汗子孙的蒙古族后人应该做的事情。心地善良的蒙古族人将永远记得这些异国他族的老师们，感激之情溢于言表。但这里面不包括那些出于诅咒、仇视的目的而编写的书籍，这一点无可讳言。而国外的专家学者们编写的作品大多数是以简史、简介的形式发表或出版，又因为是不同时期不同人的作品而各自反映着各自的观点和目的。

从蒙古学研究在世界范围内广泛开展的那时起，蒙古人也在不断地表明自己写自己历史的志向，也曾做过很多相关工作。自中华人民共和国成立以来，尤其是最近十多年，这方面的工作在内蒙古颇有成效，可谓百花齐放。前人以勤奋工作换回的这些成就，便成了我这项工作的根基以及明鉴。换言之，我这不足挂齿的一点工作实属以国内外诸多专家学者的研究成果为根基或依据，从而奉献给蒙古历史文化之大海的点滴而已。

现今的蒙古族学者们将会在马克思主义理论指导下，以科学方法分析研究包括成吉思汗等历史人物在内的蒙古历史，将会用自己的母语创作能够对国际上的相关研究做出相应贡献的理性公正地反映蒙古历史的文献，这一点不容置疑，眼下也正有这样的条件。如蒙古谚语所讲："肺脏比荐骨肉熟得早。"虽然没有能力给广大读者奉上味美的"荐骨肉"，但可作为先熟的"肺脏"；虽说这是超出我能力范围的工作，但权当是笨鸟先飞，且坚信学者、老师们不会予以嘲笑，反而会加以纠正，于是将勉勉强强完成的这部拙著付梓，实属不自量力。

至于本书取名"成吉思汗史记"，而不是"成吉思汗传"或"成吉思汗传记"，以及在内容部署方面我考虑了以下几点：

所谓"传"或"传记"，大致上可分为三个类别：以主人公历史事迹为主要内容、以时间顺序记载的编年体传记；以历史事实为主要依据，比较形象地描写历史人物的生平事迹、精神风貌和历史环境的艺术形象化传记；还有基于学术研究和学术评判的评论传记。这三个类别因编写初衷不同而在编写目的、内容重点和编写特点上具有明显的差别，所针对的读者对象也不一样。自古以来，蒙古族人就在编写自己民族历史方面选择了属于自己的路，留下了鲜明的印记。这便是以被誉为蒙古族文化"三大圣典"之首的《蒙古秘史》为范例，在后世的相关历史书籍中传承至今的独特形式。具体而言，即以抒情、描写的文学表现手法记载历史事实，巧妙结合神话传说和历史事实，在历史书籍中融入和利用民间口承形式等形式手段。但是这些形式手段毫无疑问地存在一定的局限性，这一点众所周知。

撰写这本《成吉思汗史记》，我以结合编写历史书籍的一般规则和民族传统为主要创作思路，致力于探索新路。

我这种探索的实际方法为严格遵循真实反映历史事实的原则，尽量仔细地做好评判和鉴别，致力于结合史传体记载、形象化描述、抒情风格、评论体裁、详细解释历史事实的前因后果等写作手法等。

在内容方面，为了比较完整地反映成吉思汗和成吉思汗时期的全部历史事实，我并没有局限于成吉思汗一个人的历史事迹，而是以成吉思汗的历史事迹为主脉，尽量简明地叙述和介绍与之相关的国家和地区、部族以及主要历史人物。从这种意义上来说，这部作品的内容范围毫无疑问地比所谓"传"或"传记"更为广泛。

在形式方面，为了突出中心内容，我将作品分为正文、随章注解和附录三个部分。

比起一般历史书籍中常见的注解，本书随章注解内容范围较广，使其成为补充和完善作品主要内容的重要组成部分，其中包括原始依据、研究详情、疑难问题、权威解释以及作者的观点等。将注解与正文相分隔的益处在于能够集中正文而避免其拖长，也有利于将补充性内容以独立形式完整写入书中，以及能够在某种程度上同时满足一般读者和专业研究人员的不同需求，故将这注解以专题形式安插在每一章正文之后。

显而易见，如果直接遵循编写历史人物传记作品的某种一般规则，将无法达到上述目的，也无法完整表达自己的观点。

因而，我觉得类似"成吉思汗传"或"成吉思汗传记"等书名有些狭义化，于是决定取名"成吉思汗之脱卜赤颜"，即"成吉思汗史记"。其中的"史记"源自《蒙古秘史》之"史"（以上是蒙古语书名的意译，《蒙古秘史》的古代音译为"忙豁仑纽察脱卜赤颜"，而"史记"和"史"两者的音译均为"脱卜赤颜"。——译者），"脱卜赤颜"一词是源自突厥语的借词，突厥语原意为"历史"，以《蒙古秘史》《黄金史》《蒙古源流》（上述为比较常见的汉译书名，这三本书书名音译均为《×××脱卜赤颜》或《×××脱卜赤》。——译者）等书名形式保留传承至今。近代蒙古语中"脱卜赤颜"一词的意义好像有些偏向于"汇编"，不过用于成吉思汗历史这种独特的题材中，也许会赋予某种特殊的概念。

蒙古谚语讲："话若说得太多，牛群便会离远。"既然是简述，就不便啰唆太多，因而就简述至此吧。

对即将阅读拙著的所有读者朋友致以由衷的感谢！

赛熙亚乐

1982 年 8 月于呼和浩特

目录

第一章

成吉思汗诞生的时代

　　1162 年或壬午年夏季首月十六望日[1]，蒙古[2]乞牙惕部孛儿只斤氏贵族也速该把阿秃儿家居住于斡难河畔一个叫迭里温孛勒答合[3]的地方时，他的妻子诃额仑兀真产下他们的长子。这个男孩出生时"手握凝血如赤石"，若以蒙古人的传统说法解释，这象征着该男孩长大后必成英雄。男孩的诞生正赶上其父也速该把阿秃儿率部战胜塔塔儿部并俘获该部首领帖木真兀格、豁里不花二人凯旋。为了纪念凯旋，也速该把阿秃儿给刚刚诞生的长子取名"帖木真"。这个男孩便是首次统一四分五裂状态下的蒙古诸部，在中亚地区广袤草原上建立游牧蒙古人的大帝国，率领蒙古铁骑震撼中世纪世界的蒙古族伟大英雄——"一代天骄"成吉思汗。

1. 当时的世界大环境

成吉思汗诞生时期属于 12 世纪后半叶，在世界历史中，这一时期属于中世纪。在中世纪，人类社会生产力还很落后，大多数国家和民族处于封建专制制度的统治下，处于因封建割据而相互敌对的散乱状态下，因此在国家和民族以及部族之间频繁出现战乱。

11 世纪后期（1095 年），欧洲爆发十字军东侵战争，作为交战双方，基督教势力和伊斯兰教势力均损失惨重。东罗马帝国衰落之后，欧洲尚未出现强大的统一政权。而在俄罗斯境内，许多部族各霸一方，剿杀和掠夺的战乱频仍。处于相互敌对状态的伊斯兰教各派别势力瓜分了中东和西亚版图。例如，突厥塞尔柱王国正在与希腊兵戎相持，争夺着小亚细亚地区的统治权；被誉为"世界四大文明古国"之一、曾经创造过包括金字塔在内的辉煌古代文明的埃及，统治者们企图征服叙利亚，双方军队正在浴血奋战；在释迦牟尼诞生之地印度，教会冲突越发激烈。

在因发明指南针、造纸术、活字印刷术和火药而被誉为"世界四大文明古国"之一的东方大国——中国的版图上，12 世纪后期的南宋、金朝、西夏（唐兀）、合剌契丹（西辽）、吐蕃、大理国等国处于相互敌对状态，欺凌弱小民族，接连不断的战乱使百姓沉沦苦海。

·成吉思汗出生地纪念碑·

以文明战胜愚昧，通过平息战乱实现和平，从而保证百姓生活的安定，促进国家和民族之间的和平共处和文明成果的交流……总而言之，人类社会的稳定和发展是任何时代任何国家和民族的民众都在向往和期盼的事情，这本是人类社会前进的方向。

然而，帖木真诞生的那个年代，蒙古周围的大环境却是如此。

2. 成吉思汗的祖先及家族世系

据波斯著名史学家剌失德·哀丁所著《史集》[4]（近年来，亦邻真等史学家的文章中将此书改称为"teuhesvnqigvlgan"，这当然是基于研究需求。由于大多数学者一直以来惯于使用"svdvrvnqigvlgan"这一书名，我决定沿用此名）（两者属于"史集"这一书名的异译，"teuhe"和"svdvr"之意均为"史"。——

·成吉思汗诞生地·

译者）记载，在很早的时候，蒙古族和其他民族之间发生激战，蒙古部队全军覆没（史学家屠寄先生提出，这是东胡王与匈奴冒顿单于之间发生的战争）。叫作脑忽（《史集》中记作"捏古思"，《南蒙事略始末》中记作"脑古"，《多桑蒙古史》[5]中记作"帖古思"）、乞颜的两个男人和他们的妻子共四人幸存了下来，他们逃到一个叫阿儿格乃衮[6]的水草丰美、地势险峻的山区，随后定居此地。乞颜的后裔繁衍生息数百年后变得分支繁多，于是统称"乞牙惕"（"乞颜"的复数。——译者），这便是乞牙惕部的来由。有些古汉语文献中则记作"奇渥温"，发音有较大出入。

乞牙惕部后裔繁衍生息多年后，阿儿格乃衮人满为患，于是乞牙惕部落一个叫孛儿帖赤那的著名头领与其妻豁埃马阑勒[7]带领族人一同迁到斡难河源地不峏罕合勒敦山[8]一带。这便是被誉为"蒙古史三大要籍"之首的《蒙古秘史》[9]开篇之来由（成吉思汗的祖源，奉天命而生的孛儿帖赤那和他的妻子豁埃马阑勒）。这一开篇从另一方面讲，也是关于帖木真身世的阐述。这一记载存在一些神话色彩，然而到如今，孛儿帖赤那和豁埃马阑勒则一直被认为是成吉思汗的祖先。南京大学邱树森教授根据历史依据如是记载："到了公元 7 世纪时，蒙古部人在他们的首领孛儿帖赤那（成吉思汗的始祖）率领下，渡过俱伦泊西迁，来到今天蒙古高原的克鲁伦河和鄂尔浑河流域驻牧。从此，肯特山地区成了蒙古部活动的中心。"（《元朝史话》第一章，第 1 页）

孛儿帖赤那和豁埃马阑勒率领族人迁到斡难河源地以后过了数百年（有些记载认为是五百年），他们的第十二代[10]后裔中有叫都蛙锁豁儿、朵奔篾儿干的兄弟二人。弟弟朵奔篾儿干的妻子叫作阿兰豁阿，阿兰豁阿生下不古讷台、别勒古讷台两个儿子后，朵奔篾儿干去世。朵奔篾儿干去世后，寡居的阿兰豁阿接连怀孕[11]，生下不忽合塔吉、不合秃撒勒只、孛端察儿蒙合黑三个儿子。阿兰豁阿这三个儿子的后裔诸部族被后来的史学家们称作"尼伦蒙古部"。内蒙古大学副教授亦邻真在其所著《中国北方民族与蒙古族族源》一文中指出，这些蒙古部族"因为出自阿澜豁阿（即阿兰豁阿）圣洁的腰脊，所以叫作尼伦（腰脊的音译。——译者），这当然又是民间文学式的训释"。

朵奔篾儿干健在时所生的两个儿子不古讷台、别勒古讷台后裔以及其他蒙古部族被统称为"多儿勒斤蒙古部"[12]。亦邻真和邱树森等人认为，也许尼伦蒙古部指的是居住在山岭上的蒙古人，多儿勒斤蒙古部指的是居住在山岭下的蒙古人，"多儿勒斤"一词也许来自"多儿"（"多儿"一词的意译为"枕"或"枕头"。——译者）。这是个新提出的观点，可认为是较有依据的探索。屠寄先生的书中将"多儿勒斤"一词记作"多儿勒斤"，余元庵先生的书中记作"答儿列勤"；俄译《史集》中记作"Дарлекин"。这个蒙古语古词也许是通过多次音译后发音有了一定程度的变化。而我认为所谓"多儿勒斤蒙古部"可能是指居住于蒙古故地——斡难河、克鲁伦河、土拉河流域和阿尔泰山脉、肯特山脉一带（可称作"山岭下"或草原地带）的蒙古部族，因而采用了屠寄先生书中使用的名字。"多儿勒斤"一词在《蒙古秘史》中未曾出现，也许是后人，即刺失德那一代人所起的名称。"蒙古语，'尼伦'意为洁净，喻作神裔；'多儿勒斤'意为寻常人，所有'尼伦'以外的蒙古各氏族，皆是多儿勒斤。"台湾史学家李则芬先生的著作《成吉思汗新传》（第二章，第9～10页）中的这段记载符合上述观点。

阿兰豁阿夫人的季子孛端察儿属于孛儿帖赤那第十三代孙，也是成吉思汗十二世祖。孛端察儿娶有好几个妻子，因而其后裔分衍出不少氏族[13]。其中，孛端察儿的发妻所生的儿子合必赤把阿秃儿的嫡系后裔被称作孛儿只斤氏，孛儿只斤便是帖木真的姓氏，即后来的蒙古"黄金家族"的姓氏。

孛儿只斤氏从合必赤把阿秃儿到帖木真的世系为：合必赤把阿秃儿的独生子叫篾年土敦，篾年土敦的长子叫合赤曲鲁克，合赤曲鲁克的独生子叫海都，海都的长子叫伯升豁儿多黑申，伯升豁儿多黑申的独生子叫屯必乃薛禅，屯必乃薛禅的长子为合不勒可汗。[14]

合不勒可汗有七个儿子，长子为斡勤巴儿合黑，次子为把儿坛把阿秃儿，三子为忽秃黑秃蒙古儿，四子为忽图剌可汗，五子为忽兰把阿秃儿，六子为合答安，

·蒙古大汗与他的妻妾、儿子在一起·

·《蒙古人的一天》局部·

七子为脱朵延斡惕赤斤。其中，把儿坛把阿秃儿便是帖木真的祖父。

把儿坛把阿秃儿有四个儿子，长子为忙格秃乞颜，次子为捏坤太子，三子为也速该把阿秃儿，季子为答里台斡惕赤斤。其中，也速该把阿秃儿便是帖木真的父亲。

合不勒可汗为孛儿帖赤那第二十世孙，是帖木真的曾祖父。《蒙古秘史》记载："合不勒合罕（合不勒可汗）统治了全体蒙古人。"（第52节）实际上，合不勒可汗在12世纪初统一的只是尼伦蒙古部，这是尼伦蒙古部的首次统一，"可汗"这一称号也是首次出现，1137年，合不勒可汗在其临终时并没有让自己的儿子继承其可汗之位，而是立下遗嘱让堂弟俺巴孩[15]继位。俺巴孩可汗在位期间，合不勒可汗的七个儿子与塔塔儿部交战多次。当时的金朝统治者们为了实施其"以夷制夷"的阴毒政策而不断挑拨塔塔儿部与其他蒙古部族的关系，使其相互敌对，甚至还使用奸计捕获俺巴孩可汗，以残忍的酷刑将其虐杀（详情见下文）。俺巴孩可汗被毒害后，尼伦蒙古部推举合不勒可汗四子忽图剌为可汗。为了报得俺巴孩可汗被害之仇，忽图剌继承尼伦蒙古部可汗之位后的1143年（《建炎以来系年要录》中记载为皇统七年，即1147年）亲自率军讨伐金朝，大胜仇敌，与金朝强行言和，商定每年从金朝征收牲畜、粮食等贡物，于是蒙古人暂时摆脱了金朝的压迫。"他歌声嘹亮，犹如山中雷鸣；他力大无穷，能像折断弓箭那样把人一截为二"（《元朝史话》第一章，第6页），忽图剌可汗因如此勇猛而得到蒙古人的赞颂和拥戴。同样为报俺巴孩可汗被害之仇，忽图剌可汗先后与塔塔儿部分支之一主因塔塔儿交战十三次，但一直未能降服仇敌。直到壬午年（1162年）的一次交战，大胜塔塔儿部，也速该把阿秃儿在交战过程中俘获该部首领帖木真兀格、豁里不花二人，当他战胜归来时正赶上了帖木真诞生。

然而，12世纪中后期，金朝统治者们继续实施"以夷制夷"政策，大肆挑唆塔塔儿部与其他蒙古部族的关系，借该部之力攻破蒙古部，蒙古部的可汗之位无法得以承续，由合不勒可汗统一的尼伦蒙古部再次分崩离析。

3. 成吉思汗的家庭

据相关文献史料记载，在忽图剌可汗时期，帖木真的父亲也速该把阿秃儿为忽图剌可汗下属军队的十户长，因在多次征战中立下汗马功劳，后来被提升为百户长、千户长。然而史学家屠寄在其所著《蒙兀儿史记》[16]中记载："也速该勇而善战，故有'把阿秃儿'之号。忽图剌可汗时，也速该为大将，总尼伦全部兵事。"（卷一，第 25 页）苏联蒙古学学者弗拉基米尔佐夫则记载："成吉思汗之父也速该把阿秃儿和自己氏族—部族的系统分歧，构成个人的氏族。他的周围聚集相当多的人民……然而，他的地位又怎样呢？从一个传统的中国官吏的眼光来看，他是个'十人之主'……RashidEddin（拉失德·哀丁）把他看成皇帝。这是史家有点夸张的原因，我们不能完全确信。他说也速该'登了……帝位'，然而蒙古人自身说什么呢？根据《元朝秘史》的记载，他不是皇帝，同时也不是十人长，是一个 baatur（勇士）。即和妨害自己之氏族分离，周围集结作战必要的战士，草原贵族制氏族出身的勇士。"（《蒙古社会制度史》第一章第二节，第 118 ～ 119 页）难以找到其他关于也速该把阿秃儿

官衔的详细记载，不过不容置疑的是，他是一名勇士。也速该把阿秃儿具有"年方十三岁，射穿全装甲胄之人，夺乘其马"（《蒙古源流》）的能力。据史维所著《成吉思汗》一书记载，除了骁勇善战，也速该把阿秃儿为人公正、足智多谋且善于团结他人，因而不少氏族投靠了他，他也有了不少家仆。

忽图剌可汗去世后，为了抵抗那些阻碍自己兴盛壮大的蒙古内部保守势力，也速该把阿秃儿离开具有悠久历史的原孛儿只斤氏，建立了新孛儿只斤氏。也速该把阿秃儿结交了很多朋友亲信，属民日益增多，逐渐成为斡难河源地草原地带实力最强大的蒙古贵族之一。于是，与他同祖的泰亦赤兀惕等部以及他的亲戚朋友陆续投奔其帐下，拥戴他，将他视作部族首领。也速该把阿秃儿还因为从危难中解救了强大的客列亦惕部首领脱斡邻勒可汗（即后来的王汗）而与其结拜为安答（详情见下文）。

·蒙古国境内的肯特山·

也速该把阿秃儿家有成群的牲畜，有好几个家仆，属于富足的贵族家庭，他本人娶有好几个妻子。

也速该把阿秃儿发妻、帖木真亲生母亲诃额仑兀真[17]为翁吉剌惕部分支斡勒忽讷兀敦部人。篾儿乞惕部人也客赤列都与诃额仑兀真结婚，从斡勒忽讷兀敦部接亲回返的途中，也速该把阿秃儿抢去了新娘。这便是篾儿乞惕部与孛儿只斤氏结下世仇的原因之一。

诃额仑兀真与也速该把阿秃儿结婚后生育了四个儿子和一个女儿。长子帖木真，生于壬午年，即1162年；次子合撒儿（也叫"拙赤合撒儿"或"哈布图哈撒儿"），比帖木真小两岁，生于甲申年，即1164年；三子合赤温，比帖木真小四岁，生于丙戌年，即1166年；季子帖木格斡惕赤斤[18]（相关文献史料中一般记作"斡惕赤斤"或"斡惕赤斤那颜"），比帖木真小六岁，生于戊子年，即1168年；独生女帖木仑（也叫"帖木仑豁阿"或"帖木仑高娃"。——《蒙古源流》），比帖木真小七岁，生于己丑年，即1169年。帖木仑豁阿后来被许配给了翁吉剌惕部分支亦乞列思部人不秃。

也速该把阿秃儿还娶有一位庶室，《蒙古秘史》中只提到这个女人是别勒古台的母亲，关于这个女人的名字、岁数和姓氏等均没有详细记载。不过，我们蒙古族三大历史文献之一——罗桑丹津所著《黄金史》（下文简称《罗·黄金史》）[19] 中如是记载："也速该勇士的另一个妻子，速赤格勒母亲。"该速赤格勒夫人生育了两个儿子，长子叫别克帖儿，次子叫别勒古台。《圣成吉思汗传》（1925 年，北京蒙文书社）记载："也速该把阿秃儿乃吾父……另由苏勒齐锦额克怀中降生了别克帖儿、别里古台（别勒古台）二人……"这里人名有点出入，不过所述内容类同。（《阿萨拉克齐史》则记作"忙合刺"，出入较大。）速赤格勒夫人后来被三姓篾儿乞惕人劫去，被贬为奴仆。再后来，帖木真、别勒古台等人率部战胜三姓篾儿乞惕人。别勒古台前去解救母亲时，速赤格勒夫人出门对外面的人说："听说我的儿子们已经做了汗，我在这里却被许配给了坏人。如今我怎么能去见我儿子们的面呢？"（《蒙古秘史》第 112 节）说完就躲进森林里，再也找不到了。需要说明的是，史学家屠寄先生因误解《蒙古源流》的相关记载，在其著作中叙述别勒古台、别克帖儿的母亲时做了错误的解释。《蒙古源流》如是记载："与彼帖木真一母所生者乃哈萨尔（合撒儿）、哈赤斤（合赤温）、斡赤斤（斡惕赤斤）三子，帖木仑高娃公主及达哈氏夫人所生之伯克特尔（别克帖儿）、伯勒格台（别勒古台）二人，共为六人也。"（卷三，第 105 页）这里所说的"帖木仑高娃公主"毫无疑问是帖木真的妹妹帖木仑豁阿。然而，屠寄先生所著《蒙兀儿史记》中却记载："源流曰伊苏克依巴图尔（也速该把阿秃儿）原配图墨埒特郭斡阿巴海哈屯生伯克特尔（别克帖儿）、伯勒格德依（别勒古台）二子……按图墨埒特当是秃马敦之异译。郭斡阿巴海依秘史译例当作豁阿巴孩……"（卷二，第5页）这里将"豁阿""阿巴孩"两个词拼合到一起，拼出了"豁阿巴孩"这个奇怪的词，还将女儿误作妻子。"阿巴孩"一词至今保留有"女孩"之意。而1972年在台湾出版的抒情式传记《成吉思汗之歌》里将也速该把阿秃儿的庶室之名记作"豁阿巴孩"（第437页），其依据明显来自屠寄先生所著《蒙兀儿史记》。

4. 蒙古诸部概况

在帖木真诞生的12世纪后半叶，作为蒙古族主体的"尼伦""多儿勒斤"两部蒙古人栖居于斡难、克鲁伦、土拉三条河流的上游地带。另外，塔塔儿、翁吉剌惕、札剌亦儿、客列亦惕、汪古惕、篾儿乞惕、斡亦剌惕、乃蛮等主要蒙古部族世世代代生活在东起额尔古纳河流域（即今内蒙古自治区呼伦贝尔市），西至阿尔泰山脉西部支脉附近的草原，北抵贝加尔湖、叶尼塞河及额尔齐斯河，南达阴山山脉[20]及长城[21]的广袤土地上。

作为蒙古族的故乡，蒙古高原位于亚洲内陆地带，

因而气候寒冷，降水量少，风暴和地震频繁，可见北极光，自然条件恶劣。在这里生活的蒙古民众世世代代与自然斗争，以勤劳的双手、坚强的意志和刚柔并济的生活智慧维持和延续着自己的生活和血脉。

这些主要部族领地的具体位置为：塔塔儿、翁吉刺惕等部领地位于孛儿只斤、泰亦赤兀惕等蒙古核心部族（下文简称为核心部族）领地东边的额尔古纳河西岸以及呼伦湖、贝尔湖以南地区，汪古惕部领地位于核心部族领地南边的长城以北地区，客列亦惕部领地位于核心部族领地西南边的鄂尔浑河、土拉河流域，乃蛮部领地位于客列亦惕部领地西南边的阿尔泰山脉一带，篾儿乞惕部领地位于核心部族领地西边的色楞格河流域，斡亦刺惕部领地位于核心部族领地西北和北边的贝加尔湖以西地区，札剌亦儿部领地位于核心部族领地的东北和北边，巴儿忽惕等部领地位于贝加尔湖以东巴儿忽真脱窟木地区。

在相关文献史料中，一般情况下将这些蒙古部族

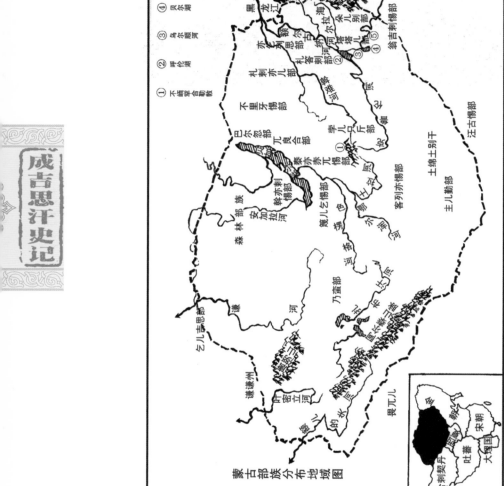

蒙古部族分布地域图

分为两部分，栖居于草原地带的蒙古人被称作"草原百姓"，栖居于森林地带的蒙古人被称作"森林百姓"。草原百姓大部分从事畜牧业，少部分从事农业，还有一些没有牲畜的靠捕捞、打猎、采摘为生。他们几乎都住在有毡壁的蒙古包里，过着逐水草而居的游牧生活。还有些与金朝毗邻的边境一带蒙古百姓与金朝建立了经贸往来，以畜产品和草原特产与内地人（尤其与汉人）交易布料、绸缎、茶叶和铁器等生活所需品，使用于自己的日常生活中，故而草原百姓的开化程度高过森林百姓。森林百姓主要栖居于北部原始森林地带。打猎和捕鱼是他们的主要生活方式。有些森林百姓会将野鹿或驼鹿驯服为坐骑。大部分森林百姓都住在覆盖着白桦树皮的茅屋或编制屋里，还有少数住在窑洞里。他们经常用猎物的皮毛交易草原百姓的畜产品，使用于自己的日常生活中。论开化程度，他们比草原百姓落后很多。

关于这些部族的族源和形成发展的过程，国内外的学者们众说纷纭，提出过各种各样的说法。能够确定的是，12世纪后期，这些部族都在使用蒙古语的各种方言，因而被我们称作蒙古语部族。在近代语言系属分类中，这些部族均属于阿尔泰语系蒙古语族。

这些蒙古语部族由于受到自身社会制度的影响而长期处于相互敌对状态，频繁交战。直接后果便是伤亡不断，人口持续减少，作为经济主体的畜牧业遭受很大损失，严重阻碍了蒙古地区社会生产力的发展，使蒙古各部族走到衰落灭亡的边缘。

关于持续很长时间的蒙古各部族之间的战争，若概述其性质和缘由，便是：第一，源自氏族制度的因部族仇恨而敌对甚至交战的陋习还未被消除。第二，若以当时的蒙古社会发展状况来解释，12世纪蒙古社会中氏族制度被瓦解，出现私有制，出现阶级分类，新兴封建贵族登上蒙古社会的舞台，因而部族间爆发战争是无法避免的，而持续不断的战争的起因既有政治方面的，又有经济方面的。第三，蒙古各部族之间的战争持续不断甚至愈发激烈的另一个很重要的原因便是当时统治着中国北部半壁江山的女真族统治阶级的政权——金朝所采取的阴毒的民族政策。当时的金朝对北方游牧民族采取的政策是"以夷制夷"。为了消灭蒙古诸部并壮大自身力量，金朝统治者时常会在蒙古部族间挑拨离间，使他们相互敌对、相互交战。

在帖木真诞生时期，蒙古社会的状况正如《蒙古秘史》所述：

"有星的天空旋转，

诸部落混战，

没有人进入自己的卧室，

都去互相抢劫。

有草皮的大地翻转，

诸部落纷战，

没有人睡进自己的被窝，

都去互相攻杀。"

因而，尝尽水深火热之苦的蒙古百姓是那么厌恶战争，他们迫切地期盼着各部族和平共处、百姓安居乐业的那一天。不只是普通百姓，就连新兴封建贵族们也都为了自身的利益和发展而期盼政治的统一，向往建立拥有强大政权的政治力量。

综上所述，统一蒙古诸部当时已经成为蒙古社会发展的最迫切的需求和首要任务。成就这一伟业首先需要智勇双全、威震四方的卓越领袖。而诞生在也速该把阿秃儿家里的幼子帖木真，日后便成为那个时代的圣主。

注　　解

[1] 关于成吉思汗诞生的时间，本书沿用了罗桑丹津所著《黄金史》（1937，乌兰巴托）一书中的相关记载。在很多历史书籍中，成吉思汗逝世日期均没有出入，而且有明确的依据，便是丁亥年或1227年。而成吉思汗的诞生时间却有出入，有好几种说法，多数认为是1162年或1155年，也有的记载为1154年（《蒙鞑备录》）或1167年（伯希和的论文）。中国的相关文献史料大多数因循1162年诞生之说，其依据为《元史·太祖纪》的记载："二十二年丁亥（1227年）……秋七月……己丑，崩于萨里川哈老徒之行宫……寿六十六。"从这段文字记载中可推算出成吉思汗诞生于1162年。再有，《蒙古秘史》记载帖木真九岁那年也速该把阿秃儿被害身亡，李文田在其《元秘史注》一书中记载也速该把阿秃儿逝世于宋朝孝宗皇帝乾道六年（1170

年）。以此推算成吉思汗诞生年还是1162年。据《圣武亲征录》（这是元代一位佚名史学家所著成吉思汗军事简史，在清代也被称作《圣武记》。本书没有引用清代版，因而沿用了《圣武亲征录》这一书名）记载，癸亥年（1203年），即攻灭客列亦惕部那年，帖木真四十二岁。由此推算其诞生年还是1162年。

帖木真1155年诞生之说源自剌失德·哀丁所著《史集》的记载："由于在成吉思汗和他父亲的时代里，星相家不会通过观察星相的办法来确定时间，史家们没有记载年月日，故他（成吉思汗）降生的日期、时辰无从确定。但为全体蒙古宗王、异密和大臣们所知，并成为尽人皆知的事实是，成吉思汗享年七十二岁，他死在第七十三年上。可信赖的星相家们记下了他去世的日期，因为（这一天）他的在位到达了宏伟和尽善尽美的极限。据他们说，他于合孩亦勒即猪年秋二月十五日去世。尽管这（一年）是从他降生之年（算起）的第七十三年，但他想必生在一年的中间（几个月里）。按照这个假设，他享年七十二岁。"（余大钧、周建奇汉译本，第一卷第二分册第二编，第94~95页）而内蒙古大学的周清澍同志在1962年通过仔细的分析和明确的判断，指出剌失德和伯希和的记载没有充分的依据。

我在这里沿用《罗·黄金史》相关记载的原因：虽说《罗·黄金史》成书时间比较晚，但从该书完整记载《蒙古秘史》近三分之二（1~176节、201~264节、266节、268节）的内容这一点来看，该书作者罗桑丹津手里明显有较完整的《蒙古秘史》畏兀儿体蒙古文手抄本，因而他的记载给我们留下了汉字标音本所缺内容。蒙古人自己编写的历史文献，即萨敢思辰所著《蒙古源流》中明确记载帖木真诞生于"辛（音译，发音为'xim'）马年"，这个"辛"其实是依照当时的发音标写的"壬"字音译，所谓"辛马年"便是壬午年或1162年。这些蒙古语文献的记载都与汉语文献的记载相吻合。乌珠穆沁史学家官布扎布所著《恒河之流》中记载："圣祖成吉思汗生于水马年，于火虎年四十五岁时……称帝。"《阿萨拉克齐史》记载："叫成吉思的男儿，水马年夏初月十六望日，生于斡难河畔迭里温孛勒答合。"这"水马年"便是"壬午年"，即1162年。这"火虎年"便是"丙寅年"，即1206年。诸如以"水""火"，即以五行来纪年的属于藏历历法。关于所谓"望日"，农历每月十五日左右，太阳和月亮黄经相差180°而能够彼此相望，因而每月的月圆之日被称作"望日"。关于成吉思汗的诞生时间，周清澍和邵循正两位学者曾于1962年撰写过专题论文，分别发表于《文化历史》和《历史研究》期刊，其中的观点与我们的观点相同。

[2]关于"蒙古"这一名称，古今中外的诸多专家学者一直在进行研究，观点不一，众说纷纭。他们的观点都有各自的"依据"，但总体上还是局限于判断推理。关于那些观点，在此不一一赘述。集中阐述这方面观点的当代研究人员的著作，可提及以下几部：陶克涛所著《内蒙古发展概况》（内蒙古人民出版社，1957，汉文版）、道润梯步《新译简注〈蒙古秘史〉》（内蒙古人民出版社，1979，汉文版）、蒙古国策·哈斯道尔吉所著《关于蒙古之名》（《蒙古语文》杂志，1980年第5期）等。

针对"蒙古"这个名称的相关研究内容，大概可分为它的来历、它的含义和它的生成时间三个方面。史学家们在各种实际问题上，尤其在一些关键问题上细致入微的研究和探索反映了学术工作者严谨的科学态度。然而对待这种实际问题，我还看不出将各种各样的推测无休止地延续下去到底有多大意义。留意那些国家和民族的名称，有的用某一段历史记载或神话传说便可解释，而有些并没有明确的解释，只是约定俗成传承下来的。某些名称也许起初体现了某种含义，但是在历史变迁中却变得越来越抽象化，最终变得仅仅是一个名称罢了。纵观诸多相关研究成果，"蒙古"这一名称也好似变得如此。因而我在本书中并未试图再罗列一遍关于"蒙古"这个名称的诸多文献资料以及提出自己的观点或推测。

［3］成吉思汗的诞生地点虽被记载为"斡难河畔迭里温孛勒答合"，但相关历史文献中都没有详细记载这个"迭里温孛勒答合"的具体地理位置。为了找到成吉思汗的诞生地，蒙古国原史书院院长札木杨于1928年沿着斡难河进行探索和访问，编写了一部《迭里温孛勒答合访问记》。书中特别提到了今肯特省塔塔勒苏木一个叫"固日本淖尔"的地方。弗拉基米尔佐夫解释"孛勒答合"一词为"丘陵"之意。

斡难河流域位于今蒙古国东北部，是一条太平洋水系大河，总长808千米。中国新华社于1958年4月7日报道，由苏联科学院通讯院士基谢廖夫率领的一支考察队找到了成吉思汗诞生之地迭里温孛勒答合。这篇报道中写道："蒙古历史上最著名的人物成吉思汗的诞生地，蒙古早期历史文学巨著《蒙古秘史》上所说的斡难河畔的迭里温孛勒答黑，已经由苏联科学院通讯院士基谢廖夫率领的一支考察队找到了。考察队在这里还发现了许多可以作为证明的古代文物。他们的发现初步解答了这个长期以来没有确定答案的问题。"

"水流充沛、奔腾迅疾的斡难河就在苏联赤塔州，离蒙古人民共和国东北边界不远的地方，现在在中国被译为鄂嫩河。去年在这条河两岸出现了一支由通讯院士基谢廖夫领导的考察队，他们在这里探寻了蒙古国家形成的历史和蒙古伟大军事统帅成吉思汗生活有关的历史遗迹。

"19世纪中叶布里亚特蒙古著名学者多尔济·班咱罗夫在研究了地名的历史来源之后，曾经肯定成吉思汗诞生在鄂嫩河区域，在一个名叫迭里温孛勒答黑的地方。考察队决定证明这个意见是否正确，试图找出成吉思汗出生的地方。

“在鄂嫩区中心一个叫察苏色伊的村庄里，考察队遇到了一个叫华西里耶夫的老年人，他出生的地方叫作迭里温。这和班咱罗夫所说的成吉思汗诞生地名的前半节完全一样。

　　“迭里温在鄂嫩河（斡难河）畔，离区中心有 6 千米。到了这个地方，考察队一下就了解了迭里温孛勒答黑（迭里温孛勒答合）这个名称后半截的来历。‘孛勒答黑’在布里亚特（不里牙惕）语的意思是起伏不平的意思。这一带的确都是起伏的山冈，山冈上长着许多松林。和当地的居民一谈，考察队立即听到许多关于成吉思汗的传说……在鄂嫩河岸上有一座山，名叫巴图尔，意思是勇士山，山上有一块石头，上面有一个形如茶杯的深窝，随时都蓄满了雨水，这个茶杯叫作‘成吉思汗茶杯’……”这段记载间接引用自《蒙古历史语文》杂志，1958 年第 6 期（这篇报道也曾发表于 1958 年 4 月 7 日版《文汇报》第 4 页）。

　　[4] 剌失德·哀丁（ращид-ад-дин）为波斯（今伊朗）史学家，1247—1318 年间生活在当时蒙古帝国四大汗国之一——建于波斯的伊儿汗国。第二代伊儿汗阿巴哈（1265—1281 年）在位时担任御医，第七代伊儿汗合赞（1295—1304 年）在位时受命出任宰相。据记载，1300 年，剌失德·哀丁受合赞汗之命，引用收藏于伊儿汗宫廷金匮中的《金册》等蒙古历史第一手资料，编写了被称作“蒙古史三大要籍”之一的巨著《史集》。而所谓《金册》也许就是《蒙古秘史》的原稿之一，可惜未能流传至今。据说剌失德·哀丁精通波斯语和阿拉伯语，却不懂蒙古语。因而在他编写《史集》时，由合赞汗和元朝派遣到伊儿汗国的使臣孛罗丞相二人为他念诵蒙古语文献资料。合赞汗在位期间，《史集》未能完稿，而是完稿于他弟弟完泽都汗在位时。剌失德·哀丁《史集》中的记载大致上与《蒙古秘史》的记载相吻合，详细记录了蒙古人的部族姓氏、生活状况、成吉思汗以及其麾下将臣

们的生平事迹，另外还翻译三十多条成吉思汗箴言录入书中。这部文献后来被翻译成俄、英等多种语言，广泛传播于世界。

[5] 多桑（Dohsson）为亚美尼亚著名东方学家，1780 年生于君士坦丁堡（今伊斯坦布尔），后来担任瑞典的外交官，1855 年逝世于柏林。据说他精通突厥语、阿拉伯语、波斯语以及西方多个国家的语言。我引用的这部《蒙古史》（通常叫《多桑蒙古史》）是多桑用法语编写的。编写这部文献时，他充分发挥了自己精通多种语言且博古通今、学识渊博的优势，引用了多部阿拉伯语、波斯语文献资料，详细记录了中世纪时期生活在中亚和欧洲等地的蒙古人的历史。全书共四册，第一册于 1824 年初次出版，1852 年出版了四册全集。

[6] 阿儿格乃衮，当今学者们认为额尔古纳河便是阿儿格乃衮。额尔古纳河是一条源自呼伦湖、注入黑龙江的太平洋水系河流。当地的民间口承文化研究认为"额尔古纳"这一名称来自"乌尔衮"。额尔古纳河地理位置为东经 117°，北纬 49°。内蒙古社科院学者额尔登泰老师在其论文《呼伦贝尔盟境内有关蒙古历史的地理名称考证》中记载道："内蒙古呼伦贝尔盟境内滨洲铁路线上，有一个名叫札罗木得的车站，该站西约八九公里处有十六号待避驿。在该待避驿北面，海拉尔河自东西流，河北为山峦起伏的丘陵地带，其中有一个陡峭的山崖，高有二三十米，当地居民把它叫作'Ergenhad'……河北丘陵地带，土拨鼠很多。"

"《蒙古秘史》里的'合答'和'昆'（坤、昆都是蒙古语 qun 的音译）其旁译都作'崖'，可见十三世纪蒙古语的'合答'和'昆'是音异义同的两个词。但在近现代语里'昆'这个词已经消失，只用'合答'一词了。如果用古蒙古语的'昆'代替'合答'一词，那么 Ergenhad 也就变为 Ergenqun 了。这一地名的吻合，为我们提供了进一步探讨蒙古族发祥地的线索。"（《内蒙古社会科学》杂志，1980

年第 2 期）

[7]《蒙古秘史》汉字标音本中，"孛儿帖赤那"的旁注汉译为"苍色狼"，"豁埃马阑勒"的旁注汉译为"惨白色的鹿"。其总译中写道："天生的一个苍色的狼，与一个惨白色的鹿相配了。"这是一段扭曲历史、刻意侮辱蒙古人的记载。因为在标音本中只意译了蒙古人的祖先孛儿帖赤那和豁埃马阑勒两个人的名字，其他好几百个名字均没有意译，而是旁注为"人名"，而《蒙古秘史》中有很多以动物之名命名的人。有趣的是，近几年在有些国家出现不少以"苍狼"命名的文学作品和电影，还很畅销。其实，给人取动物之名的情况在游牧民族很常见，甚至在开化程度较高的定居民族中，这种情况也很常见。汉族百家姓里的马、牛、羊、狐、燕等姓氏和日本人的姓氏青鹿、赤猪子等均为动物之名。而从学术研究的角度视孛儿帖赤那和豁埃马阑勒为图腾的看法不属此类范例。

"孛儿帖赤那"这一名字的写法在各类书籍中基本一致。而"豁埃马阑勒"却有好几种写法。萨敢思辰所著《蒙古源流》和《罗·黄金史》的蒙古语本中，该名的发音为"hvv-amaral"，汉译为"郭娃玛喇勒"；《诸汗源流黄金史纲》和策·达木丁苏荣先生的现代蒙古文编译本《蒙古秘史》中，该名发音为"gvv-amaral"，汉译为"豁埃马阑勒"；内蒙古师范大学副教授巴雅尔先生新译注的《蒙古秘史》中，该名发音为"hvwamaral"，汉译为"豁埃马阑勒"；亦邻真先生的论文《中国北方民族与蒙古族族源》中，该名发音为"hvgaimaral"，汉译为"豁埃马阑勒"（作者所谓写法不同是指蒙古文版本中的写法不同，而这些文献史料的汉译版本中，"豁埃马阑勒"一名的写法也是不太一致。为了便于本书汉译本读者参考，将蒙古语发音和汉译写法一同附上。——译者）。从《蒙古秘史》汉字标音的所有版本来看，无法断定后两种写法的对与错。不过本书还是选用了"豁埃马阑勒"

这一众人皆知的写法。

[8]"不峏罕合勒敦"为山名，是位于今蒙古国首都乌兰巴托东北方向的肯特省和色楞格省交界处（东经109°，北纬49°）的小肯特山的一个支脉。关于"不峏罕合勒敦"，道润梯步先生在其《新译简注〈蒙古秘史〉》中解释"不峏罕"来源于指高祖的"孛儿孩"（borhai）一词，而"合勒敦"则是指山峰的"哈丹"之古语词（就像"速勒孙"变为"速孙"，"抹勒孙"变为"抹孙"，"斡亦勒孙"变为"斡亦孙"一样的辅音"勒"被淘汰的现象）。关于"不峏罕合勒敦"这一地名，蒙古国史学家呼·普尔赖学生所著论文《蒙古秘史地名考》也能提供参考。

[9]《蒙古秘史》被中外学者誉为"蒙古史三大要籍"之一，书名又可译为《元朝秘史》，是保存至今的最古老的蒙古族历史文献。它记载了13世纪中叶之前的蒙古历史，一直以来，为蒙古族历史、文学和语言等方面的研究提供着珍贵的第一手资料。

《蒙古秘史》由一位佚名史学家编写，成书于1240年（鼠年，有的学者认为是1228年）。该书毫无疑问是用畏兀儿体蒙古文（或称回纥式蒙古文）编写成书的，只是其畏兀儿体蒙古文原本很早就失传了。如今被国内外珍藏且用于研究的《蒙古秘史》版本为明初四夷馆学士们用五百六十三个汉字为原本中的蒙古文逐字标音，并在每个蒙古文单词旁边附加旁译，又在每节后面附以汉文总译的版本。20世纪80年代，内蒙古社会科学院学者、秘史学家额尔登泰和乌云达赉两位老师对《蒙古秘史》重要抄本之一《四部丛刊》中的顾广圻抄本进行了校勘，该校勘本由内蒙古人民出版社出版。

[10]从孛儿帖赤那到朵奔篾儿干共十一代，在此附上正文为突出重点而省略的这十一代世系谱：孛儿帖赤那之子巴塔赤罕，巴塔赤罕之子塔马察，塔马察之子豁里察儿篾儿干，豁里察儿篾儿干之子阿

兀站字罗温勒，阿兀站字罗温勒之子撒里合察兀，撒里合察兀之子也客你敦，也客你敦之子挦锁赤，挦锁赤之子合儿出，合儿出之子字儿只吉歹篾儿干，字儿只吉歹篾儿干之子脱罗豁勒真伯颜，脱罗豁勒真伯颜之子便是朵奔篾儿干。

《蒙古秘史》中的成吉思汗先祖世系谱只提到了这些人，而我们不能因此认为没有其他人，不过可以确定这些人是作为长子被记载于相关文献史料中的。

[11]朵奔篾儿干去世后，寡居的阿兰豁阿接连怀孕，生下三个儿子。其实这三个孩子很明显是阿兰豁阿与其家仆马阿里黑伯牙兀歹发生关系所生。然而，《蒙古秘史》中记载："每夜，一个黄色的（神）人，沿着房的天窗、门额透光而入，抚摩我的腹部，那光透入我的腹中。"（第21节）其将阿兰豁阿怀孕的原因记载成名副其实的"秘史"。在古代，不少国家和民族都有这种具有图腾信仰色彩的神话传说。关于这则感光生子的神话，道润梯步先生以"吞燕卵，踏足迹，菖蒲花吞，飞燕入怀"为例作了注释。据我所知，类似的神话传说还有努尔哈赤之母吞服神鹊衔来的果子而生下清太祖之说，有释迦牟尼从其母亲的右胁出生之说，也有刘邦之母吞食金鸡衔来的珍珠而生下汉高祖之说。

[12]关于蒙古人的两大分支——尼伦蒙古人和多儿勒斤蒙古人都包括哪些部族，史料记载出入较大。比如，关于尼伦蒙古部族之数，《蒙古秘史》记载为二十七个，《史集》记载为十六个，《多桑蒙古史》记载为二十一个；关于多儿勒斤蒙古部族之数，《蒙古秘史》记载为三个，《史集》记载为八个，《多桑蒙古史》记载为十三个。现今的研究主要以《蒙古秘史》为依据，但也无法确定《蒙古秘史》的记载是否十分准确。而以《蒙古秘史》为主，以《多桑蒙古史》为补充便可概括得较为全面些，同时也能概括《史集》之记载。故将《蒙古秘史》和《多桑蒙古史》所记载的蒙古部族之名列举如下。

《蒙古秘史》所记载尼伦蒙古部族为：

（1）孛儿只斤

（2）主儿勤

（3）泰亦赤兀惕

（4）别速迭

（5）斡罗纳剌

（6）晃豁坛

（7）阿鲁剌惕

（8）雪你惕

（9）合卜秃儿合思

（10）格你格思

（11）那牙勤

（12）巴鲁剌撒

（13）也客把鲁剌

（14）乌出干把鲁剌

（15）额儿点图巴鲁剌

（16）脱朵延巴鲁剌

（17）阿答儿斤

（18）不答安惕

（19）兀鲁兀惕

（20）忙忽惕

（21）失只兀惕

（22）脱忽剌温

（23）巴阿邻

（24）沼兀列亦惕

（25）札答剌

（26）合塔斤

（27）撒勒只兀惕

《蒙古秘史》所记载多儿勒斤蒙古部族为：

（1）别勒讷古惕

（2）不古讷惕

（3）朵儿别

《多桑蒙古史》所记载尼伦蒙古部族为：

（1）哈塔斤（合塔斤）部

（2）撒勒只兀惕部

（3）泰亦赤兀惕部

（4）额里干部

（5）失主兀惕（失只兀惕）部

（6）赤那思部

（7）那牙勤部

（8）斡都惕（兀鲁兀惕）部

（9）忙古惕（忙忽惕）部

（10）八邻（巴阿邻）部

（11）朵儿边（朵儿别）部

（12）哈讷惕部

（13）速客秃惕部

（14）巴鲁剌思（巴鲁剌撒）部

（15）阿答儿斤部

（16）札只剌惕（札答剌）部

（17）不答安（不答安惕）部

（18）朵豁剌惕（脱忽剌温）部

（19）亦速惕（别速迭）部

（20）速干部

（21）晃豁坛部

《多桑蒙古史》所记载多儿勒斤蒙古部族为：

（1）兀良哈惕（兀良合）部

（2）弘吉剌惕（翁吉剌惕）部

（3）亦乞剌思（亦乞列思）部

（4）斡勒忽讷兀惕（斡勒忽讷兀敦）部

（5）哈剌讷惕部

（6）弘古里兀惕部

（7）火鲁剌思（豁罗剌思）部

（8）也里吉斤部

（9）斡思巴兀惕部，该部分支有三，即弘哈马儿、阿鲁剌惕、客连古惕三部

（10）许兀慎部

（11）速勒都思部

（12）亦勒都儿斤部

（13）伯牙吾惕（巴牙兀惕）部

［13］本书只记载了孛端察儿长子的嫡系后裔孛儿只斤氏。所谓嫡系后裔是指继承氏族主权的长子。事实上，孛端察儿的后裔衍生出很多氏族。例如，从孛端察儿掠来的妻子所生的孩子衍生出札答剌、篾年巴阿邻二部；孛端察儿的庶子衍生出沼兀列亦惕部；孛端察儿往下第五代，即海都那一代衍生出那牙勤、巴鲁剌撒、阿答儿斤、不答安惕、兀鲁兀惕、忙忽惕六部；海都往下第三代，即屯必乃薛禅那一代衍生出别速迭、泰亦赤兀惕、斡罗纳剌、晃豁坛、阿鲁剌惕、雪你惕、合卜秃儿合思、格你格思八部。这些部族均为孛端察儿后裔尼伦蒙古部的主要组成部分。

[14] 据《蒙古秘史》记载，屯必乃薛禅有两个儿子，长子为合不勒可汗，次子为挦薛出列。《元史》却记载屯必乃薛禅有六个儿子，合不勒可汗为其六子。而这六个儿子与合不勒可汗六世祖篾年土敦的七个儿子名字相同者甚多。《史集》记载屯必乃薛禅有九个儿子，六子往下为庶室所生，合不勒可汗为庶长子。关于这一点，洪钧所著《元史译文证补》比较剌失德的记载和《元史》记载后，认为《蒙古秘史》的记载有误。史学家屠寄先生则认为《史集》所记载的合不勒可汗为屯必乃薛禅庶子之说可疑。他记载道："蒙兀旧俗嫡庶之礼甚严，庶子不得与嫡子齿。如合不勒果系庶长子，兄弟宗亲必轻视之，岂肯议推以代想昆必勒格之位，且尊为可汗乎。是秘史以合不勒为屯必乃之长子，其说近似。"（《蒙兀儿史记》卷一，第22页）

关于合不勒可汗到忽图剌可汗的三代可汗，虽然《蒙古秘史》以与成吉思汗相同的称呼称他们为"合罕"，事实上，他们只是"全蒙古"（即蒙古部）的可汗或首领。

关于合不勒可汗，史学家屠寄先生的记载很重要且有趣："合不勒可汗威望甚盛，部族归心。想昆必勒格卒后，合不勒带领其众，并辖蒙兀全部，于时始有可汗之号。金主闻其名召至，礼遇甚优。金人多诈，合不勒可汗虑饮食中毒，宴会时每托词盥沐离席呕吐所食，已复入席。众皆惊其饮啖过人。一日酒醉，鼓掌抃舞将金主须，廷臣怒其无礼，金主反笑。合不勒可汗惶恐谢罪，金主曰小过也，释不问，厚为之礼而归之。金之大臣谓若纵此人且为边患，遣使要以返。合不勒可汗偃蹇不受命。金主再使征之，合不勒可汗避而他适，使者归。遇诸途，挟以入朝。中道遇其安答赛亦柱歹告之故，赛亦柱歹谓彼无善意，因赠以良马，俾乘间图脱。入夜，金使縶其足，不得逸。明日向午，始得间疾驰以归。金使追至，合不勒可汗之妇曰蔑台豁罗剌思氏也，自避新帐居之。合不勒可汗与其妇及左右曰不杀此辈我终不免，汝曹不助我，我且杀汝曹，众诺，遂杀金使。金遣万户胡沙虎来讨。粮尽而返，追袭之，大败其众于海岭（海岭也许是今海拉尔或兴安岭）。是岁，宋绍兴七年（1137年）也。"（《蒙兀儿史记》卷一，第23页）《多桑蒙古史》也有类似记载，不过没有这般详细。

　　[15]俺巴孩可汗为成吉思汗六世祖伯升豁儿多黑申的弟弟察剌孩领忽之子想昆必勒格的独生子，为泰亦赤兀惕部始祖。尼伦蒙古部首领合不勒可汗去世，后俺巴孩遵其遗嘱继承了可汗之位。后来俺巴孩可汗嫁女，亲自送亲到塔塔儿部领地时，被主因塔塔儿人捕捉，后被遣送到金朝。他在金朝遭受各种酷刑，临死之前让自己的随从别速迭氏巴剌合赤传回遗嘱，从合不勒可汗七子之一忽图剌（成吉思汗祖父把儿坛把阿秃儿的弟弟）和自己十子之一合答安（相关文献资料中未曾记载俺巴孩可汗十子之名）二人中选一人继承可汗之位。于是泰亦赤兀惕等诸部召开忽里勒台拥立合不勒可汗四子忽图剌为可汗。

　　[16]屠寄（1856—1921年）先生为近代著名史学家，江苏武进人。他在清朝光绪年间中进士，历任翰林院庶吉士、京师大学堂副总教习等职。辛亥革命后任国史馆总纂，精通历史地理学，常年从事蒙古史研究。他通过数十年的辛勤工作，收集了许多古今中外的相关文献史料，编写了一百六十卷（其中十卷有目无文）巨著《蒙兀儿史记》。屠寄先生的这本书以忽必烈可汗以前的蒙古史为主要内容，也比较详细地记载了四大汗国史，并做了大量的考释。《蒙兀儿史记》出版于1934年。该书为缺卷之作，且存在不少问题，但还是纠正了《元史》诸多讹误，并为后人的蒙古史研究提供了很多重要的史料依据。

　　[17]关于"兀真"一词，策·达木丁苏荣先生在其《蒙古文学史》一书中解释为："汉语中的'福晋'或'夫人'。"

　　内蒙古社会科学院历史研究所负责人、蒙古史学家留金锁先生新译注《蒙古秘史》（征求意见稿）中解释"兀真"为"汉语中的'夫人'

一词"。其他历史书籍中写法也不太一致，如蒙古语版本《蒙古源流》中，"兀真"一词的发音为"juxin"，汉译本中意译为"夫人"；《圣成吉思汗传》中，"孛儿帖兀真"一名的发音变为"burtegeljin"，汉译本中音译为"孛儿帖格勒津"。而《元史》卷一百一十四《后妃一》记载："太祖光献翼圣皇后，名孛儿台旭真。"由此又可看出，"兀真"并非"夫人"。而《蒙古秘史》中本有"夫人"一词，诃额仑和孛儿帖两人的称谓却为"兀真"，而非"夫人"。其他嫔妃被称作"夫人"，而非"兀真"。《元史》将"兀真"作为人名则是件很有意思的事。综上所述，"兀真"一词也许含有他意，故记于此，可供以后的研究作一参考。

〔18〕"斡惕赤斤"一名用来称呼季子。《蒙古秘史》所记"脱朵延斡惕赤斤""答里台斡惕赤斤""帖木格斡惕赤斤"均为季子。据说"斡惕赤斤"为突厥语，"斡惕"意为"火"，"赤斤"意为"主人"。"斡惕赤斤"即"火的主人"，意为"继嗣的主人"。如今该词发音略有变动，叫"斡惕很"。"噶林腾格里"（火神）后来也被称作"斡惕很腾格里"。关于这一点，苏联蒙古学家弗拉基米尔佐夫在其所著《蒙古社会制度史》一书中如是记载："因为末子是家炉的守护者的缘故，所以叫作'炉王'odcigin 或者 odjigin（两者均为'斡惕赤斤'一词的标音。——译者）……把基本财产由父亲的许可，传给末子的风习，认为在游牧民的，这种习惯是狩猎民所遗留的残滓。"（第一章第二节，第 66 页、第 77 页）

〔19〕罗桑丹津所著《黄金史》的全称为《简述古昔诸汗礼制诸作黄金史》（简称《罗·黄金史》或《黄金史》）。该书与《蒙古秘史》和《蒙古源流》一同被誉为蒙古人用母语编写的"蒙古史三大要籍"。《罗·黄金史》的一个极其珍贵之处在于它完好地保存着《蒙古秘史》283 节内容中的 234 节，因而可视作《蒙古秘史》畏兀儿体蒙古文原本。

而且《罗·黄金史》还记载了一些《蒙古秘史》所缺内容，这些内容又与《史集》的记载相吻合。由此可见，在古代蒙古族史学家中，只有罗桑丹津手里存有较完整的《蒙古秘史》畏兀儿体蒙古文原本，他将其录入自己的书中。另外，很明显的是，剌失德·哀丁所引用的《金册》与罗桑丹津所引用的原本同源。关于作者罗桑丹津，最近出版的《辞海》解释为鄂尔多斯部喇嘛罗桑丹津在乾隆中期编写了《黄金史》，没有其他详细记载。所谓乾隆中期应该在1736—1795年间，即18世纪。关于《罗·黄金史》编写时间的其他说法有：策·达木丁苏荣先生记载为17世纪初期，《世界征服者史》英译者波伊勒在该书第29章注释中记载为1601年，而美国蒙古学家田清波估算为1649—1736年间。这些记载反映出《罗·黄金史》的编写时间和作者在世时间至今未能确定。如今我们所引用的《罗·黄金史》为1937年乌兰巴托出版的铅版。其唯一一部抄本（177页抄本，如今收藏于乌兰巴托国立图书馆）是由蒙古国科学院首任院长札木杨于1926年在蒙古人民共和国东方省一位云谢布氏贵族家中发现的。关于《罗·黄金史》，留金锁在其著作《13—17世纪蒙古历史编纂学》中（219~245页）做了比较详细的介绍。

〔20〕"阴山山脉"，即《大清一统志》所记"阴山"。阴山山脉西起今内蒙古自治区西部狼山、乌拉山，其中部为大青山、灰腾梁，东至大马群山。长约1200千米，平均海拔1500~2000米。阴山山脉的蜈蚣坝和昆都仑口等地曾为南北交通要塞。

〔21〕长城为古代汉族劳动人民用血汗筑成的长达万里、规模宏大的建筑物。长城东起山海关，西至甘肃省嘉峪关。长城是秦始皇统一齐、楚、燕、韩、赵、魏六国后，为抵御北方匈奴人的侵袭，自前214年开始，在之前由各国修建的防御工事基础上加以修缮和连接而成。之后汉、北魏、北齐、北周和隋朝等朝代均在与游牧民族领地相接壤处修筑过长城。到明朝，为抵御鞑靼（东蒙）和瓦剌（斡亦剌惕）的侵袭，自洪武至万历年间（1368—1620年）先后共十八次修筑长城。

第二章

成吉思汗青少年时代

5. 帖木真的相貌

帖木真的相貌到底是什么样的？这是一直以来让人们无比好奇的问题。关于帖木真的相貌，直接描写的最早记载为《蒙古秘史》中被提到数次的其岳父德薛禅所说的一句话："你这个儿子目中有火，面上有光。"（第

62 节）《元史·耶律阿海传》中也有一句描写成吉思汗外貌的话："见太祖（成吉思汗）姿貌异常。"只是没有提到"异常"的具体情况。南宋使者赵珙所著《蒙鞑备录》中的记载较详细："鞑主忒没真（帖木真）者，

·辉腾锡勒草原蒙古包内悬挂的成吉思汗画像·

其身魁伟而广颡长髯，人物雄壮，所以异也。"还有一则间接描述，为成吉思汗去世四十多年后，初到忽必烈可汗之元朝的欧洲人——马可·波罗[1]记载的所闻："成吉思汗体格健壮，聪明机智，擅长辞令，更以勇敢而著称。"（《马可·波罗游记》第一卷）此外，马可·波罗还称自己从别人处听说忽必烈大汗的容貌与其祖父成吉思汗相似。关于忽必烈可汗的容貌和身材，在他身边侨居十七年之久的马可·波罗如是记载："号称大汗或众王之王的忽必烈是一个中等身

材，不高不矮，四肢匀称，整体谐调的人。他面貌清秀，有时红光满面，色如玫瑰，这更使他的仪容增色不少，他的眼睛黑亮俊秀，鼻子端正高挺。"（《马可·波罗游记》第二卷）忽必烈汗的外貌是马可·波罗亲眼所见的；关于成吉思汗外貌的所闻，无疑也是他从成吉思汗同辈人或岁数相差不大的人那里听到的。所以，也许可以用德薛禅所述去证实马可·波罗之描述接近事实的一面。而德薛禅的描述虽很精练，很抽象，但能够断定那是很符合实际的成吉思汗形象。

后世的史学家和画家们为刻画成吉思汗形象而写下和创作出很多生动而形象的文字和精致的肖像画。例如，俄罗斯东方学家贝勒津（1818—1896年）所著《成吉思汗》一书中根据泰亦赤兀惕部首领塔儿忽台乞邻勒秃黑的观察记载道："（帖木真）褐眼黑发，面色红润，眼神中透露着机智和一丝不屑。一看就是个真正的字儿只斤人，而且是个勇士。"这个描述与《蒙古秘史》中锁儿罕失剌所述（第82节）和塔儿忽台乞邻勒秃黑所述（第149节）有些出入。不过，苏联蒙古学家弗拉基米尔佐夫也记载道："帖木真身材高大，目光炯炯，真是一位天赋的奇才。"（《成吉思汗》第二章）中国史学家张振珮在其著作中以汉人描述英雄人物的习惯扩展了德薛禅的描述："此儿面如白玉，龙眼凤眉，鼻端耳大，唇红齿白，腰长胸阔，英勇威武，有人君之度。"（张振珮、冯承钧所著合辑本之《成吉思汗评传》第三章，第31页）这无疑是对任何伟大人物都适用的带有赞颂讴歌性质的固定形象。

通过这些直接或间接的描述，我们能够大致了解帖木真的容貌和形象。年轻时的帖木真前额宽坦，浓眉毛，高鼻梁，大耳朵，双眼黑褐色且明亮，方脸红光满面；身体魁梧健壮，胸膛宽展，肩膀厚实，臂膀健硕有力，具备英雄人物威风凛凛的气魄。中年的帖木真长一脸乌黑的络腮胡。到老的时候，他的头发全部发白，络腮胡也变成银白色，宽额上出现了几道皱纹。元朝宫廷画师和礼霍孙根据多方资料绘制的画像（本书将引用和介绍为范本的成吉思汗画像）正是塑造了这样的形象。不过，后来还有各种风格的画像问世，本书以后来的那些画像为辅，主要介绍了成吉思汗画像范本。

帖木真天生机智，胆识过人。据记载，儿时的帖木真在松林中与其他孩子一起玩"大婚""当皇帝"之类的游戏，也会让其他孩子前呼后拥"保护自己"，或骑上"柳条马"带领孩子们"作战"。这些举动反映出帖木真从小就有统治者应具备的雄心壮志。

6. 成吉思汗画像范本

为了塑造成吉思汗的形象，后世的画家们根据各种民间口承和历史记载，或凭借自身的想象力绘制出了各种风格的画像。那么，这些画像中哪一幅画得更加贴近成吉思汗的真实相貌呢？我们有必要以严谨的科学态度对待这个问题。因而我尽可能地采集了所有能够找到的成吉思汗画像作为参考，并记录了自己关于成吉思汗画像范本的想法。

　　我把收藏于北京市中国历史博物馆的成吉思汗画像作为范本。画像高 58.3 厘米，宽 40.8 厘米，为笺纸底上淡设色的半身像。画像中的成吉思汗头戴白面黑里皮质（可能是用貂皮制作的）冬帽，身穿浅米色毛绒长袍；脸色红润，斑白色连鬓长须，额前微露的头发左右分披，耳后见发辫。画像的左上角题写"太祖皇帝即成吉思汗讳帖木真"。

　　据说，这幅成吉思汗画像是由原北京历史博物馆工作人员于 1953 年 9 月从湖北省安陆人陈宧（1869—?）的后人那里征集到的。陈宧为 20 世纪 20 年代（即民国初年）北洋军阀袁世凯下属部队的参谋部次长，当年他到蒙古地区视察时，一位蒙古王爷赠送给他这幅画像。后来，这幅画像由陈宧的后人收藏。

　　1962 年初，由张珩、谢稚柳、韩慎先等学者组成的鉴定组受文化部之命对中国历史博物馆所藏

·成吉思汗画像·

· 成吉思汗塑像 ·

书画进行鉴定之时，也对这幅成吉思汗画像进行了科学鉴定。学者们对这幅画像的纸底、墨色、人物形象、题鉴文字和用笔等进行详细考察后，断定这幅画像为元朝画师的作品。鉴定组认为，虽说没有确凿的依据认定明代画师们绘制《元代帝相册》中成吉思汗画像时临摹的范本是这幅画像，不过毫无疑问的是，明代画师的绘制风格与这幅画像相同；也认为这幅画像虽然不是成吉思汗生前绘制，但能够肯定是成吉思汗逝世不久后绘制的描摹其晚年容貌的画像。鉴定组还认为，这幅画像可能是由《元史·祭祀志》里提到的和礼霍孙所画，元朝末年退出大都城的蒙古贵族将其带到了北方，在某个贵族世家留传下来。

关于和礼霍孙绘制成吉思汗画像，《元史·祭祀志》记载道："至元十五年（1278年）十一月，命承旨和礼霍孙写太祖御容。"

鄂·苏如台介绍道："和礼霍孙为蒙古族肖像画师，即元朝宫廷画师。据说他在1278—1279年间奉旨绘制了元太祖和太上皇（指也速该把阿秃儿。——作者）以及太宗皇帝（指斡歌歹可汗。——作者）的画像。东堂先生认为从人物形象和绘制风格来看，国内收藏的成吉思汗画像便是和礼霍孙的作品。"（《内蒙古日报》，1981 年 12 月 10 日）

《元史·顺帝纪》记载："（后至元）六年（1340年）春正月丁卯，太阴犯鬼宿。甲戌，立司禋监，奉太祖、太宗、睿宗（后封的托雷庙号。——作者）三朝御容（指画像。——作者）于石佛寺。"从这些记载来看，元代绘制的成吉思汗画像显然是留传到了妥懽帖睦尔可汗那一代。另外也有关于妥懽帖睦尔可汗在 1368 年从大都城退往漠北时将这些供奉的肖像画与八白室一同带走的记载。《元史·顺帝纪》记载，在妥懽帖睦尔可汗退出大都城的前三天（1368年农历闰七月二十六日），"左丞相失列门传旨，令太常礼仪院使阿鲁浑等，奉太庙列室神主与皇太子同北行。阿鲁浑等即至太庙，与署令王嗣宗、太祝哈剌不华袭护神主毕，仍留室内"。

由陈宦后人收藏的这幅成吉思汗画像也许不是妥懽帖睦尔可汗带到漠北的那幅画像，不过无疑是与其相似的画像。因为，根据相关记载，元代好几处寺庙供奉着数幅成吉思汗画像。例如，《元史·英宗纪》记载："（至治）二年（1322 年）……冬十月……建太祖神御殿于兴教寺。"《元史·泰定帝纪》记载："泰定元年（1324 年）……八月……遣翰林学士承旨斡赤祀太祖、太宗、睿宗御容于普庆寺。"也有上述《元史·顺帝纪》中的记载："（后至元）六年（1340 年）春正月丁卯，太阴犯鬼宿。甲戌，立司禋监，奉太祖、太宗、睿宗三朝御容于石佛寺。"这些记载能够证实上文提到的鉴定组的推断是有所依据的。

　　在未发现陈宦后人所藏画像之前，世人所知成吉思汗画像为清宫南熏殿旧藏。清宫所藏古代帝、后、圣贤、名臣画像共有 500 多幅，均为纸本，设色半身像，长 59.4 厘米，宽 47 厘米。据记载，乾隆十三年（1748年）下令一律重新装裱。《元代帝相册》中的成吉思汗画像与其他画像大小相同，共装一册。由此看来，南熏殿旧藏画像无疑是明朝画师照成吉思汗画像原本临摹的。虽然成吉思汗画像范本从世人的视线中消失了一段时间，但是视后来由蒙古贵族赠送给陈宦的画像为成吉思汗画像范本还是有所依据的。

　　需要注意的一点是，近来有些画家在临摹成吉思汗画像的时候，将范本中的白面黑里皮帽改成了彩色的，将耳后的发辫画成了耳环（将忽必烈可汗以外其他元帝的帽带也画成了耳环），这种不认真对待历史文化遗产、极其马虎的态度是不可取的。

　　需要指出的是，本书插图中列举的其他画像更是在毫无依据的情况下乱画的，理应杜绝这样的现象。

7. 帖木真定亲

　　1170 年，即帖木真九岁那年，其父也速该把阿秃儿欲从诃额仑兀真娘家、帖木真舅族斡勒忽讷兀敦部给儿子求亲，便携帖木真前往。行至扯克彻儿、赤忽儿古[2]两地间碰到水井饮马时，遇见了翁吉剌惕部人德薛禅。

翁吉剌惕部为古代多儿勒斤蒙古部之一。关于翁吉剌惕部，有一则这样的传说：在古代，翁吉剌惕部先祖们（也属于脑忽、乞颜二部分支）未经商议而先于他人走出阿儿格乃衮山谷的时候，踏坏了其他部落的炉灶，烫伤了脚。因而他们的后裔翁吉剌惕部中多数人都患有足疾。

翁吉剌惕部百姓总说自己的部落生自金器（这明显是带有图腾崇拜色彩的神话传说），所以其部女子天生貌美，多会嫁入贵族之门，且珍视家庭，尊老爱幼。翁吉剌惕部族源传说中，从"金器"出生的有兄弟三人。最年长的名叫主儿鲁黑篾儿干（翁吉剌惕部始祖），二弟叫忽拜失列，三弟叫吐思不匈。大哥主儿鲁黑篾儿干与二弟忽拜失列关系较差。一次，主儿鲁黑篾儿

· 骑射图　壁画 ·

·元代金钗·

干生忽拜失列的气，欲射杀他，惊恐失措的忽拜失列躲到马下，心生怜悯的哥哥射穿了他的耳环却没伤到耳朵。于是主儿鲁黑的"篾儿干"之号愈加远扬。

忽拜失列生二子，二子后裔为亦乞列思、斡勒忽讷兀敦两部。吐思不匋生多子，其诸子的后裔为哈剌讷惕、翁吉剌惕、豁罗剌思、燕只吉台等部。据记载，这些部族均为古时翁吉剌惕部的分支。

12世纪时，翁吉剌惕部领地位于塔塔儿部领地以南，北到额尔古纳河流域，南至哈尔哈河流域，游牧于今内蒙古自治区呼伦湖一带。从《蒙古秘史》的记载来看，额篾勒田翁吉剌（《罗·黄金史》记作"斡罗篾勒台"）、帖儿格克翁吉剌、阿勒灰翁吉剌等翁吉剌惕部三个分支居住于哈尔哈河流入贝尔湖的河口一带。《元史》和《蒙兀儿史记》记载德薛禅所属翁吉剌惕部分支叫"孛思忽尔翁吉剌"，《蒙古秘史》则没有提到其名。翁吉剌惕部有的分支以养鹿为生。他们也曾先后归附于契丹和金朝，自古以来具有与孛儿只斤氏联姻的传统。

金朝时期，翁吉剌惕、塔塔儿等部属于强部，时而袭扰金朝边境，金朝不断修建防御工事，用于抵御这些部族的袭扰。1196年，翁吉剌惕部侵入一个叫大监滦的地方，打败金军，金朝随后出兵讨伐了翁吉剌惕部（详情见《金史》卷十）。

以上便是一些关于翁吉剌惕部的神话传说和历史记载。

德薛禅遇见也速该把阿秃儿，得知也速该把阿秃儿欲为帖木真求亲的意图后，说道："也速该亲家，我昨夜做了一个梦，梦见白海青抓着日、月飞来，落在我手上。我把这个梦对人说：'日、月是仰望所见的，如今这海青抓来落在我的手上；这白（海青）落下，是何吉兆？'也速该亲家，如今见你领着儿子而来，正应了我的梦。我做了个好梦。这是什么梦？是你们乞牙惕氏人的守护神来告的梦。"（《蒙古秘史》第63节）

关于翁吉剌惕部的情况，德薛禅继续介绍道：

"我们翁吉剌惕人自古以来，
靠外孙女的容貌，
靠姑娘的姿色，
而不争夺国土。
我们把美貌的姑娘，
献给你们做合罕的，
坐在合罕的大车上，
驾着黑骆驼而去，

坐上后妃之位。

我们不争夺国土、百姓，

我们养育美貌的姑娘，

让她们坐在有前座的车上，

驾着黑青骆驼而去，

坐在高位之旁。

我们翁吉剌惕人自古以来，

有持团牌的后妃，

有奏事的姑娘，

我们靠外孙女的容貌，

靠姑娘的姿色。"

德薛禅介绍过翁吉剌惕部情况之后，将也速该把阿秃儿请进自己的家：

"我们的男儿看守乡土，我们的姑娘靠其容貌。也速该亲家，到我家去，我有个小女，请亲家来看。"（《蒙古秘史》第65节）

德薛禅[3]的名字中，"德"为名，"薛禅"为号。据说他因天生聪明机智而获"薛禅"之号，或如《元史》[4]记载："因从太祖起兵有功，赐名薛禅。"但在蒙古人名中，几乎没有单音节构成的名字，所以这个"德"也许相当于汉语中的"大"。翁吉剌惕部领地时常会有汉族商人到来，为了让他们辨清数个"薛禅"而以"大""小"区分的可能性是存在的。德薛禅的妻子叫搠坛。关于这个搠坛，尚未发现除了名字以外其他方面的记载。

德薛禅的女儿名叫孛儿帖（有的历史文献记作"孛

儿帖格勒津"）
或孛儿帖兀真。
德薛禅有三个儿
子，长子叫阿
勒赤（即国舅阿
勒赤那颜），次子
叫阿忽台，季子叫册。

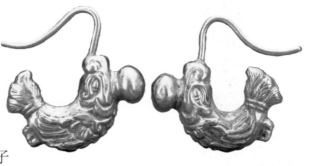

·辽代摩羯形金耳坠·

他们后来均效忠到成吉思汗帐下，阿勒赤被封为千户
长，掌管翁吉剌惕部三个千户。从孛儿帖兀真被其父
称为"小女"来看，她可能是德薛禅最小的孩子，而
且相关文献史料记载孛儿帖兀真为德薛禅的独生女。

　　孛儿帖兀真生于辛巳年，即 1161 年，比帖木真大
一岁。据《蒙古秘史》记载，也速该把阿秃儿携帖木
真去求亲那年，孛儿帖十岁；《诸汗源流黄金史纲》
和《蒙古源流》[5] 则记载为九岁。看到孛儿帖"面上
有光，目中有火"，面貌好看且神采奕奕，也速该把
阿秃儿很是中意。

　　分析相关历史记载，当时的蒙古人求亲订婚时，
大致上遵循以下习俗：其一，在女方家住过一宿才能
求亲。《蒙古秘史》和《罗·黄金史》均记载也速该
把阿秃儿在德薛禅家"宿了一夜，第二天便求婚"。
其二，求亲不能只求一次，需要恳求多次。德薛禅曰：
"多次求婚才答应，便显得贵重，两次求婚就答应，
则显得低下。"看来也速该把阿秃儿必恳求多次。德
薛禅又说："但女人的命，也没有在自己出生的家门

住到老的。我就把女儿许配给（你儿子）了。"其三，双方定亲之后，准新郎须留女方家住一段时间。这一点反映了当时的蒙古社会还存在一些母系制残余习俗。

德薛禅答应将女儿许配给帖木真之后说道："你把你儿子留下做我的女婿吧。"其四，定亲后男方须送女方聘礼。"于是，（也速该）把自己带来的一匹从马（《黄金史纲》记载为"一对马"）做聘礼，留下帖木真（在德薛禅家）做女婿，（独自）回去了。"（《蒙古秘史》第66节）

也速该把阿秃儿为何不顾长途跋涉的疲惫而到帖木真舅族斡勒忽讷兀

· 辽代白釉凤首瓶

敦部给儿子求亲呢？这是因为当时的蒙古人奉行族外婚制。换句话说，结婚的男女双方不可同族同氏。当时，解决婚姻问题的办法有两种：其一为抢婚。帖木真母亲诃额仑兀真便是被许配给篾儿乞惕部也客赤列都后，在男方接亲途中被也速该把阿秃儿抢去强娶为妻的。抢婚导致部族间的敌对，甚至会因此交战。后来，这种抢婚习俗演变为蒙古族婚俗的一部分，即新郎佩带弓箭或其他武器去接新娘。这种婚俗在蒙古族民间一直保留到中华人民共和国成立前。其二为订婚。即不同部族的男女双方订下婚约，将男孩送到女方家留居一段时间。订下婚约后，双方亲人互称亲家，这便是翁吉剌惕部德薛禅见到也速该把阿秃儿后称其为"也速该亲家"的缘由。

据记载，翁吉剌惕部与尼伦蒙古部之间自古以来存在联姻通婚的传统。关于这一点，明初学者叶子奇所著《草木子》卷之三下《杂制篇》一文记载："元朝正后皆用雍吉剌（翁吉剌惕）氏，自太祖与其族帐设誓，同取天下，世用其女为后。"《元史》卷一百一十四之"后妃一"中的记载也类同："太祖光献翼圣皇后，名孛儿台旭真（孛儿帖兀真），弘吉剌（翁吉剌惕）氏，特薛禅（德薛禅）之女也……（翁吉剌惕部）生女为后，生男尚公主，世世不绝。"

8. 也速该把阿秃儿被害

也速该把阿秃儿给儿子帖木真定亲后，遵循蒙古人的婚俗将他留在翁吉剌惕部德薛禅家里，只身离开回往自部。当也速该把阿秃儿走到扯克扯仑失剌客额列[6]之地时，正赶上主因塔塔儿人在举办宴会。因赶路而口渴的也速该把阿秃儿参加了塔塔儿人的宴会。上述为《蒙古秘史》的记载。有的学者联系古代蒙古习俗解释过此事，其解释没有明确的依据，但也无法否定。

塔塔儿人认出了也速该把阿秃儿，究其曾经率兵讨伐其部、捉去首领帖木真兀格的旧仇，给他吃了投毒的食物。吃了毒食的也速该把阿秃儿离开那里继续赶路时，感觉身体越来越难受，走了三天，回到家里时已经命悬一线。感觉到自己即将毙命的也速该把阿秃儿见晃豁坛部察剌合老人之子蒙力克在其附近，便将他召唤到身边，交代了自己的遗言。也速该把阿秃儿的遗嘱如下：其一，告诉帖木真定亲并将他留在翁吉剌惕部德薛禅家后，他在返回的途中赶上塔塔儿人的宴会，参加宴会被毒害，即将毙命；其二，如是托付蒙力克，"遗留下的孤儿、寡嫂，请你好好照顾"；其三，叫蒙力克速去唤回帖木真。说罢，也速该把阿秃儿与世长辞。

目前，也速该把阿秃儿的诞生年无从考证，不过他的逝世时间被记载为帖木真九岁那年，即庚寅年或1170年。忽图剌可汗时期，也速该把阿秃儿多次率兵参战，因英勇善战而获得"把阿秃儿"之号。作为忽图剌可汗去世以后的尼伦蒙古部卓越领袖，尤其是作为蒙古帝国缔造者成吉思汗的父亲，也速该把阿秃儿为蒙古民族的历史做出了不朽贡献。正因如此，在也速该把阿秃儿去世后96年，即至元三年（1266年）十月己申日，他的曾孙、元朝缔造者忽必烈薛禅可汗修建太庙八白室，追封也速该把阿秃儿为"神元皇帝"，其庙号为"烈祖"。

据记载，也速该把阿秃儿去世之后，晃豁坛部蒙力克遵其遗言赶到翁吉剌惕部德薛禅家唤回了帖木真。这么做也许是为了避免发生不测，蒙力克并没有告知德薛禅也速该把阿秃儿去世之事，只以也速该把阿秃儿惦念儿子为由领回了帖木真。德薛禅则一再嘱咐帖木真速回其家。《蒙古秘史》的记载就是这些。《罗·黄金史》的记载则更为丰富："蒙力克把帖木真接回来时，也速该·把阿秃儿已经升天。帖木真扑倒在地，号啕痛哭。晃豁坛·察剌合老人提醒他说：

"像白肚鳟鱼似的，
你为什么号啕痛哭不止？
曾多次嘱咐你，
要安抚你的部属。
像麦穗鱼似的，
你为什么这么悲痛？
曾对你嘱咐，
要召集你的部众。"（色道尔吉汉译本，第四章第一节，第31页）

晃豁坛为尼伦蒙古部的一个分支。成吉思汗六世祖海都的三子名叫抄真斡儿帖该，抄真斡儿帖该的次子叫都儿鲁亦图（《蒙古秘史》称其为晃豁坛部鼻祖），

·辽代鎏金铜马项饰·

据记载，此人走路奇快，喘气就像响铃，因而他的后裔被称作晃豁坛（意为有铃铛的人。——译者）部。《蒙古源流》中记有"七晃豁坛"一名，想必是指蒙力克七子分支出的晃豁坛各部。

当时聆听也速该把阿秃儿遗言的蒙力克始终被帖木真称为"蒙力克父亲"。关于蒙力克，多桑的著作中有也速该把阿秃儿去世以后，帖木真母亲诃额仑兀真与蒙力克就合的记载。古代，蒙古民间存在小叔子与寡嫂就合的婚俗，不过小林高四郎和弗拉基米尔佐夫论证了蒙力克未曾与诃额仑就合，并且其他相关文献也没有此类记载，由蒙力克后来的出走来看，不可能存在这样的事情。

由于也速该把阿秃儿不幸被塔塔儿人加害身亡，帖木真未能按照当时的婚俗在其岳父德薛禅家里继续留居。张振珮所著《成吉思汗评传》则记载帖木真在德薛禅家留居近一年，其依据无从考证[7]。不过可以肯定的是，短暂的留居时间里，在开化程度较高的翁吉剌惕部德薛禅家，帖木真见闻颇多，这对帖木真的成长起到了一定的积极作用。

9. 蒙古部分崩离析

从也速该把阿秃儿去世第二年——1171年开始，其家庭在蒙古部内部的地位就发生了急剧的变化。

· "应历年"石佛像 ·

连也速该把阿秃儿的亲族泰亦赤兀惕部都认为"深水已经干涸了，明亮的石头已经破碎了"，弃下帖木真一家顺着斡难河迁走了。泰亦赤兀惕人迁走之事表面上看似是因为俺巴孩汗遗孀和诃额仑兀真之间发生了矛盾，其实不然。从之后发生的事情可以看出，其实这件事本是泰亦赤兀惕人试图趁也速该把阿秃儿去世而自立门户，进而扩张自部首领统治权的尝试。

泰亦赤兀惕部为帖木真六世祖海都的次子察剌孩领忽[8]的后裔。俺巴孩汗正是该部始祖，因而无疑是帖木真的亲族。12世纪、13世纪时期，泰亦赤兀惕部领地位于斡难河、克鲁伦河[9]一带。当时该部首领为塔儿忽台乞邻勒秃黑和脱朵延吉儿帖[10]二人。

泰亦赤兀惕部不只是自立门户，甚至把也速该把阿秃儿生前的属民也都带走了。当时晃豁坛部蒙力克之父察剌合劝阻迁徙者的时候，脱朵延吉儿帖未理会老人，反而用长矛刺伤其背脊。

在这种情况下，诃额仑兀真举起亡夫也速该把阿秃儿的战旗[11]，召集少数忠而不弃者追赶正在迁徙的部民，唤回其中一部分。诃额仑兀真虽坚强刚毅，但她毕竟只是个带着几个孤儿的寡居女人，怎么可能恢复也速该把阿秃儿的权势？所以她唤回的那些部民没过多久还是迁走投奔了泰亦赤兀惕部。迁走的部民弃下也速该把阿秃儿的遗孀和遗孤不说，就连由他们看管的也速该把阿秃儿的财产和牲畜也一同带走了。当帖木真一家处于如此困苦的境地时，也速该把阿秃儿生前的亲朋、甚至家奴都弃下这一家各觅生路去了。再后来，当初聆听也速该把阿秃儿遗言的蒙力克父亲也分割财产自立门户了。

10. 伟大的母亲诃额仑兀真

也速该把阿秃儿的属民、亲朋、家奴等所有人迁离之后，帖木真一家的生活变得越来越艰难，本是草原贵族的这个家庭突然间处于衰落灭亡的境地。当时，诃额仑兀真身边只留下也速该把阿秃儿的庶室、孩子、一两名家仆以及少数牲畜。

身处这种境地，坚强的诃额仑兀真并没有灰心丧气。面对艰辛的生活，她辛勤劳作，通过采摘、捕捞和狩猎维持着一家人的生计。养家糊口以及培育几个孩子等生活的重担压在了诃额仑兀真的肩上。《蒙古秘史》和《罗·黄金史》等历史文献中均有赞颂诃额仑兀真的记载。策·达木丁苏荣先生编译的《蒙古秘史》中记载如下：

> 生性明智的诃额仑母亲，
> 穿着百结的衣服，
> 扎着破乱的裙子，
> 来往于斡难河畔，
> 采拾杜梨野果，
> 抚育着幼小的儿子们，
> 谋度这艰苦的日子。

生性贤能的兀真母亲，

手持着桧木橛子，

来往于察把赤木（指悬崖。——译者）地方，

掘取红蒿草根，

抚育着聪明的儿子们，

谋度这艰苦的日子。

天生的兀真母亲，

手持着榆木橛子，

来往于哈勒敦山（不峏罕合勒敦山）上，

掘取野葱、野韭，

抚育着有帝王气象的儿子们，

让他们吃得饱、饮得足。

生而俊美的诃额仑母亲，

手持木钩棍子，

来往于斡难河滨，

采拾野韭、野葱，

抚育着有福的儿子们。（谢再善汉译本，第74节）

　　《蒙古秘史》的作者只用一首短诗便细致入微地描绘出了诃额仑兀真艰苦的生活和她那坚韧的品质、勤勉的性格以及伟大的母爱。这是蒙古族史学家独有的写作手法，只有在《蒙古秘史》中才能读到用诗歌形式描述历史事实的文字。诃额仑兀真用野果草根养大的孩子们后来却做了人上人、当上了帝王将相，作者又用几行诗描述了这一点：

　　生而贤明的兀真母亲，

以野草根抚养的儿子们，

都有治国的才干。

生而俊美的兀真母亲，

以野葱、野韭抚养的儿子们，

都有福禄气象。（谢再善汉译本，第75节）

含辛茹苦抚养孩子们的同时，慈祥的诃额仑兀真时常给孩子们教授为人处事的道理。诃额仑兀真首先教导孩子们应该以英勇的先祖合不勒可汗、忽图剌可汗和父亲也速该把阿秃儿为榜样，永远不要忘记讨伐泰亦赤兀惕部、塔塔儿部以及金朝等宿敌而报仇雪恨之事。她也会像先祖阿兰豁阿那样教导孩子们团结互助，并提醒他们认清当时"影外无其友，尾外无其缨[12]（道润梯步先生《新译简注〈蒙古秘史〉》，第76节）的困境。

具备勤勉、正直、慈祥等所有美好品性的蒙古族母亲诃额仑兀真除如此调教和抚养自己的几个孩子之外，还一直在帮扶穷人、收养孤儿。在之后帖木真统一蒙古诸部的过程中，从篾儿乞惕部领地收养的曲出、从泰亦赤兀惕部别速迭氏领地收养的阔阔出、从塔塔儿部领地收养的失乞刊忽都忽、从主儿勤部领地收养的孛罗忽勒四个孤儿均被诃额仑兀真视作亲生骨肉。她将他们视作"白天看望的眼睛，夜里听闻的耳朵"，将他们抚养成人，而他们后来都成了帖木真可信赖的亲信和猛将贤相。

11. 帖木真在艰苦的环境中成长

帖木真虽然诞生于孛儿只斤氏草原贵族也速该把
阿秃儿家，但他是在幼年丧父之后又被族人遗弃，时
常被他人欺辱，"影外无其友，尾外无其缨"的艰苦
生活环境中长大的。这样的生活环境对帖木真的成长
以及对他性格品质的形成产生了深刻的影响。

在青少年时期的帖木真身上首先显现的性格品质
便是坚韧和勤勉。关于帖木真对母亲的感恩以及不排
斥或不厌恶劳动的品性，《蒙古秘史》中如是称赞道：

兀真母亲抚育的儿子们，

都有英勇气概，

威武、矫健、聪慧，

坐在斡难河滨，

把钓钩投进水里，

钓取河里的残鱼，

奉养兀真母亲。

贤明兀真抚养的儿子们，

都有治国的才能，

往有鱼的河上去，

钓取水中的游鱼，

奉养天命母亲。（谢再
善汉译本，第75节）

蒙古帝国开国皇帝、震

·成吉思汗画像·

撼世界的伟人成吉思汗的少年生活
便是如此，这也是他性格品质的
某种体现。

帖木真性格品质的另一
种体现是在他身上逐渐形成
的无所畏惧的"人若犯我，
我必犯人"的烈性。这种性
格有其残忍的一面，帖木真
在十二岁那年（1173年）
射杀同父异母的弟弟别克帖
儿便能反映这一点。

事情的具体经过如下：
有一天，别克帖儿和别勒古
台抢走了帖木真射杀的告天

·白釉黑花葫芦瓶·

雀，第二天两人又抢走了帖木真和合撒儿钓到的鱼。
这件事使本就被他部欺辱不堪的帖木真怒不可遏，他
未能控制住自己的怒气，也没有听取诃额仑兀真的劝
告，与合撒儿一同去射杀了别克帖儿。发生此事之后，
愤怒的诃额仑兀真引用旧辞古语如是谴责帖木真：

"…………

而你则像咬断自己胞衣的凶狗。
你们像那驰冲山崖的猛兽，
像那怒不可遏的狮子，
像那生吞活噬的蟒蛇，
像那搏击自己影子的海青，

像那不出声吞食的大鱼

…………

像狼扑猛食的猛虎，

像狂奔猛冲的恶兽，

（——你们像那疯狂的禽兽！）

正当除影子外别无朋友，

除尾巴外别无鞭子的时候，

正当受不了泰亦赤兀惕兄弟加给的苦难的时候，

正说着谁能去报仇，怎么过活的时候，

你们怎么能这样自相残杀？"（《蒙古秘史》第78节）

帖木真的这种行为无疑是极其残忍的。不过，不以现代社会的普世观念，而是联系12世纪蒙古社会那没有法律保障的野蛮状态和帖木真所处的生活环境去看待这件事，也许不那么骇人听闻。

这件事反映了帖木真性格中"人若犯我，我必犯人"的一面，不过他从中吸取了一定的教训，也明白了若没有亲信和朋友就无法战胜敌人的道理。

就这样，年少的帖木真逐渐形成了蒙古人正直、真诚和珍视友情的品性，这种品性在帖木真后来的生活中越来越凸显。与此同时，帖木真的精神世界里产生了超越其身体和意志的一种信仰，即信奉长生天。这种信仰的产生与古代蒙古人信奉萨满教的传统有一定的关联，接下来的几年时间里遭遇的磨难让帖木真对长生天的信仰更加虔诚。

12. 被泰亦赤兀惕部捕捉，结识锁儿罕失剌

青少年时期的帖木真遭遇过三次劫难。

第一次劫难发生在也速该把阿秃儿去世后的第七年，即1177年。帖木真一家遭遇泰亦赤兀惕部的突袭，帖木真被他们捉去了。

在那段凶险的日子里，帖木真得到了锁儿罕失剌和他的儿子赤老温、沈白等人的帮助，并与他们相识相知。

之前几年的艰苦生活使帖木真成长了许多，就像羽毛丰满的小鹰即将学会翱翔长空的本领。泰亦赤兀惕部的统治者们懂得帖木真一旦壮大便会复仇，认为"小鸟的羽毛逐渐丰满，羊羔儿长大了！"[13]《蒙古秘史》第79节）因而，他们企图赶在帖木真取得复仇的力量之前将其杀害，故首领塔儿忽台乞邻勒秃黑率部突袭了帖木真一家。这便是泰亦赤兀惕部选择这一时机捉走帖木真的原因。

诃额仑兀真见状试图躲避，带着孩子们逃到森林里。别勒古台折取树枝筑栅栏，从小喜好射术的合撒儿跟敌人对射抵抗的时候，泰亦赤兀惕人喊道："叫你们哥哥帖木真出来，别的人都不要。"帖木真听到后躲进帖儿古捏温都仑山的森林[14]中，泰亦赤兀惕人难以进入而包围了森林。

帖木真在森林中躲了九天，其间两次想要走出森

林，第一次马鞍脱落，第二次有一块大如帐房的白色巨石堵住了出口。"莫不是上天阻止我（走出去）？"出于对长生天的信仰，帖木真没有走出森林。就这样过了九天，饥饿难耐的帖木真心想，"与其这样无声无息地死去，不如走出去吧"，于是初次违背长生天的"旨意"，走出了森林，随后被泰亦赤兀惕人捉去。

泰亦赤兀惕首领塔儿忽台乞邻秃黑捉去帖木真后，在他身上上了枷锁并挨家挨户示众，当时为夏季首月。该月十六望日，按照本部习俗，泰亦赤兀惕部众在斡难河畔大摆筵席，席间派一个幼弱的小孩看守帖木真。一直在试图逃跑的帖木真趁这难得的机会用手上的枷锁打倒了看守的小孩，逃到斡难河边的森林中，露出头躲在一处水沟里。

泰亦赤兀惕人得知帖木真逃跑后，连夜搜查斡难河边的森林。参与搜查的人中，只有速勒都思部锁儿罕失剌[15]发现了帖木真，不过此人因钦佩帖木真的英勇和机智而没有告发他。锁儿罕失剌对帖木真说道："正因为你这样地有才智，目中有火，脸上有光，泰亦赤兀惕兄弟才那样嫉妒你。你仍旧这样仰卧着吧，我不会告发你的。"（《蒙古秘史》第

· 黄釉温碗葫芦形执壶 ·

蕉叶纹白瓷温碗·

82 节）随后还骗走了泰亦赤兀惕人。

由于锁儿罕失剌的相助而躲过泰亦赤兀惕人搜查的帖木真，试图再次得到锁儿罕失剌的帮助。去往锁儿罕失剌家的路上时，帖木真想：前几天被泰亦赤兀惕人示众而到锁儿罕失剌家过夜时，其儿沈白、赤老温二人生恻隐之心，为了让我睡好觉，夜里卸掉了我身上的枷锁。今晚锁儿罕失剌发现我之后也没告发，若此刻找去，他肯定会施救。

当时锁儿罕失剌家住在斡难河畔，家境比较富裕，因而会彻夜捣搅酸奶。据《蒙古秘史》和《罗·黄金史》记载，锁儿罕失剌家人除了未被提名的妻子和沈白、赤老温二子之外，还有名叫合答安的独生女。《圣成吉思汗传》则提到了锁儿罕失剌的哥哥"huxigun"一人。

帖木真到锁儿罕失剌家之后，锁儿罕失剌一家将他藏在装载羊毛的棚车里，骗过前来搜查的泰亦赤兀惕人，使帖木真再次逃过劫难。搜查的泰亦赤兀惕人走后，锁儿罕失剌对帖木真说："如今，你去寻找你的母亲和弟弟们吧！"（《蒙古秘史》第87节）并给帖木真备好口粮和弓箭，让其骑上他家的"口白草黄不驹牝马"离开了。

锁儿罕失剌当时是泰亦赤兀惕人脱朵格的属民（屠寄先生所著《蒙兀儿史记》中记作"家臣"）。后来到了1202年帖木真讨伐泰亦赤兀惕部的时候，锁儿罕失剌携者别投其帐下，并在帖木真统一蒙古的过程中多次立下汗马功劳。因而成为成吉思汗九乌尔鲁克之一，1206年被册封为蒙古帝国开国八十八功臣之一，即第二十七位千户官。册封时，成吉思汗同意了锁儿罕失剌父子希望辖制位于色楞格河[16]流域的前篾儿乞惕部领地的请求，并赐予犯九次罪不罚的"答儿罕"之号。

沈白（qimbai）为锁儿罕失剌长子。（《蒙古源流》和《圣成吉思汗传》则记载赤老温为长子，沈白为次子。《圣成吉思汗传》里，沈白的名字为"沉白"，发音为"qimbvr"。）1204年秋季，之前归降的兀都亦惕篾儿乞惕部一半属民叛离后居住在台合勒豁儿合[17]之地，沈白受成吉思汗之命率领左翼（屠寄先生记载为右翼）军前去讨伐。1205年春季，沈白率军降服麦端篾儿乞惕、脱塔哈林篾儿乞惕、只温篾儿乞惕等篾儿乞惕部各分支，频送捷报。《蒙古秘史》记载，也在这1205年，也是之前已经归降的兀洼思篾儿乞惕部首领答亦儿兀孙叛离后，由沈白与孛罗忽勒那颜一同率领右翼军前去镇压。而日本蒙古学学者那珂通世先生则认为这一记载有疑，并指出成吉思汗册封的九十五千户中，第三十七位千户官答亦儿便是忽兰合屯之父答亦儿兀孙。《蒙兀儿史记》作者屠寄先生和《成吉思汗新传》作者李则芬先生均认同这一观点。我认为这一说法有待继续深入研究。后来沈白还与忽必来那颜一同率军讨伐合儿鲁部，迫降该部头领阿儿思兰罕。1206 年蒙古帝国建国时，成吉思汗赐予沈白和赤老温有事可直接去找他、有需求可尽管告诉他的权利。

· 团龙戏珠纹鎏金银碗 ·

　　赤老温为锁儿罕失剌次子。后来他在帖木真麾下替父率军，戎马一生，为成吉思汗"四杰"之一。在一次战役中，当赤老温从马上摔下时，敌军一员将士试图上前用长矛刺杀他，就在那一刹那，赤老温一跃而起刺杀了来者。见此，成吉思汗竖起大拇指盛赞赤老温，赐予了他"把阿秃儿"之号。后来于斡歌歹可汗在位期间，大将赤老温参加了征伐金朝的战争。

　　然而，成吉思汗册封的九十五千户的千户官名单中没有提到沈白和赤老温的名字。关于这一点，日本蒙古学学者那珂通世先生认为，可能是因为他们的父亲锁儿罕失剌当时还健在且又被封为千户官，所以他们兄弟二人未受册封。

　　锁儿罕失剌的女儿名叫合答安。帖木真在锁儿罕失剌家避难时，正是由合答安照顾他。后来帖木真与泰亦赤兀惕部作战时听到有个穿红袍的女人在战场上大声地连哭带叫："帖木真！帖木真啊！"帖木真派人前去问其缘由，得知此女便是合答安。合答安说："这里的军人们捉住了我的丈夫，要杀他。""成吉思汗听说后，骑上马前去，下马和合答安相抱为礼。但在此之前，她的丈夫已经被我军杀死了。把那些（慌忙逃走的）百姓招呼回来之后，成吉思汗把合答安请来，请她坐在他的旁边。"（第146节）以上为《蒙古秘史》的记载。而张振珮所著《成吉思汗评传》则记载："其后赤老温家畏祸，乃归汗，汗重用其兄弟，并立合答安为妃。"（第三章，第33页）其依据不得而知。

　　少年帖木真遭遇第一次劫难以及因此与锁儿罕失刺一家人相识的过程便是如此。帖木真由于锁儿罕失刺一家的相助，躲过了泰亦赤兀惕人的搜查。离开锁儿罕失刺家后，他沿着斡难河走到乞沐儿合豁罗罕溪畔别迭儿豁失兀山嘴处豁儿出恢孛勒答合[18]山那里与诃额仑兀真母亲和其他家人相见。之后，帖木真与家人一起到不峏罕合勒敦山南边的古连勒古山里桑沽儿豁罗合[19]溪畔合刺只鲁肯山之阔阔纳浯儿之地营居，靠捕猎为生。这一带自古以来属于孛儿只斤氏领地。

13. 八骏被劫，与孛斡儿出相识

　　少年帖木真遭遇的第二次劫难因八骏马被劫而起。这件事似乎也发生在1177年，而有些文献则记载此事为帖木真出兵讨伐篾儿乞惕部以后的事情，在我看来，

· 玉座龙 ·

这种记载不太准确。

帖木真在化解这次劫难的过程中得到孛斡儿出的相助，并与他建立了毕生的友谊。

当时，帖木真一家还是营居于不峏罕合勒敦山南桑沽儿豁罗合溪畔。一天，来了几个强盗，在帖木真的眼皮底下赶走了家旁的八匹银合马。于是帖木真家里只剩下一匹秃尾黄马，而当时别勒古台骑上那匹黄马猎旱獭去了，所以徒步的帖木真只好眼睁睁看着强盗把八骏马赶走。

傍晚日落后，别勒古台牵着背上载满猎杀的旱獭的秃尾黄马回到家。听说八骏马被强盗赶走之事，别勒古台和合撒儿欲去追回。帖木真则认为两个弟弟难以追回，于是自己骑上秃尾黄马追去了。

帖木真在追了三天之后的一个早晨，遇到一个大马群，马群处有一个伶俐的少年在挤马奶。帖木真上前询问少年有没有看到八匹银合马，少年告诉他日出前见有人赶着八匹马路过此地。

这位少年便是阿鲁刺惕部纳忽伯颜之子孛斡儿出[20]。"朋友，你来得太辛苦了，男子汉的艰辛都一样。我愿做你的友伴。"（《蒙古秘史》第90节）孛斡儿出如是说。他让帖木真放了疲惫的秃尾黄马，让其换骑他家的黑脊白马，自己则骑上一匹淡黄快马，连家都没回，盖住挤马奶的皮桶口后将其放在草地上，就与帖木真一同上路了。

帖木真和孛斡儿出为寻八骏马又追了三天，黄昏时分看见八骏马正在一处营盘旁边的草地上吃草。见状，帖木真试图独自前去赶回，孛斡儿出不许，于是两人一同前去赶出了八骏马。强盗们发现了帖木真、孛斡儿出二人，于是上马便追。其中一名穿红袍、骑白马、手持套马杆的人一马当先，眼看就要追上帖木真他俩。孛斡儿出见状对帖木真说："朋友，你把弓箭给我，我来射他！"帖木真不许："我怕你为我受到伤害，我去射他吧。"（《蒙古秘史》第91节）说完便开始迎射来者。当其他人赶来时，天色已黑，众强盗无法继续追赶而留在原地。

帖木真、孛斡儿出二人赶着马走了三天三夜回到孛斡儿出家。帖木真为了表示谢意，将八骏马中的几匹送给孛斡儿出，孛斡儿出则说："我因为好友你（追寻马），走来得很辛苦，我为帮助好友你，与你结伴同去（追寻）。我还要外财么？"（《蒙古秘史》第92节）说罢，拒绝收下帖木真所赠。孛斡儿出之父纳忽伯颜闻其子所言，"相向而笑，向背而泣，曰：'所行良是，男儿之行一也，愿勿忘汝此行。'遂杀帖勒羔羊为行粮而遣归焉"。这是《蒙古源流》的记载。《蒙古秘史》的记载为："杀了一只肥美羊羔，给帖木真做行粮，又把一皮桶食物驮在马上给帖木真在路上吃。纳忽伯颜说：'你们两个年轻人，要互相照顾，今后不要相弃。'"（《蒙古秘史》第 93 节）

帖木真与孛斡儿出相识的经过便是如此。

孛斡儿出的父亲名叫纳忽，是一位家境富裕的阿鲁剌惕部人，因而人们称他为纳忽伯颜（"伯颜"一词意为富人。——译者）。

帖木真六世祖海都的三子抄真斡儿帖该之三子名叫阿鲁剌惕，因而其后裔被称作阿鲁剌惕部。孛斡儿出为阿鲁剌惕部纳忽伯颜的长子，据说与帖木真相识时才十三岁。他英勇、沉着、无私、孝顺、仗义、能征善战。此次分开后没多久，孛斡儿出便去与帖木真会合，并自始至终效忠于帖木真，甚至三次救过帖木真的命。1189 年帖木真被拥立为蒙古可汗之后，孛斡儿出被封为"诸人之长"，后来相继被封为成吉思汗"四杰"之一、九乌尔鲁克之一；1206 年被封为蒙古帝国开国八十八功臣中的第二位，以及阿尔泰山一带右翼万户的万户官，被赐予九次犯罪不罚的特权。

与孛斡儿出的相识让帖木真化解了少年时期遭遇的第二次劫难。

14. 与孛儿帖兀真成婚

年少的帖木真遭遇两次劫难，由于锁儿罕失剌一家和孛斡儿出的相助才在被捕后逃出敌营以及夺回被劫的八骏马。而化解劫难的经历使帖木真成长了许多，并增加了自信。于是，长大成人的帖木真决定娶回其父也速该把阿秃儿健在时订下婚约的未婚妻孛儿帖兀真。然而，与孛儿帖兀真成婚这件事情的背后，含有比成婚本身更具实际意义的政治目的，那便是得到德薛禅和他背后四万户翁吉剌惕部部众的支持。

于是帖木真携同父异母的弟弟别勒古台沿着克鲁伦河寻德薛禅家而去。当时德薛禅一家营居于扯克彻儿、赤忽儿古两地间。德薛禅见到帖木真高兴至极，说道："我听说泰亦赤兀惕兄弟们嫉恨你，我忧愁得绝望了，好不容易见到了你！"（《蒙古秘史》第94节）并把孛儿帖兀真许配给了帖木真。

帖木真带着孛儿帖兀真回去的时候，岳父、岳母以及女方亲人们依照蒙古族传统婚俗一同踏上送亲之路。然而到克鲁伦河畔的兀剌黑啜勒[21]地后，德薛禅返回去了。至于德薛禅为何返回，《蒙古秘史》没有记载，有的历史文献中记载其因得病而返回。《罗·黄金史》记载："因气候炎热返回客鲁仑河（克鲁伦河）上游去了。"《圣成吉思汗传》记载："因患热病，返回去了。"

· 三彩砚笔洗 ·

·元人秋猎图（局部）·

策·达木丁苏荣先生根据《黄金史纲》记载道："因为怕热，顺着客鲁涟河返回。"当时，德薛禅肯定是出于某种无法继续前往的原因而返回去的。

于是，德薛禅的妻子搠坛继续送亲，将孛儿帖兀真送到了帖木真家在桑沽儿豁罗合溪畔的营居地。

孛儿帖兀真嫁到帖木真家里的时候，依照蒙古族传统婚俗，必会带去不少嫁妆。据蒙古族主要历史文献《蒙古秘史》记载，孛儿帖兀真成婚时所带嫁妆中有一件特别珍贵的黑貂皮短袍。

关于帖木真与孛儿帖兀真成婚的经过，相关历史文献的记载基本相同。而关于帖木真成婚时的岁数，多数相关文献均没有记载。萨敢思辰所著《蒙古源流》则明确记载："岁次戊戌（1178 年），帖木真年十七岁时，娶丙戌年所生，年十三岁之布尔德（孛儿帖）夫人焉。"在没有找到其他确凿依据之前，可认为这段记载是比较贴近历史事实的。

15. 篾儿乞惕部突袭，孛儿帖遭劫

帖木真与孛儿帖兀真成婚后，将家从桑沽儿豁罗合溪畔迁到了克鲁伦河源头不儿吉额儿吉[22]之地。在那里，帖木真又一次遭遇劫难——他在青少年时期遭遇的第三次劫难，即篾儿乞惕人的突袭。

关于篾儿乞惕部，史学家屠寄先生如是记载："蔑儿乞惕氏，白塔塔儿部族[23]，分六种。一兀都亦惕，一兀洼思，一合阿惕，一麦古丹（麦端），一脱里孛斤（脱塔哈林），一察浑（只温）[24]。"（《蒙兀儿史记》）《蒙古秘史》中提到过前面的三个。

张振珮先生则认为篾儿乞惕为突厥部族。但我们通过研究得知，当时的篾儿乞惕部领地位于蒙古诸部领地中间，并与翁吉剌惕部存在联姻关系，因而将12世纪的篾儿乞惕部视为蒙古部族是理所当然的。据《蒙古秘史》记载，12世纪时期，篾儿乞惕部领地位于色楞格河流域，札剌亦儿部领地以西，北边与森林百姓毗邻。兀都亦惕篾儿乞惕营居地位于不兀剌客额列（今贝加尔湖以南地区）之地。从策·达木丁苏荣先生所著《蒙古文学史》的记载来看，当时营居于色楞格河流域的蒙古人已掌握了简单的农技。也有其他文献记载客列亦惕部王汗年幼时曾有一段时间在篾儿乞惕部靠捣米为生。由此看来，当时的篾儿乞惕部属于生产力相对先进的部族。《蒙古人民共和国通史》（1956年，

北京）记载："蒙古诸部中，篾儿乞惕部拥有英勇而强大的军队。"据记载，12世纪时期的篾儿乞惕部贵族信奉基督教聂思脱里派。这也许是受到了客列亦惕等部的影响，因为能够确定的是，蒙古部族中，客列亦惕、乃蛮、汪古惕等部都是从较早的时候开始信奉基督教聂思脱里派的。

当时，兀都亦惕篾儿乞惕的首领为脱黑脱阿，此人有"别乞"[25]之号，因而被称作脱黑脱阿别乞。这位脱黑脱阿别乞便是也客赤列都的哥哥。此前，也客赤列都与诃额仑兀真成亲，从翁吉剌惕部斡勒忽讷兀敦氏接亲返回的途中，被帖木真之父也速该把阿秃儿抢去了新娘诃额仑兀真，篾儿乞惕和孛儿只斤两个氏族由此变成了宿敌。

为了报旧仇，脱黑脱阿别乞联合兀洼思篾儿乞惕首领答亦儿兀孙、合阿惕篾儿乞惕首领合阿台答儿麻剌等人，率领三百精兵，夜里突袭了刚刚迁到克鲁伦河源头不儿吉额儿吉之地的帖木真家。

这时帖木真与孛儿帖兀真成婚没多久，因为篾儿乞惕人的突袭应该也是发生于帖木真十七岁那年，即戊戌年（1178年）。跟随诃额仑兀真多年的家仆豁阿黑臣老妪首先听到了篾儿乞惕军队奔袭而来的马蹄声，最初还以为来袭者为仇敌泰亦赤兀惕人。急乱之中，帖木真兄弟几人各骑一匹马，在黑暗中逃向不峏罕合勒敦山。

孛儿帖兀真和豁阿黑臣老妪两人无马可骑，于是忠诚的家仆豁阿黑臣老媪将孛儿帖兀真藏进篷车里，走向腾格黎豁罗罕^[26]，但半路上篷车断了车轴，二人被篾儿乞惕人捉去。除孛儿帖兀真和豁阿黑臣以外，篾儿乞惕人还捉到别勒古台之母、也速该把阿秃儿之庶室苏赤格勒夫人。

篾儿乞惕人追赶帖木真，围着不峏罕合勒敦山转了三圈也没找到他，于是相互说道："为报抢夺诃额仑的仇，如今已夺取了他（也速该的儿子帖木真）的女人，咱们这个仇已经报了。"（《蒙古秘史》第102节）便走下山回到各自的家。据《蒙古秘史》和《罗·黄金史》记载，篾儿乞惕人劫走孛儿帖兀真后，将她赐给了也客赤列都之弟赤勒格儿孛阔。

虽说帖木真生于草原贵族家庭，但他的青少年时代却是在这般孤苦而危难的境地中度过的。于是，青少年时期的帖木真在北方草原上膨胀的仇恨和频繁的战乱中不断磨炼着自我，从小就形成了独特的品性，

· 铁箭镞 ·

并通过他那集中权力、反抗压迫和有仇必报的行为，欲恢复祖业的野心以及刚强暴烈的性格不断体现着。

· 草绿黑脉络碗 ·

遭遇的三次劫难和得到锁儿罕失剌以及孛斡儿出等挚友相助的经历使帖木真懂得了，若想在草原上生存以及恢复祖业，必须统一四分五裂的蒙古诸部，建立围绕自己并忠于自己的政治力量。尤其是遭到篾儿乞惕人的突袭以及刚刚娶回的妻子孛儿帖兀真遭劫一事，对帖木真打击甚大，使他决意必报此仇。这一决定虽然源自帖木真的自我意识，但也符合蒙古民族的统一、野蛮史的终结、文明生活的建立等多方面的时代需求。

注　　解

[1]马可·波罗为13世纪著名旅行家，意大利人。马可·波罗生于意大利威尼斯市一位富商家庭。他父亲尼可罗·波罗和叔叔马飞阿·波罗二人在13世纪60年代初第一次到忽必烈可汗掌权的元朝，得到忽必烈可汗的召见和赏识，并受其指派回到欧洲。第二次到访元朝的时候带去了十五岁（作者有误，应为十七岁。——译者）的儿子马可·波罗。

马可·波罗跟随父亲和叔叔，自 1271 年夏季开始，一路跋山涉水，经历重重困苦磨难，于 1275 年到达元朝北部都城上都（位于今内蒙古自治区正蓝旗境内）。他得到忽必烈可汗的赏识和信任，之后在元朝当官任职到 1292 年。著名的《马可·波罗游记》便记录了他在这段时间的所见所闻。这部游记为记载当时各方面状况的东方史，尤其是蒙古史和蒙古社会状况——政治、军事、经济和中国民族关系以及中外关系等方面的研究可借鉴参考的重要史料，并为我们提供了不少珍贵的第一手资料。

［2］"扯克彻儿、赤忽儿古"两地位于克鲁伦河下游，在古时的额捏坚归列秃之地附近。"赤儿古水上饮自己的马群。"此为嘎拉桑版《黄金史纲》的记载。"赤忽儿古"在《蒙古秘史》中的又一种标音为"赤忽儿忽"。

［3］关于德薛禅的名字，《蒙古秘史》汉语标音原本中记作"德"；蒙古文版本《罗·黄金史》中发音为"dayi"，汉译为"德"；《元史》中记作"特"；《圣武亲征录》中记作"迭夷"；策·达木丁苏荣先生编译版《蒙古秘史》中记作"дай"；日本蒙古学家小林高四郎先生所著《成吉思汗》中记作"デイ·セチソ"。此外，1943 年在张家口出版的《圣武成吉思汗战书》所记"特薛禅"一名的依据显然来自《元史》。

关于德薛禅妻子之名，也有几种写法，在此一同附上。本书中的人名写法总体上依据的是巴雅尔先生标音版《蒙古秘史》（有的略有改动），因而将德薛禅妻子的名字记作"搠坛"（蒙古语发音为 qotan）。其他文献中不同的写法有：蒙古语版本《罗·黄金史》中发音为"jotan"，汉译为"搠坛"；蒙古语版本《黄金史纲》中发音为"jutai"，汉译为"搠台"；策·达木丁苏荣先生编译版《蒙古秘史》中记作"цотан"（cotan）；小林高四郎先生的书中记作"ソタソ"（sotan）；《阿萨拉克齐史》中发音为"yota"。

[4]《元史》为中国二十四史之一。关于此书，1976 年 4 月由中华书局出版的点校版《元史》之出版说明如是介绍："《元史》二百一十卷，是一部比较系统地记载我国历史上元代兴亡过程的封建史书。洪武元年（1368 年），即元朝灭亡的当年，明太祖朱元璋就下令编修《元史》。第二年，以李善长为监修，宋濂、王祎为总裁，赵壎等十六人为纂修，开局编写。仅用一百八十天的时间，便修成了除元顺帝一朝以外的本纪、志、表、列传共一百五十九卷。接着又让欧阳佑等十二人四处搜集元顺帝一朝的史料，于洪武三年（1370 年）重开史局，仍以宋濂、王祎为总裁，由朱右等十五人参加编写，用一百四十三天续修本纪、志、表、列传共五十三卷。然后合前后二书，厘分附丽，共成二百一十卷，全部编撰工作，历时只三百三十一天。"

由于编撰时间短到不足一年，《元史》存在诸多讹误，不过这部文献较完整地保存了一些他处难以寻见的重要历史资料。对《蒙古秘史》成书之后百余年的蒙古史研究而言，《元史》属于不可忽略的重要的第一手材料。

[5]《诸汗源流黄金史纲》和《蒙古源流》二书为蒙古人用母语编写的古代蒙古史文献。《蒙古源流》和《蒙古秘史》《罗·黄金史》一同被誉为"蒙古史三大要籍"，享誉国内外。翻阅 1979 年由内蒙古人民出版社出版的留金锁编著的《13—17 世纪蒙古历史编纂学》一书，便可比较详细地了解这两部文献。

关于《诸汗源流黄金史纲》的作者和成书时间，始终没有明确记载或依据，因而后世的学者们各执己见，众说纷纭。日本蒙古学家小林高四郎先生认为成书于 1630 年，作者为内蒙古梅力更葛根；苏联东方学家沙斯提娜认为编纂时间应该在 1604—1627 年间；蒙古国史学家呼·普尔赖先生认为成书于 1604 年；留金锁先生认为编纂时间

在 1604—1634 年间，不过作者肯定不是梅力更葛根，而 1618—1634
年间编纂成书的沙尔巴·胡土克图所著《诸汗之统》也许就是后世的《诸
汗源流黄金史纲》。

《诸汗源流黄金史纲》一书概括记录了 14—16 世纪的古代蒙古史，
书中写入不少其他文献史料所缺的重要蒙古史资料。

据说，《诸汗源流黄金史纲》最早的版本为 1858 年布里亚特蒙古人、
学者贡布耶夫俄译本，以《黄金史纲——蒙古编年史》之名出版于俄
罗斯喀山。第二种版本为 1925 年由特穆格图先生（汉名汪睿昌。其
名"特穆格图"为"胎记"一词的满译，而不是蒙古语之"特穆格图"，
即"有骆驼的人"。关于这一点，博·仁琴、那古单夫等学者曾做过
解释。——作者）创办的北京蒙文书社出版的《圣成吉思汗传》。从
策·达木丁苏荣先生编译《蒙古秘史》的序言可知，这本书的出版由
蒙古国科学院出资。第三种版本为 1940 年张家口市出版的《黄金史纲》。
1980 年由内蒙古人民出版社出版的留金锁先生校注版《诸汗源流黄金
史纲》为如今可供引用的最完整的版本。

上面已经提到过国内外专家学者们视《蒙古源流》为以蒙古语编
纂的"蒙古史三大要籍"之一。关于这本书，留金锁先生著作（《13—
17 世纪蒙古历史编纂学》）第 283~317 页中详细介绍过，故而在此不
再赘述，只做一两点补充。

一直以来，专家学者们普遍认为《蒙古源流》成书于清朝康熙元
年，即 1662 年。《蒙古源流》结尾处描述的是康熙元年发生的事情，
这一点便是该书 1662 年成书之说的依据。而我认为，《蒙古源流》
可能是成书于 1663 年。这就要看如何理解萨敢思辰著作中关于成书
时间的隐喻化记载。萨敢思辰在其著作的结尾处含有寓意地写出成书
时间。这段记载，见于沈曾植先生所著《蒙古源流笺证》卷八第 22
页抄录的汉译："自乙丑九宫值年八宫翼火蛇当值之二月十一日角木

蛟鬼金羊当值之辰起至六月初一日角木蛟鬼金羊当值之辰告成……"
道润梯步先生《新译校注〈蒙古源流〉》中汉译为："此乙丑九紫入
宫之第五十九，于乾元八白创始之第二，自翼宿值月十一角宿木曜日
始，至箕宿值月朔鬼宿水曜日竣。"

依我之见，第一行"此乙丑九紫入宫之第五十九"也许在隐喻《蒙
古源流》成书于萨敢思辰 59 岁那年。可以肯定的是，萨敢思辰生于
甲辰年，即 1604 年。而到他 60 岁时又是个甲辰年，这个甲辰年是
1664 年，因而他 59 岁那年毫无疑问是 1663 年。"于乾元八白创始之
第二"的寓意也许是"兴建元朝皇帝'八白室'般祖庙的皇帝之第二
年"，也就是清朝康熙二年，而康熙二年还是 1663 年。因而我认为《蒙
古源流》成书时间不是 1662 年，而是 1663 年。这也能够说明康熙二
年萨敢思辰在该书结尾处描述了康熙元年发生的事情。

再有就是关于作者名字的己见。关于该书作者的名字，我在 1979
年 12 月撰写的论文《察哈尔概况》(《蒙古语文》杂志，1980 年第 3 期）
中提到过自己的观点。将其简述如下：1962 年由内蒙古人民出版社出
版的影印本《蒙古源流》的出版者荐言中将作者名字记作"萨囊彻辰"
（1980 年出版的另一个版本中则记作"萨冈彻辰"），其依据显然是
来自《蒙古源流》汉译本。依我之见，记作"萨敢思辰"更为靠准。
作者的名字在本书中共出现过八次。其中有五次记作"ᠬᠠᠬᠠᠨ"（sahan)，
两次记作"ᠬᠠᠬᠠᠩ"（sahang)，一次记作"ᠰᠠᠭᠠᠩ"（sagang)。在古代蒙古语
写法中，"ᠨ"（na）和"ᠭ"（ga) 的点一般不添加，无论这个点添
加或不添加，能够肯定的是，作者名字的读法中，"sa"音和"n"音
（或"ng"音）中间只能是"ha"或"ga"音，而不会是"na"音。
作者有一次把自己名字的中间部分写成加点的"ᠭ"，（即"ga"音，
sagang），因而我认为其他写法中只是没有添加点，中间部分的读法
其实都是"ga"音。作者有五次把名字记作"sahan"音，因而我认为

其读法的尾音应该是"n"，而不是"ng"，这一点也反映了蒙古语某些方言不分"n"和"ng"的现象。结合这两点，我认为作者名字的发音应该为"sagan"，这也许就是"⌐⌐⌐√"（chagan，意为"白"）一词的古代蒙古语发音。在巴尔虎、布里亚特之地，"⌐⌐⌐√"一词的发音至今都是"sagan"。

《蒙古源流》的主要史学价值在于其中关于元朝以后，尤其是巴图孟克达延汗时期的蒙古史的记载，其可谓是关于右翼三"土默特"（即"万户"）历史的重要文献。不过需要注明的是，该书关于成吉思汗的叙述多处与历史事实不符。

[6]"扯克扯仑失刺客额列"，意为扯克彻儿附近的失刺客额列之地。《蒙古秘史》汉语标音原本中记作"扯克扯仑失刺客额列"，《罗·黄金史》中记作"扯克彻儿·失刺·客额列"，策·达木丁苏荣先生编译的《蒙古秘史》中则记作"扯克彻儿失刺川"。

[7]宋使赵珙所著《蒙鞑备录》记载："成吉思少被金人虏为奴婢者，十余年方逃归，所以尽知金国事宜。"许多史料都能证实这一记载不符史实。关于这一点，苏联蒙古学家弗拉基米尔佐夫先生记载为："关于帖木真长时期逗留在中国的传说，这或许是起源于他生活在翁吉剌惕部里的缘故罢。"我认为弗拉基米尔佐夫先生的观点正确。

[8]关于"察剌孩领忽"之"领忽"，史学家屠寄先生将其解释为契丹主赐予察剌孩的"令稳"之号。日本蒙古学家那珂通世先生解释"领忽"一词为汉语"令公"的变异。在辽代，蒙古人从属契丹，因而我觉得屠寄先生的解释更为准确。

[9]克鲁伦河源自今蒙古国肯特山脉，注入内蒙古自治区境内的呼伦湖，系太平洋水系河流，总长1264千米，其中174千米在中国境内。

［10］"塔儿忽台乞邻勒秃黑"和"脱朵延吉儿帖"二人为俺巴孩可汗之子。《多桑蒙古史》则记作阿答勒汗（Adal-Khan）之子。"阿答勒"为俺巴孩的误称。《多桑蒙古史》如是记载："俺巴孩可汗被害之后，其族与泰亦赤兀部长共推嗣君，久而未决。其后不知主泰亦赤兀者为何人，仅知也速该死后，泰亦赤兀部以兵攻也速该子之时，其部长为阿答勒汗子塔儿忽台也。"（冯承钧汉译本《多桑蒙古史》上册第一卷第二章，第38页）

　　［11］当时蒙古人使用的战旗与如今的旗帜不同。关于战旗，即《蒙古秘史》之"大蠹"或"秃黑"，《多桑蒙古史》中如是注释："蠹者，中国旗名。一长矛上系土番之牦牛大尾也。是为中国皇帝之特用幢帜，其册封突厥鞑靼诸藩王时，常以此物并鼓赐之（Visdelou《鞑靼地域史》，97页。又 Abel·Remusat《鞑靼语言之考究》第一册303页）。由是突厥与鞑靼民族有 Tong 之名。惟无牦牛尾，则以马尾代之。此蠹与鼓皆为受封及统率之表示。"（冯承钧汉译本《多桑蒙古史》上册第一卷第二章，第38页）

　　如今我们将此"大蠹"或"秃黑"称作成吉思汗的苏鲁定，我在内蒙古伊金霍洛旗成吉思汗陵看到过祭苏鲁定仪式。1959年，我采访了一位年老的达尔扈特（"达尔扈特"即成吉思汗陵守陵人。——译者），得知该苏鲁定是在清朝年间依照蒙古族传统习俗用三百匹枣骝马的鬃毛制作而成的。

　　［12］"影外无其友，尾外无其缨"之"缨"，《蒙古秘史》标音原本中标音为"赤出阿"，旁译为"鞭子"。蒙古语版本《罗·黄金史》中的发音为"quqige"（汉译为"鞭子"）。策·达木丁苏荣先生编译的《蒙古秘史》中的发音为"taxigcr"（汉译为"鞭子"），其依据显然是上述旁译。道润梯步先生《新译简注〈蒙古秘史〉》中译作"缨子"（saqvg），并注明译作"鞭子"不准确。我认为，道润

梯步先生的看法是对的，从而将"赤出阿"记作"qaqvga"（即"缨子"）。"影外无其友，尾外无其缨"，整句意思为：没有朋友而形单影只，没有牲畜而穷困潦倒。

[13]"小鸟的羽毛逐渐丰满，羊羔儿长大了！"这一句在《蒙古秘史》标音原本中的标音为"豁鲁合惕豁斡只主兀，失鲁格惕失别里主兀"，旁译为"恶的每、退翎，诞收不的、长进"。《罗·黄金史》的汉译为："绵羊羔子换毛了，山羊羔子长大了。"《圣武成吉思汗战书》的记载为："雏鸟会有羽毛丰满的时候，羔羊也会有长大的那一天。"策·达木丁苏荣先生编译的《蒙古秘史》的汉译为："羊羔儿的毛褪了，羊羔儿的身体长大了（喻诃额仑的儿子们长大了）。"道润梯步先生的汉译为："雏雏每其退翎乎！诞羔每其长成乎！"我觉得这些翻译都不太准确，只是目前还没有其他确凿依据能够解释出"豁鲁合惕豁斡只主兀，失鲁格惕失别里主兀"这句话的准确含义。

[14]关于"帖儿古捏温都仑山的森林"这一地名，《蒙古秘史》汉语标音原本中的标音为"帖儿古捏温都仑石恢"。策·达木丁苏荣先生编译的《蒙古秘史》的谢再善先生汉译本却译作"最高山上的树林"，与原意不符。关于此地，呼·普尔赖先生记载道："帖儿古捏·温都仑，109°（东经），49°（北纬）。此山位于克鲁伦源流附近，当为德隆乌拉山。据当地传说，成吉思汗出生在此德隆山中，此说反映了该山同成吉思汗的业绩有密切的关系。"（《蒙古秘史地名考》）

[15]速勒都思部为多儿勒斤蒙古部之一。屠寄先生所著《蒙兀儿史记》中记载"速勒都思"为一种草名，有传说讲在该部领地这种草长满草原而给自部取其名。蒙古语版本《罗·黄金史》中的发音为"suldutai"，汉译为"速勒都思"；《蒙古源流》中有"svldas""suldesun""suldes"等发音不同的几种写法。而锁儿罕失剌的名字在相关文献中的写法也有出入：蒙古语版本《罗·黄金史》

和《蒙古源流》中的发音为"torhanxira"，汉译分别为"锁儿罕·失剌"和"托尔干沙喇"；《圣成吉思汗传》中的发音为"torganxira"，汉译为"锁儿罕失剌"；《圣武成吉思汗战书》中的发音为"svrganxira"。

[16] 色楞格河的名字至今都没变。色楞格河为注入贝加尔湖的北冰洋水系河流，总长 992 千米。有趣的是，"色楞格"一词是满洲语，意为"有铁的地方"，然而 12 世纪时期蒙古地名中几乎找不到满洲语名字。

[17] "台合勒豁儿合"在蒙译《元史》中的发音为"taihanqaija"，汉文原本中记作"泰寒寨"；《史集》中的发音为"taihahada"，汉译为"台合勒岗"。呼·普尔赖先生认为"泰寒寨"或"台合勒岗"便是"台合勒豁儿合"，并注明此地明显在喀尔喀西半部，因而有可能是鄂尔浑河畔额尔德尼召故址，即"塔孩·巴剌合速"。这个地名在策·达木丁苏荣先生编译本《蒙古秘史》中的发音为"taihalxibege"，汉译为"台合勒山"。

[18] "乞沐儿合豁罗罕"自东往西注入古时不峏罕合勒敦山北面的斡难河。巴拉第·卡法罗夫先生在《蒙古秘史》俄译本的注释中指出，"乞沐儿合豁罗罕"之名如今也许变为了"qimurge"。

"别迭儿豁失兀"和"豁儿出恢孛勒答合"二地均在这"乞沐儿合豁罗罕"附近。

[19] 此处所记"古连勒古"为古时不峏罕合勒敦南边（东经109°，北纬49°）的山名。策·达木丁苏荣先生在其编译的《蒙古秘史》中注明"桑沽儿豁罗合"为"诚格儿河"，若是这样，此地位置应该为东经 110°，北纬 47°。"诚格儿河"之名在蒙古国老地图上的发音为"sengger"，据说到 20 世纪 20 年代才改为"诚格儿河"，策·达木丁苏荣先生大概是以此为据。呼·普尔赖先生则认为由于出现在《蒙古秘史》中，因而"桑沽儿豁罗合"应该在肯特山附近（东

经 109°，北纬 49°）。

[20]"孛斡儿出"一名在《圣武亲征录》和《元史》中记作"博尔术"。然而，《蒙古源流》中有两种不同的发音，即"bvharqi"和"bvhvrji"；汉译本中也有两种不同的写法，即"博郭尔济"和"博古尔济"。我沿用了巴雅尔先生标音本《蒙古秘史》中的写法。关于孛斡儿出，《蒙古源流》中有一段其他文献所缺的有趣记载：

"征彼萨尔塔克沁之大战后，圣主乃为理大国之政事，自九乌尔鲁克以下，凡效力者，分别轻重，依次赐予大爵重赏厚禄，命为百户、千户、万户，督万户之官。虽费及广大人众，而未言及博古尔济诺延。及夜命伯琴奴守卫而入息也。孛儿帖彻辰夫人在帐中进言曰：

'当君在孤穷之时，

相逢而终为良友；

克成君艰辛功业，

不惜其身命者非博古尔济乎？

君既为人主合罕，

广施恩泽于大众；

讵忘效力出众者，

为人杰之博古尔济耶？'

"上乃曰：'吾非忘之，唯欲使嫉妒者知博古尔济之德耳。伯琴奴汝其往觇之，彼断不怒我，殆在其家作善言乎！'言讫，遂遣伯琴奴去，则适闻其妻特古斯根高娃言曰：

'得遇于未成立之前，

辅弼其所有之政事，

成就其凡百功业，

效力多于他人者也。

忘汝生身之父母，

抛汝怀抱之妻孥。

每谓：为我主效力，

今虽辛劳终获福焉云。

（今）圣主之恩及于众庶，

称与否尽为千户、万户，

未提及汝博古尔济焉。

凡为博尔济斤效力者，

均当以汝为戒。'云云。

博古尔济闻言对曰：

'有恩赐则未可贪饕，

当向前则更益效力，

有俸给则未可争先，

当效力则永为从赞。

汝妇人之缨头短而所见者浅也，

唯愿我主之金统永固，

愿其玉宇大国太平。

则今虽未获（赏赉），

其必赖及后世子孙，

何须急首而怨望也！

更当奋勉效力乎！

盖欲试出何言语耳，

吾主岂能忘我哉！

圣主心中必别有深意也！'云云。

"伯琴奴悉奏其言于主上，则主上曰：'吾非言之乎！先则效力出众焉！今则无显隐不晦其诚信而言焉。难料彼庸人之嫉妒也，诘朝当宣告博古尔济此德于众，而加大赉乎！'翌晨俟大众毕集，主上乃降旨曰：'昨我施恩赏众时，却忘博古尔济焉。故此，（昨）夜字儿帖妇人责怪我，适有僮仆过博古尔济之家，以博古尔济、特古斯根二人之言告我焉。'遂尽述博古尔济夫妻二人所言，且降旨曰：

'至令破敝其股皮撒袋，

仍出善言之我博古尔济；

值乱世而善事相从，

未悔其心之我博古尔济。

至令破败其毛皮撒袋，

多劳相从之我博古尔济；

值争战而舍死相从，

未惜其命之我博古尔济。'

"'是故我九乌尔鲁克等群臣，汝等众庶人等，未可怀嫉妒之心。若夫不重赏彼多劳效力之人，则不足砺后世效力之人也。唯因博古尔济先遇而多劳，兹所以重赏之由也。'群臣乃咸奏曰：'主上顷降赏于不及彼者，并不提及博古尔济诺延者何也？共料以主上之明，当别有一意焉。原来其意若是，我等何敢嫉妒，此旨宁非爱我众人之意乎！'云云。

"于是，主上乃降旨：'在内则守我玉宇大统，在外则主我五族之国，守我宏声之画角者，九部之长、其人杰博古尔济乎。'赐予其妻特古斯根高娃夫人以太夫人之号，封博古尔济为九乌尔鲁克之首，九部之长焉。"（道润梯步《新译校注〈蒙古秘史〉》卷三，第161~165页）

以上记载显然是《蒙古源流》作者针对当时的情景而虚构的。

［21］"克鲁伦河畔的兀剌黑啜勒"这一地名在其他文献史料中的写法各有出入。在《罗·黄金史》中记作"客鲁仑河的啜勒·兀塔地方"，《圣成吉思汗传》中记作"克鲁伦鄂托克的啜勒一带"，

呼·普尔赖先生记作"客鲁泐讷兀剌黑啜勒"，策·达木丁苏荣先生编译的《蒙古秘史》的汉译中记作"客鲁涟河的兀剌黑啜勒地方"。呼·普尔赖先生认为位于克鲁伦河中游（东经107°，北纬47°）的名叫"bugeturharavsv"的地方也许就是"兀剌黑啜勒"。

[22] 据说"不儿吉额儿吉"之地如今叫作"布赖格·额赖格"，指克鲁伦河右岸的"muruguu"（东经108°，北纬48°）之地。呼·普尔赖先生记载，听当地民众讲，有几个喇嘛在那里找到过恐龙骨骼化石，也有人从那一带的克鲁伦河水中发现过大型古代陶器。

[23] 称篾儿乞惕部为白塔塔儿部族，其依据来自古汉语文献中对蒙古部族的分类。其将漠北蒙古部族称为黑塔塔儿，而将汪古惕、翁吉剌惕、篾儿乞惕等部族称为白塔塔儿部族。关于塔塔儿，详情见下文。

[24] "麦端（Мудаи）篾儿乞惕"之名，屠寄先生所著《蒙兀儿史记》中记作"麦古丹"，《圣武亲征录》和洪钧编译的《部族志》中记作"麦端"（这是俄译《史集》中"Мудаи"的标音），张振珮先生所著《成吉思汗评传》中较有出入地记作"术丹"（其中"术"字好像是"木"字的误写）。"脱塔哈林（Тудаклин）篾儿乞惕"之名，屠寄先生的书中记作"脱里亭斤"，张振珮先生的书中记作"秃答黑邻"。"只温（Джиюн）篾儿乞惕"之名，张振珮先生的书中记作"只温"，屠寄先生的书中记作"察浑"。

[25] 关于"别乞"之号，弗拉基米尔佐夫先生如是记载："森林氏族常常拥立'珊蛮'（Shaman）做他们的领袖，因为这些人是被他们认为能够和精灵交接的。所以'珊蛮'在那时候便是氏族和部落的领袖，而他的称号就叫作'别乞'（Beki）。有时候，草原贵族社会里的成员，也带着这种称号。"（余元庵汉译本《成吉思汗》，第一章）史学家韩儒林先生解释"别乞"一词源自突厥语"beg"（指贵族）。

余元庵先生解释："'别乞'用于珊蛮教的巫师上，有'酋长'和'僧正'的意义。"（弗拉基米尔佐夫著、余元庵汉译《成吉思汗》，第一章注释［12］）由此看来，现代蒙古语中的"боо"（萨满教巫师）一词也许就是"别乞"一词的演变。

　　［26］"腾格黎豁罗罕"（tunggeliggorohan）在《蒙古秘史》中指不同的两个地方，一个在不峏罕合勒敦附近（东经109°，北纬48°），另一个在斡难河巴勒谆阿剌勒附近（东经110°，北纬49°），此处所记"腾格黎豁罗罕"为前者。从《蒙古秘史》中的标音"腾格黎豁罗罕"来看，其发音应该为"tenggeligorohan"或"tegrigorohan"。不过本书还是沿用了之前的写法。

· 刺绣密集金刚像 ·

成吉思汗史记

第三章

成吉思汗崛起的时代

　　青少年时期的帖木真遭遇过三次劫难，受到一定的打击，不过在这个过程中，他的势力壮大了许多。这时，以"哈布图哈撒儿""孛克别里古台"（《黄金史纲》的写法，指合撒儿、别勒古台）之名号闻名于世且身强力壮、勇猛无比的帖木真的两个弟弟，虽未成年却早已名满草原。论身体力量，帖木真赶不上两个弟弟，但比起两个弟弟，帖木真显然更具智慧、更具远见。这一点是通过帖木真历经磨难后反而变得不惧艰辛且更加坚韧刚强，并以报仇雪恨、恢复祖业的雄心壮志鞭策自己，不断增强自身实力的行为体现出来的。

·击鼓图　壁画·

因化解了三次劫难，帖木真名满草原，尤其在也速该把阿秃儿旧部属民中，他的英雄事迹成了焦点话题。帖木真的名气越大，他的实力就愈发强大。帖木真归拢父亲旧部而壮大自身实力的行为，以及其报仇雪恨、恢复祖业的目标符合当时新兴草原封建势力试图统一蒙古诸部而实现大繁荣的利益需求，也符合普通蒙古民众欲结束部族间的敌对状态，统一蒙古民族，从而换来和平安定生活的共同愿望。

依《蒙古秘史》的内容顺序，请来孛斡儿出、与王汗结盟、与札木合结怨等均是篾儿乞惕部突袭之前发生的事情。不过，为了使每个章节内容更加统一，决定将这三件事移到这一章来阐述，故此注明。

派别勒古台前去请来孛斡儿出这件事发生在帖木真与孛儿帖兀真成婚后送亲到他家的岳母搠坛回家之后。关于搠坛在帖木真家到底住了多长时间，相关文献史料没有明确记载。以蒙古族传统婚俗看，送亲者不会在男方家住很长时间。因而，请来孛斡儿出的时间应该还是帖木真十七岁（1178年）那年。据《蒙古秘史》记载，孛斡儿出前去与帖木真会合的时候并没有告知其父。孛斡儿出是第一个前去辅佐帖木真的亲信。

16. 与客列亦惕部王汗结盟

与孛儿帖兀真成婚那年（1178年），帖木真携合撒儿、别勒古台两个弟弟，带着孛儿帖兀真的珍贵嫁妆黑貂皮短袍前去拜见了客列亦惕部王汗。

当时帖木真去拜见王汗并与其结盟的原因有二：一是王汗是其父也速该把阿秃儿的安答，也速该把阿秃儿曾经给王汗提供过援助；二是当时的客列亦惕部属于草原上的强部。《多桑蒙古史》记载客列亦惕部当时有二十万人口。

关于客列亦惕部，邱树森先生所著《元朝史话》记载："在鞑靼联盟中，居住在今土拉河、鄂尔浑河一带驻牧的'九姓鞑靼'，就是后来的克烈部。"（第一章第一节，第2页）还有不少文献史料记载客列亦惕为突厥部族。不过，如前文所述，在12世纪后期，客列亦惕部已经属于蒙古语部族。据记载，客列亦惕部原名为"客列"，与"康里"同源。有的甚至记载"客列"一名是从"康里"演变而来的。因而"客列"一名在汉语文献中都记载为"kelie"音（"克烈""客列""怯烈"等）。后来就用上了"客列"之复数"客列亦惕"。7—9世纪，客列亦惕部驻牧于贝加尔湖以西谦河一带，后

来逐渐南迁。12—13世纪，其领地位于杭爱山脉和肯特山脉间、鄂尔浑河与土拉河之间。当帖木真前去拜见的时候，王汗居住在土拉河畔合剌屯之地[1]。当时的客列亦惕部西与乃蛮部接壤，北与篾儿乞惕部隔色楞格河相望，南边与汪古惕部以大漠相隔。因领地纠纷，这些部族经常处于敌对状态，不过客列亦惕部与其中的乃蛮部关系密切，并与突厥部族中开化程度最高的畏兀儿人来往频繁，这一点推进了客列亦惕部的开化进程。因而，当时客列亦惕部贵族中不少人信奉基督教聂思脱里派[2]。

12世纪、13世纪时期，客列亦惕部在蒙古语部族中属于强部之一，并有斡栾懂合亦惕、只儿斤（赤儿乞儿）、撒乞阿、土绵土别干、额里诃、汪豁真六个分支。因为客列亦惕为突厥部族之说，后人认为清朝时期的"土尔扈特"之名为"turkvd"（即突厥之复数）一词的变异，珠勒都斯、和博克萨里、库尔喀剌乌苏、额济纳、布勒罕河、青海等地的土尔扈特部首领们均被称作王汗的后裔。

客列亦惕部首领被称作"汗"，12世纪后期，客列亦惕部汗名叫脱斡邻勒[3]。脱斡邻勒汗于1196年被金朝封王之后便被称作"王汗"（古代蒙古语中没有"w"音，因而在《蒙古秘史》中记作"onghan"）。

帖木真兄弟三人前去拜见王汗，对王汗说："以前，你是我父亲的安答，所以我把你看作和自己的父亲一样。"并把黑貂皮短袍作为礼物送给了王汗。王汗接受黑貂皮短袍并允诺道：

　　"你那离散的部众我为你聚集，

　　回报你这黑貂皮褡胡的礼物。

　　你那离散的国家民众我给你收抚，

　　回报这件黑貂鼠皮袄的礼物。

　　肾脏应居于腰背，

　　声音应发自肺腑。"[4]（色道尔吉汉译本《罗·黄金史》第四章第八节，第45页）

　　不过，后来发生的事情证实了，以王汗的本性，他不可能成为帖木真永远的朋友或靠山。

　　从《多桑蒙古史》和《马可·波罗游记》的记载来看，欧洲人称王汗为"普勒斯特·约翰"。据说"约翰"为基督教徒之号，"普勒斯特"意为"君主"或"长老"。

　　关于王汗获封此号的原因，有传说言，古时，遥远的东方有一位管理基督教徒并大兴其教的基督教君主，他同时又是基督教长老，名叫长老约翰国王。而欧洲人相信这则传说是真实的，后来更是认为客列亦惕部王汗便是这位约翰，即普勒斯特·约翰。

　　事实上，客列亦惕部脱斡邻勒汗的所作所为

· 白玉熊 ·

根本不符合那则神奇传说中"长老约翰国王"之身份，甚至是个平庸且没有人情味的人。

关于"脱斡邻勒"，《蒙古秘史》记载："说起他以前的日子，他七岁时被篾儿乞惕人掳去，穿着黑花山羊羔皮袄，在薛凉格河的不兀剌原野上为篾儿乞惕人掏谷物。直到他的父亲忽儿察忽思·不亦鲁黑汗打败了篾儿乞惕人，才把他救出来。十三岁的时候，塔塔儿部的阿泽汗，又把他连同他的母亲一起掳了去，叫他放牧骆驼。（后来）阿泽汗的牧羊人带着他逃了出来。"（第152节）后来，丧失人性的"王汗杀死了他的父亲忽儿察忽思·不亦鲁黑汗的弟弟们，遂与他的叔父古儿汗互相攻打，被打败后逃入哈剌温山的峡谷，只带着一百个人逃出来，投奔也速该汗处。也速该汗因他来投奔，亲自把古儿汗赶走到合申（西夏）[5]去了，把王汗的百姓带回来交给了王汗。因此与王汗结为安答"。（第150节）"其后，王汗的弟弟额儿客·合剌，在将要被他哥哥

· 赤峰市巴林右旗辽庆州城白塔 ·

王汗杀害时，逃出去投奔到乃蛮部亦难察汗处。"（第151节）

上述《蒙古秘史》的记载便是帖木真崛起之前王汗的一些经历或事迹。王汗到底是个什么样的人，从他弟弟们议论的话语中可看出一二："咱们这位汗兄，心胸狭窄，心怀恶意，杀了许多兄弟，他投降过合剌契丹，并且使百姓们受苦。"（第152节）

王汗就是这样的一个人。帖木真以黑貂皮短袍为礼，认为"以前，你是我父亲的安答，所以我把你看作和自己的父亲一样"而前去与其结盟的时候尚未看清他的本性。不过，后来发生的事情让帖木真逐渐看清了王汗这个人。

17. 者勒篾前来辅佐

帖木真前去拜见王汗并与其结盟后，回到不儿吉额儿吉营居。这时，兀良合部札儿赤兀歹老人带着儿子者勒篾从不峏罕合勒敦山前去，找到帖木真后对他说："让者勒篾为你备马鞍、开门户吧。"说罢，将儿子者勒篾交给了帖木真。

兀良合部为多儿勒斤蒙古部之一，另外还有一个叫作森林兀良合的部族。札儿赤兀歹老人所属兀良合部12世纪时期营居于肯特山，当时为孛儿只斤氏族的奴从部族。后来到了15世纪时期，巴图孟克达延汗的左翼三万户之一便叫兀良合万户，该万户领地位于大兴安岭以南今赤峰市一带。

　　札儿赤兀歹老人是一位铁匠。以前他在迭里温孛勒答合营居时属于也速该把阿秃儿的属民，帖木真诞生时老人送过一个貂皮襁褓，并允诺让儿子者勒篾辅佐帖木真。不过当时者勒篾尚幼，因而没有将他留在帖木真家。而此时，者勒篾已经长大成人，札儿赤兀歹老人将他送到帖木真家便是为了兑现曾经的诺言。帖木真与者勒篾建立友谊的过程便是如此。

　　者勒篾为从小跟随和辅佐帖木真的忠诚亲信，是成吉思汗"四先锋"之首。1189 年帖木真被拥立为蒙古可汗时，将者勒篾、孛斡儿出二人封为诸人之长。者勒篾前后三次救过帖木真的命，又在 1197 年与者台、阿勒塔泥[6]一同救过帖木真季子拖雷的命。因功勋卓著，者勒篾被封为成吉思汗九乌尔鲁克之一，1206 年被封为蒙古帝国开国八十八功臣之第九位千户官，并被赐予九次犯罪不罚的特权。者勒篾的儿子也孙帖额也是成吉思汗帐下著名将领，为成吉思汗怯薛军箭筒士长。

18. 札木合是个什么样的人

　　帖木真在十一岁的时候结交了一个安答，这位安答名札木合，号薛禅，平常大家都称他为札木合。

　　札木合为札答剌部贵族。札答剌部又称札只剌歹，屠寄先生所著《蒙兀儿史记》中称札答剌为多儿勒斤

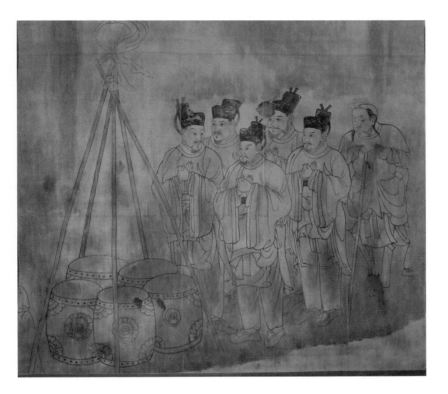

蒙古部之一，这是因为作者认同"札答剌为外姓人之后"之说。而《新元史》中称札答剌为尼伦蒙古部之一，为黑达达（"达达"即鞑靼）。古时，帖木真十世祖孛端察儿蒙合黑在一次战役中捉到一个自称札儿赤兀惕阿当罕兀良合真的孕妇，并将该女娶作庶室。孕妇所生的孩子被视作外姓人之子，因而起名札只剌歹，其后裔便是札答剌部。札答剌之"札答"，意为外姓或异族。12世纪、13世纪时期，札答剌部营居于呼伦湖以北豁儿豁纳黑主不剌一带。不过，有些文献史料记载札答剌部领地位于篾儿乞惕部领地以南鄂尔浑河、色楞格河的中游。从后来发生的事情来看，这一记载有误。

从《蒙古秘史》的记载看，札木合为札只剌歹第五代孙，从孛端察儿算起来就是第六代。帖木真则为孛端察儿第十一代孙。札木合与帖木真属于同一时代的人物，这一点无疑。由此看来，《蒙古秘史》所记札木合为札只剌歹第五代孙之说有误。

帖木真在十一岁那年与札木合在斡难河冰上一起玩耍的时候，收对方送的狍子髀石并回赠自己的灌铜的髀石，两人就这样结为安答。当时的帖木真和札木合不过是相互认识的两个孩子，谈不上知心知己，更无法预料两人后来会成为势不两立的政敌。

札木合所谓"亲密友爱"其实是敌对的开始，他无疑是个永远骑着双头马的政治投机者。札木合唯一一次真正意义上帮助帖木真是参加征伐篾儿乞惕之役，参加的目的之一也是为了炫耀自己。之后，他与帖木真一同驻牧一年半时间，看出帖木真想要统一蒙古诸部的雄心壮志后便离开了他，坚决站到敌对的位置上，并在此后的二十四年（1180—1204年）时间里始终对抗帖

· 凤形金戒指 ·

木真。这种敌对状态的具体体现为五次战役。第一次：札木合率领三万大军突袭帖木真所部的"十三翼之战"。这次战役中，帖木真战败。第二次：札木合串通一些蒙古贵族立自己为"古儿汗"，并率领诸部联军攻打帖木真的帖尼豁罗罕之战。结果，札木合战败。第三次：由札木合挑起的阔亦田之战。此次战役后，战败的札木合逃跑的途中掳掠了立他为汗的那些部族。第四次：札木合伙同王汗、你勒合桑昆等人，由他指挥联军发动的卯温都儿战役。战役期间见王汗毫无胜算，札木合立即改变主意，暗中向帖木真通报军情，出卖了王汗。第五次：札木合携部属投靠乃蛮部，伙同该部塔阳汗攻打帖木真的纳忽昆战役。战役期间见乃蛮部战败，札木合再次逃离战场。后来札木合彻底没落，带五个随从躲到唐努山，不过始终在与帖木真对抗。与帖木真敌对的蒙古贵族中，如此彻底的抵抗者除了札木合，再无他人。

一开始，札木合的反派形象没有清楚地显现出来，所以帖木真视其为挚友，后来在札木合彻底溃败的情况下，成吉思汗还在以宽容的态度对待他。

值得注意的一点是，国外一些史学家视札木合为提倡"民主"者。但从札木合的生平事迹来看，他从未代表普通百姓的利益，也未曾代表新兴封建贵族的利益，他只是以成吉思汗的敌人或反动贵族的角色抵抗到最后而已。

关于札木合，苏联蒙古学家弗拉基米尔佐夫先生通过分析提出了自己的观点，他的记载能够说明一些问题：

"巴托尔德以为扎只拉特（或扎答拉特）氏之首领扎木合提倡蒙古的民主主义运动，与亲骨肉的贵族成吉思汗对立。这种运动的适当解决，因为它可以左右从十二世纪末至十三世纪之蒙古社会观的关系及其主要的问题。第一，当时究竟有没有这种公然与贵族成吉思汗斗争的民主主义运动呢？以前我对于这个问题赞成巴托尔德所发表的意见，但是现在我不得不把我的这种见解加以适当地改正……

"在那个时候，草原贵族具有强力，而且族员们也有多数阶级。如别勒金之正确的所叙：'成吉思汗在其草原上所建的贵族制充分能够建筑其王政。'这是很明确的具有民主主义色彩的运动。在我们的材料中完全没有存在。蒙古的草原贵族制由成吉思汗之支持固所皆知，然而在此应当说明的就是蒙古社会的多数下层阶级屡屡帮助他，与他竭诚协力于这件事情。

成吉思汗被称为'气质优渥的王子'也并非没有其原因。关于这个问题，以后当再有一度的叙述，现在仅将当时没有民主主义的运动这件事有强调之

· 高颈玻璃瓶 ·

必要。"(瑞永汉译本《蒙古社会制度史》第一章第二节，第 139 ～ 140 页）

19. 帖木真的首次胜利——伐篾儿乞惕之不兀剌客额列之战

己亥年（1179 年），十八岁的帖木真决定讨伐篾儿乞惕部，夺回被劫去的妻子和家人，一报被欺辱之仇。

从《蒙古秘史》和《罗·黄金史》所记"帖木真……从那里起兵"这句话来看，当时帖木真已经拥有属于自己的军事力量，只是不清楚到底有多少兵力。总而言之，当时帖木真手中的兵力不足以征讨篾儿乞惕部，于是他向王汗、札木合二人求援。

王汗和札木合均与篾儿乞惕部有旧仇，因而二人都答应了讨伐篾儿乞惕之事，均亲自率军前去与帖木真会师。

这次战役史称不兀剌客额列之战。这次战役中，王汗率兵两万（其中一万为其弟札合敢不[7]所属）与帖木真一起编成右翼，札木合率兵两万（其中一万为营居于斡难河一带的帖木真旧部将兵）自成左翼，三部联军的统帅为札木合。

当时，兀都亦惕篾儿乞惕部首领脱黑脱阿别乞的人马安营于不兀剌客额列[8]之地，兀洼思篾儿乞惕部首领答亦儿兀孙的人马安营于鄂尔浑河与色楞格河间

的塔勒浑阿剌剌[9]之地，合阿惕篾儿乞惕部首领合阿台答儿麻剌的人马安营于合剌只客额列[10]之地。关于篾儿乞惕部当时有多少兵力，相关史料没有详细记载。从战役的结果来看，篾儿乞惕部一则没有足够兵力，二则没有充分准备。

这次战役发生于1179年秋中[11]。

帖木真、王汗和札木合会师于斡难河源头孛脱罕孛斡儿只之地，用莎草[12]编制筏子渡过勤勒豁河[13]到达主战场不兀剌客额列。《蒙古秘史》通过一首诗形象地描述了这场战役的实况：

"我祭了远处能见的大纛，
我敲起黑牦牛皮的响声咚咚的战鼓，
我骑上乌骓快马，
穿上坚韧的铠甲，
拿起钢枪，
搭上用山桃皮裹的利箭，
上马去与合阿惕篾儿乞惕人厮杀。
我祭了远处能见的大纛，
我敲起牛皮做的响声嗡嗡的战鼓，
我骑上黑脊快马，
穿上皮甲衣，
拿起有柄的环刀，
搭上带箭扣的利箭，
要与兀都亦惕篾儿乞惕人，
决一死战！"（第106节）

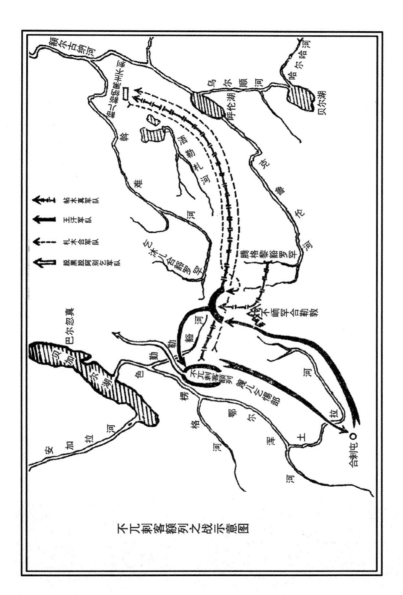

不兀剌客额列之战示意图

这显然是一首豪气冲天的战歌。从这首诗中，我们能够了解古代蒙古人作战的顺序或风俗：首先祭大纛，其次"敲起黑牤牛皮的响声咚咚的战鼓"，甚至写出穿什么样的盔甲，用什么样的兵器（钢枪、利箭、环刀等）。《马可·波罗游记》详细记载了12世纪、13世纪时期蒙古人的作战情况，那些记载与《蒙古秘史》这一记载很相近。

　　做好所有的战备工作后，帖木真、王汗和札木合的联军以不兀剌客额列为主战场，夜袭脱黑脱阿别乞所部。

　　篾儿乞惕部虽为强部，但在帖木真、王汗和札木合联军的猛烈攻击下，毫无抵抗之力，遂溃败而逃。兀都亦惕篾儿乞惕首领脱黑脱阿别乞和兀洼思篾儿乞惕首领答亦儿兀孙两人得到营居于勤勒豁河一带的渔民和猎人们的急报，带着少数人马连夜沿着色楞格河逃到巴儿忽真之地。联军捉到合阿惕篾儿乞惕首领合阿台答儿麻剌，给他戴上板枷，押送到不峏罕合勒敦山。三部联军将之前在不峏罕合勒敦山突袭帖木真部劫走孛儿帖兀真的三百篾儿乞惕人全部消灭，剩下的妇女、

儿童全部被贬为奴仆；也将落荒而逃的其他篾儿乞惕人掳掠一番。正如《蒙古秘史》所载：

"从其帐庐天窗上空袭而入，

撞塌那紧要的帐庐骨架，

把他的妻子、儿女掳掠尽绝，

撞折了他的福神的门框，

把他的全体百姓一扫而空。"[14]（第109节）

夜里，帖木真一边战斗一边喊叫孛儿帖的名字，终于找到了被篾儿乞惕人劫走半年有余的妻子孛儿帖兀真和忠诚善良的豁阿黑臣老媪。于是，帖木真给王汗和札木合送信建议结束战斗，不兀剌客额列之战就此结束。

贝勒津所著《成吉思汗》记载，帖木真在这次战役中俘获大量的战利品，不过他将大部分战利品送给了王汗和客列亦惕军队。分拨完战利品后，王汗沿不峏罕合勒敦山等地一路打猎，退回到自己的营居地土兀剌河边的合剌屯之地。

帖木真与札木合一同退回后者的领地豁儿豁纳黑主不剌[15]，并一同营居此地。

这时，即1179年的秋末或冬初，孛儿帖兀真生下一男孩，便是帖木真的长子术赤[16]。

此次讨伐篾儿乞惕之战，对帖木真组织建立自己的军事力量，甚至对其统一大业而言，均起到了关键且深远的作用。战役期间，王汗将自部军队指挥权交给了帖木真（贝勒津所著《成吉思汗》记载）。于是，帖木真的声名在草原上，尤其在也速该把阿秃儿旧部中鹊起，成了所有人议论的焦点。总而言之，这次战役的胜利，一则使帖木真得到了新兴的草原贵族、民众，尤其是年轻人的拥护；二则使其初次掌握了军队组织形式、作战战术以及统领庞大军队的军事要领；三则使其在军事和经济两方面壮大了自己的势力。

20. 帖木真和札木合认清彼此而分道扬镳

讨伐篾儿乞惕部的不兀剌客额列之战后，帖木真和札木合两人一同营居豁儿豁纳黑主不剌之地，两人一同怀念儿时的安答之情，相互交换礼物，过了一年半白天同作乐、夜里同入眠的亲密友爱的时光。《蒙古秘史》等相关文献史料的记载均如此。

不过，在这一年半时间里也发生过一些较复杂的事情，那便是帖木真和札木合两人认清了彼此。起初，帖木真随札木合到其领地一同营居并送礼物，彼此间保持亲密友好关系。这本是帖木真试图拉拢札木合成为自己的挚友，从而结盟对敌、共荣共进的善意举措。因而，札木合离去前，帖木真一直没放下这一企望。再说，帖木真在共同作战的过程中知晓札木合率领的军队中有很多也速该把阿秃儿旧部士兵，试图拉拢这些旧部百姓也是帖木真与札木合一同营居的原因之一。所以在这一年半时间里，帖木真与那些旧部，尤其与其中的新兴封建贵族有了一定程度的交往，对他们的影响越来越大，这一点通过后来发生的事情得到了证实。

与帖木真同营居，札木合毫无疑问也有自己的目的。

起初，札木合并不知晓与帖木真和王汗结盟攻打篾儿乞惕部的真正意义和帖木真的影响力，只是简单地认为此次战役是草原贵族间因仇恨而发动的混战或掠夺战。也许札木合一开始认为若助帖木真讨伐篾儿乞惕部，夺回之前被劫走的帖木真家人，帖木真便会念其拔刀相助之恩而跟随他，做他的从属。于是，札木合毫无戒备之心地与帖木真互换礼物，以强者自居。时间一长，札木合发现事态的发展与其想象背道而驰——帖木真的影响力越来越大，势力愈加壮大，不少部族的百姓，甚至有势力的草原贵族都心向帖木真。对于这一切，狡猾的札木合悔恨之余打算与这个临时的安答分道扬镳，甚至与其对立。

在豁儿豁纳黑主不剌同营居一年半时间的帖木真、札木合二人在1181年农历夏季首月十六望日动身迁徙，当时帖木真二十岁。

思虑多日而决定离开帖木真的札木合趁搬家迁徙这一机会，用隐喻之语向帖木真道出了心中所想：

·灰陶龙首·

"帖木真安答！安答啊！

咱们靠近山扎营住下，（适于牧马）

可以让咱们的牧马人到帐庐里（休息）。

咱们靠近涧水扎营住下，（适于牧羊）

咱们的牧羊人、牧羊羔人，饮食方便。"（第118节）

帖木真未能领会札木合所言之意，聪慧的孛儿帖兀真则一五一十地道出了札木合的本意："听人说札木合安答好喜新厌旧。如今到了厌烦咱们的时候了。"关于这一点，中央民族学院（今中央民族大学）青年教师贺希格陶克陶胡在其论文《成吉思合罕与札木合薛禅》中合理地解释道："说明了便是札木合厌烦了安答帖木真，因而需要寻找其他可靠的亲信朋友。他以山和水比喻将要结交的朋友亲信，以牧马人、牧羊人、牧羊羔人，也就是说以牧人比喻自己。所以将札木合所言理解为如下更为确切：'帖木真安答，安答啊！我要寻找山一般的朋友，他可以提供帐庐保护我！我要寻找水一般的朋友，他可以提供饮食扶养我！'札木合曾与帖木真有过那么亲密的情谊却能说出要寻找其他朋友亲信之类的话，明显是他厌烦帖木真了，这么翻译、这么解释才能与孛儿帖兀真的理解和解释相吻合。"

帖木真和札木合就这样分道扬镳了。这次分开造成了帖木真和札木合两人的决裂，他们之间的对峙就这样开始了。

21. 帖木真与草原贵族们结盟

帖木真离开札木合后，他的势力并没有削弱，反而越来越壮大，朋友、亲信和部众越来越多。不少亲信和草原贵族陆陆续续前来投奔帖木真。

实际上，帖木真与札木合一同营居的那一年半时间里，一些草原贵族已经有投奔帖木真的意愿了。但这些贵族前来投奔帖木真的实际过程发生在从帖木真与札木合决裂的那年（1181年）到帖木真被拥立为"全体蒙古"之可汗那年（1189年）间的七八年时间里。从我们的圣殿文献《蒙古秘史》的记载看，那些部族和贵族陆陆续续离开札木合投奔帖木真的过程如下：

（1）札剌亦儿部合赤温脱忽剌温、合剌孩脱忽剌温、合兰勒歹脱忽剌温兄弟三人[17]前来投奔。

（2）塔儿忽惕部合答安答勒都儿罕兄弟五人[18]前来投奔。

（3）蒙格秃乞颜之子翁古儿等人带着敝失兀惕部和巴牙兀惕部部众前来投奔。

（4）巴鲁剌撒部忽必来、忽都思兄弟等人前来投奔。

（5）忙忽惕部者台、多豁勒忽扯儿必二人前来投奔。

（6）阿鲁剌惕部斡歌连扯儿必（孛斡儿出之弟）前来与哥哥会合。

（7）兀良合部察兀儿罕（者勒篾之弟）、速别额台把阿秃儿等人前来与者勒篾会合。

（8）别速迭部迭该、古出古儿兄弟二人前来投奔。

（9）速勒都思部赤勒古台（这是《蒙古秘史》第120节中的写法，但在第202节中写为"出勒格台"，其实是同一个人）、塔乞、泰亦赤兀歹兄弟等人前来投奔。

（10）札剌亦儿部薛扯朵抹黑携其二子阿儿孩合撒儿、巴剌前来投奔。

（11）晃豁坛部雪亦客秃扯儿必前来投奔。

（12）速客虔（速客客）部者该晃答豁儿之子速客该者温[19]等人前来投奔。

（13）捏兀歹部察罕豁阿[20]等人前来投奔。

（14）斡勒忽讷兀敦部轻吉牙歹前来投奔。

（15）豁罗剌思部薛赤兀儿前来投奔。

（16）朵儿别部抹赤别都温前来投奔。

（17）亦乞列思部不秃古列坚跟随行婿礼的人前来投奔。

（18）那牙勤部冢率（种索）前来投奔。

（19）斡罗纳剌部只儿豁安前来投奔。

（20）巴鲁剌撒部速忽薛禅携子合剌察儿前来投奔。

（21）巴阿邻部豁儿赤、兀孙额不干、阔阔搠思等人带着篾年巴阿邻部众前来投奔[21]。

（22）忽难等格你格思部众前来投奔。

（23）也速该把阿秃儿的老弟带部众前来投奔。

（24）札答剌部木勒合勒忽前来投奔。

（25）温真、撒合亦惕部众前来投奔[22]。

（26）主儿勤部莎儿合秃主儿乞之子撒察别乞、泰出二人带部众前来投奔[23]。

（27）也速该把阿秃儿哥哥捏坤太子之子忽察儿别乞带部众前来投奔。

（28）忽图剌可汗之子阿勒坛斡惕赤斤（也速该把阿秃儿的堂弟）带部众前来投奔。

上述部族和贵族的一部分［（1）～（21）条所记］是在帖木真离开札木合时跟随而来的。另一部分［（22）～（28）条所记］是在帖木真营居于乞沐儿合豁罗罕的阿亦勒合剌合纳之地时前去投奔的。这两拨前来投奔的草原贵族们的下属部族有二十三[24]个之多。《蒙古秘史》等不少文献都没有提到这些部族的属民人数。不过贝勒津先生所著《成吉思汗》记载共有一万三千户。虽然难以证实这一数据的准确性，但能够确定当时的蒙古人多数已经心向帖木真，那几年时间里，帖木真的势力壮大了许多。

· 灰陶菩萨像 ·

当然，投奔帖木真的那些草原贵族各有各的目的和利益所求。其中，有些人看到帖木真能够成就伟业的才能和魄力，从而认为跟随帖木真便会是胜利者，以后会获得领地和财物。也有如撒察别乞等老一辈贵族不愿被札木合管制和指使，认为通过扶持帖木真这样的年轻人能满足自己的利益需求。还有人以拥护帖木真为条件，目的就是为了得到相应利益。

· 酱彩划花卷沿罐 ·

比如巴阿邻部豁儿赤前去投奔时便做了一个明目张胆的交易。当时帖木真许诺让他当万户官，他却追加如下条件："封我做万户长，还得从国内美好的女子中由我任意挑选三十人为妻，还有，不论我说什么话，你都要听我的。"（第121节）

22. 帖木真被拥立为"全体蒙古"的可汗

己酉年，即1189年，帖木真二十八岁。他家营居于肯特山南边克鲁伦河源头桑沽儿豁罗合溪畔合剌只鲁肯山之阔阔纳浯儿之地。

这时帖木真与札木合决裂已有八年多时间。在这八年多时间里，尼伦蒙古部的多数贵族和有名望的人都投奔了帖木真。忽图剌可汗去世之后的几十年时间里，四分五裂的尼伦蒙古部部众受尽了来自部族内外的压迫和欺辱，深刻体会了无法自立自主的苦痛。于是蒙古部众将命运和希望寄托到了帖木真身上。

这一历史使命被寄托到帖木真身上的必然性在于：一是帖木真为尼伦蒙古部历代统治氏族孛儿只斤氏当仁不让的首领；二是帖木真在其父去世后的近二十年间经历了很多生活的苦难和遭遇了数次险境，将自己历练成一位无惧无畏、坚韧刚毅、勇猛无比的蒙古大汉，一位震山的猛狮、翱翔的雄鹰般的勇士；三是帖木真的行为，即归拢四分五裂的部众，壮大自己的势力，讨伐仇敌，安抚属民等举措均符合其部众的共同利益；四是帖木真身上具备了一个统治者应具备的雄心壮志和组织领导能力。

于是，帖木真帐下的"全体蒙古"贵族们经过协商，决定拥立帖木真为可汗。由名望较高的老一辈贵族——忽图剌可汗三子阿勒坛斡惕赤斤、也速该把阿秃儿的哥哥捏坤太子之子忽察儿别乞和把儿坛把阿秃儿的哥哥斡勤巴儿合黑的侄子撒察别乞代表众人拥立帖木真为可汗，号"成吉思"[25]。当时，帖木真先后向答里台斡惕赤斤（也速该把阿秃儿最小的弟弟，帖木真叔父）和阿勒坛斡惕赤斤、忽察儿别乞、撒察别乞提起欲将汗位让给作为长辈的他们，但四人均未答应，并立下效忠于他的誓言。

从《蒙古源流》的记载看，这是己酉年，即1189

年的事，那年帖木真二十八岁（虚岁）。

不过，帖木真此次被立为可汗并不等于当上所有蒙古部族的统治者，而是与合不勒可汗、俺巴孩可汗、忽图剌可汗一样当了"全体蒙古"的可汗。因而相关文献史料中称此为首次登基。

帖木真被拥立为成吉思汗之后做的第一件事情是给自己的下属亲信分配公职，为之后的蒙古帝国的军政机构建立了雏形。

军事机构

（1）命阿儿孩合撒儿、塔孩、速客该（速客该者温之简称）、察兀儿罕四人任侦察联络官。

（2）命斡歌连扯儿必、合赤温脱忽剌温、者台、多豁勒忽扯儿必四人任护卫可汗的箭筒士。

（3）命忽必来、赤勒古台、合剌孩脱忽剌温三人任佩刀士，佩刀士由合撒儿管制。

经济或后方机构

（1）命别勒古台、合兰勒歹脱忽剌温二人为掌管战马者。

（2）命泰亦赤兀歹、忽图抹里赤、木勒合勒忽三人为掌管马群者[26]。

（3）命迭该为掌管羊群者。

（4）命古出古儿为掌管车辆者。

司膳[27]及家务、宫中事务的管理

（1）命翁古儿、雪亦客秃扯儿必、合答安答勒都儿罕三人任司膳。

（2）命速别额台把阿秃儿为掌管房屋和财务者。

（3）命朵歹扯儿必为掌管斡儿朵事务者。

诸人之长

命字斡儿出、者勒篾二人任诸人之长。

帖木真被拥立为可汗之后做的另一件事情是派迭该、速客该二人至客列亦惕部脱斡邻勒汗处，派阿儿孩合撒儿、察兀儿罕二人至札木合处，通报二人自己被拥立为可汗之事。而王汗和札木合二人对待这件事情的态度完全不一样。王汗说："立吾儿帖木真为汗，这太好了！你们蒙古人怎么可以没有汗呢？"（《蒙古秘史》，第 126 节）札木合则说："（请你们）去对阿勒坛、忽察儿两个说，'阿勒坛、忽察儿你们两人，为什么要在帖木真安答和我之间戳腰、刺肋，挑拨离间呢？当帖木真安答

·鎏金银覆面·

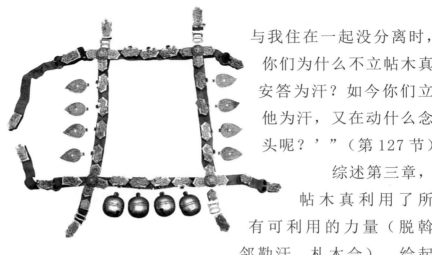

·龙纹鎏金铜马具·

与我住在一起没分离时，你们为什么不立帖木真安答为汗？如今你们立他为汗，又在动什么念头呢？'"（第127节）

综述第三章，帖木真利用了所有可利用的力量（脱斡邻勒汗、札木合），给起初的主要敌对力量篾儿乞惕部以毁灭性的打击，扩大了自己的政治影响力，大大提高了自己的军事和经济实力，从而将"全体蒙古"的多数新兴封建贵族和他们的部众拉拢到自己的身边，初步统一了"全体蒙古"，并首次登基，被拥立为可汗，也给自己日后的统一大业奠定了政治、组织、军事和经济等多方面的坚实基础。

注　　解

［1］"土拉河畔合剌屯之地"，策·达木丁苏荣先生编译的《蒙古秘史》中记作"土兀剌河的黑林"。"屯"字在《蒙古秘史》原本中的旁译为"林"，由此看来，"屯"指的是森林。据呼·普尔赉先生的论文《蒙古秘史地名考》的记载，此地为"今之土拉·树归（东

经 111°，北纬 47°）"（树归即森林。——译者）。"土兀剌，今土谢图汗部之图喇河，河之南有汗山，多林木，即黑林，此汗山当因王可汗得名。"（屠寄先生所著《蒙兀儿史记》卷二，第 27 页）"土兀剌河"即今土拉河。土拉河源于今蒙古国境内的肯特山脉，经乌兰巴托市注入色楞格河，是北冰洋水系河流，全长 819 千米。土拉河之名在古文献或碑文中被记作"土兀剌河""秃忽剌河"等。

［2］关于 11 世纪初期的客列亦惕部信奉基督教聂思脱里派之说，《多桑蒙古史》中记载了一则有趣的故事："阿不法剌治之东方诸朝史云……有克烈部，在突厥境之东北。其王一日猎于其国山中，雪深迷道不得出，见一圣者语之曰，脱汝信仰耶稣基督，我将救汝出险，示以归路。克烈王许之，圣者乃导之出。王回营帐后，召居其国内之基督教商人，询以教义。乃知未受洗礼，不得为基督教徒，然得一福音书，逐日礼拜，并遣人延我，或派一教师至其国授洗。惟其王曰，吾人仅食肉如，如何能守斋戒？且言其国有二十万人，皆愿信教云云。总主教乃命大司教遣教师二人持圣瓶往其国授洗，并告以教义。斋戒日禁止食肉，惟既无他食，许其食乳。阿不法剌治志其事在回历 398 年（1007）。"（冯承钧汉译本，上册第一卷第二章，第 41 页）

［3］关于脱斡邻勒（王汗），附上《多桑蒙古史》的相关记载：

"王罕之祖马儿忽思不亦鲁，曾为塔塔儿部落主纳尔不亦鲁所俘，献之中国北方皇帝，钉之木驴而死。其寡妇欲复仇，伪降纳兀儿，献羊百头，牝马十匹，马酒百囊，囊盛一人，各执兵器，乘宴时出，杀塔塔儿汗及列席之塔塔儿部人。

"马儿忽思遗二子，曰忽儿察忽思不亦鲁，曰古儿罕，前一人嗣汗位。及其死也，遗六子，其中之脱斡邻勒杀其兄弟二人侄数人，夺王位，而受中国皇帝册封为王，复以'汗'号列于王下，故名王罕。其叔古儿罕逃依其邻乃蛮部主亦难赤。亦难赤以兵助古儿罕，败脱斡邻勒。脱斡邻勒仅以百余骑奔投铁木真之父也速该所。也速该亲将兵逐古儿罕，迫之走唐兀，复夺部众归之王罕。王罕感德，遂持盖盟，誓与也速该永远友善，即鞑靼人所谓成为安答是矣。安答者，犹言盟友也。

"脱斡邻勒王罕在位多年，乃蛮人以兵助其弟额儿客合剌，逐之奔哈剌契丹。求援哈剌契丹主而无效，资粮罄绝，仅剩山羊数头，取其乳为食。既闻其故交也速该之子领有数部，欲往依之。1196年春，行至曲速兀湖，使人往告其至，铁木真自怯绿连河上流亲迎抚劳，征牲畜与臣民以赈给之。秋，二人会于秃剌河上，结为父子。"（冯承钧汉译本，上册第一卷第二章，第41~42页）

[4]王汗允诺成吉思汗的这首诗引用自《罗·黄金史》，并改正了原文中的错误写法。策·达木丁苏荣先生编译本中将最后两行"肾脏应居于腰背，声音应发自肺腑"译为"蛋应在裤裆里，痰应在喉咙里"，并注解为"应该有上有下"（谢再善汉译本，第104节）。

[5]关于"合申"这一地名，据说是从"河西"一词演变而来的。此地位于黄河以西，故获此名。当时的西夏领土便在河西地区。蒙古人起初称西夏为合申，后来才改称西夏。

[6]关于这里提到的阿勒塔泥，《蒙古秘史》第214节明确记载"孛罗忽勒的妻子阿勒塔泥"，又记载者勒篾、阿勒塔泥等人施救时拖雷五岁，欲杀害拖雷的合儿吉勒失剌是成吉思汗战胜塔塔儿部后对塔塔儿部众进行屠杀时逃出去的人。下面我对上述几点做以分析：

（1）拖雷的出生年在多数史料中记载为1193年（《普兰·迦儿宾行记》俄译本注解记作1192年），因而其五岁那年应该为1197年。

（2）者卜客从主儿勤部领地领回孛罗忽勒的时间也是这一年，即1197年冬天，且因当时孛罗忽勒尚幼而交由诃额仑兀真扶养。

（3）成吉思汗战胜塔塔儿部之后屠杀了比车辖高的塔塔儿人，《蒙古秘史》第 153 节明确记载此事发生在狗儿年（壬戌年，1202 年）。

于是有了下面的问题：

①1202 年逃出的合儿吉勒失剌怎么可能在 1197 年回来并试图加害拖雷？

②1197 年才收养的幼儿孛罗忽勒怎么可能有了妻子？

从"合儿吉勒失剌起身把拖雷夹在腋下就往外走"这一记载来看，当时拖雷五岁之说应该是可信的。若是那样，合儿吉勒失剌逃走的时间肯定不是 1202 年，而阿勒塔泥当时也不是孛罗忽勒的妻子。反过来讲，若当时阿勒塔泥是孛罗忽勒的妻子，合儿吉勒失剌逃走的时间肯定会是 1202 年，那么阿勒塔泥等人施救拖雷之事发生的时间最早也得是 1202 年，而拖雷也不会是五岁，至少十岁才对。若 1202 年拖雷五岁，那么他的出生年应该为 1198 年。这样的话，又出现一个可疑的问题：据记载，1203 年成吉思汗打败客列亦惕部之后，将札合敢不之女莎儿合黑塔泥别乞赐嫁拖雷为妻，那么拖雷在其六岁那年便结婚了吗？

这些问题具有疑点而有待继续研究，故记于此。

［7］"札合敢不"——巴雅尔先生标音本《蒙古秘史》中的写法。蒙古语版本《罗·黄金史》中该名的发音为"jagahembuu"，策·达木丁苏荣先生编译本《蒙古秘史》中的发音为"jahahambv"，汉译均为"札合敢不"。关于札合敢不，《多桑蒙古史》中注释如下："其人名克烈迪，乃忽儿察忽思不亦鲁汗之第三子。幼为唐兀人所俘，久居其国，为唐兀人所爱重，遂有札合敢不之号。剌失德云，札者犹言地，敢不犹言大将军。案敢不为土番国王之号。"（上册第一卷第二章，第 40 页，注解④）

［8］"不兀剌客额列"今称布拉河（东经 106°，北纬 50°）。我们从《蒙古秘史》第 152 节所述王汗"七岁时被篾儿乞惕人掳去，

穿着黑花山羊羔皮袄，在薛凉格河的不兀剌原野上为篾儿乞惕人掏谷物"这段内容能够获知12世纪时期篾儿乞惕人在此地种地为生的信息。史学家屠寄先生曾走访过不兀剌客额列之地，他如是记载："不兀剌客额儿……今土谢图汗部中左翼末旗有博拉卡伦，一作布拉，即其地矣……在今赤奎色楞格两河间中俄陆路商埠恰克图之南布拉卡伦之地无疑。"（《蒙兀儿史记》卷二，第28页）

［9］"塔勒浑阿剌剌"位于鄂尔浑河、色楞格河的合流点附近（东经106°，北纬50°）。屠寄先生记载："今鄂尔坤、色楞格二水间有布龙山，即此地。"呼·普尔赖先生认为"塔勒浑"一词也许源自满洲语。18世纪时期的满洲语公文中有"察干阿剌勒"一名，"察干阿剌勒"也许就是古时的塔勒浑阿剌剌。《罗·黄金史》中记作"塔勒浑岛"。

［10］"合剌只客额列"，位于色楞格河哈拉呼集介之地（东经107°，北纬51°）。"合剌只"意为冬季不结冰的水流。《罗·黄金史》中记作"合剌只草原"，策·达木丁苏荣先生编译本《蒙古秘史》记作"合剌只原野"。

［11］关于这次战役发生的时间，我的依据如下。帖木真与王汗结盟的时间是与孛儿帖兀真成婚那年，据《蒙古源流》的记载，那年是1178年（戊戌年）。从这次帖木真前去求助时王汗所言"去年我没对你说过吗？"这句话来看，当时无疑是1179年。当时地上长着莎草，也可渡河，所以肯定是夏季或秋季。从《蒙古秘史》第118节的记载来看，帖木真和札木合共同营居一年半之后便是4月，因而战役发生时间无疑是秋季，之后帖木真从战地迁至豁儿豁纳黑主不剌之地时已是冬季。"孛儿帖夫人和豁阿黑臣两人虽在夜里，也认识帖木真的缰绳和辔，就上前捉住了他的马缰、辔。那夜月光明亮，帖木真一看，见是孛儿帖夫人，就猛然扑过去与她互相拥抱起来。"从《蒙

古秘史》第110节这段记载来看，当时无疑是月中旬。

[12] "莎草"（sahalebesu），《蒙古秘史》原本旁译为猪鬃草；20世纪20年代由北京蒙文书社出版的《蒙文分类词典》中有两种汉译，即靡草和莎草。从《蒙古秘史》的记载看，这个莎草可编制筏子。莎草在蒙古语版本《罗·黄金史》中的发音为"sagal"。道润梯步先生在其《新译简注〈蒙古秘史〉》中译作"莎草"（第70页，注解⑨）。《辞海》则解释"莎草"为香附子，是生长于热带或亚热带地区的植物，中药药材。若是这样，莎草就不可编制筏子。《蒙文分类词典》中将"sahal"译为"乌拉草"。乌拉草是东北地区常见的植物，形如马鬃，可制作鞋垫。从《蒙古秘史》原本旁译猪鬃草来看，这"sahalebesu"也许是东北三宝（人参、貂皮与乌拉草）之一——乌拉草。

[13] 关于"勒勒豁河"，屠寄先生记载："勒勒豁沐涟，今赤奎河，一作楚库河。""孛脱罕孛斡儿只"（botohanbogorji），策·达木丁苏荣先生编译本《蒙古秘史》中的发音为"botohanboorji"，《罗·黄金史》中的发音为"botohanbohorji"，呼·普尔赖先生论文中的发音为"botohanbogorji"，汉译均为"孛脱罕孛斡儿只"。我沿用了巴雅尔先生标音本《蒙古秘史》所用的发音。据说此地今称孛脱罕·豁儿豁（东经101°，北纬50°），是注入敏吉河的河流。《蒙古秘史》中未曾提到这个敏吉河。如今顺克鲁伦河、斡难河源地到勒勒豁河的唯一一条路就是顺"孛脱罕·豁儿豁"而行，这便是帖木真等人攻打篾儿乞惕部的行军之路。而敏吉河当时可能有别的名字，因而在《蒙古秘史》中未被提到。

[14] 巴雅尔先生标音本《蒙古秘史》中将这首诗译为："自他房子的天窗处入去一般，将他百姓可尽绝掳了。"

《罗·黄金史》中译为："击碎他们的门庭，抢掠他的妻室儿女，摧毁他的门神，掠掳他的百姓，抢得他一干二净。"

策·达木丁苏荣编译《蒙古秘史》之谢再善汉译本中译为："打破他们的神供，抢掠了他们的妇女、儿童，摧毁了他们的福神，征服了他们的全体部众，一扫而光。"

[15]关于"豁儿豁纳黑主不剌"，呼·普尔赖先生记载为"鄂嫩河（斡难河）源头之地"。若视此地为札木合领地，那么其位置不该是斡难河源头，而是呼伦湖以北、斡难河下游地带才对。《蒙古秘史》第117节记载："在豁儿豁纳黑草原上，在忽勒达合儿山崖前，在枝叶茂盛的大树下，彼此互称安答。"再有，《成吉思汗哈日苏勒德祭文》（"哈日苏勒德"即黑苏鲁定）和《成吉思汗祭文》等书中均提到"树叶茂盛的树"。由此看来，这个"枝叶茂盛的大树"无疑是古代蒙古萨满教所供奉的神树。蒙古语版本《罗·黄金史》中"豁儿豁纳黑主不剌"一名的发音为"hvrhvgjibur""hvrhvsjibur"，写法不统一。日本蒙古学家那珂通世先生解释"豁儿豁纳黑主不剌"之"主不剌"一词为河源。李则芬先生解释"豁儿豁纳黑主不剌"为额尔古纳河。

[16]关于帖木真长子术赤的出生时间，有几种不同的记载。在《蒙古秘史》第254节，成吉思汗与众人讨论关于汗位继承人的问题时，察合台说道："……额捏篾儿乞歹出勒兀勒札兀剌客儿篾迭兀勒坤必荅？"（巴雅尔标音本中的标音）问题在于"出勒兀勒札兀剌"一词。《蒙古秘史》原本中还是标为"出勒兀勒札兀剌"，没有旁译。额尔登泰、乌云达赉校勘本《蒙古秘史》中分开写为"出勒兀勒""札兀剌"，因而之前的"出勒—兀勒札兀剌"一词变为"出勒兀勒—札兀剌"。这句话在策·达木丁苏荣编译本《蒙古秘史》中译为："我们能让这篾儿乞惕的杂种管辖吗？"（汉译）我觉得这句话比较准确地反映了"额捏篾儿乞歹出勒兀勒札兀剌客儿篾迭兀勒坤必荅"之意。"出勒兀勒—札兀剌"意为被流放者。总而言之，这句话表明术赤是成吉思汗征讨篾儿乞惕部那年诞生的。我在上文提到过征讨篾儿乞惕部那年为1179

年。孛儿帖兀真被篾儿乞惕人劫去时有孕在身而被帖木真救出后生下了术赤，这种看法是对的。关于这一点，《多桑蒙古史》如是记载："术赤殁年三十余……其母孛儿帖初孕时，篾儿乞人乘铁木真不在，入庐帐掠孛儿帖去。王罕索之与篾儿乞王，始放还。在道举一子，名曰术赤。术赤，蒙古语犹言客也。"（上册第一卷第九章，第142页）其依据为《史集》的记载。虽与《蒙古秘史》的记载有出入，不过证实了孛儿帖兀真被篾儿乞惕部劫去时有孕在身的事实。1963年出版的《辞海》中记载术赤生于1177年。这与帖木真的诞生年（1162年）和成婚年（1178年）不相符。再有，苏联蒙古学家沙斯提娜在《普兰·迦儿宾行记》注释中记载术赤生于"1185年"。这一记载出入更大，其依据不得而知。

[17]这里在合赤温、合剌孩、合兰勒歹三个人名后面都带了"脱忽剌温"一词。关于"脱忽剌温"一词，弗拉基米尔佐夫先生在其《蒙古社会制度史》中记载："从这个记载的一节我们可以知道脱忽剌兀惕氏是成吉思汗的牧奴……札剌亦儿成为海都汗之俘虏奴隶……其儿女和亲族由成吉思汗祖先世袭下来。原来这部族是他的隶民。"（第一章第二节，第93页）屠寄先生所著《蒙兀儿史记》中记载："札剌亦儿分族脱忽剌温之合赤温、合剌孩、合阑勒歹兄弟三人。"（卷二，第28页）由此看来，将"脱忽剌温"一词视为部族之名更为准确。

[18]"合答安答勒都儿罕"在《蒙古秘史》第120节中分开写为"合答安·答勒都儿罕"，这个写法在各种版本中都一样。而在《蒙古秘史》第124、174节中合写为一个人"合答安答勒都儿罕"，写法在各种版本中还是一样。日本蒙古学家本田实信先生在其论文《关于成吉思汗十三古列延》中也合写为一个人的名字。屠寄所著《蒙兀儿史记》中也是。因而我也合写为一个人的名字。而道润梯步《新译简注〈蒙古秘史〉》中的记载出入较大："又塔儿忽惕之合答安，答勒都儿罕兄弟，五塔儿忽惕亦来矣。"其依据不得而知。

[19] 这一条在《蒙古秘史》的几个版本中互有出入。巴雅尔先生的标音本中记作"速客客之子者该、晃荅豁之子速客该、者温三人"，但在该书第177节又将"速客该""者温"二者合写为一个人名"速客该者温"。顾广圻标音本中记载："速客客（人名）讷（的）者该（人名）晃答豁（人名）仑（的）可温（儿子）速客该·者温（人名）。"（将每个词的旁译写进了相应的括号里。——译者）额尔登泰、乌云达赉标音本中记载为："速客客讷者该晃答豁仑可温速客该者温"，意为速客客之子者该晃、答豁仑之子速客该者温（二人）。策·达木丁苏荣编译本中记载为："速客客部人者该晃答豁儿之速客该者温也来了。"这里的"速客客"不是人名，而是成了部族之名，而且来的只有"者该晃答豁儿"之子"速客该者温"一人。《罗·黄金史》中记载："速客痕的儿子者该和晃答豁儿的儿子速客该者温来了。"这个写法略有出入，基本上与巴雅尔的记载吻合。屠寄先生所著《蒙兀儿史记》中将"速客客"记作部族之名"速客虔种"（即速客虔部），并注明引用自十二卷本《蒙古秘史》。道润梯步《新译简注〈蒙古秘史〉》中也译作"速客虔"。此外，日本蒙古学家本田实信先生的论文所记"速客客部者该晃答豁儿之子速客该者温"与策·达木丁苏荣先生的记载相吻合。我将这些记载同《蒙古秘史》第180节中提到的"也该晃塔合儿"一名相比较后，认为将"速客客"视为部族之名速客虔、将"者该晃答豁儿"视为一人、将"速客该者温"视为一人应该准确。因而将后者合写为"速客该者温"。

[20] 从《蒙古秘史》原本和巴雅尔标音本的记载来看，前来投靠的是捏兀歹、察罕豁阿两人，不过没有写明此二人来自哪个部族以及是谁之子。策·达木丁苏荣编译本《蒙古秘史》中记载："捏兀歹之察罕豁阿也来了。"由此看来，察罕豁阿为捏兀歹之子。再有，本田实信先生的论文中记作"捏古思部察罕豁阿"。道润梯步《新译简

注〈蒙古秘史〉》第86页的注解（5）解释为："捏兀歹、察合安兀洼注：捏兀歹族之名察合安兀洼者。"这一记载是靠准的。"捏兀歹部"又作赤那思部。赤那思部为察剌孩领忽娶寡嫂所生之子坚都赤那（更都赤那）的后裔。"十三翼之战"后，札木合对该部进行了残忍的屠杀。

［21］关于"豁儿赤、兀孙额不干、阔阔搠思"，《蒙古秘史》巴雅尔标音本和额尔登泰、乌云达赍校勘本中都将前两个合写为一个人，即"豁儿赤兀孙额不干"。《蒙古秘史》第121节和第202节中，"豁儿赤"都是单独人名。《罗·黄金史》记载为："豁儿赤，兀孙老人，阔阔搠克"。道润梯步和策·达木丁苏荣二位也都记载为三个人。因而在本书中我也记作三个人。

［22］"温真""撒合亦"在《蒙古秘史》的旁译中均译为"人名"。但在《圣武亲征录》中记作部族之名，即"嫩真部""撒合夷部"。道润梯步《新译简注〈蒙古秘史〉》第87页注解（12）解释为，"温真、撒合亦惕：撒合亦惕部之名温真者"。其意显然是"温真"为人名，"撒合亦惕"为部族之名。

依我之见，此"温真"为《南村辍耕录》中记载的蒙古七十二氏之"委神"和《元史·孛罗忽勒传》所记载的部族名"许兀慎"的变体。这一观点的依据：该部领地因位于嫩江一带而被称作"嫩真"，发音"nonjin"，蒙古语写法中"n"音被忽略，发音变为"onjin"，从而汉译为"温真"。而"委神"和"许兀慎"均是这么变异来的。"许兀慎"在《蒙古源流》中的发音为"uhuxin"。本书沿用了"温真"为部族名之说。

［23］关于"莎儿合秃主儿乞"，《蒙古秘史》第122节中记作"莎儿合秃主儿乞"，然而第49节记载为："斡勤巴儿合黑的儿子，为忽秃黑秃禹儿乞。忽秃黑秃禹儿乞的儿子，为薛扯别乞、泰出两人，他们成为禹儿乞氏。"这无疑是同一个人名的两种写法，几个版本中

的记载均如此。

［24］关于这里提到的二十三个部族，上文已经介绍过其中的阿鲁剌惕、兀良合、速勒都思、晃豁坛、斡勒忽讷兀敦、亦乞列思、泰亦赤兀惕、札答剌等部。关于札剌亦儿部的详情见第四章。关于其他部族，简单介绍如下：

塔儿忽惕：《蒙古秘史》旁译为种名，即部族名。弗拉基米尔佐夫先生所著《蒙古社会制度史》中记载："塔儿忽惕是森林部族。成吉思汗之祖母即巴儿坦巴阿秃儿之妻就是这部族的女子。关于这个部族的事情，剌失德·哀丁记载着。而这种族之几个家族，配嫁的事情后面再述。"（第一章第二节，第93~94页）有依据可证实，当时的蒙古部族中已经有了木匠、铁匠等手工艺人，因而这个塔儿忽惕部也许是手工艺人的后裔部族，不过这仅仅是推测而已。

敞失兀惕：为多儿勒斤蒙古部之一。12世纪后期，该部为乞牙惕部蒙格秃之子翁古儿所属。据说后来成吉思汗从该部调拨四千户分给了术赤。

巴牙兀惕：也是多儿勒斤蒙古部之一。该部始祖叫马阿里黑伯牙兀歹。此人在穷困潦倒、饥饿难耐的时候，用自己的儿子换取了朵奔篾儿干的鹿肉，因而其后裔世世代代给乞牙惕部当奴隶。其后裔众多，自立一部，后又分衍出札敦巴牙兀惕、格儿巴牙兀惕两个分支。该部与敞失兀惕部一同前去投靠了帖木真。其首领有"别乞"之号。

巴鲁剌撒：该部有两个分支，叫也客把鲁剌和乌出干把鲁剌。帖木真八世祖篾年土敦三子叫合赤兀，其子叫巴鲁剌台，身体健壮而贪吃，其后裔为也客把鲁剌部。合赤兀之弟叫合出剌，其后裔为乌出干把鲁剌部。屠寄先生所著《蒙兀儿史记》则记载这两部为屯必乃薛禅的次子和三子的后裔。然而，屯必乃薛禅为帖木真的高祖，从《蒙古秘史》的记载看，屯必乃薛禅只有两个儿子。

忙忽惕：帖木真八世祖篾年土敦的七子叫纳臣把阿秃儿，纳臣把阿秃儿之子忙忽歹的后裔便是忙忽惕部。其七世孙忽余勒答儿薛禅是个著名的英雄人物，并一辈子效忠成吉思汗。

别速迭：帖木真五世祖伯升豁儿多黑申之弟察剌孩领忽在哥哥伯升豁儿死后娶寡嫂，生下一儿叫别速台，其后裔为别速迭部。《史集》第一卷第一分册记载别速迭部为屯必乃薛禅九子乞牙台斡赤斤的后裔。本书沿用了《蒙古秘史》的记载。

豁罗剌思：豁罗剌思为翁吉剌惕部分支，该部始祖叫吐思不匋（详情见第二章关于翁吉剌惕部的记载）。有一豁里秃马敦部贵族名叫豁里剌儿台篾儿干，尼伦蒙古部始祖孛端察儿之母阿兰豁阿便是这豁里剌儿台篾儿干的女儿。起初，豁里剌儿台篾儿干以打猎为生，后来由于豁里秃马敦部禁止猎杀貂和松鼠等动物而迁到不峏罕合勒敦山。其后裔为豁里剌儿，有一记载讲，这个"豁里剌儿"一词后来演变成豁罗剌思。

朵儿别：据记载，朵奔篾儿干的哥哥都蛙锁豁儿的四子在他们的父亲去世后离开了朵奔篾儿干，他们的后裔为朵儿别部。朵儿别部为多儿勒斤蒙古部之一。帖木真那一代，朵儿别部的首领叫合赤温别乞。《蒙古源流》的记载相比《蒙古秘史》则出入较大："都洼索和尔（都蛙锁豁儿）之子托纳依、多克新、额木尼克、额尔克等，为卫喇特之厄鲁特、巴噶图特、和特、赫喇古特四氏矣。"（卷三，第90页）本书沿用了《蒙古秘史》的记载。这里提到的朵儿别部不等同于今内蒙古自治区四子王旗、黑龙江省杜尔伯特蒙古族自治县的蒙古人。

那牙勤：帖木真八世祖篾年土敦的次子叫合臣，合臣之子叫那牙吉歹。《蒙古秘史》记载："合臣的儿子，名叫那牙吉歹，因为性格举止如同那颜，故成为那牙勤氏（的始祖）。"（第46节）屠寄先生所著《蒙兀儿史记》则记载那牙勤为屯必乃薛禅的后代，其依据显然来自《史集》。

斡罗纳剌：帖木真七世祖海都的三子叫抄真斡儿帖该，抄真斡儿帖该的长子叫斡罗纳剌，其后裔便是斡罗纳剌部。

巴阿邻：孛端察儿蒙合黑劫获的妻子札儿赤兀惕阿当罕兀良合真所生的儿子叫巴阿里歹。巴阿里歹便是巴阿邻部的始祖。后来巴阿邻部分衍出巴阿邻、篾年巴阿邻、你出古惕巴阿邻三个分支。

格你格思：格你格思部为抄真斡儿帖该六子格你格思的后裔。该部首领忽难后来成了成吉思汗的开国功臣千户官之一。

撒合亦惕：目前尚未发现关于撒合亦惕部部源的记载，屠寄先生记载该部为多儿勒斤蒙古部之一。

主儿勤：该部为帖木真祖父把儿坛把阿秃儿的哥哥斡勤巴儿合黑的后裔。据记载，斡勤巴儿合黑之子忽秃黑秃主儿乞（《蒙古秘史》第122节记作"莎儿合秃主儿乞"），其子撒察别乞、泰出二人，其后裔为主儿勤部。"主儿勤"一名，《蒙古源流》记作"珠尔肯"，《史集》俄译本记作"юркин"，各有出入。关于主儿勤部，《蒙古秘史》第139节有比较详细的记载，"这些主儿勤百姓成为主儿勤部的原委如下：合不勒合罕的七个儿子中，长子为斡勤巴儿合黑，他的儿子为莎儿合秃主儿乞。因为他是合不勒合罕的儿子们中的长子，就从部众中，挑选有肝胆、姆指控弦善射、有豪言壮志、各有技能、有强壮气力的人给他，这些有豪气、有胆、有勇、无人能敌的部众，遂被称为主儿勤部。成吉思汗制服了如此勇猛的百姓，消灭了主儿勤部，成吉思汗将该部部众收为自己的私属部众。"

［25］关于成吉思汗的"成吉思"之号，中外学者们各执己见，众说纷纭。关于相关研究，我在此做以综述并提出相关问题。

A. 首先被提到的问题是"成吉思"之号何时由何人册封。在此我不再赘述"闻鸟鸣而册封成吉思"之类充满神话传说色彩的说法，只探究一些史料依据。

有个广为流传的说法是帖木真击败客列亦惕部王汗（相关汉语文献记作癸亥年或 1203 年，志费尼记作 1202 年）之后，由晃豁坛部蒙力克之子阔阔出巫师册封此号。国内外蒙古学家们认为这是比较重要的依据。其依据来自志费尼所著《世界征服者史》的记载："我从可靠的蒙古人那里听说，这时（击败王汗那时。——引用者）出现了一个人，他在那带地区流行的严寒中，常赤身露体走进荒野和深山，回来称'天神跟我谈过话，他说："我已把整个地面赐给铁木真及其子孙，名他为成吉思汗，教他如此这般实施仁政。"'他们叫此人为帖卜—腾格理，他说什么成吉思汗就办什么。"（何高济汉译本，上册，第 40 页）这里明确记载了"成吉思"之号何时由何人册封，不过这只是志费尼"从可靠的蒙古人那里听说"的传闻而已，这一点必须要注意。

不管是在击败王汗之后，还是成吉思汗在 1206 年第二次登基成为蒙古帝国可汗那时，我们的蒙古语相关文献中都没有记载帖卜腾格理这番话。

关于帖木真被拥立为"全体蒙古"可汗一事，《蒙古秘史》第 123 节记载："他们共同议定了这些话，立下了这样的盟誓，称帖木真为成吉思汗，拥立他为汗。"这是己酉年——1189 年发生的事情。关于此事，还有个旁证为贾敬颜先生的论文《关于成吉思汗历史的几个问题》之注释，"《佛祖历代通载》其卷三十一，于宋光宗绍熙二年、金朝章宗明昌二年辛亥（1191 年）之下写道：'大朝成吉思汗是年起兵。'"这是比 1206 年早 15 年的记载，当时"成吉思"之号已经广为流传。那么，封帖木真为"成吉思汗"者到底是何人？应该是当时的新兴封建贵族代表人物——乞牙惕氏阿勒坛、忽察儿、撒察别乞三人。因而我认为志费尼记载的成吉思汗的"成吉思"之号是击败王汗后由帖卜腾格理册封之说不可信。

B. 第二个问题是"成吉思"一词的含义是什么。这是数世纪以来的焦点话题，尤其在 20 世纪，关于这个话题的议论更是激烈。其中，值得注意的观点有三种：

第一，据 14 世纪波斯史学家剌失德·哀丁的解释，"成"意为坚强，"成吉思"为其复数。后来布里亚特蒙古部学者哈拉·达凡博士根据厄鲁特（Kalmuck）方言证实了剌失德的解释正确。［详情见弗拉基米尔佐夫《成吉思汗》，第四章，注解（17）］

第二，"成吉思"一词依据的是萨满教所供奉的"HajirCin-gisTengri"，这一说法的依据想必也是志费尼的那段记载，不过初次这么具体地提出来的人是俄罗斯蒙古学家 к о з и н。后来布里亚特蒙古部的道尔吉·班扎洛夫以及一些近代学者也如此认为。

第三，"成吉思"一词是从蒙古突厥语中意为"海洋"的"Tengiz"一词演变而来的。"海洋可汗"（答来因合罕）一词也是如此。最早提出这种观点的是法国东方学家伯希和（PaulPelliot，1878—1945 年），后来的蒙古国学者策·达木丁苏荣等人都如此认为。

当时的蒙古可汗被称作"海洋可汗（答来因合罕）"。《蒙古秘史》第 280 节称斡歌歹可汗为海洋可汗（答来因合罕），甚至还有"答来因合罕"一词被刻于蒙古帝国可汗御玺上保存至今的历史依据。虽说"Tengiz"一词源自突厥语，但《蒙古秘史》的记载（第 1 节、第 199 节）可证实蒙古部族中很早就应用了"腾吉思"一词，也能够证实"答来"和"腾吉思"是同义词。例如，《蒙古秘史》第 199 节记载："只合孙（鱼）孛勒周（做着）腾吉思（水名）答来（海）突儿（里）斡罗阿速（入阿）赤（你）速别额台（人名）歌勒迷（旋网）忽卜赤兀儿（拖网）孛勒周（做着）失兀周（捞着）忽卜赤周（打着）……"［以上为巴雅尔标音本《蒙古秘史》中的标写，括号里是相应的旁译，其他更为易懂的记载如策·达木丁苏荣先生编译的《蒙古秘史》谢再善汉译本中的汉译："（仇敌篾儿乞惕人的后代）变成游鱼，就是跑进宽广的大海里去，英勇的速别额台，你就变成渔网，把他网捞上来！"——译者]因此，我觉得将"成吉思汗"理解为"海洋可汗"更为靠准。"腾吉思"和"答来"除了含有"水"之意外，还含有"无限辽阔"之意。后来由蒙古人册封的"达赖喇嘛"之号也是此意。我尚未找到"HajirCin-gisTengri"一词到底何时出现的依据。就算它出现在成吉思汗之前，我们还是应该从词义学的角度去探究这三个字作为一个词语的含义，而不是从迷信的角度去考量。依我之见，"Cin-gisTengri"意似"腾吉思腾格里"，即"无限辽阔之天"。而"Hajir"一词到底有什么含义，尚未找到确凿依据。从古代蒙古语中"a"发音为"ha"这一点来看，该词也许是现代蒙古语词汇中的"ajar"一词。若是这样，该词就不难理解。喇嘛跳神时有四尊被称为"ajar"的凶神恶煞的神。从词义的角度讲，"ajar"有以下四种含义：（1）印度教大师；（2）印度教祭祀仪式上念诵训词者；（3）《吠陀经》《韦陀经》诵经师；（4）大师。（上述解释见策布勒所著《简明蒙古语词典》）

[26]《蒙古秘史》第120节记载："从速勒都思氏、赤勒古台、塔乞、泰亦赤兀歹等兄弟们也来了。"由此看来，泰亦赤兀歹毫无疑问是速勒都思部人。关于这一点，道润梯步先生在其《新译简注〈蒙古秘史〉》中如是注释："泰亦赤兀歹，这是人名，是泰亦赤兀惕族人之意，但未云是谁，据后文忽图、抹里赤二人，是从泰亦赤兀惕族所属之速勒都思族来的。"《蒙古秘史》第124节则记载："泰亦赤兀歹忽图、抹里赤、木勒合勒忽三人管牧养马群。"（巴雅尔标音本，第389页）看来"泰亦赤兀歹忽图"指的是"泰亦赤兀惕部人忽图"。道润梯步先生在其《新译简注〈蒙古秘史〉》中将这句话译为："命泰亦赤兀歹，忽图，抹里赤，木勒合勒忽三人为牧马群者矣。"（第89页）这里说的是三人，人名却有四个。屠寄先生所著《蒙兀儿史记》

的记载为："泰亦赤兀（速勒都思氏，见前文），忽图抹里赤，木勒合勒忽三人为阿都兀臣。"（卷二，第29页）《罗·黄金史》的记载为："令泰亦赤兀惕人忽图，抹里赤，木勒合勒忽三人主管马群，做牧马人。"（第六章第一节，第75~76页）根据这些记载，本书最终沿用了屠寄先生的记载。

　　［27］"司膳"，即"保兀儿臣"，策·达木丁苏荣先生译作"司厨"。不过该词除了"司厨"之意以外，还含有"膳官"和"厨师"之意。额尔登泰等人所著《蒙古秘史词汇选释》中提到，古代蒙古之"保兀儿臣"是可汗护卫军中专管膳食的膳官。

成吉思汗统一蒙古诸部的时代

帖木真在其二十八岁那年首次登基，被拥立为"全体蒙古"的可汗——成吉思汗。此后，为了更加壮大自己的势力以及统一蒙古诸部，成吉思汗对军队进行了重编。这一点在相关文献史料中均有记载。据贝勒津先生记载，成吉思汗将军队重编为十三翼，并进行了与狩猎等游牧部族生产生活相结合的严格军事训练。类似记载的较为真实可靠，我们从那些详细描述古代蒙古人生活状况的记载[1]来看，当时的狩猎活动确实具有严格的组织纪律性。当时，狩猎为和平时期草原牧民的主要生产活动之一。

古代蒙古人的游牧生活以氏族为营，氏族首领居中，其他成员围在首领附近营居。这是蒙古社会氏族制度的主要特征之一。后来氏族制度瓦解，蒙古社会步入以户为单位的私有经济时代，不过以氏族为营的组织形式还是在狩猎和军事活动中保留了下来。后来这一组织形式成为成吉思汗军队组织形式的基础。

23. 十三翼之战

"十三翼之战"是一场以答兰巴勒主惕[2]之地为战场，发生在成吉思汗和札木合之间的大战役。

"十三翼之战"一名之由来：札木合组织十三部所属三万兵力攻打成吉思汗时，成吉思汗同样以十三翼（即营，又音译为"古列延"）之三万兵力（这是《蒙古秘史》第129节所记数目。而多桑、哀忒蛮、贝勒津和阿布勒哈兹等人则认为当时成吉思汗的兵力不超过一万三千人。这是每翼算作一千人的推断）迎战对方，故称此次战役为"十三翼之战"。

关于"十三翼之战"发生的时间，相关史料记载各有出入。若以内容顺序看，《史集·成吉思汗纪》《圣武亲征录》和《元史·太祖纪》等文献在也速该把阿秃儿去世以后接着记载了此次战役，因此时间应该在12世纪70年代初。《蒙古秘史》在帖木真首次登基后接着记载了此次战役，因此时间应该在1189年或比之稍晚。而张振珮先生所著《成吉思汗评传》则记载："宋光宗绍熙元年庚戌，公元1190年，汗（指成吉思汗）三十六岁（将成吉思汗诞生年算作1155年所得岁数。——引用者），泰赤乌、札亦刺合（札答刺部又称札只刺台，此处所记札亦刺合为札只刺台之误。——引用者）等十三部复来犯。分十三翼迎战。不利，退保斡难河。"（第七章，第89页）这里记载的

· 绿釉堆塑蜥蜴纹鸡冠壶 ·

1190年与《蒙古秘史》的记载基本吻合。在还没找到其他确凿依据之前，我们姑且将"十三翼之战"发生时间记作1190年，那年成吉思汗二十九岁。

"十三翼之战"的起因，概括来说，便是札木合试图趁成吉思汗实力尚弱时攻灭对方，从而当上蒙古诸部的统治者。在豁儿豁纳黑主不剌之地与帖木真决裂后，札木合一边组织军队，一边寻求攻打帖木真的理由。现在，札木合寻求的理由终于出现了。

当时，札木合的弟弟给察儿劫走了营居于撒阿里客额儿[3]之地的成吉思汗属民札剌亦儿部拙赤答儿马剌的马群。拙赤答儿马剌只身一人追去，夜里追到马群边后，便伏下身子躲在马鬃后悄悄靠了过去，到近处射断给察儿的脊梁骨致其毙命，从而夺回了马群。这件事情成了"十三翼之战"的导火索。

关于札木合当时的营居地，史书没有明确记载。不过，札木合的弟弟给察儿营居在札剌麻山南斡列该不剌合[4]之地。可想而知，札木合或是与弟弟同在一地，或是在其附近。当时，成吉思汗营居古连勒古[5]之地。

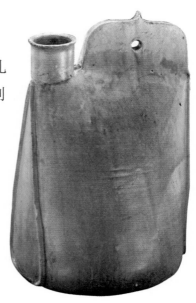

·绿釉鸡冠壶·

得知弟弟被杀，札木合聚集札答剌、泰亦赤兀惕、亦乞列思、兀鲁兀惕、那牙勤、巴鲁剌撒、豁罗剌思、巴阿邻、翁吉剌惕、合塔斤、撒勒只兀惕、朵儿别、塔塔儿十三部[6]的三万兵力后率军出动，越过阿剌屼屼惕、土儿合兀的二山，攻打成吉思汗而去。

成吉思汗妹妹帖木仑豁阿的公公亦乞列思氏揑坤（当时为泰亦赤兀惕部属民）与其子不秃商量过后，以帖木仑家有事相传为由，派遣随从木惕客脱塔黑、孛罗勒歹[7]二人给成吉思汗送去了札木合起兵的消息。

成吉思汗获悉后，组织十三翼三万兵力前去迎战，双方激战于答兰巴勒主惕之地。《蒙古秘史》没有具体记载成吉思汗的十三翼。在此，根据《史集》《圣武亲征录》《蒙兀儿史记》以及韩儒林、本田实信的论文，将成吉思汗十三翼列举如下：

第一翼：由成吉思汗之母诃额仑兀真和其族斡勒

忽讷兀敦部以及其亲族、伺臣、家仆等人组成；

第二翼：由成吉思汗和诸汗子、亲信、那颜们的随从、贵族们以及由亲族合编的怯薛军组成[8]；

第三翼：由合不勒可汗的哥哥挦薛出列之子不勒帖出把阿秃儿[9]和木忽儿好兰率领的阿答儿斤部和土绵土别干客列亦惕部、薛赤兀儿率领的豁罗剌思部组成；

第四翼：由雪亦客秃扯儿必之子迭良和所属晃豁坛部及其亲族火力台和所属不答安惕部[10]组成；

第五翼：由阿儿孩合撒儿和所属札剌亦儿部[11]组成；

第六翼：由莎儿合秃主儿乞（忽秃黑秃禹儿乞）之子撒察别乞和其弟泰出以及所属乞牙惕主儿勤部组成[12]；

第七翼：由把儿坛把阿秃儿的弟弟忽秃黑秃蒙古儿之子不里孛阔、忽秃黑秃蒙古儿的弟弟忽兰把阿秃儿之子也客扯连和也客扯连的叔父脱朵延斡惕赤斤等人以及所属乞牙惕部组成；

第八翼：由把儿坛把阿秃儿的长子蒙格秃乞颜及其子翁古儿和其弟等人所属敞失兀惕、巴牙兀惕等部组成；

第九翼：由把儿坛把阿秃儿的季子答里台斡惕赤斤和其兄捏坤太子之子忽察儿别乞等人以及朵豁剌歹、捏古思豁里罕、撒合亦惕、温真四部组成[13]；

第十翼：由忽图剌可汗长子拙赤和他的属民组成；

第十一翼：由忽图剌可汗季子阿勒坛斡惕赤斤和他的属民组成；

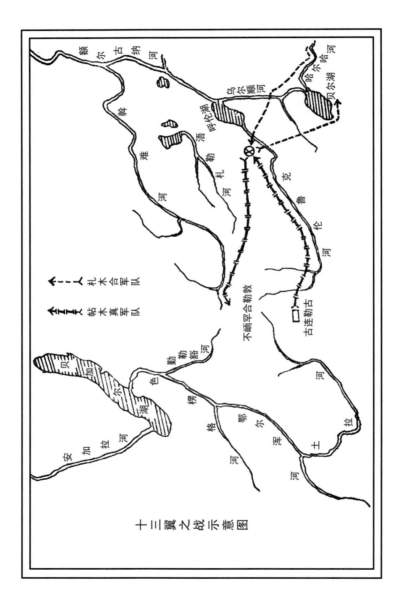

额尔古纳河

幹
难
河

呼伦湖

乌尔顺河

哈尔哈河
贝尔湖

克
鲁
伦
河

古连勒古

不峏罕合勒敦

札
勒
勒
河

← ─ ᠢ 札木合军队
↑ ┃ ᠢ 帖木真军队

贝
加
尔
湖

勒
勒
格
河

色
楞
格
河

鄂
尔
浑
河

土
拉
河

安
加
拉
河

十三翼之战示意图

 成吉思汗史记

· "十三翼之战"示意图 ·

第十二翼：由塔孩把阿秃儿和所属速勒都思部、者该晃答豁儿之子速客该者温和所属速客虔部组成[14]；

第十三翼：由坚都赤那和玉烈克勒赤那的后裔察罕豁阿和所属捏兀歹（或捏古思）部组成[15]。

"十三翼之战"中，双方兵力多达六万人，是一场规模宏大又激烈的大战役。在相关蒙古语文献中尚未找到关于此次战役具体交战情况的记载。贝勒津先生所著《成吉思汗》则将此次战役中双方使用的战术记载得特别详细。碍于缺少确凿依据，将贝勒津先生的记载抄录到注解中[16]。

这次战役中，成吉思汗战败，过边墙退到斡难河的哲列捏峡谷[17]。战胜的札木合在回师途中经过赤那思部领地时，将跟随帖木真的赤那思部首领和部众活活煮死在七十个大锅里，又砍下捏兀歹部察罕豁阿的脑袋，系到马尾上拖着回去了。因为札木合这种野蛮残暴的行为，不仅是被他剿杀和掠夺的部族，就连之前跟随他的部族都唾弃他。于是，札木合回到其领地后，兀鲁兀惕部主儿扯歹、忙忽惕部忽余勒答儿等人带领部众前去投靠了帖木真，晃豁坛部蒙力克父亲也携其七子前去投奔了帖木真。

关于"十三翼之战"的结局，专家学者们各执己见。例如，《圣武亲征录》记载："大战于答兰版朱思之野，札木合败走。"本田实信先生记载："发生在答兰巴勒主惕之地的十三翼之战谁胜谁负不详。"贝勒津先生则记载道："训练有素的帖木真各翼……散乱的敌军整合阵型时发起进攻，以密集的阵型打散了敌军。"
我尚不清楚这些记载都有什么依据，不过可见学者们
对这件事情的重视程度。根据《蒙古秘史》的记载，
成吉思汗战败的结果很清楚。屠寄先生记载道："是
役之战成吉思汗直北退三百余里。为生平第一次大挫
折，国史讳败为胜，惟脱卜赤颜直书之。"（《蒙兀
儿史记》卷二，第 31 页）

这次战役是成吉思汗参加的第二次大型战役，他
首次仅靠自身军事力量作战。此次战役的失败也许比
胜利还要有益于帖木真的统一大业。历史完全见证了
成吉思汗起初的不屈不挠和后来的所向披靡。成吉思
汗从这次战败中认清了当时敌众我寡和敌强我弱的形
势，也明白了若想战胜强敌，必须要壮大自身实力的
道理。可想而知，他应该为此做了大量的工作。可惜
相关文献史料中没有与之相关的详细记载。

24. 初战塔塔儿

12 世纪后期，蒙古部族中的强部之一——塔塔儿
部属于东胡系部族，他们自古居住在今内蒙古自治区
呼伦贝尔一带，首领驻地在贝尔湖一带。

从汉语文献中能够读到塔塔儿部从唐朝中期开始
愈发壮大的记载。840 年，回纥汗国灭亡，9 世纪末期，
塔塔儿部崛起。之后，塔塔儿部大规模西迁，占领回
纥故地，并与漠南、漠北诸部族——蒙古、札剌亦儿、

客列亦惕、汪古惕、篾儿乞惕、翁吉剌惕等部结盟，形成了鞑靼部落联盟。于是，塔塔儿部势力扩展到阴山和贺兰山一带。营居土拉河、鄂尔浑河一带的"九姓鞑靼"是后来的客列亦惕部；营居阴山以北的"阴山鞑靼"是后来的汪古惕部；营居呼伦贝尔草原的"三十姓鞑靼"就是后来的塔塔儿部。（详情见《元朝史话》第一章第一节）732年立于鄂尔浑河东岸的突厥石碑上则记作"十三姓鞑靼"。《蒙古秘史》等相关文献中记载的塔塔儿部主要分支有：（1）阿亦里兀惕塔塔儿；（2）备鲁兀惕塔塔儿；（3）主因塔塔儿；（4）察阿安塔塔儿；（5）阿勒赤塔塔儿；（6）都塔兀惕塔塔儿；（7）阿鲁孩塔塔儿；（8）阿勒坛塔塔儿[18]。上面提到的鞑靼部落联盟实际上是蒙古诸部首次结盟，所以与塔塔儿部结盟的其他部族对外也称自己为鞑靼

· 牡丹纹鎏金铜马鞍具 ·

（"塔塔儿"和"鞑靼"为蒙古语"tatar"一词的两种音译。——译者）。鞑靼部落联盟因后来被契丹人打败而解体，不过塔塔儿部仍是蒙古诸部中势力最强的部族。据《多桑蒙古史》记载，在成吉思汗那一代，塔塔儿部部众有七万户之多。势力强大的塔塔儿部经常压迫和掳掠弱小部族，尤其在女真人灭辽立金之后的1127年，塔塔儿部与金朝结交，变成金朝"以夷制夷"阴毒政策最可靠的执行者，变成出卖蒙古部族利益的投敌求荣者。塔塔儿部人前后捉去客列亦惕部马儿忽思不亦鲁可汗（王汗的祖父）、蒙古部俺巴孩可汗、成吉思汗大祖父斡勤巴儿合黑等人并将其遣送给金朝，金朝用残忍的手段将他们杀害。成吉思汗父亲也速该把阿秃儿也是被塔塔儿人投毒加害的。于是，塔塔儿部和这些蒙古部族间产生了不共戴天的仇恨。

塔塔儿部与金朝毗邻，从而较早与内地建立了经贸往来，较早接触了先进的文化和经济发展方式，较早开始使用金属工具、布料、

·人形金饰件·

茶叶等生活用品。毫无疑问，这一点加快了塔塔儿部落势力壮大的进程。

然而，金朝统治者们无论如何也不会允许塔塔儿部势力大幅增强的。金朝皇帝的幕僚们清楚地掌握着塔塔儿部内情，并在不断寻找理由，等待起兵讨伐塔塔儿部的时机。

成吉思汗初战塔塔儿部实际上正好符合金朝这一策略。如上所述，塔塔儿部是乞牙惕部族不共戴天的宿敌，帖木真怎么可能忘记这一深仇大恨，只是碍于自身势力不够强大而一直没有采取行动而已。对于金朝来说，利用蒙古部族间的敌对与仇恨是他们一直以来惯用的伎俩。

1194 年[19]，由于合塔斤、撒勒只兀惕等蒙古部族袭扰金朝边境，金朝章宗皇帝命由夹谷清臣率领的上京[20]等九路军队组成的乣军[21]等三万选军候命，准备前去讨伐该二部，并命塔塔儿部届时出兵协助。第二年（1195 年），金帝命移剌敏、完颜安国二将率军攻打呼伦湖一带的合塔斤、撒勒只兀惕等部，攻占了不少领地。塔塔儿部首领蔑古真薛兀勒图[22]也派兵参加了此次战役，协助金兵作战并掠夺了大量牲畜和财物，据说夹谷清臣曾严斥塔塔儿部这种行为。实际上，这是由于塔塔儿部的介入而金兵战利品减少所导致的分歧。于是塔塔儿部起兵抗金，这便是塔塔儿部叛离金朝的始末。

1196 年，金朝章宗皇帝命右丞相完颜襄（《蒙古

秘史》称王京丞相）率大军从临潢府[23]发兵，前去攻打塔塔儿部。完颜襄和完颜安国兵分两路前往，到达克鲁伦河后被塔塔儿人包围，被困了三天。后来完颜襄趁夜突围，大肆掠夺了塔塔儿人的牲畜和车辆。塔塔儿人败退后，金朝将军完颜安国将蔑古真薛兀勒图追至浯勒札河[24]。《蒙古秘史》第132节的内容便是从这里接入。

成吉思汗得知这个消息后，派使到客列亦惕部脱斡邻勒汗处传话："听说金朝皇帝的王京丞相溯浯勒札河而上，攻打塔塔儿人蔑古真薛兀勒图等来了。我们要去夹攻那杀害我们的父祖的塔塔儿人！请脱斡邻勒汗父快来吧！"（《蒙古秘史》第133节）脱斡邻勒汗答应帖木真，召集自己的军队，第三天便前去与帖木真会合。成吉思汗、脱斡邻勒汗二人又派使到主儿勤部撒察别乞、泰出等人处要求他们出兵夹击。但等了六天都不见主儿勤人前来。于是，成吉思汗和脱斡邻勒汗的军队与金朝将军完颜安国一同夹击塔塔儿部。当时，塔塔儿部首领蔑古真薛兀勒图在浯勒札河的忽速秃失秃延和纳剌秃失秃延两地[25]筑寨防御。

成吉思汗和脱斡邻勒汗二人破寨而入，擒获蔑古真薛兀勒图，将其就地处决，俘获银摇车和珠宝装饰的被子等物。成吉思汗的士兵在纳剌秃失秃延的塔塔儿部营地上拾得一个戴金环，身穿貂皮里子、金花纻丝缎子兜肚的被遗弃的小男孩。成吉思汗把这个男孩带回去送给了诃额仑母亲。诃额仑母亲说："这是好人家的儿子，是出生好的人家的子孙吧！"（《蒙古秘史》第135节）于是为其取名失乞刊忽都忽，收养了该男孩。

后来失乞刊忽都忽因效忠成吉思汗，助其完成统一大业而成为成吉思汗九乌尔鲁克之一，1206年被封为八十八位开国功臣中的第十六位千户官，也因恪守纪律、处事认真而受命出任最高断事官。"他（失乞刊忽都忽）决狱公正，给过犯人很多帮助和恩惠；他屡次说：'不要因为恐惧而招认！'他对罪犯说道：'不要害怕，说实话！'"（余大钧、周建奇汉译本《史集》第一卷第一分册第二编，第174页）1214年，成吉思汗第二次出征金朝，在潼关大胜金兵，金帝弃中都（今北京）南逃。成吉思汗派失乞刊忽都忽、翁古儿、阿儿孩合撒儿三人前去点收中都城里的金银财物。留守中都城的金臣合答带着金缎、纹缎等财宝出城迎接时，失乞刊忽都忽对合答说："以前这中都城及中都的财物是金帝的。而今中都城（及中都的一切财物），已成为成吉思汗所有。你怎么敢窃取成吉思汗的财物、缎匹，暗中送人？这些东西我不要！"说罢没有接受财物。成吉思汗听说此事后盛赞失乞刊忽都忽："你识得大体！"以上是《蒙古秘史》第 252 节的记载。实际上，蒙古军队攻占中都城的时间是成吉思汗第三次攻打中都的 1215 年。失乞刊忽都忽也参加了成吉思汗出征花剌子模的战争。到斡歌歹可汗时期，失乞刊忽都忽出任中州断事官，并在 1236 年 6 月主持登记中原民户，共登记注册一百一十万户。失乞刊忽都忽死于斡歌歹可汗在位年间。中统二年或 1161 年"九月庚申朔，诏以忽突花（失乞刊忽都忽）宅为中书省署"。（《元史·世祖纪》）由此看来，失乞刊忽都忽应该没有子孙。

· 双龙纹鎏金马具 ·

完颜襄获知成吉思汗、脱斡邻勒汗二人战胜塔塔儿部，处决篾古真薛兀勒图的消息后，降赏二人，赐成吉思汗"札兀惕忽里"[26]之号，赐脱斡邻勒汗"王"号（脱斡邻勒汗的"王汗"之称正是从这个时候开始），并承诺成吉思汗，将向金帝为其讨得级别比"札兀惕忽里"更高的"招讨使"之号。于是金兵撤回，成吉思汗初战塔塔儿部的战役以胜利告终。

25. 成吉思汗与主儿勤部的争斗

我在本书第三章介绍过主儿勤部。主儿勤部为成吉思汗的亲族，成吉思汗时期，主儿勤部的首领为撒察别乞、泰出二人。主儿勤部在 1181—1189 年间离开札木合投靠了帖木真，1189 年立帖木真为"全体蒙古"的可汗时，撒察别乞便是贵族代表之一。"十三翼之战"中，主儿勤部为成吉思汗十三翼之一。

主儿勤部贵族撒察别乞、泰出等人虽然离开札木合后投奔到成吉思汗帐下，但作为合不勒可汗的长子斡勤巴儿合黑的后裔，他们还是以长辈自居，并试图让年轻的成吉思汗成为傀儡可汗从而满足自身利益。这与成吉思汗欲破除部族割据局面而将蒙古诸部统一到自己手里的愿望产生了矛盾，这便是成吉思汗与主儿勤部间产生争斗的主要原因。换言之，问题的关键在于蒙古部族合与分的选择上。催生矛盾的具体原因有如下四件事：

（1）主儿勤人责打成吉思汗的司膳薛赤兀儿[27]。这件事发生在"十三翼之战"刚结束时。在那次战役后，兀鲁兀惕、忙忽惕等部和晃豁坛部蒙力克父亲等人唾弃札木合，前去投奔了成吉思汗。成吉思汗大悦，便与合撒儿、斡惕赤斤、别勒古台诸弟和诃额仑兀真母亲以及主儿勤部的撒察别乞、泰出等人一同在斡难河的树林[28]里举行了宴会。席间给成吉思汗、诃额仑兀真、合撒儿、撒察别乞等人按顺序各斟了一皮瓮酒，接着又给撒察别乞的小母额别该[29]合屯斟了一皮瓮酒。参加宴会的豁里真合屯、忽兀儿臣合屯[30]二人认为对方重视额别该合屯而忽略了她们，便责打了成吉思汗的司膳薛赤兀儿。薛赤兀儿被打后说："因为也速该把阿秃儿、捏坤太师都死了，我就这样挨了打吗？"说罢，放声大哭起来。

（2）别勒古台的肩膀被砍。在斡难河的树林里举办的这次宴会，成吉思汗方面由别勒古台主持，他当时在看护成吉思汗的马。主儿勤那边由不里孛阔主持。不里孛阔为合不勒可汗三子忽秃黑秃蒙古儿之子（合不勒可汗长子斡勤巴儿合黑为撒察别乞的祖父，次子把儿坛把阿秃儿为成吉思汗的祖父），所以比成吉思汗长一辈。宴会进行时，不里孛阔的随从合塔斤人从成吉思汗这边的拴马处偷缰绳，被别勒古台发现，别勒古台将其捉住。不里孛阔袒护那个人，与别勒古台搏斗，砍伤了别勒古台的肩膀。坐在树荫下的成吉思汗看到了别勒古台的肩膀在流血，便问起缘由，别勒古台答道："我没伤着。不要为了我，造成兄弟之间失和。我不要紧的，我还好。兄弟们刚刚相熟，哥哥且住手，算了吧！"（《蒙古秘史》第131节）但成吉思汗还是难息怒火，与随行们一起折取树枝或抽出捣马奶的木棒与主儿勤人厮打，打败对方后，抢去了豁里真合屯、忽兀儿臣合屯二位夫人。后来撒察别乞派使求和，成吉思汗才把二位夫人交还对方。这两件

· 双羊五轮金饰牌 ·

事情发生在"十三翼之战"后、1196 年出征塔塔儿部之前。

（3）与塔塔儿部作战时，主儿勤部没有出兵相助。1196 年成吉思汗同客列亦惕部王汗协助金军初战塔塔儿部之前，派使到主儿勤部撒察别乞、泰出等人处要求他们出兵夹击，但等了六天不见主儿勤人前来，成吉思汗和王汗只好以两部兵力参战。

（4）主儿勤部袭击了成吉思汗的老营。成吉思汗出征塔塔儿部时，将老人和妇女、孩子们留在了哈澧沥秃纳浯刺[31]之地的老营。撒察别乞、泰出为首的主儿勤人不仅没有出兵相助成吉思汗，反而趁机袭击成吉思汗的老营，杀死十个人，剥去五十个人的衣服。

成吉思汗获悉后怒气填胸，一一列举主儿勤人的无耻所为，视其为敌，立即出兵讨伐了主儿勤部。

成吉思汗和主儿勤部之间的矛盾在"十三翼之战"到1196年的五六年间越来越深，最后到了兵戎相见的地步。

撒察别乞、泰出二人为首的主儿勤人营居于克鲁伦河阔朵额阿剌勒的朵罗安孛勒答兀惕[32]之地时，成吉思汗的军队攻入其营，大肆掳掠了主儿勤部众。撒察别乞、泰出二人只带少数人马逃出。成吉思汗的军队在1197年冬季追到帖儿速惕[33]之地后，听说客列亦惕部王汗的弟弟札合敢不在汪古惕部领地流浪，于是派使劝其归降。这时主儿勤人散居帖列秃阿马撒剌[34]之地，因而札合敢不无法前来。于是，成吉思汗派兵与札合敢不一同夹击主儿勤部，战胜主儿勤部后将撒察别乞、泰出二人就地处决[35]。这时，客列亦惕分支土绵土别干、斡栾懂合亦惕二部部众投靠了成吉思汗。

成吉思汗打败了主儿勤部，收服了该部部众[36]。不过，想要彻底降服主儿勤部，还需攻克一个障碍，这一障碍便是不里孛阔。如上所述，不里孛阔与也速该把阿秃儿同辈，善于摔跤，力大无比，并与以勇猛著称的斡勤巴儿合黑

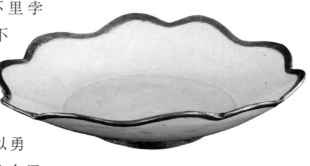

· "官"字铭白瓷盘 ·

的子孙结为亲信，以"国之力士"闻名，号"孛阔"。

有一天，成吉思汗叫别勒古台、不里孛阔二人摔跤。实际上，不里孛阔能够将别勒古台的"一只手抓住，一只脚绊倒，压住他，使他不能动弹"。但这一次，不里孛阔故意输给别勒古台，倒在地下。（关于不里孛阔为何故意输给别勒古台，相关史料没有探究其原因，想必是与主儿勤部族命运有关联吧。）这时，别勒古台意会了成吉思汗的暗示，折断不里孛阔的脊梁骨，将其杀害。

26. 与木华黎相识，收养孛罗忽勒

成吉思汗打败主儿勤部并处死撒察别乞和泰出后，在收集其部部众时，札剌亦儿部帖列格秃伯颜之子古温兀阿、赤剌温孩亦赤、者卜客三人也在其中。

札剌亦儿部领地位于蒙古核心部族领地以北或东北方向的斡难河一带，是个人口较多的部族。《史集》记载札剌亦儿部为突厥部族，有十个分支，十个分支都有各自的首领。有些学者认为札剌亦儿部也许是个因为长年驻牧于蒙古诸部中间而被蒙古化的突厥部族。关于札剌亦儿部，有这样一则传说：成吉思汗八世祖合赤曲鲁克的遗孀叫那莫仑，育有七子[37]，是个有特别大的马群和很多奴仆的富裕人家。有一次，驻牧于克鲁伦河一带的札剌亦儿人与契丹人作战失败，随后退到那莫仑的领地安营。于是，那莫仑携其六子与札

刺亦儿人激战，那莫仑和她的六个儿子全部战死，只有七子纳臣把阿秃儿因作为巴儿忽真人的女婿留居该部而逃过一劫，尚幼的大侄子海都由其奶妈藏起而活了下来。海都长大后征得很多属民，于是出兵征服了札剌亦儿部，将该部部众贬为奴仆。虽然后来札剌亦儿部变得很富足，并有过木华黎等不少将相，但始终被禁止与孛儿只斤氏通婚，其缘由便是如此。

札剌亦儿部有十个分支[38]，帖列格秃伯颜为其中察哈惕札剌亦儿氏人。

帖列格秃伯颜长子古温兀阿携其二子木华黎和不合拜见了成吉思汗，并说道：

"我让他们做你的家门内的奴隶，

他们若敢离开你的门限，

就挑断他们的脚筋！

我让他们做你的私属奴隶，

他们若敢离开你的家门，

就割掉他们的肝，抛弃掉他们！"（《蒙古秘史》第137节）

说罢，将他们交给了成吉思汗。

帖列格秃伯颜次子赤剌温孩亦赤也将自己的统格、合失二子带去拜见了成吉思汗。

"我把他们献给你，

看守你的黄金门限，

他们若敢离开你的黄金门限，

就断送他们的性命，

抛弃他们！

　　我把他们献给你，

　　让他们抬开你的宽阔的大门，

　　他们若敢离开你的宽阔的大门，

　　就踢开他们的心窝，

　　抛弃他们！"

（同上）

　　赤刺温孩亦赤如是说，并将自己的两个儿子交给了成吉思汗。

　　这便是成吉思汗与木华黎相识的经过。当时应该是打败主儿勤

部，处死撒察别乞、泰出等人的那年，即1197年的冬季。

　　木华黎为札剌亦儿部古温兀阿三子，生于庚寅年或1170年，投奔成吉思汗时二十八岁。木华黎身高七尺，黑脸，络腮胡，为人直率真诚，智勇双全，以善射著称。由于他投奔成吉思汗之后，在统一蒙古诸部的过程中立下汗马功劳，故后来成为成吉思汗"四杰"之一，是蒙古帝国的大将，1206年被封为第一位千户官以及左翼万户官。征伐金朝时，木华黎率领中路军

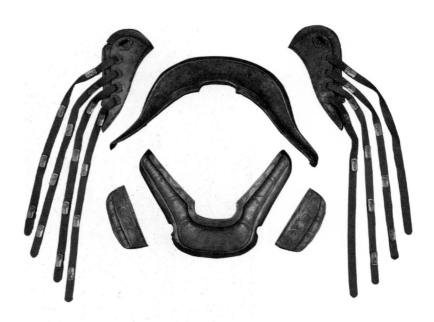

·辽代鎏金铜马鞍桥饰·

攻打山东，可谓所向无敌。后来到1214年，木华黎独自率军攻打辽东、辽西，攻占了金朝重镇北京和东京。1217年被封为太师国王（《蒙古秘史》所记木华黎被封为太师国王的时间为1206年，与其他史料记载出入较大），受命负责太行山以南军政事宜，即于蒙古帝国征金战争的第二阶段，先后攻占了河北、河东（今山西省）、山东等地。1223年3月病逝于今山西省闻喜县，享年五十四岁。出兵花剌子模的成吉思汗获知木华黎去世后，悲痛欲绝，命其子孛鲁东归继承木华黎之位。

帖列格秃伯颜另一个儿子者卜客成了成吉思汗之弟合撒儿的属民。

成吉思汗将者卜客从主儿勤部领地拾得的名叫孛

罗忽勒的小男孩送给了诃额仑兀真母亲。孛罗忽勒便是诃额仑兀真收养的四个孤儿（其他三人是从篾儿乞惕部领地收养的曲出、从泰亦赤兀惕部别速迭氏领地收养的阔阔出、从塔塔儿部领地收养的失乞刊忽都忽）之一。诃额仑兀真将其视作"白天看望的眼睛，夜里听闻的耳朵"。

孛罗忽勒为主儿勤部下属温真部人。他被诃额仑兀真收养长大，毕生效忠于成吉思汗，助其完成统一大业，无役不从，因而后来成为成吉思汗九乌尔鲁克之一，与木华黎、孛斡儿出、赤老温一同被誉为成吉思汗"四杰"，1206年被封为千户官，曾任司膳等要职，后来在镇压豁里秃马敦部起义的战役中被杀。豁里秃马敦部起义被平定后，成吉思汗将该部部众一百户赐给了孛罗忽勒之妻。孛罗忽勒有二子，李则芬先生认为其长子应该是第六十一位千户官脱欢，次子叫塔察儿。后来塔察儿带着成吉思汗赐给的一百户豁里秃马敦部众南迁，到官山[39]营居。据说这一百户豁里秃马敦人的后裔便是后来的呼和浩特市土默特旗蒙古人。想必是那些豁里秃马敦人长时间与汪古惕部混居后分衍出土默特蒙古人。

27. 王汗"骑双头马"，成吉思汗真诚相助

1178年，帖木真与客列亦惕部王汗结盟，1179年出征篾儿乞惕部到1196年初战塔塔儿部的十七年时间

为成吉思汗、王汗二人关系发
展的第一阶段——相助时期；
1196 年到 1202 年的六年时
间为二人关系发展的第二阶
段——王汗"骑双头马"
以及成吉思
汗真诚相助
的时期；1202 年以后为
二人关系发展的第三阶段——敌对时期。本节将
叙述中期发生的事情。

· 弓箭 ·

王汗逃亡和成吉思汗真诚相助

在本书第三章介绍王汗的时候，提到过其弟额儿
客合剌因担心被王汗加害而投靠乃蛮部亦难察汗之事。
关于额儿客合剌投靠乃蛮部的时间，相关史料没有具
体记载。不过额儿客合剌回来的时间则有明确的记载。

1196 年，王汗受成吉思汗之邀起兵东上与塔塔儿
部蔑古真薛兀勒图交战期间，乃蛮部亦难察汗趁客列
亦惕部领地没有兵力，派王汗之弟额儿客合剌率兵占
领了客列亦惕部领地。没过多久，王汗与成吉思汗协
力打败了塔塔儿部并从金朝获封"王"号，之后，在
回师途中与乃蛮部亦难察汗和弟弟额儿客合剌狭路相
逢，双方激战过后，王汗全军覆没，逃到合剌契丹[40]。
时间应该在 1196 年七八月间。

王汗带着少数几人路过三个城镇，投靠了合剌契

丹之主古儿汗[41]。不久，王汗又叛离了古儿汗，途经畏兀儿和西夏的不少城池，一路上靠挤五只山羊的奶以及刺出骆驼血充饥。1198 年秋天，穷困潦倒的王汗终于走到古泄兀儿纳兀剌[42]，于是送信通报成吉思汗。成吉思汗念王汗早前与也速该把阿秃儿结为安答的旧情，遂派塔孩把阿秃儿、速客该者温二人前去迎接王汗，自己也到克鲁伦河源地等候，并从自部征收实物税接济王汗，还将"客列亦惕诸部前所来降者还事之"。（《蒙兀儿史记》卷二，第 32 页）后来二人又在土拉河忽巴合牙[43]之地重申了曾经的父子之盟。

王汗独吞从篾儿乞惕部掠获战利品

1198 年秋，成吉思汗途经合剌思不剌思之地到合迪黑里黑山岭的木鲁彻薛兀勒[44]之地攻打兀都亦惕篾儿乞惕部脱黑脱阿别乞，将脱黑脱阿别乞赶到巴儿忽真脱窟木之地。成吉思汗征服篾儿乞惕部众，将马群、宫帐、谷物等战利品送给了王汗（详情见《蒙古秘史》第 177 节），以此助王汗恢复势力。

也在这一年（1198 年）[45]，王汗在未与成吉思汗商议的情况下，独自率领自部在不兀剌客额列之地攻打篾儿乞惕部残敌，将脱黑脱阿别乞赶往巴儿忽真脱窟木，杀其长子脱古思别乞，霸占了脱黑脱阿别乞诸妻和忽秃黑台、察阿仑两个女儿[46]，俘获脱黑脱阿别乞另外两个儿子忽都和赤剌温以及他们的属民。不过，未给成吉思汗分拨任何战利品。（详情见《蒙古秘史》

第 157 节）

王汗趁夜撤兵，独自对敌战败时，成吉思汗派兵援助

己未年或 1199 年，成吉思汗三十八岁。成吉思汗和王汗二人一同出兵征讨乃蛮部，这是成吉思汗初战乃蛮部。

乃蛮部为蒙古诸部中人口最多的一个部族。古时，该部领地位于谦河源地。据记载，10 世纪时期南迁到阿尔泰、杭爱两座山脉间的突厥故地。该部东与客列亦惕部、西与畏兀儿、北与斡亦剌惕部毗邻，与南边的汪古惕部和西夏隔大漠而居。

《南村辍耕录》一书中将乃蛮部列入色目人[47]种类。我认为有误，"色目人"指的应该是花剌子模人。而《蒙兀儿史记》《成吉思汗评传》《元朝史话》等文献均认为乃蛮部为突厥部族，弗拉基米尔佐夫先生则认为是蒙古部族。"乃蛮"一词在突厥语和蒙古语中含义相同，即数字"八"。1204 年归属蒙古之前，乃蛮部于更早时候便开始与蒙古部族密切来往，并使用蒙古语。因而，将当时的乃蛮部视为蒙古语部族比较合理。乃蛮部从 11 世纪时期开始信奉聂思脱里派基督教。乃蛮人主要经营畜牧业，有的地方也经营农业。乃蛮部是当时的蒙古诸部中开化程度最高的部族，这是因为该部受较先进的突厥文化影响较大；还是最早通过畏兀儿人借用古粟特文（有些学者认为直接从粟特人那里借来的）的蒙古部族之一。在社会制度方面，

· 青铜马镫 ·

乃蛮部内部阶级分化明显，贵族们御用畏兀儿文人。12世纪后期（屠寄先生估计可能是1197年），亦难察汗死后，其长子台不花继承了乃蛮部汗位，史称"塔阳汗"[48]。这时，其弟古出古惕跟塔阳汗争夺父亲的庶室古儿别速（实际上是在争夺权力），古出古惕败走后割据乃蛮部北部领地，自称"不亦鲁黑汗"。

这次，成吉思汗和王汗的军队在兀鲁黑塔黑山的消豁黑兀孙攻打了北部乃蛮（今蒙古国科布多省附近）首领古出古惕不亦鲁黑汗。没有防备的不亦鲁黑汗难以抵抗而越过阿尔泰山脉逃向西方。成吉思汗的军队追至忽木升吉儿之地的兀泷古河，在那里捉到对方哨兵统领也迪土卜鲁黑。之后在乞湿勒巴失湖边追上了不亦鲁黑汗，双方交战后，不亦鲁黑汗战败，逃向谦谦州[49]。

这是成吉思汗初战乃蛮部之第一阶段。

那年冬天，南部乃蛮大将可克薛兀撒卜剌黑（亦难察汗麾下猛将）布兵等候在成吉思汗和王汗的军队回师必经之路巴亦答剌黑别勒赤列之地。王汗和成吉思汗的军队先后到达此地，不过碍于天色已晚而决定

第二天开战，当夜安营此地。

王汗却在自部安营地上点燃火堆，趁夜撤出战场，溯着合剌泄兀勒河逃走了。那夜，札木合也与王汗一同撤出战场，并在撤退时对王汗说："我的安答帖木真早就在乃蛮人处有派去的使者。如今他不来了！"（《蒙古秘史》第160节）札木合如是挑拨离间。实际上这是王汗和札木合等人串通一气，弃成吉思汗于强敌之前，欲借强敌之力消灭成吉思汗的预谋而已。

· 白釉提梁壶 ·

第二天早晨，成吉思汗发现王汗安营地空空如也，说道："这些人把我们当作（祭祀亡灵时的）'烧饭'（撤弃）了！"（《蒙古秘史》第161节。"你欺骗了我们，弃营走去！"——策·达木丁苏荣编译本《蒙古秘史》）随后，成吉思汗率部迁移，渡过额垤儿、阿勒台二河合流处[50]，安营撒阿里客额儿之地。其间，成吉思汗了解到了乃蛮部军队的详细状况，认定该部不会对自己形成威胁。

这是成吉思汗初战乃蛮部之第二阶段。

王汗回师时，其子你勒合桑昆和其弟札合敢不等人由于带领驮运队伍而行速缓慢，当王汗先于他们回到土拉河边的领地时，他们才走到额垤儿、阿勒台二河间有树林和流水的峡谷处。乃蛮部大将可克薛兀撒卜剌黑在那里追上了他们，劫去他们的家人、部众和牲畜、财物。你勒合桑昆和札合敢不二人逃出去给王汗送去消息的时候，乘胜追击的可克薛兀撒卜剌黑到达帖列格秃阿马撒剌之地，劫去营居此地的王汗属民和他们的牲畜、粮食。这时，之前归降王汗的篾儿乞惕部脱黑脱阿别乞之子忽都、赤剌温二人带领属民趁乱逃出王汗领地，沿着色楞格河走到巴儿忽真脱窟木，与他们的父亲会合。

受到重创后，王汗将主力军队交由其子你勒合桑昆统领，并派遣迪吉火力（官衔）将军亦秃儿坚和巴儿忽歹部盏塔兀等人追赶可克薛兀撒卜剌黑的军队；另一边派使至成吉思汗处求助道："我的百姓、人口、妻子、儿子，被乃蛮人掳去了。我请求我儿派遣你的"四杰"来救我的百姓、人口吧！"（《蒙古秘史》第163节）

成吉思汗得到消息后，立即派遣孛斡儿出、木华黎等人[51]率兵前去支援。其间，你勒合桑昆的军队在忽剌安忽惕之地赶上了可克薛兀撒卜剌黑，双方在那里激战。当盏塔兀被俘，你勒合桑昆也因其马腿被射伤而几乎被敌军俘获时，成吉思汗大将孛斡儿出、木华黎等人率兵赶到，救出你勒合桑昆，又救出他们的家人和部众。

得到成吉思汗的相助后，王汗说道："以前他的贤父（也速该）救出我失去的百姓还给了我，如今他儿子（帖木真）又派来他的'四杰'救出我失去的百姓还给了我。天地佑护，天地明鉴，我一定要报恩！"
（《蒙古秘史》第163节）并遣使至成吉思汗处表达
了感激之情，之后又在土拉河边勺儿合勒忽山的忽剌
阿讷兀惕孛勒答兀惕之地[52]再一次重申了曾经的父子
之盟。

此次支援王汗为成吉思汗初战乃蛮部之最后阶段。

是年（1199年）冬季，篾儿乞惕部脱黑脱阿别乞
从巴儿忽真脱窟木迁到统列泽[53]，在那里与泰亦赤兀
惕人合谋，决定攻打成吉思汗。成吉思汗获悉后，与
弟弟合撒儿商讨起作战计划。

成吉思汗和王汗最后一次协作

庚申年或1200年春，三十九岁的成吉思汗与客列
亦惕部王汗会师撒阿里客额儿，随后为征伐泰
亦赤兀惕部而起兵。他们途经不峏罕合勒敦
山，直接到达这次战役的战场——斡难河
边的沙地。

敌军主将有泰亦赤兀惕部首领豁
敦斡儿长、阿兀出把阿秃儿、忽邻
儿把阿秃儿、忽都兀答
儿、塔儿忽台乞
邻勒秃黑和篾
儿乞惕部首领
脱黑脱阿别乞
等。之前，

·彩绘帖金法舍利塔·

他们串通一气，决定攻打成吉思汗。但成吉思汗很快得到消息，决定先发制人，遂与王汗一同起兵。

战斗一开始，成吉思汗的军队便发起猛烈攻击，敌军毫无还手之力而仓皇逃散。成吉思汗的军队追至汪古惕秃剌思[54]之地捉住忽都兀答儿，就地处决。阿兀出把阿秃儿、豁敦斡儿长等人逃向巴儿忽真脱窟木，忽邻儿把阿秃儿逃往乃蛮部。

本章"十三翼之战"一节提到过合塔斤、撒勒只兀惕二部与札木合和泰亦赤兀惕部联兵攻打成吉思汗之事。作为盟友，合塔斤、撒勒只兀惕二部获知泰亦赤兀惕部战败的消息后，一片哗然。随后，合塔斤部首领巴忽搠罗吉，撒勒只兀惕部首领赤儿吉歹把阿秃儿，朵儿别部首领合赤温别乞，塔塔儿部首领阿勒赤、札邻不合二人，亦乞列思部首领土格马合，翁吉剌惕部首领迭儿格克、额蔑勒、阿勒灰三人，豁罗剌思部首领绰纳黑、察合安（此处沿用了额尔登泰、巴雅尔等人的标音。道润梯步《新译简注〈蒙古秘史〉》中记作一人"绰纳黑·察合安"；策·达木丁苏荣编译本《蒙古秘史》中记作"绰由黑和察合安"；《蒙古秘史》第182节则记作"搠斡思察罕"）二人，乃蛮部不亦鲁黑汗古出古惕，篾儿乞惕部首领脱黑脱阿别乞之子忽都，斡亦剌惕部首领忽都合别乞，泰亦赤兀惕部首领塔儿忽台乞邻勒秃黑、豁敦斡儿长、阿兀出把阿秃儿三人等反对蒙古统一和蒙古社会封建化的十一部首领贵族们集聚阿勒灰不剌阿之地，斩马立誓，结盟起兵，欲攻打成吉思汗[55]。

成吉思汗的岳父德薛禅派使至成吉思汗处，送去了急报。

成吉思汗和王汗二人会师虎图泽之地[56]，二部军队行至贝尔湖又与德薛禅部会合。随后与敌军交战，成吉思汗大获全胜。

1200年冬季，王汗离开成吉思汗沿着克鲁伦河西行，安营忽巴合牙之地。成吉思汗率军东行，安营扯克彻儿山。

28. 第二次出征塔塔儿

1200年冬，成吉思汗在贝尔湖附近打败十一部联军后东行至扯克彻儿山，安营于此。其间，以阿剌兀都儿、合答安台石、察忽斤、帖木儿为首的察阿安、都塔兀惕、阿勒赤、阿鲁孩四部塔塔儿结盟，推举阿剌兀都儿为盟长（又作古儿汗）。塔塔儿部自古以来敌视蒙古部，1196年篾古真薛兀勒图被杀后，两部之间的

· 成吉思汗远征图《蒙古人远征记》·

仇恨更是加深，因而结盟后，塔塔儿部再一次起兵攻打了蒙古部。

成吉思汗率部从敌军西北方向迎击，双方在答兰捏木儿格思[57]之地激战，成吉思汗大胜。

有件事需要记载于此。当时成吉思汗的弟弟合撒儿安营于他地。他从随从者卜客处听说翁吉刺惕部叛变的传言后，没有告知成吉思汗，而是擅自率兵前去掳掠了该部。翁吉刺惕人怨恨合撒儿给其冠以无中生有的罪名而掳掠其部所为，于是真的叛变，投奔了札木合。

29. 帖尼豁罗罕之地战札木合

辛酉年或 1201 年，成吉思汗四十岁。这一年翁吉刺惕、亦乞列思、豁罗刺思、朵儿别、塔塔儿、合塔斤、撒勒只兀惕等部集聚到一起，他们沿额尔古纳河走到刊河[58]注入（额尔古纳河）处举行大会，会上拥立札木合为古儿汗（意为所有部族之汗）。这是以札木合为首的各部反动贵族们合力抵抗成吉思汗、阻挠其统一大业的行为，也可以说是灭亡之前最后的挣扎。

拥立札木合为古儿汗之后，众人踏塌秃律别儿河的崖岸，挥刀砍树，立下誓约："凡我同盟，于泄此谋者，如岸之摧，如林之伐。"（《圣武亲征录》）随后从那里起兵。

这时，成吉思汗属民沼兀列亦惕（巴雅尔标音本

《蒙古秘史》中的写法）人抄兀儿发现了他们的预谋，便与豁罗剌思部人豁里歹一起骑马赶往古连勒古之地，给成吉思汗送去了急报[59]。

成吉思汗得到消息后，决定先发制人，于是召集军队从古连勒古起兵，顺着克鲁伦河东行至海拉尔的帖尼豁罗罕之地迎击敌军。这次激战叫作帖尼豁罗罕之战。

这次激战以札木合军队战败和札木合逃走告终。之后，翁吉剌惕部归附成吉思汗。

30. 第三次出征塔塔儿并消灭该部

壬戌年或1202年秋，成吉思汗决定再征塔塔儿部。这是成吉思汗第三次出征塔塔儿部。战斗开始之前，成吉思汗制定了三条军律并宣告军队：

（1）如果战胜敌人，不可贪恋战利品。战斗结束之后再进行统一分配。

（2）如果被敌人打退，就要返回最初发起进攻的阵地。

（3）将处斩没有返回原阵地者。

这时，察阿安、都塔兀惕、阿勒赤、阿鲁孩四部塔塔儿将兵力召集在答兰捏木儿格思之地。

成吉思汗颁布军律、做好作战准备后，便起兵到达答兰捏木儿格思。激战后，塔塔儿部战败，仓皇逃出战场。成吉思汗的军队乘胜追击，追至兀勒灰失鲁格勒只惕[60]之地捉其首领，降其部众，彻底消灭了塔塔儿部。

战役期间，阿勒坛（忽图剌可汗之子）、忽察儿（捏坤太子之子）和答里台（成吉思汗的叔父）三人违反战役之前颁布的军律，擅自掠夺了战利品。为了严明军纪，成吉思汗派忽必来那颜等人[61]将他们掠夺的全部战利品没收并分给了众人。他们三人则因此产生了叛变之心。

据《蒙古秘史》的记载，消灭塔塔儿部之后，成吉思汗念及旧仇，残忍处置了塔塔儿部众。例如，将比车辖高的人全部杀光后，把剩下的妇女、儿童分给各户当奴隶。这种残忍的行为有必要谴责。不过，我们也应从另一个角度看待这件事，因为在当时的蒙古社会背景下，成吉思汗处理孛儿只斤和塔塔儿二部之间深仇大恨的手段反映了当时的某种时代特征。纵观历史，在阶级社会，所有的统治者或胜利者都会对被统治者或战败者实施专政，而不是仁政。

成吉思汗彻底消灭塔塔儿部等同于统一了蒙古东部，因而他的后方得以巩固，他的战略目标也转到西方。

· 螭虎纹镇铜尺 ·

31. 由札木合挑起的阔亦田之战

　　《蒙古秘史》中将这次战役和发生于 1201 年的帖尼豁罗罕之战合并，记作同一场战役，即阔亦田之战。我根据《圣武亲征录》《蒙兀儿史记》和《多桑蒙古史》等文献的记载，分开叙述为两次战役。

　　这次战役的主要战场在阔亦田之地[62]，史称阔亦田之战。这次战役发生的时间为壬戌年或 1202 年秋冬时节，那年成吉思汗四十一岁。

　　1201 年帖尼豁罗罕之战中战败的那些部族首领，即乃蛮部不亦鲁黑汗、篾儿乞惕部首领脱黑脱阿别乞之子忽都、泰亦赤兀惕部阿兀出把阿秃儿，还有朵儿别和塔塔儿二部残余[63]及合塔斤、撒勒只兀惕等部，因札木合的策动而联合起兵，发动了这次战役。总而言之，这次战役为反对成吉思汗统一大业的权贵们因不死心而企图反抗到底的最后一次挣扎，这便是这次战役的性质和起因。

　　成吉思汗得到敌军前来的消息后，立即通知王汗，与王汗会师后顺着克鲁伦河东行，到达此次战役的战场。

　　成吉思汗首先在主力部队前面部署了先锋部队。成吉思汗派阿勒坛、忽察儿、答里台三人率领先锋部队，王汗那边派桑昆（你勒合桑昆）、札合敢不、必勒格别乞率领先锋部队。成吉思汗又在先锋部队前面部署了三个哨望处，即从近到远在额捏坚归列秃、扯克彻儿、

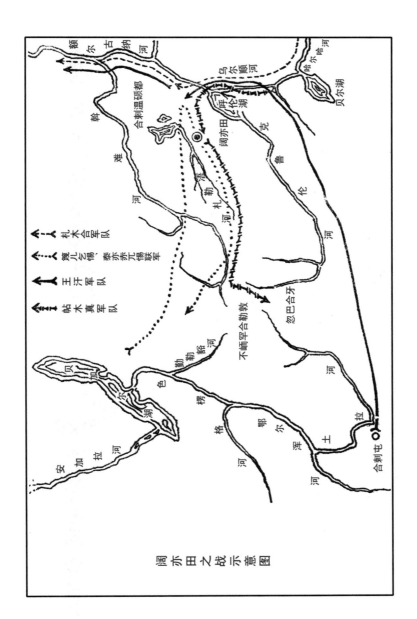

阔亦田之战示意图

* 阔亦田之战示意图。

赤忽儿古[64]三地各部署了一个哨望处。

阿勒坛等人率领先锋部队先于主力军到达兀惕乞之地，正准备安营时，有人从部署在赤忽儿古的哨望处赶来报信："敌人来了！"阿勒坛等人得到消息后想要了解敌方军情，便迎去问询，得知来者为泰亦赤兀惕部阿兀出把阿秃儿、乃蛮部不亦鲁黑汗、篾儿乞惕部脱黑脱阿别乞之子忽都、斡亦剌惕部忽都合别乞四人率领的札木合军队的先锋部队。双方问清彼此的身份后认为天色已晚而商量好第二天开战，于是退回各自的安营地[65]。

阔亦田之战就这样拉开战幕。这时，成吉思汗和王汗的主力军从兀勒灰失鲁格勒只惕前往兀惕乞，走到合剌温·都[66]附近。其后王汗之子你勒合桑昆的军队自北行进，到达山岭处安营。

乃蛮部不亦鲁黑汗看到成吉思汗军队这一状况，狂傲地说："彼军散漫，可聚而歼也。"遂派阿兀出、忽都二人率兵前去攻打。但这二人从远处观察你勒合桑昆的军队后认为对方势不可当，心生畏惧而退回营地。

成吉思汗的军队将后方的驮运队伍移至别处，靠塞（谦河以西的辽代边壕在山上的关塞）部署了主力军。你勒合桑昆率部越

· 错银铁矛 ·

过山岭到达兀惕乞，在那里准备作战。

这时天色大变，下起冰冷的雨，刮起狂风，后来又变成暴风雪，瞬间天地昏暗，敌军难以逆风暴而行[67]。而成吉思汗大将兀良合部忽鲁浑（速别额台把阿秃儿之兄）则在不停地迎敌射箭，于是敌军认为："天不佑我！"毫无还手之力的敌军退向阔亦田之野，人马皆冻，溃不成军。

这时札木合率部前去支援，不过看到自己的盟友溃败，便未战而退。"札木合掳掠了拥立他为汗的百姓顺着额儿古捏河而下，回去了。"（《蒙古秘史》第144节）乃蛮部不亦鲁黑汗退向阿尔泰山南兀鲁黑塔黑，篾儿乞惕部脱黑脱阿之子忽都退向色楞格河，斡亦剌惕部忽都合别乞为争夺森林地带而退向失思吉思，泰亦赤兀惕部阿兀出把阿秃儿退向斡难河。王汗出塞（位于呼伦贝尔的边墙关塞）追击札木合而去。成吉思汗率领自己的军队，将阿兀出把阿秃儿追击至边墙外（屠寄先生认为成吉思汗出塞地在呼伦贝尔市海拉尔区西北方向的绰诺西巴尔达胡附近的双堡）。

阔亦田之战就此告终。

32. 出征泰亦赤兀惕部，与者别相识

成吉思汗出征泰亦赤兀惕部的战役发生在阔亦田之战之后的 1202 年冬季。

泰亦赤兀惕部首领阿兀出把阿秃儿、豁敦斡儿长

等人在阔亦田战败后逃回斡难河边的领地，在那里休整，整顿残部，做足准备，等候着追击而来的成吉思汗。成吉思汗的军队则一路追赶泰亦赤兀惕军队，到达该部领地后战斗开始。

战斗持续数天，双方攻势异常激烈。争战过程中，成吉思汗的颈部被射伤，血流不止。成吉思汗九乌尔鲁克以及"四杰"之一兀良合部者勒篾不停地用嘴吸出瘀血，止血后又冒死跑到敌营，偷回奶酪喂成吉思汗，就这样救了成吉思汗一命。

通过几天的激战，敌军大败，首领扔下部众趁夜逃走。成吉思汗的军队乘胜追击，"把泰亦赤兀惕氏（贵族）阿兀出把阿秃儿、豁团斡儿昌、忽都兀答儿等及其子子孙孙，灰飞（烟灭）般全部杀光"。（《蒙古秘史》第148节）

泰亦赤兀惕部另一位首领塔儿忽台乞邻勒秃黑只身一人逃到森林中，你出古惕巴阿邻部失儿古额秃老人与其二子阿剌黑、纳牙阿一起捉住了他，之后把他绑在车上赶往成吉思汗处。途中，父子三人商量后认为若将自己的首领押送过去，成吉思汗肯定会认为对自己首领下手的人不可靠。于是，父子三人释放塔儿忽台乞邻勒秃黑，前去投奔了成吉思汗。成吉思汗听说事情经过后盛赞父子三人，并将他们纳入帐下。

以上便是消灭泰亦赤兀惕部的经过[68]。

战役过后，收集四处逃散的百姓时，成吉思汗亲自前去营救了恩人——锁儿罕失剌之女合答安。

第二天，曾为泰亦赤兀惕部贵族脱朵格属民的锁儿罕失剌、者别二人前去投奔了成吉思汗。成吉思汗年少时便结识锁儿罕失剌，对方又有恩于自己。于是，他想知道对方现在才前来投奔的原因，成吉思汗边提对方相助之恩边问道：

·鎏金铜象·

"卸下我颈上沉重木（枷），

抛在地上；

把我衣领上枷木，

卸去撇开。

你们父子有大恩于我，为什么这么晚才来呢？"

锁儿罕失剌回答："我心里自有把握，忙什么。如果忙着早来，泰亦赤兀惕氏那颜（统治贵族、领主）们一定会把我留下（在家里）的妻子、儿女、马群、食物，像扬灰般地毁灭掉，所以我没有忙着早来。如今我们赶来，与我们的大汗会合在一起了。"（《蒙古秘史》第146节）成吉思汗听后对锁儿罕失剌的解释表示认同。

之后，成吉思汗以战马比喻自己，又问者别："在阔亦田地方对阵作战时，从山岭上射来一支箭，射断了我的战马白嘴黄马的颈脊的人是谁？"者别回答："从山上射箭的人是我。现在大汗若赐我死，只不过溅污了一掌之地。但若蒙大汗恩赦，我愿在大汗面前，去横断深水，冲碎明石，到指派的地方去冲碎青石，到奉命的地方去冲碎黑石。"成吉思汗听后大赞者别，下令："凡事与人敌对，对于自己所杀和所敌对的事，就要隐身、讳言。这个人却把所杀和所敌对的事，不加隐讳地告诉我。这是个可做友伴的人。他（原）

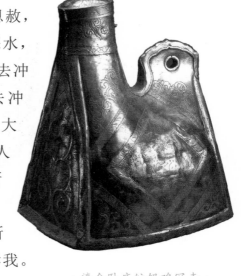

·鎏金卧鹿纹银鸡冠壶·

名叫只儿豁阿歹，因为射断了我的战马白嘴黄马的颈脊，就给他起名为'者别'，让他为我们作战，称他为者别。可降旨，命他跟随在我身边。"（第147节）这便是者别从泰亦赤兀惕部前来投奔成吉思汗的经过。

者别为别速迭部人，之前为泰亦赤兀惕部猛将及神射手。他投奔成吉思汗之后无役不从，战功显赫，后来成为成吉思汗九乌尔鲁克之一，"四先锋"之一，1206年被封为第四十七位千户官。成吉思汗六年（1211年）蒙古大军出征金朝时，者别便是冲锋陷阵的先锋大将，他率军攻破居庸关，深入河北，以其勇猛善射扬名天下。成吉思汗十三年（1218年），者别率军追歼乃蛮部古出鲁克汗，短期内攻占了之前被古出鲁克汗霸占的合剌契丹国（西辽）。第二年，成吉思汗西征时，者别作为先锋大将，率先带兵越过帕米尔高原。

1220 年，成吉思汗大军攻占撒麻耳干后，者别、速别额台等人率兵三万向北追击花剌子模苏丹摩诃末，他们途经里海，越过高加索山脉攻占了钦察兀各地，在卡尔卡河畔歼灭俄罗斯钦察联军，之后又攻占了孛剌儿。1224 年，者别在回师途中病逝于康里领地。

33. 与王汗决裂以及消灭客列亦惕部

王汗很早以前就开始骑上了"双头马"，落魄时依靠其"儿"成吉思汗，一旦自己的情况稍有好转便试图独树一帜而离去，并在成吉思汗和札木合二人间摇摆不定。

成吉思汗、王汗二人决裂的原因和经过

1202 年冬，阔亦田之战后，王汗的军队追击并迫降札木合，安营刊河注入（额尔古纳河）处，在那里休整了军队。

也在那年冬天，成吉思汗消灭泰亦赤兀惕部之后，率部走到谦河注入处附近，安营过冬于阿儿却翁吉剌[69]之地。

成吉思汗想让自己和王汗之间的关系亲上加亲，便为术赤求其女（桑昆的妹妹）察兀儿别乞，并许诺将自己的女儿豁真别乞许配给桑昆之子秃撒合。

但是，"桑昆妄自尊大地说：'我们家的女儿如果嫁到他家，只能站在门后（做妾婢），仰看坐在正

· 蒙古军出行图 ·

位的（主人的脸色）。他的女儿如果嫁到我家，是坐在正位上（做主人），俯视站在门后的（妾婢们）！'"

"他如此妄自尊大地说鄙视我们（指成吉思汗一方）的话，不肯把察兀儿别乞给我们，不同意这门亲事。

"成吉思汗听到这些话后，对王汗、你勒合桑昆两人心意冷淡了。"（《蒙古秘史》第165节）

其实这只是成吉思汗、王汗二人决裂的表面原因。实际上，是王汗摇摆不定的性格决定了二人最终的决裂，札木合的挑拨离间则加快了这一切。若从成吉思汗一方看这件事，在之前二人关系密切的二十多年时间里，成吉思汗从未做出试图与王汗决裂的行为，反而多次救济王汗，并一再宽恕着王汗的摇摆不定。

联姻不成后，成吉思汗迁到了阿卜只阿阔迭格里之地。王汗也西迁到者者额儿温都儿山的折儿合卜赤孩之地。王汗之子桑昆迁到者者额儿温都儿山后的别儿客额列惕之地[70]。

王汗、札木合等人谋害成吉思汗，巴歹、乞失里送信相助

癸亥年或 1203 年春，成吉思汗四十二岁。一直反对蒙古统一大业的札木合在得知成吉思汗、王汗二人决裂后，串通合儿答乞歹（合塔斤）、额不格真、那牙勤等部[71]以及阿勒坛、忽察儿、雪格额台、脱斡邻勒、合赤温别乞等人，一同迁到王汗之子你勒合桑昆的营居地别儿客额列惕，为了使成吉思汗、王汗二人彻底破裂，众人挑唆起你勒合桑昆。札木合对你勒合桑昆说："我的安答帖木真与乃蛮部塔阳汗有约定，也派有使者。他口头上（与王汗）称为父子，心里却另有图谋。你们还倚靠着他呢！如果不先下手，你们会怎么样？如果你们去攻打帖木真安答，我就从横里一同杀人。"阿勒坛、忽察儿二人对你勒合桑昆说："我们为你去把诃额仑母亲的儿子们干掉，把哥哥杀掉，把弟弟抛掉！"合塔斤、额不格真、那牙勤等部的人说："我们为你用手捉住他的手，用腿绊住他的腿。"脱斡邻勒说："要设法夺取帖木真的百姓，若夺走了他的百姓，他失去了百姓还能怎么样？"合赤温别乞说："你勒合桑昆王子啊，无论你怎样考虑，再长的路，我要与你一起走完，再深的深渊，我要与你一起深入到底！"

（《蒙古秘史》第166节）

这些话就等于这些人想要一致对抗成吉思汗而发起的宣言。

你勒合桑昆先是派人后又亲自前去向其父王汗告知自己与札木合等人的预谋。王汗虽然担心"不受上天的佑护"而摇摆不定，但最终还是准许其子，"我只担心不受上天的佑护，但怎能舍弃自己的儿子（指桑昆）呢？你们尽所能地去做，好自为之吧。"（第167节）这便是王汗的最终决定。

关于暗害成吉思汗的计划，你勒合桑昆说："他们曾求娶咱们家的女儿察兀儿别吉（察兀儿别乞），现在约定日子，去对他说'请你来吃许婚宴'[72]，把他叫来，然后把他捉住。"到成吉思汗处传话："我们把察兀儿别吉许给你们，请你来吃许婚宴吧。"

成吉思汗相信了他们的话，便带着十个随从前往，路上在蒙力克父亲家里住了一宿。蒙力克父亲是个饱经世故而谨慎老练的老人，他如是提醒成吉思汗："（以前）求娶察兀儿别吉时，他们瞧不起咱们，没有答允。如今为什么反而特地请你去吃许婚宴呢？妄自尊大的人，为什么突然又答允亲事，来邀请你去呢？说不定是什么心思。吾儿你要弄清楚了再去。（不如）借口春天到了，我们的马瘦，要饲养马群，派人去推辞掉。"

成吉思汗赞同蒙力克父亲的话，派不合台、乞剌台二使前去吃许婚宴，自己则从蒙力克父亲家原路返回了。

不合台、乞刺台二使到达后，你勒合桑昆再商议："（咱们的计谋）被发觉了，咱们明天早晨去包围他，把他捉住。"（第168节）之后，阿勒坛的族弟也客扯连（成吉思汗祖父把儿坛把阿秃儿的弟弟忽兰把阿秃儿之子）回到家里

·蒙古军队攻城图·

将攻打成吉思汗的计划讲给妻子听的时候，被他家的马倌巴歹听到了。巴歹回去后告诉另一个马倌乞失里，乞失里又去也客扯连家证实了一番。于是巴歹、乞失里二人连夜赶往成吉思汗处，给成吉思汗送去了这一急报。

成吉思汗和王汗之间的卯温都儿之战

这次战役的战场在卯温都儿[73]之地，因而叫作卯温都儿之战。不过在有的史料中将此役记作合刺合勒只惕额列惕之战（汉译为"合兰真战役"或"阿兰塞战役"）。李则芬先生的书中记作"汗山之战"，并认

为战场位于呼伦湖北边。这与我们的估计相差较大。此次战役发生于1203年春夏间。

成吉思汗得到巴歹、乞失里送来的消息后连夜召集军队，丢弃沉重物件，随后率军移到山北，做好作战准备，成吉思汗在起兵时派亲信兀良合部者勒篾任后哨，

· 蒙古军队征战图 ·

在卯温都儿山北部署了哨望处。第二天午后，成吉思汗军队到达合剌合勒只惕额列惕之地。在那里休息时，卯温都儿山阳牧马的阿勒赤歹马倌赤吉歹、牙的儿[74]二人看到了经过卯温都儿山南的忽剌安不鲁合惕之地赶来的敌军所扬起的尘土，便赶着马群速回自营报告敌军前来的消息。

那时，成吉思汗的军队只有三千多名[75]士兵，王汗的军队人数则比成吉思汗的军队人数多出几倍。战斗开始前，成吉思汗命兀鲁兀惕、忙忽惕二部充当先锋部队。

由于人数众多，王汗将军队编作五个梯队，向成

吉思汗部发起攻势。其中，第一梯队即先锋部队，为合答吉（似为下文将提到的合答黑把阿秃儿）率领的只儿斤部[76]；第二梯队为阿赤黑失鲁率领的土绵土别干部；第三梯队为斡栾懂合亦惕部；第四梯队为豁里失列门太子率领的一千名侍卫军；第五梯队为王汗的主力部队。这次战役中，王汗将军队交由札木合统领。

战斗一开始双方便激战，成吉思汗这边兀鲁兀惕部主儿扯歹和忙忽惕部忽余勒答儿薛禅二人高举军旗冲锋陷阵，击败了敌方先锋只儿斤部。此后忽余勒答儿被冲杀过来的土绵土别干部阿赤黑失鲁刺伤落马。忙忽惕人返回去护起忽余勒答儿，主儿扯歹则率领自己的兀鲁兀惕军继续激战，击败土绵土别干部，再往前进攻王汗的第三梯队斡栾懂合亦惕部。主儿扯歹又击败了斡栾懂合亦惕部，接着迎战豁里失列门太子率领的一千名侍卫军，击败他们又继续进攻时，王汗之子桑昆未经其父同意便前来迎战，被射伤了脸，落下了马。于是，客列亦惕军队都集聚到桑昆身边。

这时天色已晚，成吉思汗的军队带着受伤的忽余勒答儿回到了营地。当晚宿营时，双方都将军营迁离战场。

卯温都儿之战就此告终。这次战役中成吉思汗以少胜多，但自己也遭受了一定的损失。大将忽余勒答儿受了伤；孛斡儿出的战马被射死，他夺骑一匹驮马才免于丧命；成吉思汗三子斡歌歹颈部受伤，孛罗忽勒救活了他，第二天才带他回到营地。战后，成吉思汗清点军队人数，仅剩两千六百人。

在王汗因节节败退而面临不利局面时，札木合派使至成吉思汗处，将王汗军队的作战部署泄露给了成吉思汗，暗地里出卖了王汗。但《蒙古秘史》则记载札木合是在开战前给成吉思汗通风报信的，我认为这样的说法不合常理。札木合要是真想帮助成吉思汗，怎么会煽动王汗挑起战争呢？王汗节节败退时给成吉思汗通风报信才是札木合的性情，所以我在此处做了更正，故此阐明。

成吉思汗整顿军队，派使谴责王汗等人

"敌人如果来了，就厮杀！他们如果躲走了，咱们就整顿我军，准备厮杀！"（第173节）成吉思汗如是说。之后动身迁往兀勒灰失鲁格勒只惕，到达答兰捏木儿格思。王汗的军队向西退到忽剌安不鲁合惕之地。成吉思汗将两千六百人分成两路，自己率领一半沿着哈尔哈河右岸行军，让主儿扯歹、忽余勒答儿率领另一半沿着左岸行军，因粮饷不足而一路行猎顺河而下。当时，忽余勒答儿身上的伤还未痊愈，但他不听成吉思汗的劝告参加了狩猎活动，导致伤情恶化而死。成吉思汗将他的遗体葬于哈尔哈河边斡儿讷兀山的客勒帖该合答之地。为了表彰忽余勒答儿的赫赫战功，消灭客列亦惕部之后，成吉思汗把王汗大将合答黑把阿秃儿（那时已归降成吉思汗）和只儿斤部众一百人一同赏给了忽余勒答儿的妻儿，并叫他们世世代代领取

抚恤遗孤的恩赏。

成吉思汗听说在哈尔哈河注入贝尔湖[77]的河口附近居住着帖儿格克、额蔑勒[78]等翁吉剌惕分支，

·蒙古骑兵·

便派遣以主儿扯歹为首的兀鲁兀惕军收服他们，嘱咐道："翁吉剌惕部人如果说'我们自古以来就靠外孙女的容貌，靠姑娘的容貌（而不争夺国土）'，就收降他们。如果他们反抗，就攻打他们。"（第176节）那些翁吉剌惕分支归顺了主儿扯歹，因而成吉思汗没有侵犯他们。

翁吉剌惕部归降后，成吉思汗迁到统格豁罗合东边，从那里派遣阿儿孩合撒儿、速客该者温二人到王汗处传话，即以诗歌形式谴责和声讨王汗一直以来的摇摆不定和种种时友时敌行为的一段话。

成吉思汗又派使到札木合、阿勒坛、忽察儿、桑昆以及脱斡邻勒[79]等人处，对这些人一一进行了谴责和声讨。

二使完成成吉思汗交给的任务，阿儿孩合撒儿回去把情况汇报给了成吉思汗。因家人在王汗处，速客该者温未能一同回去。

当时，在难以用武力消灭他们的情况下，成吉思汗的这种谴责和声讨也属于一种斗争手段。换言之，

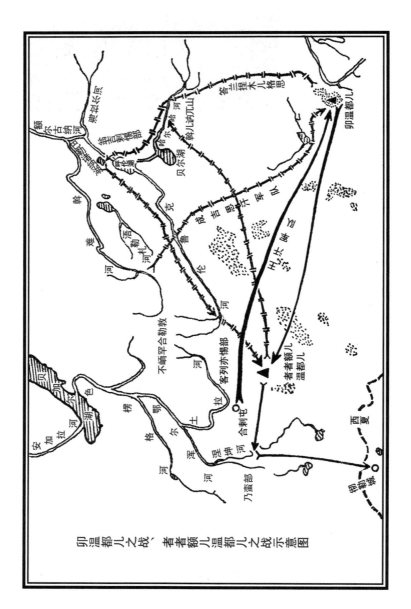

卯温都儿之战、者者额儿温都儿之战示意图

· 卯温都儿之战、者者额儿温都儿之战示意图。

成吉思汗是在通过这样的手段揭示战争挑起者是他们，而不是自己，并说明自己本不想与他们敌对和争战。这么做能够拉拢人心，能够在强化内部团结的同时瓦解敌人。这便是成吉思汗的高明之处。

巴勒诸纳之盟

成吉思汗营居统格豁罗合没多久又迁到巴勒诸纳湖。在那里，成吉思汗遇到豁罗剌思部绰纳黑、察合安二人，随后豁罗剌思部归附。

成吉思汗在巴勒诸纳湖遇见了一个将一千只羯羊赶到巴勒诸纳湖饮水的骑白骆驼的人。此人名叫阿三[80]，是一位花剌子模商人。他从汪古惕部人阿剌忽失的吉惕忽里手里购买一千只羯羊，之后又想从营居额尔古纳河[81]一带的百姓手里收购貂和松鼠，于是在前去的路上遇见了成吉思汗。

当时巴勒诸纳湖的水混浊不清。成吉思汗喝巴勒诸纳湖水起誓，以示与亲信朋友们同生共死并肩战斗之心。这便是载入史册的著名的巴勒诸纳之盟[82]，据说参加者共有十九人。

消灭客列亦惕部的者者额儿温都儿之战

这次战役发生的时间还是癸亥年或1203年秋。

这里需要记载开战前发生的两件事。

第一件事：卯温都儿之战后，王汗营居只惕豁罗罕额列惕[83]之地时，叛离成吉思汗的答里台斡惕赤斤、阿勒坛、忽察儿和札木合、忽勒巴里、速客该者温、脱斡邻勒、塔孩忽剌海以及斡亦剌惕部首领忽都合别乞等人串通一气，企图叛变并预谋杀害王汗。但事情败露，王汗率兵攻打了他们。于是，答里台斡惕赤斤、忽勒巴里等人带着撒合亦惕、温真二部部众归降成吉思汗。阿勒坛、忽察儿、忽都合别乞、札木合等人逃到乃蛮部，投靠了塔阳汗。之后王汗军队迁移到者者额儿温都儿山的折儿合卜赤孩之地。

第二件事：成吉思汗营居巴勒诸纳湖时，其弟合撒儿将自己的妻儿——也古、也松格、脱忽等人留在王汗处（这是《蒙古秘史》的记载。李则芬先生则记载道："汗山之战不利，成吉思汗之弟合撒儿被克烈部冲散，尽丧所有，妻子亦被王汗掳去。"其依据不得而知），自己带着几个亲信找寻哥哥成吉思汗。在合剌温·都山岭一带没有找到。穷困潦倒之际，他以生皮和筋腱为食，终于在巴勒诸纳湖找到了汗兄。见合撒儿回来，成吉思汗很高兴。

者者额儿温都儿之战的战幕就此拉开。

成吉思汗在其战前的侦察工作中利用了合撒儿离散之事。为了了解王汗那边的军情，他借合撒儿之名派沼兀列亦惕部合里兀答儿、兀良合部察兀儿罕二人到王汗处传话：

"遥望我的哥哥，
看不见他的形影；

踏着他的踪迹走，
找不到他的道路。
我又喊又叫，
他听不到我的声音。
我披星而宿，
枕土而眠。
我的妻子、
儿子都在父汗处，
若蒙父汗信任，
我就到父汗处来。"

·蒙古骑兵·

（第 183 节）

并嘱咐二人回来时到克鲁伦河的阿儿合勒苟吉[84]
之地与大军会合。送走二人后，成吉思汗以主儿扯歹、
阿儿孩合撒儿二人为先锋，移到了阿儿合勒苟吉。

合里兀答儿、察兀儿罕二人到达时，王汗正在搭起
的金帐里举行宴会。听过二使所言，他说："如果那样，
就让合撒儿来吧！"并派遣亲信亦秃儿坚随二使前去。
到达约定地阿儿合勒苟吉时，亦秃儿坚看到人马众多
而起疑心，随即原路返回。合里兀答儿的马跑得快，
便追上去挡前挡后地挡着亦秃儿坚，察兀儿罕又赶去
射中了亦秃儿坚所骑金鞍黑马的腿，人仰马翻时捉住
了亦秃儿坚，押送给了成吉思汗。成吉思汗没有和亦
秃儿坚说话，发令道："带去给合撒儿，由合撒儿发
落！"押到合撒儿那里后，合撒儿也没和亦秃儿坚说话，
就地处斩了他。

·蒙古骑兵征战图·

合里兀答儿、察兀儿罕二人出色地完成了侦察任务，汇报成吉思汗："王汗毫无戒备，正在搭起的金撒帐里举行宴会。咱们赶紧换骑疾驰，连夜兼程而行，去掩袭围攻他们吧！"

成吉思汗了解到敌军军情后，命主儿扯歹、阿儿孩合撒儿为先锋，连夜起兵到达者者额儿温都儿山的折儿合卜赤孩之地，趁其不备包围王汗军队，发起猛烈攻击。

这次战役持续三天三夜，第三天敌军投降，不过王汗和你勒合桑昆父子二人却已趁夜逃走。这次战役中，敌军统帅为王汗大将只儿斤部合答黑把阿秃儿。投降后他说："我厮杀了三夜三天。我怎能眼看着自己的正主、可汗被人捉去杀死呢？我不忍舍弃他。为了使他能有远离而去保全性命的机会，我厮杀着。如今，叫我死，我就死！若蒙成吉思汗恩赦，我愿为您效力。"成吉思汗赞许他所言，说："不忍舍弃正主、可汗，为了让他远离而去保全性命而厮杀的，岂不是大丈夫吗？这是可以做友伴的人。"（第185节）之后将他赐给了忽余勒答儿家属，我在上文中提到过这件事。

成吉思汗通过者者额儿温都儿之战彻底消灭了客列亦惕部，将该部部众分给了诸部。其中，念及速勒都思部塔孩把阿秃儿的战功而赏给他一百个只儿斤部人。成吉思汗将王汗之弟札合敢不的大女儿亦巴合别乞娶作庶室，将小女儿莎儿合黑塔泥别乞赐嫁拖雷为妻。因而没有侵犯札合敢不属民，并嘱咐他做自己的"第二条车辕"。

念及巴歹、乞失里二人在卯温都儿之战前送急报相助，成吉思汗将王汗的金帐、金酒具、器皿和服侍王汗的家仆以及汪豁真客列亦惕部众赐给这二人，并降旨让他们二人"自由自在享乐直到子子孙孙"。

"俘虏的客列亦惕百姓，分配给众人，使任何人也不缺少。分配土绵秃别干部人，使大家都分得足够。分配斡栾董合亦惕部人，不到一天就分配完了。分配性好血战掠夺的只儿斤部勇士，不够大家分。"（第187节）

王汗和你勒合桑昆父子二人逃到的的克撒合勒之地涅坤河[85]边，王汗因口渴而前去喝水时被乃蛮部哨望处的豁里速别赤捉到并杀害。桑昆因没去河边而逃过一劫，途经西夏彻勒城到达波黎吐蕃，因掠抢当地人而被赶走。据记载，你勒合桑昆继续向西逃到和阗（今和田）、喀什噶尔等地，营居曲先彻儿哥思蛮族领地时被哈剌赤部首领黑邻赤哈剌杀害。

以上便是彻底消灭客列亦惕部的经过。消灭客列亦惕部等于扫除了成吉思汗统一蒙古诸部大业之最大障碍,者者额儿温都儿之战的关键性无须多言。

战役过后的 1203 年冬季,成吉思汗撤兵东归,驻冬于阿卜只阿阔迭格里之地。

34. 汪古惕部归附

汪古惕部归附成吉思汗的原因与乃蛮部有关。起初,成吉思汗蒙古部和乃蛮部之间隔有强大的客列亦惕部,然而,1203 年秋季成吉思汗打败王汗收服客列亦惕部之后,蒙古部领地边界扩大到与乃蛮部接壤,使乃蛮部贵族们感觉到了来自蒙古部的威胁。

虽然只会"放鹰狩猎",但高傲的乃蛮部塔阳汗还是说:"天上有日、月两个照耀着,地上怎么可以有两个大汗呢?咱们去把那些蒙古人捉来吧!"(第189 节)便派遣月忽难[86]到汪古惕部首领阿剌忽失的吉惕忽里处传话:"听说东边有那么一些蒙古人。请你出兵为右翼,我从这里出兵夹击,咱们把那些蒙古人的箭筒夺了!"(第 190 节)

以阿剌忽失的吉惕忽里为首的汪古惕部人则对乃蛮部的衰落和成吉思汗统一大业的前景看得十分清楚,因此未与乃蛮部合作抵抗成吉思汗,反而助成吉思汗征服了乃蛮部。阿剌忽失的吉惕忽里回复乃蛮部塔阳汗:"我不能出兵做右翼。"并派遣脱儿必塔失到成吉思汗处传话:"乃蛮部的塔阳汗要来夺掉你的箭筒,

（派人）来说，要我做（他的右翼）。我不干。如今我派人提醒你。要提防他来夺取你的箭筒。"（同上）

· 蒙古轻骑兵图 ·

汪古惕部，在相关文献史料中均称作"汪古惕"。《辽史》称之为"白鞑靼"，邱树森先生称之为"阴山鞑靼"。关于汪古惕部部源也有几种说法。有的说是北匈奴温禺犊王的后裔以先祖之名称自己的部族为汪古惕（《后汉书·南匈奴列传》）。不过其他多数文献史料都称之为突厥部族。"鞑靼"为其他民族对蒙古部族的统称，汪古惕、客列亦惕、塔塔儿等部被称作"白鞑靼"，漠北蒙古部族被称作"黑鞑靼"，还有"熟鞑靼""生鞑靼""野鞑靼"等贬义化分类。

关于"汪古惕"的含义，有两种解释。其一，因汪古惕部曾经看守金朝北部边界的长城而取"长城"之名，"长城"在蒙古语中被称作"兀惕古"或"乌古"，后演变为汪古惕。这是多桑的说法。但蒙古文文献史料或地方志中没有将"长城"称作"兀惕古"或"乌古"的依据。而古时蒙古人将呼伦贝尔一带的边墙称作"urhe"，在本章注解[17]中提到了这一点。所谓"长城"也许就是指边墙。但没有任何汪古

· 骑兵作战图 ·

惕部居住过呼伦贝尔一带的记载。其二，大青山顶峰蜈蚣坝古时被称作"onggondabaga"。汪古惕部因居住在大青山一带而以山名命名自部。蒙古人以"onggon"做山名的例子很多。但至今没有确凿依据可证实"汪古惕"之名的来源。

汪古惕部在 12 世纪和 13 世纪时居住在今内蒙古自治区首府呼和浩特市北边大青山附近的戈壁地带。由于数百年来与汉、契丹、畏兀儿等开化民族毗邻，汪古惕部在经济、文化等方面属于蒙古部族中发展水平较高的部族之一。至今还有很多考古学依据可证实古时汪古惕部城池众多，农业和手工业较发达，信奉聂思脱里派基督教等情况。

当时的汪古惕部与乃蛮部关系密切，这一点从双方的信使往来能够看出，该二部领地相接以及他们的文化交流也可证实这一点。

蒙古诸部中乃蛮部最早使用畏兀儿体蒙古文，如今这是个所有人都认可的共识。如果说汪古惕部也是跟乃蛮部一样最早使用畏兀儿体蒙古文的部族之一，人们也许不太相信。关于这方面的考古学依据，我将在本书第五章另作阐述。

与成吉思汗同代的汪古惕部首领名叫阿剌忽失的吉惕忽里。元朝第二位皇帝，即元成宗在大德九年（1305年）追封阿剌忽失的吉惕忽里为"高唐忠武王"。

当时（乃蛮部派使到汪古惕部的时间为1203年冬或1204年春）汪古惕部给成吉思汗送达乃蛮部欲起兵的消息，这件事说明汪古惕部主动与其他蒙古部族结盟并积极响应成吉思汗的统一大业。这一点我们可从《驸马高唐忠献王碑》的记载中得知："太祖圣武皇帝起朔方，并吞诸部。有国（指乃蛮部。——引用者）西北曰带阳罕（塔阳汗）者，遣使卓忽难来，谓忠武（指阿剌忽失的吉惕忽里。——引用者）曰：'天无二日，土无二王，汝能为吾右臂，朔方不难定也。'忠武素料太祖智勇，终成大事，决意归之。部众或有异议，忠武不从，即遣麾下将秃里必答思（脱儿必塔失）赍酒六榼，送卓忽难于太祖，告以带阳之谋。时朔方未有酒酗，太祖祭而后饮，举爵者三，曰：'是物少则发性，多则乱性。'使还，酬以马二千蹄，羊二千角。上诏忠武：'异日吾有天下，奚汝之报，天实监之。'且约同征带阳，会于某地。忠武先期而至。"（《元史类编》卷二十三）《圣武亲征录》也记载道："阿剌忽思（指阿剌忽失的吉惕忽里）即遣使朵儿必塔失，以是谋先告于上，后举族来归。我之与王孤部（汪古惕部）亲好者，由此也。"

出征乃蛮部的战役是成吉思汗统一蒙古诸部过程中最后一次大型战役。阿剌忽失的吉惕忽里和汪古惕部在这次战役中立下战功，因而蒙古帝国成立时阿剌忽失的吉惕忽里被封为八十八开国功臣之一，即千户官，同时成吉思汗将公主赐嫁阿剌忽失的吉惕忽里为妻。从而汪古惕部与皇氏孛儿只斤建立了联姻关系。

汪古惕部主动归附成吉思汗，并与蒙古诸部联合之事对成吉思汗收服乃蛮部以及后来的征金战事起到了积极作用，尤其对蒙古经济、文化的发展产生了深远的历史意义。

据说15世纪、16世纪时期汪古惕部的一部分成为巴图孟克达延汗察哈尔万户的一部分，其中大部分演变为如今的鄂尔多斯、土默特地区的蒙古族人的可能性较大。

意大利著名旅行家马可·波罗曾到过汪古惕部领地，详细记载了那里的情况："隶属于王罕领土之内的天德省（这是'天德军'一名的演变。当时的天德军位于今乌拉特前旗乌梁素海一带的汪古惕故地。——引用者）是一个东部的省份，省内有许多城市和城堡，受大汗（忽必烈可汗）的统治。自从第一个鞑靼人皇帝成吉思汗征服这个国家以来，这个家族的一切君王就长期成了鞑靼人的附庸。省区的首府也叫天德。大部分居民是基督教徒。由该国君王领导这个国家，是大汗的封土。这已不是王罕原来的全部疆土了，而只是其中的一小部分。大汗对待他们和对皇家其他王公一样，常把公主和皇帝的其他女子嫁给他们。

"这个省出产大量的优质石头，可制成天青色的

颜料。这里用骆驼毛织造布匹。人民以商业、农业和手工业维持生活。居民中有偶像崇拜者（萨满教徒）、回教徒和基督徒，省里的统

·元代酒器——渎山大玉海·

治权操在基督徒的手中……天德省是王罕的朝廷所在地（此说有误，应该是阿剌忽失的吉惕忽里才对，而不是王汗。——引用者）……现今在位的王叫阔里吉思（Gcorge），是王罕的第四代传人。"（《马可·波罗游记》第一卷）所述"阔里吉思"正是汪古惕部第四代首领。马可·波罗到汪古惕部领地的时间与该部第四代首领在位时间比较吻合。

35. 纳忽昆之战，征服乃蛮部

甲子年（1204年），成吉思汗四十三岁。征服乃蛮部的战役发生在纳忽昆[87]之地，因而被称作"纳忽昆之战"。这次战役属于成吉思汗第二次出征乃蛮部，也是成吉思汗为统一蒙古诸部而发动的多次战役中的最后一次大型战役（之后的是一些小规模战事），因而《蒙古秘史》详明而生动地记载了此次战役。

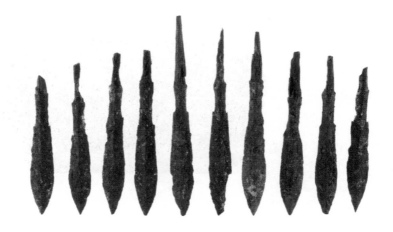

· 铁镞 ·

备战阶段

1204 年春，成吉思汗在帖篾延客额里[88]之地行猎时，汪古惕部使者脱儿必塔失送去了乃蛮部即将起兵的消息。

成吉思汗得到消息后，立即在狩猎地召开忽里勒台商议对策。在忽里勒台上众人的建议有两种。第一种建议，认为春天战马瘦弱，等到秋天长肥时再战。第二种建议，认为得先发制人，趁敌人不备时突袭。第二种建议由汗弟斡惕赤斤那颜和别勒古台那颜提出。斡惕赤斤说："怎么可以拿战马瘦弱来推辞！我的战马是肥壮的。听到了这样的消息，还能坐着不动吗？"别勒古台说："还活着的时候，就让人家把自己的箭筒夺走，活着还有什么用！生为男子汉，死也要让尸骨与箭筒、弓埋在一起，这样才好！乃蛮人因为国大、人多，就说大话。咱们就乘他们说大话之机，前去进攻，（把他们打败）他们的众多马群不也就歇在那里被抛下了？他们带不走宫帐，不也就遗弃了？他们的众多百姓，不也就往山上躲避了？他们既然说了这样的大话，咱们怎能坐着不动呢？咱们上马进攻吧！"（《蒙古秘史》第 190 节）成吉思汗完全赞同斡惕赤斤、别勒古台二人的建议，立即停止狩猎，从阿卜只阿阔迭格里迁移到哈尔哈河边斡儿讷兀山的客勒帖该合答之地，在那里点数人马，重新编排军队。

之前，成吉思汗的军事组织以营为单位。这次他总结多次战斗实践中积累的经验后，以十户、百户、千户为单位重新编排了军队。增设由八十名宿卫（客卜帖兀勒，即夜班哨兵）和七十名侍卫（土儿合兀惕，即白班哨兵）组成的怯薛军。又委派各个十户、百户和千户的十户长、百户长和千户长，委派朵歹扯儿必、多豁勒忽扯儿必、斡歌连扯儿必、脱仑扯儿必、不察兰扯儿必、雪亦客秃扯儿必六名扯儿必。再挑选一千名勇士，由阿儿孩合撒儿统领。七十名侍卫由斡歌连扯儿必和忽都思合勒潺统领。还详细分配了司膳、门卫、掌管战马者和箭筒士、侍卫、宿卫等怯薛军的职责并宣告军律。

成吉思汗起兵

成吉思汗做足战备工作，在甲子年（1204 年）夏季首月十六望日从哈尔哈河边斡儿讷兀山的客勒帖该合答之地祭旗出征。

成吉思汗委派者别、忽必来二人为先锋。他们带兵逆克鲁伦河行进至撒阿里客额儿，在康合儿罕山脚下遇到乃蛮军队哨兵。者别、忽必来的哨兵与乃蛮哨兵打了起来，乃蛮哨兵俘获他们的一匹瘦弱的带鞍白马，便相互议论道："蒙古人的马瘦弱。"

要说当时的敌方军情，篾儿乞惕部脱黑脱阿别乞、客列亦惕部贵族阿邻太子、斡亦剌惕部忽都合别乞、札答剌部札木合，以及朵儿别、塔塔儿、合塔斤、撒勒只兀惕等部残余势力都在乃蛮部一方。换言之，成吉思汗当时的宿敌们都聚集于敌阵。

成吉思汗主力军到达撒阿里客额儿之后，众人商议了作战计划。其中，朵歹扯儿必向成吉思汗提议道："咱们的兵少，不仅少，而且一路上走来，已经疲倦了。如今先停驻下来，让马吃饱了。咱们在这撒阿里草原上散开安营，让每个人都点起五堆火，用火光来虚张声势，惊吓敌人。听说乃蛮部人数众多，但是他们的（塔阳）汗是个没有出过家门的娇生惯养者。在用火使他们惊疑之间，咱们的马也就吃饱了。咱们的马吃饱后，咱们就去追赶乃蛮哨兵，紧追他们，把他们赶到他们的中军里，乘着他们慌乱，冲杀进去，这样行不行？"成吉思汗采纳了他的建议，下令道："传令全军士兵，就那样点起火来。"于是散开的营帐布满撒阿里客额儿草原，每名士兵点起了五堆火。

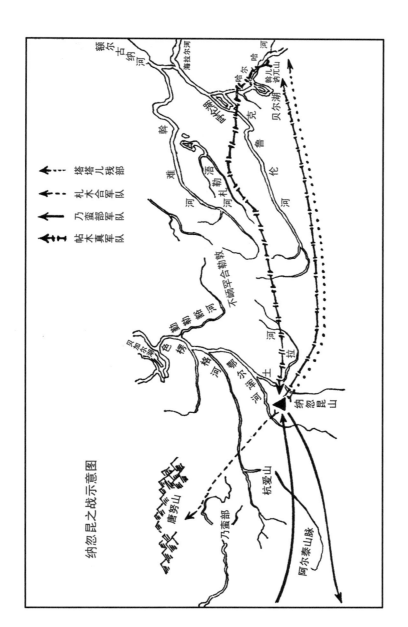

纳忽昆之战示意图

* 纳忽昆之战示意图 *

乃蛮军队战前的情况

到了夜里，乃蛮哨兵从康合儿罕山上看到撒阿里客额儿草原上繁星般的火堆，惊讶地说道："不是说蒙古人少吗？（他们点燃的）火，怎么比（天上的）星星还多啊！"于是将捉到的那匹瘦弱的带鞍白马送到大军处报告："蒙古人的军队布满了撒阿里草原，想必是每日增添，（他们点燃的营）火比（天上的）星星还多！"（《蒙古秘史》第193节）

当时，乃蛮部塔阳汗在杭爱山的合池儿兀速之地。他得到消息后给儿子古出鲁克汗传话："蒙古人的马瘦，但听说（他们点燃的营）火比星星还多，蒙古人很多。我们先让部众退过阿勒台山，整顿好军队，再像逗引狗走那样地，逗引他们，把他们一直引诱到阿勒台山下。我们的马肥壮，正好在路上消消食以宜驰骋。那时蒙古人的马已经疲乏，我们就给他们来个迎头痛击！"但古出鲁克和乃蛮部将军豁里速别赤等人不以为然地说："蒙古人从哪里来那么多？大部分蒙古人跟着札木合就在我们这里。"并认为塔阳汗胆怯无能。"塔阳汗连孕妇撒尿处那么远也没有走过，连放牛犊的草场那么远也没有去过。妇人般的塔阳汗胆怯了，竟派人送来这样的话吗？"（第194节）便把塔阳汗派去的使者打发回去了。塔阳汗听到这些话之后大怒："既然如此，咱们就去厮杀吧！"便从合池儿兀速迁往塔米尔[89]，渡过鄂尔浑河，到达战场纳忽昆山东。

规模宏大的纳忽昆之战

成吉思汗这边的哨兵看到乃蛮部大军前来，便去报告："乃蛮人来了！"成吉思汗听到后下令："（乃蛮人）人数多，（作战时）要（让他们）多损失；（我们）人数少，（作战时）要减少损失！"又

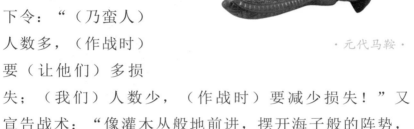

·元代马鞍·

宣告战术："像灌木丛般地前进，摆开海子般的阵势，像凿子般地攻进去！"并把军队分为三个梯队。

第一梯队由成吉思汗亲自统领。阵型为：者别、忽必来、者勒篾、速别额台"四先锋"在前，兀鲁兀惕、忙忽惕二部勇士们在中，成吉思汗在后。

第二梯队为汗弟合撒儿率领的主力军。

第三梯队为汗弟斡惕赤斤那颜率领的后方补给军（包括换骑的战马等）。

成吉思汗的先锋部队先是对乃蛮部哨兵穷追猛打，直到他们退回纳忽昆山南主力军处。

《蒙古秘史》中生动而形象地叙述了这次战役进行过程中塔阳汗和札木合二人的对话。而实际上，在战争进行过程中是不可能有如此这般对话的，因而这段叙述无疑是《蒙古秘史》的作者对战况的特意虚构。

看到成吉思汗的"四先锋"追击自部哨兵的情形，塔阳汗问札木合："那些如狼入羊群，驱赶着群羊直赶到羊圈里的人，是些什么人？"札木合答："是我的帖木真安答用人肉喂养，用铁索拴着的四条猛狗。驱赶我军哨兵的就是他们。那四条猛狗：

·元人步射图·

额似铜铸，

嘴像凿子，

舌如锥子；

有铁一般的心，

拿环刀当鞭子；

饮用朝露解渴，

骑着疾风而行。

在厮杀的日子里，

吃的是人肉；

在交战的日子里，

以人肉为行粮。"

听到札木合的话，塔阳汗说："那样的话，离那些家伙远一点吧，免得受其凌辱！"随后退到山坡上。

塔阳汗又看到"四先锋"后面兀鲁兀惕、忙忽惕二部勇士们冲杀而来的情形，再问札木合："那些是什么人？像清早放出的马驹，咂完了母马奶，围绕在母马周围，扬尘欢跃，绕成圆圈似的奔驰而来的，是些什么人？"

札木合答："他们是追赶拿枪的男子，杀了他们而夺其财物的人；他们是追赶拿环刀的男子，把他们砍倒而夺其财物的人。他们被称作兀鲁兀惕人、忙忽惕人。"

塔阳汗听后又说："如果那样，就离那些家伙远一点吧，免得受其凌辱！"随后又向山上撤退。

塔阳汗又看到兀鲁兀惕、忙忽惕二部后面成吉思汗率领军队冲杀而来的情形，便问："在他们后面，像饿鹰扑食般，奋勇当先而来的是谁？"

札木合答：

"来的这个人，就是我的安答帖木真。

他浑身上下以生铜铸成，

用锥子去扎，

找不到空隙；

他全身用精铁煅成，

用针去刺，

找不到缝儿。

我的帖木真安答，

恰似饿鹰扑食，

奋勇当先而来。"

"哎呀，真可怕，把阵地再往山上退吧！"塔阳汗如是说，再向山上撤退。

成吉思汗后面合撒儿率领主力军发起攻击。塔阳汗看到后问："那（帖木真）后面率领众多人马冲过来的是谁？"

札木合答：

"那是诃额仑母亲用人肉喂养的儿子。

他身高三庹，

能吃三岁小牛；

身披三层甲，

三头犍牛拽着来也。

把带弓箭的人整个咽下，

不碍着喉咙；

把一个男子汉完全吞下，

还不够充当零食。

他发怒弯弓，

射出叉披箭，

飞过山岭，

把一二十人穿透。

他拉弓射箭，

飞过旷野，

射穿敌人。

他猛力拉弓，

能射到九百庹远；

· 圆顶式铁盔 ·

他稍用力拉弓，

能射到五百庹远。

他生得与众不同，

身躯高大，壮实如巨蟒。

名叫拙赤·合撒儿的就是他！"

"那样的话，咱们继续上山，到山上高处去吧。"塔阳汗继续向山上爬去。

合撒儿后面斡惕赤斤那颜率领后方补给军向前推进。塔阳汗看到后又问："在他们之后，来的又是谁？"

札木合答："那是诃额仑母亲最小的儿子，人称孝义斡惕赤斤。他早睡晚起，但他在争斗时不落后，战阵上也不落后。"

"那样的话，咱们到山顶上去吧！"（第195节）塔阳汗继续向山上爬去。

到这时，乃蛮部军队已经被成吉思汗大军围困在纳忽昆山里，狡猾的札木合离开乃蛮部逃到别处。

纳忽昆之战结局

成吉思汗的军队步步逼近，将塔阳汗军队逼到纳忽昆山顶时天色已晚，于是将纳忽昆层层包围，并安营扎寨。夜里，不少企图突围的乃蛮部士兵从纳忽昆山上滑落，很多人被人堆压伤而死。

第二天，穷途末路的塔阳汗被捉（《史集》记载是重伤而死）。古出鲁克汗带着少数人马逃了出去，但到了塔米尔河被追兵赶上。他在那里筑寨迎战，但因难以抵抗而再次落逃，去投靠了叔父不亦鲁黑汗。

成吉思汗军队在阿尔泰山南击垮乃蛮部，将该部部众全部收服。之前跟随札木合的札答剌、合塔斤、撒勒只兀惕、朵儿别、泰亦赤兀惕、翁吉剌惕等部残余全部归顺成吉思汗。

这次战役的一个特殊收获是俘获了塔阳汗掌印大臣畏兀儿文人塔塔统阿。由于俘获塔塔统阿，成吉思汗知道了印章的用处，开始使用了印章。后人认为畏兀儿体蒙古文的普及也与塔塔统阿有很大的关系。当然，众人一致认为蒙古人更早的时候便拥有了文字，但有依据可证实的是从塔塔统阿那一代开始，畏兀儿体蒙古文成了蒙古族统一文字。《罗·黄金史》中存有相关记载，并由《元史》等文献史料证实。如今能够读到的《蒙古秘史》中没有与之相关的记载，但这并不等于说《蒙古秘史》没有记载这一点，而是说明我们如今能够读到的《蒙古秘史》存在内容遗漏。

36. 肃清各部残存势力

战胜蒙古诸部中的最后一个强敌塔阳汗并收服乃蛮部之后，成吉思汗又马不停蹄地肃清了各部残存势力。

1204年秋季，成吉思汗大军到达合剌答勒[90]之地，在那里战胜兀都亦惕篾儿乞惕部首领脱黑脱阿别乞。脱黑脱阿别乞逃向自部故地不兀剌客额列，成吉思汗军队在撒阿里客额儿追上他，夺取他的部众和财物。

脱黑脱阿别乞带着忽都、赤刺温二子和少数人马逃向北部乃蛮不亦鲁黑汗处。

兀洼思篾儿乞惕部首领答亦儿兀孙归降成吉思汗，并将女儿忽兰献给了成吉思汗。

消灭篾儿乞惕部后，成吉思汗将脱黑脱阿别乞长子忽都之妻朵列格捏[91]赐嫁斡歌歹为妻。

· 元代至正通宝（正面）·

这时，之前归降的兀都亦惕篾儿乞惕部一半部众叛离，到台合勒豁儿合[92]筑寨抵抗。成吉思汗命锁儿罕失剌之子沈白率领左翼军（《圣武亲征录》记作右翼军）前去镇压。

成吉思汗亲自率兵追击脱黑脱阿别乞，在阿尔泰山南过冬。

乙丑年（1205年），成吉思汗四十四岁。到春季，成吉思汗大军从阿尔泰山南迁到兀鲁黑塔黑。

这时，北部乃蛮古出古惕不亦鲁黑汗在消豁黑兀孙附近。成吉思汗大军在那里突袭乃蛮军队[93]，攻灭北部乃蛮。

乃蛮部古出鲁克汗失去依靠，与篾儿乞惕部首领脱黑脱阿别乞一起西逃。成吉思汗大军越过阿来岭[94]，在额儿的失河支流不黑都儿麻河源头[95]追上他们，并

·元代至正通宝（背面）·

一举歼灭。脱黑脱阿别乞被乱箭射死，他的四个儿子忽都、赤剌温、马札儿、薛秃干[96]未能带走他的尸首，只好割下他的头颅带着逃离。仓皇逃窜的乃蛮、篾儿乞惕二部残余在渡过额儿的失河时大半落水溺死，剩下的人也溃散，古出鲁克汗逃向合剌契丹，脱黑脱阿别乞的诸子逃向钦察兀。成吉思汗大军从那里回师，途经阿来岭，回到故地。

这时，前去攻打叛军的沈白攻占了台合勒豁儿合，给成吉思汗送去收服麦端、脱塔哈林、只温等篾儿乞惕分支的消息。

兀洼思篾儿乞惕首领答亦儿兀孙将女儿忽兰献给成吉思汗并归降后，由于其部众没有战马而无法从征，成吉思汗出征前将他们以百人为单位部署在后方。但这些人在大军出征后叛变，并掳掠后方。后方守军立即出动，镇压了兀洼思篾儿乞惕部的叛乱。答亦儿兀孙逃到色楞格河的豁罗罕合剌温合卜察勒之地，在那里筑寨营居（那珂通世、屠寄、李则芬等专家学者则认为九十五千户官中的第三十六位答亦儿便是这个答亦儿兀孙。洪钧先生认为第三十六位千户官为不花剌之战中冲锋陷阵的答亦儿把阿秃儿，而不是忽兰之父）。成吉思汗听到消息后大怒，遂派孛罗忽勒那颜、沈白二将率领右翼军镇压答亦儿兀孙部，并将篾儿乞惕部众划分给各部。

37. 札木合之死，统一蒙古诸部

1205 年是成吉思汗消灭大部分残敌并将蒙古诸部统一到帐下的历史转折期。

这时，前一年秋天从纳忽昆战场逃走的札木合变得穷竭不堪，部众被夺去，军队被消灭，仅剩五个随从。逃亡到唐努山后，他们猎杀了一只盘羊。"谁家的儿子，今天能宰杀羱羊，这样吃呢？"札木合如是说。吃盘羊肉的五个随从捕捉了他，将他押送到成吉思汗处。札木合被捉后让人给成吉思汗传话：

"乌鸦捕捉了紫鸳鸯，

下民奴婢擒拿了他们的汗，

我的安答大汗啊，

你说该怎么办？

低能的贱鸟[97]捕捉了蒲鸭，

奴婢、家丁围捕了本主，

我圣明的安答啊，

你说该怎么办？"

成吉思汗听后下令道："怎么能容忍这种侵犯本主的人呢？这种人还能与谁为友伴？可传旨：族斩侵

犯本主之人！"所以在札木合的眼前处斩了那五个随从。

成吉思汗又派人给札木合传话："如今咱俩又相会了，咱俩仍还相伴为友吧？"（《蒙古秘史》第200节）成吉思汗的这句话反映了他的宽容之心，但始终敌视他的札木合没有回心转意，只求速死。于是，成吉思汗依照札木合的请求处死了他，并以贵族之礼厚葬了他。然而，除了《蒙古秘史》，其他文献史料中都没有找到有关处死札木合的记载，这一点值得一记。

综上所述，本章记载了1190年到1205年间的历史事实。这十五年是成吉思汗的势力从弱到强的过程，也是一段以少胜多的战争史。这十五年间成吉思汗与麾下的将臣们一起：

不放利刀

不脱盔甲

不下战马

收服了各部部众！

不怕艰难

不畏强敌

不惜流血

统一了蒙古诸部！

注　　解

[1]马可·波罗参加过忽必烈薛禅可汗的狩猎活动，并留下与之相关的详细的第一手资料。其中部分内容如下："大汗平时住在都城，在每年三月离开此地，向东北方前进，一直走到距海仅两日路程的地方。有一万名鹰师同行，他们携带着大批的白隼、游隼和许多兀鹰，以便沿河捕获猎物。大家必须知道，皇帝并不把这么多人集合在一起，而是分成无数小队，每队一二百人，或是更多一些。他们向各个方向进行狩猎活动，绝大部分猎物都被送到大汗面前。此外，大汗还有支一万人的队伍，叫作塔斯科尔（Tascaol），意思是'看守鹰群'的人。为了看好鹰群，大汗将这一万人分成两三人一队的小队，每小队相距都不远，以便能布满广大的区域，从事看守鹰的工作。他们每人备有一个哨子和一块头巾，必要时，用这两样东西就能收回飞鹰。当放鹰的命令发出后，放鹰的人用不着跟着鹰走，因为还有另一批人负责看守这些鹰，防止它们飞向任何不能收回的区域。"（《马可·波罗游记》第二卷）可想而知，有过严格训练才能够组织这么大规模的狩猎活动。毫无疑问，这也是以蒙古族历来的狩猎传统为基础的。

[2]关于"答兰巴勒主惕"之地，屠寄先生记载道："答兰义为平川，巴勒渚纳义为前也。（他的这一解释不容易理解，其依据不得而知。）按新测黑龙江图，呼伦淖尔之西南有小泊洼之名曰巴勒渚纳乌苏鄂模，义为前水泊。其水自克鲁涟河下游支分，东南流曰乌尔衮扎尔玛河潴为此泊。又自泊之东北隅流出为班朱尼，亦曰巴勒渚纳水，注入呼伦淖尔。《亲征录》谓之虎图泽，剌失德书谓之虎敦淖尔。虎图与虎敦，

文作怀秃，蒙兀语，后之义。二泊相连，一在西南，一在东北，故以前后为义。此次战地在巴勒渚纳乌苏鄂模之南平川中，故曰答兰巴勒渚纳……成吉思汗与王罕战后同十九人饮水盟于此。"（《蒙兀儿史记》卷二，第31页）然而，有的史料记载"答兰巴勒主惕"在今布里亚特境内巴勒金诺尔一带，我认为有误。

[3]关于"撒阿里客额儿"，屠寄先生记载道："《亲征录》旧史本记作萨里河。那珂通世云，河字误，当作川，河为广谷中有大水者，川则谷中有平地处。又引金幼孜《北征录》云，双泉海即撒里怯儿，元太祖发迹之所，旧建宫殿。山川环绕，有二海子，西北有三关口，通饮马河土拉河。寄按此宫殿，即太祖旧纪所谓萨里川哈老徒之行宫。二海子之一，必是今图噶老台泊，在克鲁伦河曲西南者合里勒图纳兀儿之行宫。"（《蒙兀儿史记》卷二，第29页）《圣武亲征录》的注释为："《秘史》作'撒阿里客额儿'。客额儿，《秘史》蒙文旁注：'野甸'。译文则云'地面'，此《录》多译为'河川'字。此'撒阿里客额儿'与太祖征乃蛮时两次驻军之'撒阿里客额儿'同名异地。下文又有萨里川不鲁古崖，不鲁古崖即《秘史》之不而罕山，在今斡难、克鲁伦两河发源处。《元史·太祖纪》：'崩于萨里川哈老徒之行宫'，今克鲁伦河上游之西有哈老台岭、哈老台河、哈老台泊，即哈老徒。是克鲁伦河源及其上游地并得称撒阿里客额儿，此萨里河即其地也。"这里提到的"哈老徒"便是《蒙古秘史》所记"哈澧沥秃纳浯剌"。

成吉思汗出征乃蛮部的章节中提到的"撒阿里客额儿"也许是呼·普尔赖先生所提依德尔、朝鲁图二河往下，色楞格、哈纳二河汇合处往上的洪果尔吉勒之地（东经101°，北纬49°）。

[4]关于"札剌麻山南斡列该不剌合"之地，屠寄先生记载道："札剌麻，蒙兀语，小鱼也。山在今呼伦贝尔副都统防城东七十里，兴安

岭西腰，其地有札剌木台军台，通齐齐哈尔，为铁路所经。山下有小水，亦名札剌木台，北流入海剌尔河。此小水即斡列该不剌合之古今异名。"（《蒙兀儿史记》卷二，第 29 页）内蒙古社会科学院学者额尔登泰在其论文《呼伦贝尔盟境内有关蒙古历史的地理名称考证》（《内蒙古社会科学》杂志，1980 年第 2 期）中记载道："内蒙古呼伦贝尔盟境内滨洲铁路线上，有一个名叫札罗木得的车站，该站西约八九公里处有十六号待避驿。在该待避驿北面，海拉尔河自东西流，河北为山峦起伏的丘陵地带，其中有一个陡峭的山崖，高有二三十米，当地居民把它叫作"Ergenhad"……河北丘陵地带，土拨鼠很多……《亲征录》《元史·本纪》所载帖木真与札木合打仗的海剌儿（即现代的海拉尔河）帖尼火罗罕（帖尼基海拉尔河支流现代的特尼河，火罗罕即蒙语小河之义）的特尼河口，离札罗木得车站和额尔根哈答（Ergenhad）只有几公里。"屠寄先生所著《蒙兀儿史记》中所记"札剌木台军台"很明显是额尔登泰先生所说的"札罗木得"车站。而额尔登泰先生在其论文中附插的地图也与屠寄先生所言相吻合。

再有一点值得记载，"札剌麻山"又作"扎勒满山"，多见于蒙古古代民间口承、英雄史诗和文献中。例如，《蒙古源流》记载："阿岱合罕遂与阿寨台吉、阿噜克台太师三人统兵征卫喇特四部，战于扎勒满山……"（卷五，第 240 页）

［5］关于"古连勒古"之地，屠寄先生记载："按答兰版朱思（答兰巴勒主惕）在东，当呼伦淖尔之南，为是役战地。曲邻居，即古列勒古（古连勒古）在西近僧库尔河，为太祖驻牧地。"（《蒙兀儿史记》卷二，第 29 页）

［6］关于札木合率领的十三部，《蒙古秘史》中只有数，没有名。《圣武亲征录》中记载了泰亦赤兀惕、亦乞列思、兀鲁吾（兀鲁兀惕）、那牙勤、巴鲁剌撒、巴阿邻六部。《史集》中记载了七部，即《圣武

亲征录》所记六部加上豁罗剌思部。不过，《蒙古秘史》后来的章节中一同出现翁吉剌惕、合塔斤、撒勒只兀惕、朵儿别、塔塔儿五部与札木合，其中前面的合塔斤等四部为跟随札木合且无役不从的从属部族。因而十三部中应该有这五个部族，加上札答剌部便是十三部。

前文介绍过这十三部中的札答剌、泰亦赤兀惕、亦乞列思、那牙勤、巴鲁剌撒、豁罗剌思、巴阿邻、翁吉剌惕、朵儿别九部，关于塔塔儿部，下文将另作叙述。因而此处对剩下的兀鲁兀惕、合塔斤、撒勒只兀惕三部作一简介。

兀鲁兀惕部：成吉思汗八世祖篾年土敦七子叫纳臣把阿秃儿，纳臣把阿秃儿长子叫兀鲁兀歹，其后裔便是兀鲁兀惕部。兀鲁兀歹的六世孙（与也速该把阿秃儿同辈）叫主儿扯歹，是一员猛将。其子客台为成吉思汗八十八开国功臣之一。该部后来成为木华黎从属。

合塔斤、撒勒只兀惕二部：不忽合塔吉后裔为合塔斤部，不合秃撒勒只后裔为撒勒只兀惕部。合塔斤部领地位于呼伦湖以北。帖木真那一代的合塔斤部首领叫巴忽撒罗吉，他伙同泰亦赤兀惕、札答剌等部与成吉思汗敌对，札木合死后归降成吉思汗。合塔斤分支合儿答乞歹（关于此名见本章注解［71］）起初跟随王汗，后来归降成吉思汗。合塔斤、撒勒只兀惕二部领地与塔塔儿部毗邻，因而成为鞑靼部落联盟成员。《金史》记载："合底忻（合塔斤）者，与山只昆（撒勒只兀惕）皆北方别部，恃强中立，无所羁属，往来阻卜、广吉剌（翁吉剌惕）间，连岁扰边，皆二部为之也。撒入敌境，广吉剌果降，遂征其兵万四千骑，驰报以待。"（《宗浩传》卷九十三）

撒勒只兀惕部首领叫赤儿吉歹把阿秃儿。该部领地位置也在呼伦湖北边，与合塔斤部毗邻。据记载，该二部经常同进同退。

［7］关于"木惕客脱塔黑、孛罗勒歹"二人的名字，《蒙古秘史》的记载为："成吉思汗正在古连勒古山的时候，亦乞列思部的木勒客

脱塔黑、孛罗勒歹两人前来告变。"（第129节）剌失德·哀丁的书中则记载为："捏群通过两个八鲁剌思部人木勒客与脱塔黑（他们有事去到那里，这时从那里回来）将敌人的阴谋诡计和意图报告了成吉思汗。"（《史集》第一卷第二分册第二编，第111页）这里将"孛罗勒歹"这一人名写成部族之名"八鲁剌思"。

［8］《圣武亲征录》记载："月伦太后（诃额仑兀真）暨上昆弟为一翼。"本书根据剌失德·哀丁的记载分成第一翼、第二翼。

［9］关于"合不勒可汗的哥哥掯薛出列之子不勒帖出把阿秃儿"，屠寄先生所著《蒙兀儿史记》记作"葛赤浑（合赤浑）之后人不勒帖出把阿秃儿"，本田实信的论文中记作"合不勒可汗的哥哥（合赤浑、掯薛出列）"。从《蒙古秘史》的记载看，合不勒可汗没有哥哥，只有一个弟弟，便是掯薛出列。合赤浑则比合不勒可汗长四辈。因而本书沿用了《蒙古秘史》的记载。

［10］本田实信的论文中将第四翼的"雪亦客秃扯儿必之子迭良"分开写成两个人名，即"莎儿合秃那颜"和"迭良格"，且与姓氏不符，因而本书沿用了屠寄先生的记载。

不答安惕部为篾年土敦六子合兰歹的后裔。"合兰歹的儿子们，争粥饭吃，没大没小，所以他们（的后裔）成为不答阿惕氏。"

［11］关于"阿儿孩合撒儿和所属札剌亦儿部"，《圣武亲征录》记载为："札剌儿及阿哈部为一翼。"但在有关蒙古部族的史料中找不到任何关于阿哈部的记载。洪钧先生认为这是"札剌亦儿部阿儿孩合撒儿"中的"阿儿孩"之误写。

［12］《圣武亲征录》遗漏了第六翼，剌失德·哀丁的书中将第五翼、第六翼合记为一翼，将"莎儿合秃"一词解释为身上有痣的人，这个解释是对的。《蒙古秘史》中，斡勤巴儿合黑的儿子一人有"忽秃黑秃主儿乞""莎儿合秃主儿乞"二名的原因便是如此。

［13］"捏古思豁里罕"其实是河名，在呼伦湖西北六十里处，如今叫作绰诺西巴尔达胡。想必是因为赤那思部营居过此地而得名。捏古思豁里罕后来成了赤那思部从属分支。

"朵豁剌歹"部为篾年土敦季子纳臣把阿秃儿的儿子朵豁剌歹的后裔。

［14］《圣武亲征录》遗漏了第十二翼。此处所记"塔孩把阿秃儿"与《蒙古秘史》卷四中提到的"速勒都思部塔乞"以及卷七中提到的"塔孩把阿秃儿"好像是同一人。

［15］"坚都赤那"一名意为公狼。不过"坚都赤那"和"玉烈克勒赤那""孛儿帖赤那"一样，均为人名，因而不可意译。他们是赤那思部，即捏古思部的先祖。赤那思部先前是泰亦赤兀惕部从属，后来唾弃札木合投奔了成吉思汗，因而札木合和泰亦赤兀惕人特别憎恨该部。这次战役中，成吉思汗战败，札木合以残忍的手段屠杀了赤那思（捏古思）部众。《圣武亲征录》则记载："彼军（札木合）初越二山，半途为七十二灶，烹狼（指赤那思部。——引用者）为食。"这段记载，言词过于粗鲁。

［16］贝勒津如是记载"十三翼之战"中成吉思汗使用的战术："危在旦夕之际，帖木真彻底放弃了一直以来惯用的战术……帖木真完全改变了作战方法。其惯用的战术为将所有车辆部署在阵中心，以车为阵，将帐房和牲畜部署在车阵里面，军队则是出车阵作战或退回车阵里，在车阵的掩护下展开防御战。然而这次，帖木真下达命令将车阵部署到大军阵线一端，将那里的防御交给了持弓箭的妇女和儿童，将十三翼主力军一字排开，将阵线另一端延伸到敌军骑兵难以靠近的森林险地……阵线横向以每一百名骑兵为单位，纵向以每十名骑兵为单位。阵线以及两端部署了重骑兵。所谓重骑兵是指身披铁鳞皮甲，战马身上也披有皮甲的骑兵。

"泰亦赤兀惕军队以五排阵势逼近。其第一、第二排为重骑兵。若要从阵中放出轻骑兵，重骑兵必须要停下。轻骑兵即只穿软皮甲的骑兵。这些轻骑兵像出窝的蜜蜂般逼近蒙古部军队，他们射出的乱箭漫天横飞。

"帖木真军队阵型不乱，原地对射抵抗敌军。蒙古部军队因非移动射箭而射得奇准，泰亦赤兀惕军队伤亡惨重而被迫后退。"（引用自《大统帅成吉思汗之谜》）

［17］这里提到的边墙，东起根河源地，西至乌兰巴托市。今额尔古纳河以西中俄边界的喀伦鄂博（意为关塞。——译者）便是大体上沿着边墙的线路部署的。每三十里地有一个或并列的两个关塞，每处关塞中能够住下二十户人家。北魏所记"乌洛侯"、唐代所记"乌罗护"、辽代所记"乌古"均指边墙，蒙古人称之为"urhe"或"boroherem"。

关于"斡难河的哲列捏峡谷"，策·达木丁苏荣先生称之为"斡难河的哲列捏的狭地"，《罗·黄金史》称之为"斡难河的哲列捏狭谷"，道润梯步先生称之为"斡难之哲列捏峡"，屠寄先生称之为"斡难沐涟哲列捏之隘"。《蒙古秘史》依照古代蒙古语标写的地名"哲列捏合卜赤合"之"合卜赤合"（意为"峡谷"）之意标示此地。关于此地，史学家屠寄先生记载道："今呼伦贝尔西北界第五十三鄂博曰则林图，疑即哲列捏之隘（'者列捏'之意疑似'者列之地'，此地也许叫作'者列'）。"

［18］关于塔塔儿部分支，相关史料中，尤其汉文文献中的记载有些复杂。本书根据《蒙古秘史》和《蒙兀儿史记》的记载列举了八个分支。《蒙古秘史》第53节提到阿亦里兀惕塔塔儿和备鲁兀惕塔塔儿，第153节提到察阿安塔塔儿、阿勒赤塔塔儿、都塔兀惕塔塔儿和阿鲁孩塔塔儿。屠寄先生所著《蒙兀儿史记》中提到了主因塔塔儿和阿勒坛塔塔儿。《蒙兀儿史记》第一百五十三卷之《蒙兀氏族·下》中记

载了塔塔儿部分支之一"贵安"。但正文中该名未被提到，正文中提到的"主因塔塔儿"则在氏族表中未被提到，看来"贵安"和"主因"为该分支的两种称谓。

[19] 关于成吉思汗与金兵协作初战塔塔儿部的时间，《史集》和《多桑蒙古史》均记作甲寅年，即1194年。也许是将金朝出征合塔斤、撒勒只兀惕二部的时间误记于此。根据《金史·章宗纪》和《金史·完颜襄传》的记载，本书记作1196年。

[20] "上京"指的是金朝初期的都城会宁府。会宁府遗址在今黑龙江省阿城那边的白城。金朝初期，依照辽代的称谓称临潢府为上京，后来到1138年将临潢府改称为北京，将会宁府称为上京。1157年废除了"上京"一名，1173年又恢复了这个称谓。

[21] "纠军"为辽金时期以边疆部族组编的地方军。《金史·百官志》记载："诸纠，详稳一员……掌守戍边堡。"《金史·地理志》记载："详稳九处"。金朝纠军1214年归降蒙古帝国，成吉思汗将该军分给了孛斡儿出、木华黎二人。

[22] 《中国通史》第六册中将塔塔儿部首领记作"斜出"。《金史·章宗纪》记载："（承安）三年……二月……丙戌，斜出内附。"承安三年为1198年。这里所说的"斜出"为主儿勤部撒察别乞。这个"斜出"很明显是"薛出"的另一种写法。塔塔儿部没有过叫作"斜出"的首领，《中国通史》的记载有误。本书还是将塔塔儿部首领记作"蔑古真薛兀勒图"。

[23] 临潢府遗址在今内蒙古自治区巴林左旗东南部的波罗城，古时为辽上京。因为临潢水（辽河）建城，故得此名。这里是辽太祖耶律阿保机发迹地。该城在金末沦为废墟。

[24] "洼勒札河"，《金史·完颜襄传》中记作"斡里札"，20世纪20年代的地图中记作"乌尔载"，位于喀尔喀车臣汗部右翼

左旗。据呼·普尔赖先生记载，该地如今叫作"乌勒泽河"或"乌勒泽泉"。策·达木丁苏荣先生将该地标写为"улза"，东经112°，北纬48°。

[25]"忽速秃失秃延""纳剌秃失秃延"二地，策·达木丁苏荣先生标写为"хусуту""нарату"。《圣武亲征录》中记作"纳剌秃失图、忽剌秃失图"，其中"忽剌秃失图"之"剌"疑似"剌"之误写，从而该名的蒙译也错了。该二地同样位于喀尔喀车臣汗部右翼左旗。呼·普尔赖先生在其《蒙古国文物卡片库》一文中记载道："东部蒙古人将开法会的小寺称作'失秃延'，如今内蒙古人将萨满教称作'失秃延'。由此看来，13世纪时期的某些蒙古部族显然具有举行萨满教仪式的教廷。19世纪末在乌勒泽河边修建的'穆素图失秃延'教廷里居住过俄商和汉商，20世纪初也被作为向俄罗斯出口牲畜的交接点。据说这个教廷附近有一处石头建筑遗址。"

[26]金朝赐给成吉思汗的"札兀惕忽里"之号，策·达木丁苏荣先生标写为"qavdvhcri"，巴雅尔先生标写为"jagvdhvri"。关于这一称号的含义，至今没有统一的解释，众人各执己见。道润梯步《新译简注〈蒙古秘史〉》注释（第103页）中详细记载了众人的解释，其中有"强大的首长"、"百夫长"、"节度使"、"汉人队长"、"乣军统帅"（《中国通史》第六册）、"前锋司令官"（弗拉基米尔佐夫、邱树森）等各种各样的解释。屠寄先生否定了招讨使之说。他如是记载："按秘史王京又对太祖说我向金国皇帝行奏知，再大的名分招讨官教你做者，知札兀惕忽里实小于招讨使也。"道润梯步先生否定了"百夫长"这一蒙古语字面解释："金国用蒙语封号，是不可思议的。所以企图当作蒙古语去解释，都是徒劳的。"我认为屠寄、道润梯步二位的否定正确，因而该称号一则不是蒙古语，二则不是很大的官号。完颜襄应该没有权力册封太大的官号。《中国通史》中提到的"乣军

统帅"则很有说服力。"纠"字的发音"jiu"与"札兀惕忽里"之"札兀"的发音很相近。"忽里"为女真语,《金史·百官志》记载"统数部者曰忽鲁"。而这"纠军"是指以边疆部族组编的地方军。主因塔塔儿之"主因"也许就是此意。因而我认为称成吉思汗为"纠军统帅"合乎情理,于是将该词标写为"juidhvri",而不是"jahvdhvri"。

[27]《蒙古秘史》第130节出现"司膳失乞兀里"一人,第120节则提到前去投奔帖木真的豁罗剌思部"薛赤兀儿"一人。"失乞兀里"之前未被提到,因而我认为该司膳还是"薛赤兀儿"(同名异写),便统一记作"薛赤兀儿",故记于此。

[28]"斡难河的树林",策·达木丁苏荣先生认为标音本之"斡难讷屯"意为斡难河的树林。该地应该离斡难河的哲列捏峡谷不远。

[29]关于"额别该"的身份,史料记载各有不同。《蒙古秘史》原本旁注为"小娘";策·达木丁苏荣先生记作"撒察别乞的小妾额别该";《圣武亲征录》记作"其次母野别该";《元史》记作"次母野别该"。那珂通世先生认为额别该为莎儿合秃主儿乞之妾、撒察别乞之母。我认为"撒察别乞之母"之说正确。

[30]蒙古文史料中没有提到"豁里真合屯、忽兀儿臣合屯"二人到底是谁的夫人(合屯)。《圣武亲征录》记载为"薛彻别吉及其母忽儿真哈敦",屠寄先生所著《蒙兀儿史记》记载为"薛扯别乞及其母豁儿真可敦"。他显然是引用了《圣武亲征录》的记载,而前者的依据不得而知。道润梯步先生解释道:"从书中情节来看,豁里真、忽兀儿臣二妃的哪一个也不是撒察别乞的生母,如果其中一个是其生母,也就不会发生这种口舌了。"

[31]"哈澧沥秃纳浯剌"之地,屠寄先生记作"合里勒秃纳兀儿",《圣武亲征录》中记作"哈涟徒泽",20世纪20年代的地图中记作"噶老台泊"。呼·普尔赖先生记载,该地在古时的不峏罕

合勒敦山南古连勒古附近，也许就是肯特山山间的几个湖之一。屠寄先生所著《蒙兀儿史记》记载："在客鲁仑河曲之西南。其先拙赤答儿马剌游牧于此，后来成吉思汗置第二斡儿朵于此。旧史所谓萨里川哈老徒之行宫是也。"（卷二，第32页）

[32] 关于"克鲁伦河阔朵额阿剌勒的朵罗安孛勒答兀惕"，屠寄先生记载："今车臣汗本旗之巴颜乌兰山，即阔朵额阿剌勒，其南麓之七孤山，一名拖陵山，即朵罗安孛勒答黑，亦即《亲征录》朵栾盘陀山，后成吉思汗置第一大斡儿朵于此。"（《蒙兀儿史记》卷二，第32页）然而，屠寄先生所著《蒙兀儿史记》问世四十年后，尚未引用该书内容的蒙古国著名学者策·达木丁苏荣先生在其现代蒙古文编译本《蒙古秘史》的导言中对"克鲁伦河阔朵额阿剌勒"做了如下记载：

"我想所谓'客鲁涟河的阔迭额阿剌勒'可能在乌兰巴托市东南的巴彦乌拉干山。这个山是在蒙古中央平原之前高耸的大山，而水草丰富。这个山的位置是在克鲁伦河由肯特山起，西南向，又复东绕的这个大河湾子里面，又有很多的泉水……在克鲁伦河曲的这个山的东面是诚格儿河（即以前的桑沽儿小河）流入克鲁伦河，所以那个山正像一个大岛。因此可知所谓'阔迭额阿剌勒'就是'野岛''荒岛'的意思。所以说这个山就是阔迭额阿剌勒那是很有道理的。阔迭额阿剌勒巴彦乌拉干山的另一个证据是一千九百二十几年上，唐济著的《珠宝之仓库》一书中，在字头上说：'帖木真二十八岁时，在客鲁涟河的"阔迭额阿剌勒"达勒贵汗地方建立都城，即全蒙古合罕的大位。'

"实际上巴彦乌拉干山的两峰，一个叫巴彦汗，另一个叫达勒贵汗。这个达勒贵汗山较为有名，那里的居民把自己的索木叫作达勒贵汗索木。唐济在他自己的文章字头后边说：'这书是根据蒙古文献编写的。'"（谢再善汉译本，第27~28页）

以上两种解释一个较简单，一个较详细，不过内容一致。

［33］关于"帖儿速惕"之地，屠寄先生记载："当在今土谢图汗部汗山之南阿布达兰山附近。"（《蒙兀儿史记》卷二，第32页）

［34］关于"帖列秃阿马撒剌"之地，屠寄先生所著《蒙兀儿史记》记载："当在今土谢图汗部至张家口军台上。"（卷二，第32页）据呼·普尔赖先生记载，在东经112°、北纬47°的位置上有一"далуту"之地，该地有一寺庙，蒙古东方大路过此地，因而"далуту"之地也许就是古时的"帖列秃阿马撒剌"。呼·普尔赖所记蒙古东方大路便是屠寄所记"土谢图汗部至张家口军台"。

［35］本书以屠寄先生所著《蒙兀儿史记》的记载为依据描述了成吉思汗出征主儿勤部并处死撒察别乞和泰出二人的情节。关于这一段，其他文献史料的记载各有出入，附录于此，以便读者参考。《史集》记载："龙年（1196年）……冬天，他们（即成吉思汗和王汗）商议好后，去征讨禹儿勤（主儿勤）残部，成吉思汗击溃他们后，进行了洗劫，一部分禹儿勤人逃脱到帖烈徒之隘（帖列秃阿马撒剌）。成吉思汗袭击了他们……俘获了薛扯别乞（撒察别乞）和泰出。"（第一卷第二分册，第147～148页）但是消灭主儿勤部时，王汗已经逃去合剌契丹，怎么可能协同成吉思汗作战？因而，这段记载可能与遗落"之弟札合敢不"一词有关。关于这一情节，《蒙古秘史》的记载为："这时主儿乞族在客鲁涟河的阔迭额阿剌勒的朵罗安孛勒答合（朵罗安孛勒答兀惕）地方。大军一到，撒察别乞、泰出二人带着几个人逃走了。追赶到帖列秃山口，捕捉了撒察别乞、泰出二人……按照他们以前说的话，他们不践誓言，就把他们杀了。"（策·达木丁苏荣编译本，第136节）《圣武亲征录》记载："（成吉思汗）发兵于大川，至朵来盘陀山（朵罗安孛勒答兀惕），大掠月儿斤（主儿勤）部，惟薛彻（撒察别乞）、大丑（泰出）仅以妻孥数人脱走。"之后详细记载了

札合敢不归顺并协助成吉思汗攻打篾儿乞惕部以及王汗的流浪和回到故地的经过。后面又写道："是年冬，月儿斤部先脱走者薛彻、大丑，追至帖列徒之隘，灭之。"这是《蒙古秘史》第136节和第150节内容的合写。而《蒙古秘史》也疑似将同一件事情记在两处，将札合敢不归顺的时间误记为1202年。因而，我认为屠寄先生的纠正正确。

[36]《金史·章宗纪》记载："（承安）三年（1198年）……二月……丙戌，斜出内附。……冬十月……癸未，行枢密院言斜出等请开榷场语辖里褭，从了。"《金史·完颜襄传》记载："其后斜出部族诣抚州降。"该抚州为金朝的一个州，即今河北省张北县，其辖区为张北以西、集宁以东地区。从上述记载中，我们可以得知撒察别乞、泰出二人死于承安二年（1197年），二人所属主儿勤残部在1198年2月归顺金朝以及在10月与金朝建立经贸往来等情况。

[37]那莫仑有七子之说与《蒙古秘史》的记载不符。这里提到的那莫仑七子实为成吉思汗八世祖篾年土敦的七子，所谓"大佫子海都"也可证实这一点，因为海都为合赤曲鲁克长子。这也许是那莫仑带着她的六个弟弟，札剌亦儿部作战，不过这只是一则有关札剌亦儿部的传说，因而本书没有改动。

[38]关于札剌亦儿部十个分支，史料记载各有出入。根据《史集》和《蒙兀儿史记》的记载，列举如下：（1）察哈惕；（2）脱忽剌温；（3）昂可失温；（4）忽木撒兀惕；（5）兀勒野惕；（6）不儿合敦；（7）忽巴儿；（8）朵笼吉儿歹；（9）不里；（10）升豁惕。

[39]"官山"为阴山山脉的一座山名，但叫作"官山"的山有两座。其一为茂明安旗（今内蒙古自治区包头市达尔罕茂明安联合旗）境内的官山。《大清一统志》和《蒙古游牧记》等书中提到过该山。关于另一座官山，《朔平府志》一书中记载道："官山在丰州（今呼和浩特市附近）境，山下有九十九泉，流为黑河。"（卷之三）屠寄

先生所著《蒙兀儿史记》记载道："宁远厅北，有地名公泉山，山中有泊曰代哈，即官山九十九泉。"这段记载大致上与《朔平府志》的记载相吻合。若将汪古惕人视为土默特人的先祖，那么塔察儿迁去的官山应该是茂明安旗境内的官山。不管怎样，能够肯定的是，塔察儿迁去的地方在大青山山脉一带。

[40]关于王汗1196年逃向合剌契丹的原因，相关史料记载各有出入。《蒙古秘史》记载："亦难察汗派出军队（攻打王汗），王汗经过三座城逃走……"（第151节）《圣武亲征录》记载："亦难赤可汗发兵伐汪可汗，尽夺克烈部众与也力可哈剌。汪可汗脱身，历走三城，奔赴契丹主菊儿可汗。"屠寄先生所著《蒙兀儿史记》记载："乃蛮酋亦难察汗闻王汗东讨塔塔儿，乘闲以兵送额儿客合剌归国。及王汗帅凯旋之师西还。与战不胜。被逐，奔西辽。"（卷二，第32页）本书引用了屠寄先生的记载，前面两个文献的记载给人的感觉好像是王汗不战而逃。然而那时王汗正打败塔塔儿部回师，凯旋之师不可能不迎战，而且从王汗部全军覆没这一结果来看，那一场战役的规模应该不小。因而本书记载为"双方激战过后，王汗全军覆没"。《蒙兀儿史记》记载："岁戊午，秋，王汗去西辽来归，行至古泄兀儿纳兀儿，饥困，使人与汗相闻。"（卷二，第32页）《蒙古秘史》第177节也记载为"带着少数人逃出"，因而本书记载为"带着少数几人"。

[41]这里说王汗逃出后去"投靠了合剌契丹之主古儿汗"，依据为《蒙古秘史》的记载。"古儿汗"即大汗或所有部族之汗，《圣武亲征录》称作"菊律可汗"，显然是古儿汗的标写。

[42]关于"古泄兀儿纳兀剌"的具体位置，史料记载各有出入。《史集》记载，"距成吉思汗禹儿惕不远的古泄兀儿湖"。关于这一记载，洪钧解释道："先时汪罕与也速该曾同住是地，汪罕至淖尔在客鲁伦河这边。帝（指成吉思汗）在河那边。"屠寄先生所著《蒙兀儿史记》

记载："古泄兀儿纳兀儿，即库苏古尔淖尔，突厥语，镜泊之意。在今唐努乌梁海牧地。其泊距汗居地甚远，不在客鲁涟河流域，中间尚隔色楞格、土兀剌二河。西人于东方蒙古地形不甚委悉，所谓客鲁涟河这边那边之说乃约略之词，王汗之归不经今日台站，而取道唐努山北者避乃蛮也。"（卷二，第32页）《圣武亲征录》记载："屠敬山（屠寄）以唐努乌梁海之库苏古尔淖尔当之。对音虽合，然汪罕自畏兀儿、西夏来，不应过此所，当缺疑。"呼·普尔赖先生则说："109°，43°（经度、纬度）。此湖以涸竭，在今东戈壁省古尔班库布苏古尔山附近。"上述几种记载将"古泄兀儿纳兀剌"说成了相互不及的三个不同地方。若在"客鲁伦河这边……那边"，该地应该在今蒙古国东部。若是"唐努乌梁海牧地"，应该在今蒙古国北部（偏西北）。而"古尔班库布苏古尔山"在今蒙古国南部与内蒙古自治区达尔罕茂明安联合旗接壤的边境一带。难以确定这几种记载哪一个准确，故记于此。

[43]"忽巴合牙"为《蒙古秘史》的写法。关于此地，屠寄之《蒙兀儿史记》解释为："合剌温合卜察勒，地名，见蒙文秘史，谓温泉山隘。"但《蒙古秘史》第150、177节提到的"合剌温合卜察勒"并无"温泉山隘"之意。王汗逃入合剌温合卜察勒之事发生在其投靠也速该把阿秃儿那时，也就是说，比成吉思汗和王汗二人在忽巴合牙之地重申父子之盟早几十年。此外，《圣武亲征录》记作"土兀剌河上黑林间"。策·达木丁苏荣先生注释为"豁合牙合"。本书引用了《蒙古秘史》的记载。

[44]《蒙古秘史》第177节提到了成吉思汗在木鲁彻薛兀勒之地攻打兀都亦惕篾儿乞惕部之事，但没有记录具体时间。《圣武亲征录》记为"次年秋"，也许指的是王汗从西夏回到自部的第二年（1199年）。《史集》记为"蛇年"，这是将上述事件和1197年王汗之弟札合敢不归附成吉思汗并协同成吉思汗攻打篾儿乞惕部之事混为一谈。成吉

思汗在木鲁彻薛兀勒之地攻打兀都亦惕篾儿乞惕部之事应该发生在王汗回到自部的1198年秋。关于此役战场——合迪黑里黑山岭的木鲁彻薛兀勒之地，屠寄先生认为在楚库河与色楞格河之间，今中俄边界附近。呼·普尔赖先生的注释为："当在色楞格与赫约勒高二河汇流处之下，色楞格河之左岸。"二人所指位置比较贴近。

［45］关于王汗独自出征篾儿乞惕部的时间，《蒙古秘史》记载为："就在这狗儿年（壬戌，1202年）成吉思汗征讨塔塔儿人的时候，王汗出征篾儿乞惕人……"《史集》记为马年，即1198年。屠寄先生说："然详考之，实在己未年（1199年）忽剌安忽惕之战以前。"《圣武亲征录》的记载也是这样的顺序，因而本书也沿用了这一顺序。

［46］关于篾儿乞惕部脱黑脱阿别乞的两个女儿忽秃黑台、察阿仑，《圣武亲征录》记作"忽都台、察勒浑二哈敦"。《史集》记作"两个女儿忽秃黑台和察剌温"，其没有记作"哈敦"（意为夫人。——译者），而是记作"女儿"。名字写法的出入是音译标写时出现的错误，本书沿用了《蒙古秘史》的写法。

［47］《南村辍耕录》的作者为元末文人陶宗仪（字九成，号南村），共三十卷，是一部记载元代社会的掌故、典章、文物和时事以及历史、地理气象、小说诗词等内容的杂记。此处提到的"色目人"之称源自元朝封建统治者们将国民分成蒙古人、色目人、汉人和南人四个等级的民族歧视政策。色目人包括合儿鲁、钦察兀、唐兀（西夏）、阿速、秃八（吐蕃）、康里、畏兀儿、花剌子模、乃蛮、阿儿浑、薛儿客速惕（又作"撒耳柯思"，也许是指吉尔吉斯。——作者）、俄罗斯、汪古惕、甘木里、克什米尔等部族和国家的人民。

［48］据说"塔阳汗"（或太阳汗）之号演变自大王。金朝封乃蛮汗为"王"，因而称作"大王"。弗拉基米尔佐夫先生认为"不亦鲁黑"一词为突厥语，是古代蒙古贵族的特殊称号。

[49] 这里提到的"兀鲁黑塔黑山"在阿尔泰山脉分支布拉格山一带（东经90°，北纬47°）。"塔黑"意为山。

"忽木升吉儿之地的兀泷古河"为今新疆维吾尔自治区伊犁哈萨克自治州境内的乌伦古河，即由发源于阿尔泰山脉的布勒干、青格勒两条河汇流而成的兀泷古河。此地清代为土尔扈特驻牧地。

关于"乞湿勒巴失湖"，屠寄之《蒙兀儿史记》记载道："今科布多西南赫萨勒巴什泊，乌伦古河所潴。"（卷二，第33页）"赫萨勒巴什"显然是"乞湿勒巴失"的变音。但现在的地图上没有叫此名的湖，而新疆伊犁哈萨克自治州边界（东经87°，北纬47°）有个巴夏湖，乌伦古河注入该湖。我认为"巴夏湖"之"夏"可能是"夏"字的误写，若其原名真的是"巴夏"，那么与"巴失""巴什"在发音上就很相近，可认为"乞湿勒巴失"一名后来简化成了"巴失"。如果乌伦古河注入乞湿勒巴失湖，那么该"巴夏湖"便是古时的"乞湿勒巴失湖"。湖名"乞湿勒巴失"为突厥语，意为"红头"。

"谦谦州"，位于叶尼塞河源地唐努山北，州名取自谦河。不亦鲁黑汗战败逃向谦谦州之说见于《史集》。《蒙古秘史》则记载："在乞湿勒巴失湖追上了不亦鲁黑汗，就在那里把他打垮了。"（第158节）

[50] 关于"巴亦答剌黑别勒赤列"之地，《史集》记载道，"这个地方被称作拜答剌黑的原因是：从前乃蛮王曾从汪古惕君主处娶过一个名叫拜答剌黑的姑娘。他们'乃蛮人和汪古惕人'一同来到这个地方，举行了婚宴。'别勒只儿'意为草儿繁茂的草原。这两个名称合在一起构成了这个地名"。（第一卷第二分册第二编，第151页）《蒙古游牧记》记载："赛音诺颜部右翼右末旗牧地，当拜达里克河源。源在枯库岭南麓。其北麓隔山即塔米尔河源也。"此地如今叫作"札格白德拉根别勒奇尔"（东经99°，北纬47°）。18世纪初期的原喀尔喀札萨克图汗部因部府位于札克河源地而取名"毕都尔诺尔盟"。

1958年中国出版的世界地图上，在上述经纬度的位置有个叫作"札格"的居民点，"拜达里格河"自北向南流过此地。从这些依据来看，此地就是古时的巴亦答剌黑别勒赤列之地。从地形上看，此地是个可作为战场的谷口。

"合剌泄兀勒河"如今也叫合剌泄兀勒河，在札格白德拉根别勒奇尔的东北边（东经100°，北纬47°）。

"额垤儿、阿勒台二河合流处"位于如今的伊德尔、朝鲁图二河东边（东经100°，北纬49°），二河如今叫作伊德尔河、阿尔泰图河。

［51］按《蒙古秘史》的内容顺序，忽剌安忽惕之战在1202年成吉思汗出征塔塔儿部之后。史学家屠寄先生则认为时间有误，又认为"四杰"（孛斡儿出、木华黎、孛罗忽勒、赤老温）参战之说有疑。因为1197年被收养时，孛罗忽勒尚幼，忽剌安忽惕之战时他还小，而此时锁儿罕失剌还没投奔成吉思汗，因而赤老温也不在成吉思汗帐下。于是他记载为："即遣孛斡儿出、木合黎等往援。"我认为屠寄先生所言正确，因而本书引用了他的记载。

［52］关于"忽剌安忽惕"这一地名，策·达木丁苏荣先生记作"忽剌安忽思"。屠寄先生解释为："蒙兀谓红色曰忽剌安，亦作乌兰。谓井曰忽惕，亦作胡都克。"这明显是字面解释。该地现在被称作乌兰胡斯，蒙古国巴彦乌列盖省省府乌列盖市便在此地，东经89°，北纬49°。

关于"勺儿合勒忽山的忽剌阿讷兀惕孛勒答兀惕"之地，屠寄之《蒙兀儿史记》记作"勺儿合勒昆山忽剌阿讷兀"，策·达木丁苏荣先生记作"勺峏合勒忽山的忽剌阿孛勒答黑"，呼·普尔赖先生记作"勺峏合勒忽讷忽剌阿讷岨惕孛勒答岨惕"，道润梯步先生记作"勺峏合勒浑山之忽剌阿讷岨惕连丘"，写法各有出入。屠寄先生认为原喀尔喀土谢图汗部中右旗南部的卓尔郭尔山便是古时的勺儿合勒昆山。呼·普尔赖先生认为自右注入克鲁伦河的召尔高勒河也许就是勺峏合勒忽，并注明其经度为东经104°，纬度为北纬48°。我认为其说有误，因为东经104°应该在土拉河左岸，而克鲁伦河应该在东经108°的位置上。《蒙古秘史》第164节记载："王汗与成吉思汗相会于土兀剌河的黑林中，互相结为父子。"第177节记载："我的汗父啊，咱俩是怎样说定的？在勺儿合勒忽山的忽剌阿讷兀惕亭勒答兀惕时……"两处记载了同一件事。因而我认为该地应该在土拉河边，而不是克鲁伦河边。

[53]"统列泽"，《圣武亲征录》中记作"统烈泽"。屠寄先生所著《蒙兀儿史记》记载为："按界图，俄属萨拜客勒省东南界上有二湖相连，东曰俊特雷，西曰巴伦讬累。胡刻图通称为达里泊。'特雷''讬累''达里'皆统烈之异译，其义谓'镜'，言水清如镜也。地在斡难河之南。"（卷二，第33页）

[54]本书根据屠寄之《蒙兀儿史记》的记载叙述了发生于汪古惕秃剌思之地的战事。"汪古惕秃剌思"指的是位于呼伦贝尔北界的从根河到库伦（今乌兰巴托市）的边墙。蒙古人古时称之为"乌尔库"。呼伦贝尔北界的叫额尔德尼托罗海和波罗托罗海的地方也许就是汪古惕秃剌思。然而，汪古惕秃剌思和汪古惕部虽然名字相同，但毫无关联。《史集》将该地之名记作"月良古惕秃剌思"，《圣武亲征录》记作"月良兀秃剌思"。

[55]关于十一部集聚阿勒灰不剌阿之地结盟攻打成吉思汗之事，《蒙古秘史》将其与1201年在谦河注入处拥立札木合为古儿汗之事混为一谈，合并记作一件事。本书根据《圣武亲征录》和《蒙兀儿史记》的记载，分别叙述了这两件事。

"阿勒灰不剌阿"之地，《圣武亲征录》记作"阿雷泉"，注释为"今乌珠穆沁左翼旗之乌尔浑河"。屠寄先生所著《蒙兀儿史记》记载："乌珠穆沁左翼旗（今作东乌珠穆沁旗）有乌拉圭河（今作乌拉盖河，东经119.6°，北纬46.4°。——引用者）绕其游牧，西流合苏攸勒奇河（今作色也勒钦河，东经119.2°，北纬46.3°。——引用者）入昌吉图布里湖（如今没有叫该名的湖，乌拉盖河注入索里诺尔湖。——引用者），此湖旧图作鄂儿虎泊，即此浯泅灰不剌阿（阿勒灰不剌合）之地也。"（卷二，第34页）

[56] 关于"虎图泽"之地，屠寄之《蒙兀儿史记》记载道："拉施特书作虎敦淖尔，即今呼伦淖尔也。蒙兀语后曰虎图……在呼伦贝尔副都统防城西。名同而地实异也。按黑龙江实测图呼伦池南偏西有一小泊洼之，曰巴勒诸纳乌苏，鄂模泽言前水泊，彼既称前此宜称后矣。"（卷二，第34页）《圣武亲征录》则记载："屠敬山（屠寄）以为即呼伦湖。于地望、地名均未协，疑即《秘史》之哈澧泅秃海子，今之哈老台泊也，前作'哈连徒泽'。"这一解释与其他史料记载有出入，因而本书沿用了屠寄先生的记载。

[57]《蒙古秘史》将成吉思汗第二次出征塔塔儿部的答兰捏木儿格思之战和1202年成吉思汗消灭塔塔儿部之役合并记作一件事。

关于"答兰捏木儿格思"之地，屠寄之《蒙兀儿史记》记载道："按黑龙江实测图，布特哈西南界上索岳尔济山北有讷墨尔根河源出焉。西北流入车臣汗左翼前旗七十里汇合勒合河。此河两岸平川，故纳答兰之称。"（卷二，第34页）呼·普尔赖先生记载道："指诺木格河盆地（东经119°，北纬47°）。"两种记载里，地名和具体地理位置都相同。由中国地图出版社于1957年出版的《中华人民共和国地图集》第29~30页的地图上，在上述经度、纬度的位置有一条与哈尔哈河汇流的中蒙边界河，即"诺木尔金河"。其名在写法上与上述记载中的不同，但发音完全相同。此外，袁国藩先生发表在《大陆杂志》1959年第12期上的论文《元太祖班朱尼河饮水誓众考略》指出答兰捏木儿格思之地在今乌拉盖河上游，与上述记载吻合。

〔58〕因为将拥立札木合为古儿汗一事与阿勒灰不剌阿之盟混为一谈，故《蒙古秘史》记载有十一部（合塔斤、撒勒只兀惕、朵儿别、塔塔儿、亦乞列思、翁吉剌惕、豁罗剌思、乃蛮、篾儿乞惕、斡亦剌惕、泰亦赤兀惕）参加了拥立札木合的聚会。《圣武亲征录》则记载为七部（翁吉剌惕、亦乞列思、豁罗剌思、朵儿别、塔塔儿、合塔斤、撒勒只兀惕）。

拥立札木合为古儿汗的地方为刊河注入（额尔古纳河）处。刊河为今内蒙古自治区呼伦贝尔市根河（这是1964年由内蒙古教育出版社出版的《中外地名》中的写法，《圣武亲征录》中记作"键河"），该河河源在兴安岭北边的纳普达鲁台山附近，注入额尔古纳河。

〔59〕关于此处所记送信一事，《圣武亲征录》有一段比较详细而有趣的记载："有塔海哈者时在众（指札木合之众）中，上麾下照烈氏抄吾儿与之亲往视之，偶并驱，实不知有是谋。塔海哈以马鞭筑其肋，抄吾儿顾塔海哈目之，抄吾儿悟，下马佯旋。塔海哈因告之河（刊河）上之盟曰：'事急矣，汝何往？'抄吾儿惊，即还遇火鲁剌（豁罗剌思）氏也速该言其事，将赴上告之。也速该曰：'我长妇之子，与忽郎不花往来无旦夕，我左右只有幼子及家人火力台耳。'因命与火力台誓而往，乘以苍驴白马，属之曰：'汝至彼，惟见上及太后兼我婿哈撒儿（注释为：拉施特书哈撒儿正妃豁罗剌思氏阿勒坛可敦，盖即也速该之女。）则言之。苟泄于他人，愿断汝腰，裂汝背。'誓讫乃行，中道遇忽兰拔都、哈剌蔑力吉台军围，为其巡兵所执，以旧识得解。因赠以獭色全马，谓曰：'此马遁可脱身，追可及人，可乘而去。'既又遇毡车白帐之队往札木合所者，队中人出追抄兀儿。抄兀儿乘马绝驰而脱，至上前，悉告前谋。"

〔60〕关于"兀勒灰失鲁格勒只惕"之地，从史学家屠寄先生的

解释看，该地无疑是本章注解［55］之阿勒灰不剌阿（今内蒙古自治区东乌珠穆沁旗乌拉盖河）。这样会引出一个问题，《蒙古秘史》为何在第141节记作"阿勒灰不剌阿"，第153节却记作"兀勒灰失鲁格勒只惕"？关于这一点，我列举相关记载供大家参考。

关于"兀勒灰失鲁格勒只惕"一名，屠寄先生根据《大清一统志》附图和《界图》认为，"浯泖灰"（兀勒灰）为上述图中的"吴儿灰河"或"乌拉圭河"（今乌拉盖河）之名的变音，"湿鲁格勒只惕"（失鲁格勒只惕）为图中的"色野尔济河"或"苏攸勒奇河"（今色也勒钦河）之名的变音，"湿鲁格勒只惕"（失鲁格勒只惕）为"湿鲁格勒"的复数。呼·普尔赖先生记载："此地约在克鲁伦河附近。"卡法罗夫俄译本《蒙古秘史》的注释中记作"雅尔诺尔"或"诺敏"。《圣武亲征录》中记作"兀鲁回失连真河"，注释为"今乌尔浑河及色野集尔河"。我认为这一写法和王国维的注释均有误。

依我看来，此役战场在塔塔儿部领地——呼伦贝尔、东乌珠穆沁旗和蒙古国相接处。因而，我认为屠寄、呼·普尔赖二位的解释更为贴切。

［61］《蒙古秘史》第153节记载："阿勒坛、忽察儿、答里台三人没有遵守议定的军令，（在作战时）把战利品掠为己有。因为他们没有遵守议定的军令，（成吉思汗）派遣者别、忽必来二人把他们掠得的财物、马群等，全部没收。"但有依据可证实者别投奔成吉思汗之事发生在此役之后。因而本书记作"成吉思汗派忽必来那颜等人"，略去了者别。成吉思汗三次出征塔塔儿部，但《蒙古秘史》记作一次。

［62］关于"阔亦田之地"的具体位置，有几种解释：1. 洪钧先生"以苏尼特左翼旗东北四十里之寒山，蒙古名奎腾者当之"。2. 屠寄先生解释："黑龙江新图呼伦贝尔副都统防城南二百三十里有奎腾河……北流八十里，入辉河。此河之源，南距金边堡为道二百四十里，

正当乃蛮不亦鲁黑等兀惕乞牙溃军自南而北，札木合刊沐涟洲援军自北而南之孔道，所谓阔亦田之野，必在此河上。"（《蒙兀儿史记》卷二，第35页）3. 王国维先生解释："今扎鲁特旗南有盔腾岭、盔腾山，即其地也。洪侍郎（指洪钧）以苏尼特左翼旗东北之奎腾山、屠敬山（屠寄）以呼伦贝尔防城南之奎腾河当之，均非是。"4. 呼·普尔赖先生解释："111°、48°。位于鄂嫩河与克鲁伦河之间，当即灰腾。"（《蒙古秘史地名考》)该经度、纬度的具体位置应该在今蒙古国肯特省境内。与此役相关的其他地方，即额捏坚归列秀、扯克彻儿、赤忽儿古等地均在克鲁伦河下流，因而我认为呼·普尔赖先生的解释比较靠准。

［63］《蒙古秘史》记载塔塔儿部参加了此役。成吉思汗已通过三次战役消灭了主因塔塔儿、察阿安塔塔儿、阿勒赤塔塔儿、都塔兀惕塔塔儿、阿鲁孩塔塔儿等塔塔儿部主力，跟随札木合的塔塔儿人应为这些部族的残余，因而本书记作"塔塔儿部残余"。

［64］战前成吉思汗部署的三个哨望处中额捏坚归列秀哨望处是离成吉思汗大军最近的哨望处，之后依次为扯克彻儿、赤忽儿古二地哨望处。"兀惕乞"之地显然是在扯克彻儿、赤忽儿古二地中间，而成吉思汗军队是"顺着克鲁伦河东行"，我们通过推测可以得出这些地方的大概地理位置。关于"额捏坚归列秀"之地，呼·普尔赖先生记载"在克鲁伦河中部（古时之扯克彻儿、赤忽儿忽）附近"。王国维注释为："此三山均在克鲁伦河左右。"屠寄之《蒙兀儿史记》则记载："义谓老杏。今科尔沁右翼中旗牧地桂勒尔河上有杏埚，即其地。"（卷二，第35页）我认为这一解释出入较大，该地应该在克鲁伦河中游或偏东。克鲁伦河总长1264千米。

"兀惕乞"，《蒙古秘史》原本记作"兀惕乞牙"。这符合《蒙古秘史》的标写手法。但古蒙古语中以"牙"代替向位格的例子很常见，所以将"到达兀惕乞牙"理解为"到达兀惕乞之地"才对。因而本书将该地记作"兀惕乞"，策·达木丁苏荣、呼·普尔赖等人也都记作"兀惕乞"。

关于"兀惕乞"之地的具体位置，史料记载各有不同。屠寄先生所著《蒙兀儿史记》记载："义谓长城之地。"想必是指辽时将营居呼伦湖、哈尔哈河一带的翁吉剌惕部称作乌古部，将营居克鲁伦河中游的塔塔儿部称作敌烈部，并称乌古敌烈统军司，后改为东北路招讨司的泰州之地。然而，"义谓长城之地"这句话难以理解。"泰州"为辽代设立的一个州，起初州府在乐康（今吉林洮安东），辖地为今洮儿河上游。金朝大定二十五年（1185 年）撤州，1197 年恢复并将州府迁至长春（今吉林乾安北），辖地改为今洮儿河下游，是当时的边疆要塞。（引用自《辞海》）

《圣武亲征录》将该地记作"阿兰塞"，王国维注释为："洪侍郎（洪钧）以阿兰塞即为哈剌温只敦，屠敬山（屠寄）以为即兀惕乞牙，并谓在今克什克腾旗界内（与上面的解释不符。——引用者）。按：阿兰塞以塞为名，自即金之外堡，当在临潢、庆州之北，不得在黑河、潢河以南。按《梦溪笔谈》，辽与北方部族以夜来山为界，今乌珠穆沁右翼旗之南有乌兰岭，其东北有衣兰布虎图山，其地正当辽、金庆州之北，金之外堡当沿此山脉置之，殆所谓阿兰塞也。"由此看来，"兀惕乞"（或"阿兰塞"）之地无疑是在西乌珠穆沁一带，也就是说与克鲁伦河相离甚远。我将这段记载抄录于此，只为便于参考。

呼·普尔赖先生的记载为"在克鲁伦河盆地（古时的扯克彻儿、赤忽儿忽以东）"。说得不是很具体，不过大体上还是对的。

［65］战前相互问询身份，这是古代战争中普遍存在的习惯。这与古代战俗有关，也与使用冷兵器的交手战有关。关于这次阿勒坛、忽察儿等人与敌方先锋军交谈之事，李文田提出二人"有叛心"（屠寄先生的注释）。后来发生的事情也许证实了这一点，但尚无存在此

役期间便有了叛心的依据。

[66]关于"合剌温·都"之地的具体位置，可参考的记载如下：

屠寄先生所著《蒙兀儿史记》记载："合剌温只敦，温泉之急流者也。蒙古游牧记曰克什克腾旗北百八十里有噶尔达哈尔浑泊，百九十里有温泉。噶尔达哈尔浑即合剌温只敦之倒文。此温泉池在今克什克腾达巴梁东麓……此达巴梁即兴安岭之脉也。"（卷二，第35页）内蒙古社会科学院史学家留金锁同志注释为："兴安岭古时被称作合剌温·都。"呼·普尔赖的记载为："合剌温·都讷（你路矶惕）。依秘史内所指，蒙古的准格尔当在蒙古的东部。"从这些记载来看，"合剌温·都"应该是指今乌兰浩特市以北阿尔山市附近的兴安岭。

[67]关于此役期间下大雨、大雪之事，相关史料中有因不亦鲁黑汗、忽都合别乞二人懂得呼风唤雨的法术而施法唤来风雨，反而导致他们战败的记载。下大雨、大雪之事可能是真的，于是本书将此役发生的时间记作秋冬时节。

[68]关于成吉思汗消灭泰亦赤兀惕部，《罗·黄金史》中有一则颇具神话色彩的故事，即该书第七章第一节之"成吉思汗和他的六员大将与三百名泰亦赤兀惕人的决战"，策·达木丁苏荣先生在其编译的《蒙古秘史》第149节始端抄录了这个故事。

[69]关于1202年冬成吉思汗消灭泰亦赤兀惕部之后的冬营之地，有几种不同的记载。《蒙古秘史》第148节的记载为："他在忽巴合牙地方驻冬。"《圣武亲征录》的记载为："（成吉思汗）驻于阿不札阙忒哥儿（阿卜只阿阔迭格里）之山，汪可汗居于别里怯沙陀（别儿客额列惕）中。"王国维注释为克鲁伦河南车臣汗部左翼中前旗和中末旗相接处的"阔朵额阿剌勒"之地也许就是"阿不札阙忒哥儿"，而"别里怯沙陀"为土拉河南策策山。屠寄先生所著《蒙兀儿史记》的记载为："所谓阿儿却宏哥儿（阿儿却翁吉剌，即成吉思汗冬营之

地）之地指成吉思汗冬营之地，即特薛禅传所称之苦烈儿温都儿斤也。此地在根河、特勒布尔河、额尔古纳河三水之间，故纳阿剌儿之称……山之麓曰阿剌克即阿儿却……本弘吉剌旧日族居之地。"（卷二，第36页）说的无疑是今内蒙古呼伦贝尔三河地区。以我之见，那年冬天成吉思汗营地应该离王汗营地不远，之后发生的为术赤求桑昆妹妹之事可证实这一点。再说，由于王汗追击并迫降札木合的地方在刊河附近，王汗应该还没回到土拉河边的自部营地。《圣武亲征录》中提到的那些地方其实是王汗与成吉思汗决裂后的营居地。我认为屠寄先生所言正确，因而引用了他的记载。

[70] 关于"阿卜只阿阔迭格里"之地，屠寄之《蒙兀儿史记》记载："呼伦贝尔南有奎腾河，河西三十里有汗山……相传成吉思汗曾驻军于此，故纳汗山之称。山之下奎腾河，两岸平川，即阔亦田之野。此阿卜只阿阔迭格儿当在汗山之口。"（卷二，第36页）呼·普尔赖先生认为该地在哈尔哈河附近（东经119°，北纬47°），地理位置与屠寄先生所言相吻合。

"者者额儿温都儿山的折儿合卜赤孩"之地为王汗安营地。《圣武亲征录》称之为"彻彻运都山"，《元史·太祖纪》称之为"折折运都山"，旧地图上称之为土谢图汗部左翼后旗"策策山"。《蒙古游牧记》记载土谢图汗部左翼后旗胡尔哈鄂伦诺尔东北七十里有座哈剌哈达山，该山东北边有座彻彻山。屠寄先生认为"者者""彻彻""折折""策策"等词之意均为蒙古语之"qeqeg"（花）。呼·普尔赖先生认为该地应该在克鲁伦河中游。李则芬先生的书中记载王汗所在的者者额儿温都儿山为今哈尔温图尔山，附图上也将该地画在克鲁伦河中流地带。

关于"别儿客额列惕"之地，上述几位均认为者者额儿温都儿山北沙地便是。

[71]《蒙古秘史》第166节所记"合儿答乞歹（合塔斤）、额不格真、那牙勤"的旁译均为"种人"（意为部族之人）。由此看来，这三个应该不是人名，而是代表了所记三个部族的匿名人物。也是在第166节，"合儿答乞歹"又被称作"合儿塔阿惕"。本书以"合儿答乞歹"统一记下了该名。顾广圻抄本中将"那牙勤"记作"那不勤"。伯希和、海涅什、李盖提等人都认为"那不勤"为"那牙勤"的误写，内蒙古地区研究《蒙古秘史》的史学家们也都纠正为"那牙勤"。日本蒙古学家村上正二先生将"合儿答乞歹、额不格真、那牙勤"译作"合儿答勤氏的领袖那不勤"，并认为"合儿答勤"为"合塔斤"的误写。策·达木丁苏荣先生则将"合儿答乞歹"改写成"合剌乞答惕"，将"额不格真、那牙勤"合写为"额不格真那牙勤"一人之名，又将"雪格额台、脱斡邻勒"合写为"雪格额台脱斡邻勒"一人之名。道润梯步先生在其新译简注《蒙古秘史》的注解中也列举了上述情况，又认为："如无证据，不可以变动，还是服从原文为好。"我认为道润梯步所言极是。

关于"合儿答乞歹、额不格真、那牙勤"的写法，我以巴雅尔先生的标写为依据。不过认为不是人名，而是部族之名，又认为将"合儿答勤"视作"合塔斤"正确。合塔斤、那牙勤二部均有记载可查证，额不格真部虽然没有依据可查，但《蒙古秘史》的旁译还是可信的。

[72]"许婚宴"为蒙古族传统婚俗之一，即《蒙古秘史》原本所记"食不兀勒札儿"，旁译为"许婚宴席"。道润梯步先生《新译简注〈蒙古秘史〉》中的注释为："'不兀勒札儿'是动物的颈喉部，这里指羊的'不兀勒札儿'而言，订婚宴上用这个东西，是两家的婚事不准再反悔的意思。后世人没有订婚宴时，就在结婚仪式上举行这个吃'不兀勒札儿'的节目。"（第139页，注释①）策·达木丁苏荣先生编译的《蒙古秘史》中注释为："'不兀勒札儿'一语，意为

吃羊颈喉肉。蒙古青年男女结婚之日连吃三天羊颈喉肉的风俗直到现在，蒙古地方还存在。羊颈喉的骨头很坚韧，用它祝贺夫妻百年好合。故'吃羊颈喉肉'，意为男女成婚喜宴。"（第168节）

[73] 卯温都儿之战相关地名：

"卯温都儿"，呼·普尔赖先生记载："此山当在哈拉哈与纳木洛格二河附近。"我认为比较准确。不过也有其他说法。屠寄之《蒙兀儿史记》记载："内蒙古克什克腾旗西南四十三里有漠海恩都尔，八十二里有乌兰布通峰。今考漠海恩都尔即卯温都儿，乌兰布通即忽剌安不鲁合惕。"（卷二，第36页）该地当时在金朝境内，因而屠寄先生这一解释与实情出入较大。《圣武亲征录》之王国维注释为："卯危温都儿即乌珠穆沁右翼旗之三因温都山。"李则芬先生则记载："卯危温都儿就是汗山。"并指出位置在呼伦湖西北，满洲里西南。成吉思汗在此役后自南往北顺着哈尔哈河狩猎之事可证实李则芬先生的这一解释与实情出入更大。

"合剌合勒只惕额列惕"，策·达木丁苏荣编译《蒙古秘史》之谢再善汉译本也用了这种写法，属于沿袭标写名。"额列惕"意为沙地。据说哈尔哈、纳木洛格二河下游有库兰沙碛、乌达尔图沙碛和毛义勒图沙碛等很多沙地，因而古时的合剌合勒只惕额列惕应该在那一带。丁向宾所著《成吉思汗之歌》一书中将此役记作"哈兰镇"之战，"哈兰镇"为合剌合勒只惕额列惕之误写。

"忽剌安不鲁合惕"，策·达木丁苏荣、呼·普尔赖等人的写法都一样。"不鲁合惕"意为柳树。《史集》记作"хулан-буркат"，不过注释为"忽剌安不鲁合惕"。该地在哈尔哈、纳木洛格二河附近。

[74] 关于阿勒赤歹的马倌"赤吉歹、牙的儿"，相关史料的写法各有出入。《蒙古秘史》记作"赤吉歹、牙的儿"，《圣武亲征录》

记作"太出"，《史集》记作"тайчуджабкитай-эдэр"，《蒙兀儿史记》记作"泰赤吉歹"。本书沿用了《蒙古秘史》的写法。

[75] 关于参加卯温都儿之战的成吉思汗军队士兵人数，《蒙古秘史》记作两千六百人（战后的统计），《圣武亲征录》记作四千六百人，《蒙兀儿史记》记作不足三千人，《多桑蒙古史》记作人数很少。本书酌量这些记载，记作三千多人。

[76] 关于"只儿斤"，策·达木丁苏荣先生记作"jiruhen"，《蒙古秘史》旁译为"种"，《多桑蒙古史》记作"赤儿乞儿"。疑似为客列亦惕部六个分支之一的只儿斤。

[77] "贝尔湖"（捕鱼儿纳浯儿），位于今内蒙古自治区呼伦贝尔市和蒙古国边界（东经118°，北纬48°）的湖泊。面积为615平方千米，深为10~11米（有的资料记作50米），渔产丰富。哈尔哈河从东南注入此湖。一般将贝尔湖和呼伦湖连起来称作"呼伦贝尔"，二湖以乌尔顺河相连。

"哈尔哈河"，《蒙古秘史》略其"河"。该河沿着呼伦贝尔市和蒙古国的边界线注入贝尔湖，总长233千米，太平洋水系内陆河。

"斡儿讷兀山的客勒帖该合答之地"，屠寄记载为："呼伦贝尔城南境哈勒哈河之北有鄂尔多山，其山有喀尔喀王墓，即忽余勒答儿埋骨之处也。"（《蒙兀儿史记》卷二，第37页）呼·普尔赖先生记载："在哈拉哈河左岸（阿卜只合阔帖格列附近）。"

"统格豁罗合"，屠寄之《蒙兀儿史记》记载："呼伦贝尔城南二百里有董嘎……董格淖尔，今图作董嘎，即统格黎克……入于辉河，自源至流长仅七十余里，故纳豁罗罕之称……汗山在河东，正以成吉思汗得名。"（卷二，第37页）呼·普尔赖先生记载："在从捕鱼儿海子（贝尔湖）流入巴泐渚纳浯儿的途中。"

［78］关于"帖儿格克、额蔑勒"等翁吉剌惕分支，《蒙古秘史》（原本）第 141 节以三人之名记作"迭儿格克、额蔑勒、阿勒灰"（翁吉剌惕部首领）。之后在第 176 节记载"住者帖儿格阿蔑勒等翁吉剌惕人"。《圣武亲征录》记作"其（翁吉剌惕部）长帖木哥阿蛮"。策·达木丁苏荣先生记作"帖儿格阿蔑勒台（斡罗蔑勒台）等流浪的翁吉剌惕部人"。屠寄先生认为这些都是写法之误，并以《蒙古秘史》（原本）第 141 节所记统一了写法。本书因循屠寄先生的观点。

［79］关于"脱斡邻勒"，《蒙古秘史》第 180 节记载："（以前）屯必乃、察剌孩领忽二人俘虏来一个奴隶速别该。奴隶速别该的儿子是阔阔出乞儿撒安。阔阔出乞儿撒安的儿子是也该晃塔合儿。也该晃塔合儿的儿子就是你脱斡邻勒。"

《蒙古秘史》第 120 节则记载："速客虔氏的者该晃答豁儿的儿子速客该者温"，之前提到的"也该晃塔合儿"与"者该晃答豁儿"在发音上只差一个音。卯温都儿之战后，成吉思汗派阿儿孩合撒儿和速客该者温二人出使王汗处，不过阿儿孩合撒儿一人回部，而速客该者温留在王汗处。速客该者温留在那里，"因妻子、儿女在脱斡邻勒处"（第 181 节）。由此可知，速客该者温和脱斡邻勒二人关系密切。因而可以说"也该晃塔合儿"和"者该晃答豁儿"同为一人，而速客该者温和脱斡邻勒二人是兄弟。另外值得注意的一点是古突厥语不分"j""y"二音，例如如今我们所说的"札萨克"古时被称作"札撒"或"雅撒"。而"也该"也许就是"也客"（意为"大"）之意。

若上述观点正确，那么我认为本书第三章注解［18］所提到的"速客虔"（速客客）部是因作为屯必乃薛禅、察剌孩领忽的家奴斡黑答的后裔，即作为奴隶经常用斧子（音译为"速客"）、镰刀等工具从事劳动而得此名的可能性很大。若真是这样，该部部源便有了着落。

［80］"阿三"为中亚花剌子模商人。《蒙古秘史》提到此人便

是在说明此人辅佐过成吉思汗，但《蒙古秘史》没有这方面的具体记载。屠寄先生认为斡歌歹汗在位期间与脱忽察儿一起修建驿站的"阿刺浅"和《长春真人西游记》一书中提到的"阿里鲜"均是"阿三"之异写。关于"阿三"，道润梯步先生在其《新译简注〈蒙古秘史〉》中注释为："这里突如其来地写了这么个收购毛皮的花剌子模商人，却没有下文了。可能有脱文。学者们关于这个问题发表了很多议论。认为他来时，正值成吉思合军战败，将士乏食，他可能以其千只羊犒军而成了成吉思合军的亲信，甚而至于成了功臣。而且后来西征花剌子模时可能起了独特作用，云云。这种推测都是可能的。不过，经查很难得出确切的结论。"（第168页）关于阿三参加出征花剌子模的战争，巴托尔德认为志费尼书中记载的出使苏格纳黑城并被那里的居民杀害的花剌子模商人哈散哈只便是《蒙古秘史》里提到的阿三。

［81］"额尔古纳河"（额沛古捏沐涟）为黑龙江的上游，也是内蒙古自治区东北边界，源自兴安岭的海拉尔河为其上游。海拉尔河向西流到新巴尔虎左旗阿巴该图一带与额尔古纳河汇流，再向东北流到黑龙江省漠河西边的恩和哈达附近与石勒喀河汇流成黑龙江。额尔古纳河总长1520千米（其中海拉尔河622千米），系太平洋水系河流。

［82］关于"巴勒诸纳湖"，相关史料解释各有出入。呼·普尔赖先生认为贝加尔湖附近布里亚特辖区阿嘎之地的巴勒金诺尔便是古时的巴勒诸纳湖。洪钧所记的"斡难河北，俄罗斯界内有巴儿渚纳泊"与呼·普尔赖所记基本吻合。屠寄先生认为呼伦湖西南边小湖便是该湖。王国维解释为："而据《秘史》所记……然则阿三沿额儿古涅河来，始至巴泐渚纳海子。则此海子当在额尔古纳河下游，既不得在斡难河之北，亦不得在呼伦淖尔之西南。"袁国藩先生认为巴勒诸纳湖大概在今乌拉盖河源头附近，并认为洪钧所谓巴勒诸纳湖在俄罗斯境内之说错误，李文田所谓巴勒诸纳湖便是今呼伦湖之说有疑。我认为这些

解释中屠寄先生的观点更为准确，因而本书沿用了他的记载。

关于"巴勒诸纳之盟"，《元史·札八儿火者传》的记载较详细："太祖与克烈汪罕有隙。一夕，汪罕潜兵来，仓卒不为备，众军大溃。太祖遽引去，从行者仅十九人，札八儿与焉。至班硃尼河，馈粮俱尽，荒远无所得食。会一野马北来，诸王哈札儿射之，殪。遂刳革为釜，出火于石，汲河火煮而啖之。太祖举手仰天而誓曰：'使我克定大业，当与诸人同甘苦，苟渝此言，有如河水。'"那时仅剩十九人之说有误，《蒙古秘史》的记载为两千六百人。巴勒诸纳之盟后没过多久，成吉思汗便消灭了客列亦惕部，由此看来，之前成吉思汗没有战败，因而可认为十九人参加了巴勒诸纳之盟，而不是仅剩十九人。目前没有确凿依据可证实全部十九人的身份。《新元史》提到十几个人的名字。贾敬颜等人根据《元史·札八儿火者传》等史料提到十六个人："札八儿以外，有成吉思汗的二弟哈撒尔、妹夫孛徒（不秃），忙兀部首领畏答儿（忽余勒答儿），兀鲁儿部首领术赤台（主儿扯歹），替成吉思汗招来汪罕的塔海拔都儿（塔孩把阿秃儿）能征惯战、戎马一生的速不台（速别额台把阿秃儿）和他的父亲哈班、哥哥忽鲁浑，专门冲锋陷阵充当先锋的十二探马赤军官之一的阿术鲁，后来担任太宗朝右丞相的镇海，被封为太傅等号的耶律阿海及其弟秃花，还有绍古儿（薛赤兀儿？）、哈散纳和麦里之祖雪里坚那颜。"（贾敬颜、洪俊，《关于成吉思汗历史的几个问题》，发表于 1980 年《中国蒙古史学会论文选集》）袁国藩在其论文《元太祖班朱尼河饮水誓众考略》（台湾《大陆杂志》第十九卷第 12 期，第 26~29 页）中根据《元史》《新元史》《黄文献集》《牧庵集》《道园学古录》《元朝名臣事略》《湛然居士集》《元遗山诗文集》等书，认为可确定其中（巴勒诸纳之盟参加者）十四人的身份，他们是：1. 哈撒纳，客列亦惕氏；2. 绍古儿，麦里吉台氏；3. 阿剌浅（据说阿三、札八儿、阿剌浅为同一人。——引用者），赛夷氏；4. 阿只乃（阿术鲁），斡罗纳剌台氏；5. 塔孩，速勒都思氏；6. 孛秃（不秃），亦乞列思氏；7. 镇海，客列亦惕氏；8. 耶律阿海，契丹人；9. 秃花（耶律阿海之弟）；10. 坏都，客列亦惕氏；11. 失鲁该，沼兀烈台（沼兀列亦惕）氏；12. 雪里坚，彻兀台（也许是指察哈惕，其他地方未见该名。——引用者）氏；13. 哈班，兀良合氏，速别额台之父；14. 哈札儿（合撒儿，又作哈撒儿），成吉思汗之弟。袁国藩还一一列举了上述十四人参加巴勒诸纳之盟的依据。相比较上述两篇论文，袁国藩论文的名单里不见贾敬颜提到的畏答儿（忽余勒答儿）、术赤台（主儿扯歹）、速不台、忽鲁浑四人，而贾敬颜论文中不见坏都和失鲁该二人。袁国藩论文中的阿剌浅、阿只乃二人则是贾敬颜论文中的札八儿和阿术鲁。道润梯步先生根据《新元史》列举了十四个人（详情见《新译简注〈蒙古秘史〉》第169页）。

[83] 关于"只惕豁罗罕额列惕"之地，屠寄先生认为位于内蒙古浩齐特旗牧地的锡林郭勒为王汗西归必经之路。

[84] 关于"阿儿合勒苟吉"之地，策·达木丁苏荣先生记作"argalhohi"。屠寄之《蒙兀儿史记》记载："客鲁涟河曲之南有伊集额儿齐纳克山，与河北之托诺山遥遥相望。此地适当自巴泐渚纳西南向策策山孔道即《秘史》所谓阿儿合勒苟吉之地也。"（卷二，第37页）《蒙古游牧记》记载车臣汗中末旗西北至额儿克纳克之地便是古时的阿儿合勒苟吉。

[85] "的的克撒合勒之地涅坤河"，《元史·太宗纪》记作"揭揭察和之泽"。屠寄之《蒙兀儿史记》记载："喀尔喀赛音诺颜汗部额鲁特旗西北有集尔玛台河潴为察罕泊。其水东北流入鄂尔浑河，察罕泊即此的的克撒合勒也。"（卷二，第37页）

[86]《蒙古秘史》第190节将"脱儿必塔失"记作乃蛮使，将"月忽难"记作汪古惕使。《圣武亲征录》《史集》和《驸马高唐

忠献王碑》等史料却将"月忽难"记作乃蛮使,将"脱儿必塔失"记作汪古惕使。本书没有照录《蒙古秘史》的记载,也对人名做了些许改动。"月忽难",《蒙古秘史》标写为"月忽难",策·达木丁苏荣先生记作"yvhvnan",《圣武亲征录》记作"月忽难",《驸马高唐忠献王碑》碑文记作"卓忽难",巴雅尔先生记作"vhvnan"。其中"月""卓"之异的原因还是古蒙古语不分"j""y"二音的问题。本书大体上以《蒙古秘史》为依据,而"月"字发音更贴近"y"音,因而记作"月忽难"。

［87］关于"纳忽昆",屠寄先生所著《蒙兀儿史记》记载:"蒙兀谓碧色曰脑温,声转为纳忽……鄂尔浑河右岸之库库齐老台当之是也。按库库齐老台译言青石有,与纳忽意同(碧色)。"(卷二,第39页)呼·普尔赖先生记载:"104°,47°(经度、纬度)。今名勒哈胡,或称拉胡巴彦(山)。"

［88］关于"帖篾延客额里",呼·普尔赖先生认为在哈尔哈河附近。屠寄之《蒙兀儿史记》记载:"按黑龙江新测图呼伦贝尔防城南三百六十里有特默特尼岭,岭南有沟同名,长十余里西南流合大小图喇尔河入哈勒哈河。特默特尼即帖篾延之音差。"(卷二,第38页)

［89］"塔米尔",今作塔米尔河。是源自杭爱山脉的内陆河,南北两个塔米尔河合流后注入鄂尔浑河(经度和纬度为东经102°、北纬49°)。

［90］关于"合剌答勒"之地,呼·普尔赖先生记作"合剌答勒·忽札兀剌",并认为该地在色楞格、哈纳二河汇合处附近(经度和纬度为东经101°、北纬49°)。《圣武亲征录》记作"恶迭儿河源"。屠寄之《蒙兀儿史记》记载:"赛音诺颜部右翼后旗额叠尔河上源有霍冶乌尔河,北流入额叠尔河。霍冶乌尔即忽札兀剌,额叠尔即恶迭儿。惟今图不著合剌答勒及不剌矮胡之地名。"(卷二,第39页)

［91］"朵列格捏"，《元史·后妃表》中在太宗名下第二位记为："脱列哥那六皇后，乃马真氏。"

［92］"台合勒豁儿合"，《蒙古秘史》的旁译为"山顶寨子"，《圣武亲征录》记作"泰安寨"。屠寄先生所著《蒙兀儿史记》记载："按图札萨克图汗所属乌梁海牧地有托罕山，在台哩斯河、帖儿米得河两间。托罕即台合，略省勒字尾音……台合勒似即唐书回纥传之弹汗山。"（卷二，第39页）

［93］关于消豁黑兀孙之地消灭北部乃蛮古出古惕不亦鲁黑汗的战事，《蒙古秘史》第五卷记作是己酉年（1199年）发生的事情，《圣武亲征录》记作是丙寅年（1206年）蒙古帝国建国之后发生的事情。屠寄先生做了详细的判断，认为是乙丑年（1205年）春追击古出鲁克之前发生的事情。本书因循了他的观点。

流过科布多西北赛雷格木山和奎屯山之间，向西南流二百里与科布多河汇流的索果克河便是消豁黑兀孙，该河距离科布多五百里。

1199年，成吉思汗和王汗联军追击古出古惕不亦鲁黑汗至乞湿泐巴失湖。不过那时还没征服南部乃蛮，斡亦剌惕部忽都合别乞还没归降。因为路上有敌军又没有带路人的情况下到达消豁黑兀孙之说有误，而《圣武亲征录》所记丙寅年（1206年）蒙古帝国建国之后发生此事之说更有出入。因为举办建国仪式的时间为1206年12月，而从斡难河源地到消豁黑兀孙有五千里之远，需要骑马走几个月。因而，成吉思汗先是消灭古出古惕不亦鲁黑汗，后追击古出鲁克汗和脱黑脱阿别乞，这在时间上靠准，距离方面也靠准。因为消豁黑兀孙和额儿的失河支流不黑都儿麻河源头中间只隔一座山，即阿来岭。于是《蒙古秘史》记载："牛儿年（乙丑，1205年）春天，（成吉思汗）越过阿来岭追（古出鲁克汗）去。"（第198节）

［94］见注93。

［95］见注93。

［96］关于这里提到的篾儿乞惕部脱黑脱阿别乞四个儿子的名字，本书的依据为《元史类编》和《圣武亲征录》的记载。这与《元史》卷一百二十二之《巴而术阿而忒的斤传》的记载一致。《史集》记载脱黑脱阿别乞有六个儿子，即脱古思、秃撒、忽都、赤剌温、赤不黑、忽勒秃罕。巴雅尔先生标写《蒙古秘史》第198节记作"忽都、合勒、赤剌温"，道润梯步新译简注本和额尔登泰校勘本记作"忽都、合惕、赤剌温"，相关史料所记各有出入。而上文提到过1198年王汗独自率领自部攻打篾儿乞惕部杀死脱黑脱阿别乞长子脱古思别乞之事，因而我认为脱黑脱阿别乞应该有五个儿子，这样一来比《史集》所记少了一个儿子。

［97］"低能的贱鸟"，即《蒙古秘史》标写之"孛罗忽剌都"；策·达木丁苏荣先生译作"紫鹞子"；道润梯步先生译作"黑超"，注释为"是一种低能之贱鸟"。

第五章

成吉思汗建立的大蒙古帝国

38. 宣告建立大蒙古帝国

丙寅年，即 1206 年，成吉思汗四十五岁。这时的成吉思汗实现了从绿波荡漾的兴安岭群山到银白巍峨的阿尔泰雪峰，从清澈的贝加尔湖到漠南万里长城，东西一千五百多公里，南北一千多公里的辽阔疆土上包括二百多万人口、三十一个部族[1]的蒙古民族的统一。

1206 年秋季到冬季末月[2]，在斡难河源地迭里温

· "称海屯田万户"铜印 ·

孛勒答合之地的成吉思汗大斡儿朵（宫殿之意）中召
开了宣告建立大蒙古帝国的忽里勒台（大会之意）。

　　召开忽里勒台的大斡儿朵修建在成吉思汗大营的
中央。那是个以青色的金边压顶布装饰的蒙古包形状
的雪白色大斡儿朵[3]，而支撑天窗的四个大顶柱则是
以黄金装饰的。斡儿朵门的一侧立起蒙古帝国国旗九
斿白纛[4]，另一侧立起成吉思汗战旗四斿黑纛。大斡
儿朵前面的开阔地用于阅兵或举行大型聚会活动。

　　成吉思汗黄金家族、亲信、诸将臣和诸部族贵族
们参加了这次忽里勒台。这些人从蒙古帝国的四面八
方聚集在一起，其中不少人因路途遥远而按照规定数
目带着自己的家属、随从以及帐房去参加。忽里勒台
召开期间，依次部署了这些人的斡儿朵和帐房。第一
排部署了成吉思汗黄金家族成员们的斡儿朵，第二排
按照官衔依次部署了诸将臣、贵族的帐房，将他们家

属和随从的帐房部署在他们的后排。

成吉思汗的大斡儿朵内，后边中心位置的台上摆放了盖有白马全皮的成吉思汗御案和座椅，旁边摆放了孛儿帖兀真的座椅。成吉思汗座椅的右下方依次为诸汗弟、亲族和将臣贵族们的座椅，成吉思汗座椅的左下方孛儿帖兀真座椅往下依次为诃额仑兀真、诸后妃的座椅。斡儿朵中央堆积着很多以备赏赐众人的金银珠宝、绸缎、貂獭皮等贵重物品。

大蒙古帝国开国大典就这样开始了。

成吉思汗黄金家族成员们和将臣们让成吉思汗坐到一块大白毡[5]上，在众人山呼海啸般的"成吉思、成吉思"呼声中抬起白毡将成吉思汗请到了座椅上。之后斡儿朵内的所有人在成吉思汗面前屈膝叩头九次（有些史料记作四次），并宣誓尽忠尽从。众人起身后将成吉思汗连座椅一起抬起，到斡儿朵外面的开阔地上转了一圈，这时斡儿朵外面参加忽里勒台的所有人屈膝叩头行礼。

之后，汗宫文官、大臣塔塔统阿将白玉上刻文的御玺[6]展示给众人，将御玺刻文"拜长生天之力，大蒙古帝国海洋可汗圣旨所到之处人人遵从敬畏之"宣告众人之后，将御玺献给成吉思汗。

当吾艰难奔走聚敛（百姓）时，
与共患乐而多为效力焉。
我此如琼珍之必国也，
历尽艰难而成天下之中焉。

当称众生至上之蒙古乎！

从此遂称库克蒙古勒国焉。（《蒙古源流》卷三，第119～120页）

这时响起气势恢宏的音乐，参加忽里勒台的众亲族将臣们起身给成吉思汗和孛儿帖兀真合屯献上带去的贵重礼物，成吉思汗也回赠了备好的赏品。

之后，成吉思汗下令给众人斟酒，乐队再次奏响音乐。成吉思汗、孛儿帖兀真以及众人开始开怀畅饮。席间众人起身，男人在成吉思汗前，女人在诸妃前，跳起舞蹈。这时，成吉思汗不断从放在面前的全羊上割肉，赏给前去给他敬酒献舞的那些人。其他人向得到赏赐的人送去羡慕的眼神，获赏之人则甚是珍视成吉思汗的赏赐，回到座位上津津有味地享用起来。

斡儿朵里举行宴会时，斡儿朵外面聚集的百姓同样也在欢庆。汗宫的司膳们则在不断地供应成车成车的奶酒、羊肉等美食。

宴会期间，成吉思汗与众人谈笑风生，盛情款待所有宾客。

在这次忽里勒台召开期间，众人欢庆多日，同时也讨论了很多政事，做出了很多决议。

39. 封赏功臣，宣告任命

这次忽里勒台召开期间，"自九乌尔鲁克以下，凡效力者，分别轻重，依次赐予大爵重赏厚禄，命为

百户、千户、万户，督万户之官。"（《蒙古源流》
卷三，第161页）关于这些被封赏之人，相关史料列
举了八十八开国功臣和九十五千户。关于九十五千户，
将在本章注解［13］中另作介绍，故而在此不赘。下
面将介绍获得特殊赏赐，受任重要职位的那些人。

　　成吉思汗封赏失乞刊忽都忽时说："你不是朕的
六弟吗？朕将依照封赐诸弟的分例，封赐义弟你。又
因为你的功劳多，赦免你九次犯罪不罚。"并嘱咐道：
"蒙长生天佑护，平定了全国百姓，你可充当朕的耳目。
依照从全国百姓中分封朕的母亲、诸弟、诸子以分民
之例，可将有毡帐的百姓（游牧民）、有门板的百姓（定
居民）分一些给你。无论何人，不许违背你说的话。"

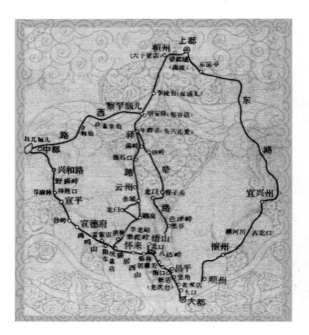

·元大都到元上都的路线图·

又降旨道："在全国百姓中，你可惩治盗贼和欺诈者，按道理应该处死的处死，应该惩罚的惩罚！"便封失乞刊忽都忽为全国最高断事官。之后又下令："把全国领民的分配情况和所断的案件都写在青册上面。凡是失吉忽秃忽与朕议定而写在青册白纸上的规定，直到子子孙孙，永远不得更改，更改的人要治罪。"（《蒙古秘史》第203节）这个最高断事官的官衔等于如今最高人民法院院长。

之后，成吉思汗提起蒙力克父亲的功劳和恩德，尤其提到蒙力克父亲揭穿王汗、桑昆父子的阴谋诡计而让自己逃过一劫之事，降旨道："朕深感您的恩德，直至朕的子子孙孙，永不忘记！朕感念您的功德，特设此座于旁，请您坐。请您每年之中、每月之中能有时间来参加商议。朕将俸禄颁赐给您，直至您的子子孙孙，永远享有。"（第204节）

之后，成吉思汗列举了孛斡儿出自小辅佐、不离不弃且无役不从地效忠自己的种种功劳，降旨道："如今你当位居众人之上，九次犯罪不罚。由你孛斡儿出掌管依傍阿勒台山的右翼万户。"（第205节）

之后，成吉思汗对木华黎降旨道："当我们在豁儿豁纳黑草原上（昔日）欢庆忽图剌汗（即位）的枝叶茂盛的大树下驻扎时，木合黎把天神告知的先兆告诉了朕，使朕想起了古温豁阿对木合黎你所说的话。为此，让木合黎你坐在众人之上，封你为国王（这是《蒙古秘史》的记载，实际上封木华黎为国王的时间是1217年八月。——作者），子子孙孙世袭。"（第206节）并让他掌管了合剌温·都一带的左翼万户。

之后，成吉思汗先后列举巴阿邻部豁儿赤和兀鲁兀惕部主儿扯歹二人的功劳，将巴阿邻部三千户加上塔孩、阿失黑二人为首的阿答儿斤之赤那思、脱斡劣思、帖良古惕等部部众共一万户部众赏给豁儿赤管制，并将从上述部族领地到额儿的失河一带（林中百姓领地）的领地划给了豁儿赤之万户。

之后，成吉思汗将自己的庶室亦巴合别乞赐给了主儿扯歹，并将兀鲁兀惕部四千户赏给他统辖。

之后，成吉思汗对"四先锋"之首忽必来降旨道："军队的事，全部由你忽必来统辖。"其军衔等于如今的总参谋长。

之后，委派格你格思部人忽难统辖格你格思部，并任命其为术赤帐下万户官。成吉思汗也夸赞了忽难、阔阔搠思、迭该、兀孙额不干四人时常忠言相告并直言不讳的性格。由此看来，成吉思汗会时常听取下面将臣们的意见和建议，也会对不同的意见和建议持开放的态度，并欣赏直言不讳者。

之后，成吉思汗赐予"四先锋"之一者勒篾九次犯罪不罚的特权。

之后，成吉思汗点名封赏了脱仑扯儿必、汪古儿保兀儿赤二人。

之后，成吉思汗一一列举了"四杰"之一孛罗忽勒的功劳，并赐予九次犯罪不罚的特权。

之后，成吉思汗赏赐了部中妇女。

关于赏赐妇女，《蒙古秘史》的记载虽为短短几个字，但仍可视为反映蒙古社会特色的重要信息。男主外女主内是蒙古民族传承至今的分工习俗。所谓主内，对蒙古民族游牧生活而言便是剪羊毛、做毡子、做家务、做奶食、缝衣做饭、教育儿女等由女人负责的工作。作为伟人，成吉思汗认识到了妇女们的功劳而给予赏赐，并被录入《蒙古秘史》等文献史料中。贝勒津十分关注这一点，并作了较为详细的记载："征兵命令下达后，（蒙古）男人们将软皮帽换成皮盔出发。战备工作中男人们只管备好兵器便可。妇女们则需要备齐男人所需的皮袍、靴子、毡袜等衣物以及熟肉、干奶豆腐、酸马奶等饮食用品。妇女们的第二个任务便是储藏冬季所需食物。""成吉思汗让男人们参加战争，也会组织妇女们创造效益。他让妇女们获得了自由和权益，这是亚洲其他地区从未有过的现象。""妇女最大职责便是助其丈夫提高声望。"
此外，著名旅行家马可·波罗也
在他的游记中作了关于蒙古妇
女详细且生动的记载。例如，
从品性仪态方面记载道："鞑
靼人的妇女十分重视贞洁，在行
为仪态方面，世界上也没有人
能够超过她们。她们对丈夫
的爱情和义务也是如此。"
从勤劳的性格方面记载道：
"一切买进卖出的商业都
由妇女经营，丈夫和家中
所需要的每样东西也都由
她们准备。至于男子的时

·元代铜鎏金菩萨像·

间全都用于打猎放鹰和军事生活方面。"（《马可·波
罗游记》第一卷）

　　之后，成吉思汗根据蒙古的国制和习俗中由尊长
担任别乞的惯例，降旨将尼伦蒙古部长子后裔巴阿邻
部兀孙额不干封为别乞，让他穿白衣，骑白马，请上座。

　　之后，成吉思汗列举之前牺牲的英雄忽余勒答儿、
察罕豁阿（即"十三翼之战"中被札木合捉去处死的
察罕豁阿）二人的功劳，降旨叫他们的子孙世世代代
领取抚恤遗孤的恩赏，又对察罕豁阿之子纳邻脱斡里
刺降旨道："你就去把你的捏古思（赤那思）氏兄弟
们收聚起来，（今后）由你的子子孙孙世袭管领。"

·元代官吏图·

之后，成吉思汗赐予锁儿罕失剌、巴歹、乞失里三人"答儿罕"之号。所谓"答儿罕"是指享有出征时可以将自己所获战利品归为己有，狩猎时可以将自己所获猎物归为己有，可以自由自在到处驻牧，九次犯罪不罚，免去一切税收等特权的人。

之后，成吉思汗称赞你出古惕巴阿邻部失儿古额秃老人之子纳牙阿"在大道理上想到了不可背弃自己领主的道理"，并任命其为中军万户官。

之后，成吉思汗对"四先锋"中的者别、速别额台把阿秃儿二人降旨，让他们将所收集的部众组成千户管领。又降旨给迭该、古出古儿二人，让他们收集部众组成千户管领。

就这样，成吉思汗封赏了所有效忠蒙古统一大业的将臣们。

40. 蒙古帝国国家机构

蒙古帝国政体的基础和性质

关于成吉思汗建立的蒙古帝国国家机构的问题，首先应该了解的是蒙古帝国政体的基础和性质。当然，这是有关社会制度的问题，因而不是本书重点叙述的对象。

13 世纪初期建立的蒙古帝国是当时蒙古社会状况的产物。换言之，蒙古帝国的建立只能出现在 13 世纪初期的蒙古地区，在其他时期、其他地方则没有任何可能性。当时的蒙古社会制度便是蒙古帝国政体的基础，说得再具体一些就是蒙古帝国政体的基础有如下三点。

其一为之前的"全体蒙古"，即"旧蒙古国"。在成吉思汗以前，蒙古族没有过统一的国体，这一点人尽皆知。但在 11 世纪末 12 世纪初，势力较大的蒙古部族中出现了各自的最高权力所有者——"可汗"。自"合不勒合罕统治了全体蒙古人"到忽图剌可汗时期有"可汗"、有"那颜"、有军队、有政体（原始的）的尼伦蒙古部之"全体蒙古"，我们可称其为"旧蒙古国"。作为尼伦蒙古部的政治躯体，关于这个"旧蒙古国"到底是个什么性质的国家，至今还没有统一的观点。在本书编撰过程中没有遇到需要探究这个问题的必然

性，因而我没做这方面的准备工作。不过我还是联系主题提出了自己的一些不成熟之见。"旧蒙古国"这一政体应该是由氏族制度后期的部落联盟制进一步发展而形成的。下面简述直接关系到蒙古帝国国家机构的一些问题。当时的"旧蒙古国"统治者为尼伦蒙古部贵族们依据上任"可汗"的遗嘱或传统习俗推举的"可汗"，"可汗"便是战争、狩猎活动、社会生产和分配等社会性活动中最高权力的拥有者。"可汗"下面还有效忠"可汗"的各部族首领和"那颜"，这些人组成了"旧蒙古国"的执政机构。这些权位由最高权力机关忽里勒台选举产生。当时孛端察儿的直系后裔孛儿只斤、泰亦赤兀惕等部族中已经出现了这一最高权力机关——忽里勒台。"旧蒙古国"统治权力的又一个基础是：由尼伦蒙古部长子后裔巴阿邻部持有的传统宗教权力。因而，忽里勒台、可汗、那颜、别乞（萨满教权贵）并不是产生于蒙古帝国时期，而是从"旧蒙古国"时期传承下来的。还需要提出的是，尼伦蒙古部从合不勒可汗时期开始有了部族统治者——可汗，其他蒙古部族也有了自己的可汗。例如：王汗祖父叫作马儿忽思不亦鲁可汗，其父为忽儿察忽思不亦鲁黑可汗。乃蛮部塔阳汗台不花之父亦难察也叫塔阳汗。从塔塔儿部纳兀儿不亦鲁可汗捉住王汗祖父马儿忽思不亦鲁可汗，并押送到金朝的史料记载看来，当时的塔塔儿部也有了可汗。因而，我们可以将其视为蒙古帝国政体的一个基础。换言之，蒙古帝国建立之前蒙古地区已经出现数个小汗国，蒙古帝国便是在统一这些小汗国的基础上建立的。

·"杨茂造"观瀑图八方形剔红盘·

其二为蒙古帝国的成员部族。相关史料将成吉思汗统一的部族数量记作三十多、四十多或更多，这一点本章注解中将提到。不管具体数目是多少，从总体上看可分为三类：一是字孛儿只斤、泰亦赤兀惕等尼伦蒙古各部和翁吉剌惕、豁罗剌思等多儿勒斤蒙古各部，这是蒙古族的主体。二是字客列亦惕、乃蛮、篾儿乞惕等与畏兀儿、乞儿吉思等突厥部族关系密切且被称作源自突厥的蒙古语部族。比起其他蒙古部族，在这些部族的经济、文化发展程度要高，乃蛮部则是当时蒙古部族中开化程度最高的部族。而乃蛮、客列亦惕等部信奉聂思脱里派基督教一事反映出了这些部族与西方有过一定程度的接触。当时中亚以及中亚以西、西南地区的商人来到蒙古地区经商一事显然与这些部族有着密切的关系。因而，征服这些部族对蒙古帝国的政体而言具有很大的积极意义。三是字汪古惕、塔塔儿等曾与金朝关系密切的部族。这些部族对蒙古帝国的政体产生的影响

·元代海上进攻日本作战图·

不在于这些部族的势力强弱，而是在于这些部族与金朝和内地的关系。当时的汉族已经具有一千多年的封建史，而其封建制度肯定是通过与内地关系密切的那些蒙古部族对蒙古帝国产生最初影响的。还需要提到的是，蒙古帝国建立后征服的森林百姓的情况则与上述部族完全不同。

其三为由成吉思汗自己创立且超越"旧蒙古国"、小"汗国"政体框架的军事化组织。该军事化组织的形成过程包括1189年成吉思汗称汗之后建立军政机构和纳忽昆之战战前军事部署等值得注意的举措。

如上简述，蒙古帝国政体的三个基础中，前两个为既有的外部条件，第三个才是决定蒙古帝国国家性质的绝对因素。因而，我认为成吉思汗建立的蒙古帝国的国家性质为封建军国主义国家。不过其中不同程度地保留有氏族制度的遗迹、部落联盟制度的残余和奴隶制度的印记，这也是无须争辩的史实。

蒙古帝国最高权力机构

忽里勒台和可汗是蒙古帝国的最高权力机构。全世界都认可成吉思汗的蒙古帝国为建立在亚洲内陆的游牧民族独立帝国。那么，蒙古帝国的最高权力机构是以什么形式存在的？

蒙古帝国统治机构的最高统治形式为可汗的绝对权力。若说"旧蒙古国"时期的那些小汗国（蒙古、客列亦惕、乃蛮、塔塔儿、汪古惕等）的可汗都是在自部领地范围内享受特权，那么蒙古帝国时期成吉思汗的权力范围则是扩大到包括几十个部族的整个蒙古族，可谓至高无上。因而，他的称号除了"可汗"还有"大汗""海洋可汗""成吉思汗"等，依马可·波罗所言便是"号称大汗或众王之王"。当时，蒙古帝国的"海洋可汗"是蒙古封建贵族阶级权力集中之代表人物，他在政治、经济和军事等方面均持有最高权力，即持有对宣战停战、分拨战利品、委派官职、汗位继承等重大事件的绝对决策权。以封建统治的本质而言，成吉思汗也与其他封建国家的皇帝一样，具有不可侵犯的权力。

然而，以游牧经济为主要经济形式的蒙古社会，以及在这种社会形式下生存发展的蒙古民族，具有不同于其他民族和国家的独特传统和习俗。于是这一民族特色对蒙古帝国的国家机构产生了一定影响，造就了蒙古帝国不同于其他帝国的鲜明特色。

这种特色集中体现为忽里勒台制度。"忽里勒台"一词源自突厥语，"会议"之意，畏兀儿人至今还在以此意使用该词。关于蒙古人何时开始使用该词，还没有可靠的依据来判断和确定。不过多数人认为该词的使用与古代蒙古氏族制度有关联。氏族制度时期的氏族成员会议是在氏族成员完全平等的前提下解决氏族内部选举或罢免氏族首领以及生产和分配等重大问题的社会制度。然而随着蒙古社会的发展，忽里勒台在内容和性质上不断发生改变的事实显而易见。我们所知道的忽里勒台则是蒙古社会中氏族制度解体之后的现象，尤其是出现"可汗"这一统治人物之后，其性质有了根本的改变。当然，帝国制度在奴隶社会时期和封建社会时期的特点不相同，因而忽里勒台在两种社会制度下的内容和形式也不相同。例如，在合不勒可汗、俺巴孩可汗和忽图剌可汗时期，继承汗位的世袭制还没完全定型，所以忽里勒台的作用还很大。正因为如此，合不勒可汗的汗位继承者不是其长子斡勤巴儿合黑，而是其族叔想昆必勒格之子俺巴孩。被塔塔儿人捉去并押送到金朝的俺巴孩可汗在被害前点名将汗位继承给合不勒可汗七子之一忽图剌和自己的十子之一合答安二人其中之一[7]。于是"全体蒙古人、泰亦赤兀惕部人便聚会（忽里勒台）于斡难河畔的豁儿豁纳黑草原，立忽图剌为合罕"。（《蒙古秘史》第57节）自忽图剌可汗到成吉思汗的四十多年时间里，蒙古部没有可汗的现象反映了当时已经很难通过忽里勒台决定汗位继承之事，武力反而成了解决问题的主要手段。

成吉思汗时期解决重大问题时多数通过忽里勒台。《蒙古秘史》等相关文献中有明确记载的忽里勒台共

有七次。第一次：1189
年尼伦蒙古部贵族
们召开忽里勒
台，成吉思汗
称汗。第二次：
1202 年消灭塔
塔儿部之后，
成吉思汗召开忽
里勒台，商讨了
如何处置塔塔儿

·五体文夜巡铜牌·

部众之事。第三次：1204 年在狩猎地召开忽里勒台，
商讨了出征乃蛮部之事，多人参加了此次忽里勒台，
成吉思汗最后采纳了斡惕赤斤、别勒古台二人的建议。
第四次：1206 年宣告建立蒙古帝国的大忽里勒台。第
五次：也在 1206 年召开大忽里勒台，商讨了分配领地
和属民之事。据记载，此次忽里勒台上分给诃额仑兀
真和帖木格斡惕赤斤万户属民时，诃额仑兀真心有不
满却未出声。还因叔父答里台斡惕赤斤（也速该把阿
秃儿之弟）投敌（客列亦惕）之事成吉思汗欲处斩此人，
由孛斡儿出、木华黎和失乞刊忽都忽三人出言劝告才
免去责罚。除了黄金家族成员外，亲信将臣们也参加
了此次忽里勒台。第六次：1216 年前去镇压豁里秃马
敦部起义的孛罗忽勒被杀后，成吉思汗召开忽里勒台，
商讨了出征豁里秃马敦之事，并提出亲自出征，不过
被孛斡儿出、木华黎出言制止。此次忽里勒台与 1204

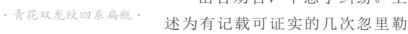

年召开的忽里勒台同为军事会议。第七次：1219 年成吉思汗在西征之前听从也遂合屯的建议召开了指定汗位继承人的大忽里勒台。忽里勒台期间产生了很大的纠纷，除成吉思汗黄金家族成员之外，孛斡儿出、木华黎和阔阔搠思等人也参加了此次忽里勒台，并出言劝告，平息了纠纷。上述为有记载可证实的几次忽里勒台。而出征西夏、金朝等重大事情肯定也都会通过忽里勒台做出决策，只不过没有留下相关记载或相关记载失传而已。综上所述，成吉思汗时期，忽里勒台制度在内容和参加者方面显然都发生了一些变化。

·青花双龙纹四系扁瓶·

后成吉思汗时期，蒙古帝国可汗的权力更加集中，（长子）汗位世袭制得到了巩固。不过忽里勒台选举作为一种制度形式一直保留到很晚。例如："己丑八月二十四日，诸王、驸马、百官大会怯绿连河曲雕阿兰（克鲁伦河阔朵额阿刺勒），共册太宗皇帝（斡歌歹）登极。"（《圣武亲征录》）"太宗崩，皇后临朝，会诸王百官于答兰答八思之地，遂议立帝。"（《元史·太宗纪》）"定宗（贵由可汗）崩，宗王八都罕大会宗亲，议立宪宗（蒙哥可汗）。"（《元史·忙哥撒儿传》）"忽必烈死后，开选举大会于上都……铁木耳遂即可汗位。"
（《多桑蒙古史》第 336 页）这一制度甚至被保留到
16 世纪的北元时期。例如，达赉逊库登可汗之子图们
台吉 1558 年继承汗位，1579 年"聚六万之众，宣布大政，
命左翼万户中，察哈尔之阿木台洪台吉、喀拉喀之卫
征索博海，命右翼万户中，鄂尔多斯之库图克台彻辰
洪台吉、阿速特制诺木达喇高拉齐诺延、土默特之楚
噜格洪台吉等人执政。天下称札萨克图合罕……"（《蒙
古源流》卷六，第 327 ～ 328 页）上述这些记载反映
了各个时期的忽里勒台制度。

　　总而言之，虽说蒙古帝国的最高权力集中在可汗
一人手里，不过在很长时间里保留着源自氏族社会的
忽里勒台制度。然而忽里勒台制度在不同的社会制度
下具有不同的性质。蒙古帝国时期，忽里勒台是以封
建贵族统治工具的形式存在着。

蒙古帝国行政机构

　　任何国家或政权都必须具有自己的最高权力机关
和执行机关——行政机关（无论何种性质或形式），蒙
古帝国亦是如此。

　　蒙古帝国的行政机关为军政合一的以万户、千户、
百户、十户为单位的组织。这种组织形式的产生是由
于它符合当时蒙古社会现状和蒙古民族特色以及成吉
思汗的军事、政治目的。蒙古帝国是个以游牧经济为
经济基础的疆土辽阔的国家，所以人口密度特别小，

且不定居。这种情况下，它的行政机构不适合也不可能是与那些人口密度大且定居的国家一样拥有庞大而复杂的系统。蒙古族游牧经济，尤其是狩猎经济需要以军事组织形式去完成生产，而且成吉思汗统一蒙古诸部期间的长期斗争也都属于武装斗争，甚至在之前的漫长历史进程中，蒙古诸部均有不断争战的传统，所以这一根深蒂固的民族历史特色怎么可能不影响蒙古帝国国家机构之性质。

蒙古帝国国家权力执行机构在成吉思汗统一蒙古诸部的过程中经历了从无到有、从小到大、从不完善到完善的过程。关于成吉思汗之前的"旧蒙古国"那些小汗国的行政机构，没有详细记载和研究信息，又与本书内容没有直接关联，因而本书只叙述成吉思汗时期的相关情况。

蒙古帝国国家权力执行机构的发展大概可以分为三个阶段。

第一阶段，从 1189 年成吉思汗称汗被拥立为尼伦蒙古可汗到 1204 年消灭乃蛮部的纳忽昆之战战前整顿的十五年时间，为蒙古帝国国家机构产生的阶段。这一阶段的国家机构特点为：有了国家之首——可汗，以及产生简单行政性质的军政组织，设立了相应官职（详情见本书第三章），并以独立国家的名义遣使通知王汗、札木合等毗邻部族首领。从此之后，以军事为主的生产和分配等一切国家大事都由以成吉思汗为首的新军政机构来进行决策。这段时间，成吉思汗和他的幕僚们在不断争战的过程中接触了很多部族，了解到了很多关于国家机构和权力执行方面的计策和措施，积累了很多经验。

第二阶段，从1204年纳忽昆之战战前整顿到1206年建立蒙古帝国的两年多时间。这一阶段时间较短，不过是统一蒙古诸部的战争取得决定性胜利的时期，也是蒙古帝国政权建立的时期。换言之，这段时间里，成吉思汗

· 青花云龙纹双耳壶 ·

和他的幕僚们已经设计好了蒙古帝国的国家大厦。这一阶段的国家机构特点为开始执行军政合一的千户制。关于在之前的"旧蒙古国"时期有无千户制度，相关史料中没有比较详细的记载。史学家张振珮所著《成吉思汗评传》中记载："汗初生之时，其父也速该仅一什夫长……以后积功至百户千户……"（第八章，第95页）《蒙鞑备录》一书中也有类似较简单的记载。《蒙古秘史》中出现这一制度的相应时间则是1204年初。然而，这时的成吉思汗已经经历了十几年的征战，他的势力也已从弱变强，自己则在征战过程中成长为一个勇谋兼备的统帅。更加难能可贵的是，他已经懂得军政组织的重要性，也懂得了何种形式的国家机构适合蒙古社会。因而他没有盲目地模仿其他国家和民

·浴马图·

族，而是结合蒙古民族的传统和特色建立了军政合一的分户制，将军队分为千户、百户和十户，并委派相应的千户官、百户官和十户官以及统领的六位扯儿必。

将之前没有任何组织的逐水草而游牧的游牧民以户为最小的自然单位，并以每户出一名骑兵为前提，将十个这样的自然单位组织成一个"十户"，每十户由一个那颜和九个士兵组成，我们可以称之为基本机构。将十个邻近"十户"合编成一个"百户"，并委派百户官，我们可以称之为地方机构。将十个这样的地方机构合编成一个"千户"，并委派千户官，我们可以视之为一个独立的战斗单位以及蒙古帝国统一的基本象征。因为这一组织已经跨越了部族的框架，一个"千户"里可以有数个部族的部众。

第三阶段，1206年蒙古帝国建立以后的时期。这一阶段是蒙古帝国的政权逐步稳固和完善的时期。这一阶段的国家机构特点有以下几点。

（1）将整个蒙古地区划分为九十五个千户，委派各千户官。后来改为一百二十九个千户，不过只是数目上的扩编。

（2）在"千户"这一基本机构的基础上设立了行政区（军事方面而言是战略单位）"万户"。"万户"包括由孛斡儿出出任万户官的阿尔泰一带右翼万户，由木华黎出任万户官的合刺温·都（兴安岭）一带左翼万户，由纳牙阿出任万户官的中军万户，由豁儿赤出任万户官的从额儿的失河到林中百姓领地的北部万户。这一"万户"并不像"千户"和"百户"那样有具体的数目要求，而是根据地域情况而定，显然是可以自主解决地方性问题的具有一定独立性的机构。由豁儿赤出任万户官的北部万户便是典型的例子。豁儿赤的万户是由巴阿邻部三千户加塔孩、阿失黑二人为首的阿答儿斤之赤那思、脱斡劣思、帖良古惕等部部众组成，后来又将林中百姓划给了豁儿赤万户。

（3）将地方行政机构与军事机构相结合，完善机构并集中权力。这其中任命失乞刊忽都忽为最高断事官，负责制定法律和审判事务；任命忽必来为军务统帅；任命兀孙额不干为别乞，负责宗教事务；任命朵歹扯儿必掌管畜牧业；任命塔塔统阿掌管印章和教育事务。此外还设立造车建房、掌管武器、掌管粮饷以及狩猎事务等方面的官职，委派了相应的官员。

总而言之，蒙古帝国的国家机构是在成吉思汗统一蒙古诸部的过程中不断完善并定型的，完善后的蒙古帝国国家机构完全具备了一切国家机构应有的权力和功能。

"成吉思汗成为全蒙古的汗，标志着蒙古族的历史进程进入了新的阶段。几个世纪以来，蒙古各部从来没有统一过，他们互相残杀，纷争不断；现在他们在强有力的领袖成吉思汗的统治下形成了统一的局面。在东起呼伦贝尔草原，西至阿尔泰山的辽阔地域内，过去语言、民族、文化水平各有差异的各部落开始结合成一个共同体，他们之间文化和经济的联系进一步加强，共同的语言逐步形成，勤劳勇敢的蒙古族开始了形成的过程。从此，伟大的蒙古族开始在中国和世界历史舞台上发挥巨大的作用。"（《元朝史话》第14页）

41. 成吉思汗铁骑

上文提到过成吉思汗建立的蒙古帝国为最初的封

· 扶醉图 ·

建军国主义国家，它的国家机构也是军政合一的千户制组织。蒙古帝国是通过长期战争建立的，在成吉思汗通过多年争战统一蒙古诸部，建立游牧民族政权之蒙古帝国，以及之后踏上"世界征服者"之路的整个过程都离不开军队。他的军队便是从亚洲内陆到欧洲腹地、从蒙古高原到波斯湾的辽阔土地上征服无数个国家和民族，以"成吉思汗铁骑"之名震惊世界的蒙古骑兵。

成吉思汗铁骑也有从无到有、从少至多、从弱变强的过程。

成吉思汗铁骑的组织形式

关于成吉思汗何时建立军队，没有任何明确记载。我认为是从1178年孛斡儿出、者勒篾前去辅佐他的时候，那时开始拥有了少数人马。但显而易见的是1179年得到王汗、札木合的相助初战篾儿乞惕部时，成吉思汗已经拥有了一定数量的军队。

成吉思汗的军队全是由骑兵组成，其发展过程可以分为四个阶段。

第一阶段：从1178年到1189年帖木真称汗。这段时间是成吉思汗军队从无到有的过程。成吉思汗在这段时间结识亲信朋友，与新兴草原贵族结盟，征收人马建立了军队。不过，那时他的军队在组织方面还不是很规范。起初的情况为出猎时聚集到一起，之后便各回各的家。聚集时带上口粮，在指定时间到达指定地点便是。而之后出战篾儿乞惕部，初次的战争实践对成吉思汗的军队组织产生了长远的影响。

第二阶段：从 1189 年成吉思汗称汗到 1204 年春以千户制重新整顿军队的十多年时间。这一阶段可以视之为全面开展军队建设的时期。主要特点为一边争战一边完善军队组织。在这期间，即从"十三翼之战"（1190 年）到 1203 年秋季通过者者额儿温都儿之战消灭客列亦惕部的十三年间，成吉思汗的军队经历了大概十五次大型战役。

弗拉基米尔佐夫先生认为这一阶段的成吉思汗军队组织制度为以"库伦"（即"古列延"）为单位的氏族亲兵制。"古列延"（营）这一军队组织形式虽说源自氏族社会，不过到成吉思汗时期，它的作用和组织方式均产生了本质上的变化。所谓变化指的是从原先共同游牧的经济组织"古列延"转变为军事组织，并变成执行攻守的重要单位。"古列延"组织转变为军事组织之后，在奴隶制度时期（海都时期）和封建制度初期（成吉思汗时期）以及封建制度的发展阶段一直存在。例如，1287 年，忽必烈可汗亲自出征镇压乃颜之辽东起义时，"乃颜军以车环卫为营"。（《元史译文证补》卷十五）

从相关史料记载来看，"古列延"的组织规模大小不一。"十三翼之战"时，成吉思汗十三"古列延"共有三万兵力，我们可以算出每个"古列延"有一千到三千兵力。

第三阶段：从 1204 年春天将"古列延"的组织形式改为千户制到 1206 年蒙古帝国建立的两年多时间。这一阶段可以视之为军事组织逐步正规化的阶段。"成吉思汗军队的组织另换了一种新的色彩，变成常备军……"（弗拉基米尔佐夫《蒙古社会制度史》第一章第三节，第 185 页）成吉思汗在这时改变军事组织形式的初衷是为了使其符合战争需要。"古列延"这一军事组织形式很显然是重守轻攻，因而越来越不符合成吉思汗以攻为主的战术要求，于是成吉思汗用攻守兼备且进攻效率更高的军事组织形式"千户制"替代了它。

·八思巴字圣旨银牌·

第四阶段：1206 年蒙古帝国建立以后的时期。这一阶段成吉思汗军队组织的特点为以"千户制"这一军事组织形式严格整编且跨越部族和小汗国框架的正规化军队十万铁骑的形成。

这里提到的十万铁骑是取整数的笼统数据。1206 年成吉思汗下令宣告的数目为十万五千人。这一数目是在九十五千户上加一万怯薛军得来的。这一数目的依据来自《蒙古秘史》。波斯史学家刺失德·哀丁则记载蒙古帝国军队共有十二万九千人。军队部署情况如下：

（1）中军共一千人，由察罕那颜等八位百户官统领。

（2）右翼军共三万八千人，统帅为孛斡儿出，副帅为孛罗忽勒。

（3）左翼军共六万两千人，统帅为木华黎国王，副帅为巴阿邻部纳牙阿（《蒙古秘史》记载纳牙阿为中军万户官）。成吉思汗去世后，上述三路军由拖雷统领。

· 马形金饰牌 ·

（4）成吉思汗诸弟下属军队共两万八千人。

四路军加起来共十二万九千人[8]，这一数目是靠准的，不过这不是 1206 年的数目，而是成吉思汗去世时的数目[9]。

当时扩编的一万怯薛军为蒙古帝国所有武装力量中的精锐，也是成吉思汗铁骑的先锋军，又发挥着类似于军官学校的作用。

蒙古铁骑的武器、训练和战术

从相关史料的记载我们可得知，成吉思汗的军队在蒙古帝国建立时共有十二万多人，全部为骑兵。据 13 世纪到过蒙古地区的宋朝使臣徐霆记载，当时蒙古军队出征时每人备两三匹战马，也有备六七匹战马者。由此看来，当时的蒙古军队还需要数量庞大的战马。

只有以畜牧业为主要生产方式的蒙古社会才能够供应数量如此庞大的战马，对其他国家和地区而言，这样的供应是难以想象的。蒙古地区地域辽阔，且盛产马匹，这样的地域特色决定了建立骑兵军队的需求，又提供了这样的条件。

马匹是骑兵的活武器，也是 13 世纪速度最快的交通工具，在需要的时候也可充当军粮。成吉思汗军队远征他地而军粮短缺时，"每人割破自己战马的一根血管吮吸马的血"。（《马可·波罗游记》第一卷）

当时蒙古军队的主要武器为弓箭、铁棒、弯刀、长枪、短矛、马刀、短棒、套索、盾牌等。"他们所穿的甲胄是用硝制过的水牛皮和其他兽皮制成的，极其坚硬。"（《马可·波罗游记》第一卷）彭大雅记载"有柳叶甲，有罗圈甲"（《黑鞑事略》）。这些武器在当时都属于比较先进的武器[10]。

武器是决定战争结果的重要因素之一，不过不是决定性因素，决定性因素还是持有武器的军队。成吉思汗铁骑震惊世界的原因在于他们的骁勇善战。马可·波罗记载："他们打起仗来，十分勇敢，从不看重自己的生命，遇到任何危险都不愿后退。他们的性情十分凶残。""鞑靼人（指蒙古人）能够忍受各种各样的困苦。"（《马可·波罗游记》第一卷）然而，军队的骁勇善战是通过平时的训练造就的。关于这一点，《蒙鞑备录》[11]《元史》等文献记载蒙古男儿"生长于鞍马间""善骑射""上马则备战斗，下马则屯聚牧养"。

这些可以说是蒙古军队的基础训练。

另一方面，有组织的训练是军队不可或缺的因素。蒙古军队的军事训练通过以下两种方式进行。通过狩猎活动训练军队是一种主要的训练方式。作为游牧蒙古族的重要生产方式，狩猎活动的本身就是一种军事演习。本书第四章提到过进行组织严密的大规模狩猎活动的情况。贝勒津记载："对蒙古人而言，狩猎活动也是一种军事训练。因而他们的狩猎活动均以军事训练的规格去组织。十五岁到六十岁（邱树森先生记作七十岁）之间的男人有服役义务，不从役的民众从事放牧、驯畜、制造武器等生产。"从这段记载可以看出当时蒙古地区每个男人都有服役义务。《黑鞑事略》的记载"其军，即民之年十五以上者"也与上述记载相吻合。此外也有专门的军事训练。关于这方面，马可·波罗记载："男子要接受在马背上两天两夜不下来的训练，当马吃草时，就睡在马背上。"（《马可·波罗游记》第一卷）贝勒津记载："勇士们不断投奔其（指成吉思汗）帐下。他盛情款待来者，将来者留在自己的身边。于是，那些人在他的亲信孛斡儿出、者勒篾、木华黎等人的指导下学习射术、作战规则，参加战术训练。"贝勒津又记载道："这个军国主义国家的所有男人，不管作战与否，都有军事组织中的既定位置。平时，除了战备没有别的任务。"

蒙古骑兵的战备工作和战时的供应工作都有自己的特色。可想而知，几万骑兵出征，尤其是远征时，后方供应工作需要组织大量的人力和物力。所以，成吉思汗统领十万大军出征时的后方供应是个值得研究的问题。然而当时可能没有专门负责

·半桃形铸铁马镫·

蒙古铁骑后方供应的庞大体系，但也不能说成吉思汗的军队没有后方供应，若没有后方供应，他的军队便无法维持日常生活，更无法争战。可想而知，成吉思汗军队的后方供应肯定有其独到之处。成吉思汗解决这个问题的方法便是蒙古军队到哪里，后方供应就随到哪里。关于这一点，马可·波罗留下了较为详细的记载。他记载道："鞑靼人远距离行军时，从不携带扎营和烹煮的器具，前面已经说过，他们可以大半月只靠马乳维持生活，他们带着一种毡制的小帐篷，用来避风遮雨。""必要时，他们能以马乳维持一个月的生活，或者以他们所能捉到的其他野兽充饥。他们的马只用草来饲养，从不用大麦或其他谷类。""当情况紧急，急需要派探子时，他们能够马不停蹄地奔驰十日，既不生火，也不进餐，只用马血维持生命。""鞑靼人又将乳品弄干，制成糊状，作为食物……行军时，每人带十磅在身边，每天早晨将半磅干乳放入一个皮袋中，

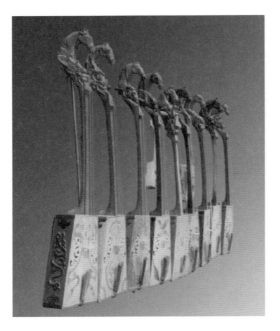

·马头琴·

加上适量的水，他们骑在马上，皮袋受到剧烈的震动，使其中的干乳变成一种薄粥。他们就用这个作为自己的食物。"（《马可·波罗游记》第一卷）

总而言之，成吉思汗出征时，每个士兵都带有能够食用二十多天的口粮，而这个口粮平常不许食用，紧要时刻才可以食用。平时的军粮为随军队移动的足够数量的马。这个庞大的马群里有士兵换骑的马，也有可挤奶（可充当军粮）的母马，紧要时也可以用针刺脉吸食这些马的血液，而那些跟不上群的马匹会被屠宰充当军粮。再则，休战时在不影响战术布置的情况下，军队可以猎杀野生动物补给军粮。而给他们供应所骑的马和军粮的马群也会不断得到补给，这种补给主要是从敌军处俘获而得。

成吉思汗的军队以"铁骑"之名震惊世界，南征北战而所向无敌的重要原因之一便是对后方供应问题的妥善处理。

关于成吉思汗铁骑的作战战术，简述如下。

在成吉思汗参加的战役中，1203 年攻灭客列亦惕部的者者额儿温都儿之战以前的战役大体上属于战略上的内线阻击战，战术上的外线攻击战。所谓内线是指被攻击一方的防御战线，这一方的活动是被动且受限制的。外线则指攻击一方，这一方的活动是主动且不受限制的。以当时的实力比较，成吉思汗处在敌强我弱的境地，几乎每次战役都是敌方率先发动攻击。因而，他在战略上属于防御一方。不过每次战役之前，成吉思汗几乎都会得到情报，在做好战备工作之后迎敌而出，以运动战迎击敌人。所以，在战术上，即实战中，成吉思汗每次都是赶在敌人之前占据外线攻击位置。所以，成吉思汗几乎在每次战役中都是（除了一两次之外）以少胜多，就这样通过十几年的征战，他的军事实力逐渐从少至多、从弱变强，他的敌对势力则越来越弱。因而，从 1203 年开始，成吉思汗将军事战略转变为全面攻击，这便是他战略、战术两方面的总目标。

关于成吉思汗军队的具体作战战术，在之前的章节中通过具体战役的记载叙述过当时的具体情况。

随着战争实践的深入，成吉思汗军队的战术分工和部署不断得到了完善。平时的部署为护卫军在内，防御军在外。战时将军队分为左翼军、右翼军和中军，并部署先锋军和后援军以及前哨和后哨。关于这方面，马可·波罗的记载为："当队伍前进时，有两百人的一支队伍作为前卫，先行两日，两侧和前后也都有卫队，以避免受到敌人的突然袭击。"成吉思汗的军队每次战前都会祭旗，并做战前动员。有时候成吉思汗还会"命令自己的占星家和巫师预测，两军在迫在眉睫的战斗中，谁会取胜"（《马可·波罗游记》第一卷）。如是利用宗教动员将兵。

部署好作战阵型之后，"按照鞑靼人的习惯，在战斗前要演奏各种各样的乐器，继而高唱战歌，直到敲击鼓时，才开始交战。歌声、击鼓声，响彻云霄，闻之使人惊心动魄"。"当战鼓响过之后……一场激烈的血腥战斗开始了。一时间，四面八方，箭如雨下，无数的人马纷纷倒地。"（《马可·波罗游记》第二卷）"当这些鞑靼人打仗时，从不与敌人绞在一起。他们只是围着敌人，首先从一边发箭，然后从另一边射箭。他们有时也佯装逃跑，引诱敌人追击，然后又从背后发箭，射杀对方的人马，就像正面交战一样。在这种战术中，敌人开始以为获胜，实际上最后一定失败，因为鞑靼人诱敌深入后，又回转来重新作战，击败敌人的残余部队。因此无论对方怎样努力作战，最终都会成为鞑靼人的俘虏。鞑靼人的战马转向的速度十分迅速，吆喝一声，战马可以立即转向任何方向。他们凭借这项优势获得了许多胜利。"（《马可·波罗游记》第一卷）

成吉思汗军队的战场纪律异常严格。例如：作战期间不能贪恋战利品，如果被敌人打退就要返回最初发起进攻的阵地，将处斩没有返回原阵地者。

与成吉思汗军队和当时的战争有关的另一个重要

· 羊群庙祭祀遗址石雕人像 ·

因素是通信问题。现代战争中被视作军队的眼睛和耳朵的"通信供应"是由专门的军事机构负责的。现代战争的"通信供应"可以用电话、电报等通信工具，也可以用飞机、汽车、摩托车等交通工具，还可以用旗帜、军号、信号枪等信号工具。那么，成吉思汗时期的蒙古军队是用什么办法解决这一问题的呢？其实，成吉思汗从一开始就注意到了这个问题。例如，成吉思汗1189年称汗时命阿儿孩合撒儿、塔孩、速客该者温、察兀儿罕四人充当他的"射远程的远箭，射近程的近箭"（策·达木丁苏荣先生注释为"意为远近侦察者"），这四人的职位等于如今的通信官。关于这方面，贝勒津的记载较为详细："新即位的可汗（指成吉思汗）并非只为少数人操心，他操心的是其统治下的整个国家。为了麾下将臣们的安全，为了必要时以最快速度提供支援，他规定在其统治下的所有民众遇到紧急情况时必须立即派遣通信骑士不分昼夜地赶去通报。他自己也备有足够多的通信骑士，因而他的诏令会迅速到达目的地，无论远近。"成吉思汗通过这些"通信骑士"迅速获知其领地内发生的新情况或新动态。每

·八思巴文金字银牌·

当通信员到达时，成吉思汗都会亲自或派人接待，供应住处和足够的食物以及马奶等饮品。这一"通信骑士"制度后来造就了蒙古帝国的通信系统，成了闻名世界的"驿站"（又称"站赤""驿传"）制度的基础。所谓"驿站"制度，虽说真正建立于斡歌歹可汗时期，但成吉思汗西征时便已经开通了从蒙古高原到中亚以及蒙古铁骑争战地的通信线路。道教长春真人丘处机便是沿着这个通信线路到达中亚会见成吉思汗的。

战鼓为蒙古军队用来鼓舞士气的工具，也是作战信号的工具。下面的记载可证实这一点。"国王（指木华黎）止有一鼓，临阵则用之。"（《蒙鞑备录》）"其分而合，听姑诡（战鼓）之声以自为号。"（《黑鞑事略》）马可·波罗记载元朝时期忽必烈薛禅可汗会将巨大的战鼓驮到大象身上随军行进。《蒙古秘史》记载蒙古军队所用战鼓的鼓皮是用黑牤牛皮做的。用黑牤牛皮做战鼓可能有特殊原因，也许依照某种习俗，或者与萨满教教理有关。据记载，当时作战所用的战鼓是个庞然大物，从旧图上看成吉思汗远征中亚时将战鼓驮在骆驼上。一般小鼓的鼓皮是用羊皮做的，所以声音肯定比不上大鼓。

此外，蒙古军队设有很多关于作战的规章制度。

例如："蒙古出征以前，先集诸宗王统将为大会，决定军队之构成"，"未入敌境之前，必先侦其国内状况"，"成吉思汗进取一地以前，先使人谕其主来降"，"蒙古兵在远征之中，每年休养士马数月"。（《多桑蒙古史》第一卷第十章）这些都是保障成吉思汗铁骑胜利的不可或缺的因素。

"成吉思汗铁骑"这一节即将结束，抄录古代蒙古帝国四个汗国之一伊儿汗国第四任可汗阿尔浑的御用文官、波斯史学家志费尼所著《世界征服者史》的两段记载，如下："至于他们（指成吉思汗）的军队组织，从亚当时代迄今至成吉思汗子孙统治天下大部地方的今天，历史上未曾有过，文献中也未曾记录过，任何王朝的帝王拥有像鞑靼军这样的军队——如此坚忍不拔，对饱暖知恩图报，在顺逆环境中服从其将官——这既不是指望俸禄和采邑，也不是期待军饷和晋级。""整个世界上，有什么军队能够跟蒙古军相匹敌呢？战争时期，当冲锋陷阵时，他们像受过训练的野兽，去追逐猎物，但在太平无事的日子里，他们又像是绵羊，生产乳汁、羊毛和其他许多有用之物。在艰难困苦的境地中，他们毫不抱怨、倾轧。他们是农夫似的军队……他们也是服军役的农夫，战争中不管老少贵贱都成为武士、弓手和枪手，按形势所需向前杀敌。"（上册，第 31～32 页，见图 32～42）

42. 成吉思汗势力的支柱力量

12世纪末到13世纪初，成吉思汗通过多年争战，统一蒙古诸部，建立了蒙古帝国。在这个过程中，他依靠了全民族的力量，这是无庸置疑的史实。不过，其中若没有可信赖的支柱力量，成吉思汗也就无法凝聚和组织全民族的力量。

然而，成吉思汗争取到了这样的支柱力量，那便是以成吉思汗"四杰""四先锋""二猛将""九乌尔鲁克""八十八功臣"为主的"忠臣团"；以"怯薛军"为主的"护卫团"；以忽里勒台成员为主的"参谋团"或"顾问团"。相关文献史料和论文中虽然没有这样的说法，但事实就是如此。

成吉思汗的"忠臣团"

成吉思汗的"忠臣团"由"四先锋""四杰""二猛将""九乌尔鲁克"和"八十八功臣"组成。

成吉思汗"四先锋"（《蒙古秘史》中称作"四猛狗"）是指忽必来、者勒篾、者别、速别额台四人。依成吉思汗所言，这"四先锋"：

"我指向哪里，
你们就能到达哪里。
叫你们击碎坚石时，
你们就能把坚石击碎。

叫你们进攻时，

你们就能重逢夺取胜利。

击碎坚石，

横断深水，

你们所向披靡。"（《罗·黄金史》第十章，第138页）

因而"四先锋"深得成吉思汗信赖，个个出任要职。

忽必来为巴鲁剌撒部人。1180年札木合与帖木真决裂后，忽必来前去投奔帖木真，之后在1189年帖木真称汗时出任佩刀士，即与汗弟合撒儿等人一起负责保护成吉思汗。1202年，在成吉思汗攻灭四部塔塔儿的战役中，成吉思汗的亲族阿勒坛、忽察儿、答里台三人违反军纪擅自瓜分战利品，成吉思汗得知后大怒，遂派忽必来那颜等人前去没收他们所获战利品，分给了众人。忽必来跟随成吉思汗参加了无数次战役，尤其在出征乃蛮部的战争中冲锋陷阵，立下赫赫战功。因而，1206年蒙古帝国建立后被封为八十八开国功臣中的第八位，即千户官。成吉思汗又降旨："军队的事，全部由你忽必来统辖。"当时成吉思汗因"责怪别都温（即《蒙古秘史》第120节提到的朵儿别部人抹赤别都温）性情执拗"而没有封他为千户官，而是下令让他辅佐忽必

·狼牙棒·

来同管一个千户。1208年，忽必来那颜奉成吉思汗之命率军出征合儿鲁，并迫降该部。1211年，合儿鲁部阿儿思兰汗前去觐见成吉思汗，成吉思汗在克鲁伦河阔朵额阿剌勒的大斡儿朵接见了他。据记载，之后没过多久，忽必来那颜便去世了。

者勒篾为札儿赤兀歹兀良合部铁匠札儿赤兀歹之子。札儿赤兀歹先祖为孛端察儿抢来的妻子自称"札儿赤兀惕阿当罕兀良合真"的女人所生之子。因而被称作"外姓"或"异族"。不过，作为"外姓"人，者勒篾则对成吉思汗忠心耿耿，就像他所言：

"我不惜生命，

何况几头牲畜？

我横刀立马，

从侧面杀入。

纵马向前，

杀开一条血路。

看似那个持三面黑旗的仇敌。

夺过他的战旗，冲上高地，

倒悬那面旗帜，

紧紧地，围困仇敌。

如大海汹涌，使他无法逃脱。"（《罗·黄金史》第七章第一节，第100页）

者勒篾是这么说的，也是这么做的，因而得到了成吉思汗的信赖和盛赞：

"围猎野物，

你是高手。

进攻强敌，

你冲在前头。

我没有坐骑时，

你给我夺来良驹。

我口渴时，

你为我取来乳汁。

你保卫我的安全，

自己不睡觉不休息。

你心怀坦荡、诚实，

你忠贞不渝。

我贫困时，

你最先来到。

助我战斗，为我效劳。

·白瓷阿难坐像·

者勒篾，我的兀良罕的好兄弟！"（《罗·黄金史》第七章第一节，第 106 页）

者别为察剌孩领忽后裔别速迭部人。起初他是成吉思汗敌人泰亦赤兀惕部属民，1202 年在阔亦田之战中射伤成吉思汗颈部的人便是他。不过，前去投奔成吉思汗时他没有隐瞒此事，因而得到了成吉思汗的赏识和重用。

速别额台[12]又称"速别额台把阿秃儿"，札儿赤兀歹兀良合部人。其祖先叫捏里必，有一天捏里必到斡难河行猎的时候遇到了成吉思汗五世祖屯必乃薛禅，并与他结为安答。捏里必之子叫孛忽都，孛忽都侄子

·瓷围棋子·

叫合赤温，合赤温之子叫哈班，哈班便是速别额台的父亲。哈班有二子，长子叫忽鲁浑，次子便是速别额台。速别额台与者勒篾同族，十四岁那年（1189年）与者勒篾之弟察兀儿罕一起离开自部（当时兀良合部在札木合麾下），前去投奔帖木真，并与者勒篾会合。关于二人所属部族，《蒙古秘史》记作"兀良合"，实际上札儿赤兀歹为兀良合部一个分支。1189年成吉思汗称汗后，速别额台受命掌管账房和财务（屠寄之《蒙兀儿史记》记作"前锋护卫"）。在成吉思汗统一蒙古诸部的过程中，速别额台无役不从，作为"四先锋"之一立下赫赫战功，因而在1206年蒙古帝国建立之时被封为八十八开国功臣的第五十一位，即千户官。

1211年成吉思汗出征金朝时，速别额台率先攻占桓州（位于今内蒙古自治区正蓝旗旗政府西北），因此获赏一车金银绸缎。因成吉思汗军队南征期间后方没有军队驻守漠北而篾儿乞惕残部忽都（脱黑脱阿别乞之子）等人聚集乃蛮界外企图复仇，成吉思汗听说后在克鲁伦河边的斡儿朵里召集将臣们，当问到谁前去镇压篾儿乞惕部时，速别额台上前请命，成吉思汗准许，并认为路险而下令给他的军队造了铁轮车。于是，速别额台率领铁车军追击篾儿乞惕残部，在垂河边彻底消灭了他们。

1219 年成吉思汗出征中亚时，速别额台起初与术赤一同率军争战，攻陷撒麻耳干后又与者别一起追击摩诃末，率领三万大军从里海边北进，越过高加索山脉，攻打俄罗斯、钦察兀、孛剌儿等地，争战三年后，于 1224 年回师，给成吉思汗送去了从西方俘获的一万匹良马。

1225 年，速别额台跟随成吉思汗出征西夏。1226年攻占撒里畏兀和洮河沿岸地区。1227 年成吉思汗在清水驾崩后，速别额台等人护送成吉思汗的灵柩北归。

1228 年（鼠年，《元史》记作 1229 年，牛年。此处因循《蒙古秘史》的记载）斡歌歹可汗即位后将秃灭干公主赐给了速别额台。于是他作为蒙古军队统帅跟随拖雷出征金朝，攻打了河南地区。1233 年他率兵攻占金朝南京汴梁（今河南省开封市），俘获了金朝皇帝的亲族、太子和诸后妃。之后，1235 年与术赤之子拔都一同参加第二次西征，打到东欧后回师。

1246 年贵由可汗即位时，速别额台参加了大忽里勒台，之后回到土拉河边的故地，1248 年逝世，享年73 岁。这么算来，速别额台诞生年应该是 1176 年。1310 年速别额台被追封为河南王。后成吉思汗时期的名将兀良合歹为速别额台之子。

成吉思汗"四杰"是指孛斡儿出、木华黎、孛罗忽勒、赤老温四位勇将忠臣。成吉思汗曾说："忽必来、者别、者勒篾、速别额台四位真诚的勇士啊，有你们，我最放心。派你们到任何地方去都会胜利归来。孛斡儿出、木合黎、孛罗忽勒、赤老温是我的四杰，有他们跟随在我的左右，我心中踏实。作战的时候，主儿扯歹、忽亦勒答儿二人带领兀鲁兀惕人和忙忽惕人为我冲锋陷阵，我就会完全放心。"（《罗·黄金史》第十章，第138页）这"四杰"始终跟随在成吉思汗身边，可谓是：

救其命之杰士，
助其力之亲信，
灭其敌之猛将，
立其国之顶柱。

因而成吉思汗将高位重权赏赐给"四杰"，让他们位高权重至子子孙孙，也经常不惜赞美之词称赞"四杰"。

成吉思汗如是夸赞孛斡儿出：
"昔日，
我追寻八匹骏马，
艰难地在荒原上漂泊。
一天，
太阳刚闪现金辉，
你与我相会。
你是纳忽伯颜的儿子，

一生忠贞不渝的好男子。
你是杰出的勇士，
孛斡儿出，我的亲兄弟。
在故乡和邻人相处，
你像花牛犊似的温顺。
在战场上冲锋杀敌，
你像雄狮般勇猛，从不顾生命。
和你交谈做朋友，
你像黑牛犊似的温厚和顺，
在战场上杀敌，
你像雄鹰一样勇敢，飞奔冲锋。

…………

游戏娱乐时，
你像小马驹一样和驯。
在战场上，
你像鹰隼一样冲锋
陷阵。

与强敌对阵，
你绝不退让。
保卫可汗，
你从不离我的身旁。"
（《罗·黄金史》第七章
第一节，第108～109页）
成吉思汗如是夸赞木华黎：
"你战胜众敌，

· 高颈鸿雁三彩壶 ·

为我把财富收藏。

你迎着光明，

把尘埃扫净。

你使仇敌迷途，

安全返回自己的阵地。

木合黎

你是札剌亦儿的勇将。"（《罗·黄金史》第七章

第一节，第107页）

成吉思汗如是称赞孛罗忽勒：

"孛罗忽勒与朕作伴，

紧急行军，

遇上雨夜，

未曾让朕空腹而宿。

与敌作战，

未曾使朕喝不上肉汤而宿。"（《蒙古秘史》第214节）

"利箭向我射来时，

你做了我的挡箭牌。

乱箭啸啸飞来时，

你做了我的保护伞。

你头部中箭，

丝毫没有退缩。

你手持鞍垫站立，

不变神色。

勇敢的乌辛人，

好汉孛罗忽勒。"（《罗·黄金史》

·海螺形玉盒佩饰·

第七章第一节，第 106～107 页）

成吉思汗如是夸赞赤老温：

"小时候

被泰亦赤兀惕人捉去

身处险境之时

相助我的赤老温。

攻打仇敌时

冲锋陷阵者

统一诸部时

忠心效劳者

攻打外敌时

全力以赴者

统一全蒙古时

不辞辛苦效劳者

我的挚友赤老温！"

成吉思汗"二猛将"为兀鲁兀惕部主儿扯歹、忙忽惕部忽余勒答儿。虽然相关文献中没有将二人与成吉思汗的"四杰""四先锋"相提并论为"猛将"，但事实上二人起到了这样的作用，也获得了这样的评价。"作战的时候，主儿扯歹、忽余勒答儿二人带领兀鲁兀惕人和忙忽惕人为我冲锋陷阵，我就会完全放心。"成吉思汗曾经如是评价二人，并夸赞道：

"在作战的时日，

他拼命出战；

在鏖战的时日，

他舍命冲杀。"（《蒙古秘史》第208节）

主儿扯歹为兀鲁兀惕部先祖兀鲁兀歹（纳臣把阿秃儿长子）的六世孙，以勇猛善射著称。争战时高举战旗冲锋陷阵，异常勇猛。以主儿扯歹为首的兀鲁兀惕部起初为札木合从属，"十三翼之战"后，他唾弃札木合，与忽余勒答儿一起带领兀鲁兀惕、忙忽惕二部投奔了成吉思汗。成吉思汗在斡难河畔大摆宴席迎接了他们。

在之后的多次战役中，成吉思汗的先锋部队均由兀鲁兀惕、忙忽惕二部担任。尤其在1203年的卯温都儿之战中，成吉思汗之所以能够以少数军力重创强大的客列亦惕军队，完全是以主儿扯歹、忽余勒答儿为首的兀鲁兀惕、忙忽惕二部的功劳。后来，在者者额儿温都儿之战中还是主儿扯歹，他与阿儿孩合撒儿一起充当先锋，激战三天三夜，主儿扯歹立下首功，攻灭了客列亦惕部。1204年出征乃蛮部时，忽余勒答儿已经过世，于是主儿扯歹与忽余勒答儿之子蒙可合勒札一起率领他们的兀鲁兀惕、忙忽惕二部负责第二梯队的进攻，再次立下战功。之后王汗之弟札合敢不叛变，又是主儿扯歹施计捉拿了札合敢不。因而，1206年建国时，主儿扯歹被封为八十八功臣中的第六位。成吉思汗一一列举了主儿扯歹的功劳，如是评价道："我把主儿扯歹你看作掩护我们的高山。"（《蒙古秘史》第208节）"考虑到他（主儿扯歹）立下许多功劳"，成吉思汗将自己的后妃亦巴合别乞赐给了主儿扯歹。

之后，主儿扯歹统治自部兀鲁兀惕四千户部众，与阿勒赤那颜、脱仑扯儿必一起从属成吉思汗之弟合撒儿。征金时与合撒儿一同率领左翼军攻占蓟州、辽西等地，之后途经金朝北京大定府（遗址在今内蒙古自治区巴林左旗波罗城）东迁到女真故地营居，据说没过多久便病逝在那里。主儿扯歹之子察乃也是个勇谋兼备的良将，因而与其父一同被封为千户官（第五十七位），征金战争后被封为君王。

忽余勒答儿为忙忽惕部先祖忙忽歹（纳臣把阿秃儿次子）的六世孙。以主儿扯歹为首的兀鲁兀惕部是他的亲族。起初札木合的势力强大时，忽余勒答儿的哥哥畏翼不听忽余勒答儿的劝告带着属民前去投奔了札木合，忽余勒答儿追去阻拦也无济于事。于是忽余勒答儿离开哥哥，带着自己的属民与主儿扯歹一起前去投奔了成吉思汗。"太祖（成吉思汗）曰：'汝兄既去，汝独留此何为？'畏答儿（忽余勒答儿）

· 环首铁剑 ·

无以自明，取矢折而誓曰：'所不终事主者，有如此矢。'"（《元史·畏答儿传》）成吉思汗赏识他的忠诚，赐予"薛禅"之号并与他结为安答。1203年参加卯温都儿之战前，忽余勒答儿薛禅嘱咐成吉思汗："在（帖木真）安答面前，我去厮杀，今后请安答照顾我的孤儿吧！"说罢，与主儿扯歹一起率领他们的兀鲁兀惕、

·青铜马镫·

忙忽惕二部冲锋陷阵，攻灭了客列亦惕分支只儿斤部。之后与土绵土别干部阿赤黑失鲁交战时，忽余勒答儿的头部（《蒙古秘史》没有提到受伤部位）受了伤。忙忽惕部勇士们将他救出战场，据说当晚成吉思汗亲自给忽余勒答儿的伤口抹上自用的珍贵药，让他睡在自己的营帐里。此役过后一个月，成吉思汗从哈尔哈河迁走时为补给军粮而率军行猎，这时忽余勒答儿不听成吉思汗的劝告去追杀猎物，导致伤情恶化，不幸去世。成吉思汗悲痛万分，将其厚葬在哈尔哈河斡儿讷兀山的客勒帖该合答之地。成吉思汗消灭客列亦惕部之后将王汗旧将合答黑把阿秃儿和一百户百姓一同赐给了忽余勒答儿遗孤。1206年建国时鉴于忽余勒答儿的功劳，追封其为八十八功臣之第二十一位，并将其子蒙可合勒札封为第五十二位功臣。

成吉思汗"九乌尔鲁克"是个广泛流传的称谓。萨敢思辰所著《蒙古源流》记载："自九乌尔鲁克以下，凡效力者……"不过没有注明"九乌尔鲁克"之名，其他史料上也未出现。然而，《孤儿舌战成吉思汗九乌尔鲁克》一文提到了"九乌尔鲁克"的名字。他们是速勒都思部锁儿罕失剌、札剌亦儿部木华黎、主儿扯惕人搠马儿罕、阿鲁剌惕部孛斡儿出、兀良合部者勒篾、别速迭部者别、斡亦剌惕部合剌乞罗阔、孛罗忽勒、失乞刊忽都忽。罗桑丹津所著《黄金史》中没有称作"九乌尔鲁克",而是记作"成吉思汗的九员大将"。策·达木丁苏荣先生在其现代蒙古文编译本《蒙古秘史》第 149 节始端抄录《罗·黄金史》中关于"成吉思汗的九员大将"的记载。其中记载道："成吉思合罕住在札合牧地,有一天,带着内部九大臣要去猎狩侦敌。降旨说:'任何地方,任何时间,敌人也许会来的。我的九大臣,可以分成三班值班!'遵照合罕的旨意,者勒篾、搠马儿罕、失吉忽秃忽三人为一班,孛斡儿出、孛罗忽勒、木合黎三人为一班,速勒都思族人锁儿罕失剌、别速惕族人者别、斡亦剌惕部人合剌乞罗阔三人为一班,留守宫中。"这与《圣成吉思汗传》中提到的名字在顺序和写法上有些出入,不过内容基本一致。这里提到的者勒篾、搠马儿罕、失乞刊忽都忽、孛斡儿出、孛罗忽勒、木华黎、锁儿罕失剌、者别、合剌乞罗阔九人中,本书介绍过其中的七个。这里有"四杰"之三(没有赤老温)、"四先锋"之二(没有忽必来和速别额台),另外还有我们都很熟悉的失乞刊忽都忽和锁儿罕失剌。

于是,其中第二位"搠马儿罕"和第九位"合剌乞罗阔"二人便会引起人们的注意和好奇。因为《蒙古秘史》等相关文献从来没有提到过该二人。

关于搠马儿罕，《罗·黄金史》的记载为他自己的言辞和成吉思汗对他的夸赞（《罗·黄金史》所记载的该文又称《消灭三百名泰亦赤兀惕人的传说》）。

搠马儿罕说：

"我虽然不能上阵杀敌，
但是能保护你的国土。
我虽然不能冲锋陷阵，
但是能治理你的国政。
生性怯弱的搠马儿罕，
在敌人来侵掠的时候，
我将预先对合罕讲，
我们要撤退远避。
我会以忠言帮助合罕，
当去征伐外敌的时候，
我将向成吉思合罕你，
敬献忠言，
以尽终成。"

成吉思汗如是夸赞搠马儿罕：

"遵旨而勿失，
奉命而无误。
射杀了
敌人的首领，
给我抢夺来
一匹好走马。

· 马球图 ·

打破了

勇敢的敌人的，

战败了

叛逆敌人的

是我的主儿臣惕人搠马儿罕。"（策·达木丁苏荣

编译本《蒙古秘史》第149节）

从这两首诗我们能够得知搠马儿罕是主儿扯惕（主

儿臣惕）人，也能够得知搠马儿罕不甚勇猛，但治国

有方。这显然是个文臣的形象。因而，策·达木丁苏

·玛瑙盅·

荣先生在其所著《蒙古文学史》一书中记载道:"《消灭三百名泰亦赤兀惕人的传说》一文有一个有趣之处便是它提到了搠马儿罕……这不甚勇猛却计谋超群的搠马儿罕便是贤臣耶律楚材。成吉思汗 1215 年攻占北京时结识金朝官员耶律楚材,将其纳入麾下。搠马儿罕不是汉人,而是契丹人。契丹为蒙古部族,因而搠马儿罕也是蒙古部族之人。"策·达木丁苏荣先生的这一记载中明确提出了《罗·黄金史》所提到的"九员大将"便是成吉思汗"九乌尔鲁克",而"搠马儿罕"便是契丹人"耶律楚材"。

将这两首诗的内容和耶律楚材的情况相比较,也有符合"搠马儿罕便是耶律楚材"之说的地方。但是,难以将《罗·黄金史》的这一记载视为历史依据,因为其中存在一些不妥之处。其一,时间方面的出入较大。消灭泰亦赤兀惕部的战事发生在 1202 年,成吉思汗将耶律楚材纳入麾下的时间则是 1215 年。其二,耶律楚材从来没有上过战场。其三,身份和称号有出入。耶律楚材不是女真人,而是契丹人。据相关史料记载,成吉思汗不唤耶律楚材之名,而是称其为"吾图撒合里"（意为长髯人）。除了《罗·黄金史》，其他文献史料均不见"搠马儿罕"这一称呼。因而只能将"搠马儿罕"视为文学形象，"搠马儿罕便是耶律楚材"之说缺少依据。

"合剌乞罗阔"只是被提到过名字，目前还没有任何与之相关的其他方面的记载。

由此看来，"九员大将便是九乌尔鲁克"之说也缺少依据。

"四先锋""四杰"以及主儿扯歹、忽余勒答儿二猛将等人对成吉思汗的统一大业做出的功劳举足轻重。1203年忽余勒答儿去世后剩下九人，不过也无法断定这九人就是"九乌尔鲁克"，目前还没有相关依据。我只是认为"九乌尔鲁克"应该就是他们这样的忠将贤臣，关于"九乌尔鲁克"的问题有待继续研究。

成吉思汗的八十八开国功臣是指1206年宣告建立蒙古帝国时成吉思汗点名封赏、封为千户官的诸功臣，也是成吉思汗"忠臣团"的诸成员。关于八十八功臣的名字、排序和简介，见本章注解[13]。

成吉思汗统一蒙古诸部的过程一方面也是成吉思汗"忠臣团"形成的过程。随之便会产生一个问题——成吉思汗建立自己的"忠臣团"时都选用了什么人？这一有关用人方面的问题等于如今所谓选用干部的原则。换言之，成吉思汗用人的原则为"任人唯亲"还是"任人唯贤"？这个问题自然会通过"忠臣团"成员得到答案。

包括成吉思汗"四杰""四先锋""九乌尔鲁克"的八十八功臣中除了未注明所属部族的十九人以外，其他人来自三十一个部族。这一点反映了成吉思汗"忠臣团"的规模。其中有来自札剌亦儿、兀良合、速勒都思、巴牙兀惕、塔儿忽惕等奴从部族的人，来自塔塔儿、篾儿乞惕、泰亦赤兀惕、客列亦惕等敌对部族的人，来自汪古惕、斡亦剌惕、亦乞列思、翁吉剌惕、豁罗剌思等外姓部族的人，也有起初为敌后又投奔效劳的人。例如，"四先锋"之一者别起初与成吉思汗为敌，甚至射伤过成吉思汗。然而，他前去投奔时直言不讳，因此得到成吉思汗的赏识，成了深受成吉思汗信赖的忠臣。此外，成吉思汗也将不少来自畏兀儿、花剌子模、契丹、女真、汉、西夏等其他国家和民族的人才纳入麾下并重用。值得注意的是，成吉思汗的家人或亲族，例如弟弟合撒儿、别勒古台、斡惕赤斤和儿子术赤、斡歌歹等人均立下汗马功劳，但成吉思汗没有封赏他们并委以重任。由此看来，成吉思汗用人的原则并非"任人唯亲"，而是反映出新兴封建统治者看重才能"任人唯贤"的特点，而这一特点的突出表现为忠臣们无比忠诚的封建意识。关于成吉思汗这一用人原则或思想特点，本书第十章将另作叙述，故而在此不赘。

成吉思汗的"护卫团"

　　上文提到过成吉思汗统一蒙古诸部，建立蒙古帝国时依靠的是强大的武装力量——蒙古铁骑。另外，由他发动且震惊世界的向外扩张的征服战争同样离不开骁勇善战的蒙古铁骑。然而，蒙古铁骑中还有一个勇猛无比的精锐部队，那便是本书称作"护卫团"的一万怯薛军。

· 蒙古军队西征图 ·

怯薛军是指护卫可汗和斡儿朵（汗宫）的近卫部队。他们平时负责护卫可汗，战时受可汗指派负责重要战略任务。依成吉思汗所言便是"作战时站在我的面前厮杀，平时做我的轮番护卫"，"做我的大中军"。怯薛军按照功能被分为"宿卫""侍卫"和"箭筒士"。

成吉思汗的怯薛军在1204年初收服乃蛮部之前正式建立，当时有八十个宿卫、七十个侍卫。蒙古帝国建立后因"依靠长生天的气力，天地的佑护，平定了全国百姓，都归成吉思汗独自统治"而需要扩编"护卫团"，于是成吉思汗下令将侍卫军扩编为八千人，将宿卫军和箭筒士扩编为各一千人，扩编后的怯薛军共一万人。

而成吉思汗"护卫团"——一万怯薛军的征收有着严格的条件、标准和规则。

（1）挑选万户官、千户官、百户官的儿子，以及

·蒙古骑兵征战图·

自由民的儿子中身强力壮且有武艺的人，而且上述被选者需带其弟一人和随从数人参加怯薛军。具体地说便是：千户官之子需带其弟一人和随从十人，百户官之子需带其弟一人和随从五人，十户长之子和自由民之子需带其弟一人和随从三人。

（2）达到条件却不参加怯薛军让别人代替者将受到责罚流放。

（3）成吉思汗下令："愿到我身边效力，愿来我处学习者，不可阻挡他前来。"

成吉思汗的一万怯薛军的职责为侍卫军，分四班轮值，每班三天。第一次误班将被杖责三下，第二次误班将被杖责七下，第三次误班将被杖责三十七下以及流放。

此外还制定了关于护卫可汗的详细规则，并赐予怯薛军一定特权。例如，因为成吉思汗的怯薛军地位高于外地各千户的千户官，外地千户官与怯薛军发生争斗时责罚千户官。成吉思汗还规定以后的汗位继承者们"要世世代代想到他们（指怯薛军）……不要使他们受任何委屈，要厚待他们"。

此外，宣告了宿卫军的职责，例如：

（1）失乞刊忽都忽审判案件时参加听审。

（2）管理宫内女侍、宫女、家仆、牧骆驼人、牧牛人等。

（3）管理宫中的账房、纛鼓、仪枪和器皿。

（4）管理饮食事务，与扯儿必一起负责物资的分配。

（5）管理出入宫帐之事。

（6）管理迁移驻扎之事。

（7）参加狩猎活动。

成吉思汗一万怯薛军中也客捏兀邻（那珂通世先生记作蒙力克父亲之子）、也孙帖额（者勒篾之子）、斡歌连扯儿必（孛斡儿出之弟）、不合（木华黎之弟）、阿勒赤歹（亦鲁该之弟，与成吉思汗之弟合赤温的儿子名字相同）、朵歹扯儿必、多豁勒忽扯儿必（者台之弟，忙忽惕部人）、察乃（主儿扯歹之子，兀鲁兀惕部人）、阿忽台（阿勒赤那颜之弟，翁吉剌惕部人）、阿儿孩合撒儿（薛扯朵抹黑之子，札剌亦儿部人）各统领一千人。

此外，将白班侍卫军分为四班，由不合、阿勒赤歹、朵歹扯儿必、多豁勒忽扯儿必四人统领。

总而言之，成吉思汗的"护卫团"一万怯薛军是以相应条件和标准征收并通过严格训练后按照严格的规章制度履行职责的禁卫军。据记载，成吉思汗的怯薛军除护卫可汗之外还发挥军官学校的作用，成吉思汗会从怯薛军中选任将领。

成吉思汗的"参谋团"

成吉思汗被人们评价为"亚洲之君主""一位伟大的才华横溢的军事家，又是一位非凡明哲的政治家"。正如在其麾下效忠多年的花剌子模商人牙老瓦赤所言："成吉思汗手里永远持有胜利的把握。"众所皆知，成吉思汗从未接受过教育和先进文化的熏陶，甚至不识文字（至少目前还没找到可证实成吉思汗识字的依据）。那么，他是如何练就出出类拔萃的政治能力和军事才能的？若用哲学定理回答这个问题自然就不难了，那便是：一切知识、才华和智谋均来自于实践！但这个问题的本身以及关于如何正确评价成吉思汗这一历史人物的问题，确确实实是个难题。所谓"难题"，其"难"就在于这是个与我们相隔几百年且没有充分依据而难以认定的问题。但不管多难，还是需要给我的读者们一些交代。

成吉思汗的才华和智谋，一部分源于天生，这一点不可否定。不过，主要组成部分还是由他生活的时代造就的。换言之，成吉思汗的丰功伟绩不只属于他一个人，他的才华和智谋同样不只属于他一个人，而是属于全民族，至少属于以他为首的蒙古帝国的缔造者们。布尔霖所著《成吉思汗》一书中如是记载："成吉思汗身边博闻强识的文武大臣有很多。"下文中，这些人将被称作成吉思汗"参谋团"（也可称作"顾问团"）。

·契丹小字铜镜·

目前尚未找到关于成吉思汗"参谋团"这一组织存在过的记载，不过能够肯定当时确实存在发挥类似作用的某一群人或某一个组织。换言之，成吉思汗每次处理重大问题时都会召开忽里勒台或采用某种协商形式听取众人的意见和建议，而且这是个不成文的固定规则。然而参加者不是固定的，有时候也会变动。参加忽里勒台或参与协商的人主要有两部分：一部分是成吉思汗"黄金家族"成员，另一部分是成吉思汗的将臣们。而后者为成吉思汗"参谋团"的主要组成部分。

"黄金家族"成员中理应提到的有诃额仑兀真、孛儿帖兀真、别勒古台、斡惕赤斤等人。

成吉思汗的才华、智谋、勇猛、坚强刚毅的性格和注重情谊的品德等，作为其母，诃额仑兀真是给予最初影响和教育的人。只有诃额仑兀真才能制服成吉思汗这个无所畏惧的人。例如，有一次成吉思汗轻信帖卜腾格理的挑拨离间，派人逮捕弟弟合撒儿，将他捆绑欲要责罚。诃额仑兀真得知后，坐上套白骆驼的幌车连夜赶到成吉思汗那里。成吉思汗看到

·铁锈花瓷香炉·

母亲后很畏惧，急忙躲到一边。气急败坏的诃额仑兀真下了车，解开合撒儿身上的绑绳，将帽子和腰带还给了合撒儿。诃额仑兀真怒火中烧，盘腿而坐，露出双乳，垂放在双膝上，训斥道："你看见了没有？这就是你们所吃的奶。你这个龇牙吼叫追逐着、自吃胞衣、自断脐带的狗仔子，合撒儿有什么罪？……如今，已经讨平了敌人，你眼里就容不得合撒儿了！"听过母亲的训斥，成吉思汗忏悔道："受到母亲的怒责，儿子很害怕，很惭愧。"（《蒙古秘史》第24节）从帖木真九岁那年到他统一蒙古诸部成为蒙古帝国第一任海洋可汗的多年间，诃额仑兀真一直在他身边。因而给过成吉思汗多方面的教导和建议。诃额仑兀真是一位聪慧贤明的母亲，也是一位高举也速该把阿秃儿战旗的勇敢的母亲（曾召回叛离的部众，也在"十三翼之战"中统领第一营）。然而遗憾的是，相关文献

史料中找不到关于诃额仑兀真后期事迹的记载。

作为成吉思汗的发妻以及皇后，孛儿帖兀真抚养儿女，操持家务，陪伴成吉思汗经历艰苦和磨难，自始至终支持他的事业，"忘却时提醒，沉睡时唤醒"成吉思汗。因而，孛儿帖兀真毫无疑问也是成吉思汗信赖的出谋划策者之一。过去人们在这方面不甚关注孛儿帖兀真（并不是没有相关记载），我认为也许是碍于女人的社会地位以及她的贵族出身。所以，我们应该从历史唯物主义的角度去看待关于孛儿帖兀真等人的问题。那么，孛儿帖兀真的智慧和精明之处是如何体现的？以下几件事能让我们略知一二。

（1）帖木真与孛儿帖兀真成婚后没多久，将她嫁妆中的一件特别珍贵的黑貂皮短袍作为礼物送给了王汗，并与之结盟。青年帖木真的这个第一次政治行为很正确而且很成功，甚至为他日后统一大业的成功打下了初始基础。那么，这一行为的出谋划策者是谁呢？我认为这主要是孛儿帖兀真的主意。有记载可证实孛儿帖兀真嫁给帖木真之前，德薛禅的家里时常有商贩和信使来做客。由此可见，孛儿帖兀真是个见闻颇多、眼界开阔的女人。将孛儿帖兀真的嫁妆送给别人之前需要与她商量以及得到她的同意，这一点值得注意。

（2）初战篾儿乞惕之后，帖木真与札木合同营居一年半。1180年札木合离开帖木真前对他说了些隐喻之辞，当帖木真未能领会其意时，孛儿帖兀真却道出了个中缘由并劝告："听人说札木合安答好喜新厌旧。

如今到了厌烦咱们的时候了。刚才札木合安答所说的话，是要算计咱们的话。咱们别扎营住下，就趁迁移之际，与他们善离善散吧，咱们连夜赶路吧。"（《蒙古秘史》第118节）后来事情的发展证实了孛儿帖兀真所言完全正确。

（3）成吉思汗迎娶的第一位庶室为篾儿乞惕部答亦儿兀孙之女忽兰。这是《蒙古秘史》等文献史料所记载的历史事实，但《蒙古秘史》中没有较详细的记载。关于孛儿帖兀真对待这件事的态度，《蒙古源流》记载得比较详细。例如，以巧言指出如果一位可汗过于随心所欲会对国家产生何种影响，同时也顾及到了成吉思汗的脸面。成吉思汗迎娶忽兰合屯长住异地时，孛儿帖兀真派遣箭筒士阿尔噶逊（此人也许是《蒙古秘史》第202节提到的第十九位功臣豁儿豁孙。不过肯定不是第275节提到的额勒只吉歹之子哈儿合孙）传话：

"娑罗树上海青产卵焉，
但赖其树而不自觉也，
为花豹坏其所营之巢，
方被食其卵与其雏矣。
苇塘之中鸿雁产卵焉，
但赖其苇荫而安栖也，
为白超坏其所营之巢，
方被食其卵与其雏矣。
我有道之主其自鉴之。"（《蒙古源流》卷三，第

129 页）

成吉思汗赞同道："此言是也。"说罢起程回师。途中派遣木华黎先于大军赶回，给孛儿帖兀真说明了迎娶忽兰合屯之事。孛儿帖兀真听后答：

"孛儿帖夫人之所愿也，

大国人众之志行也。

我主合罕之威力也乎！

主其自鉴好逑只以乎！

苇塘中鸿雁其多焉，

主其自鉴劳指而射乎！

国中妇人女子其多焉，

主其自鉴加恩有缘者乎！

妇人愿更纳妇人焉，

未鞍之马愿加鞍于脊焉。

古言有之曰：

居安乐未可厌其多也，

罹疾患未可善其少也，

唯愿合罕之金带永固，

· 金刚杵 ·

我辈妇人复何言乎！"（《蒙古源流》卷三，第130页）

成吉思汗从木华黎处听到孛儿帖兀真所言，很是赞同，便回到了自己的斡儿朵。

这是一段运用文学手法的记载，不过它反映出了孛儿帖兀真的智慧以及"忘却时提醒，沉睡时唤醒"成吉思汗的功劳。古往今来，有很多大人物栽倒在小事情上的例子。然而，能够让权贵之最成吉思汗听取自己的劝告，孛儿帖兀真是何等聪慧和明智。

（4）客列亦惕部王汗和成吉思汗二人最终的决裂看似因为成吉思汗为长子术赤求王汗之女未果一事，实际上，二人的决裂已是必然，只是这件事给双方提供了决裂的理由，这也是挑明或隐藏事情本质时惯用的手法。

· 献文庙铜爵祭器 ·

据贝勒津记载，是孛儿帖兀真最早察觉到王汗和其子你勒合桑昆与札木合勾结之事，于是"帖木真、孛儿帖兀真二人长谈过后遣使至王汗处，为术赤求其女察兀儿别乞"。这实际上是在试探王汗的态度。贝勒津记载是诃额仑兀真最早揭穿你勒合桑昆借许婚宴谋害成吉思汗的企图，而不是蒙力克（《蒙古秘史》记载为蒙力克）。他如是记载："帖木真的敌人们不都聚集在那里吗？说什么请去吃许婚宴？这是诃额仑兀真所说的话。诃额仑兀真清楚草原贵族们惯于使用的投毒或设机关等加害敌对者的手段。如今她察觉到危情说了这样的话，于是帖木真改变主意中途返回。"于是，王汗等人的阴谋彻底暴露。从关于蒙力克父亲的史料记载来看，他并不是很有智谋的人，因而诃额仑兀真揭穿王汗等人的阴谋之说比较靠准。为了避免一事二述，故此附上诃额仑兀真揭穿阴谋一事。

（5）《蒙古源流》记载，1206 年成吉思汗宣告建立蒙古帝国封赏功臣时忽略了功劳最大的孛斡儿出，之后又是孛儿帖兀真提醒成吉思汗。事实上，这段记载是为了突出成吉思汗的深谋远虑、孛儿帖兀真的智慧以及孛斡儿出的忠心耿耿。看来孛儿帖兀真清楚懂得功不可没的道理。

（6）孛儿帖兀真另一个功劳是揭穿蒙力克父亲之子帖卜腾格理的阴谋。关于这件事，第六章另作叙述。

关于别勒古台和斡惕赤斤，纳忽昆之战前主张先发制人一事体现出了二人的过人智谋。再有就是 1219 年成吉思汗出征花剌子模时让斡惕赤斤那颜留在后方（大斡儿朵）监国之事。

此外，诸后妃中也遂合屯也参加过内部协商，提出过很重要的建议。例如，成吉思汗西征花剌子模之前由也遂合屯首次提出指定汗位继承人之事：

"大汗您，

越高山，

渡大河，

长途远征，

只想平定诸国。

但有生之物皆无常，

一旦您大树般的身体突然倾倒，

您那织麻般团结起来的百姓，

交给谁掌管？

一旦您柱石般的身体突然倾倒，

您那雀群般的百姓，

交给谁掌管？

您所生的杰出四子中，

您托付给谁？"

（《蒙古秘史》第254节）

　　成吉思汗听后赞同道："也遂虽是妃子，但她说的话很对。"于是，通过内部协商，指定斡歌歹为汗位继承人。1226年成吉思汗出征西夏时身边带着也遂合屯。路上行猎时，成吉思汗坠马受伤，见成吉思汗身体状况很差，也遂合屯召集诸汗子和将臣们商议了对策。由此看来，在成吉思汗晚年时期，也遂合屯的意见变得很有分量。

　　要说参加成吉思汗"参谋团"的将臣，军事方面当然会有"四杰""四先锋"或者"九乌尔鲁克"等人。积极参政者还有六位扯儿必和诃额仑兀真四个养子。忽难、阔阔搠思、迭该、兀孙额不干四人由于时常忠言相告且直言不讳而深受成吉思汗赏识，所以他们应该也会参政。成吉思汗会时常听取麾下将臣们的意见和建议，例如，1204年出征乃蛮部的纳忽昆之战前，成吉思汗的军队安营撒阿里客额儿之地，商议作战之策时朵歹扯儿必建议道："咱们的兵少，不仅少，而且一路上走来，已经疲倦了。如今先停驻下来，让马吃饱了。咱们在这撒阿里草原上散开安营，让每个人都点起五堆火，用火光来虚张声势，惊吓敌人。听说乃蛮部人数众多，但是他们的（塔阳）汗是个没有出过家门的娇生惯养者。在用火使他们惊疑之间，咱们的马也就吃饱了。咱们的马吃饱后，咱们就去追赶乃蛮哨兵，紧追他们，把他们赶到他们的中军里，乘着他们慌乱，冲杀进去，这样行不行？"（《蒙古秘史》第193节）成吉思汗采纳了他的建议，结果大获全胜，攻灭了乃蛮部。成吉思汗会分析众人的意见和建议

· 琉璃螭首 ·

的对错或有无道理，并区别对待。例如，上文所记出征西夏的途中成吉思汗受伤而也遂合屯召集诸汗子和将臣们商议对策的那次忽里勒台上，蒙力克父亲之子脱仑扯儿必建议："唐兀惕百姓有建筑好的城，有不能挪动的营地，他们不能背着建筑好的城逃走，不能背着不能挪动的营地逃走。我们回师吧，等到大汗身体好了，再去征讨。"诸汗子和将臣们都赞同他的建议。成吉思汗却没有同意，说："（如果就这样回师）唐兀惕百姓会认为我们畏怯而退回去了。我们先派使者去，朕在这里搠斡儿合惕疗病，探明了他们所说的话，才可回去。"（《蒙古秘史》第265节）从军事角度而言，成吉思汗的观点正确。但由于没有顾及自己的身体，成吉思汗在此次战役期间逝世。

成吉思汗的"参谋团"不断纳入新成员。曾任乃蛮部塔阳汗掌印大臣的塔塔统阿及耶律楚材、耶律阿海等人后来都成了蒙古帝国参政重臣。

塔塔统阿为畏兀儿人。他天生聪慧，善于言表，精通畏兀儿文。想必精通突厥语系多种语言以外还熟悉蒙古语。1204年以前他在乃蛮部塔阳汗帐下任掌印大臣，并被塔阳汗尊为师傅。关于他的出生地、出生时间和到乃蛮部的时间，无从考证。1204年成吉思汗大军攻灭乃蛮部之时，"塔阳汗的部人有一个人逃跑。合撒儿说把他活捉来，他的部下遵照命令活捉来了。一看，怀里有一颗印。合撒儿说：'你们的部众和军马完全投降了我们，你怀揣这个东西往哪里去？'那人说：'这是我的职务，应当死守。我要把这颗印送给旧主，不小心被捉住了。'合撒儿说：'你姓什么？担任什么职务？'那人说：'我的祖先是畏兀儿部的百姓，我名叫塔塔统阿。我的主人把这个印交给我，叫我职掌钱粮出入的事务。'合撒儿又问：'这个印有什么用？'塔塔统阿说：'选贤任能，用于各种政令。'合撒儿极为称赞，称他为忠孝的人，报知帖木真。以后凡有公文，都令塔塔统阿盖上印。合撒儿拜塔塔统阿为师，学习书律、兵法和各种书文，不久学会了。"（转引自策·达木丁苏荣编译本《蒙古秘史》第196节）这是《罗·黄金史》的记载。关于这个故事，《水晶数珠》的记载也与《罗·黄金史》的记载相同。显然是引用了《罗·黄金史》的记载。

《元史·塔塔统阿传》（卷一百二十四）则记载捉住塔塔统阿后，与他交谈的人不是合撒儿，而是成吉思汗自己，不过交谈内容基本一致。有些不同之处补录如下："问是印何用，对曰：'出纳钱谷，委任人才，一切事皆用之，以为信验耳。'帝善之，命居左右。是后凡有制旨，始用印章，仍命掌之。帝曰：'汝深知本国文字乎？'塔塔统阿悉以所蕴对，称旨，遂命教太子诸王以畏兀字书国言。"

斡歌歹可汗即位后命塔塔统阿掌管内宫御玺和金银财宝。又因塔塔统阿之妻为斡歌歹可汗之子合剌察儿的乳娘而厚赏塔塔统阿。塔塔统阿召集自己的儿子们嘱咐道："上以汝母鞠育太子，赐予甚厚，汝等岂宜有之，当先供太子用，有余则可分受。"斡歌歹可汗听说此事后对身边的侍臣们说："塔塔统阿以朕所赐先供太子，其廉介可知矣。"遂又加赏几倍。之后塔塔统阿病逝。其季子速罗海承继父亲之位，掌管了内宫御玺和金银财宝。至大三年（1310 年），追封塔塔统阿为中奉大夫以及雁门郡公。

成吉思汗重用塔塔统阿之事对蒙古族文字、文化的统一和发展产生了深远影响。

耶律楚材（1190—1244年），字晋卿，号湛然居士，契丹人。辽太祖耶律阿保机是他的九

·白瓷勺·

·骨笛·

世祖，其父为金朝尚书右丞。耶律楚材十七岁时便已博览群书，是个满腹经纶、深谋远虑的人。1215年，成吉思汗攻占金朝中都（今北京）后召见耶律楚材如是问他："辽、金世仇，朕为汝雪之。"耶律楚材答："臣父祖尝委质事之，既为之臣，敢仇君耶！"成吉思汗听后大加赞赏，称其为忠臣，纳耶律楚材为谋臣。耶律楚材身高八尺，髯长至胸，于是成吉思汗不以其名称呼，而是称他为"吾图撒合里"（意为长髯人）。1219年成吉思汗出征花剌子模时将耶律楚材带在身边，遇到问题都会听取他的意见。耶律楚材精通地理、天文和占星术，能够算出日食和月食发生的时间。据说成吉思汗出师之前都会让耶律楚材占卜。成吉思汗出征西夏时，耶律楚材也随军前往。1226年冬蒙古军队攻占朵儿蔑该巴剌合速后，不少将臣都在掠夺金银财宝，而耶律楚材却收集了几箱文书和大黄（药材）。之后没多久，军队中传染开瘟疫，耶律楚材便用之前收集的大黄医治，救活了几万士兵。

成吉思汗逝世后由拖雷监国的1227年，燕京（今北京）一时盗贼猖獗，奸臣们的子弟在光天化日之下剿杀和掠夺，使百姓敢怒不敢言。耶律楚材奉命前去，他不畏权贵，不贪其贿，公正执法，依法处斩了十六人，除害而安民。

成吉思汗临终前指着耶律楚材对斡歌歹下令道：

"此人天赐我家。尔后军国庶政，当悉委之。"斡歌歹即位后，耶律楚材受命出任中书令，在治国安民以及发展经济和文化等方面做出了重大贡献。

斡歌歹可汗当政期间，耶律楚材立下更大功劳。从耶律楚材后期功绩能够看出成吉思汗知人识才的一面和他的深谋远虑。由于耶律楚材功绩显赫，斡歌歹可汗在1236年的一次宴会上如是称赞耶律楚材："朕之所以推诚任卿者，先帝之命也。非卿，则中原无今日。朕所以得安枕者，卿之力也。"（《元史·耶律楚材传》）1241年斡歌歹可汗逝世，乃马真合屯称制时期的甲辰年（1244年）仲夏月十四日，耶律楚材在哈剌和林逝世，享年五十五岁。

《南村辍耕录》之一段记载能够反映耶律楚材的智谋："中书令耶律文正王（楚材），字晋卿，在金为燕京行省员外郎。国亡，归于我朝，从太祖征伐诸国。夏人常八斤者，以治弓见知於上，诧王曰：'本朝尚武，而明公欲以文进，不己左乎？'王曰：'且治弓尚须弓匠。'上闻之，喜，自是用王益密。"（卷二）"岂治天下不用治天下匠耶？"这句话能够反映耶律楚材的政治远见。

耶律阿海为契丹族人。他的祖父撒八儿曾在金朝桓州任职，其父脱迭儿任尚书奏事官。耶律阿海从小擅长骑射，精通北方各民族语言。金朝章宗皇帝当政时受命出使客列亦惕部，在那里与成吉思汗结识。他看出成吉思汗的雄才大略，于是决定与成吉思汗交往，对他说："金国不治戎备，俗日侈肆，亡可立待。"成吉思汗听后甚是高兴，便问耶律阿海："汝肯臣我，以何为信？"耶律阿海答："愿以子弟为质。"第二年再次出使蒙古时，耶律阿海带去了自己的亲弟耶律秃花，果真让他作为人质留在成吉思汗身边任宿卫。据记载，卯温都儿之战后兄弟二人参加了"巴勒诸纳之盟"。成吉思汗消灭客列亦惕后，见耶律阿海许久不回国，金帝起了疑心拘禁其家属（据说1214年成吉思汗与金朝讲和时他的家人才被放还）。不过，在这期间耶律阿海还是一如既往在效忠成吉思汗。出于赏识，成吉思汗将一个重臣的女儿许配给了耶律阿海。

李则芬先生认为耶律阿海精通多民族语言，肯定因此而担任过成吉思汗的外务顾问，我认为他的观点靠准。更重要的是耶律阿海兄弟二人清楚地了解金朝内情，因而在成吉思汗了解金朝以及决定出征金朝的过程中，他们的作用举足轻重。

耶律阿海兄弟二人跟随成吉思汗参加了征金战争。1215年蒙古军队攻占金朝都城中都后，耶律阿海被封为太师，耶律秃花被封为太傅和濮国公。

1219年，耶律阿海又跟随成吉思汗出征中亚，攻占撒麻耳干后受命任该城巡抚。蒙古大军回师时他留任西域总督。其弟耶律秃花统领华北汉军，跟随木华黎屡战金朝并被封为元帅，驻扎宣德城（今河北省宣化区）。斡歌歹可汗即位后跟随拖雷攻灭金朝。

上面提到的便是成吉思汗"参谋团"的主要且固

定的成员们。

有的学者认为成吉思汗身边还有一批外交顾问。除了上面提到的将臣，李则芬先生记载还有札八儿火者、阿剌浅（屠寄先生认为这两个名字其实是指同一个人，王国维、李则芬等先生则认为是两个人）。李则芬先生的说法是正确的，我认为其中还应该包括阿儿孩合撒儿、刘仲禄二人。

·海螺·

此外，还有一些人值得注意，例如《蒙古秘史》第182节提到的花剌子模富商阿三。从贝勒津的记载看，这样的商人不是只有阿三一人，实际情况是当时有不少垄断中国与中亚之间贸易的大型商团。当时的商人们详细地了解各国国情，尤其是金朝、西夏和花剌子模的国情。汪古惕、翁吉剌惕、客列亦惕和乃蛮等部是他们时常所经之地。1206年以后，他们前往任何地方都要经过蒙古帝国。

成吉思汗对那些商人的丰富知识和经商之道产生了浓厚的兴趣，于是他时常会跟那些商人长谈久论。就这样，成吉思汗了解到了各个邻国的内情——辖地、城池、居民、交通、生产、习俗、财富等各个方面的情况以及最为重要的国防、军事势力。这些都是成吉思汗对外扩张所需的、不可或缺的重要信息。当然另一方面也会通过遣使打探的方法或从敌方归降者和俘虏处得到这方面的信息。

总而言之，对成吉思汗的事业而言，其"参谋团"起到的作用不单是蒙古铁骑在战场上的所向无敌，它具有毫无疑问的全面性。

· 金冠饰 ·

43. "成吉思汗大札撒"——蒙古帝国的法律

"蒙古人没有法制"之说，其实是不了解蒙古族历史或视蒙古人为野蛮人的那些人的观点而已。综观相关文献史料记载，蒙古族内部在较早的时候便出现了法律制度。在蒙古部族中形成合不勒可汗等人的统治力量时随着出现的便是作为专政政权的主要形式或工具的法律制度。可想而知，当时的法律制度处于初级阶段，且主要通过刑法的形式体现。当时，刑法是作为镇压百姓或对待敌人的工具而存在于蒙古部族中。少年帖木真被泰亦赤兀惕人捉去后遭受的刑罚便是个典型的例子。

到了成吉思汗时期，这种刑法变得更加完善。换言之，成吉思汗为了巩固蒙古帝国的政权和自己的政治统治，为了稳定社会秩序以及依法治国而制定法律，颁布实施有史以来的第一部成文法典——"大札撒"，委派了各地法官。当时制定的刑罚有责打、流放、拘禁、死刑以及处斩全家等，其中死刑使用很普遍。

关于成吉思汗制定的法律，波斯史学家志费尼在其所著《世界征服者史》中如是记载："依据自己的想法，他给每个场合制定一条法令，给每个情况制定一条律文；而对每种罪行，他也制定一条刑罚。因为鞑靼人没有自己的文字，他便下令蒙古儿童习写畏吾文，并把有关札撒和律令记在卷秩上。这些卷秩，称为'札撒大典'，保存在为首宗王的库藏中。每逢新罕登基、大军调动或诸王会集共商国是和朝政时，他们就把这些卷秩拿出来，仿照上面的话行事，并根据其中规定的方式去部署军队，毁灭州郡、城镇。成吉思汗统治初期，当蒙古各部归并于他的时候，他废除了那些蒙古各族一直奉行、在他们当中得到承认的陋俗，然后他制定从理性观点看值得称赞的法规。"（上册，第 28 页）

"成吉思汗大札撒"法典的内容大体上包括成吉思汗箴言、法令、军纪、规章制度等。这与《蒙古秘史》第 203 节的记载基本吻合。从这一点我们可以看出《蒙古秘史》的大部分记载是真实可信的。

那么，作为成文法律，"成吉思汗大札撒"是何时产生的？据《史集》等相关文献记载，最早颁布"大札撒"是在 1206 年成吉思汗即位的大忽里勒台上，后来在 1210 年和 1218 年的两次忽里勒台上作了补充。《蒙古秘史》记载成吉思汗建立帝国时对失乞刊忽都忽下令："把全国领民的分配情况和所断的案件都写在青册上面。凡是失吉忽秃忽与我议定而写在青册白纸上的规定，直到子子孙孙，永远不得更改，更改的人要治罪。"（第203节）因而，学者们推断，失乞刊忽都忽所记"青册"便是"成吉思汗大札撒"的主要内容，这一推断是正确的。例如，我国蒙古学学者翁独健在1948年发表的论文《蒙古时代的法典编纂》，证实了成吉思汗时期有法律制度，并认为1206年颁布了成文法律。

可惜的是"青册"所记"成吉思汗大札撒"未能流传至今。其中一部分被录入《蒙古秘史》《史集》《世界征服者史》等蒙古、波斯史学家们所著文献中，后人相关研究的主要依据也都来自这些文献。最早整理相关史料记载、汇编出"大札撒"内容的人是《蒙古和俄罗斯》一书的作者沃尔纳德斯基。他将"大札撒"的内容分成三个部分：①总纲；②外交法则；③军事、政务和行政方面的法律（其中包括刑法、民法、贸易法等）。他的这一汇编内容比较简单，条目较少。汇编"大札撒"的另外一位学者是李则芬先生。他的汇编内容比较广泛，分八章（没分条目，不过按照内容可分作四十一条）录入自己的《成吉思汗新传》一书中。包括：①总纲；②外交法则；③关于政务和军务的法则；④刑法；⑤军法；⑥民法；⑦贸易法；⑧禁忌。

本人查阅相关文献史料，以其他学者相关记载为范例，将"成吉思汗大札撒"——蒙古帝国法律法规内容分成16章、12款、54条，并录入本书。

·青白釉酒壶·

上文提到过成文的"成吉思汗大札撒"未能流传至今。因而，本人分类汇编"成吉思汗大札撒"的目的只是想给读者一个比较系统的认识，而不等于"成吉思汗大札撒"的原模原样便是如此。由于本人才疏学浅，选用条目中肯定会出现不靠准的内容或汇编方面的不妥之处，望学者、老师们予以纠正。

根据《蒙古秘史》《圣武亲征录》《元史》《元史译文证补》《世界征服者史》《多桑蒙古史》《黑鞑事略》《成吉思汗新传》以及布尔霖所著《成吉思汗》等书记载，本人整理汇编了"成吉思汗大札撒"——蒙古帝国的法律法规。除了几个重要条目，其他条目的来源没有一一注明。

"成吉思汗大札撒"——蒙古帝国法律法规之汇编如下。

总则或基本法

蒙古帝国的法律法规首先代表封建统治阶级的利

益，其目的是为了巩固他们的统治，因而毫无疑问的以封建统治者的代表、最高权力拥有者——可汗的法令为纲领。所以，海洋可汗的御玺和令牌[14]的刻文内容应该就是蒙古帝国法律法规的总则或基本法。

· 青铜龟 ·

第一条："拜长生天之力，大蒙古帝国海洋可汗圣旨所到之处人人遵从敬畏之！"

第二条："天赐成吉思汗的法令不容置疑！"

第三条："凡子不率父教，弟不率兄教；夫疑其妻，妻忤其夫；男虐待其已聘之女，女慢视其已字之男；长者不约束幼者，幼者不受长者约束；高位达官，信用亲近，遗弃疏逖；富厚之家，不急公而吝财；若是之人，必至流为匪类，变为叛贼，家则丧国则亡，临敌则遇殃。我严切告诫，以防词弊。于是将领中有材，士卒中有材，下至厮养，各尽其职，仰荷天佑，大业以成。冬夏游牧，马腾士饱。咸无缺乏，使子孙悉依吾训行之，虽千年万年可也！"（《元史译文证补》卷一。这段法令的含义："大札撒"能够使国家昌盛，使国民制恶扬善，遵守"大札撒"，上可治国，下可立业，因而永远不得更改"大札撒"，须世世代代遵守。——译者）

可汗、官员准则

第四条：汗位继承人必须要通过各部族有威望的长者和"黄金家族"成员们参加的忽里勒台选举产生。各汗国也须按照该规则指定汗位继承人。

第五条：在蒙古帝国，一国之主可汗和贵族那颜的名字后面加他们的职称称呼，不得附加其他尊称。以原名称呼"黄金家族"成员。

第六条：官员们必须每年聚集两次（有的史料记作一次），接受可汗的训导。回去后，以身作则执行可汗指令，做好分内工作。表面上顺从暗地里违背的有辱使命者将无法统领众人。

第七条：罢免渎职十户官，从十户中选任其他人。必须在三人所言相同时才能下达命令，三人中包括自己，将自己所说的话与别人相比较，尤其与贤人智者所言相比较。否则不得下达命令。

军纪

虽然成吉思汗以公正深得将领们的拥护，但作为军国主义封建帝国，蒙古帝国的军纪非常严格。

第八条：男性到达二十岁（也有十五岁到六十岁服兵役之说）必须服兵役。

第九条：千户官、百户官、十户官的儿子身强力壮或有才能者必须参加宿卫军。

第十条：须以狩猎活动作为军事训练的基础。

第十一条：战时不分老少和贫富贵贱，所有人都必须参战。以十户和百户为单位，发放所有士兵的兵器、战马和其他装备，阅兵时必须要携带所有武器装备参加。武器装备若出现问题，严惩相关负责人。

第十二条：从将领到普通士兵，和平时期也须做好战备工作。接到命令后必须迅速出动。接到紧急集合令的单位必须在指定地点、指定时间集合，不得延误，也不得提前。

第十三条：必须一丝不苟地执行命令。例如："一个统率十万人马的将军，离汗的距离在日出和日没之间，犯了些过错，汗只需派一名骑兵，按规定的方式处罚他，如要他的头，就割下他的头，如要金子，就从他身上取走金子。"（《世界征服者史》上册，第33页）

第十四条：所有士兵都必须待在自己所属十户、百户和千户辖区里，不得移到其他地方。当众处斩违反此令者，并严惩纳入方。

第十五条：士兵不得抛弃战场上受伤的战友。争战时军旗尚在战场时，任何人不得擅自离开战场。

第十六条：打败敌人后不可贪恋战利品，必须在战后统一分配。

第十七条：叛兵和逃离战场者，斩！

第十八条：擅自进行毁坏、纵火或擅自处理俘虏者，斩！

第十九条：战场上盗取战友的战马或战利品者，斩！

第二十条：若败，必须退回最初发起攻击的阵地。不退回原阵地者，斩！

第二十一条：随军妇女，若其丈夫参战，那么她们将替夫工作，完成公务。

民法

第二十二条：工作中所有国民都平等，不可区分贫富贵贱。

·铜鎏金释迦牟尼像·

第二十三条：必须尊老济贫。必须尊重贤人智者。

第二十四条：必须赞赏和尊重憨厚、诚实、孝顺者和多才聪慧者，必须唾弃狡猾凶残者和不孝之人。

第二十五条：除了宗教长老、学徒、医师和学生以外，其他百姓都有赋税义务。

第二十六条：严惩不孝顺父母的子女、不尊重长辈的晚辈、不顺从丈夫的妻子以及不听从上级的下属。

第二十七条：关于遗产继承。人死后，旁人不得插手遗产继承之事，也不得侵犯遗产。逝者若没有子女，将遗产继承给逝者的徒弟或家仆，而不得将遗产纳入国库。

第二十八条：战场上牺牲的人，若其奴仆从战场带出他的尸体，必须将其遗产给该奴仆。若是由别人带出，必须将其遗产给该人。

·黑釉浅腹捣钵·

第二十九条：成吉思汗说："醉人聋瞽昏聩，不能直立，如首之被击者。"（《多桑蒙古史》上册，第158页）因而规定每月喝酒不得超过三次。

专项法律

（1）国家关系法

第三十条：蒙古帝国并不是世界各国之一，而是正在建立的世界帝国。

第三十一条：不得欺辱信使。

第三十二条：必须要对诸国之间的贸易往来提供安全保障。

第三十三条：攻打他国之前要通知地方军民："若不战而降，你们将有相安无事之保障。若抵抗，只有长生天知道你们将遭受何种灾难，而我们不得而知。"

（2）经济法

第三十四条：蒙古帝国经济以游牧业生产为主，因而特别重视草场，设有关于草场的法律条款。严惩损坏草场者。"草生蓐地，遗火而爇草者，诛其家。"

第三十五条：马匹是蒙古经济的重要组成部分、

重要交通工具、重要军事资源，因而设有关于马匹的法律条款。"罢兵后，凡出战好马并恣其水草，不令骑动。"惩罚、虐待马匹者，例如："筮马之面目者、相与淫奔者，诛其身。"（上两条引用自《黑鞑事略》）

第三十六条：由于游牧民的生活不固定，"大札撒"里明确规定了一年四季的分工。冬季从初雪开始行猎，到第二年春天，那颜贵族们召开忽里勒台商议战事。

第三十七条：狩猎活动也有相关的法律条款。"每逢汗要进行大猎（一般在冬季初进行），他就传下诏令，命驻扎在他大本营四周和斡儿朵附近的军队做好行猎准备，按照指令从每十人中选派几骑，把武器及其他适用于所去猎场的器用等物分发下去。军队的右翼、左翼和中路，排好队形，由大异密率领（统领）……他们花一两个月或三个月的时间，形成一个猎圈，缓慢地、逐步地驱赶着前面的野兽，小心翼翼，唯恐有一头野兽逃出圈子。如果出乎意料有一头破阵而出，那么要对出事原因做仔细的调查，千夫长、百夫长和十夫长要因此受杖，有时甚至被处极刑。"（《世界征服者史》上册，第30页）

第三十八条：户籍制度和税务法。"自从各国、各族由他们（指蒙古人）统治以来，他们依照自己习惯的方式，建立户口制度，把每人都编入十户、百户和千户；并要求兵役和驿站设备，以及由此而来的费用及刍秣供应——这还不包括普通的赋税；除此之外，他们还微索忽卜绰儿税。"（《世界征服者史》上册，

第 34 ～ 35 页）

（3）贸易法

第三十九条：必须要保护商人。

第四十条：凭信用贸易货物，而不守信用者，可以给机会。但不守信用达三次者，斩！

（4）交通和驿站法

第四十一条："在国土上遍设驿站，给每所驿站的费用和供应做好安排，配给驿站一定数量的人和兽，以及食物、饮料等必需品。这一切，他们都交由土绵（指万户）分摊，每两土绵供应一所驿站……驿站每年要经过检查，有所缺损，必须由农民补偿。"（《世界征服者史》上册，第 34 页）

第四十二条："官吏每月到驿站来巡视一次，以便考查他们的管理情形。所有失职的信差都会受到惩罚。"（《马可·波罗游记》第二卷）

（5）宗教法

第四十三条：尊重一切宗教信仰。但任何宗教不得享有特权。

第四十四条："他们虽然选择一种宗教，但大多不露任何宗教狂热，不违背成吉思汗的札撒，也就是说，对各教一视同仁，不分彼此。"（《世界征服者史》上册，第 29 页）

第四十五条："各宗派之教师、教士、贫民、医师，以及其他学者，悉皆豁免赋役。"（《多桑蒙古史》上册，第 158 页）

（6）婚姻法

第四十六条："男子可以随意娶妻。""结发妻子具有特别的权力，这是合法的。同时这种权力又扩大到她所生的子女身上。"

第四十七条："他们的兄弟死后，可以娶嫂子或弟妇为妻。每一次结婚都要举行盛大的仪式。"（以上两条引用自《马可·波罗游记》第一卷）

·蓝釉香炉·

刑法

第四十八条：叛离可汗或帝国者，斩！

第四十九条：严惩违背宗教信仰、道德和民俗者。

例如：

（1）杀人者，斩！（情节较轻者可免死。）

（2）与他人之妻通奸者、男性同性恋者，斩！

（3）脱逃的奴仆或其窝藏者，斩！

（4）使歪门邪道陷害他人者，斩！

（5）格斗时支持单方者，斩！

（6）诬告他人者，斩！

（7）撒谎者，斩！

（8）挥霍他人寄存的财物达三次者、隐藏所拾物者、作战时未将所拾衣物和武器归还主人者，统统处斩！

第五十条：处斩盗贼，并将盗贼之妻和财产赐给被盗者。

第五十一条：盗窃马匹者，如数偿还所盗马匹之外须缴纳罚款。不缴纳罚款者，斩！

第五十二条：若奴仆盗窃他人财物，处斩奴仆和该奴仆的主人，并没收他们的妻子和财产。

第五十三条：若盗取之物不贵重，鞭打盗贼！

· 玉帽顶 ·

这方面，马可·波罗的记载比较详细："根据所偷物品的价值和盗窃的情节而定。""要受到一定数目的杖责，如七下、十七下、二十七下、三十七下、四十七下或一百零七下。""如果盗贼对于所窃的物品能够支付九倍于价值的赔偿时，便可以免去一切刑罚。"（《马可·波罗游记》第一卷）

第五十四条：若"黄金家族"成员违犯"大札撒"，根据情节关押或流放。

据记载，另外还有宰牲畜时须开膛、流水中不得洗澡、必须每户每年结婚一人而促人口增长、不得在河水中洗澡等很多方面的法律法规。不过，上述五十四条大致上能够反映"大札撒"的主要内容，且没有依据可证实这些条款都是由成吉思汗亲自制定。其中明显还存在习惯法，不过在当时被实施的可能性较大。

实施这些法律条款，尤其在审讯犯人时，设有法定顺序。例如："写在青册白纸上的规定，直到子子孙孙，永远不得更改。"这是实施法律的保障所在。还规定不得审判未能当即逮捕的犯罪者和未招供者，避免了冤假错案的发生。成吉思汗还采取宣告军民，或在军队必经之路边立石碑刻录等办法宣扬"大札撒"。

"大札撒"是一部保障统治阶级不可侵犯的特权的法律法规，不过另一方面对社会的安定和发展起到了一定的积极作用。巴林史学家拉西彭斯格如是记载："为了政治的稳定和百姓的安居乐业，成吉思汗制定了札撒法律。由于圣主的仁政和依法治国之策，帝国内上不欺下，下不犯上，智人论政，平民守法，外无敌，内无乱，人无疾，畜无灾，呈现一片繁荣。"（《圣成吉思汗纪念集》第4～5页）

为保障蒙古可汗的特权，以及为了满足蒙古社会的发展需求而产生的"成吉思汗大札撒"在后成吉思汗时期也被实施了很长时间，这一点我们从当时的一些令牌上能够看出。其中有"俺都剌大王令牌""防奸令牌"和元朝时期的方体字令牌，如"长方形方体字令牌""圆形方体字令牌"等。

这方面，马可·波罗的记载比较详细，"牌上所刻的文字是：长生苍天保佑！敬祝可汗万岁！凡有逆命者杀毋赦！""凡是获得这种奖牌的军官享有奖牌附带的种种特权，上面载明他们行使职权时的义务与

权力。"（《马可·波罗游记》第二卷）关于有些令牌的牌文内容，西北民族大学老师、蒙古学家郝苏民先生做过比较系统的研究，并撰写论文发表于《蒙古语文》杂志 1981 年第 2 期。

将各处关于"成吉思汗大札撒"——蒙古帝国法律法规的零散记载收集到一起，人们就不会再认为蒙古帝国没有法制，也不会认为蒙古帝国的法律不够完善。

44. 成吉思汗箴言

成吉思汗箴言（必力克）在蒙古民间以文字或口承形式流传至今。当然，其中也有后人补进的内容。成吉思汗箴言的内容能够反映出成吉思汗当时已懂得治国安民需要的不仅仅是专政工具——法律。于是，成吉思汗箴言与"成吉思汗大札撒"一同问世。

成吉思汗箴言中显然也录入了他的将臣们、贤人智者所言以及民间谚语，较晚时期的版本更是如此。

较完整地录入成吉思汗箴言的原始资料当属波斯史学家剌失德·哀丁所著《史集》，该书共录入三十条成吉思汗箴言。清末史学家洪钧从中除去《元史》有记载的四条，将剩下的二十六条汉译后录入了自己的《元史译文证补》。如今我们引用参考的成吉思汗箴言基本上都是洪钧的汉译。我从洪钧汉译的二十六条中选出含有法律法规性质的一些条目编入本章《成吉思汗大札撒》一节，又除去一些类似常言的条目，将剩余十四条编入该节。

后世蒙古族史学家们的著作中有不少巧妙叙述成吉思汗箴言的记载。这些记载反映了成吉思汗箴言在民间相传数百年过程中的进一步完善，内容进一步丰富化。其中巴林部史学家拉西彭斯格所著《水晶数珠》一书中的记载最为完整。

从剌失德·哀丁、拉西彭斯格二人的记载中选录成吉思汗箴言主要条目如下：

·银玉壶春瓶·

一是剌失德·哀丁的记载。〔全部内容见《元史译文证补》卷一（下），第24～26页〕

——能治家者，即能治国。能辖十人者，即能辖千人万人。能理己事，即能理国事，为国御敌。

——马肥时能疾驰，瘦时亦驰，肥瘦得中亦驰，乃为良马。

——将士临敌当思得名，如围猎然，福佑于天，务多获而后己。

——临民之道如乳牛，临敌之道如鸷鸟。

——一言而见微山，必行其言。见为不善，则不必行其言。知己为何如人，乃能知人为何如人。

——人不能如日光无远近不烛，则家事赖有内佐。夫或外出，客至其家，款接食饮，必致丰腆，而后谓尽妇职，遐迩称誉。观其家即可知其人矣。

——人在忙遽仓促时，当法达尔海乌哈（其他地方从未见此名。——引用者）。日者达尔海乌哈出，二人从。远见敌者，谓：以三人攻二人，往必胜。达尔海乌哈曰：我已见彼，彼岂不见我哉。策马去之，合于己众。既而知此二人，一为塔塔儿酋帖木儿乌哈（可能是指塔塔儿首领帖木儿。——引用者），潜伏五百余人于山隘，独出诱敌，往则为擒矣。

——围猎时多得兽，战争时多杀敌。若天为辟一生路，则我可以缓，而人可以忘。

——言勇无如也孙伯（原文记作也孙伯，李则芬先生纠正为宿卫军长也孙帖额，我认为靠准。——引用者），终日战而不疲，不饮不食而不饥渴。人莫能也。然不可视为将，彼视人犹己，士卒疲矣，饥渴矣，而彼不知也。故为将者，必知己之疲，知己之饥渴，而后推之于人。其行军也，必知路之远近，以量士马之力。量力自弱者始，弱者能之，强者无弗能矣。

——商贾善居积，物之良楛，纤悉必计。将领之教子弟亦然。骑射之事，讲肄精良，必如良贾牟利。视若身心性命之不可忽也。

——教诫子弟，毋使忘本。不可使其但知鲜衣美食，乘骏马，拥娇姬，则将忘我等开创之劳。

——嗜酒者昏，若聋若哑，心手无主，执业俱废。酒之乱性，不问人之善恶也。君嗜酒则君失职；百僚嗜酒则臣失职；将嗜酒则军制弛；兵嗜酒则事变生；

常人嗜酒则将倾家；仆役嗜酒则将受责……

——汝等不从我教，初二次责辱之；三次则流于巴勒真忽儿珠尔（其他史料不见此名，也许是指"巴儿忽真的边界"。——引用者）之地；归而仍不从教，则下诸狱；终不改，则令宗亲共议其罪。

——成吉思汗问博尔术等：人生何者最乐？博尔术曰：臂名鹰，控骏骑，御华服，暮春之天，出猎于野，斯为最乐。博尔忽乐曰：鹰鹘自空搏击飞禽，不搏落不止，凭骑关之，斯为最乐。忽必来曰：围猎之时，众兽惊突，观者最乐。成吉思汗曰：不然，人生之乐，莫如歼馘仇敌，如木拔根，乘骑骏马最乐。

二是拉西彭斯格的记载。（详见 1925 年由北京蒙文书社出版的《圣成吉思汗纪念集》第 40 ～ 57 页，译文中以括号注明部分摘引自《罗·黄金史》，详见《罗·黄金史》第十二至十四章。——译者）

"戊寅年（即成吉思汗十三年，1218 年）夏季首月，成吉思汗在斡难河源头大摆宴席，席间成吉思汗如是训谕诸汗弟、汗子和麾下将臣们：

'遏制骄横，

钻研智略，

便可立国立业，

成为众人之主。

掌握智略者，

能够征服一切强者。

不识智略者，

难以读懂掌心之文。

身强力壮者可胜独夫，

广交朋友者则胜万人。

与我为伍者可成为英雄，

与智者交往可成为贤士。

识智略者无人能及，

可治国者贵过万民。

用金银珠宝装饰身体，

不及用知识充实头脑。

路途远无须气馁，只要起程终
会到达，

担子重无须灰心，只要使
力便可挑起。

山之高，攀登便可登顶，

水之长，渡过便是彼岸。

一心一意的男人可谓尊宝，

三心二意的男人不及女人。

一心一意的女人不输男人，

三心二意的女人不及牲畜。

问询他人便可知晓自身之误，

问询智者便可认清国政之误。

若没有弯弓，

再锋利的箭也无法射中目标。

若不学无术，

再聪明的人也难以成为智者。

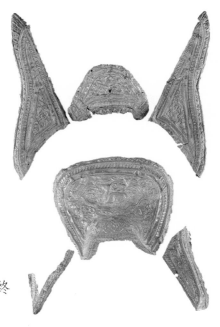

·包金马鞍·

贤臣良将为国宝，

贤妻良母为家宝。

再小的事情，

若不行动就做不成。

你自己的性情决定别人对你尊重还是不屑。

再喜欢的良马也不能养太肥，

再疼爱的儿子也得严加管教。'

豁阿彻辰向成吉思汗进言道：

'平民百姓的幸福，

拜可汗所赐。

居家女人的幸福，

拜丈夫所赐。

庸人若是尝到醇酒，

觉得自己比任何人都高尚。

苛政若是临到头，

好比凶猛的恶狗会把人吃掉。

老鼠若是尝到奶渣，

觉得自己和帝王一样伟大。

看那乌嘴狐狸的奔驰，

争夺的目标是黑黝黝的洞穴。

黑灰色的鸟向上飞翔，

会折断自己的翅膀。

平民奴才与可汗为敌，

会断送自己的首级。

狗下崽少则四五，

只是因为相互咬架，
难以成群。
钩心斗角的庸人似狗，
难以让可汗安心。
羊下羔多则两只，
却因为不相互争斗，
可结成成千上万的大群。
如果百姓像羊群般凝聚，
可汗便可安心。'

成吉思汗令其继续讲述，豁
阿彻辰甚喜，继续讲道：

·金冠饰·

'锋利的钢刀若是钝了，
不在磨石上把它磨快，就割不了东西。
跑快的良马若是瘦了，
不用草料把它喂饱，就跑不动远路。
咆哮的雄狮若是老了，
只好守住田鼠的洞口。
出类拔萃的人物若是老了，
只好听从儿孙的安排。
最结实的衣服莫过铠甲，
可在喜宴上不能穿它。
最精确的语言莫过数字，
可数下去永远没有尽头。'

成吉思汗问起忽余勒答儿彻辰：

'动物中

快马追不上的动物是什么？

智慧中

人所不及的智慧是什么？'

忽余勒答儿彻辰回答：

'雌盘羊

是快马追不上的动物，

有自知之明之人

是人所不及的智者。'

成吉思汗又令蒙克秃彻辰讲述所想，蒙克秃彻辰说：

'狗一样忠诚的朋友难寻，

穷人家的狗

不跟随富人，

庶民家的狗

不识得帝王。

从前有一条千头独尾蛇，看见车子来了，它的千头向各自的方向伸展，相互牵制，这蛇被车子碾死了。那时还有一条独头千尾蛇，它看见车子后，它的千条尾巴都跟着独头钻进一个洞穴里，没有被车子碾着。我们大家都像独头蛇的千条尾巴那样追随一个首领，服从可汗做事业就无往不胜。'

成吉思汗甚是赞同他们所言。

席间，乌尔鲁克那颜的衣服上沾了油，他心生不悦，正在擦拭时伯颜那颜说：'你没听说过酒宴会变成血宴吗？但愿衣物寿命短，主人寿命长！'

乌尔鲁克那颜答道：'那你没听说过身体需要珍

惜到老死，衣物需要珍惜到穿破吗？'

成吉思汗对二人的话均是赞同，问二人：'你俩的相处之道为何？'

乌尔鲁克那颜答道：

'实话要不隐瞒地说，

缺点则要不讲情面地提。'

成吉思汗称赞道：'那样最好不过。不轻信外人的挑拨离间，不猜忌朋友的逆耳忠言，这便是好友相处之道矣。'

成吉思汗又训谕道：

'国主可汗治国有方，

生身父母身体健康，

朋友亲信团结友爱，

麾下臣僚胸有智略，

阵中将兵杀敌勇猛，

家庭和睦儿女孝顺，

长生苍天时常佑护，

这样便会国泰民安。'

英明圣主成吉思汗问他的儿子察阿歹：

'哪一种酒宴是宴会中的上宴？'

察阿歹回答：

'辞旧岁，迎新春，庆贺新年的酒宴是上宴。'

成吉思汗说：

'说得不对。

你降生之后，

还未给命名；

你离开母胎，

还未见光明；

过什么新年，

又给谁命名；

今后你须知，

父母生你们的日子，

恭敬地举行生日酒宴，

才是你们的上宴！'

成吉思汗又问：'什么是人生最大的幸福和快乐？'

（拙赤，即术赤）先说：

'什么是人生最大的幸福和快乐？按我的理解，精心放牧庞大的马群，把每匹马都饲养得肉肥膘满。建筑一所宽敞的住房，终日摆设美酒的宴席，自由自在地过富裕生活。我想，这才是人生最大的幸福和快乐啊。'

察阿歹说：

'按我的见解，压服仇敌是人生最大的快乐和幸福。作战时，杀死敌人，夺来他的牲畜，然后翻箱倒柜，让女人们在我面前发抖，悲哀地哭叫，这样才是人生最大的幸福和快乐啊。'

斡歌歹说：

'我所理解的人生最大的幸福和快乐应是：让英明的汗父辛苦创建的国家永享太平，百姓安居乐业，生活富裕。国家强大，政治清明，社会秩序井然。老

年人安详地度过晚年，青年人无愁无忧地快乐成长。这样，我觉得有了最大的幸福和快乐。'

拖雷说：

'我的理解是，把小马骟了，把它调教得飞快。骑快马，携犬背鹰，爬高山涉深水，进行狩猎，获得丰富的猎物。这才是人生最大的幸福和快乐。'

成吉思汗听完后说：'拙赤从小就喜欢牲畜，所以他说了那样的话。察阿歹从小跟随我南征北战，所以说出那样的话。拖雷年幼无知，还不甚懂事。唯有斡歌歹心怀大志，他说得很正确。'

察阿歹说：

'树未被砍掉时需要斧子，
树已被砍掉后需要木匠。
国家未建立时需要勇将，
国家已建立后需要智者。
有学识却不教授的贤者，
不如肯道出所识的愚人。
只闻不及的远方之圣水，
不如随时可饮用的近水。
学识过人却沉默的智者，
不及肯传授所悟的傻民。
因吝啬而犹豫不决的富人，
不如遇事痛快解决的穷人。'

斡歌歹说：

'不妥之人有六悔，即：

不学无术者懵懂时后悔，

不惜身体者患病时后悔，

为官不清者罢闲时后悔，

大肆挥霍者穷困时后悔，

酗酒失态者清醒时后悔，

言行不义者临死时后悔。

三种人可扶持，即降职的官吏、落魄的富人、愚民中间被埋没的智者这三种人矣。诸位明辨吧。'

成吉思汗甚是赞同两位汗子的话。

成吉思汗又向诸后妃和汗子训谕道：

'亲信离你而去，

他人便会收益；

亲族离你而去，

旁人便会长势。

很多愿望都能实现，

忠诚的亲信则难寻。

一切所盼均能实现，

亲密的朋友则难寻。

胸有智略固然好，

孝敬之心不可误。

庸人只赏识同类，

排斥高大上者。

戒贪婪之念，

得慈悲之心。

生命短暂，须择进取之路，

应结交智人贤士。

行善者功成，

行不义者自毁。

至真至忠，

终至明哲。

念先人英名，

集身边亲友，

扶属下百姓，

立天下太平。

汗子们切记，弃善扬恶者、

以暴示人者非人也。

慈悲为怀者须尊崇，

信奉长生天须虔诚，

切记切记！'"

流传至今的成吉思汗箴言大致如此。成吉思汗箴言可治国启民，曾对蒙古族文明发展的进程起到一定的推动作用。

成吉思汗"颁布和贯彻了成文习惯法大'札撒黑'（集成律令）和'比利格'。这对维护社会秩序、道德风尚及私有财产等方面起了积极作用，并且成为以后蒙古诸汗国的法律基础"。（《中国蒙古史学会论文选集（1980）》之布林

· 掐丝镶宝金饰 ·

所著《成吉思汗事略》）《黑鞑事略》和《成吉思汗帝国史》等书记载："我们知道，过了不久后，违反札撒克（札撒）的事情不再发生了，每家都可昼夜不关篷帐的门户，蒙古人大家彼此不食言。"

45. 蒙古帝国的经济概况

众所皆知，社会的发展便是作为社会生产关系具体表现的经济的发展，在任何社会制度下都是如此。因而，当我们提到 13 世纪时期成吉思汗建立的蒙古帝国时，也应该提到帝国的经济状况。这不是本书主要的叙述对象，但也是不可绕过的内容。

在蒙古帝国建国初期的经济形式中，主产业为畜牧业，副产业为狩猎和手工业。

畜牧业

在蒙古帝国时期，畜牧业是蒙古民众最主要的生产和生活方式。增长牲畜数量，改善牲畜的品种和质量，加工畜产品以及生产畜牧业所需的工具用品等便是那段时期蒙古人的主要生产内容。牛羊肉和奶食品是蒙古人的主要日常饮食；通过直接利用或出售皮毛等畜产品来供应生活用品；甚至当时的交通和战争都离不开畜牧业。当时蒙古人的畜牧业为放牧五种牲畜，其中以马、牛、绵羊为主，骆驼、山羊为副。

当时，马在五种牲畜中数量上排第二，但它的作用是最重要的。马是蒙古人放牧、狩猎和战时的最重要的交通工具。夏天也可以挤马奶，做酸马奶等马奶饮品。战马的数量、肥瘦是衡量当时军队战斗力的主要因素之一。当时的马匹数量无从考证，不过从相关史料记载中还是能够看出其数目之庞大。例如，不少相关史料记载蒙古骑兵出征时每人带有三四匹或更多数量的马。成吉思汗西征时出动了十万大军（有些史料记作二十万），若以每人带三匹马计算，那么西征军至少带有三十万匹马。而军事供应在国民经济中所占分量毕竟有限，由此能够大致推断出整个蒙古帝国的马匹数量之庞大。

牛在数量上没有马匹多，不过在畜牧业中占据很重要的分量。牛是蒙古人的主要饮食来源，奶食品主要用牛奶来生产，而且生产时间长，产出量大，种类很多。当时的蒙古人一年四季食用牛肉，充当军粮的肉干主要用牛肉生产。牛皮是日常生产和生活用品的重要原料，牛皮可以制作皮靴、盔甲、熟皮条。熟皮条是制作马鞍不可或缺的材料。此外，牛还是重要的运输动力。《黑鞑事略》记载："草地之牛全是黄牛……既不耕犁，只是拽车。""日起营牛、马、橐驼以挽其车上室，可坐、可卧，谓之帐舆。"

五种牲畜中数量最多的是绵羊。《蒙鞑备录》记载："故彼国中有一马者，必有六七羊，谓如有百马者，必有六七百羊群也。"按这个比例算，如果马匹有百万，羊的数量应该能达到六七百万。绵羊的繁殖速度快，用处多。绵羊的毛皮是蒙古人的主要生活用品原料，绵羊肉和羊奶则为主要食物。另外，牛粪和羊粪砖是主要柴火。

骆驼主要用于驮物。《黑鞑事略》记载："橐驼有双峰者、有孤峰者、无有峰。"双峰驼主要产于中亚或蒙古地区，单峰驼主要产于阿拉伯、印度和北非。蒙古人可能是从西域引入骆驼开始牧养的。成吉思汗时期，西夏所贡物中便有骆驼。

山羊的数量可能较少。《蒙古秘史》中只有一处有关山羊的记载：王汗逃亡时"一路上挤着五只山羊的奶"。《黑鞑事略》记载："汉羊则曰骨律……"骨律羊数量少的原因是其肉不好吃且羊绒产量少，其他用处也不多。

畜牧业中各种牲畜的作用和所占分量会随着社会的发展而改变。机械科技发达的今天，马匹的作用已经大幅度下降，在五种牲畜中几乎排到末尾，牛羊的经济价值则排到了首位。

13 世纪蒙古帝国畜牧业的规模和种类大致如此。这是畜牧业发展的一方面，另一方面则要看其经营方式。

当时，蒙古人不仅有布满草原的五种牲畜，他们的畜牧业经营方式也达到了较高水平。这方面的首要体现是将各种牲畜分种类放牧的工作分工。《蒙古秘史》所记"阿都兀臣"（牧马人）、"豁你臣"（牧羊人）、"铁篾臣"（牧骆驼人）等称谓便是在反映这一点。其次是蒙古人利用草场的丰富经验，如《马可·波罗

游记》所记载："鞑靼人永远不固定地住在一个地方。每当冬天来临的时候，他们就迁移到一个比较温暖的平原上，以便为他们的牲畜找一个水草充足的牧场。一到夏天他们又回到山中凉爽的地方，那里此时水足草丰，同时牲畜又可避免马蝇和其他吸血害虫的侵扰。他们在两三个月里不断地向高处跋涉，寻找新的牧场，因为任何一个地方的水草都不足以饲养这样大群的牲畜。"再次是对牲畜的利用和加工畜产品的技术方面达到了较高水平。

狩猎经济是当时居住于贝加尔湖和叶尼塞河源地附近的森林百姓的主要经济类型。

经营畜牧业的牧民也会在畜牧业生产之余或适合狩猎的季节行猎。《蒙古秘史》所记"不剌合臣"（猎貂人）、"客列木臣"（猎松鼠人）等名称便是指一部分以狩猎为主要生产方式的人。狩猎经济当时是以畜牧业为主的草原百姓经济方式的补充成分。此外，蒙古军队在战争之余也会开展狩猎活动，而这样的狩猎活动除了经济方面的补充作用以外，还有军事方面的练兵作用，又是蒙古人的一种独具特色的娱乐活动。这方面的相关记载较多且详细，我在上文中提到过数次，故而在此不赘。

手工业

12 世纪时期，蒙古社会生产力的发展达到了一定水平，首要表现便是金属工具的制作和使用，这一点也推动了手工业的发展。当时有专业的铁匠和木匠，蒙古人在生产和生活中使用起斧子、锛子、锯、凿子等金属工具。塔儿忽惕（该名意为"匠"之复数）部显然是因为多出匠人而得名。当时的蒙古人已经掌握了做毡子、加工皮毛、制作蒙古包等技术，也有制作车辆、盔甲、兵器、马具（包括马鞍、马嚼子等）、日常生活用具等用具的专业匠人。此外，还有专门为富人贵族们制作首饰品和手工艺品的技术水平较高的手工艺人。据《蒙古秘史》记载，塔塔儿部首领蔑古真薛兀勒图用的是"银摇车和饰有大珠的被子"；失乞刊忽都忽被收养时"戴着金圈、金环，穿着貂皮里子、金花绉丝缎子的兜肚"；王汗住的是金撒帐，用的是金碗；王汗的信使亦秃儿坚骑的是金鞍黑马。尤其从汪古惕部文物来看，蒙古人当时的建筑技术也达到了较高水平。成吉思汗向外扩张时，从金朝、西夏和中亚带回很多手工艺人和匠师，显然他们对蒙古帝国的手工业发展起到了积极作用。

农业

当时的蒙古人也经营农业。当时，汪古惕等（也有关于篾儿乞惕部经营农业的记载）与内地来往密切的部族经营农业，而且农业发展水平较高。有出土文物可证实蒙古人所经营的农业具有自己的特色。1206年建国时，成吉思汗将"有门板的百姓"（指农民）赐给了失乞刊忽都忽。1212年将侍臣镇海派往阿尔泰山北阿布罕山，让他在那里开荒种地，这应该是出于军粮供应或公用的目的。

46. 成吉思汗与蒙古文字

成吉思汗不识文字，很多相关史料如是记载，很多专家学者也这么认为。弗拉基米尔佐夫先生如是记载："合罕自身既从来没有学习过读和写，也不曾学得除母语蒙古语外的其他任何国语言。"（《成吉思汗》第七章）关于这一点，人们从没怀疑过，本人也认同这一说法。然而，我们应该明确的是，没有任何记载可证实成吉思汗不识文字，成吉思汗是文盲之说毫无疑问是人们的推断。本书提到这个问题，主要是为了深入地探究与之相关的几个问题。

那么，成吉思汗是否懂得文字的重要性？关于这个问题，我的答案是肯定的。1204年，他在征服乃蛮时俘获畏兀儿文人塔塔统阿，便问他："汝深知本国文字乎？"之后又下令："教太子诸王以畏兀字书国言。"（《元史·塔塔统阿传》）这里提到的"国言"自然是指蒙古语。有疑问的一个问题是：成吉思汗所说的"畏兀字"是指乃蛮部从畏兀儿人那里借来用于记载乃蛮部语言（当然是蒙古语的一种方言）的"畏兀字"呢，还是塔塔统阿的母语畏兀儿族的语言文字"畏兀字"（实际上都是粟特文）呢？换言之，古代畏兀儿体蒙古文是在乃蛮部成形后再被广泛传播的，还是塔塔统阿从

1204 年开始用畏兀儿文字记载蒙古语的？这个问题的重要性在于它能够给出蒙古族拥有文字的时间。

关于蒙古族拥有文字的时间，主要的观点有两种。

第一种观点认为蒙古族是从 1204 年成吉思汗征服乃蛮部并俘获塔塔统阿那时开始拥有文字的。这是很多国内外专家学者们一直坚持的观点，其依据便是上述有关塔塔统阿的记载。这方面的研究如今还在继续。问题的关键在于：塔塔统阿到底是给成吉思汗的汗弟、汗子们教授了文字，还是为蒙古族创制了文字？关于这一点，蒙古国著名学者策·达木丁苏荣先生在其所著《蒙古文学史》一书中记载道："成吉思汗征服乃蛮部俘获塔塔统阿后让他给诸汗弟汗子教授文字的记载见于《元史》卷一百二十四……人们只凭这一处记载便认定蒙古族拥有文字的时间为十三世纪初期。但乃蛮部也是蒙古部族之一，而且他们拥有文字的时间无从考证。反正西部部族率先拥有文字这一点是肯定的。"此外，主攻蒙古文字学的内蒙古大学副教授包祥先生记载："塔塔统阿面临的任务只是用畏兀儿文

· 金龙饰件 ·

· 立粉高足杯 ·

字记载蒙古语而已，而不是创制文字的任务。"（《蒙古语文文学》杂志，1981 年第 2 期）这些观点显然是在原有的基础上进一步深入探究的结果。因而，策·达木丁苏荣先生认为关于塔塔统阿的这段记载"无法成为证实 13 世纪以前蒙古族没有文字的依据，那只是最早的相关记载而已"。

另一种观点认为蒙古族拥有文字的时间要比 1204 年早。关于到底"早"了多长时间，至今还没找到确凿依据，只是有几种推断。一种推断认为乃蛮等西部部族开始使用畏兀儿文字的时间便是蒙古族拥有文字的时间，然而目前还无法断定乃蛮部拥有文字的时间，所以蒙古族拥有文字的时间同样无法断定。上述为策·达木丁苏荣等人的观点。另一种推断认为："比起拉丁文等古老的文字，我们的蒙古文字尚年轻。翻阅蒙古史文献，《黄金史》一书记载孛端察儿曾与宋朝交往，又懂文识字。孛端察儿生活在十世纪时期。当时的畏兀儿（回纥）一则位于后来的蒙古地区……二则其语言与蒙古语相近，三则处于半定居半游牧状态，民俗也与蒙古相近。因而用畏兀儿文字记录蒙古语更为方便。而借用畏兀儿文字以及在这个基础上创制蒙古文字的事情肯定是发生在畏兀儿兴旺之时，而非畏兀儿人的政权衰落灭亡之时，因为蒙古人不可能借用灭亡国家的文字。"（《蒙古文字的发源和发展》，发表于《蒙古历史语文》杂志1958年第5期）这是蒙古国功勋学者、博士、教授博·仁琴提出的观点。包祥先生还提到："10世纪左右蒙古人突厥化过程中，与畏兀儿毗邻且各方面来往密切的某个蒙古部族率先借来畏兀儿文字结合蒙古语的特点开始使用的可能性还是存在的。"这些观点使蒙古族拥有文字的时间提前到了10世纪。

我认为这些推断准确，因为：

（1）虽然没有可证实成吉思汗识文字的记载，不过上面提到过成吉思汗懂得文字的重要性，而且《蒙古秘史》等相关文献史料均记载他身边有懂文识字的人。例如，1206年建国时，成吉思汗封失乞刊忽都忽为最高断事官，并下令："把全国领民的分配情况和所断的案件都写在青册上面。"由此看来，失乞刊忽都忽不止是识字，而且还有将"全国领民的分配情况和所断的案件都写在青册上面"的水平。若是1204年塔塔统阿创制文字后失乞刊忽都忽等人开始学习了这个新文字，那么在战争年代的短短两年时间里能够达到这般水平是不可思议的。另外还有一个问题值得探究，俘获塔塔统阿的时候，成吉思汗下令："以后凡有公文，都令塔塔统阿盖上印。"（策·达木丁苏荣编译《蒙古秘史》第196节，《元史·塔塔统阿传》记为："是后凡有制旨，始用印章，仍命掌之。"）如果蒙古文字真由塔塔统阿创制，那么当时的蒙古人应该都是文盲才对。然而，所谓"公文"的来由是什么？让谁读？又有谁能读懂？上面提到过成吉思汗的"海洋可汗"御玺，蒙古军队出征花剌子模时，1220年6月5日"那颜者别至你沙不儿……授以成吉思汗之檄，檄用畏兀儿文……"（《多桑蒙古史》上册，第106～107页）再有，1222年成吉思汗接见长春真人丘处机谈论时"悦曰：神仙是言，正合朕心。敕左右记以回纥字（即指畏兀儿体蒙古文。——引用者）"。（《长春真人西游记》常宝海译注本，第86页；译文为，"高兴地说：'神仙的这些话，正合朕心。'命令左右侍从用回纥字把这些话记录下来。"）可惜的是成吉思汗下令记录的"回纥字"的记载早已失传。而保存至今的成吉思汗石碑（又称"也松格碑"，为了纪念合撒儿之子也松格超群射术而刻制。——译者）碑文是蒙古族文字史的重要文物，该碑文刻录于成吉思汗生前1225年。这尊石碑可证实当时的成吉思汗掌握关于文字的常识，以及具有将所想刻录于石碑而使其流传百世的意识。

（2）诸多国家和民族的文字史早已证实了一个民族创制文字以及普及和规范所创制的文字并不是件容易的事，更不是几年或几十年时间里就能够实现的事情。关于这一点，不用说其他民族，参照自己的文字史便会清楚。例如，忽必烈薛禅可汗于1269年命八思巴创制方体蒙古文后下达推行普及之令，以大元帝国政权和财力作为保障试图在全国范围内推行新制方体字，最终却以失败告终。1648年，扎雅班迪达在畏兀儿体蒙古文的基础上创制了托忒蒙古文，至今已经过了三百三十多年，但托忒蒙古文还是未能走出卫喇特部。

若说一个拥有文字没多久的民族创作出包括"大蒙古帝国海洋可汗御玺"刻文、"成吉思汗石碑"碑文，尤其是成吉思汗逝世十三年之后成书、如今被称作蒙古族历史、文学、语言之圣典的蒙古族文化瑰宝《蒙古秘史》在内的文字史相关的重要文物和文献，我觉得还是不可思议。关于这一点，博·仁琴博士也说："文物和古文献中所能看到的蒙古文不见有不规范之处，从这一点来看13世纪时期从只由塔塔统阿一人教授开始用了极短时间便将一套语法体系如此成熟规范的文字普及到全国范围内的说法实在难以相信。"

（3）如今普遍认同的一个观点是蒙古人通过畏兀儿（蒙古国学者策·达木丁苏荣所著《蒙古文字学》一书提出没有通过畏兀儿，这一说法有待探究）学来并结合蒙古语特点使用粟特文的过程是：与畏兀儿人有来往的部族

·白釉罐·

（策·达木丁苏荣先生认为是乃蛮、杜尔伯特、土尔扈特等部）率先使用后逐渐普及到整个蒙古族的。这个过程始于10世纪，到了13世纪时进入蒙古族统一文字——古畏兀儿体蒙古文（又作旧蒙文）使用阶段。策·达木丁苏荣先生从语言学的角度解释旧蒙文可能带有土尔扈特部方言的影响。本书第三章提到过土尔扈特之名为"turkvd"（突厥之复数）一词的变异，而土尔扈特部为王汗的后裔。这一点与策·达木丁苏荣先生的解释也许有某种内在关联。

那些率先使用畏兀儿体蒙古文的部族中包括乃蛮部，这是个普遍认同的观点。而我认为汪古惕部也是率先使用畏兀儿体蒙古文的部族之一，故而在此作以补充：其因之一，被称作突厥部族的汪古惕部与畏兀儿和乃蛮部在习俗、宗教信仰及发展程度等方面都比较相近；其因之二，因居住在长城一带，汪古惕部从较早时期开始受到内地文化的影响，比其他蒙古部族更早掌握了关于文字的知识；其因之三，汪古惕部与畏兀儿人，尤其与乃蛮部来往密切；其因之四，当时的汪古惕部为经济发展程度最高的蒙古部族之一。这些原因自然会成为汪古惕部率先使用畏兀儿体蒙古文的客观条件。而如今，也有考古学依据可证实这一说法的真实性。

考古学依据之一："监国公主铜印"

1979年8月在内蒙古自治区首府呼和浩特市召开的中国蒙古史学会成立大会上，内蒙古文物工作队专家丁雪芸呈递论文《监国公主铜印考释》。该论文中提到的铜印是在 1958 年从内蒙古自治区武川县东土城公社五家村征集到的。该地位于大青山北，正是古时汪古惕部居住的地方，该地附近还发现过金朝和元朝时期的城池遗迹和陵墓。

该印长 10.8 厘米，宽 10.7 厘米，系黄铜印。将十四个篆体九叠字以三行阳刻在印面上，正中间刻有两个畏兀儿体蒙古文。丁雪芸将十四个篆体九叠字解读为"监国公主入宣差河北都总管之印"。内蒙古大学蒙古史研究室亦邻真先生将印上所刻蒙古文和汉文相比较后，认为蒙古文可能是"总管之印"之意。该印刻字汉文较清楚，蒙古文却模糊不清，难以辨认，可能是不识蒙古文的人摹刻导致。如果将所刻蒙古文与下面列举的依据相比较的话，可以说第二个字毫无疑问是汉字"印"的音译标写" "。看第一个字的形状好像是" "（玉）。萨敢思辰所著《蒙古源流》中记载有"玉石宝印"，可能是古时蒙古人如此称呼御玺。因而，我认为该二字可能是" "（玉印或玉玺之意）。

那么，该印的主人是哪个年代的哪个人？根据丁雪芸的考释，这是 1207 年嫁到汪古惕部的成吉思汗之女阿剌合别乞[15]之印。关于阿剌合别乞何时"监国"，屠寄之《蒙兀儿史记》记载，1219 年成吉思汗西征花剌子模时"分命公主阿剌合别乞、皇弟斡惕赤斤国王为漠南北监国"。（卷三，第 50 页）《元史》没有关于阿剌合别乞监国的记载，不过"监国公主"事迹的记载有几处，又在成吉思汗西征时段将阿剌合别乞称作"监国公主"。其他史料记载也可证实阿剌合别乞监国之事，例如，南宋使臣赵珙在其所著《蒙鞑备录》一书中记载："二公主曰阿里黑百（即指阿剌合别乞），因俗曰必姬（别乞之变异）夫人，曾嫁金国亡臣白四部（即指汪古惕部首领阿剌忽失的吉惕忽里长子不颜昔班。——屠寄之《蒙兀儿史记》），死，寡居，今领白鞑靼（即指汪古惕部）国事。"此外，《驸马高唐忠献王碑》记载："（阿剌合别乞）公主明睿有智略，车驾征伐四出，尝使留守，军国大政，咨禀而后行。师出无内顾之忧，公主之力居多。"

根据这些记载便会清楚"监国公主铜印"刻制时间在1207年到1219年间，比"成吉思汗石碑"还要早。铜印上的蒙古文虽然只有两个字，但它可证实当时的汪古惕部在使用畏兀儿体蒙古文这一事实。

考古学依据之二："宣差规措之印"

该印也是在汪古惕部故地赵王城被发现的。1976年春，内蒙古自治区达尔罕茂明安联合旗查干敖包公社九岁小女孩阿拉坦花从该旗杜楞敖包公社阿伦苏木（后世的喇嘛们将赵王城遗址称作阿伦苏木）东南十五公里处的沙剌夫之地找到的。

该印呈方形，边长近9.8厘米。刻文有蒙汉两种，汉文为六个篆体九叠字，即"宣差规措之印"，从右到左刻在印的左右两边。汉字的中间是从右到左的两行畏兀儿体蒙古文。值得一提的是"监国公主铜印"的畏兀儿体蒙古文不是这样的写法，而古时的畏兀儿文字和蒙古文字都是从上到下、从左到右的写法。这可能是刻制"宣差之印"的人不识蒙古文字导致的。以我的观察，该印上刻录的畏兀儿体蒙古文应该是" ᠬᠤᠷ ᠠᠷ ᠬᠥᠪ ᠥᠥ ᠬᠷᠨ "五个字，也就是汉语"宣差规措之印"古时的音译标写。蒙汉两种文字的刻法与"监国公主铜印"一样，也是阳刻。上面我推断"监国公主铜印"上的两个畏兀儿体蒙古文是" ᠬᠤᠷᠨ ᠬᠷᠨ "（玉印），该印则是" ᠥᠥ ᠬᠷᠨ "（宝印）。后来将这两个合写为" ᠬᠤᠷᠨ ᠥᠥᠷ "（《蒙古源流》蒙古文版，汉译为"玉石宝印"）或" ᠬᠤᠷᠨ ᠥᠥᠷ "（同上）。关于当时的制印特点，《黑鞑事略》的记载很重要："其印曰'宣命之宝'，文字叠篆而方径三寸有奇。"

然而，"宣差规措之印"的主人是哪个时代的哪个人？关于这个问题，目前还没找到直接提及的史料记载或其他资料，因而这也是个很难找到准确答案的问题。本人结合各方面因素分析了一番之后，认为"宣差规措之印"的刻制时间与"监国公主铜印"相近，具体地说便是1207—1211年间。因为：

（1）该二印均出自汪古惕部故地，毫无疑问是汪古惕部人在该地使用的印章。据《元史》记载，元成宗铁穆耳可汗1295年即位后封汪古惕部首领阿剌忽失的吉惕忽里曾孙阔里吉思为高唐王，并赐金印。依照当时赏赐诸王的标准，该印肯定是兽头金印，刻文肯定也是八思巴创制的方体蒙古文，而不可能是畏兀儿体蒙古文，因为当时的官方文字是已推行二十六年的方体蒙古文。汪古惕部使用印章的又一个依据便是上面提到的"监国公主铜印"。因而，"宣差规措之印"与"监国公主铜印"应该是同一年代的，与阔里吉思之印同一年代的可能性甚小。

（2）"宣差规措之印"与"监国公主铜印"各方面都很相似。①该二印的外形、制作风格和材料都相同。②汉文字体相同，即篆体九叠字。自宋初到元末，篆体九叠字的应用都比较广泛。③文字排列法也一样，即外汉内蒙（后来的印章文字排列法为左蒙右汉）。该二印可能是最早并用蒙汉两种文字的印章。④内容方面也有相似之处。二印刻文均有"宣差"二字。丁雪芸根据《蒙鞑备录》的记载认为"宣差"二字之意便是"奉使"。《蒙鞑备录》的原记载为："彼奉使曰宣差，自皇帝或国王（即指木华黎。——引用者）处来者，所过州、县及管兵头目处，悉来尊敬，不问官之高卑，皆分庭抗礼，穿戟门，坐于州郡设厅之上……"《长春真人西游记》中将护送丘处机的杨阿狗称作"宣差"。显然是将奉可汗之命的差使称作"宣差"。成吉思汗公主阿剌合别乞也曾奉成吉思汗之命担任"宣差河北都总管"，因而"虽木合黎国王亦咨禀而后行"。（《蒙兀儿史记》第321页）

持有"宣差规措之印"的官员的职责是什么？依我之见，其职责之谜在于"规措"二字。查阅相关史料，真有这样的单位或职位。《金史·百官一》记载有"三司"之一"正七品""规措审计官"（第 1244 页）。
《金史·百官三》也有一处记载："规措官，正七品，
掌灌溉民田。"（第 1322 页）再有就是《元史·世祖
十》的记载："（至元二十二年二月）中书省臣卢世
荣请立规措所，经营钱谷，秩五品，所用官吏以善贾
为之，勿限白身人，帝从之。"但我认为这两处记载
与我们的问题没什么关联，因为持有"宣差规措之印"
的人若是金朝官员，我想金朝官员的印章上没必要刻
上蒙古文。上述金朝"规措官""规措京兆府、耀州、
三白渠（今西安附近）公事"。（《金史·百官三》
第 1322 页）而其官印规格也与"宣差规措之印"不同。
如："七品印，一寸二分，铜，重十六两。"（《金史·百
官四》第 1337 页）而"宣差之印"边长三寸，与彭大
雅的记载相符。那么，"宣差之印"持有者是元朝"规
措官"吗？我认为还不是。《元史》所记元朝"规措所"
是 1285 年设立于上都（元朝上都，其遗址在今内蒙古
自治区正蓝旗旗府东北二十多公里处兆奈曼苏默之地）
的，同年 4 月负责设立规措所的中书省臣卢世荣犯案
被捕，11 月被处斩。可能是随着卢世荣之死"规措所"
也关门大吉，再未被提到，于是该"规措所"有没有
来得及刻制印章也成了未解之谜。就算是刻制过印章，
那也得刻录当时的官方文字八思巴方体字，当时在印
章上刻录畏兀儿体蒙古文可是犯法行为。

我从金朝和元朝各举一例的目的一方面是为了说
明该"宣差规措之印"既不是金朝时期的，也不是元

朝时期的，那是成吉思汗蒙古帝国时期刻制的印章；另一方面还要解释"规措"二字之意。我认为可将"规措"二字理解为"调度"，即调度金朝"灌溉民田"之事，或调度元朝"钱谷"之事。这么一来"宣差规措之印"便是"调度使之印"。"宣差规措之印"持有者显然是奉成吉思汗之命在汪古惕部执行某个任务（有可能与征金战略有关）的使臣。

·双环耳青瓷瓶·

总而言之，"宣差规措之印"和"监国公主铜印"的刻制时间、使用地、使用目的均是相同的。这样的结果可证实汪古惕部为率先使用畏兀儿体蒙古文的部族之一。而有关蒙古文字，将保存至今的几个依据依时间顺序列举如下：

（1）"大蒙古帝国海洋可汗御玺"，刻制于1204—1206年间。

（2）"监国公主印"和"宣差规措之印"，刻制于1207—1219年间。

（3）"成吉思汗石碑"（又称"也松格碑"），刻制于1225年。该碑如今收藏于圣彼得堡。

（4）"十方大紫微宫圣旨碑"，刻制于1240年。该碑如今在河南省济源市。

（5）"释迦院碑记"（又称"蒙哥可汗碑"——碑文里刻有蒙哥可汗的名字，因而纳姆囊道尔吉先生如是称谓），刻制于1257年。该碑如今在蒙古国。

（6）"俺都剌大王令牌"，该令牌刻制时间不详。"俺都剌大王令牌"一名来自其背面两行字的第一行第一个字"俺都剌"。该令牌若真是俺都剌大王所持有，那应该与元朝第二任皇帝铁穆耳可汗时期有关联。但那时用畏兀儿体蒙古文刻制令牌是件不可思议之事。为了便于参考，将俺都剌大王的简介附录于此：俺都剌大王为斡歌歹可汗曾孙，其祖父叫灭里，为斡歌歹可汗七子。灭里因拥立蒙哥而建功，获封领地为额儿的失河一带。后来其子秃忽（俺都剌之父）叛离忽必烈可汗，至元十八年（1281年）被镇压。1845年从德涅伯河一带找到的，该令牌是保存至今的唯一一枚畏兀儿体蒙古文令牌。

这些文物应该不是关于蒙古文字最早的历史文物，只是保存至今且被我们找到的文物而已。因而上述顺序不是一成不变的，若有这方面的新收获，这一顺序还会不断改变。

关于文字，成吉思汗掌握的不止是常识，有旁证可证实这一点：成吉思汗曾利用其他国家和民族的文字达到与那些国家和民族联系的目的。例如，从"成吉思汗令牌"和写给长春真人的几封诏书（都是用汉字撰写）来看，成吉思汗为了与汉族和契丹族联系而使用过汉文和契丹文。目前尚未发现关于成吉思汗使用西夏、女真等国家和民族的文字的依据，不过也不无可能。

关于成吉思汗与蒙古文字相关的信息大致如上所述。上文提到过蒙古文字并不是创制于成吉思汗时期。然而，将起初只有部分部族使用的畏兀儿体蒙古文普及到整个民族范围内，使其成为整个民族通用文字以及蒙古帝国官方文字，从而保证其合法地位，这是成吉思汗不可磨灭的功劳。

47. 蒙古帝国文化之巅——《蒙古秘史》

如今，人们普遍认定《蒙古秘史》为蒙古族最古老的历史典籍之一，也是蒙古族历史文学三大圣典之首。弗拉基米尔佐夫先生如是记载："如果可以说在中世纪没有一个民族像蒙古人那样吸引史学家们的注意，那么也就应该指出没有一个游牧民族保留下像《秘史》那样形象地详尽地刻画出现实生活的纪念作品。"（《蒙古社会制度史》）

《蒙古秘史》是一部以成吉思汗生平事迹和生活经历为主要内容，真实而生动地记载包括蒙古族族源、蒙古诸部概况以及与其他民族之间的关系等内容的时间跨度长达五百年的蒙古史文献。《蒙古秘史》以文学形式，即采用编年体记载、故事化叙述、抒情式叙述等手段创立了别具一格、具有蒙古族特色的写史手法，还录入很多蒙古族古代诗词和神话传说。因而，

《蒙古秘史》被誉为蒙古族历史圣典、文化瑰宝。《蒙古秘史》还是记录和保存古代蒙古语最丰富、最完整、最大的一个文库，也是最古老的蒙古族军事史记。

那么，蒙古族文化之不朽丰碑——成吉思汗逝世后仅仅过了十四年[16]便已成书的《蒙古秘史》是火山般地瞬间喷发，还是火树般地一夜开花？如今多数人的答案并非如此，他们认为一个没有丰厚文化积累的民族是无法创作出《蒙古秘史》这部撰写手法如此娴熟的文献。所谓"文化积累"当然也包括具有悠久历史的蒙古民族文化艺术形式——民间口承。

《蒙古秘史》所叙述的不仅是成吉思汗这一辈，还有他的祖先和世系。相比较而言，我们可以认为成吉思汗之蒙古帝国时期并不是蒙古历史的黑暗时期，而是封建社会起初的文化繁荣期。因而不少人认为，成吉思汗时期编撰成书的类似《蒙古秘史》的文献并不是只有一部，只是流传至今而我们能够读到的只有这一部而已，本人也赞同这一观点。成吉思汗的深谋远虑更是蒙古民族古代文化和智慧的结晶。弗拉基米尔佐夫先生如是记载："成吉思汗好像和当时有能力的蒙古人一样，有给予他自己的思想以韵律形式的天赋，所以他便能够很容易把它传承下来。讲到韵

· 錾仰莲花纹金钵 ·

律形式的使用，乃是从太古时代所继承下来的一种习惯，因为这个缘故，即使目不识丁的人民都能够保存着他的父祖的训言。"（《成吉思汗》第七章）

综合本章所述，长期处于四分五裂状态且历尽战乱的蒙古民族在成吉思汗的统领下，经过 12 世纪末到 13 世纪初的几十年斗争而建立的统一政权——蒙古帝国国情大致如此。

注　解

[1] 这里记载的"二百多万人口、三十一个部族"为贝勒津所著《成吉思汗》一书中统计的数目。关于成吉思汗统一的部族之数，相关史料记载各有出入。《元史·太宗纪》的记载为："灭国四十。"《黄金史纲》的记载为："向五色四夷，及阎浮提三百六十一种姓氏、七百二十种语言之国征收赋役。"（第 15 页）《恒河之流》的记载为："征服了……等四十九个国家。"《圣武成吉思汗战书》的记载为："当时我们蒙古人只有一千万（？），然而被征服国家和部族的人口却多达六百万（？）。"沃尔纳德斯基所著《蒙古和俄罗斯》的记载为一百多万人口。其中有些为成吉思汗逝世时统计的数目。目前尚未发现具体而详细地列举被成吉思汗征服的国家民族和部族以及人口数目的记载，所以上述几处记载只能算作大致数目。从成吉思汗当时拥有十多万兵力这一数目推断，二百多万人口之说应该是比较靠准的。

[2] 关于宣告建立蒙古帝国的大忽里勒台的召开时间，多数史料记载有年份（丙寅年，即 1206 年），不见具体月份和日期。屠寄

先生所著《蒙兀儿史记》中根据《南村辍耕录》记作十二月；《恒河之流》记作冬季末月；《多桑蒙古史》记作1206年春季。本书记作"1206年秋季到冬季末月"的原因为：蒙古高原的十二月气候寒冷，所以在当时的条件下，这个时节聚集多人举行大型会议和宴会是件很难的事情。我认为成吉思汗不会选择这个时节召开忽里勒台。从有些史料记载看，宴会期间喝的是酸马奶等饮品，所以肯定不是冬季。秋季则是一年四季之中最为富足的季节。人们从蒙古各地聚集到斡难河源地也需要两三个月时间。多桑记载的也许是人们开始聚集的时间。所以，本人认为将此次忽里勒台召开的时间推断为秋季比较靠准，忽里勒台结束后参加的人们散去时可能已是年末。不过这只是推断，难以成为具有说服力的依据。

［3］关于成吉思汗的大斡儿朵，贝勒津记作"刺绣白布大帐"。我根据14世纪时期成书的《普兰·迦儿宾行记》插图（第五章封面图）和《圣成吉思汗传》插图（图32）等依据记作"以青色的金边压顶布装饰的蒙古包形状的雪白色大斡儿朵"。关于蒙古可汗的斡儿朵，普兰·迦儿宾、马可·波罗和彭大雅等人均留下了详细的记载。《普兰·迦儿宾行记》记载："树立了一座用白天鹅绒制成的大帐幕，照我的估计，它得足可容二千多人。在帐幕四周树立了一道木栅栏，在栅栏上画了各种各样的图案。"马可·波罗如是描述忽必烈可汗的行宫："大汗朝会所在的幕屋非常宽大，一万名兵士都能在里面排兵布阵，而且还有余地可供高级长官和其他贵族逗留。幕屋入口朝南，东边另有一座幕屋和它相连，构成一个宽大的厅堂。"（《马可·波罗游记》第二卷）《黑鞑事略》记载："主帐南向独居，前列妾妇，次之伪扈卫，及伪官属又次之。凡鞑主猎帐所在，皆曰'窝里陀'（指斡儿朵），其金帐故名（柱以金制，故名）。凡伪嫔妃与聚落群起，独曰'大窝里陀'者。""霆（徐霆）至草地时，立金帐。想是以本朝皇帝亲遣使臣来，

故立之以示壮观。前纲邹奉使至，不曾立；后纲程大使更后纲周奉使至，皆不立。其挈即是草地大毡帐，上下用毡为衣，中间用柳编为窗眼透明，用千余索拽住，阃与柱皆以金里，故名。可容数百人。鞑主所坐胡床如禅寺讲座，亦饰以金。"

[4] 关于"九斿白纛"的记载和解释很多。《蒙古秘史》记载："虎儿年（丙寅，1206 年）聚会于斡难河源头，树立起九脚白旄旗纛。"（第 202 节）《蒙古源流》记载："遂即于斡难河源，树其九斿之白纛，遣人至德里衮布勒塔黑（迭里温孛勒答合）之地，树其四斿威灵之旗……"（《蒙古源流》卷三，第 119 页）《黄金史纲》记载："四十五岁丙寅年（1206 年），于斡难河之源树起九斿白纛，即了汗的大位。"（第 15 页）《恒河之流》记载："圣武成吉思汗，水马年生，四十五岁火虎年冬季末月，立九斿白纛登基于斡难河畔。"几处记载大致相同。此外，比较有趣的是贝勒津之《成吉思汗》的记载："帐门一旁，孛儿只斤氏族的象征大白旗在飘扬。旗上画有白海青抓乌鸦的图案，旗有九斿，每斿之牦牛白毛缨象征威武。九斿代表九乌尔鲁克。帐门另一旁立有帖木真战旗'苏鲁定'。'苏鲁定'之尖安有牛角，牛角下系有四斿黑马尾毛缨。"这段详细而形象的描述看来是《蒙古源流》相关记载的扩充。民国二十五年（1936 年）出版的《蒙族英雄拔都》一书记载："辽阔草原上修建大斡儿朵，斡儿朵前面立有旗杆，画有黑月亮的白旗在飘扬，旗尖系有九缨白马尾。这白旗叫作'九斿白纛'。"小林高四郎先生所著《成吉思汗》一书中如是解释"九斿白纛"："蒙古人以白色为吉祥的象征，黑色为凶祸的象征，'九'不言而喻是他们的圣数。他们相信这个旗里存在着守护神（苏鲁德）。守护神守护军队，经常引导走向胜利。所以征战前必定祭祀它。胜利后也牺牲摆供祭祀。据传，成吉思汗的仪卫存有纯白色大旗备用。国王用九尾白旗，中间画着黑色月亮。"（第 92 页）其依据可能是《蒙鞑备录》之记载：

"今国王止建一白旗，九尾，中有一黑月，出师则张云。"后来蒙古可汗的汗旗上有了日月之图，如马可·波罗所记："忽必烈乘坐在一个木制的亭子中，亭子安放在四头大象的背上……亭顶上飘扬着绘有日月的皇旗。"（《马可·波罗游记》第二卷）所谓"旆"，可能是以马额鬃形状制作而成。关于这一点，请参考本书第二章注解[11]、《恒河之流》第50页乔吉先生的注释以及发表于《内蒙古师范大学学报》1981年第1期的扎噶尔先生所著论文《关于成吉思汗苏鲁定》。

[5] 这里提到的"白毡"是我个人的看法。贝勒津记作"黑毡"，其依据不得而知。然而，众所皆知的是蒙古族古往今来都很忌讳黑色，上面提到过小林高四郎先生也清楚"蒙古人以……黑色为凶祸的象征"。再说黑毛羊向来较少，因而很少有用黑毛制作的毡子。也许是贝勒津先生之误，故而纠正为"白毡"。

[6] 塔塔统阿给成吉思汗献御玺之事也记载于贝勒津的书里。他如是记载："畏兀儿人塔塔统阿将玉石刻制的可汗御玺展示给众人。听到御玺刻文的内容后众人很震惊。刻文写道：'天上有神，地上有汗，神佑之。全人类可汗之御玺'。"

贝勒津的这段记载是较有依据的。1204年消灭乃蛮部时，塔塔统阿在战场上被俘，当时他怀揣乃蛮部塔阳汗之印，于是"合撒儿又问：'这个印有什么用？'塔塔统阿说：'选贤任能，用于各种政令。'合撒儿极为称赞，称他为忠孝的人，报知帖木真。以后凡有公文，都令塔塔统阿盖上印"。（策·达木丁苏荣编译本《蒙古秘史》第196节）《元史·塔塔统阿传》也记载："是后凡有制旨，始用印章，仍命（塔塔统阿）掌之。"根据这些记载，我们能够确定两件事：其一，作为塔阳汗掌印大臣，塔塔统阿肯定是个文才出众的人；其二，蒙古人最晚在1204年明白了可汗须有印章的道理及印章的用处，并将可汗御玺交给塔塔统阿，塔塔统阿出任成吉思汗的掌印大臣。

关于成吉思汗即位时已有御玺之事，《蒙古源流》记载："时，其石忽然自裂，内出一玉石宝印，长宽皆一拃，背有龟纽，上盘二龙，镌如浮雕然。其印，不多不少，能钤纸千张云。"（卷三，第119页）这段记载带有迷信色彩，不过也反映了给成吉思汗献御玺之事的存在性。《阿萨拉克齐史》记载："也速该把阿秃儿擒获塔塔儿部帖木真回去时，诃额仑生下一儿……从第二天开始，一只鸟在一块石头上方回旋三天，且鸣叫不停。也速该把阿秃儿言，子降闻鸟鸣为吉兆也，说罢砸开石头，见玉印一枚。"可证实成吉思汗使用印章的记载不止这些。例如，1223年3月7日，长春真人与成吉思汗告辞时，"上曰：'应于门下人悉令蠲免。'仍赐圣旨文字一通，且用御宝。"（《长春真人西游记》第87页，译文为"圣上说：'师父的门下弟子都要免征差发。'就颁赐了一道圣旨，上面加盖御宝。"）那么，成吉思汗御玺的下落呢？屠寄先生记载交给了斡歌歹可汗，"拖雷奉觞上寿（此处屠寄先生的注释为：成吉思殂后拖雷监国，皇帝之玺必掌于拖雷。此时宜奉上玺绶，而西书乃云奉盏，疑。），自馀群臣，同时拜呼殿下"。（《蒙兀儿史记》卷三十二，第296页）不只是那时有印章，在更早的1217年，"诏以木合黎为太师，都行省。封国王，赐金印，建九斿白旄"。（《蒙兀儿史记》卷三，第49页）由此看来，成吉思汗持有印章之事毫无疑问。

制作成吉思汗的御玺，登基时献上御玺以及此后掌管御玺的最理想人选便是塔塔统阿。然而，塔塔统阿不只是掌管了一位可汗的御玺，《元史·塔塔统阿传》明确记载："太宗即位，命司内府玉玺金帛。"

可以说，成吉思汗的御玺便是保存至今的"贵由可汗御玺"。关于这一点，我曾撰写短篇论文《蒙古大汗的金印》，发表于《蒙古语文》杂志1980年第6期。不过当时我还没读到贝勒津先生的相关记载。

"贵由可汗御玺"的印文为："拜长生天之力，大蒙古帝国海洋可汗圣旨所到之处人人遵从敬畏之。"而贝勒津的记载相差较大:"天上有神,地上有汗,神佑之。全人类可汗之御玺。"但如今我们引用的贝勒津著文是从俄语译到法语,再从法语译到日语的译文。因而,被翻译的过程中其形难免被改易,不过其意还在。我觉得"天上有神……神佑之"反映"拜长生天之力"之意,"地上有汗"或"全人类可汗"反映了"大蒙古帝国海洋可汗"之意。

将该印称作"贵由可汗御玺"的原因:1246年7月,罗马教皇的信使普兰·迦儿宾修士在昔剌斡儿朵(皇宫)参加了斡歌歹可汗之子贵由的即位大典,他返回时贵由可汗写给教皇的诏书上盖有此印。而这份贵由可汗诏书至今还保存于罗马教廷档案馆中。这份诏书是在宽30厘米、长120厘米的纸上用萨拉森(波斯)文写成,诏书中间和结尾处可见御玺印文。

该御玺并不是贵由可汗一人所用,那是蒙古帝国可汗御玺,也就是说成吉思汗继承给斡歌歹可汗,斡歌歹可汗再继承给贵由可汗的。因为成吉思汗逝世后拖雷监国一年,斡歌歹可汗在位十三年(1229—1241年),乃马真合屯称制五年(1242—1246年),到贵由可汗即位时共过了十八年。这十八年时间里御玺不可能丢失,尤其在可汗即位时首先应该承袭御玺。

《普兰·迦儿宾行记》俄译本中沙斯提娜注释该印由一位俄罗斯匠师刻制,并记载俄罗斯匠师的高超手艺得到人们的称赞。我认为这并非历史事实,而是为了突出俄罗斯匠师而作的注释而已。也许有过那么一位俄罗斯匠师,不过他也可能是从事其他手艺的匠师。再说,普兰·迦儿宾也没有记载该印由俄罗斯匠师刻制。

[7]关于"旧蒙古国"合不勒、俺巴孩、忽图剌三位可汗之间的世系,请参考下表:

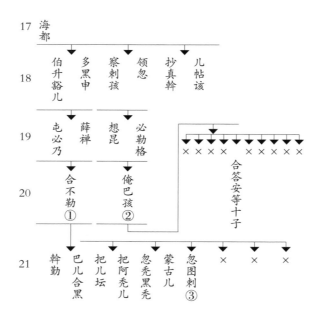

注释：17~21是从孛儿帖赤那算起的世系顺序。另外，忽略了合不勒可汗其他三个儿子的名字。

［8］日本蒙古学家本田实信将《史集》所记成吉思汗军队人数和《蒙古秘史》所记千户官之数进行比较研究后，撰写论文《成吉思汗之千户》，1953年8月发表于《史学杂志》。我将《史集》和《蒙古秘史》二书记载中有出入的地方整理了一番，并列举于此，以便做参考：

一、拖雷从属军队共101000人，101千户，千户官48人。

其中：

1. 中路军1000人，百户官8人。

2. 右翼军38000人，38千户，提到名字的千户官23人。

3. 左翼军62000人，62千户，提到名字的千户官25人。

二、术赤、察阿歹、斡歌歹、古列坚等人的从属军队共16000人，16千户，千户官16人。

其中四位汗子每人统领4000人，16千户，提到名字的千户官12人。

三、三个汗弟和诃额仑兀真从属军队共12000人（没有提到千户和千户官的具体数目）。

其中：

1. 斡惕赤斤从属军队5000人。

2. 合撒儿从属军队1000人。

3. 阿勒赤歹（合赤温之子）从属军队3000人。

4. 诃额仑兀真从属军队3000人。

概括起来便是《史集》记载成吉思汗军队总共有129000人，117千户，提到名字的千户官有64人。关于这64位千户官的名字，请参考下面：

1. 《史集》和《蒙古秘史》中名字记法相同或大致相同的千户官：孛斡儿出、孛罗忽勒、者台、轻吉牙歹、脱仑扯儿必、雪亦客秃扯儿必、巴剌扯儿必、宿敦那颜（锁儿罕失剌之孙，不过《蒙古秘史》中将第二十七位千户官记作锁儿罕失剌）、失乞刊忽都忽、忙豁勒秃儿坚（即《蒙古秘史》所记第二十六位千户官巴阿邻部阿剌黑）、豁儿赤、不鲁罕、蒙力克父亲、阿剌忽失的吉惕忽里（以上为右翼下属千户官）；木华黎、也速不花太师（《蒙古秘史》所记第九位千户官者勒篾之子）、不秃古列坚、忽余勒答儿薛禅、纳牙阿、翁古儿、速别额台把阿秃儿、忽都思合勒潺、蒙可合勒札（以上为左翼下属千户官）；蒙古兀儿、忽难那颜（该二人为术赤下属千户官）；巴鲁剌台合剌察儿、木格那颜（该二人为察阿歹下属千户官）；亦鲁该（斡歌歹下属千户官）；忽必来那颜、脱斡里剌（即察罕豁阿之子纳邻脱斡里剌）（该二人为古列坚下属千户官）。

2. 二书中官位相同，名字记法不同的人：都亦速合（《蒙古秘史》第七十二位千户官叫作脱卜撒合）、雪你惕部人合丹客卜帖兀勒（《蒙古秘史》第六十三位千户官叫作合答安）、蒙格秃乞颜（《蒙古秘史》第六十二位千户官叫作篾格秃）、怯台那颜（《蒙古秘史》第六十七位千户官叫作客台）、不臣那颜（《蒙古秘史》第三十八位千户官叫作不只儿）、翁吉剌惕部人失窟驸马（《蒙古秘史》第八十三位千户官叫作阿失黑古列坚）（以上为左右两翼下属千户官）；斡歌歹下属千户官带儿（《蒙古秘史》第三十六位千户官叫作答亦儿）。

3. 《史集》中记作千户官，《蒙古秘史》则记作其他官位的人：阿儿孩合撒儿（《蒙古秘史》记作宿卫长）、也孙秃阿塔儿乞（《蒙古秘史》记有箭筒士长也孙帖额，《史集》中以上为右翼下属千户官）；多豁勒忽扯儿必（《蒙古秘史》记作宿卫长）、别勒古台（成吉思汗之弟、《蒙古秘史》中不是千户官）、斡歌连扯儿必（《蒙古秘史》记作宿卫长）。

4. 《蒙古秘史》中不见的千户官以及其他人：速勒都思部人脱斡里勒（关于此人的记载不见其他）、斡亦剌惕部忽都合别乞（后被封为千户官）、斡勒忽讷兀敦部泰出驸马（《元史》记有"塔出驸马"）、阿答儿斤部木忽儿忽兰（《圣武亲征录》记有"木忽儿好兰"）、塔塔儿部也客忽秃忽惕那颜（好像是指失乞刊忽都忽，但之前又提到过失乞刊忽都忽）、翁吉剌惕部阿勒赤古列坚、哈台、不忽儿、塔忽答儿、申忽儿（关于该五人的记载不见其他）、晃豁坛部速秃那颜（《元史·食货志》记有"也速鲁"）、札剌亦儿台也速儿（关于此人的记载不见其他）、札剌亦儿部人兀孩、巴儿术（二人为同一个千户的千户官，没有其他记载）、兀良合惕部（支系）人兀答赤（没有其他记载）、札剌亦儿部人带孙（《圣武亲征录》记有"带孙"）、札只剌惕部人豁沙忽勒（《圣武亲征录》记有"火朱勒部千骑"）、合剌契丹人吾也儿元帅（《圣武亲征录》记有"乌叶儿元帅"）、女真人（耶律）秃花元帅（《圣武亲征录》记有"秃花元帅"）（以上为左右两翼下属千户官）；温真部人旭失台、拜忽（该二人为术赤下属四个千户官之二）；速勒都思部人亦剌黑秃阿（斡歌歹下属四个千户官之一）；捏古思部人脱斡里剌（古列坚下属四个千户官之一）。其中，没有记载察阿歹下属千户官两名，斡歌歹、古列坚下属千户官各一名。

中军百户官为：（1）唐兀惕部人察罕那颜，后来是不劣那颜（《蒙古秘史》记作"也客捏兀邻"）；（2）雪你惕部人燕帖木儿；（3）朵儿别部人余剌乞；（4）札剌亦儿部人兀勒带；（5）客列亦惕部人额勒别客儿；（6）篾儿乞惕部人者篾勒火札；（7）大轻吉牙带；（8）塔塔儿部人也孙秃阿。

[9]《蒙古秘史》第202节所记八十八功臣和九十五千户为概括之数。但是因《蒙古秘史》有多种版本（有十五卷版本，也有十二卷版本，十二卷版本也分顾广圻抄本和叶德辉抄本）而人名和数目均有些出入。近些年的各种新的版本也有四部（A策·达木丁苏荣编译本；B道润梯步新译简注本；C额尔登泰、乌云达赉校勘本；D巴雅尔标音本。下面依此简称A、B、C、D）。这四种新版本也保存有在上述几种《蒙古秘史》旧版本中存在的出入。C和D版本中功臣为八十九人，千户为九十六。A和B版本中则是与多数人的看法相同的八十八功臣，九十五千户，但具体的人名还是有出入。A、C、D三个版本中第三十五位功臣叫巴剌，第三十六位功臣叫斡罗纳儿台；但B版本中将他们合写为一人，即第三十五位功臣巴剌·斡罗纳儿台。再有，A、C、D三个版本中第五十三位功臣叫蒙可，第五十四位功臣叫哈勒扎；但B版本中又将该二人之名合写为一人，即第五十二位功臣蒙可·哈勒扎。A、C、D三个版本中第六十二位功臣叫脱欢帖木儿；但B版本中将其分开记作两人，即第六十位功臣脱欢、第六十一位功臣帖木儿。B、C、D三个版本中有轻吉牙歹（B版本中记作第八十位，C和D版本中记作第八十一位）、不合古列坚（B版本中记作第八十一位，

C 和 D 版本中记作第八十二位）二人；但 A 版本中合写为一人，即第八十一位功臣轻吉牙歹不合古列坚。另外，第三十五位往下的排位也有出入。本书沿用道润梯步先生的记载，详情见本章注解［13］。

据说《史集》所记一百二十九个千户为成吉思汗临终前分封诸汗子、汗弟的千户数目，其中包括 1206 年以后新设立的诸千户。例如，起初的九十五千户中没有纳入怯薛军诸将们的千户，其中包括：被封为千户官的阿儿孩合撒儿、也孙帖额、多豁勒忽扯儿必、斡歌连扯儿必、帖木迭儿等人的五个千户；《蒙古秘史》中不见而《圣武亲征录》中有记载的"火朱勒部千骑"以及"乌叶儿元帅""秃花元帅"二人所属共计二十三千户；1207—1208 年间设立的斡亦剌惕部四个千户；再加上由中军八个百户官组成的一个千户和别勒古台的千户，一共是三十四千户。从剌失德所记一百二十九千户中减去这三十四千户便是《蒙古秘史》所记九十五千户，不多不少。因而可认为剌失德所记数目较有依据。

［10］台湾史学家袁国藩通过引用很多国内外文献史料，撰写论文《十三世纪蒙古战士之装备》，简明而较为系统地介绍了古代蒙古军队的武器装备。详请见《大陆杂志》1969 年第三十八卷，第 1 期。

［11］《蒙鞑备录》一书为 1221 年南宋派往蒙古帝国的使臣赵珙所著。而《黑鞑事略》一书也是由 1237 年南宋派往蒙古帝国的另外两个使臣彭大雅、徐霆二人所著。二书均为记载蒙古帝国各方面情况和民间习俗等的见闻录，均为蒙古史研究可参考的重要史料。清末史学家王国维先生仔细对比研究了二书，附上了注释。1979 年黑龙江人民出版社出版了这两本书的蒙古文版本。

［12］关于速别额台，史料记载较为混乱。《元史》卷一百二十一将其称作"速不台"，卷一百二十二则称作"雪不台"，给同一个人写了两处传记。两处传记内容基本相同，不过第一个叙述

得详细些，第二个较为简略些。《蒙古源流》中记作"珠尔齐特之速别格台巴图尔"，所谓"珠尔齐特"显然是"札儿赤兀歹"的变异，"速别格台"为"速别额台"之变异。从《蒙古秘史》第120节的记载看，速别额台投奔成吉思汗的时间为1189年，即帖木真与札木合决裂之时。因而，1189年帖木真称汗时命速别额台把阿秀儿任掌管房屋和财务者。但《元史·雪不台传》的记载并非如此："太祖初建兴都于班朱泥河，今龙居河也。哈班驱群羊入贡，遇盗见执，雪不台及兄虎鲁浑随至，刺盗杀之，众溃去，哈班得以羊进帝所，由是父子兄弟以义勇称。虎鲁浑以百夫长西征，破乃蛮，立战功。雪不台以质子袭职……"依这段记载，速别额台投奔成吉思汗的时间变成了1203年，而不是1180至1189年间。也许是速别额台之父哈班1203年投奔了成吉思汗。本书中速别额台的前期事迹与《蒙古秘史》的记载一致。

［13］成吉思汗八十八开国功臣的简介如下（A代表《蒙古秘史》策·达木丁苏荣编译本；B代表道润梯步新译简注本；C代表额尔登泰、乌云达赉校勘本；D代表巴雅尔标音本）：

1. 蒙力克，晃豁坛部人，察刺合老人之子。

2. 孛斡儿出，阿鲁刺惕部人，纳忽伯颜之子，成吉思汗"四杰"之一。

3. 木华黎，札刺亦儿部人，帖列格秃伯颜之子，成吉思汗"四杰"之一。

4. 豁儿赤，巴阿邻部人。从《蒙古秘史》第120、121节看，豁儿赤和兀孙额不干为同一人，身份为萨满教巫师。第207节和第216节中却记作两个人。屠寄先生认为是同一人，李则芬先生则认为是两个人。本书记作两个人。

5. 亦鲁该，从《蒙古秘史》第226节看亦鲁该为阿勒赤歹的亲族。而阿勒赤歹为成吉思汗之弟合赤温的儿子，所以亦鲁该也应该是成吉思汗的亲族。不过那珂通世先生根据札剌亦儿部人阿儿孩合撒儿的简称"阿儿孩"，认为"亦鲁该"为"阿儿孩"之异写。屠寄先生则根据《蒙古秘史》第十二卷中同时提到"亦鲁该"和"阿儿孩"二人的记载否定了那珂通世先生的观点，并认为《蒙古源流》中经常提到的雪你惕部人"吉鲁根巴图尔"便是这个"亦鲁该"。本田实信在其论文中引用了《史集》的记载"札剌亦儿部亦鲁该"。亦鲁该后来成为斡歌歹可汗的两个谋臣之一。

6. 主儿扯歹（《元史》记作"术赤台"），兀鲁兀惕部人。

7. 忽难，格你格思部人，术赤手下的万户官以及术赤的三个谋臣之一，因"时常忠言相告"而得到成吉思汗赏识的四人之一。

8. 忽必来，巴鲁剌撒部人，成吉思汗"四先锋"之一。

9. 者勒篾，兀良合部人，札儿赤兀歹老人之子，成吉思汗"四先锋"之一。

10. 秃格，札剌亦儿部人。屠寄先生认为秃格为《蒙古秘史》第137节提到的帖列格秃伯颜之孙，即赤剌温孩亦赤之子。

11. 塔乞，别速迭部人，斡歌歹可汗两个谋臣之一，因"时常忠言相告"而得到成吉思汗赏识的四人之一。

12. 脱仑，晃豁坛部蒙力克之子，又作脱仑扯儿必。他的千户从属拖雷。

13. 翁古儿，乞牙惕部，把儿坛把阿秃儿长子蒙格秃乞颜的儿子。《史集》记作巴牙兀惕部人，李则芬先生沿用了《史集》的记载。

14. 出勒格台，速勒都思部人。《蒙古秘史》第120节记作"赤勒古台"。

15. 孛罗忽勒，温真（许兀慎）部人。诃额仑兀真四个养子之一，成吉思汗"四杰"之一。

16. 失乞刊忽都忽（A记作失吉忽秃忽），塔塔儿部人。诃额仑兀真四个养子之一，最高断事官。

17. 忽古出（A记作曲出，D记作古出，C记作忽古出），篾儿乞惕部人。诃额仑兀真四个养子之一，汗弟斡惕赤斤和诃额仑兀真的四个谋臣之一。《蒙古秘史》第114节记作曲出。

18. 阔阔出，别速迭部人。诃额仑兀真四个养子之一，汗弟斡惕赤斤和诃额仑兀真的四个谋臣之一。

19. 豁儿豁孙，姓氏不详。《蒙古秘史》第243节记有"豁儿合孙"，也许是同一人，"豁儿合孙"为汗弟斡惕赤斤和诃额仑兀真的四个谋臣之一。

20. 许孙，客列亦惕部人。有人认为此人便是《元史》卷一百二十二提到的"哈散纳"。

21. 忽余勒答儿，又作忽余勒答儿薛禅，忙忽惕部人。1206年以前逝世，追封为千户官，其子承继。

22. 失鲁孩，沼兀列亦惕部人。

23. 者台，忙忽惕部人，拖雷的两个谋臣之一。

24. 塔孩，速勒都思部人。屠寄先生认为此人便是《蒙古秘史》第120节提到的赤勒古台之弟塔乞。

25. 察罕豁阿，捏古思（赤那思）部人。《蒙古秘史》第120节记作"察合安兀洼"，第129节记作"察合安兀阿"，其实都是同一人，因而我统一记作"察罕豁阿"。此人在"十三翼之战"中被札木合杀害，追封为千户官，其子纳邻脱斡里剌承继。

26. 阿剌黑，你出古惕巴阿邻部失儿古额秃老人之子，中军万户官纳牙阿之兄。当时失儿古额秃老人已逝世，因而阿剌黑兄弟二人获封。阿剌黑为忽必烈可汗时期伯颜丞相的祖父。

27. 锁儿罕失剌，速勒都思部人。成吉思汗"四杰"之一赤老温的父亲。那珂通世先生认为由于锁儿罕失剌健在而出任千户官，所以

千户官中没有提到赤老温。

28. 不鲁罕，巴鲁剌撒部人。《元史·忽林失传》中记作"不鲁罕罕札"。

29. 合剌察儿，巴鲁剌撒部人，速忽薛禅之子，察阿歹的四个谋臣之一。

30. 阔阔搠思，巴阿邻部人，察阿歹的四个谋臣之一，也是因"时常忠言相告"而得到成吉思汗赏识的四人之一。他曾狠狠批评过察阿歹。

31. 雪亦客秃，又作雪亦客秃扯儿必，晃豁坛部人。

32. 纳牙阿，你出古惕巴阿邻部失儿古额秃老人之子，阿剌黑之弟，中军万户官，获封没多久便逝世。

33. 冢率，那牙勤部人。《蒙古秘史》标音本中此人的名字有好几种写法，汗弟斡惕赤斤和诃额仑兀真的四个谋臣之一。

34. 古出古儿，别速迭部人，第十一位功臣塔乞之弟。

35. 巴剌·斡罗纳儿台，斡罗纳剌部人。与札剌亦儿部人巴剌名字相同，所以加上姓氏记作"巴剌·斡罗纳儿台"。但在《蒙古秘史》A、C、D 三个版本中均分开记作两个人，即第三十五位功臣巴剌和第三十六位功臣斡罗纳儿台。因而，第三十五位以后的排位也就有了变动。

36. 答亦儿，那珂通世先生认为此人便是兀洼思篾儿乞惕部人答亦儿兀孙，答亦儿兀孙为成吉思汗爱妃忽兰合屯之父，因而有必要视作功臣。但《圣武亲征录》记载答亦儿兀孙叛离后，被成吉思汗派去的字罗忽勒、沈白二人所率右翼军消灭。《史集》第一卷第一分册第三编中则记载随成吉思汗西征中亚的客列亦惕部人"塔亦儿拔都儿"便是第三十六千户千户官。本田实信的论文中记作晃豁坛部人。

37. 木格，本田实信记作札剌亦儿部人。那珂通世根据《元史·字兰奚传》提出字兰奚的祖先翁吉剌惕部人"忙哥"便是此人。屠寄先生认为《蒙古秘史》第 243 节提到的"蒙客"便是此人。此人为察阿歹四个谋臣之一。

38. 不只儿，屠寄先生认为《元史》所记"布智儿、卜只儿"和《蒙古秘史》第191节所记"不察兰扯儿必"均是"不只儿"之异写，不过这一说法缺少依据。

39. 蒙古兀儿，本田实信记作萨述惕部人。但《蒙古秘史》中该部没有出现。此人为术赤的三个谋臣之一。

40. 朵罗阿歹，《蒙古秘史》中只提过一次，姓氏不详。

41. 字坚，兀鲁兀惕部人。那珂通世先生认为《元史》第一百三十五卷所记忽图之父"字罕"便是此人。

42. 忽都思，巴鲁剌撒部人，忽必来那颜之弟。《蒙古秘史》第191节所记"忽都思合勒潺"应该也是此人。

43. 马剌勒，只被提到这一次，其他文献史料中也不见此人，姓氏不详。

44. 者卜客，札剌亦儿部人，帖列格秃伯颜之子，合撒儿的谋臣。

45. 余鲁罕，札剌亦儿部人。《元史》记作"朔鲁罕"，死于野狐岭之役。

46. 阔阔，那珂通世先生认为"阔阔"为《元史》所记"阔阔不花"之简称，屠寄先生认为其说有疑。

47. 者别，别速迭部人。成吉思汗"四先锋"之一。《蒙古源流》记作伊苏特部人，屠寄先生认为《史集》所记"别速惕"与《蒙古源流》所记相吻合。

48. 兀都台，《蒙古秘史》中只被提到这一次，其他文献史料中也不见此人。

49. 巴剌扯儿必，札剌亦儿部人，薛扯朵抹黑之子，阿儿孩合撒儿之弟。拖雷的两个谋臣之一。

50. 客帖，《蒙古秘史》中只被提到两次，姓氏不详。术赤的三

个谋臣之一。

51. 速别额台，兀良合部人，哈班之子。成吉思汗"四先锋"之一。

52. 蒙可合勒札，忙忽惕部人，忽余勒答儿之子。《蒙古秘史》A、C、D 三个版本中将其分开记作两个人，即"蒙可""哈勒札"。《圣武亲征录》记作"木哥汉扎"；《元史·太宗纪》记作"蒙古寒扎"；剌失德记作"蒙可—合勒札"，均记为一人。《元史》中可见将"合勒札"记作"火者"的例子，"合勒札"也许是烧火者之意。

53. 忽儿察忽思，《蒙古秘史》中只被提到这一次。

54. 苟吉，那珂通世、屠寄二位认为《蒙古秘史》第 277 节所记"掌吉"便是此人。本田实信记作乞牙惕部人。

55. 巴歹，斡罗纳剌部人（本田实信论文所记），卯温都儿之战前给成吉思汗送急报者。

56. 乞失里，屠寄先生记作斡罗纳剌部人。李则芬先生认为此人为第五十五位功臣巴歹之弟。但《蒙古秘史》不见此说。

57. 客台，兀鲁兀惕部人，主儿扯歹之子。

58. 察兀儿孩，兀良合部人，札儿赤兀歹老人之子，即《蒙古秘史》第 120 节所记者勒篾之弟察兀儿罕。

59. 翁古兰（A 作"翁吉兰"），《蒙古秘史》中只被提到这一次。

60. 脱欢，许兀慎（温真）部人，字罗忽勒那颜之子。《元史·博尔忽传》所记字罗忽勒死后其子继承了千户官位之说有误，实际上父子二人一起获封千户官。《蒙古秘史》A、C 两个版本中将"脱欢"和第六十一位功臣"帖木儿"二人之名合写为一个人名，即"脱欢帖木儿"。

61. 帖木儿，本田实信记作雪你惕部人。屠寄先生记载："那珂通世云：古余可罕（贵由可汗）崩后，阿勒塔克山（阿尔泰山）诸王之会，皇后兀古勒该米失（海迷失后）遣喀喇阔鲁木（喀剌和林）之

总管帖木儿预会议，即此帖木儿。"（《蒙兀儿史记》卷三，第42页）

62. 篾格秃，本田实信记作乞牙惕部人。《蒙古秘史》第270节记载："……巴黑塔惕国的合里伯莎勒坛，曾派绰儿马罕箭筒士去征讨，如今可派斡豁秃儿、蒙格秃二人去增援。"那珂通世先生认为其中的"蒙格秃"便是千户官篾格秃。

63. 合答安，塔儿忽惕部人，即《蒙古秘史》第174节所记"合答安答勒都儿罕"（A、B、C、D四个版本的第120节均把该名分开，记成两个人——"合答安""答勒都儿罕"），此处省略"答勒都儿罕"。本田实信先生在其论文《成吉思汗之千户》中记作雪你惕部人，我认为有误。

64. 抹罗合，《蒙古秘史》中只被提到一次，不见其他记载。

65. 朵里不合，《蒙古秘史》中只被提到一次，不见其他记载。

66. 亦都合歹，《蒙古秘史》中只被提到一次，不见其他记载。李则芬先生记作察阿歹的四个谋臣之一。

67. 失剌忽勒，客列亦惕部人。那珂通世先生认为此人为《元史》所记也先不花之祖。

68. 倒温，姓氏不详。屠寄先生记载："按（《元史》）世祖纪，中统元年（1260年）八月赐必扯赤（文书）塔剌浑二千五百两，塔剌浑似即倒温之异文。"（《蒙兀儿史记》卷三，第42页）

69. 塔马赤，《蒙古秘史》中只被提到一次，不见其他记载。

70. 合兀兰，《蒙古秘史》中只被提到一次，不见其他记载。

71. 阿勒赤，姓氏不详。那珂通世先生认为《元史·速不台传》所记"阿里出"也许就是此人。李则芬先生记载"阿勒赤"为"阿勒赤歹""亦鲁该"（第五位功臣）二人的亲族。

72. 脱卜撒合，朵儿别部人（本田实信所记）。《蒙古秘史》十二卷版本中记作"脱撒合"。

73. 统灰歹，关于此人有两种观点。那珂通世先生认为是指镇海（普兰·迦儿宾的写法），因为《长春真人西游记》中将其记作"田镇海"，再说镇海参加了1203年巴勒诸纳之盟，所以理应获封功臣，统灰歹应为"田镇海"之异写。然而，屠寄先生否定了那珂通世的说法，认为统灰歹便是"耶律秃花"，依据为《元史·耶律阿海传》的记载："（耶律阿海）金桓州尹撒八儿之孙，尚书奏事官脱迭儿之子也。阿海天资雄毅，勇略过人，尤善骑射，通诸国语。金季，选使王可汗，见太祖……明年，复出使，与弟秃花俱往，慰劳加厚，遂以秃花为质，直宿卫。阿海得参与机谋，出入战阵，常在左右。岁壬戌，王可汗叛盟，谋袭太祖。太祖与宗亲大臣同休戚者，饮辨屯河（巴勒诸纳）水为盟，阿海兄弟皆预焉。"他根据这段记载认为："阿海兄弟宜在功臣之列，而《秘史》八十八功臣内无二人之名，属可疑。今考蒙兀语秃鲁花，汉言当子读成秃花，对文可作统灰。耶律秃花本代其兄阿海为质，蒙兀人即以秃花歹呼之，非本名也。以此考知统灰歹即耶律秃花。"（《蒙兀儿史记》卷三，第42页）

74. 脱不合，客列亦惕部人，失剌忽勒（第六十七位功臣）之兄。

75. 阿只乃，本田实信记作翁吉剌惕部人。

76. 秃亦迭格儿，《蒙古秘史》中只被提到一次，不见其他记载。

77. 薛赤兀儿（A记作薛潮兀儿），豁罗剌思部人。

78. 者迭儿，屠寄先生认为跟随斡歌歹可汗出征钦察兀、康里、花剌子模等国并立下战功的真脱儿便是此人。那珂通世先生则认为阿勒赤歹的牧马人牙的儿，即《圣武亲征录》所记"也迭儿"便是此人。

79. 斡剌儿古列坚，《蒙古秘史》中只被提到一次，本田实信先生记作翁吉剌惕部人。

80. 轻吉牙歹，斡勒忽讷兀敦部人。《蒙古秘史》第120节和第202节两次提到此人。A版本中将此人和第81位功臣不合古列坚合合记为一个人，即"轻吉牙歹不合古列坚"。B版本中括号里注明驸马。

81. 不合古列坚，那珂通世先生认为《蒙古秘史》第137节所记札剌亦儿部人古温兀阿之子、木华黎之弟不合便是此人。屠寄之《蒙兀儿史记》卷一百五十三《蒙兀氏族表》则记作札敦巴牙兀惕部人。起初是蒙格秃乞颜之子翁古儿带领上述巴牙兀惕部和敞失兀惕部投奔了成吉思汗，并在"十三翼之战"中立下战功。

82. 忽邻勒，那珂通世、本田实信二人均记作泰亦赤兀惕部人，并注明此人为斡难河畔与成吉思汗部作战的泰亦赤兀惕部将军。屠寄先生则否定了此说，"忽哩勒巴哈都儿战败奔乃蛮，与此人同名不应在蒙古功臣之列。"B版本中此人名字后面注明驸马。

83. 阿失黑古列坚，关于此人的记载各有出入。《蒙古秘史》第207节记载："在三千户巴阿邻部人之上，再添加塔孩、阿失黑二人同管的阿答儿斤部的赤那思、脱斡劣思、帖良古惕等部人，共满一万户，归（你）豁儿赤管领。"那珂通世先生根据这段记载认为阿失黑和塔孩同为速勒都思部人。本田实信先生则记作翁吉剌惕部人。

84. 合歹古列坚，那珂通世先生记作斡亦剌惕部忽都合别乞之子。《元史·公主表》记作延安公主火鲁（豁里）之夫。

85. 赤古古列坚，翁吉剌惕部人。"赤古"一名的写法各有出入：《圣武亲征录》记作"赤渠"；元史·太祖纪》记作"赤驹"；《元史·太宗纪》记作"赤苦"；《元史·公主表》之"郓国公主位"里则记载"秃满伦公主，适赤窟驸马"。而关于"秃满伦公主"的身世和"赤窟驸马"的姓氏均没有明确记载。不过，剌失德·哀丁之《史集》记载："（阿勒赤那颜的儿子）失窟娶成吉思汗的女儿秃马仑哈敦（为妻）。"（第一卷第一分册，第273页）阿勒赤那颜即德薛禅之子、孛儿帖兀真之弟（有的记作孛儿帖之兄），也是《元史》所记国舅按陈那颜。赤古古列坚为阿勒赤那颜长子，斡陈、纳陈二人之兄。《蒙鞑备录》记载：

"三公主曰阿五,嫁尚书令、国舅之子。""按赤那邪,见封尚书令,成吉思正后之弟。"这两段记载可证实秃满伦公主为成吉思汗之女以及嫁给了阿勒赤那颜之子赤古古列坚之事。关于这一点,洪钧先生根据《元史·特薛禅传》记载:"言按陈子斡陈尚睿宗女,未言赤古尚秃马伦略也。阿五异名无考,或备录有讹字。"又根据《多桑蒙古史》之"后妃公主表补辑"记载:"光献皇后(指字儿帖兀真)四女秃马伦适翁吉剌部长阿赤诺延之子慎古。秃马伦年长于拖雷。慎古后率翁吉剌人四千骑,守秃马特之地。"(转引自《蒙兀儿史记》卷三,第42~43页)这段记载所记"阿赤"即阿勒赤,"慎古"即赤古。

86. 阿勒赤古列坚,《圣武亲征录》记作翁吉剌惕部"安赤那颜";《元史·太宗纪》记作"按赤那颜"。《元史·成宗纪》记载:"元贞元年(1295年)……乙亥,追封皇国舅按只那演为济宁王。"《元史·刘伯林传》记作"按真那衍";《元史·特薛禅传》记载:"子曰按陈……岁丁亥(1287年),赐号国舅按陈那颜。"写法各有出入。《元史·公主表》之"鲁国公主位"记载:"鲁国大公主也速不花,睿宗女也,适皇国舅鲁忠武王按嗔那颜子斡陈驸马。鲁国公主薛只干,太祖孙女,适斡陈弟纳陈驸马。"那珂通世先生认为:"阿勒赤之娶皇女元史不见……未赐国舅之号,以前呼古列坚则是太祖时之驸马。"

87. 不秃古列坚,亦乞列思部人。不秃古列坚先娶成吉思汗之妹帖木仑豁阿,帖木仑豁阿逝世后再娶成吉思汗长女豁真别乞。

88. 阿剌忽失的吉惕忽里古列坚,汪古惕部首领。

八十八功臣的情况便是如上所述。九十五千户为:阿勒赤古列坚下属三千户,多出两千户;不秃古列坚下属两千户,多出一千户;阿剌忽失的吉惕忽里古列坚下属五千户,多出四千户。共多出七千户,八十八千户上加这七千户便是九十五千户。

[14]蒙古帝国从成吉思汗时期开始使用了各种令牌和令符。关

于这一点张振珮先生的记载较为详细，其主要内容为：

"金虎符"，一开始赐给镇海和诸扯儿必，后来又赐给刘伯林、耶律留哥、史天倪等十多人。该虎符单独使用，而不是像之前朝代所用虎符那样劈为两半，将两块相合使用。

此外还有"金符"和"银符"。它们的形状和大小与"金虎符"相近，但牌子表面只有刻文，没有刻画。因而也叫作"平金牌"和"平银牌"。而"金符"也分纯金和镀金两种，刻文也有汉文、畏兀儿体蒙古文、八思巴文（忽必烈可汗以后）之分。

关于这些令牌和令符的使用也有详细的规定。除了宣差和军官使用之外，也有承袭、获赏而使用者。战时当作信使身份证明物。

蒙古帝国的令牌、令符的分类有：金虎符（虎头金牌、虎斗金牌、狮头金牌）、金符（长牌）、银符（长牌）、海青符（金牌、银牌、铁牌）、圆符（金字木牌、银字木牌）、驿券等。

这些令牌和令符多数都失传，有的只有其图。

[15] 阿剌合别乞为成吉思汗三女儿。1207 年，成吉思汗将她赐给汪古惕部首领阿剌忽失的吉惕忽里时阿剌忽失以年迈为由婉拒，转而为长子不颜昔班求娶。1211 年成吉思汗初征金朝时，阿剌忽失率领自己的军队给成吉思汗大军带路至金朝境内。当时，成吉思汗让他回去管理自部。之后汪古惕部内发生暴乱，与阿剌忽失产生过矛盾的部人杀害了阿剌忽失、不颜昔班父子二人。阿剌合别乞带着阿剌忽失季子孛要合和阿剌忽失侄子镇国（其兄摄叔之子）二人逃出，在云内（今内蒙古土默特右旗萨拉齐附近）逃亡时成吉思汗军队攻占云内，找到了他们，便赐予厚赏。因当时孛要合尚幼而封镇国为北平王，让其统领汪古惕部，并按照古代蒙古婚俗将阿剌合别乞许配给了镇国。1219 年成吉思汗西征花剌子模时孛要合随军西去，镇国则率领汪古惕部一万骑兵随国王木华黎攻打中原，战死沙场。镇国南征后，阿剌合

别乞公主代管汪古惕部以及漠南地区，因而被称作"监国公主"。镇国逝世后其子聂古台继承其位，不过因聂古台尚幼，汪古惕部事务还是由阿剌合别乞公主掌管。1225年，十七岁的孛要合从西域凯旋，获封北平王，并按照蒙古古代婚俗迎娶了寡嫂阿剌合别乞。

《蒙古秘史》第239节记载："把（自己的女儿）阿剌合别吉赐嫁给汪古惕人。"其中没提到人名。起初是要赐嫁给阿剌忽失的吉惕忽里，因而封赏功臣时称其为"古列坚"。

剌失德·哀丁、多桑等人均记载将孛儿帖兀真三女儿阿剌合别乞赐嫁阿剌忽失的吉惕忽里时阿剌忽失自称年迈，转而让成吉思汗将阿剌合别乞赐给了其兄子（洪钧将"兄子"译作侄子。可能是西方人将蒙古人所称"长子"误解为"兄子"，因为不颜昔班为阿剌忽失的吉惕忽里之长子）。其中阿剌忽失的吉惕忽里没娶阿剌合别乞以及阿剌合别乞嫁给镇国之说都是对的，只是中间遗漏了阿剌合别乞嫁给不颜昔班之事。因为西方人听到这些事情的时候，阿剌忽失、不颜昔班父子二人已经被害，而阿剌合别乞则已改嫁镇国。

此外，南宋使臣赵珙所著《蒙鞑备录》记载："二公主曰阿里黑百（指阿剌合别乞），因俗曰必姬（别乞）夫人，曾嫁金国亡臣白四部（指不颜昔班），死，寡居，今领白鞑靼国事。"赵珙如此记载的原因是他到燕京撰写《蒙鞑备录》的时间正是成吉思汗人在西域的1221年（辛巳年），而此时阿剌合别乞的第一任丈夫不颜昔班、第二任丈夫镇国均逝世。因而赵珙所记"寡居"是靠准的。当时赵珙接见的是熟知内情的木华黎，也就听说了阿剌合别乞嫁给不颜昔班之事。未记阿剌合别乞改嫁镇国的原因应该是赵珙未从木华黎处听到此事。因而这段记载可以补充西方人的记载。

然而，彭大雅、徐霆所著《黑鞑事略》记载"白撕马（一名白撕卜，即白鞑伪太子，或没真婿，为公主阿剌罕之前夫）"。屠寄先生解释所记"白撕马"为"白撕卜驸马"之简称，"白撕卜"为"不颜昔班"之异写，"阿剌罕"为"阿剌合别乞"之异写。这段记载再次证实了阿剌合别乞第一任丈夫为不颜昔班，以及后改嫁之事。彭大雅、徐霆二人出使蒙古的时间为斡歌歹可汗时期的 1237 年。当时阿剌合别乞改嫁第三任丈夫孛要合已有十多年之久，因而彭大雅、徐霆二人应该没听说之前改嫁镇国之事。

再有，《元史·公主表》记载："赵国大长公主阿剌海别吉，太祖女，适赵武毅王孛要合。"依据为《驸马高唐忠献王碑》碑文，所记"阿剌海别吉"当然是《蒙古秘史》所记"阿剌合别乞"，这段记载证实了阿剌合别乞嫁给孛要合之事。

值得注意的是，《驸马高唐忠献王碑》碑文将"阿剌合别乞"记成阿剌忽失之妻"阿里黑"、孛要合之妻"阿剌海别吉"两个人。该碑建于大德九年（1305 年），为纪念阿剌忽失的吉惕忽里曾孙阔里吉思而由阔里吉思之弟术忽难所建。术忽难不可能误记自己的祖先，屠寄先生认为这是为了掩盖阿剌合别乞一人前后嫁给堂兄弟三人之事而故意改写所致。

此外，《蒙古秘史》第 235 节记载："成吉思汗因阿儿思阑汗不战而降，给予恩赐，降旨把女子赐嫁给他。"不过没有写明哪个女儿。然而，策·达木丁苏荣先生根据《罗·黄金史》的记载加以注明："成吉思合罕把女儿阿剌合别乞给了阿儿思阑……"与第 239 节所记嫁到汪古惕部的阿剌合别乞名字相同。关于"阿剌合别乞"，可供参考的资料就是这些。

［16］关于《蒙古秘史》的成书时间，该书结尾处记载："会聚在一起举行了极为隆重盛大的最高国事会议后，鼠儿年七月，帐殿群驻扎在客鲁涟河的阔迭额阿剌勒的朵罗安孛勒答黑与失勒斤扯克两山之间时，写毕（此书）。"多数人认为所记"鼠儿年"为庚子年，即斡歌歹可汗十二年或 1240 年。其主要依据为多数史料所记斡歌歹可

汗1229年（己丑年）即位之事。但《蒙古秘史》记载："鼠儿年（戊子，1228年）……拥立斡歌歹合罕为大汗。"（第269节）因而有的学者认为《蒙古秘史》成书时间为戊子年，即1228年。也有人认为《蒙古秘史》最后一章所记有关斡歌歹可汗的内容为后人所加，并将成书时间移至结尾处。

蒙汉文互译出版工程

成吉思汗史记 下

赛熙亚乐 著

图日莫黑 译

内蒙古人民出版社

图书在版编目（CIP）数据

成吉思汗史记：全 2 册 / 赛熙亚乐著；图日莫黑译.
—— 呼和浩特：内蒙古人民出版社，2018.12
（蒙汉文互译出版工程）
ISBN 978-7-204-15772-3

Ⅰ.①成…Ⅱ.①赛…②图…Ⅲ.①成吉思汗
（1162-1227）- 传记Ⅳ.① K827=47

中国版本图书馆 CIP 数据核字 (2018) 第 299264 号

成吉思汗史记（上下）

作　　者	赛熙亚乐
译　　者	图日莫黑
责任编辑	王曼　董丽娟　段瑞昕　孙红梅
封面设计	徐敬东
责任监印	王丽燕
出版发行	内蒙古人民出版社
地　　址	呼和浩特市新城区中山东路 8 号波士名人国际 B 座
网　　址	http：//www.impph.cn
印　　刷	内蒙古恩科赛美好印刷有限公司
开　　本	710mm×1000mm　1/16
印　　张	52
字　　数	800 千
版　　次	2019 年 1 月第 1 版
印　　次	2019 年 1 月第 1 次印刷
印　　数	1—2000 册
书　　号	ISBN 978-7-204-15772-3
定　　价	198.00 元（全 2 册）

如发现印装质量问题，请与我社联系。
联系电话：（0471）3946120

目录

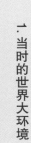

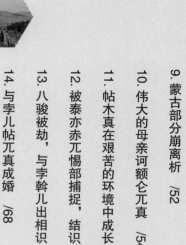

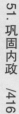

第六章

蒙古帝国的巩固和扩展

　　1206 年，蒙古诸部统一，大蒙古帝国建立。在那段举国欢庆的日子里，成吉思汗却始终没有忘记新建帝国的巩固和扩展之事。虽然当时成吉思汗将蒙古人之多数——草原百姓统一到一起，但另一部分蒙古人——森林百姓还在帝国版图之外。此外，各部族残余势力，如篾儿乞惕部忽都和赤剌温、客列亦惕部你勒合桑昆、乃蛮部古出鲁克汗等人都在企图东山再起。而南边的金朝曾经世世代代压迫蒙古部族并杀害了成吉思汗先祖，这一不共戴天之仇还没有了断。成吉思汗认为若想报仇雪耻，首先需要巩固内政，并消除或安抚可能会成为障碍的势力。于是，1206 年成吉思汗命忽必来那颜出征合儿鲁部，命者别那颜追击古出鲁克汗。

48. 征服森林百姓

成吉思汗二年，即丁卯年或 1207 年，成吉思汗四十六岁。这一年成吉思汗命长子术赤率领右翼军出征森林部族[1]。

术赤军队以不秃古列坚为先锋，大军到达斡亦剌惕部领地时，该部首领忽都合别乞率部归顺，并给术赤大军引路，进秃绵斡亦剌惕部领地，在失黑失惕河边[2]迫降秃绵斡亦剌惕部。之后派按弹、不兀剌两个使臣到秃绵乞儿吉思部，于是秃绵乞儿吉思部首领也迪亦纳勒、阿勒迪额儿、斡列别克的斤等人以白海青、白马、黑貂等为贡，前去归顺术赤。就这样，术赤征服了西伯利亚以南包括秃绵斡亦剌惕、秃绵乞儿吉思等部的所有森林部族。

所谓"森林部族"为当时居住于从蒙古地区西北界

· 宽檐铁盔 ·

古泄兀儿纳兀剌到贝加尔湖的森林地带的诸部族统称。其中斡亦剌惕、不里牙惕、秃马敦、巴儿忽、兀儿速惕、合卜合纳思、康合思等部族被称作秃绵斡亦剌惕。乞儿吉思、客思的音、巴亦惕、秃合思、田列克、脱额列思、塔思、巴只吉惕等部被称作秃绵乞儿吉思。其中斡亦剌惕、巴儿忽、不里牙惕、秃马敦等部为蒙古语部族，其他的可能是突厥语部族。主要几个森林部族的简介如下：

斡亦剌惕：如今斡亦剌惕（卫喇特）这一概念中包括居住于中国新疆维吾尔自治区、青海省、内蒙古自治区以及甘肃等地的厄鲁特、土尔扈特、和硕特等部和苏联境内的卡尔梅克蒙古人等。关于该部之名和部源，专家学者们各执己见。有的解释为"斡亦剌"（近乡之意）之复数。有的解释为"斡亦"（森林之意）之复数"斡亦惕"的变异。布里亚特蒙古著名学者道尔吉·班扎洛夫等人认为源自"森林（即斡亦）百姓"一词。

13世纪时期，斡亦剌惕部领地位于叶尼塞河上游、谦河一带以及古泄兀儿纳兀剌附近的森林地带。因而其名源自"森林百姓"一词之说也许是对的。然而，萨敢思辰所著《蒙古源流》则记载："都洼索和尔（都蛙锁豁儿）之子托纳依、多克新、额木尼克、额尔克等，为卫喇特（斡亦剌惕）之厄鲁特、巴噶图特、和特、赫喇古特四氏矣。"（卷三，第 90 页）《蒙古秘史》只记都蛙锁豁儿四子之后裔成为朵儿别（意为四个）

部，而没有注明都蛙锁豁儿四子之名和部族之名。因而目前还无法断定两书记载源自一处。而斡亦剌惕部内包括杜尔伯特、土尔扈特、和硕特、绰罗斯等分支。当时斡亦剌惕部众的生产生活方式为半猎半牧。

14 世纪末或 15 世纪初，斡亦剌惕部南迁至匝盆河流域、准噶尔盆地和阿尔泰山脉以西地区，经营畜牧业。15 世纪中期，斡亦剌惕分支之一准噶尔部首领托欢太师、也先太师父子二人短期统一过蒙古诸部。

清朝时期，斡亦剌惕四个分支为杜尔伯特、准噶尔（又称绰罗斯）、土尔扈特、和硕特等四部。土尔扈特部西迁至伏尔加河流域后，辉特（和特）部被算作斡亦剌惕分支之一。后来斡亦剌惕部与清朝抗争一百多年，其间斡亦剌惕部众遭受了特别大的伤亡，也出现了不少民族英雄。

值得注意的是屠寄的《蒙兀儿史记》中称斡亦剌惕为"白鞑靼"，其分支有五个，即阿里黑兀孙、赛因惕、阿富、兀泷古儿真、察罕。其依据不得而知，为便于参考而故记于此。

巴儿忽歹：巴儿忽真（又作巴儿忽）、阔勒巴儿忽真、豁里、脱额列思、不里牙惕五个部族的统称。巴儿忽歹部与秃马敦部同源，古汉语文献中称作"白鞑靼"。领地位于色楞格河左岸巴儿忽真脱窟木一带。后来一般称作巴尔虎布里亚特，很少用巴儿忽歹一名。

巴儿忽部 1207 年归附蒙古帝国以后，一直居住在贝加尔湖以南黑龙江以北地区，后来到清朝康熙年间离开俄罗斯边界，归附清朝。清政府让巴儿忽部驻牧于木兰围场（乌珠穆沁、通辽、呼伦贝尔和喀尔喀交界处索岳尔济山皇家猎场的满洲语称呼），后来该部又迁至兴安岭以北呼伦贝尔草原。那时清政府将巴儿忽军队编入八旗军，让他们驻扎于爱挥、齐齐哈尔等地。后来到雍正年间，喀尔喀车臣

· 菱形铁箭镞 ·

汗部部分蒙古人迁到呼伦贝尔草原，他们的口音与巴儿忽（巴尔虎）部人一样，因而被称作新巴尔虎，之前的巴儿忽部人被称作陈巴尔虎。

不里牙惕（今译"布里亚特"）：不里牙惕部在1207 年与其他森林部族一起归附蒙古帝国之后，世世代代居住在贝加尔湖和外兴安岭之间以及色楞格、巴儿忽真和安加拉河流域，其领地百分之七十都是林区。17 世纪 20 年代以前布里亚特蒙古从属喀尔喀土谢图汗部和车臣汗部。17 世纪 20 年代沙俄侵略者强占了布里亚特蒙古领地。后来到 1727 年 8 月 31 日（雍正五年七月十五日）清政府与沙俄订立《布连斯奇条约》，布里亚特蒙古被划入沙俄国界。1923 年 5 月 30 日成立

布里亚特蒙古苏维埃社会主义自治共和国，隶属苏联，苏联解体后隶属于俄罗斯联邦。据 1976 年的统计，共有三十万五千个布里亚特蒙古人。布里亚特蒙古语属于阿尔泰语系蒙古语族北部方言区，因而又称巴尔虎—布里亚特方言。布里亚特蒙古起初使用畏兀儿体蒙古文，1931 年创制以拉丁字母为基础的新拼音文字，1937 年又改用斯拉夫字母。

秃马敦：秃马敦部分左右两翼。左翼叫作豁里秃马敦，该部与巴儿忽歹部混居。右翼叫作秃马敦，该部居住于贝加尔湖西南，北与乞儿吉思接壤。剌失德将秃马敦记作巴儿忽真分支之一。秃马敦部人自古以来能歌善舞，在服饰和习俗等方面有别于其他蒙古部族。成吉思汗时期该部首领叫作歹都忽勒莎豁里，归降术赤不久后歹都忽勒莎豁里去世，豁里秃马敦部由其妻孛脱灰塔儿浑掌管。后来万户官豁儿赤欲从豁里秃马敦部征娶三十名女子，惹得该部部众起义反抗。成吉思汗为镇压起义而派去的四杰之一孛罗忽勒那颜也被杀害。这次起义被镇压后，成吉思汗将一百户秃马

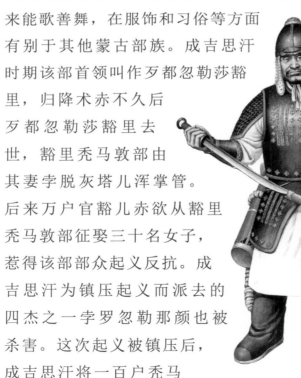

·蒙古武士画像·

敦部众赐给孛罗忽勒次子塔察儿为奴。后来塔察儿带一百户秃马敦部众迁至今大青山一带的官山，据说呼和浩特一带土默特部之祖便是这些人。可想而知，实际上土默特部是一百户秃马敦部众与该地原住民汪古惕部众混居而形成的部族。

15世纪时期达延汗右翼三万户之一为土默特万户，又作阿尔泰十二土默特。达延汗去世后，其三子巴尔斯博罗特之子接管了土默特万户。

兀儿速惕：《元史》卷六十三之《西北地附录》记载该部因当时居住谦河以北的乌斯河一带而得此名。《元史·贾塔剌浑传》又记载："谦州，即古乌孙国也。"因而兀儿速惕部被视作古代乌孙国的后裔。据记载，汉朝时期古乌孙国位于伊犁塔尔巴哈台（今塔城）一带。后来该部西迁，不过一直保留着原来的名字。乌斯河源自萨彦岭，流向西南注入叶尼塞河。剌失德书中记载："谦河之源有八涧，斡亦剌惕居于左近，其东有兀儿速惕、帖良古惕、客思的迷三族，居拜喀勒湖（贝加尔湖）西，与斡亦剌惕、乞儿吉思为邻。湖东有阔勒、豁罗剌思、不里牙惕、秃马惕四族人，总称巴儿忽惕。"

合卜合纳思：《元史·刘哈剌八都鲁传》记载："自此而北，乃颜故地曰阿八剌忽者，产鱼，吾今立城，而以兀速、憨哈纳思、乞里吉思三部人居之，名其城曰肇州。"《元史》卷六十三之西北地附录记载："撼合纳犹言布囊也，盖口小腹巨，地形类此，因以为名。在乌斯东，谦河之源所从出也。"所述"憨哈纳思"

和"撼合纳"均指合卜合纳思。该部领地为兀儿速惕部领地东边的谦河源地以及古泄兀儿纳兀剌以北地区。1206—1207年归附蒙古帝国，1217年又叛变，术赤率军镇压后成吉思汗将该部分给了诸子弟。据记载，后来元朝铁穆耳可汗大德年间（1297—1307年）从乞儿吉思、兀儿速惕各征部分部众与合卜合纳思部众一同派遣乃颜故地，即兀孙塔塔儿领地，让他们捕鱼进贡。屠寄之《蒙兀儿史记》称该部为"野鞑靼"。

康合思：屠寄之《蒙兀儿史记》称该部为杭爱山脉北部的"野鞑靼"，没有其他记载。

秃巴昔：该部被称作鲜卑族拓跋部后裔。该部领地为萨彦岭和唐努山中间的草原地带，因而该地后来被称作唐努乌梁海。

乞儿吉思：该部属于突厥部族。该部领地南与乃蛮部毗邻，东南至色楞格河，东北至安加拉河。唐代被称作结骨，隶属坚昆府。当时的乞儿吉思部居住在西萨彦岭以北叶尼塞、阿巴根二河流域。辽金时期被称作辖嘎斯，居住在叶尼塞河源地。1207年归附蒙古帝国后被称作乞儿吉思，元代隶属岭北省。明代先是隶属卫喇特，1639年以后隶属准噶尔汗国。1640年以后沙俄侵入该部领地。多桑记载："剌失德谓其地多游牧，而城村亦不少。"

客思的音：又作客思的迷。当时该部居住在乞儿吉思部、谦谦洲（兀儿速惕部）领地里的林区中。据说该部部众熟知药材的药性，善于治病。

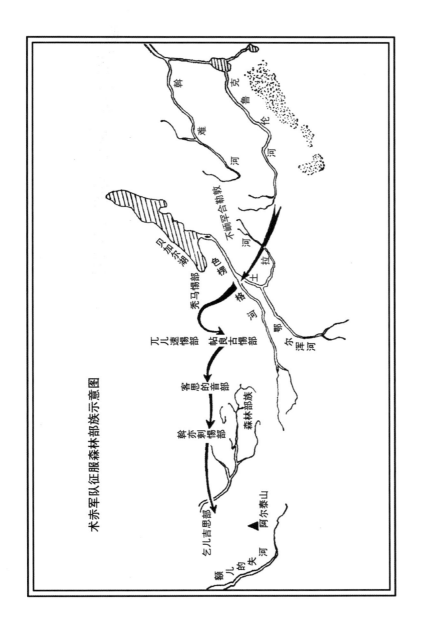

术赤军队征服森林部族示意图

巴亦惕：该部领地位于色楞格河源地。据说该地古代为匈奴汗城，唐代作巴颜城，巴亦惕部名便是来自巴颜城。

秃合思：匈奴后裔部族，因营居秃合思河（通古斯河）而得名。据记载俄罗斯人称匈奴后裔为通古斯。

田列克：《蒙古秘史》第207节记作"帖良古惕"。关于该部，屠寄先生所著《蒙兀儿史记》记载："源出汉之丁零、唐之铁勒。"（卷三，第44页）该部领地位于贝加尔湖一带。《蒙古源流》记作"帖良兀思"，为准噶尔十二营之一。王国维先生认为那便是古时的帖良古惕部。

·铁战刀·

脱额列思：屠寄先生认为该部为巴儿忽歹部分支之一，领地位于色楞格河上游。余元庵先生则认为该部为铁勒后裔，领地位于阿尔泰山脉。

塔思：据说该部因营居唐努山南自东向西流入乌布苏湖的帖斯河流域而得此名。

巴只吉惕：在道润梯步先生的新译简注《蒙古秘史》中记载该部为营居康里以北、伏尔加河以东地区的突厥部族。屠寄先生记载巴只吉惕之"巴只吉"便是突厥语"七"。那珂通世先生认为"巴只吉惕"为"巴什科尔托斯"的误写。伏尔加河以东地区如今还居住着巴什基尔人，据说欧洲洪噶儿（今匈牙利）人的祖先便是巴什基尔人。普兰·迦儿宾记作"巴思喀儿"，鲁不鲁克记作"怕思喀提儿"。

成吉思汗长子术赤 1207 年征服森林部族后，带着乞儿吉思部万户官、千户官以及其他森林部族的首领们，以白海青、白马和黑貂为礼，回去拜见了成吉思汗。

成吉思汗念斡亦剌惕部首领忽都合别乞率先归附而将自己的女儿扯扯亦干公主赐嫁其子亦纳勒赤，将术赤之女豁雷罕公主[3]赐嫁亦纳勒赤之兄脱劣勒赤。

以上便是首次征服森林百姓的经过。

但后来在 1211—1216 年间森林百姓起义叛变。1211 年成吉思汗率大军南征金朝期间，驻守后方的军队人数少，军力薄弱。之前西逃的篾儿乞惕部忽都等人得知这一情况后，秘密东归至乃蛮部地界，笼络起与成吉思汗敌对的各部残余势力，企图卷土重来。这时已经霸占合剌契丹的乃蛮部古出鲁克汗也在图谋东山再起。因而这些人必然会相互勾结，之前只是碍于成吉思汗委派的脱忽察儿率三千骑兵驻守乃蛮部地界而一直未能起兵。这时，忽都等人打起森林部族的主意，试图拉拢他们时正好赶上豁里秃马敦部首领歹都忽勒莎豁里之妻孛脱灰塔儿浑率部起义。豁里秃马敦部起义之因是成吉思汗万户官豁儿赤的荒诞行为。豁儿赤投奔成吉思汗时提出当万户官和纳妾三十的要求，并得到成吉思汗的允许。1206年建国时成吉思汗封豁儿赤为额儿的失河一带北部万户的万户官，还允许他从豁里秃马敦部选娶三十名女人。后来，豁儿赤到豁里秃马敦部选娶三十名美女时，该部部众反对其行为而起义，捉拿了豁儿赤。

成吉思汗得知后派遣熟知森林百姓内情的斡亦剌惕部首领忽都合别乞迫降豁里秃马敦部。但忽都合别乞到达后也被该部部众捉拿。之后成吉思汗想派遣纳牙阿前去镇压，不过当时纳牙阿患病在身，便委派孛罗忽勒那颜。

"孛罗忽勒那颜到达那里，只带着二个人走在大部队前面，在难以觉察夕暮的（阴暗）森林中，依着径路行进。（秃马惕部）哨望者从他们的背后出现，阻截他们，把孛罗忽勒那颜擒住杀死。"（《蒙古秘史》第240节）这件事情发生的时间大概在1215年夏秋时节。

1215年秋季，正在南征金朝的成吉思汗得知孛罗忽勒被杀害后怒火中烧，加上后方的安稳令其担忧，于是立即回师，在克鲁伦河边的斡儿朵里召集诸将臣商议，"（成吉思汗）想亲自出征，被孛斡儿出、木合黎二人劝止住了"。1216年春季，成吉思汗命朵儿别部大将朵儿伯朵黑申率军镇压豁里秃马敦部起义，到第二年春季朵儿伯朵黑申平定豁里秃马敦部起义。

为镇压豁里秃马敦部起义，成吉思汗曾命乞儿吉思部出兵支援，但该部没有服从，反而叛离而去。成吉思汗长子术赤以不合为先锋，出兵追击至叶密立河后又转向东北方向，顺谦河而进，先后征服兀儿速惕、合卜合纳思、田列克、客思的音和斡亦剌惕等之前叛变的森林部族。成吉思汗遂将这些部族属民分给诸子弟。

以上便是第二次征服森林部族的经过。

49. 征服合儿鲁、畏兀儿

1206 年建国后成吉思汗派遣四先锋之一忽必来那颜征服合儿鲁部。

据说"合儿鲁"一词为突厥语，意为骏马，合儿鲁部为突厥部族。13 世纪时期该部领地位于七河地区，即今哈萨克斯坦共和国巴尔喀什湖以南地区。该部唐代被称作葛逻禄，《辽史》记作"阿萨兰回鹘"。志费尼、多桑等人认为合儿鲁部名来自"海押立"这一地名。该部之前隶属合剌契丹，忽必来那颜前去时该部首领叫阿儿思兰汗。

忽必来那颜到达后，阿儿思兰汗率部归降。忽必来那颜一

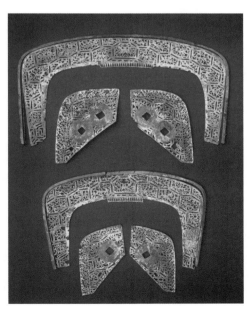

· 铜鎏金马鞍饰片 ·

· 银马鞍及马镫 ·

去一回用了四年多时间，1211 年春季首月，合儿鲁部阿儿思兰汗随忽必来那颜到克鲁伦河边的大斡儿朵觐见了成吉思汗。"成吉思汗因阿儿思阑汗不战而降，给予恩赐，降旨把女儿赐嫁给他。"（《蒙古秘史》第 235 节）[4] 之后阿儿思兰汗之子也先不花、也先不花之子忽纳答儿等人均效忠蒙古帝国，成为驸马，合儿鲁部领地后被划入斡歌歹可汗之孙海都王封地。

畏兀儿的亦都护汗也在那时归附成吉思汗。在这之前，1208 年忽都等篾儿乞惕部残余势力在交河之地与畏兀儿亦都护汗交战，后落败而逃。第二年春天，亦都护汗杀死当时合剌契丹派去管制畏兀儿的监国少监后"派遣使臣来见成吉思汗，命其使臣阿惕乞剌黑、答儿伯两人[5]（向成吉思汗）奏告说：如今云开见日，冰消河清，听到成吉思汗的名声，臣高兴已极！若蒙成吉思汗恩赐，臣愿得金带的口子、大红衣服的碎片，做您的第五个儿子，为您效力！成吉思汗听了他的话后，派人恩赐答复说：朕把女儿赐嫁给你，让你做朕的第五个儿子，亦都护你把金、银、珍珠、东珠，金缎、浑金缎等缎匹送来吧！亦都护喜获恩赐，（1211 年春季首月）带着金、银、珍珠、东珠，金缎、浑金缎等缎匹前来觐见成吉思汗。成吉思汗降恩于亦都护，把（自己的女儿）阿勒阿勒屯[6]赐嫁给了他"（《蒙古秘史》第238节）。

"亦都护"不是人名，而是畏兀儿的汗号。亦都护的名字叫巴而术阿儿帖的斤。

畏兀儿为阿尔泰语系突厥语族民族。畏兀儿人古时信奉萨满教，后来信奉佛教和聂思脱里派基督教，如今大多数信奉伊斯兰教。畏兀儿人最早以游牧为生，后来逐渐转变为主营农业。畏兀儿族具有悠久的文字史，古代畏兀儿人在粟特文的基础上创制自己的文字，从8世纪开始广泛应用。13世纪以后畏兀儿族应用了以阿拉伯文为基础创制的察合台文。畏兀儿族是个具有丰富文化积累的民族。

古时的畏兀儿族居住在鄂尔浑、土拉、色楞格三河流域，隶属突厥汗国。唐太宗年间（626—649年）被划入唐朝。公元745年，畏兀儿人趁突厥汗国的内乱占领突厥辖地，建立回鹘汗国，回鹘汗国的汗被唐朝皇帝封为"不可汗"。那是个辖地以鄂尔浑河流域为中心的游牧民族封建汗国，其版图东起大漠，西至阿尔泰山脉。过了一个世纪，公元847年回鹘汗国灭亡在乞儿吉思人和唐朝的手里。之后畏兀儿人在阿尔泰一带另建小汗国，以别失八里（遗址在今新疆吉木萨尔境内）为都，国主被称作亦都护汗。后来逐渐西迁，大部分畏兀儿人定居今新疆。11世纪末合剌契丹霸占畏兀儿领地，委派监督国政的官员管制畏兀儿地，亦都护汗巴而术阿儿帖的斤所杀少监便是合剌契丹委派的最后一名监国。

后成吉思汗时期，畏兀儿亦都护汗巴而术阿儿帖的斤的后裔世世代代效忠蒙古帝国和元朝，出了很多驸马。

50. 肃清残敌，迫降合剌契丹

1206 年成吉思汗统一蒙古诸部后外逃的残敌主要有两部，其一是以脱黑脱阿别乞之子忽都、赤剌温二人为首的篾儿乞惕残部，其二是以塔阳汗之子古出鲁克汗为首的乃蛮残部。成吉思汗一直想肃清这些残敌。1206 年建国后，成吉思汗命者别追击古出鲁克，但古出鲁克途经畏兀儿、合儿鲁领地逃到合剌契丹，于是者别回师。这是第一次追击乃蛮残部。之后的 1211 年，古出鲁克夺取合剌契丹政权，企图东山再起的他在乃蛮界外与篾儿乞惕残部忽都等人勾结，又想拉拢造反的森林部族后联兵攻打蒙古帝国后方。

1216 年朵儿别部大将朵儿伯朵黑申率军镇压豁里秃马敦部起义的同时，成吉思汗命速别额台把阿秃儿率铁车军[7]与之前委派的脱忽察儿所率三千骑兵会师后追击以脱黑脱阿别乞之子忽都、赤剌温二人为首的篾儿乞惕残部，又第二次委派者别那颜追击古出鲁克汗为首的乃蛮残部，又派术赤率领的右翼军支援速别

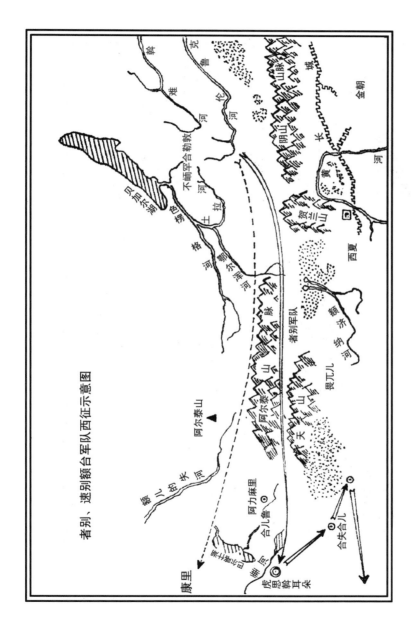

者别、速别额台军队西征示意图

* 者别、速别额台军队西征示意图 *

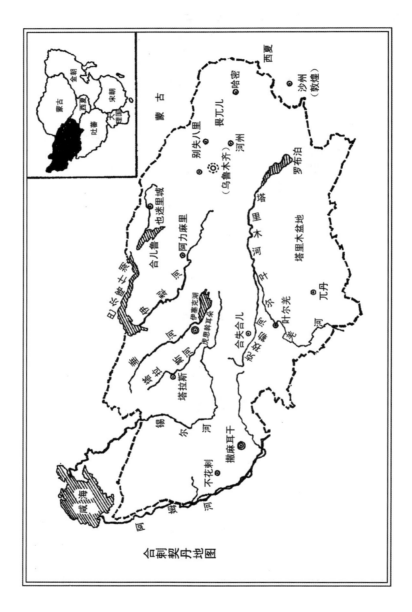

合剌契丹地图

额台、者别二军。这三路军队由术赤统领。

1217 年"速别额台把阿秃儿带着铁车出征，追袭篾儿乞惕部脱黑脱阿的儿子忽秃、赤剌温等人，追到垂河那边，把他们消灭了回来"（《蒙古秘史》第 236 节）。者别军队到达垂河时，那里的花剌子模人杀掉那些管制他们的乃蛮部士兵后归降。葱岭以北的合剌契丹城池全部不战而降。然后"追击乃蛮部的古出鲁克汗，在撒里黑山崖追上了古出鲁克等人，把他们消灭了回来"（《蒙古秘史》第 237 节）。

合剌契丹（即西辽）灭亡的经过便是如此。

合剌契丹为宋朝时期由契丹人建立的政权，又称作西辽国。女真人攻灭契丹人建立的辽朝时，该国末代皇帝耶律延禧亲族耶律大石（辽太祖耶律阿保机八世孙）带二百骑兵逃出，从辽属西北十八部征兵一万余，遂后西征突厥斯坦。路上迫降回鹘毕勒哥王，之后又征服喀什噶尔、叶尔羌、和阗等地，攻占了突厥斯坦。突厥斯坦失手后西喀喇汗（阿弗剌昔牙卜）王朝国主马黑木二世手里只剩下河中地区，没过几年变为合剌契丹的附庸。耶律大石的军队又攻占花剌子模国，立约让花剌子模每年交纳三万金狄纳尔年贡。于是，东起大漠西至阿姆河，南抵青藏高原北达西伯利亚的辽阔地域全部被划入合剌契丹国界。

耶律大石于 1124 年（多桑记作 1125 年，《辞海》记作 1132 年）自立古儿汗，建立合剌契丹国。起初定都起儿漫，后又迁至虎思斡耳朵（位于今吉尔吉斯斯坦的托克马克以东垂河南岸，又作八剌撒浑）。耶律大石信奉佛教，而他攻占地的人们则信奉伊斯兰教等其他宗教。耶律大石病逝于1136年，当时其子夷列尚幼，因而耶律大石留遗嘱让塔不烟皇后执掌国政。塔不烟称制七年，1142年移权夷列。1155年夷列去世时其子直鲁古尚幼，因而夷列的妹妹普速完称制至1167年。直鲁古1167年即位，执掌国政到乃蛮部古出鲁克夺其大权为止。

1204年乃蛮部塔阳汗之子古出鲁克被成吉思汗打败后落荒而逃，1208年欲投靠直鲁古汗而去。去后古出鲁克担心直鲁古不接见自己或会见后于己不利，便让一名随从冒充自己前去拜见，自己冒充随从站在宫门外静候时正赶上直鲁古汗后格儿八速返宫。格儿八速汗后见他身形魁梧而面露不凡，便将他领进宫里，一经盘问得知实情。于是直鲁古以贵宾之礼待古出鲁克，又认其为义子，赐嫁自己的女儿，就这样乃蛮部逃亡者古出鲁克到合剌契丹不到三天便成了直鲁古汗的女婿。直鲁古汗之女名叫晃忽，是格儿八速汗后所生（有的史料记作直鲁古汗之孙女），当时十五岁。该女性情狡猾，熟知父亲的性格，从而教授古出鲁克讨好其父之策。于是古出鲁克很快得到直鲁古汗的赏识和信赖。

古出鲁克却预谋从有恩于他的岳父手里夺取国权。他拉拢直鲁古汗的部分将臣，并收集乃蛮、篾儿乞惕二部残余势力，以及勾结直鲁古汗附庸花剌子模、撒麻耳干、斡思蛮等国，1211 年或 1212 年（回历 608 年）发动政变，夺取了合剌契丹国权。从耶律大石西迁建国到古出鲁克夺权的 88 年时间里共五人执掌合剌契丹国政。

古出鲁克夺权后没有改换"合剌契丹"这一国名，但对该国附庸和百姓，尤其对伊斯兰教徒实施了残忍的压迫。实际上乃蛮部多数部众都信奉聂思脱里派基督教，不过古出鲁克随其妻（直鲁古汗之女）信奉起佛教。于是他强迫国内的回族，企图让他们放弃伊斯兰教，改信基督教或佛教。有一天，古出鲁克将伊斯兰教权贵们召集到城外，"跟他们辩论宗教的事。他们当中的一个，忽炭的伊祃木（伊斯兰教教号）阿老丁穆罕默德大胆跟他辩论。在遭受酷刑后，他被钉死在他的道院门上"（《世界征服者史》上册，第 73 页）。

1218 年（回历 615 年），成吉思汗派去征讨古出鲁克的者别那颜所率两万大军到达合剌契丹时，古出鲁克逃向喀什噶尔。者别那颜进城后宣布："人人均可信仰自己的宗教，遵守自己的教规。"于是当地居

民杀死古出鲁克军队的士兵，归降
蒙古大军。者别那颜的军队追击古出
鲁克至巴达哈伤（《蒙古秘史》记
作"撒里黑忽纳"，此处沿用了
《世界征服者史》的记载）之
地，在那里捉杀了古出鲁克。
之后者别从西域选取一千
匹良骏送成吉思汗为礼。

　　成吉思汗就这样肃清
了所有残敌，并攻占他们
的容身之处。也就是说，
消灭从蒙古地区出逃的残
敌的同时也扩张了蒙古帝国
的版图。

· 银腰牌 ·

51. 巩固内政

　　1206 年建立蒙古帝国后，成吉思汗心生南征金朝
的想法。但碍于森林部族未被统一、残敌未被肃清、
尚未巩固内政等情况，南征金朝之事暂被延缓。过了
几年，森林部族被统一，残敌也被消灭。于是，巩固
内政的任务摆到成吉思汗面前。当胜利者巩固内政时，
权利和利益的分配以及消除内部隐患等方面需要采取
妥善措施。

　　上文所述 1206 年封赏功臣并任命万户官、千户官

和其他官位的措施便是权利分配的体现。此外，关于利益的分配以及消除内部隐患等方面成吉思汗采取的措施如下。

利益分配

《蒙古秘史》第 242 ～ 243 节反映了黄金家族内部利益分配问题的重要性。当时成吉思汗划出相应的领地和属民分给了诃额仑兀真和四位汗弟（合撒儿、阿勒赤歹——合赤温之子、别勒古台、斡惕赤斤）以及四位汗子（术赤、察阿歹、斡歌歹、拖雷）[8]。成吉思汗的利益分配是根据游牧民族的习俗和每个人的地位、功劳而实施的，他也清楚利益分配之事不会对帝国的国政形成障碍，因为当时他的一切执政措施均得到来自可汗至高无上而不可侵犯的权力和由他制定的《大札撒》的保障。

不过，这次的利益分配过程中产生了两种矛盾。其一来自对利益分配不满意者。"……诸弟之中，幼弟是斡惕赤斤。于是，分给母亲、斡惕赤斤（共）一万户百姓。母亲嫌少，没作声。"（《蒙古秘史》第 242 节）其二来自未分得利益反而被问罪者。"（成吉思汗）因答里台曾降附于客列亦惕人，想把他流放到眼不见的地方去。孛斡儿出、木合黎、失吉忽秃忽三人说：这样做如同自灭灶火，自毁其家。您贤父的遗念，只剩您的叔父了。怎么忍心抛弃他呢？他这个人是不懂事，但算了吧，就让他住在您贤父幼时所居的营地上，升起灶火的烟吧。三人说得舌敝唇焦，成吉思汗念及自己的贤父，这才听从孛斡儿出、木合黎、失吉忽秃忽三人的劝告，说：好吧，就那样吧。"（《蒙古秘史》第 242 节）

上述为关于首次分配属民的情况，关于领地分配的情况详见下文。须注意的问题是关于这次利益分配的实施时间。《蒙古秘史》记载的时间为征服森林部族之后，南征金朝之前。那样的话应该是 1211 年以前才对，但《蒙古秘史》又记载平定豁里秃马敦部起义之事也发生在这期间。事实是平定豁里秃马敦部起义的时间为 1216—1217 年间。统一蒙古诸部之后向外扩张之前实施利益分配则是合乎情理的。

成吉思汗与帖卜腾格理

帖卜腾格理为晃豁坛部蒙力克父亲之四子，名叫阔阔出。阔阔出为萨满教巫师，"帖卜腾格理"是他的教号。关于这一教号的含义，专家学者们各执己见。《蒙古秘史》原本的标写为"帖卜"，常用的"帖卜"之蒙译的发音为"teb"，而我认为也可蒙译为"tib"，若是这样便可按照萨满教教理解释"帖卜腾格理"为"天地"或"苍天大地"。

有一段时间，帖卜腾格理深得成吉思汗信赖，可以随意出入成吉思汗的斡儿朵。实际上他并未立下任何功劳，他的"能力"就在于利用迷信传播谣言，从而迷惑众人。起初他们父子几人在札木合麾下，"十三翼之战”后离开札木合投奔了成吉思汗。然而，成吉思汗为何那么信赖帖卜腾格理呢？主要原因是其父蒙力克的地位。蒙力克为也速该把阿秃儿的安答，又是也速该把阿秃儿去世时托付遗孤的亲信。虽然他后来在成吉思汗困难的时期离开了一段时间，但成吉思汗始终待他如“父亲”，建国时封其为八十八功臣之

首，并重用了他的儿子们。还有一种原因为宗教信仰。作为萨满教巫师，帖卜腾格理“在那带地区流行的严寒中，常赤身裸体走进荒野和深山”（《世界征服者史》），并称此举是为了去见“天神”。当时多数蒙古人以及成吉思汗自身都是萨满教信徒。成吉思汗虽然很理性地处理过很多事情，但他的思想中也有一定的信仰“长生天之力”的唯心主义色彩。因而作为萨满教巫师，帖卜腾格理在成吉思汗身边必然会拥有特殊的地位。

实际上帖卜腾格理不只是迷信的巫师，他又是一个企图利用宗教迷信工具而达到自己的政治目的，妄想夺取蒙古帝国统治权的政治投机者。当时，没有任何人能够以武装力量抵抗成吉思汗，甚至想都不敢想。

· 骑射图 ·

帖卜腾格理则是从另一种阵地向成吉思汗发起了攻击。那便是玄妙到能够遮掩一代天骄成吉思汗耳目的阔阔出巫师"半边鼓"（萨满教巫师使用的鼓只蒙一边）之力。

帖卜腾格理在那场没有硝烟的战争中通过"唇舌攻击"（利用迷信传播谣言等手段）得到了一定的成效："九种语言的百姓都聚集到帖卜腾格里那里。聚集在帖卜腾格里处的人，比聚集在成吉思汗拴马处的人还要多。那么多人聚集在那里，帖木格斡惕赤斤所属百姓也（有一部分人）到帖卜腾格里处去了。"（《蒙古秘史》第245节）这是个不容忽视的势力，直到侵犯了成吉思汗黄金家族，帖卜腾格理的阴谋诡计才被全面暴露。其间发生了几件复杂的事情。

其一，可恶的巫师殴打合撒儿，诃额仑兀真母亲赶去救子。

一天，蒙力克七子伙同一起群殴合撒儿，被打的合撒儿找到成吉思汗，将被七个晃豁坛人殴打之事告诉了他。成吉思汗当时正为另一件事情而恼怒，便训斥合撒儿："你不是自称为无敌于天下吗？怎么会被他们打败了呢？"合撒儿流着泪走出成吉思汗的斡儿朵，三天未见其汗兄。帖卜腾格理趁机而动，到成吉思汗那里挑拨道："长生天有旨，宣示（谁应当）为汗的神谕：一次命帖木真执掌国政。一次命合撒儿执掌国政，如果不及早对合撒儿下手，今后会怎么样就不知道了。"（《蒙古秘史》第 244 节）成吉思汗信以为真，连夜捉拿了合撒儿。诃额仑兀真的养子曲出、阔阔出二人速往诃额仑兀真处，告知了这一情况。诃额仑兀真立即乘坐套白骆驼的幌车，连夜前往，第二天一大早赶到的时候成吉思汗已捆绑起合撒儿，拿掉合撒儿的帽子和腰带正在审问。诃额仑兀真下车后亲自解去合撒儿身上的绑绳，将帽子和腰带还给了合撒儿。怒气填胸的诃额仑兀真盘腿而坐，露出双乳垂放在双膝之上，声色俱厉地训斥了成吉思汗。成吉思汗在诃额仑兀真母亲面前认了错，释放了合撒儿。"（但他对合撒儿仍心存戒意）他背着母亲，暗中夺取了（分给）合撒儿的（大部分）百姓，只给合撒儿（剩下）一千四百户百姓。"（《蒙古秘史》第 244 节）

那么，帖卜腾格理为何从合撒儿开始下手呢？因为成吉思汗的几个汗弟中合撒儿最勇猛，力气最大，功劳也最大，也因此深得人们的拥护和信赖。所以诃额仑兀真如是称赞合撒儿："我的合撒儿有力气，能射，射得他们陆续来投降，远射出去，使惊走的人前来投降。"

据说这件事过后没多久诃额仑兀真病逝（李则芬书中所记）。

其二，猖狂的阔阔出欺辱斡惕赤斤，贤明的孛儿帖兀真劝诫可汗。

帖卜腾格理挑拨成吉思汗和合撒儿得逞后变得更加猖狂，又欺辱成吉思汗末弟斡惕赤斤那颜。帖卜腾格理先是诱去斡惕赤斤的部分属民。为了讨回属民，斡惕赤斤派遣使者莎豁儿到帖卜腾格理处，帖卜腾格理责打了使者莎豁儿，又让他背马鞍步行而回。第二天斡惕赤斤那颜亲自前去询问责打欺辱使者之事，并说明要讨回属民。蒙力克七子反而围住斡惕赤斤，逼迫他说："我不应该派遣使者来。""遂让他跪在帖卜腾格里的后面。"

第二天早晨成吉思汗还未起床时斡惕赤斤进斡儿朵跪到他的床前，向他哭诉被帖卜腾格理欺辱之事。成吉思汗未来得及开口前孛儿帖兀真坐起，流着泪说道："他们晃豁坛氏人在干什么？以前他们合伙殴打了合撒儿。现在为什么又迫使斡惕赤斤跪在他的后面？这是什么道理？如今就已经这样欺侮你的如桧、松般（正直）的弟弟们，说真的，久后，

你那大树般的身体突然倒下时，
你的织麻般团结起来的百姓，
让谁来掌管呢？

你那柱石般的身体倾倒时，
你的如群雀般的百姓，
让谁来掌管呢？
你的如桧、松般（正直）的兄弟，
尚且被那些人如此暗害，
我那三四个幼弱儿子，
（那些人）还能等他们长大起来，
让他们做主吗？

那些晃豁坛氏人在干什么？你为什么眼看着他们欺侮自己的弟弟而不闻不问？"（《蒙古秘史》第245节）成吉思汗听从孛儿帖兀真的劝诫，对斡惕赤斤说道："帖卜腾格里今天要来，我就听凭你去处置他吧！"

其三，除掉巫师，告诫同党。

于是斡惕赤斤那颜找来三个大力

·金刚铃·

士，让他们站在门外。果然没过多久，蒙力克父亲携七子前来，进入斡儿朵后，帖卜腾格理坐到酒席右边。这时斡惕赤斤起身说道："你昨天让我悔过，我如今与你比试。"说罢，揪住帖卜腾格理的衣领，走向门外。成吉思汗见状便说："出去比赛勇力吧！"斡惕赤斤拖着帖卜腾格理跨过门槛时，预先召来站在门外的三个大力士迎上去捉住帖卜腾格理，折断了他的脊梁，抛到东边。斡惕赤斤回到斡儿朵内说："帖卜腾格里（昨天）逼我悔过，今天我说与他比赛，他却不肯赛，如今耍赖躺在地上不肯起来，真没用！"蒙力克父亲察觉到个中原由，流起眼泪。

蒙力克父亲的其他六个儿子见状而怒，关上斡儿朵门，挽起衣袖围着炉灶起身，欲要动手。成吉思汗见势不妙便夺门而出，箭筒士和侍卫军立即上前围护起成吉思汗。

成吉思汗看到脊梁被折断的帖卜腾格理，便命人取来一顶青帐，盖在帖卜腾格理尸体上，遂后迁离了那个地方。

成吉思汗派人看守盖帖卜腾格理尸体上的那顶青帐，并关住青帐的天窗和门。不过第三天清晨发现青帐的天窗被打开，帐内不见帖卜腾格理尸体。成吉思汗得知后说道："帖卜腾格里用手、脚打了朕的弟弟们，又用无稽之言离间朕的弟弟们，因此上天不佑护他，把他的性命和身体都取走了。"成吉思汗又训斥蒙力克父亲道："你不劝戒你的儿子的毛病，他想与我同样地掌握大权，所以他帖卜腾格里就丢掉了性命！如果早知道你们这副德行，早就把你们像札木合、阿勒坛、忽察儿等人那样地处置了！"（《蒙古秘史》第246节）晃豁坛部就这样被征服。这件事大概发生在1210年左右。

这是成吉思汗消除内患的典型例子。当时萨满教是束缚包括成吉思汗在内的全体蒙古人的精神枷锁。若没有成吉思汗的参与，难以除掉帖卜腾格理，而这一事件也起到了一定程度的杀一儆百的作用。

综上所述，我在本章里从内外两方面综述了蒙古帝国政权的巩固和扩张。其中，多数事件发生在1206年建国后，1211年南征金朝之前。也有个别措施是始于当时，实现于1219年西征之前。统一整个蒙古地区、肃清残敌、消除内患等，可以视之为成吉思汗向外扩张之前的战略准备。

总之，当时的蒙古帝国疆域已扩张到与高丽、金朝、西夏、花剌子模等国接壤。成吉思汗向外扩张的战幕就此拉开。

注　　解

　　[1] 1205年成吉思汗军队攻灭北部乃蛮，在不黑都儿麻之地捉杀篾儿乞惕部脱黑脱阿别乞之后，术赤的军队留守在阿尔泰以北地区。实际上征服森林部族的行动从那个时候便已开始，忽都合别乞可能也是在那时归附成吉思汗的。因而术赤出征应该是在1205年，回师于1207年。不过相关史料记载各有出入。《蒙古秘史》记作兔儿年（1207年）出征。《圣武亲征录》记载："丁卯（1207年）……先遣按弹、不兀剌二人使乞力吉思（乞儿吉思）部。其长斡罗思亦难及阿里替也儿（阿勒迪额儿）、野牒亦纳里（也迪亦纳勒）部，亦遣亦力哥帖木儿、阿忒黑拉（阿惕乞剌黑）二人偕我使来献白海青为好也。"又将术赤出征的时间记作戊寅年（1218年）："戊寅……先，吐麻（秃马敦）部叛，上遣征兵乞儿乞思（乞儿吉思）部。不从，亦叛去。遂命大太子（指术赤）往讨之，以不花（不合）为前锋，追乞儿乞思，至亦马

儿河而还。大太子领兵涉谦河水，顺下，招降之，因克乌思（兀儿速惕）、憾哈纳思（合卜合纳思）、帖良兀（田列克）、克失的迷（客思的音）、火因亦儿干（指森林百姓）诸部。"《史集》的记载也与《圣武亲征录》相似。屠寄先生则认为这两段记载有误。本书以《蒙古秘史》的记载和屠寄先生的意见为主要依据。

［2］关于"失黑失惕河"，屠寄先生认为源自阿尔泰山脉北边的斡库伦特山，向北流入科布多河的萨克赛河便是。呼·普尔赖先生记载："系发源于索云乌拉山的失失吉惕河（东经98°，北纬51°）。"二人的记载与中国地图出版社1957年出版的《世界地图》相吻合。

［3］关于扯扯亦干公主和豁雷罕公主，相关史料记载各有出入。本书沿袭了《蒙古秘史》的记载。

剌失德的书中记载："成吉思汗曾把自己的女儿扯扯干嫁给这个脱劣勒赤驸马。"这里提到的"扯扯干"与"扯扯亦干"相近，但丈夫却变成了"脱劣勒赤"，即《蒙古秘史》所记亦纳勒赤之兄"脱劣勒赤"，而不是"亦纳勒赤"。

《元史·诸公主表》之《延安公主位》中记载："阔阔干公主，适脱栾赤驸马。"名字写法出入较大，但内容与《史集》所记一致。也在该表中，阔阔干公主前面记有"火鲁公主，适哈答驸马"。那珂通世、屠寄二人认为所记"火鲁"也许是术赤之女"豁雷罕"的异写，不过未作关于"哈答"一人的注释。

屠寄之《蒙兀儿史记》记载："多桑引拉施特云乞儿吉思人称酋长曰伊纳耳，即秘史之亦纳勒。斡亦剌惕语殆亦相同。亦纳勒赤盖非忽都合别乞之子之名，其名当为脱劣勒赤。亦纳勒赤之兄之名非脱劣勒赤，其名当为合歹（此处将合歹和哈答视为同一人。——引用者）。"（卷三，第44页）

［4］《蒙古秘史》第 235 节只记载："成吉思汗因阿儿思阑汗不战而降，给予恩赐，降旨把女子赐嫁给他。"未记到底赐嫁哪个女儿。屠寄之《蒙兀儿史记》记载："阿儿思兰汗，尚成吉思汗女脱烈公主，封郡王"，"也先不花，（阿儿思兰汗死后）袭君王，亦尚女脱烈公主"（卷一五四，第 1104 页）。《元史·诸公主表》之《脱烈公主位》中记载："脱烈公主，适阿儿思兰汗子也先不花驸马。"不过未注明脱烈公主是谁的女儿。《多桑蒙古史》只记载："阿儿思兰汗亦尚成吉思汗朝之公主。"（上册，第 63 页）策·达木丁苏荣先生在其现代蒙古文编译本《蒙古秘史》第 235 节末尾补录《罗·黄金史》之记载："成吉思合罕把女儿阿勒合别乞给了阿儿思兰，降旨说：

跳跃的时候是我的腿脚，

偏斜的时候是我的屏倚，

驰骋的时候是我的蹄铁，

给我怎样的帮助，

亲爱的阿勒合你知道吗？

……"

然而，《蒙古秘史》第 239 节记载："把（自己的女儿）阿刺合别吉赐嫁给汪古惕人。"其他一些史料记载也可证实阿刺合别乞嫁到汪古惕部之事。（详见本书第五章注解［14］）因而《罗·黄金史》的这段记载无法成为有说服力的依据，记于此处只为便于参考。

［5］从《蒙古秘史》的记载看"阿惕乞刺黑、答儿伯"二人为畏兀儿之亦都护汗派去见成吉思汗的使臣。《多桑蒙古史》却记载："1209 年春，哈刺契丹所置长官名少监者，聚敛，巴而术（指亦都护汗巴而术阿儿帖的斤。——引用者）不能堪，遂杀少监于哈刺火州。1210 年夏，成吉思汗闻其事，遣使者阿勒不秃黑、答儿拜二人使其国。亦都护厚礼之，命近臣二人偕使者入朝成吉思汗。"（上册，第

62～63页）从多桑的记载看该二人不是畏兀儿亦都护汗的使者，反而变成了成吉思汗的使者。本书沿袭了《蒙古秘史》的记载。

［6］屠寄先生记载成吉思汗将女儿阿勒阿勒屯别乞公主赐嫁畏兀儿之亦都护汗巴而术阿儿帖的斤，不过亦都护汗还没来得及迎娶就去世了。《元史·诸公主表》之《高昌公主位》中记载："也立（安）敦公主，太祖女，适亦都护巴而述阿儿忒的斤。"所记"也立（安）敦"明显是"阿勒阿勒屯"之异写。"阿勒"一词源自突厥语，意为"红"。弗拉基米尔佐夫先生所著《成吉思汗》一书中记载："成吉思汗便把他的女儿阿勒察勒屯（Alchaltun）〔《秘史》作阿勒阿勒屯〕赐给他做妻子。"

［7］关于速别额台把阿秃儿率铁车军出征篾儿乞惕残部的时间，《蒙古秘史》第199节记作"牛儿年（乙丑，1205年）"。《圣武亲征录》却记成1217年："丁丑上遣大将速不台拔都（速别额台把阿秃儿）以铁裹车轮，征蔑儿乞部。"本书根据屠寄先生的记载记作1216年。因为有记载可证实1216年奉命镇压豁里秃马敦部起义的朵儿伯朵黑申的军队和者别、速别额台的军队同为术赤右翼军从属。速别额台消灭篾儿乞惕残部时则是1217年。《圣武亲征录》可能是将消灭篾儿乞惕残部的时间误记为出征时间，《蒙古秘史》的记载则像是弄混了"牛儿年"的次序。《蒙古秘史》中从1201年开始注明时间，不过未记天干，因而容易弄混地支相同的年份。

［8］关于成吉思汗的利益分配对象，《蒙古秘史》中记有四位汗子的名字。这四位汗子均为成吉思汗发妻孛儿帖兀真所生。然而，《元史·宗室世系表》中记载了成吉思汗庶子兀鲁赤、古列坚二人。道润梯步先生认为《蒙古秘史》中未提到这两个汗子是因为他们是庶子。本田实信的论文中却记载古列坚分得四千兵力。

第七章

成吉思汗南征

　　成吉思汗南征的主要目标为金朝。不过为了消除后顾之忧，成吉思汗在南征之前几次出征唐兀（西夏）。为了征服契丹人，南征金朝的同时或之后出兵东北地区。这是成吉思汗南征的总过程，也是其向外扩张的开始，以及征服中原、统一中国并建立元朝的基础。

52. 四征西夏

　　西夏，当时蒙古人称之为"唐兀"（再早时称之为"合申"，即"河西"），宋朝、金朝人称之为"夏"，

·元代铁车钏·

吐蕃人称之为"弭药（木雅）"。西夏人称自己为"大夏"或"邦泥定"，是由鲜卑族八个分支之一党项羌族建立的封建国家。《金史》记作"西夏"，因为蒲鲜万奴叛离金朝后在东北地区建立了"大真国"，又称"东夏"。为了易于分辨，唐兀被称作"西夏"。

党项羌族为中国古代民族之一，该族在南北朝时期居住在今青海省东南部的河曲地区和四川省松潘以西山区。唐初吐蕃人占领整个青藏高原后，党项羌族人被迫迁居甘肃、宁夏和陕北一带。正是这些北迁的党项羌族人在北宋时期建立了西夏。

西夏与宋、辽和金朝等国并立近二百年（1038—1227年），建都于额里合牙（汉文称作中兴府，遗址在今宁夏回族自治区银川市东南），兴盛时期疆域达到包括今宁夏、陕北、甘肃西北部和内蒙古部分地区（鄂尔多斯、阿拉善、额济纳）的二十二州。这些地区多数在黄河以西，因而被称作河西或河西走廊。《蒙古秘史》中有时称之为"合申"，便是"河西"之转音。西夏国民由党项羌、汉、吐蕃、畏兀儿等数个民族组成。皇室姓氏为李（宋帝也曾赏赐赵姓）。从公元1038年李元昊称帝建立西夏到 1205 年成吉思汗初征西夏的一百多年间，西夏共经历六位皇帝的统治，第六位皇帝为李纯祐。《蒙古秘史》称西夏皇帝为"不儿罕"[1]。西夏人主要经营畜牧业和农业，自古重视水利灌溉，因而尽管地少，粮食产量却很丰富。此外，该国盐产丰富，毡毯制品很出名，与宋朝经济文化交流密切，通常用茶叶、矿产、马匹、青盐等产品与宋朝进行贸易。西夏人还有自己的文字。该国曾与宋、辽和金朝征战多次，给其国民造成了严重的伤亡。

初征西夏

　　成吉思汗初征西夏的时间为乙丑年（1205 年），当时西夏第六位皇帝（多桑书记作第七位，本书沿袭了汉语文献的记载）李纯祐在位。

　　此次出征西夏的直接原因与成吉思汗统一蒙古诸部之后的肃清残敌的军事行动有关。当时客列亦惕部王汗之子你勒合桑昆逃到西夏，成吉思汗便以西夏窝藏你勒合桑昆为由，起兵征讨了西夏[2]。据记载，1203 年客列亦惕军队全军覆没，你勒合桑昆只身一人（其随从阔阔出弃主归降后被成吉思汗处斩。——《蒙古秘史》第 188 节）逃亡时，曾途经西夏彻勒城（"彻勒"为亦集乃城或黑水城的西夏语名），由此看来你勒合桑昆大概是在那年秋天到达西夏。

　　然而，这只是表面理由而已。实际上出征西夏的主要战略目的还是针对日后的南征。当时金朝和西夏关系密切，因而攻打西夏就等于打断金朝的右臂，另一方面也可视之为蒙古铁骑的攻城演习。因而可认为成吉思汗几次西夏之征拉开了征金战幕。

当时，征讨西夏对成吉思汗而言一方面是战略需求，另一方面是因为各方面条件的成熟。首先，成吉思汗对西夏内情了解得很充分。关于这一点，弗拉基米尔佐夫先生的记载是靠准的："因为客列亦惕、乃蛮和其他蒙古各部落在长时期里和唐兀惕人有着连续不断的交涉，所以他对于这个国家的状况，已经有了十二分正确情报。畏兀儿人，尤其是畏兀儿商人，因为他们常常到唐兀惕那边去，所以很熟悉这个国家和这个国家的种种情形，因此在这一点上也产生着极大的作用。"（《成吉思汗》）成吉思汗征服乃蛮部之后，蒙古的边界便与西夏接壤，1205 年成吉思汗大军驻扎在阿尔泰南边，因而穿过戈壁便可到达合申地区。

耶律阿海率领的成吉思汗大军到达西夏后，先是包围力吉里寨，攻破后将该城夷为平地。接着攻破落思城，掠去了该城的百姓、财物以及大量的骆驼，因而很多史学家认为蒙古人大量使用骆驼始于此时。

我们可从二征西夏的理由（即西夏没有履行向蒙古帝国纳贡之约）得知初征西夏的结果是双方立下西夏向蒙古帝国进贡之约，不过相关史料中不见关于此事的记载。

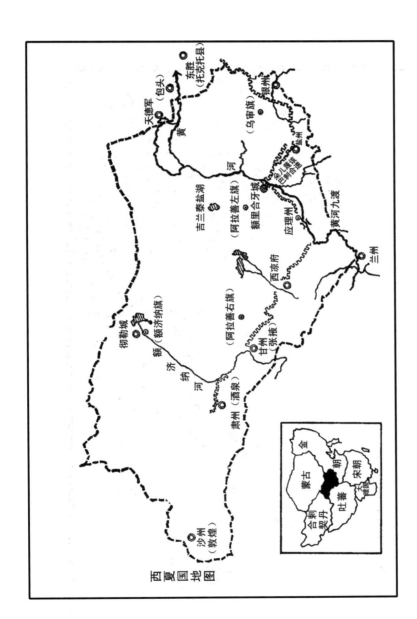

西夏国地图

・西夏国地图・

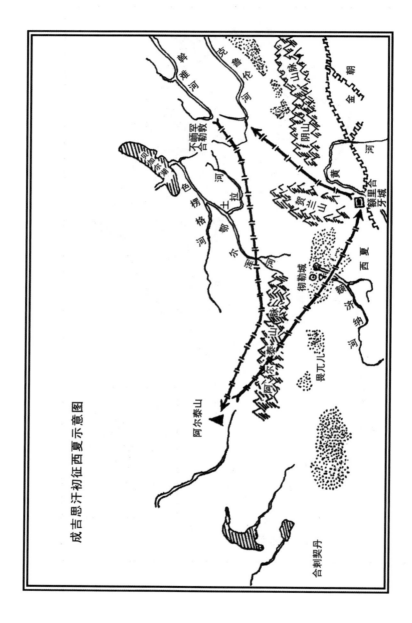

成吉思汗初征西夏示意图

·成吉思汗初征西夏示意图·

二征西夏

成吉思汗二征西夏的时间为丁卯年（1207年）秋天，那年成吉思汗四十六岁。当时李安全篡夺西夏皇位，立自己为西夏第七位皇帝（襄宗皇帝）已有一年。

剌失德、多桑、屠寄等人记载此次出征西夏的原因为西夏新任统治者背约终止进贡。这次是成吉思汗亲征，并于1207年冬攻占兀剌孩城[3]，1208年春回师，用时近半年。

三征西夏

成吉思汗三征西夏的时间为庚午年（1209年）秋天[4]，那年成吉思汗四十八岁。关于此次战事的起因，屠寄先生认为是为"征兵助战"。李则芬先生则认为："成吉思汗可能是因为（李）安全请封于金，而不向蒙古告丧，更可能的是为了攻城演习。"

成吉思汗大军从西夏北部彻勒城攻入西夏境内，到达兀剌孩关时，西夏皇帝李安全命其"世子"李遵顼率兵抵抗。李遵顼不是李安全的亲生儿子，而是其堂侄。《元史》称其为"世子"，由此看来当时他已被定为皇位继承人。

之后李遵顼战败，其手下副帅高令公[5]被俘。蒙古军队再次攻占兀剌孩城，又俘虏西夏太傅[6]鲜卑族人讹答。蒙古军队乘胜前进，直抵中兴府外围克夷门，

在那里再胜西夏军队，设计俘虏了西夏名将嵬名[7]。就这样，成吉思汗大军到达黄河西岸西夏都城额里合牙城[8]，遂后堵黄河引水灌城。当时西夏向金朝求援未果，然而蒙古军队堵黄河引水的堤坝垮塌，大水泛滥，蒙古军队不得已而解围。于是成吉思汗将之前俘虏的太傅讹答释回额里合牙城，让他向西夏皇帝传达劝降之词。"合申百姓的不儿罕（指西夏皇帝李安全）投降，他说：我愿做您的右手，为您效力。……把名叫察合[9]的女儿献给成吉思汗。"（《蒙古秘史》第 249 节）于是双方立约后成吉思汗大军回师。

四征西夏

成吉思汗四征西夏的时间为戊寅年（1218 年，《西夏书事》卷四十一记作 1217 年）春季首月，那年成吉思汗五十七岁。此次战役是在成吉思汗几次征伐金朝之后进行的，因而当时成吉思汗军队攻城经验丰富且士气旺盛。若以时间顺序，应将此次战役记在征金战事之后，不过为了便于集中叙述，故移录于此。

当时李遵顼已经篡夺李安全之位，自立为西夏第八位皇帝。成吉思汗大军到达后，直接包围了西夏都城额里合牙城。西夏皇帝李遵顼命其子李德旺留守都城，自己则逃到西凉府（《蒙古秘史》记作"额里折兀"，清代被称作凉州府，即今甘肃武威）。据说此后蒙古军队便回师。张振珮所著《成吉思汗评传》记载："因西辽国杀使者（此说有误，杀使者一方为花剌子模，

而非西辽国。——引用者），方议西征，西夏亦乘机伪请和，且请出师以从，乃罢去。"（《成吉思汗评论》第五章）

值得一提的是，关于此次战事的起因，屠寄之《蒙兀儿史记》记载："汗征西夏兵从征撒儿塔兀勒（花剌子模），不应，遂伐西夏。"（卷三，第50页）然而，《蒙古秘史》第256节却记载："成吉思汗（西）征时，派遣使者去对唐兀惕百姓的不儿罕说：你曾经说过做朕的右手，如今回回国人切断了我们的金鏖绳，如今朕要去（西）征，向他们讨个说法。你做我们的右翼出征吧。使者去到那里，不儿罕还没说

· 元代三叉状铁器 ·

话，阿沙敢不先说道兵力不足，做什么大汗！不发援兵，却说了这种狂妄的话，把使者打发回去了。成吉思汗说：怎么能容忍阿沙敢不说这种（不堪入耳）的话？先去征讨他们，又有何难？但因为现在要出征别的国家，就暂且不理他们。若蒙长生天佑护，（西征）胜利归来时，朕就去征讨他们。"从这段记载看，这次只是遣使，并未出兵。其他相关史料中不见类此内容。此外，《金史·宣宗纪》记载兴定二年（1218年）元月乙酉"大元兵（指成吉思汗军队）围夏王城，李遵顼命其子居守而出走西凉"。《元史·太祖纪》记载："是年（成吉思汗十三年，戊寅），伐西夏，围其王城，夏主李

遵顼出走西凉。"《多桑蒙古史》记载："1218年，成吉思汗四征西夏，围其都城。夏主李遵顼奔西凉，即今甘肃之凉州府也。"（上册，第 78 页）

从上述几段记载看，此次成吉思汗短时间里征伐西夏为历史事实，其目的为征兵支援西征。也许是李遵顼出逃后其子李德旺"伪请和，且请出师以从"，其臣阿沙敢不则主张不发援兵。而成吉思汗所言"先去征讨他们，又有何难"，也许是针对追击李遵顼而言。

总而言之，1205—1218 年间成吉思汗四征西夏的大概情况便是如此。其中前三次是在1211 年南征金朝之前，第四次是在 1219 年西征花剌子模之前，即 1218 年。此后还有最后一次西夏之征，关于这一次，将在本书第九章另作叙述。成吉思汗通过几次征伐大大削弱了西夏国力，结果是西夏失去了支援金朝的能力，甚至加深了金夏两国之间的矛盾（1212 年西夏军队攻打过金朝），创造了各个击破的有利条件。

成吉思汗就这样达到了自己的战略目标，他的下一个目标便是宿敌金朝。

53. 金朝与蒙古部族之间的世仇

金朝是由女真族完颜部首领阿骨打建立的国家，女

· 元代铁矛 ·

真语叫"爱新"。女真人认为"辽以镔铁为号，取其坚也。镔铁虽坚，终亦变坏，唯金不变不坏"，于是取"金"为国号。女真是个古老的民族，唐代被称作"黑水靺鞨"。10世纪初女真人居住在松花江、黑龙江下游以及以东的沿海地区。他们主要经营渔业和养猪业，也会种植豆类、小麦等农作物。北宋时期完颜部兴起，逐渐成为女真族主要部族。在乌古迺首领时期，该部引进铁器，大大提高了自部社会生产力。12世纪初，阿骨打当上该部首领，此后统一了女真诸部，1115年建立金朝，起初建都于会宁府（今黑龙江省阿城南）。金朝于天会三年（1125年）攻灭辽朝，第二年又灭北宋，迁都中都城[10]（今北京，1214年又迁至开封）。于是，金朝疆域东至今日本海、鄂霍次克海和外兴安岭，西北抵今蒙古国，西以河套、陕西、衡山、甘肃东部为界并与西夏接壤，南以秦岭山脉、淮河为界并与南宋毗邻。当时的金朝与南宋处于敌对状态，统治中国北部的封建王朝。后来到了斡歌歹可汗时期的1234年，金朝在蒙古帝国和南宋的夹击下灭亡。金朝共经历九位皇帝的统治，历时一百二十年。

为了达到统一全中国的目的，金朝统治者们起初集中军力与南边的南宋交战。对北边各民族则是实施"以夷制夷"的阴毒政策，认为"三年一征，五年一徙，用蒿指之法厄其生聚。蒿者，言若删蒿也。去其拇指，则壮丁无用"（郑所南《心史》下卷）。于是实施"三年一征，五年一徙"的政策。不过，金朝这一低投入的好买卖未能持续多久，到第五位皇帝完颜雍年间（1161—1189年），由于内部矛盾加深和汉族人民的抵抗加剧，金朝不得已与宋朝立定停战协议，从南线撤出军力，调往内部和北部边境。《蒙鞑备录》记载："金虏大定间，燕京及契丹地有谣言云：鞑靼来，鞑靼去，赶得官家没去处。葛酉雍宛转闻之，惊曰：必是鞑人，为我国患。乃下令极于穷荒，出兵剿之，每三岁遣兵向北剿杀，谓之灭丁。迄今中原人尽能记之，曰：二十年前，山东、河北，谁家不卖鞑人为小奴婢，皆诸军掠来者。今鞑人大臣，当时多有虏掠住于金国者，且其国每岁朝贡，则于塞外受其礼币而遣之，亦不令入境。"所谓"鞑人"指的便是蒙古诸部。当时，金朝统治者们一方面"每三岁"（实际上是每年）向蒙古地区派遣大军剿杀掠夺蒙古百姓，另一方面实施"以夷制夷"的政策，在蒙古各部间挑拨离间，使他们互相残杀。在蒙古诸部中尤其利用塔塔儿部，借塔塔儿部之力欺压其他蒙古部族，塔塔儿部则是先后捉去成吉思汗先祖俺巴孩可汗、斡勤巴儿合黑和客列亦惕部王汗的祖父忽儿察忽思不亦鲁黑可汗等人押送给金朝，使他们受尽酷刑而死。

俺巴孩可汗被杀的时间为金朝熙宗年间（1135—1148年）。当时俺巴孩可汗嫁女到营居呼伦、贝尔二湖间乌尔顺河一带的塔塔儿分支阿亦里兀惕、备鲁兀惕二部领地时，宿敌主因塔塔儿人将其捉去押送给了金朝。金朝熙宗皇帝使用自制刑器，极其残忍地将俺

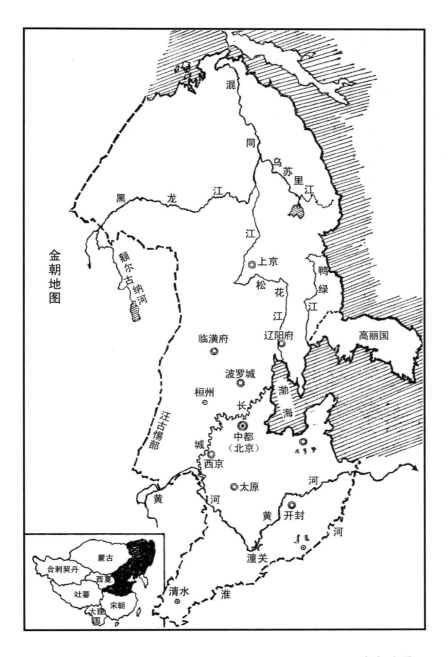

混同江

乌苏里江

黑龙江

江

额尔古纳河

金朝地图

上京

松花江

辽阳府

鸭绿江

临潢府

高丽国

波罗城

桓州

渤海

长

城

中都
（北京）

西京

万字牌

太原

河

黄

河

黄

开封

河

汪古惕部

潼关

清水

淮

蒙古

合剌契丹

西夏

吐蕃

宋朝

大理国

· 金朝地图 ·

·元代铁头盔·

巴孩可汗钉在木驴上，使其受尽折磨而死。俺巴孩可汗临终时留下遗言："我身为全体人的合罕、国主，亲自送女出嫁（这件事你们当以我为戒！），被塔塔儿部人擒住了。哪怕你们的五个指头的指甲全部秃尽了，十个指头全部磨尽了，也试着要为我报仇！"（《蒙古秘史》第53节）其他被押送到金朝的人同样都被酷刑凌虐而死。成吉思汗之父也速该把阿秃儿也是金朝"以夷制夷"政策的牺牲者，而这些人仅仅只是相关史料记载下来的蒙古贵族的代表性人物。其他未被记载的被杀害者的人数，尤其在那些大型战役中丧命的普通蒙古百姓人数，如今已无从查证。

金朝和蒙古之间的深仇大恨便是如此形成，且越来越深。不能不说这是成吉思汗出征金朝的重要原因之一。任何一个国家或民族，在难以忍受外敌的压迫凌辱时必会奋起反抗或给对方惩戒性的打击，这与侵略战争有本质的区别。因而"蒙古反对金朝，在开始时是带有反抗民族压迫的正义性质"（邱树森《元朝史话》，第20页）。

实际上成吉思汗很早就开始考虑出征金朝报仇雪耻之事，尤其是1206年建国后决定惩戒金朝对蒙古地区的一再侵扰，当时只是碍于还未实现内政的巩固而未能立即起兵。

54. 成吉思汗亲征金朝

在 1206 年宣告建立蒙古帝国之后，成吉思汗先后征服森林部族、肃清了残敌、处理内部矛盾并消除了内部隐患，从而做好了新建帝国巩固内政相关的所有工作，具备了出征金朝的内部条件。与此同时，三征金朝附庸国西夏，大大削弱了西夏国力，使其没有能力支援金朝，且又加深了金夏两国之间的矛盾，从而创造了各个击破的有利条件。例如："先是金夏和好已八十年。成吉思汗第三次侵夏之时，夏主求援于金，金不以援至。1210 年，夏遂与金绝，与蒙古和。1213年终，夏取金泾州。"（《多桑蒙古史》上册，第 71 页）

出征金朝时须具备的另外一个重要条件为对金朝内情的掌握，也就是说军事情报工作。作为一位出类拔萃的军事家，成吉思汗出色地完成了这方面的工作，其情报来源主要有三方面：第一，从驻守金朝边境的汪古惕部处获知金朝内情。第二，从出入内地多年且见多识广、文化程度较高的花剌子模商人处获知。第三，从反抗金朝统治而前去的投靠者处获知。通过这些人，成吉思汗获得了金朝内部各民族之间的矛盾、金朝百姓抵抗女真统治者的情况和金朝统治阶级的内部矛盾等政治情报，财力和收成等经济情报，军队人数、武器装备、军事部署以及道路、城池、关塞的位置和军需供应等方面的军事情报等准确、详细且全面的情报。就这样，成吉思汗做好了出征金朝的一切准备工作，内外部所有条件都已成熟。

蒙古帝国与金朝之间的战争从成吉思汗时期的1211年开始，结束于斡歌歹可汗时期的1234年，历时二十四年。这二十四年的征金战争，可分作三个阶段：第一阶段，1211—1217年间的成吉思汗亲征阶段；第二阶段，1217—1223年间的国王木华黎率军征伐阶段；第三阶段，1229—1234年间的成吉思汗汗位继承人斡歌歹可汗率军征伐阶段，即彻底攻灭金朝的阶段。本书将叙述第一阶段的战况。

成吉思汗亲征金朝时发动了以中都为主要攻打目标的三次大型战役。

首攻中都

据记载，蒙古人在建立自己的国家之前作为金朝附庸每年向金朝进贡。不过由于后来蒙古人反对纳贡，金朝第六位皇帝——章宗皇帝时期卫绍王永济曾奉命到蒙古地界处净州（位于今内蒙古自治区四子王旗）之地追讨贡品。成吉思汗没有理会他的这次追讨（贝勒津记作1206年，本人认为有误），因而永济回去以后向章宗皇帝建议出兵征讨蒙古，李则芬先生的书中有相关记载，不过有些出入。他如是记载："成吉思汗又于章宗末年，以贡岁币为名，亲往金国，大概是想

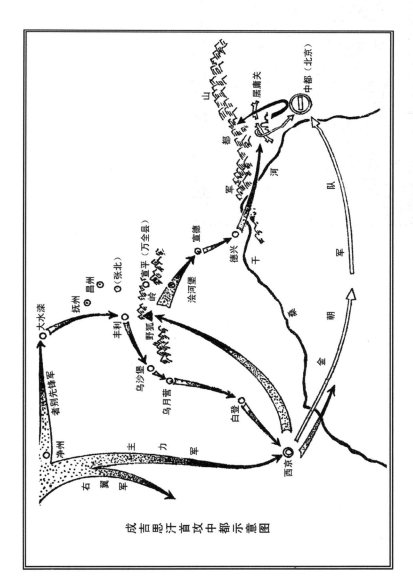

成吉思汗首攻中都示意图

·成吉思汗家族图·

一探金国虚实。然金国也很有戒心，没有让他入朝，而派遣卫王前往净州受贡……成吉思汗看不起他，不向他行礼……卫王以成吉思汗无礼，怒甚。回朝后，即欲请求讨伐蒙古，旋因章宗驾崩而作罢。"（《元朝史话》第249～250页）然而，成吉思汗为了解金朝内情而亲往金朝之说，在一般情况下是不可想象的。当时成吉思汗已经统一了蒙古诸部，当上了蒙古帝国的大汗，在这种情况下，成吉思汗应该不会采取这种冒险的行动。

卫绍王永济虽然建议过征讨蒙古，但当时的金章宗已没有多少气力，没过多久（1208年，四十一岁）便去世了。之后，1209年卫绍王完颜永济（永济为章宗皇帝的侄子）即位，当上了金朝第七位皇帝，遂"有诏至国，传言当拜受"。当时成吉思汗在第三次征讨西夏后回师的途中，"他的通讯骑士疾驰如飞到达后报告：金使过长城前来。成吉思汗立即下令停止行军，在自己的行宫召见了金使"（贝勒津《成吉思汗》）。

成吉思汗"问金使曰：新君为谁？金使曰：卫王也。帝遽南面唾曰：我谓中原皇帝是天上人做，此等庸懦亦为之耶？何以拜为！即乘马北去。金使还言，允济（永济）益怒，欲俟帝再入贡，就进场害之。帝知之，遂与金绝，益严兵为备"（《元史·太祖纪》）。此事便是征金战争的导火索。

成吉思汗初征金朝的时间为成吉思汗六年（1211年）二月[11]，当时成吉思汗五十岁。

成吉思汗"出师以前，登一高山，祈天之助，解带置项后，脱其衣纽，跪祷曰：长生之天，阿勒坦汗（指金朝皇帝，'阿勒坦'即'金'）辱杀我诸父别儿罕俺巴孩二人，脱汝许我复仇，请以臂助，并命下地之人类以及善恶诸神联合辅我"[12]（《多桑蒙古史》上册，第67页）。遂后便起兵。

成吉思汗携其四位汗子（术赤、察阿歹、斡歌歹、拖雷），以及先锋大将者别、左翼万户官木华黎等人，从克鲁伦河畔的大斡儿朵处起兵，穿过大漠，抵达位于金朝边界的汪古惕部领地。"成吉思汗之达长城，须经约有一百八十程之地（据说所谓一程等于四公里），必须经行蒙古语名称戈壁之地，即汉语所称之沙漠也……其中偶有童山，盐湖散布，草水甚少，林木绝无。"（《多桑蒙古史》上册，第67～68页）由此看来，蒙古大军抵达汪古惕部时已经行进了大约一千五百里地。

首先，成吉思汗大将者别那颜率领的先锋部队让汪古惕部人引路，过净州[13]后向东猛攻，是年四月攻占了大水滦[14]、丰利（位于今湖北省张北西边）等县。成吉思汗在汪古惕部领地过夏，修养生息，为秋季攻略做足了准备。这时汪古惕部首领阿剌忽失的吉惕忽里携其部众前去觐见了成吉思汗，此后出征时为成吉思汗军队引路至金朝境内。

成吉思汗开展出征金朝的准备工作时，驻守北部边界的金朝将军纳合买住察觉到了这一情况，便告知完颜永济（屠寄先生记作章宗，但章宗此时已崩）："今见其邻部附从，西夏献女，而造箭制盾不休，非图我而何？"（《多桑蒙古史》上册，第68页）然而，金帝错误地认为金蒙之间没有矛盾，甚至觉得纳合买住胆怯而将其囚禁了起来。就这样，在金朝毫无防备的情况下，成吉思汗军队攻入其境。

成吉思汗率领的蒙古大军穿过大漠向南攻入后，胆怯的金帝派遣西北路招讨使粘合合打向成吉思汗求和。成吉思汗没同意金帝的请求，永济甚是心慌，便释放了纳合买住，并从1211年3月开始慌忙地开展起防御工作，企图以西京（今山西省大同市）到昌州（今河北省宣化区）、抚州（今湖北省张北县）的防御线阻挡蒙古大军，遂派平章政事独吉千家奴、完颜承裕二人负责昌州、抚州前线的军事指挥，派参知政事完颜虎沙驻守宣德省（今河北省宣化），命西京守将、枢密使纥石烈胡沙虎（下文简称胡沙虎）负责西线防御。

金帝这一分兵守城策略导致其军力分散，战争初期上京守将图克坦镒看出分散的兵力难以抵抗蒙古大军的集中攻击，遂向金帝提议将昌州、桓州（位于今内蒙古自治区多伦一带）、抚州等地的人力物力调至长城以内，从而集中兵

·元代宴居图·

力防御。然而，金帝不舍上述三地，所以没有采纳图克坦镒的提议。当时刺史赵秉文也向金帝提议："可遣临潢一军捣其虚，则山西之围可解。"金帝还是没有采纳，反而下令死守宣德、抚州等地，加强了乌沙堡[15]的军事防御。

　　是年七月，者别率领的蒙古军队左翼先锋军攻占了金朝西京的防御屏障乌沙堡、乌月营（位于今内蒙古自治区乌兰察布市兴和县）等地，金兵统领千家奴、完颜虎沙等人弃抚州退守宣平（今河北省万全县）。此时金臣郭宝玉[16]归降蒙古，蒙古军队不费吹灰之力攻占了白登（位于今山西省大同市东北处），直抵金朝西京。西京守将胡沙虎[17]仅守七天后携百余骑兵突围，逃往东边的紫荆关。成吉思汗遂派三千骑兵追击胡沙虎，胡沙虎途经蔚州（今河北省蔚县），直接逃回中都城。蒙古军队攻占西京后，成吉思汗亲自率领

·彩绘陶牵马俑·

中军攻打昌州、抚州二地，逼退金朝守将完颜承裕的军队。蒙古军队追击完颜承裕，在翠屏山（位于今河北省张家口北万全县西北处）、浍河堡（万全县南）等地屡胜完颜承裕主力军，乘胜攻占了宣德、德兴（今河北省涿鹿县）等城池。

是年九月，蒙古军队攻占德兴后以者别、古亦古捏克把阿秃儿二人为先锋攻打了居庸关。蒙古军队先是假装后退，引金兵出关后猛力反攻，将金朝守军一举歼灭，攻占了居庸关。之后成吉思汗率领主力军到达失剌迭克[18]之地，就这样蒙古军队逼近金朝首都中都城。这时，金帝企图逃到南京（今河南省开封市），不过遭到将臣们的反对，打消了出逃的念头。此后金兵加强了中都的防御，蒙古军队几次攻城均以失败告终，也牺牲了不少兵力，不得已而撤军。蒙古军队撤军时，"耶律阿海袭金云内群牧监，冬十月以其使雍古鷁公驱牧马来降，谒汗行在所"[19]（《蒙兀儿史记》卷三，第46页）。

蒙古军队主力军攻金朝首都中都城时，成吉思汗命其子术赤、察阿歹、斡歌歹三人率领右翼军从西路攻进。他们的军队先后攻占了云内（今内蒙古自治区乌拉特一带)、东胜(今内蒙古自治区托克托县)、武州(今山西省五寨县)、朔州(今山西省朔县)等地。

从《元史·太祖纪》《元史·耶律留哥传》和《金史·卫绍王传》等史料的记载看,成吉思汗率军攻打金朝中都城的同时还将阿勒赤那颜、速别额台把阿秃儿二人率领的一支军队派往辽东。该二人率领的军队1211年12月攻入辽河上游地区,在那里与耶律留哥的军队会师。

此次征金期间,蒙古军队攻占了金朝德兴、弘州(今河北省阳原县一带)、昌平、怀来、缙山(今北京市延庆县)、集宁(位于今河北省张北县)、密云、抚宁等多个城池。

值得一提的是,当时的蒙古军队攻打城池是为削弱敌方势力,攻占后不会留兵驻守那些城池。因而,蒙古军队走后金兵重新占领城池,所以蒙古军队数次攻打同一个城池也就不足为奇了。

蒙古军队在征金期间经历多次战役,1211年冬季向北退到金朝北部边境一带,在那里休整了军队。成吉思汗首攻中都的战役就这样告一段落。

二改中都

短期休整过后,成吉思汗七年(1212年,成吉思汗五十一岁)春季首月[20]蒙古军队第二次攻向金朝首都中都城。这次战役实际上就是首攻中都的延续。这次蒙古军队先是攻占云中(位于山西省大同县地界)、九原（今内蒙古自治区五原一带）等地，再攻向抚州。

这时金帝命西京守将、枢密使胡沙虎为总帅，完颜兀奴为副帅，定薛为先锋，完颜虎沙为侧翼，出动三十万大军（李则芬先生认为《元史》这一数据过于夸大且无从考证）到野狐岭[21]迎战蒙古军队。当时完颜虎沙[22]向胡沙虎献策道："闻彼新破抚州，以所获物分赐军中，马牧于野，出不虞之际，宜速骑以掩之。"然而胡沙虎没有采纳："此危道也。不若马步俱进，为计万全。"（《圣武亲征录》）第二天早晨便下令发起攻击。

获知金兵发起攻击的消息时，成吉思汗正在军营里就餐，于是立即停止就餐，率中军和左翼军迎战于獾儿嘴[23]之地。金兵总帅胡沙虎为质问蒙古军队起兵之因而派去使者石抹明安[24]。然而，石抹明安到达后归降蒙古大军，将金兵内情一五一十地泄露给了成吉思汗。了解到地方军情后，左翼万户官木华黎向成吉思汗进言："彼众我寡，弗致死力战，未易破也。"（《元史·木华黎传》）说罢，率领敢死士冲锋陷阵。遂后，成吉思汗率领主力军攻入，"打败了（金朝）契丹、女真、糺[25]勇猛军队，一直追到居庸关，杀得敌军积尸如烂木堆"（《蒙古秘史》第247节）。金将完颜虎沙毫无还手之力，遂南逃至浍河堡[26]，在那里被蒙古军队一举歼灭。耶律秃花的军队追击胡沙虎至定安北，大胜，胡沙虎顺小路逃入紫荆关。就这样，金朝三十万大军全军覆没。蒙古军队遂后攻占宣德。

·蒙古骑兵图·

1212 年 8 月，成吉思汗亲自率军围攻金朝西京。这时金兵元帅、左都监奥屯襄率兵前去支援西京，成吉思汗派兵将其诱向密谷口后反攻得胜，奥屯襄只身一人逃出。之后蒙古军队因成吉思汗攻打西京时被乱箭射伤而退兵[27]。

是年九月，蒙古军队攻德兴未果而再次退兵。"该城所辖地区有许多瓜田、果园，酿酒极多。"（《史集》第一卷第一分册）因而金朝派精兵驻守该城。成吉思汗派季子拖雷和赤古古列坚二人率兵再一次攻打了德兴。这次战役中，赤古古列坚率先登上城头，占领了该城以及该城界内的所有堡寨。不过没过多久金兵便收复了德兴。

也在这 1212 年，契丹后裔建立了"东辽国"，后归降蒙古。关于此事下文另作叙述，因而在此不赘述。

1213 年七月，成吉思汗将主力军移至中都以北地区，蒙古军队再破德兴。八月，成吉思汗率兵抵妫川（今河北省妫水河），在那里战胜了金朝行省完颜纲、右都监术虎高琪。蒙古军队又将他们追击至北口，直

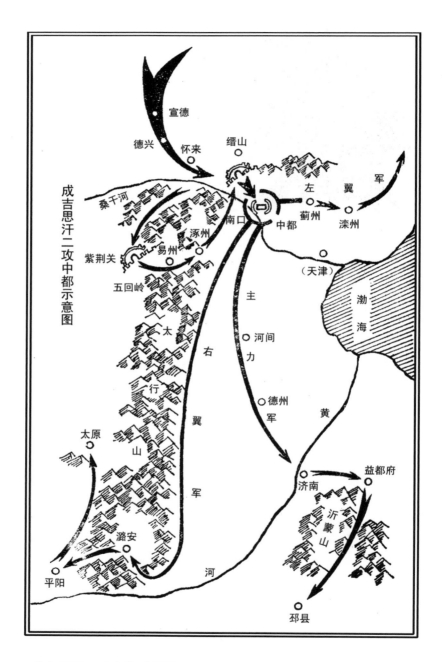

·成吉思汗二攻中都示意图·

逼居庸关。

然而，"金复严守居庸，锢铁为门，布蒺藜百里，守以精锐兵至不得入"（《蒙兀儿史记》卷三，第46页）。这时，札八儿告诉成吉思汗有一条小道可绕过紫荆关，一天一夜便可到达居庸关。于是成吉思汗派遣阿剌浅（屠寄先生记载该人便是札八儿火者）传令给客台（兀鲁兀惕部主儿扯歹之子，第五十七位开国功臣）、薄察[28]二人，让他们将兵力部署于居庸关北口而吸引金兵注意力，自己则率领者别下属精兵抄居庸关西小路，暗躲飞虎道，南进至紫荆关。金帝得知此情后急遣术虎高琪[29]，成吉思汗赶在敌方援军到达之前攻过紫荆关，在五回岭激战，将术虎高琪的军队一举歼灭。遂后攻占易州（今河北省易县），又命者别那颜率领轻骑兵突袭居庸关后，血洗该地。与此同时，驻守居庸关北门的金将契丹族人讹鲁不儿等打开北门迎降，于是者别的军队从南口北进，与客台、薄察的军队会师后再次占领了居庸关。

是年八月，金西京守将胡沙虎发动政变，毒杀完颜永济后拥立丰王完颜珣为金朝第八位皇帝。成吉思汗利用金朝内讧，加强了攻势。攻占居庸关后成吉思汗命客台、哈台[30]二人率领五千精兵控制了通向中都的所有道路，遂后自己率领主力军攻打了涿州。冬十月五日，派阿剌浅至中都，劝降金帝。十六日，蒙古大军抵达中都北，一天时间便将术虎高琪率领的军队歼灭，占领了涿州。

不过碍于中都城防备森严，蒙古军队多次攻城均未果。于是成吉思汗改变攻略，暂时放弃中都，将大军分成三路，向金朝后方发动攻击。

　　右路为术赤、察阿歹、斡歌歹三人率领的右翼军。他们沿着太行山向南攻进，攻占了保州（今河北省保定市）、遂州（位于河北省徐水县西）、威州（今河北省威县）、邢州（今河北省邢台市）、洺州（位于河北省永年东南）、彰德（今河南省安阳市）、怀州（今河南省沁阳市）、孟州（今河南省孟州市）等地，直抵黄河北岸，再向西北绕过太行山攻进山西省。又攻占了潞安（今山西省长治市）、平阳（今山西省临汾市）、太原等地。

　　左路为成吉思汗之弟合撒儿、兀鲁兀惕部主儿扯歹（剌失德书中记作成吉思汗季子，此说有误）、阿勒赤那颜[31]、脱仑扯儿必等人率领的左翼军。他们沿海向东攻进，攻占了蓟州（今河北省蓟县）、滦州（今河北省滦县）和辽西各地。

　　中路为成吉思汗和其季子拖雷率领的中军。他们向南攻进，占领了河间、济南、益都等多个城池，其先锋军途经沂蒙山直抵邳县。

　　这时金朝统治者们集中军力死守中都等重镇，导致中原多地无兵可守，不少城池迫于无奈而抓捕农民充当守军。这使得蒙古大军所向无敌，攻占了除去通顺（今北京市顺义区）、真定（今河北省正定县）、大明、东平等十一个城镇以外的山东、山西、河北、

·蒙古毡帐车图·

辽西等地九十多个城镇。

是年年末，成吉思汗安营于中都城西北郊失剌客额儿[32]之地，随后木华黎也到此地与成吉思汗会师。

1214年（甲戌年）春季首月，成吉思汗在失剌客额儿之地听说金朝统治者们正在商议求和之事的消息，便停止攻势以待时机。这时成吉思汗帐下不少将臣都主张乘胜攻占中都城，成吉思汗却没有同意，认为"留孤城于敌，俾力守以自困也"（《蒙兀儿史记》卷三，第47页）。

是年二月，成吉思汗派阿剌浅（《金史·宣宗传》记作"扎八"，明显是"札八儿"的异写，也可证实"札八儿""阿剌浅"为同一人）至金帝处传话道："汝山东、河北郡县悉为我有，汝所守惟燕京耳。天既弱汝，我复迫汝于险，天其谓我何？我今还军，汝不能犒师以弭我诸将之怒耶？"（《元史·太祖纪》）

于是，金帝召集诸将臣商议了停战之策。其间，有的主张决战，有的则认为和为上策。平章术虎高琪主张决战，提议道："闻彼士马疲敝，可乘此决一死战。"都元帅完颜承晖（又称完颜福兴）则主张议和："我军仓卒集募，身虽在都，家属散居各路，其心向背不可知。战而败，各鸟兽散。即幸而胜敌，亦各思归就其妻子。谁与我守？祖宗社稷之计，岂可为此孤注？当熟思之。莫若遣使议和，须彼军还，再图后举。"（《蒙兀儿史记》卷三，第47页）金帝采纳了后者的提议。

三月辛未日，金帝使臣完颜承晖到蒙古军营求和。成吉思汗同意议和，并遣阿剌浅至中都城，与金方谈判了议和的条件。

谈判的结果是金帝向成吉思汗献上卫绍王之女岐国公主、童男童女各五百人、马匹三千和大量金银珠宝。之后岐国公主被称作成吉思汗庶室公主合屯。双方议和后，完颜承晖从居庸关恭送成吉思汗到抚州獾儿嘴之地。蒙古大军二攻中都的战役就这样告一段落。

三攻中都

成吉思汗二攻中都后于1214年春停战，与金朝议和，退兵至长城北，避暑于鱼儿滦[33]。

蒙古大军的两次大范围攻势让金朝统治者们变成了惊弓之鸟。1214年4月，金帝决定迁都南京汴梁。当时金臣图克坦镒劝诫金帝："銮辂一动，北路皆不可守矣。今已讲和，聚兵积粟，固守京师，策之上也。南京四面受兵。辽东根本之地，依山负海，其险足恃，备御一面，以为后图，策之次也。"（《金史·徒单镒传》）不过，心惊胆战的金帝没有听取他的劝诫，坚持迁都，让右丞相完颜承晖、尚书左丞相抹撚尽忠[34]二人辅佐皇太子守忠留守中都城。是年五月，金帝完颜珣携六

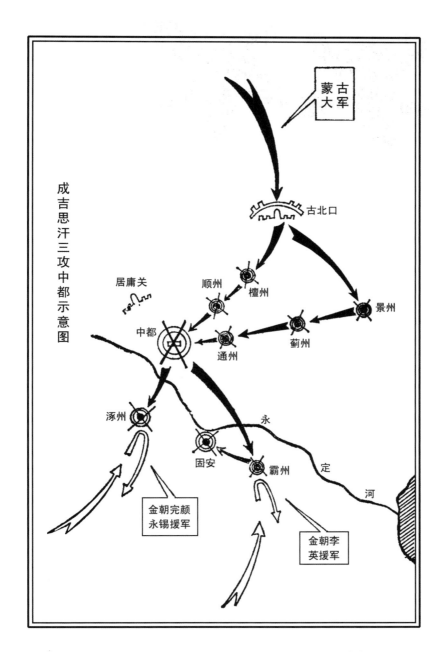

成吉思汗三攻中都示意图

蒙古大军

古北口

居庸关

顺州　檀州

中都　　通州　　蓟州　　景州

涿州

永　　霸州

固安　　　定

河

金朝完颜
永锡援军

金朝李
英援军

· 成吉思汗三攻中都示意图 ·

·铁蒺藜·

宫嫔妃迁往河南，到达良乡（位于今北京西南房山区）后护送军队中的契丹军叛变，归降了成吉思汗[35]。

1214 年 6 月，成吉思汗在鱼儿滦之地听说金帝迁都的消息后勃然大怒："既和而又迁都，是有疑心，而特以和议款我耳。"（《蒙兀儿史记》卷三，第 47 页）遂派阿剌浅前去谴责、声讨金帝。

是年七月，金帝获知蒙古军队欲再征的消息，将太子守忠从中都唤至南京汴梁。这种情况下成吉思汗毅然决定再征，命撒勒只兀惕部撒木合把阿秃儿以契丹将军石抹明安和耶律阿海、耶律秃花兄弟为先锋，与斫答等人率领的契丹降军合力攻打中都城。蒙古军队过古北口，先后攻占了景州（今河北省遵化市）、蓟州、檀州（今北京市密云县）、岷县、顺州（今北京市顺义区）等地，直抵中都。

为了切断中都和辽西之间的联系，是年十月成吉思汗派木华黎那颜攻打辽西[36]。木华黎的军队向东攻入，占领了高州（今河北省平泉县）、成州（位于今辽宁省义县）等地。金朝锦州城守将张鲸杀了他上面的节度使，自封临海王后归降蒙古军队。十二月，木华黎的军队攻占了懿州（今辽宁省黑山县）。与此同时（1215年春），之前归降蒙古的契丹将军耶律留哥也率兵向金军发起攻击。金兵在蒙古大军和契丹军的猛攻下节节败退，蒙古大军攻占了整个辽西地区。

1215年春季首月，金朝右副元帅蒲察七斤在通州（今北京市通州区）之地归降，于是蒙古大军占领了中都城附近的所有城池和村落。木华黎那颜又派兵攻打金朝北京，那里的守兵未战而降。

就这样，金朝中都城变得危在旦夕，该城守军向迁至汴梁的金帝送去急报。是年三月（《金史》记作二月，可能是指派兵的时间），金帝派御史中丞李英携军粮支援中都城，又命右监军完颜永锡和左都监乌古伦庆寿二人率兵两万九千，让每名士兵背三斗米，兵分两路护送完颜永锡。成吉思汗获知后先后让右副元帅神撒率领四百骑兵，让石抹明安率领五百骑兵迎击。蒙古军队在霸州附近遇上李英军队，正赶上因李英醉酒而敌军内部散漫，蒙古军队趁机一举歼灭，活捉李英并俘获一千车军粮。遂后在涿州北旋风寨之地歼灭了完颜永锡、乌古伦庆寿率领的金军。就这样，金朝派去的两路援军全军覆没，中都城无援而被孤立。四月，蒙古军队攻占固安等城池，中都城出现粮荒，"剩余的金兵（饥饿）瘦死前，甚至自相食人肉"（《蒙古秘史》第251节）。在这种危难境地下，中都守将、都元帅完颜承晖服毒自杀，尚书左丞相抹撚尽忠弃城南逃。石抹明安率领的蒙古军队进中都，占领了全城，焚烧宫殿，大肆掠杀。至此，多次围攻后，蒙古军队终于攻占了金朝中都城，石抹明安立即遣使给成吉思汗送去捷报。

成吉思汗当时安营于凉泾（位于桓州独石口外）。"成吉思汗派遣汪古儿司膳、阿儿孩合撒儿、失吉忽秃忽三人去点收金银、缎匹等物。合答听说这三个人来了，就带着金缎、纹缎等缎匹出中都来迎接。失吉忽秃忽对合答说：以前这中都城及中都的财物是金帝的。而今中都城（及中都的一切财物），已成为成吉思汗所有。你怎么敢窃取成吉思汗的财物、缎匹暗中送人？这些东西我不要！"（《蒙古秘史》第252节）战后成吉思汗从中都城征用了契丹族文人耶律楚材，后来此人对蒙古帝国的国家建设起到至关重要的作用。成吉思汗三攻中都的战役就此告一段落。

1215年6月，成吉思汗到鱼儿滦驻夏，遂后兵分三路：命撒勒只兀惕部撒木合把阿秃儿率西路军攻向关中；命晃豁坛部脱仑扯儿必率领中路蒙古契丹联军攻向真定；封史天倪为副元帅，赏金虎符，命其率领东路汉军攻向平州，向金朝发动全面攻击。

秋季成吉思汗回到克鲁伦河边的大斡儿朵。这次成吉思汗回到后方的原因为：第一，攻占中都城，实现主要战略目标，削弱了金朝的军事力量。第二，为了平定后方发生的起义（详见第六章）。此后成吉思汗再未亲临征金前线。1217年8月，成吉思汗封木华黎那颜为国王、太师，赏九斿白纛，将汪古惕部镇国所率一万骑兵、豁罗剌思部薛赤兀儿所率一千骑兵、兀鲁兀惕部客台所率四千骑兵、忙忽惕部蒙可合勒札所率一千骑兵、翁吉剌惕部阿勒赤那颜所率三千骑兵、亦乞列思部不秃古列坚所率两千骑兵、撒勒只兀惕部吾也而所率女真契丹汉联军、耶律秃花所率山北汉军和札剌儿所率契丹军等军力整合后交由木华黎统领，命其负责继续征伐金朝的军事任务。

55. 征服契丹

据记载，契丹族族源为通古斯。北魏以后契丹人游牧于辽河上游。唐朝末期契丹族一个部落的首领阿保机统一了契丹诸部，于公元916年建立封建王朝——与五代和北宋鼎立的辽朝。兴盛时期的辽朝，畜牧业、农业和手工业都很发达，并创制了自己的文字。如今，不少专家学者都认为契丹为蒙古语民族。

契丹族建立的辽朝在1125年被金朝攻灭，辽朝版图和多数国民被划入金朝统治。此后，契丹皇族耶律大石在西域建立了合剌

·西瓜图 壁画·

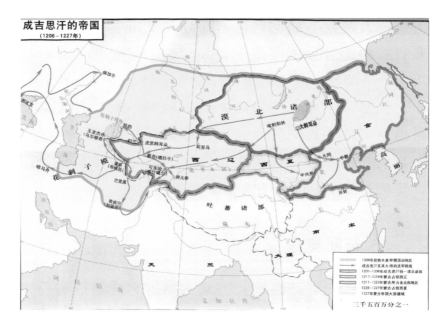

契丹（西辽）国（详情见本书第六章）。

女真贵族建立的金朝攻灭辽朝后，一方面让契丹贵族效力于其国政，另一方面则向契丹百姓实施起严酷的民族压迫。于是，契丹族与女真族之间的民族矛盾和契丹人民与女真、契丹贵族之间的阶级矛盾日益加深。尤其在金朝末年，随着封建贵族阶级的统治愈加残酷，这些矛盾更为加深，不断爆发契丹人（其中也包括部分契丹贵族）反抗金朝统治的起义或暴乱。

金朝内部的这一政治现状从客观上对成吉思汗的征金战略提供了有益条件，成吉思汗也很好地利用了金朝内部的反抗势力。

金章宗（1191 年）以后，金朝爱王父子世袭统治的辽东地区连年战乱不断。当时辽皇氏后裔、契丹贵族耶律留哥效力于金朝，在金朝北界任千户官。成吉思汗在其北方崛起后，金朝统治者们担心契丹人叛变而制定由两户女真人监督一户契丹人的策略。金朝实施这种政策后，就连效力于金朝的耶律留哥都心生不满，便起义反抗金朝。从1211年开始，他在隆安（今吉林省农安县）、韩州（位于今辽宁省昌图县八面城附近）等地不断招兵买马，袭扰周边地区，而金朝的数次讨伐均以失败告终。短短几个月时间里，耶律留哥的军力扩大到十余万之众，军营占地十余里。1212年春季首月，耶律留哥聚众于隆安，自封都元帅，辽东地区轰动。遂后，耶律留哥遣使成吉思汗处议降。1211年底或1212年初，成吉思汗派遣的阿勒赤那颜所率军队在辽东地区与耶律留哥一同攻打了金兵。当时，阿勒赤那颜在金山（沈阳北）与耶律留哥会师，二人宰白马白牛敬天地，面朝北折箭会盟。

辽东地区的契丹人抗金降蒙之事对金朝来说可谓是致命打击。于是，金帝派西安抚使完颜虎沙率兵六十万（李则芬先生认为《元史·耶律留哥传》所记这个数据过于夸大）前去攻打耶律留哥，同时宣告要重赏送耶律留哥人头者。耶律留哥获知后向成吉思汗求援，成吉思汗派去的三千精锐骑兵协助耶律留哥歼灭了完颜虎沙的军队，战后耶律留哥将战利品全部献给了成吉思汗。

1213年春季首月，成吉思汗派四先锋之一者别大将攻打了金朝东京辽阳[37]。者别那颜去后见辽阳城防备森严，便使缓兵之计，后退几天后趁金兵放松警惕，挑选轻骑兵突袭，攻占了辽阳城。从而几乎整个契丹故地被耶律留哥统治。三月，耶律留哥自封辽王（《多桑蒙古史》记载从成吉思汗处获封），年号元统，建都于广宁。

1214年春，金帝遣使前去劝降耶律留哥未果。于是金帝命辽东宣抚蒲鲜万奴[38]率领四十万大军攻打耶律留哥。双方在归仁（今辽宁省开原市）激战，蒲鲜万奴的军队溃败，耶律留哥乘胜攻占辽东地区后迁都咸平府（位于辽宁省铁岭市北）。蒲鲜万奴则收拢散兵败将后攻占了金朝东京辽阳城。

蒲鲜万奴惧怕金帝追究其落败之罪而叛金立国，自封天王，取国号"大真"、年号"天泰"。

关于蒲鲜万奴叛金立国的时间，《金史》记作1215年10月。本人认为所记有误，这可能是蒲鲜万奴立国的消息到达汴梁（当时的金朝都城）的时间。而屠寄先生所记1215年元月应该比较靠准。

多数专家学者认为"大真"一词意为"大女真"，即"大女真"之简称。蒲鲜万奴建立这一临时政权后收复了不少女真故地，不久后将国号改为"东夏国"。不过，因蒲鲜万奴建立的政权寿命极短（1215—1223年间），相关史料未将其算作独立的朝代，而朝鲜族人将其记作"东真"。那珂通世先生认为"东夏"为"东真"之误写，这与国内相关史料记载不相符。

·牧马图　和林格尔汉墓壁画·

　　然而，没过多久耶律留哥率军反攻，与木华黎所率蒙古军队协同作战，歼灭蒲鲜万奴的军队后再次攻占了辽东地区各州郡，迁都咸平府，改年号为中京。后又攻灭金朝左副元帅耶律都所率军队，攻占了金朝东京。当时契丹众人欲拥立耶律留哥为"东帝"，耶律留哥没有同意，遂后携其子前去觐见了成吉思汗。他携带九十车金币从金朝东京起程，到达克鲁伦河边的按坦孛都罕之地觐见成吉思汗后再没返回故地。因而契丹故地由其属下统治，据说五年时间里更换了四个首领。后来成吉思汗留耶律留哥之子为质，派耶律留哥率兵平定契丹故地。不过当时混同江[39]以南地区已落入蒲鲜万奴手里，耶律留哥只占领了江北地区。

　　成吉思汗在亲征金朝期间征服契丹的情况大致如此。

　　1220年耶律留哥过世。其妻姚里氏欲上奏成吉思

· 钧窑鸡心罐 ·

汗而到达蒙古，然而当时成吉思汗已起程西征，国政由汗弟斡惕赤斤那颜称制。于是姚里氏奉命掌管契丹事务七年。1226年姚里氏携其三子到达西夏阿勒楚尔城（《蒙古秘史》记作"额里折兀"，今甘肃省武威市）觐见了成吉思汗。当时为成吉思汗第五次（即最后一次）出征西夏期间。成吉思汗见姚里氏后说道："健鹰飞不到之地，尔妇人乃能来耶！"便给姚里氏赐酒，亲切地招待了姚里氏。姚里氏向成吉思汗上奏道："留哥既没，官民乏主，其长子薛阇扈从有年，愿以次子善哥代之，使归袭爵。"成吉思汗称赞了薛阇西征时立下的战功，又说薛阇如今已是蒙古人，因而不可遣回，让善哥袭位便是。姚里氏听后跪到成吉思汗前，哭诉道："薛阇者，留哥前妻所出，嫡子也，宜立。善哥者，婢子所出，若立之，是私己而蔑天伦，婢子窃以为不可。"成吉思汗听后，赞叹姚里氏的贤明，同意让薛阇承袭耶律留哥之位，留下姚里氏的两个儿子，命薛阇随姚里氏回契丹故地。他们回去时，成吉思汗赐赏河西（合申）俘虏九名、九匹马、九锭白金以及其他以九为量的器具和用品，又向薛阇降旨道："昔女真猖獗，尔父起兵，自辽东会朕师，又能割爱，以尔事朕，其情贞悫可尚。

继而奸人耶厮不等叛，人民离散。欲食尔父子之肉者，今岂无人乎！朕以兄弟视尔父，则尔犹吾子。尔父亡矣，尔其与吾弟孛鲁古台并辖军马，为第三千户。"（《元史·耶律留哥传》）于是，薛阇后裔管制辽东地区，世世代代效力于元朝。

后来契丹族全部被同化。关于这一点，《辞海》记载："……（辽朝）被金灭亡后逐渐与汉、女真、蒙古等族融合。"

56. 蒙古帝国与高丽国的关系

如今的朝鲜半岛古时叫作"高丽"，公元 918—1392 年间由王建建立的高丽国统治。蒙古人在斡歌歹可汗时期称之为"瑞林固惕"。18 世纪时期的一些蒙古语文献，例如《黄史》（即《古代蒙古汗统大黄史》）记载："（成吉思汗）二十一岁那年，瑞林固惕宝哈查干可汗归降。"《罗·黄金史》第十三章第二十一节，即《箭筒士阿尔嘎聪（阿尔噶逊）的传说》记载："听了圣主的命令，瑞林固惕可汗宝哈查干将自己名叫忽兰的女儿献给了圣主……就这样，圣主在瑞林固惕国，溺居三年不返。"（第 210 页）不过，这些都是没有历史依据的记载。《蒙古秘史》等相关文献明确记载忽兰合屯是兀洼思篾儿乞惕部首领答亦儿兀孙之女。萨敢思辰将其记作"索伦—墨尔格特·岱尔乌逊（答亦儿兀孙）之女忽兰高娃"（《蒙古源流》卷三，第 128 页）。策·达木丁苏荣先生也注明："索伦非如今的朝鲜，而是指索伦巴尔虎。"策·达木丁苏荣先生的注明是正确的，成吉思汗从未亲征朝鲜半岛。

然而，蒙古与高丽的关系是从成吉思汗时期开始的。之前高丽国与女真、契丹族毗邻而居，且每年向金朝纳贡。成吉思汗在 1211—1217 年间亲征金朝、攻占辽东地区

· 白釉剔花罐 ·

时，以金山为首的九万契丹残部渡过鸭绿江逃入高丽国，1217 年攻占了高丽国江东城。于是金山自封辽东王，后又发生内乱，统古杀害金山，喊舍又杀害统古。他们在高丽地区作乱期间，即 1218 年 12 月，成吉思汗派哈真（屠寄先生记载此人也许就是《蒙古秘史》所记札剌亦儿部人合赤温脱忽剌温）、札剌亦儿台二人率领的蒙古军队，耶律留哥的契丹军，东夏元帅完颜子渊的女真军等十万大军前去攻打了契丹残部。蒙古大军到达后与高丽国将军赵冲携手作战。1219 年喊舍自杀，契丹残部被消灭。随后哈真率蒙古大军退出高丽国。当时，高丽国王甚是感激，送去酒肉慰问了蒙古军队，高丽国枢密使赵冲也与蒙古军队副帅札剌亦儿台结为义兄弟，双方议定高丽国每年向蒙古帝国纳贡。

蒙古帝国与高丽国建立关系的情况便是如此。

综上所述，成吉思汗南征的主要目标为宿敌金朝。为了消灭主要敌人金朝，成吉思汗先是几次出征金朝的战略屏障西夏，又利用契丹族和金朝之间的民族矛盾，拉拢契丹人彻底铲除了金朝的支援力量。成吉思汗亲自率领的蒙古大军在1211—1217年间给予金朝沉重的打击，大大削弱了金朝国力，将金朝逼到黄河以南，为日后与南宋夹击金朝的战略目标打下了基础。此后，成吉思汗将继续征伐金朝的军事任务交给了国王木华黎。

注　　解

　　[1]《蒙古秘史》中将西夏国主称作"合申汗""不儿罕""亦鲁忽不儿罕""失都儿忽汗"等。"合申汗"意为"河西汗"。"不儿罕"为西夏人对他们国主的尊称，即高级别佛教信徒的教号。关于"亦鲁忽"之称的由来和含义，目前还没找到具有说服力的依据。关于"失都儿忽"之称，有记载证实这是成吉思汗念西夏末帝李睍无条件投降而赐给他的称号。

　　[2]关于此次出征西夏的直接原因，相关史料中没有明确记载。屠寄先生注明是因为"西夏纳我仇人你勒合桑昆，汗兴师致讨"。其依据为《元史·太祖纪》的记载："（成吉思汗二十一年丙戌春正月）帝以西夏纳仇人亦腊喝翔昆（你勒合桑昆）及不遣质子，自将伐之。"你勒合桑昆途经西夏彻勒城的时间为1203年或1204年，到成吉思汗

二十一年（1226年）时这件事已过去二十二三年。所以，成吉思汗在这期间四征西夏都没有提及，反而过了二十多年才提到此事实属不合常理。再说，成吉思汗1226年最后一次出征西夏的原因为西征花剌子模时西夏没有出兵支援以及阿沙敢不的出言不逊。因而，《元史》的这段记载明显属于误记初征西夏的原因及时间。

［3］据记载，兀剌孩城遗址在今内蒙古自治区阿拉善右旗西南龙首山（屠寄先生记作龙骨山，蒙古语名叫阿拉克鄂拉）与甘肃省山丹县交界处。《元史·地理志》记作"兀剌海路"。

［4］根据《元史》《多桑蒙古史》等文献的记载，本书将成吉思汗三征西夏的时间记作1209年。然而《圣武亲征录》记作1210年。关于这一点，王国维先生的注释为："此年事，拉施特书系于蛇年〈1209年〉。——引用者），《元史·本纪》系于己巳，《地理志》载太祖四年，克兀剌海城，亦与拉施特书合。疑此《录》（即指《圣武亲征录》）原本庚午一年并无事实，后人乃割己巳年夏避暑龙庭以下为庚午（1210年）事，此当据《元史》及拉氏书订正者。"（《圣武亲征录》）但剌失德之《史集》第一卷第一分册中记载为"马年（1210年）秋天"。因而，关于王国维先生所谓"拉施特书系于蛇年"之说，依据不详。

［5］"高令公"便是西夏右丞相高良惠。西夏当时沿袭实行唐朝官制，因而将丞相称作"令公"。详情见《元史·高智耀传》（卷125）。

［6］关于"太傅"，《辞海》的解释为："辅导太子的官，西汉时称为太子太傅。"《元史·太祖纪》记载："俘其太傅西壁氏。"未注明该"太傅"的名字。下一句则记载："遣太傅讹答入中兴……"两处所记"太傅"其实是同一人，所记"西壁氏"可能是"鲜卑氏"的误写，因为西夏人被称作鲜卑后裔。

［7］屠寄先生记载"嵬名"为西夏皇氏，《辽史·西夏传》的

记载也可证实这一点："冠后垂红结绶。自号嵬名，设官分文武。"
伯希和先生认为："《蒙古秘史》所记阿沙敢不和《元史》所记嵬名
令公也许是一个人的两种异称，藏语之敢不等同于汉语之令公的称号，
也许阿沙为其名，嵬名为其姓。"1226年成吉思汗最后一次征讨西夏
期间攻打朵儿蔑该巴剌合速时，西夏国主命嵬名率兵支援该城，从此
事看来，此人显然是在1209年被俘后因双方议和而被释回。

[8] 额里合牙为西夏都城，位于黄河西岸，即辽代之兴庆府、
元代之宁夏路、明代之宁夏卫、清代之宁夏府——今宁夏回族自治区
首府银川市。

[9] 关于"察合公主"之名，《圣武亲征录》之王国维先生注
释中记作"察忽思"，出入较大。日本史学家那珂通世认为"察合公
主"便是《元史·后妃表》之第三斡儿朵里的"察儿皇后"。村上正
二先生则认为篾儿乞惕部脱黑脱阿别乞之女察阿仑便是"察合公主"，
道润梯步先生也认同他的观点。不过这些观点均缺少确凿依据。

[10] 战国时期中都为燕国都城，因而当时称作燕京，金朝初期
也叫此名。1153年金朝迁都燕京后将析津府（今北京西南广安门一带）
改称为中都大兴府，"中都"一名由此而来。1215年蒙古军队攻占中
都后恢复燕京之称。后来至元元年（1264年）又恢复中都之称，从至
元四年开始在旧城东北处兴建新城，至元九年将中都改称为大都，元
朝即建都于此。一百多年以后（1368年）朱元璋灭元建明，以"平定
北方"之意改称为"北平"，永乐年间明朝迁都北平。后来满洲人崛
起后灭明建清，1644年建都于北平，改称为"北京"。1911年辛亥
革命后，国民党再次以"平定北方"之意恢复了"北平"之称。1949
年中华人民共和国建立后弃用带有贬义色彩的"北平"之称，恢复了"北
京"之称，即今首都北京。

[11] 将成吉思汗出征金朝的时间记作"二月"的依据是《元史》

的记载。关于这一点贝勒津记载："将起兵时间选在融雪之后是因为这个季节戈壁沙漠中可见水草。"这与"二月"之说相符。然而相关史料记载各有出入，《蒙兀儿史记》和《多桑蒙古史》记作三月，《金史》记作四月。《金史》所记"四月"可能是指蒙古军队到达金朝边界的时间。《圣武亲征录》记作秋季，这可能是属于将头一年秋季成吉思汗决定出征金朝之事和春季起兵出征之事弄混所致。

[12] 成吉思汗出征金朝之前祈天之事见多桑等人的记载。而后人的记载原意相同，实际内容则有些出入。例如，弗拉基米尔佐夫先生记载："当他在踏上征途以前，他自己一个人关在帐殿里独住了三个整天。同时在这里周围的兵士和人民都喊着腾格理！腾格理！（天！天！）直到第四天他方才从他的帐殿里走出来，并且声言长生天已经恩准他得到胜利，现在便可以出发去惩处金人了。"（《成吉思汗》）本书沿袭了邱树森、张振珮二人的记载。

[13] "净州"位于今内蒙古自治区四子王旗西北部吉生太公社，古城墙长近七里。《金史·地理志》称净州为"天山"，即指大青山。净州原为金朝与蒙古地区边界处的关塞。

[14] "大水泺"意为大湖。根据屠寄先生的记载，清朝时期该地为正蓝旗辖地，湖西南有一处古城遗址。他记载的情况与今内蒙古自治区太仆寺旗南部的巴彦查干诺尔很相近。若到巴彦查干诺尔西南边会很清楚地看到一处古城城墙遗址。然而有的史料则记载大水泺为今河北省张北县的安固里淖（《中国北方战争战例选篇》）。

[15] "乌沙堡"，《大清一统志》记作"沙城"，记载："沙城，在镶黄旗牧场西北二十里，旧兴和城北十里。"屠寄先生的记载为"《北征录》云：沙城即元中都，此处最宜牧马。此城土人插汉巴尔哈孙……此城即武宗（海山皇帝）纪之旺兀察都，疑因乌沙堡遗址而筑古堡"（《蒙兀儿史记》卷三，第45页）。

［16］郭宝玉为华州人，字玉臣，唐代汾阳王郭子仪后裔。精通天文、兵法，善骑射。金朝末期被封为汾阳郡公。1211 年归降蒙古帝国后，木华黎那颜引其觐见成吉思汗。当时他向成吉思汗建议：“建国之初，宜颁新令。”“帝从之。于是颁条画五章。”（《元史·郭宝玉传》）后来他随成吉思汗出征西域，又出征契丹残部，在攻占契丹、渤海等地的战役中立下战功。后任断事官，逝于贺兰山。

［17］胡沙虎全名叫作“纥石烈胡沙虎”，《圣武亲征录》记作“招讨九斤”，“九斤”为胡沙虎汉名“执中”之变音，“招讨”即“招讨使”，其官号。

［18］关于“失剌迭克”，屠寄先生记作“龙虎台”，注明为：“居庸隘谷南北长四十五里，自南口至北口为关三重，龙虎台当南北二口之中道。蒙文秘史称失剌迭克，按畿辅通志云台在昌平州西二十里。”（《蒙兀儿史记》卷三，第 46 页）

［19］关于这一段，《元史·太祖纪》的记载为：“冬月，袭金群牧监，驱其马而还。耶律阿海降，入见帝于行在所。”屠寄先生认为《元史》这段记载有误，并注明：“按阿海与饮巴泐诸纳水，其降在癸亥（1203 年）以前。此云辛未（1211 年）十月来降误也。金之群牧监非止一所，此所袭者监在何地，其监使何人，往袭驱还者何人，旧纪皆无明，次而下文突接耶律阿海降入见帝于行在所二语，一时骤难索解。及考按竺迩旧传云：按竺迩，雍古氏，其先居云内塞上，父黟公为金群牧使。岁辛未（1211 年），驱所牧马来归。又耶律秃花传云：大军入金，境用为所牧马甚众。合纪傅参观之乃知，所群牧监者，云内塞上之群牧监也，其使雍古黟公也，而驱其马来者非秃花实阿海也。黟公之降阿海招谕而降也。纪称耶律阿海降非阿海自降，阿海率黟公来降也。”（《蒙兀儿史记》卷三，第 46 页）

［20］关于 1212 年春天成吉思汗二攻中都期间发生在野狐岭等

地的战役，《多桑蒙古史》《蒙兀儿史记》和《圣武亲征录》均把时间记作1211年秋天，而《元史》和《中国北方战争战例选篇》则记作1212年春天。本书所记时间沿袭后者的原因为1211年夏天成吉思汗驻夏于汪古惕部领地，到秋天才进攻金朝西京大同。当时胡沙虎任金军总帅，在那里被蒙古大军打败后，他带着少数几人逃回了首都中都城。之后在那么短的时间里组织三十万大军到野狐岭与蒙古大军作战的可能性极低，别说在那个年代，就算是高度机械化的今天也很难做到。因而，成吉思汗二攻中都期间的野狐岭战役等发生在1212年之说是靠准的。

［21］关于"野狐岭"，屠寄先生记载："今宣化府属万全县北偏西之得胜口，即野狐岭口也。"（《蒙兀儿史记》卷三，第45页；《圣武亲征录》的注释也相同）呼·普尔赖先生记载张家口以西三十里。指的无疑是今河北省张家口北边的万全坝。然而有的史料认为是北京西北的八达岭，本人认为此说有误。

［22］屠寄先生根据《史集》的记载将（向胡沙虎）献策者记作"巴古失""桑臣"二人。《圣武亲征录》则记作"参政虎沙"。《宋史纪事本末》卷八十五也记载由"胡沙"向"九斤"献策。因而本书沿袭了《圣武亲征录》的记载。

［23］《蒙古秘史》中将"獾儿嘴"称作"抚州山嘴"。该地在抚州南，野狐岭北（今河北省张北县以西——《中国北方战争战例选篇》）。

［24］石抹明安为金朝桓州人。成吉思汗攻占抚州后，他归降蒙古军队，效忠蒙古帝国。之后在多次战役中立下战功，获封汉军都元帅以及邵国公。

［25］关于"糺军"，屠寄先生记载："蒙文秘史称主因，乃朱邪异文，义谓沙陀，盖指山后诸州汉军。"剌失德的书中记作"乞台"，

洪钧译作"汉军"。

［26］浍河堡为宣平古城，在今河北省万全县东南（偏南）十四里处。《圣武亲征录》中记作"会合堡"。

［27］关于成吉思汗在围攻金朝西京时受伤之事，相关史料记载各有出入。《元史》和宋君荣的书中均记载成吉思汗围攻西京时在城下受伤。然而，俄罗斯陆军中将伊瓦林所著《关于成吉思汗兵略》一书则记载："帝进攻德兴时被乱箭射伤，遂撤围，退至塞外。"李则芬先生认为成吉思汗攻德兴时受伤之说"不可靠"。

［28］"薄察"一名的写法源自《圣武亲征录》。《元史·太祖纪》记作"薄刹"。剌失德的书中记作"боче"，记载："成吉思汗留下两个弘吉剌惕部异密：一个名叫怯台，另一个名叫薄察。"所记"薄察"也许是翁吉剌惕部人，不过"怯台"（即客台）毫无疑问是兀鲁兀惕部主儿扯歹之子。

［29］这里提到的"术虎高琪"为屠寄先生根据《元史·木华黎传》纠正的名字。《圣武亲征录》记载"遣大将奥屯"。《元史·太祖纪》记载："金兵保居庸。诏可忒（客台之异写）、薄刹守之，遂趋涿鹿。金西京留守忽沙虎遁去。"但是胡沙虎从定安败走逃回中都城后再未出城，再说当时他弑君（永济）没过多久，金朝国权还在他的手里，因而怎会亲自到紫荆关，以及再次落败而逃呢？毫无疑问，这段记载失准。

［30］"哈台"一名为《圣武亲征录》所记，王国维先生的注释为："《秘史》（九十五）功臣中有合歹驸马（合歹古列坚），即此哈台也。"

［31］这里提到的"阿勒赤那颜"为翁吉剌惕部德薛禅之子。但在《元史·太祖纪》和《圣武亲征录》等文献中将其记作"斡陈那颜"，"斡陈那颜"实为阿勒赤那颜之子。本书沿袭了《蒙古秘史》的记载。

［32］关于成吉思汗安营地"失剌客额儿"，《蒙古秘史》第

252节记载："成吉思汗驻营于河西务，又进驻中都的失剌原野。"《圣武亲征录》记载："甲戌，上驻营于中都北壬甸。"《元史·太祖纪》记载："驻跸中都北郊。"屠寄先生所著《蒙兀儿史记》记作"大口"。这些文献史料的记载各有出入，不过所记这些地名实际上均指北京西北郊。"失剌客额儿""北壬甸""北郊"等疑似是些笼统的名称，然而屠寄先生所记"大口"位于昌平和万平中间，因而可认为是实际地名。

［33］关于"鱼儿泺"，《元史》等文献的写法都相同。今克什克腾旗达尔泊，该湖渔产丰富，因而当地居民至今称之为"鱼儿泺"。中华人民共和国成立前，每年四月十五日该地都会举行旨在"积德""放生"的迷信活动。当天附近居民到鱼儿泺，将渔民捕捞的鱼放回湖里。鱼儿泺后来是翁吉剌惕部斡陈那颜的驻夏地，他在那里兴建了应昌府。

［34］关于"抹撚尽忠"的官衔，史料记载各有出入。《圣武亲征录》记作"左相"，《元史》记作"参政抹撚尽忠"，《金史》记作"尚书左丞相抹撚尽忠"，屠寄之《蒙兀儿史记》记作"左副元帅"。本书沿袭了《金史》的记载。

［35］关于此处所记契丹军叛变的情况，屠寄先生所著《蒙兀儿史记》的记载比较详细，可作参考。"金主行次涿州，虑契丹军从驾至良乡者于后生变，令缴原给铠马还营。众哗，杀其本纠祥稳以叛，推斫答、比涉儿、札剌儿为帅，回趋中都。承晖闻变，发兵扼守卢沟桥，勿使北渡。斫答遣禆将塔塔儿帅千骑自上游潜涉，背击守桥兵，大破之。尽夺其铠杖，并掠近郊牧马，驱逐守吏。以中都有备不能入，遣使来降，亦使通好于耶律留哥。"（《蒙兀儿史记》卷三，第47页）

［36］关于此处所记木华黎率军攻打之地，《元史·太祖纪》记作"辽东"。实际上并非辽东，苏天爵所著《元朝名臣事略》和屠寄之《蒙兀儿史记》中均纠正为"辽西"，本书沿用了辽西之说。

［37］关于此处所记者别那颜率兵攻打金朝东京之事，相关史料所记载的时间和地名均有出入。因而后世专家学者们也是各执己见。《蒙古秘史》第247节记载："羊儿年（辛未年，1211年）……者别奉命攻打东昌城。"《圣武亲征录》记载："辛未……又遣哲别率兵取东京。"《元史·太祖纪》记载："七年壬申（1212年）……冬十二月甲申，遮别攻东京不拔，即引去，夜驰还，袭克之。"《元史译文证补》记载："羊年……是秋哲别取东京。"《多桑蒙古史》记载："（1213年1月）蒙古主遣统将哲别自中国率兵进取东京辽阳。"

这些记载中时间有1211年、1212年、1213年，地点有东昌、东京两个。东昌为山东省聊城市，东京为辽宁省辽阳市。本书沿用了多桑的记载，其记载虽非第一手资料，但他引用了不少蒙古史第一手资料，因而本人认为他的记载更加贴近史实。

［38］《成吉思汗评传》中将"蒲鲜万奴"记作"完颜万奴"。本书沿用了《元史》的记法。相关史料中不见关于蒲鲜万奴祖先的记载。蒙古大军攻占金朝中都城时，任辽东宣抚的蒲鲜万奴占领了东京辽阳城，在那里建立了"大真"国。没过多久被耶律留哥等人击败，1216年冬归降成吉思汗，并将儿子帖哥留在成吉思汗处。之后没过多久，蒲鲜万奴杀害辽东行省右丞耶律捏儿哥（耶律阿海之子），带十余万之众出逃。后来他陆续占领了女真故地——混同江以南高丽国以北的辽东地区，建立所谓"东夏国"，十九年后灭亡。

［39］依照近代地理学家们的说法，"混同江"为黑龙江和松花江在吉林省同江县北边会流后的河流名称，但《辽史》中认为是鸭子河，《金史》中认为是黑龙江。其他解释（详情见1931年版本《辞海》）还有"松花江源""鸭绿江源""忽尔哈江""古代速末水（粟末水），今松花江"等。

第八章

成吉思汗西征

公元 1211 年成吉思汗亲征金朝，三攻金朝首都中都城，1215 年 5 月攻占中都，是年秋天回到了克鲁伦河边的大斡儿朵里。不过之后征金战事仍由成吉思汗亲自指挥，直到 1217 年 8 月才交由木华黎那颜负责。

本书第七章提到过成吉思汗没有攻灭金朝之前便回到后方的原因。成吉思汗从回到后方到 1219 年间大致做了以下几件事：第一，平定豁里秃马敦等森林部族和乞儿吉思部的起义。第二，消灭忽都、赤剌温为首的篾儿乞惕残部。第三，消灭古出鲁克为首的乃蛮残部并攻灭合剌契丹。第四，征服契丹族，消灭该族

抵抗者，与高丽国建立关系。第五，第四次征伐西夏。关于具体过程，本书第六、七章做过叙述。

本章将叙述成吉思汗西征战事，即成吉思汗亲征中亚攻灭花剌子模的过程。这是蒙古帝国征服中亚和西方的开始，后成吉思汗时期蒙古帝国又发动了两次大规模西征。

一次是斡歌歹可汗时期的 1235 年。这次西征由术赤次子拔都（有些史料记作长子，有误）、察阿歹长子拜答儿和孙子不里、斡歌歹长子贵由、拖雷长子蒙哥等人各率大军，以拔都为总帅。这次西征被史学家们称作"长子西征"，长子西征之后拔都在攻占地立国，即钦察汗国。

另一次是蒙哥可汗时期的 1252 年。这次由蒙哥可汗之弟旭烈兀率领大军进攻西亚，并在攻占地建立了伊儿汗国。

本书只叙述蒙古帝国第一次西征，即成吉思汗亲征花剌子模的战事。

57. 蒙古与花剌子模的关系

"花剌子模"[1]一名源自波斯语，即古代科剌兹米亚汗国之名的演变。蒙古人称之为"撒儿塔兀勒"，"撒儿塔"即梵语之"商人"。有些汉语文献中称之为"火寻"。

花剌子模国是一个位于中亚阿姆河下游的古老国家。起初建都于乌尔坚奇（今在乌兹别克斯坦共和国境内）。花剌子模大约在公元前7世纪进入奴隶社会。公元700年前后被阿拉伯人征服，11世纪到13世纪期间在塞尔柱突厥统治下花剌子模领土不断扩张，北起细浑河（今锡尔河），南至波斯湾，东抵申河（今印度河），西达伊拉克、阿拉伯、阿哲儿拜占（今阿塞拜疆），成为包括波斯和阿富汗的大国。花剌子模位于中国通往地中海、印度通往南俄罗斯地区的陆路交通交叉地带，因而在中世纪时期花剌子模成为欧亚大陆的贸易中心，在国际关系中的地位举足轻重。12世纪中期，由契丹人耶律大石建立的合剌契丹国攻占了花剌子模，逼迫其第二任国主阿即思称臣，并议定每年向合剌契丹进贡三万金第纳尔。

花剌子模国民信奉伊斯兰教，是个由多民族组成的大国，"其人除其帐幕外无故乡，除其牲畜外无财产"（《多桑蒙古史》第90页），是个国民半定居半游牧

的国家。该国盛产闻名世界的良马，葡萄和小麦的产量很丰富，金银加工和玻璃生产的技术很先进。当时的花剌子模具有四十万大军（李则芬先生认为这一数目过于夸大，实际上不超过十余万），国民大部分为突厥蛮人和康里人。

13世纪初期花剌子模国主叫阿剌丁摩诃末，即《蒙古秘史》所记"速勒坛汗（苏丹）"。据记载他是塞尔柱突厥汗灭力算端的奴隶纳失的斤的后裔。

当时的蒙古帝国已经征服畏兀儿、合儿鲁以及合剌契丹等国家和民族，其版图已经与花剌子模接壤。

波斯史学家志费尼的记载可反映当时的蒙古地区与外界的关系："成吉思汗统治后期，他造成一片和平安定的环境，实现繁荣富强，道路安全，骚乱止息。因此，凡有利可图之地，那怕远在西极和东邻，商人都向（蒙古地区）那里进发。"（《世界征服者史》上册，第90页）蒙古帝国与花剌子模国之间的关系自然也如此。尤其是位于蒙古地区西端的客列亦惕、乃蛮、汪古惕等部族，自古以来就与花剌子模国有着贸易往来，《蒙古秘史》所记花剌子模商人阿三的事迹证实了这一点。因而，成吉思汗从较早时候起便对花

·青铜犁范·

刺子模有了一定的了解，这一点毫无疑问。

58.蒙古与花刺子模之间发生战争的原因

关于成吉思汗出征花刺子模的真正原因，后人众说纷纭。概括而言，一种观点认为是"侵略战争"。如邱树森先生所言，"以成吉思汗为首的蒙古奴隶主阶级的哲学：要想富贵，就去抢掠；要想称王，就去攻占外国。这也是成吉思汗和他的继承者为什么连年累月发动对外战争的原因。成吉思汗及其继承者对西部的战争，在1218年成吉思汗击败乃蛮的屈出律（古出鲁克）灭西辽以前属于国内民族战争，从1219年成吉思汗亲自率兵侵入花刺子模开始，则属于向国外的侵略扩张战争"（《元朝史话》第30页）。不过，最早提出这一观点的不是中国人，而是亚美尼亚史学家多桑。他如是记载："成吉思汗之国遂与算端摩诃末之国相接。此繁荣邻国之富庶，不免启鞑靼地域诸游牧部落之贪心，未久此蒙古侵略者得藉词而开边衅焉。"（《多桑蒙古史》第82页）另外，《蒙古人民共和国历史》记载："成吉思汗以攻占花刺子模，扩张版图以及获取大量战利品为主要目的。此外还有控制当时途经中亚的东西方贸易通道的第二层目的。"

另一种观点认为是出于"战略需求"。20世纪20年代中国史学家张振珮先生曾提过这一观点。他如是记载："（成吉思）汗自统一漠南北以后，即致力于南攻金、夏。但在东南军事尚未底定以前，复在西线开辟第二战场，其力量之充沛与其气魄之雄浑，洵足震烁古今。然汗亦非黩武自嬉者，其征西之役，实启于渐，且有其战略上之原因……中都既陷，亦未敢徇诸将之请，直指汴京。以汗用兵之勇、料敌之神，则金必仍有未易遽克之条件存焉，汗尝问取中原取西域孰先于郭宝玉，宝玉对曰：'中原势大，不易取，西域储蓄，士马勇悍，可先取之藉以图金。'宝玉斯言，深契汗心，故汗决计西征。其后西域诸将，从征中原，所在有功，悉符宝玉所言。"（《成吉思汗评传》第六章）这是个认为成吉思汗出于灭金战略的需求而西征的观点。

第三种观点否定了"侵略战争"，也认为"问罪"只是表面原因，真正的原因是出于两种需求。这是内蒙古师范大学副教授巴雅尔先生最近提出的观点，他认为其中一种需求为"扩张版图"，即"为了解决汗子们之间的矛盾而做出攻占西域分封领地的决定所导致的结果"。另一种需求为"包围金朝"，即"成吉思汗要包围金国，然后聚而歼之，西征就是他这个战略计划的一个极为重要的组成部分……成吉思汗出师西域，木华黎南下攻金，哈只吉东征高丽，再加上联合南宋，这样就造成了四面包围金国的战略态势"（巴雅尔论文《金国的民族关系和成吉思汗的对金战略》，发表于《内蒙古师院学报》1981年第3期）。

第四种观点为"问罪"或"惩戒"。《蒙古秘史》

《元史》和伊儿汗国史学家志费尼、意大利旅行家马可·波罗等人的观点以及其他一些史料所记载的观点基本都如此[2]。中国著名史学家韩儒林先生的观点亦是如此。他如是记载："摩

·成吉思汗远征图《蒙古人远征记》·

诃末统一中亚和成吉思汗统一蒙古高原以后，双方贵族继续向外掠夺邻人的财富，那是必然的。可是在西夏和金朝灭亡之前，若不是花剌子模对蒙古实行进攻，成吉思汗是否便挥戈西向，实在很难说。花剌子模的欺侮，对素重复仇而又处在无往不胜时期的蒙古贵族来说，是不能忍受的，所以成吉思汗决心进行的复仇战争，就会鼓舞起他们的敌忾心。"（《论成吉思汗》，《历史研究》1962年第3期）持有前几种观点的专家学者们也无法否认这一客观原因，不过认为这只是个表面原因。

从学术研究的角度来讲，任何观点都是可以提出来的。然而，若我们以历史记载为依据，联系当时的情况看待这个问题，便难以否定第四种观点，我个人也认为那便是成吉思汗西征的主要原因。

其实，成吉思汗西征花剌子模战争的发动经过了

·龙凤纹金马鞍饰·

一个复杂的过程。"1214 年成吉思汗在北京近郊接受金国求和的时候，中亚花剌子模国王摩诃末遣派赛夷·宝合丁·剌昔到北京见成吉思汗，借以侦查蒙古的虚实。"（《论成吉思汗》，《历史研究》1962 年第 3 期）1215 年蒙古军队攻占金朝中都城，当年秋天成吉思汗回到克鲁伦河边的大斡儿朵，亲自处理了一些国内事务。其中包括 1216 年春夏时期派速别额台把阿秃儿追击篾儿乞惕残部、派者别追击乃蛮残部古出鲁克等。此后蒙古帝国便拥有了可与花剌子模国直接联系的条件。也是在那时，成吉思汗出于与花剌子模国建立经贸往来以及和平共处的目的，派遣当时在蒙古帝国经商的花剌子模商人马合某、不花剌商人阿里火者、讹答剌商人亦速甫三人至马合某苏丹汗处。成吉思汗的三位使者到达那里后议定有关两国间经贸往来的合约，然后回到蒙古帝国。此后，为了保证西域商人们的安全，蒙古帝国这边在主要通商道路上设置守卫，从而各地商人在蒙古帝国的经商活动得到了安全保障。

当时，花剌子模忽毡城的商人阿合马、（异密）

忽辛之子、阿合马·巴勒乞黑三人携带大量商品到达蒙古帝国，起初因商品过于昂贵而惹得成吉思汗大怒，不过没过多久他们便得到成吉思汗的宽恕和信赖，并得到了贵宾般的待遇。等到他们返回的时候，成吉思汗下令从将臣们的属民中挑选出以兀忽纳为首的四百五十名[3]穆斯林，使他们组成携带五百峰骆驼所载金银财物以及成吉思汗诏书的商队，前往花剌子模。

成吉思汗派遣的这支负有信使任务的商队在 1216 年末或 1217 年初[4]抵达花剌子模国讹答剌城，该城守将亦纳勒术贪图他们携带的金银财物，便给他们扣上"成吉思汗的间谍"这种无中生有的罪名，拘禁了商队的所有人，遂后通报苏丹汗摩诃末，依摩诃末之命杀害了那些商人，没收了他们的财物。其间，四百五十名商人中有一人逃出监牢，1217 年 8 月给成吉思汗送去了关于商队遭遇的消息。于是，成吉思汗决定亲自处理西域事务，遂将征金之事交由木华黎那颜负责。

起初，成吉思汗只认为屠杀商人之事为讹答剌城守将亦纳勒术的恶行。因而，成吉思汗当时考虑的是惩戒杀人犯，替被杀害的商人复仇，而不是直接将两国关系激化到交战的境地。于是在 1218 年，成吉思汗命巴合剌为正使，另外两名蒙古人为副使，至花剌子模国苏丹汗摩诃末处，要求引渡杀人劫财的罪犯讹答剌城守将亦纳勒术。摩诃末却并未依法惩戒因杀人劫财而激化两国关系的罪犯，反而杀害了成吉思汗派去的国使巴合剌，剃掉两个副使的胡须，一番凌辱后将二人遣回。

这样的事情对古往今来的任何主权国家和民族来说都是不可忍受的。成吉思汗获知自己的信使在花剌子模的遭遇后暴怒而泣，作为一名萨满教信仰者，他向长生天祷告，并起誓："怎么能让回回国人切断我们的金縻绳？咱们要为……使者报仇雪冤，出征回回国！"

蒙古与花剌子模之间的一场血战就此不可避免。

59. 成吉思汗西征前的战备和军力部署

成吉思汗于 1218 年决定出征花剌子模之后把自己的精力集中到战备工作上，直到 1219 年夏天起兵。

成吉思汗的此次西征属于蒙古帝国对外扩张的第二战场或西线战事，所以成吉思汗首先要做的便是军力部署。于是，成吉思汗将汪古惕、豁罗剌思、兀鲁兀惕、忙忽惕、翁吉剌惕、亦乞列思、札剌亦儿、撒勒只兀惕等蒙古部族的两万三千骑兵和归降蒙古帝国的女真、契丹和汉军交由左翼万户官木华黎统领，命其负责南线战事，即继续进攻金朝。

之后成吉思汗开始着手西征的战备工作。1218 年[5]举行的由成吉思汗黄金家族成员们和诸将臣参加的忽里勒台便是战备工作的开始。关于这次忽里勒台的性质，如弗拉基米尔佐夫先生所言："成吉思汗召开'忽邻勒塔'，并不是为了他自己的计划可以得到其亲族

和贵族的赞同，却是
为了以最好的方法去
组织成一个伟大的计
划，并且亲自训令在
将来战役里的统将
们。"（《成吉思汗》）

·蒙古军队西征图·

战时，后方的安
稳与前线的战事一样
重要，成吉思汗曾在
亲征金朝的过程中明白了这一点。于是这件事成了此
次忽里勒台的一个主要议项。成吉思汗命阿剌合别乞
公主和汗弟斡惕赤斤那颜在战时监国，分管漠南、漠
北政事。本书第五章介绍过的"监国公主印"就是为
了便于阿剌合别乞公主处理黄河以北、大漠以南地区
的政事而刻制的印章，如今则是可证实这一历史事实
的考古依据。

在出征的过程中，尤其在远征的过程中发生不测
之事的可能性不可忽略。所以在西征之前，成吉思汗
指定三子斡歌歹为汗位继承人。根据《蒙古秘史》第
254节的记载，"正要上马出征时，也遂妃子向成吉思
汗进奏"，提出指定汗位继承人之事。这里没有提及
具体时间，不过这次忽里勒台毫无疑问是提出并解决
这件事情的必然场合。而这件事情对蒙古帝国的巩固
发展和蒙古社会的发展进程所产生的影响则是重大且
深刻的。

·蒙古骑兵征战图·

在此次忽里勒台的议程中，众人具体议论了西征之战备和军事部署。成吉思汗亲征西域时调动了蒙古帝国军队的主力，即四位汗子和孛斡儿出、失乞刊忽都忽、耶律阿海、耶律楚材等重臣以及者别、速别额台等猛将，再加上其他可调动的所有军力。此外成吉思汗还争取了外部支援。首先遣使至西夏，但征援未果，西夏大臣阿沙敢不反而以恶言惹怒了成吉思汗，于是1218年春季成吉思汗第四次出征西夏。成吉思汗虽未得到西夏的支援，不过据记载合儿鲁的阿儿思兰汗、畏兀儿的亦都护巴而术阿儿帖的斤和阿力麻里[6]首领雪格那克的斤均率领军队随成吉思汗参加了西征。从而，出征花剌子模的蒙古军队人数达到二十万之众[7]。

者别、速别额台二人率领的大军则直接从之前攻灭合剌契丹的西线出动，作为先锋部队向西进发了。

可想而知，在西征过程中，成吉思汗使用了从金朝和中原俘获的先进军事设备和武器，因此大大提高了蒙古军队的战斗力。关于这一点，李则芬先生的书中如是记载："清州张荣……旋领军匠，随成吉思汗西征，担任造船架桥"，"薛塔剌海……随成吉思汗西征及灭西夏诸役，皆以炮兵建功。"（《成吉思汗新传》第278页）"贾搏霄是楚材的诗友……此人大概就是《元史》的贾塔剌浑。贾塔剌浑是冀州人，当系汉化已久的契丹。成吉思汗伐金时，募能用炮者为兵，命贾塔剌浑将之。西征花剌子模之役，他统率所部炮兵及契丹、女真、汉军随征。攻击讹答剌城时，他督率本军穴城先入，升为元帅。"（《成吉思汗新传》第323页）此外，俄罗斯最早的蒙古学家之一、《史集》俄语译者贝勒津先生也曾提供过这方面的信息。例如："来自外族的匠师、医师和工人们持有的技术将蒙古军队的战斗力提高到了前所未有的高度……""这次，还有一支携带'投掷器'的炮队（即指上文所记贾塔剌浑率领的军队。——引用者）随骑兵参战。炮队携带的投掷器能够将石头和铁块投掷出很远的距离。行军时他们会将投掷器拆开，驮到牛或骆驼的背上。这支炮队还使用比欧洲人使用火炮早几百年就已发明的攻城火炮。他们会使用该火炮烧毁敌军的木制堡垒等，也会向敌阵投掷石头、铁块，以此镇压敌军气势。""随蒙古骑兵前往的还有一些工程技术成熟的汉族工匠，他们在战争过程中起到了类似于近现代工程兵的作用。例如，他们负责修建桥梁（据记载察阿歹军队渡过锡尔河时修建了十八座桥梁）、引水灌成等工作。"

　　其间，战士个人的战备工作也比以前更加充分。"每名战士都带有三到四匹从马，同时携带远战和近战所需两种武器——每人一把弓和两筒箭，一筒箭带在明处，将另一筒箭密封后备用。另外，每人还携带数个布鲁棒和套索。蒙古人善于使用套索，而且特别准。""每名战士都带有那些不可或缺的用品，甚至包括针线和磨石。又规定每人须携带一件丝棉内衣，因为丝棉在一定距离中能够起到挡箭作用，若扎入身体的箭头上缠有丝棉便易于被中医拔出。"此外，"派出负责各支军队兵器生产和监督的专职军官，若发现损坏兵器的情况，便会问责使用兵器的士兵，甚至会惩戒他上面的军官。又派遣负责军需的专职官吏，这些官吏有的与先锋部队一同行进，确定各支军队的安营地，其他的负责军队出动后检查安营地上有无遗落物等情况。他们还负责分配战利品的工作"。在起兵之前，成吉思汗又下令，做好了行军路线上的疏通工作。"据《长春真人西游记》说，金山的修路工程，系由三太子窝阔台负责督修，天山山上的修路与架桥作业则由二太子察合台担任。由此判断，二位太子的修路工程，当系同时进行，皆在大军启行前，率领先遣部队前往作业的。好在成吉思汗很重视炮工兵，自中国掳去许多工艺人才，这时候的蒙古军中，炮工兵已经为数很多。所以工程虽大还是顺利完成了。"（《成吉思汗新传》第 426 页）

正所谓"知己知彼，百战百胜"，除了组织和部署自己的军队之外，了解敌方军情也是一位军事指挥家在战备工作中不可或缺的因素。在这方面，成吉思汗做得同样很出色。成吉思汗获取的有利于西征战争的可靠情报来源有三方面。其一，来自花剌子模国内的情报。当时，成吉思汗的亲信中有数名花剌子模人，后期从中亚到蒙古帝国经商的商人也很多。这些人提供的

· 元代军用铁锅 ·

情报多为花剌子模国情——该国政治、经济、军事等方面的情况以及各地详情。其二，来自畏兀儿、合儿鲁以及合剌契丹等与花剌子模毗邻或与其关系密切的国家和民族的情报。其三，者别、速别额台等人率领军队追击乃蛮和篾儿乞惕二部残敌而进攻西域的过程中较详细地了解到了花剌子模国情。

综上所述，成吉思汗西征花剌子模之前的战备工作是在总结征伐西夏和金朝的战争经验的基础上进行的，因而其结果毫无疑问。此次战备工作相比之前更加详细，更加充分，更有效率。

60. 成吉思汗征伐中亚的过程

成吉思汗做好战备工作后，决定第二年（成吉思汗十四年，己卯年或1219年）五月在畏兀儿领地额儿的失河一带集合大军。

· 蒙古士兵 ·

于是成吉思汗在其五十八岁那年，即1219年4月[8]亲自率领主力军从蒙古故地出发，越过阿来岭，5月途经乃蛮领地，驻夏于额儿的失河畔。畏兀儿、合儿鲁以及阿力麻里军队也陆续到达此地与蒙古大军会师，成吉思汗的西征军力不断得到扩充。

大军出发之前，"（成吉思汗）派遣者别为先锋，派遣速别额台为者别的后援，又派脱忽察儿为速别额台的后援。派遣这三个人出发时，成吉思汗嘱咐说：'要经过（城）外边，走出到莎勒坛（指摩诃末，今译苏丹。——译者）的那边，等朕来到时，你们就夹攻。'"（《蒙古秘史》第257节）当时这三人在蒙古地区西界。

当时，从蒙古地区西界和畏兀儿领地直入中亚的道路只有一条，即古时蒙古高原的游牧民族向西攻入时的必经之路——准噶尔峡。从准噶尔峡到锡尔河需要经过一处面积很大且没有水草的荒漠。然而，在过这片荒漠的过程中，几十万大军和数量更加庞大的马群和牲畜的饮食问题则是难上加难且不可不解决的大难题。若选择绕路，最短也需要绕几百公里，而且还会因途经敌军驻守地而影响行军速度。从花剌子模国东界直入的路上还需要越过海拔高达七千米的雪山。

不过，者别那颜解决了这个大难题。他在征讨合刺契丹时曾发现一处向西通往花刺子模的峡谷，这条路可以说是从花刺子模国东边直入的唯一一条捷径。成吉思汗命者别那颜统领先锋部队的原因便是如此。

由者别那颜率领，大约有五千至三万士兵的先锋部队于1218年冬季严寒的日子里进入帕米尔高原和天山山脉凶险的峡谷，他们向一个未知的世界进发了。他们用牦牛皮包裹马蹄，自己则穿上厚厚的羊皮行装，在海拔七千米的冰天雪地里，在难以忍受的恶劣天气和严寒中前进着。他们日夜兼程，艰难时甚至会针刺马身，吸马血充饥和暖身。为了加快行军速度，他们丢下了所有可丢弃的物品。他们走过的路边，牛马的尸体、人的尸首和丢弃物越来越多。

当美丽的绿色世界——费尔干纳盆地显现在他们的眼前时已经是春天。该地葡萄和小麦的产量很丰富，也盛产良马。当长途跋涉的蒙古大军先锋部队刚刚落脚，开始从当地征收马匹和军粮的时候，摩诃末苏丹汗得到消息，随即率领精兵强将前去，试图趁蒙古军队兵马劳顿之际将他们一举歼灭。

这是蒙古与花刺子模两国大规模兵戎相见之前的一次小型战役。蒙古大军先锋部队在经历长途跋涉，舟车劳顿且兵力耗损严重的情况下参加了此次战役，他们面对的则是以逸待劳的花刺子模精锐部队。然而，者别在出发前接下的任务是在大军前面开路以及深入敌后方与主力军形成夹击之势，所以他不打算全力投入此次战役。于是者别所率先锋部队一边快速后退，一边则发挥蒙古骑兵善射的特点抵抗敌军的追击。摩诃末苏丹的军队追击者别的军队至峡谷。若这时者别的军队继续后退便会影响成吉思汗所拟定的以锡尔河为主战场，从而给花剌子模军队毁灭性打击的总体战略部署。于是者别军队停止后退猛然反攻，在震耳欲聋的杀声中以及各种军旗的指挥下，时攻时退，时合时分，而者别军队这一变化多端的作战方式使得规规矩矩作战的花剌子模军队乱了阵脚，者别军队这时又突然集中兵力猛攻敌军中阵。花剌子模的军队虽然在人数和武器装备上压过者别军队，但这时在气势上已被者别军队压制，摩诃末苏丹也差点被俘。激战到天黑后，双方从战场撤兵，安营于战场两边。

第二天早晨，摩诃末苏丹发现蒙古军队的安营地空空如也，蒙古军队不见了踪影。原来蒙古军队在前一夜多处点燃篝火虚张声势，营造安营战场边的假象迷惑花剌子模人，随后带上伤员和车队，赶着之前征收的马群和牲畜，士兵们骑上从马，迅速撤离了战场，当花剌子模人发现的时候他们已经走了一整夜。摩诃末不敢贸然追击，于是装作"凯旋"，回到了撒麻耳干城。吃了败仗的苏丹汗不再像之前那么嚣张，对下面的将臣们说："我遇过许多大敌，从未见过这么凶狠的军队。"变得小心翼翼的苏丹汗认为应认真部署迎战蒙古大军之事，于是一方面集中兵力，一方面派人打探起蒙古

· 内蒙古博物院元代精品文物展览上展出的元代古船（复原）·

军队的情况。

关于蒙古军队先锋部队与花剌子模苏丹汗军队交战的情况，本书主要引用了贝勒津的记载。李则芬先生所著《成吉思汗新传》一书中则记载1218年春花剌子模摩诃末苏丹汗听说术赤率军攻入锡尔河下游康里领地，便亲自率领几万大军前去交战。而关于双方交战情况的记载与贝勒津的记载基本相同。（详情见《成吉思汗新传》第422页）本人认为李则芬先生所记与历史事实不相符。当时追击篾儿乞惕残部到垂河一带的军队是速别额台率领的铁车军。术赤的军队则是为了策应者别（负责征伐合剌契丹，即西辽）、速别额台的军队而驻扎在蒙古地区西界一带，因而苏丹汗与术赤交战的可能性微乎其微。再说，当时摩诃末正因西征巴格达战败而军力被削弱，到康里领地又需要行进几百公里的路，所以摩诃末不会贸然出兵。1219年春在者别率领的先锋部队突然出现在费尔干纳盆地的情况下，摩诃末亲自率兵与其交战之说则是比较靠准的。其因之一，费尔干纳盆地离花剌子模都城撒麻耳干不远，因而者别军队出现在此地会对撒麻耳干的安危直接构成威胁。其因之二，摩诃末清楚者别

·骑兵作战图·

军队人数不多，所以他认为有把握战胜对方。本书沿袭了贝勒津的记载。

当时的花剌子模国虽为拥有武器装备先进的四十万大军、丰富资源和辽阔疆域的大国，但其国内民族关系复杂，上下不同心，摩诃末苏丹又是个独裁的昏君，因而花剌子模国内并不安定，其军队战斗力也很松散，难以集中军力一致对外。

上述为者别、速别额台率领的蒙古大军先锋部队率先进入花剌子模的情况。

1219年夏，成吉思汗驻夏于额儿的失河畔，一边整军养马，一边遣使至摩诃末苏丹处，通知因报商人和使者被杀之仇，蒙古军队即将攻入花剌子模之事。

1219年夏末或秋初，成吉思汗率领二十万大军从额儿的失河畔起兵，直抵锡尔河畔的花剌子模重镇讹答剌城。

以恶行挑起这次战争的讹答剌城守将亦纳勒术哈亦儿汗做好了战斗准备，"派出马步兵驻守城门，他本人则登上墙头举目远望，一副料想不到的景象使他吃惊得咬手背。原来他看见郊外已变成一片无数雄狮劲旅的汹涌海洋，而甲马的嘶叫，披铠雄狮的怒吼，鼎沸骚嚷，充塞空间"（《世界征服者史》第 96 页）。

　　成吉思汗此次西征大致上可分为三大战役。第一次大战役为攻灭摩诃末苏丹主力军的河中地区[9]大战役。第二次大战役为与摩诃末之子札兰丁苏丹交战的申河[10]战役。这两次战役均由成吉思汗亲自指挥作战。第三次大战役为在追击花剌子模残敌的过程中与俄罗斯联军交战的里海地区大战役或北方战役。此次战役由成吉思汗的先锋大将者别、速别额台二人指挥作战。其他相关文献，例如弗拉基米尔佐夫先生所著《成吉思汗》一书中将这三大战役称作"突厥斯坦、阿富汗和波斯的战役"，显然是以战役发生地后来的名称命名的。

　　蒙古大军首先包围了锡尔河东岸的讹答剌城，成吉思汗兵分四路，以四路攻势全面发动了河中地区大战役。第一路军由察阿歹、斡歌歹统领，进攻讹答剌城；第二路军由术赤统领，向西北方向进攻毡的、巴耳赤邗、养吉干等城池；第三路军为你出古惕巴阿邻部人阿剌黑、晃豁坛部雪亦客秃扯儿必和速勒都思部塔孩三人率领的五千骑兵，他们向东南方向进攻费纳客忒（位于今南哈萨克斯坦州，锡尔河东岸）、忽毡等城池；第四路军为成吉思汗亲自率领的主力军，他们进攻河中地区中心地带，即花剌子模国新旧两座都城撒麻耳干和乌尔坚奇中间的交通要道不花剌城。由季子拖雷陪同成吉思汗参加了此次战役。

攻占讹答剌城

察阿歹、斡歌歹率领的第一路军发动的第一场战役为攻占讹答剌城的战役。众所周知，该城守将是因屠杀蒙古帝国商队而挑起此次战争的亦纳勒术哈亦儿汗。他是摩诃末苏丹的母后秃儿罕的亲族，因而他在花剌子模国内具有很高权势，手里的军队也很庞大，且兵强马壮。当蒙古军队攻入花剌子模时，摩诃末苏丹汗又给他增派五万军力，又让哈剌察·哈思哈只不率领一万军力前去支援。另外，讹答剌城的城墙和防御工事修建得特别牢固。可想而知，亦纳勒术驻守的讹答剌城必然易守难攻。他也发挥了这一优势，死守讹答剌城长达五个月。然而蒙古军队攻势不减，致使讹答剌城里的军民气馁泄劲，于是援军统领哈剌察·哈思哈只不提议向蒙古大军求降。不过亦纳勒术清楚蒙古人不会饶恕其屠杀商队之罪，所以决定誓死守城，面对哈剌察·哈思哈只不的提议，他答道："倘若我们不忠于自己的主子（苏丹汗），我们如何为自己的变节剖白呢？我们又拿什么为理由，来规避穆斯林的谴责呢？"当天夜里哈剌察·哈思哈只不带领自己军队的大部分兵马从讹答剌城苏菲哈纳门逃出，不过还是被蒙古军队生擒，押送到察阿歹、斡歌歹二人处。哈剌察·哈思哈只不为了活命承诺效忠成吉思汗，然而察阿歹、斡歌歹二人打探清楚城里的情况后对他们说："你们不忠于自己的主子，尽管由于过去的恩惠，他要求你们忠于他。因此，我们也不能指望你们的效忠。"（《世界征服者史》第98页）随后，处死了哈刺察·哈思哈只不和他的随从们。

蒙古军队随后也从苏菲哈纳门攻入讹答剌城。亦纳勒术则带领两万勇士退守城内堡垒，又竭力奋战近一个月，给蒙古军队造成了惨重的伤亡。亦纳勒术战斗到身边只剩下两名士兵时还在用砖头当作武器誓死抵抗。亦纳勒术最终被生擒，蒙古军给他戴上镣铐押送至在撒麻耳干一带驻扎的成吉思汗处，随后将其处斩。讹答剌城则被蒙古军队夷为平地，留下手工艺人和部分市民，用以服侍军队和参加生产。亦纳勒术和讹答剌城的命运如此被终结，蒙古军队随后转向其他战线，这时已经是1220年春分时节。

锡尔河畔的攻势

中亚地区的大河之一锡尔河的流域为花剌子模东北部重要的经济发达区域。攻占该地区显然具有很重要的战略意义，于是蒙古军队的三路大军率先攻打了该地区。

术赤率领的第二路军在进攻

·石弹（元上都遗址御天门遗址出土）

主要目标毡的和养吉干之前先后攻占了苏格纳黑、讹迹邗、巴耳赤邗、额失纳思等城池，1220年春末[11]抵达毡的时，该城守将忽都鲁汗弃城而逃，带领自己的军队夜渡锡尔河逃向乌尔坚奇城。为了劝降毡的城里的居民，术赤派遣使者成帖木儿进城，却导致

·元代火铳·

这个原本已经混乱不堪的无主之城变得更加混乱，众人便商议起杀害成帖木儿之事。成帖木儿听到消息后用巧言妙语向他们讲述了苏格纳黑城里发生的屠杀，平息了城里的混乱，并承诺不让夷军进入毡的城，于是城里居民放弃了杀害他的念头。之后蒙古军队架上云梯爬上城墙时，城里居民没有抵抗，因而蒙古军队将他们赶出城外，掠城九天，没有杀害城外的居民。术赤派遣效忠蒙古帝国多年的花剌子模人阿里火者接管该城后，自己率军攻占了养吉干城。养吉干城离咸海不远，离乌尔坚奇城有两天的路程，是锡尔河下游南岸的一座城池。"养吉干"为突厥语，意为"新城"。攻占该城后术赤受成吉思汗之命从突厥蛮牧民中征兵一万，将新征的兵编入台纳勒那颜的军队，又命其前去支援攻打乌尔坚奇的蒙古军队，自己则转攻哈剌忽木。然而过了几天，那些突厥蛮人在台纳勒那颜军队后方叛变，台纳勒那颜率军镇压，杀死了一大半，剩下的突厥蛮兵逃向马鲁、阿母牙二城。没过多久，蒙

古大军攻占了锡尔河下游。

巴而术阿儿帖的斤率领的一万畏兀儿骑兵起初是在术赤的统领下。他们在术赤军队攻占养吉干后"奉命回国，大概负有保护蒙古军后方交通线的任务"（《成吉思汗新传》第 434 页）。

阿刺黑、雪亦客秃扯儿必、塔孩等人率领的第三路五千骑兵攻向锡尔河源地，首先抵达费纳客忒城。该城守将亦列惕古灭里率领突厥、康里军队抵抗三天，第四天才请降。蒙古军队将该城军民区分开后杀死了所有军人，从居民中挑选有特长者分配了相应的工作，将年轻人征入军中。之后第三路军抵达忽毡城。该城守将为伊斯兰历史上以勇猛无比著称的大将帖木儿灭里。他在锡尔河一座岛上修建了高寨，派一千名精兵驻守此寨。此寨与锡尔河两岸的距离较远，在弓箭和投石器的射程以外。这时，阿刺黑等人的军队从讹答刺等地获得两万蒙古军队和五万当地降军的支援，以分户制（十户、百户）重新编制了降军，之后让他们在蒙古将领的指挥下从"三个帕列散开外的地方"搬运用以堵河的石头。当蒙古军队搬运石头堵河时，帖木儿灭里制造了十二艘密封的船（外面蒙上湿毡，湿毡上再涂上一层黏土用于防火），每天派六艘船与蒙古军队交战。不过时间一长，帖木儿灭里的处境变得越来越艰难，当变得束手无策时，帖木儿灭里让自己的军队乘坐七十艘船，一天夜里顺着锡尔河逃走了。蒙古军队在费纳客忒城附近的河上拉起铁链阻挡船只，不过帖木儿灭里的军队断开铁链继续顺河而下。此时，锡尔河两岸满是追击的蒙古军队，帖木儿灭里也听说术赤已经在毡的城附近的锡尔河两岸布置好重兵的消息，便用自己的船队堵上锡尔河，切断了锡尔河水路，自己则骑上马率兵从陆路逃去。路上不断与追击的蒙古军队交战，就这样驮队在先，军队在后行进了几天后，帖木儿灭里的军队伤亡越来越大，只好弃下所有驮运物。没过多久帖木儿灭里的军队全军覆没。他只身一人继续逃奔时，三个蒙古士兵紧追其后，当时帖木儿灭里的身上只剩下三支箭，他拿出一支箭射杀了离自己最近的士兵，对另外两个士兵说："我还剩两支箭。不舍得用，却刚够你们二位消受。你们最好退回去，保全你们的生命。"（《世界征服者史》第109页）两名士兵还真是返回去了。此后帖木儿灭里先逃到乌尔坚奇城，后又前去投靠了札兰丁。关于蒙古军队攻占忽毡城时的这段故事，在西方人所著相关文献中具有详细生动地记载。

随着从忽毡城到养吉干城的锡尔河沿岸地区全部被蒙古大军攻占，第一次大战役，即河中地区大战役取得了决定性的胜利。

1219年冬季的一天清晨，由成吉思汗亲自率领的负责进攻不花剌、撒麻耳干等地的蒙古主力军突然出现在匝儿讷黑城下。匝儿讷黑城外杀声震天，马蹄扬起漫天尘沙，匝儿讷黑城被蒙古大军包围得水泄不通。匝儿讷黑城居民见状惶恐至极，纷纷躲进城堡，紧闭

· 竹温台碑额 ·

城门而听天由命。这时成吉思汗"派答石蛮哈只不为使，去见居民，宣布他的军队到来，告诫居民避免一场可怖的灾难。有那些'恶魔附体'一类的居民，起义要伤害和谋杀他。以此，他大喝一声：'我是怎样一个人，一个穆斯林，而且是一个穆斯林的儿子。为讨真主的欢喜，我奉成吉思汗令出必行的诏命，出使见你们，把你们从毁灭的深渊和血河中拯救出来。前来的正是成吉思汗本人，带领几千名战士。眼前战事迫在眉睫。若你们有丝毫反抗，一个时刻内，你们的城池将被夷为平地，原野将成血海。可是，若你们用明智、持重之耳，听从忠言和劝告，而且恭顺地服从他的指令，那么，你们的生命财产将固若金汤。'匜儿讷黑人，部分贵族和黎庶，听见他那番语气诚挚的话，他们不拒绝他的忠言，也很知道，阻挡他的通行并不能阻止洪水奔流，靠他们腿的力量，也不能减轻和止息地动山摇。因此，他们认为，选择和平有好处，接受劝告是有利的。然而，出自谨慎小心，他们得到他的誓约，如百姓前去迎接汗，服从他的命令；但有人受到伤害，那么，报应将落在他头上。百姓的情绪就这样安定下来，他们打消反抗的念头，转向有益之途。匝儿讷黑的首脑们，遣使赍礼进献。当使者们来到皇帝的骑兵驻地时，他问起他们的首脑及名绅，对他们迟迟不来表示愤怒。他遣使召他们来朝见。因为皇帝十分令人敬畏，这些人四肢战栗，好像山岳的躯干在震动。他们马上去见他。到后来，他温言悦色地抚慰他们，免他们死罪，所以他们重新打起精神。然后，有诏称，匝儿讷黑的一切人，不管是谁……都到郊外去。城池被夷平。清点人数后，他们征青壮为军，往攻不花剌，余下的人则听任回家。他们给此地取名为忽都鲁八里"（《世界征服者史》第117～118页）。

此后，成吉思汗大军向第二个目标——讷儿城进发时，让一个突厥蛮人给大军引路，抄一条几乎无人走的崎岖小路，波斯史学家志费尼记载此路后来被称作"汗之路"。晃豁坛部塔亦儿拔都儿率领的成

·元代商贸图·

吉思汗大军先锋部队逼近讷儿城后遣使进城传话，称"征服世界的皇帝驾临"，并劝降城里居民。然而城里居民却不太相信"世界征服者"成吉思汗亲自到达，而且又惧怕苏丹汗，陷入左右为难的境地。随后蒙古军队多次遣使进城劝降，讷儿城的居民这才决定归降并向蒙古军队进献粮食。塔亦儿拔都儿答应了他们的提议，从进献物中只收取了一小部分，又派人护送他们的使者至成吉思汗处，自己则率领军队继续向前进发。成吉思汗到达后将该城交给先锋大将速别额台把阿秃儿，自己则率领军队继续行进。速别额台把阿秃儿也只是从该城居民那里征收了规定数额的赋税，没有伤害任何一名居民，"讷儿城由此重获光辉和繁荣"。

攻陷不花剌

1220年3月，成吉思汗率领的蒙古大军抵达不花剌城下。"不花剌"一词为祖袄教（拜火教）徒所持语言，意为"学术中心"。不花剌城自古以来都是各教派长老们聚集的地方，是个有圆屋顶伊斯兰教礼拜堂的和平城。

"他（成吉思汗）的军队多如蚂蚁、蝗虫，数都数不清。人马一支接一支抵达，就像大海起伏，绕城扎营。"随后蒙古军队连续几天向不花剌城发起猛烈攻势。驻守该城的苏丹汗的两万后备军的将领们招架不住蒙古大军的攻势，便连夜带领军队弃城而逃。蒙古军队意外被这群逃兵攻打，慌乱之际只好退兵。而花剌子模的将领们没有追击蒙古军队，反而继续逃奔。于是蒙古军队稍作整顿之后追击花剌子模逃兵至乌浒水（阿姆河）畔，在那里将他们一举歼灭。

第二天早晨，不花剌城里的居民打开了城池的门，关闭了抵抗的门。居民的代表出城迎接成吉思汗入城，并引路让成吉思汗参观了不花剌城的街道和建筑。"他（成吉思汗）纵马入礼拜五清真寺，在马合苏剌前勒住马，其子拖雷下马登上祭坛。成吉思汗问那些在场者：这是算端的宫殿？他们回答说：这是真主的邸宅。这时，他也下马，踏上祭坛的两三级，喊道：'乡下没有刍秣，把我们的马喂饱。'于是他们打开城内的所有粮仓，动手搬出谷物。他们又把装《古兰经》的箱子抬到清真寺院子里，把《古兰经》左右乱扔，拿箱子当马槽用。"（《世界征服者史》第 120 页）志费尼的这段记载显然与事实不符。因为成吉思汗对各宗教从来都是一视同仁的。

随后蒙古军队在不花剌城里摆宴，把酒当歌近两个时辰后，成吉思汗出城走到不花剌城居民举行聚会的场所——木撒剌。随后不花剌城居民们也陆续聚集，成吉思汗询问其中谁是富人，居民们点名推荐二百八十人（其中一百九十人为不花剌城人，其余为外地人，即从其他地方到不花剌城经商的商人），让他们去觐见了成吉思汗。成吉思汗"开始讲话，话中谈到算端的背信弃义，然后他对他们说出如下一番话：'人们啊，须知你们犯了大罪，而且你们当中的大人物犯下这些罪行。如果你们问我，我说这话有何证明，那我说，这因我是上帝之鞭的缘故。你们如不曾犯下大罪，上帝就不会把我作为惩罚施降给你们。'他用这种调子把话讲完，又继续讲些诫谕之词，说：'不必说出你们在地面上的财物，把埋在地里的东西告诉我。'于是他问他们，谁是他们的管家，大家都指出自己的人。他给每人派一名蒙古人或突厥人作为八思哈，以免士兵欺凌他们，同时，尽管没有让他们丢脸出丑，蒙古人却从这些人身上勒索金钱。而当他们交出金钱，也就不施酷刑来折磨他们，或者强征他们无力交纳的钱物"（《世界征服者史》第 121 ～ 122 页）。

这时又发生了一件意料之外的事情。苏丹汗的军队从不花剌城逃出去的时候有四百名骑兵未能随大军逃出城，他们退回城内堡垒中誓死抵抗起蒙古军队。蒙古军队猛攻内堡，一边又从居民中挑选壮丁，让他们堵住内堡的出口，随后开始用大炮轰炸。就这样激战十二天，蒙古军队还是未能攻破内堡，反而死伤不少士兵和当地居民。堡里的花剌子模士兵为了保命始终在顽强抵抗，双方夜里都在激战。见久攻不破，成吉思汗下令让军队焚烧了整个城区。因不少建筑都是木制建筑，几天之内不花剌城里的建筑几乎全被烧毁[12]，只剩下几栋用砖石建造的伊斯兰教礼

· 元代铜炮 ·

拜堂和宫殿。随后通过几天的激战，内堡里的抵抗者们全军覆没。志费尼记载内堡里的遇害者共计三万多人。多桑则注释为："案三万之数未免言过其实，吾人宁取当时人全史撰者之说。"（《多桑蒙古史》第 102 页）

"城镇和内堡的反抗被肃清，垣墙和外垒被荡为平川，城内的居民，男的女的，美的丑的，都被赶到木撒剌平原。成吉思汗免他们不死。但适于服役的青壮和成年人被强征入军，进攻撒麻耳干和答不昔牙。然后，成吉思汗进兵撒麻耳干。"（《世界征服者史》第 123 页）

·元代头盔·

撒麻耳干的命运

撒麻耳干城在不花剌城东南方，距离不花剌城五天的路程。撒麻耳干是花剌子模国最大、最富有的城池。位于窣利河（今泽拉夫善河）流域的该城被称作人间天堂，是当时的花剌子模都城。

蒙古大军到达之前苏丹汗部署十一万大军（其中六万为突厥人，五万为大食人）[13] 驻守撒麻耳干城，又围城修建外垒防线，将城墙增高到昴星一般高，将城壕挖到见水。此外，还给军队配备了二十头大象。据长春真人言，当时撒麻耳干的居民有十万户之众。

成吉思汗向撒麻耳干进发的途中没有毁坏那些归降的村庄和城池，只有答不昔牙和撒儿的勒二地没有归降，于是成吉思汗留兵攻打二地，自己则没有停留，率领大军全速行进，于1220年3月包围了撒麻耳干城。这时，术赤、察阿歹、斡歌歹以及阿剌黑等人率领的其他三路军队攻占了整个河中地区北部，便陆续赶到撒麻耳干，与成吉思汗率领的大军会合。另外，蒙古军队也组织俘虏、降军和当地居民，让他们参加了攻打撒麻耳干的战役。

　　将到齐的各路蒙古军队部署好后，成吉思汗骑上马绕着撒麻耳干城观察了两天，第三天发起了攻击。起初，撒麻耳干城的守将阿勒巴儿汗、沙亦黑汗、巴剌汗等人率领军队出城迎战蒙古军队。当天，花剌子模军队向蒙古军队发起猛烈攻击，杀死不少蒙古士兵，也俘虏了一些蒙古士兵，不过花剌子模士兵也战死一千人。

　　傍晚，成吉思汗亲自上马，指挥军队发起第二轮攻击。手持盾牌的蒙古士兵杀向敌阵，也使用投石机和弓弩将石头和箭射向敌军。很快，蒙古军队攻占城门附近的位置，阻止了城里的花剌子模军队攻出城。战斗越来越激烈，双方开始短兵相接，再无法马上作战。这时花剌子模军队放出大象，在大象的掩护下加强了攻势。不过蒙古军队没有知难而退，反而不停地射箭，射乱了用大象掩护的花剌子模军队阵形。被射伤的大象往回跑，踩死了很多花剌子模士兵，花剌子模人可谓是搬起石头砸了自己的脚。

第二天，蒙古军队发起更加猛烈的进攻，撒麻耳干的花剌子模军队难以招架而变得无心恋战，停止了抵抗。花剌子模人派出使者，到达蒙古大军的军营，觐见了成吉思汗。他们得到成吉思汗的许诺和抚慰后返回撒麻耳干城里。到了伊斯兰教徒的祈祷时刻，撒麻耳干人打开城门，迎蒙古大军进城，撒麻耳干就此被征服。

蒙古大军进城后忙着拆毁城墙和外垒，丝毫没有欺辱撒麻耳干居民。他们通过不分昼夜地拆除、夷平城墙，直到步兵和骑兵能够自由出入撒麻耳干为止。

蒙古军队将除了获得特殊保护的五万人以外的其他撒麻耳干居民分成以百人为单位的组，将他们赶出城，随后开始掠城。这时守在内堡里的阿勒巴儿汗带领一千名士兵冲出内堡，杀开一条血路，逃向苏丹汗处。随后，蒙古军队将内堡包围得水泄不通，通过一场激战攻占了内堡。

第二天早晨，蒙古军队清点了城里的花剌子模人，挑选出三万名手工艺人，成吉思汗将他们分给了自己的亲族们。将部分青壮征入军内，把城外的花剌子模人唤回城里，向他们征收了二十万狄纳尔（即 dinar，阿拉伯金币之称，银币叫 dirham。一个 dinar 等于十二个 dirham）的赋税。成吉思汗将这些钱交给撒麻耳干城的官吏昔哈惕木勒克和阿迷的布祖儿格二人，又派耶律阿海接管了撒麻耳干城。

这是 1220 年 3 月 19 日 [14] 发生的事情，撒麻耳干城的命运便是如此。

在成吉思汗率领蒙古大军到达撒麻耳干之前，花剌子模国王摩诃末苏丹汗丢弃撒麻耳干城，在忒耳迷一带渡过阿姆河，逃向别处。成吉思汗到达撒麻耳干后命先锋大将者别、速别额台、脱忽察儿三人各率一万士兵渡过阿姆河追击苏丹汗。

·元代商贸图·

至此，不花剌、撒麻耳干以及锡尔河沿岸的很多城池均被蒙古大军攻占，河中地区大战役取得了决定性胜利。随后术赤、察阿歹、斡歌歹等人受成吉思汗之命率领右翼军[15]于1220年7月开始进攻乌尔坚奇——河中地区仅剩的一座未被蒙古军队攻占的孤城。

成吉思汗则亲自率领大军攻向呼罗珊州（呼罗珊为当时的花剌子模重地，即包括今土库曼斯坦南部、伊朗北部、阿富汗西北部的地区）各地。

攻占乌尔坚奇城

乌尔坚奇[16]为花剌子模国建国时的都城，是一座位于阿姆河下游跨江而建的大城。关于当时的乌尔坚

·瓷蒺藜·

奇城人口，找不到确切的历史记载。连当时的史学家志费尼的记载都是笼统模糊的——"居民的人数更超过沙石"。当时，该城守将为算端汗母亲秃儿罕的族人忽马儿的斤。

术赤、察阿歹、斡歌歹等人率领的蒙古军队右翼五万大军在 1220 年七八月份从撒麻耳干起兵，当年冬天开始向乌尔坚奇城发起进攻。起初，蒙古军队先派少数人马将乌尔坚奇城里的花剌子模军队引诱出城，再用伏兵猛击，以此重创了乌尔坚奇守军。不过没过多久，术赤、察阿歹二人之间产生意见分歧，用兵策略无法统一，导致蒙古军队军纪失严。乌尔坚奇军民趁蒙古军队内部矛盾，勇猛地抵抗了六个月。成吉思汗获知这一消息后命斡歌歹统领整个右翼军，斡歌歹重新整顿了军队，发起新一轮攻击，1221 年 5 月蒙古大军终于攻占了乌尔坚奇城。据记载，蒙古军队攻入乌尔坚奇后大肆掠城的同时大开杀戒，屠杀了城里的军民。波斯史学家志费尼记载："他们把百姓赶出城外，把为数超过十万的工匠艺人跟其余的人分开来，孩童和妇孺被夷为奴婢，驱掠而去，然后，把余下的人分给军队，让每名军士屠杀二十四人。"（《世界征服者史》第 147 页）据说当时蒙古军队的人数为五万，这么算来被屠杀的人数共为一百二十万人，当然其中还不包括战死的人数。根据志费尼的记载，在之前的一次战斗中蒙古军队"把将近十万战士杀死在沙场上"。关于相关史料中记载过的这些数目，以及其依据的可靠程度，我将在下文中另作叙述。

据记载，掠城和屠杀过后蒙古军队引阿姆河水灌城，淹没了乌尔坚奇城。

苏丹汗之死

阿剌丁摩诃末于1200年继承花剌子模国苏丹汗之位。当时的花剌子模国疆土在咸海和里海一带，与斡思蛮统治下的河中地区一样称臣于合剌契丹。摩诃末认为一个伊斯兰国家臣服佛教徒是件可耻之事，于是试图摆脱合剌契丹的控制。河中地区和撒麻耳干也响应摩诃末的决策，做起花剌子模的附庸。于是摩诃末获得河中之主斡思蛮的相助，在1208—1209年间出征合剌契丹，但这次摩诃末战败，与手下一员将领一同被俘。而那位将领使计瞒骗了契丹人，称摩诃末是他的随从，以取赎金之由派回摩诃末，摩诃末这才逃过一劫。之后摩诃末再与撒麻耳干苏丹联合起兵，在1209—1210年间再次出征合剌契丹。由于此战大胜合剌契丹，摩诃末威名远扬，获号"亚历山大第二"[17]。摩诃末回到花剌子模后，将自己的女儿赐给河中之主斡思蛮，又派遣一名花剌子模官员替代合剌契丹监国，接管了撒麻耳干，河中地区和撒麻耳干就此被摩诃末统治。不过没过多久，已是摩诃末女婿的斡思蛮因无法忍受花剌子模监国的管制而后悔向摩诃末称臣，于是他杀死花剌子模监国再次称臣于合剌契丹。摩诃末获知后勃然大怒，立即率兵出征撒麻耳干。摩诃末的军队攻占撒麻耳干后在该城里剿杀、掠夺三天，摩诃末则将斡思蛮一家满门抄斩。花剌子模人随后攻占整个河中地区，迁都于撒麻耳干，撒麻耳干成为花剌子模新都城。

之后摩诃末开始对外扩张，攻占花剌子模附近的国家和地区，将攻占地划分给自己的几个儿子。而"摩诃末分封诸子之地，多为新并之疆土。难期其效忠于花剌子模朝。花剌子模帝国人民之关系相同者，仅有宗教。顾教中宗派繁多，往往为同一个地域穆斯林永远结恨之源。诸民族习受桎梏已久，故不难屈服于摩诃末战士兵威之下"（《多桑蒙古史》上册，第90页）。

残暴的统治者摩诃末苏丹便是指使杀害蒙古商人和使者，给花剌子模人民带去战争之祸的始作俑者。当蒙古大军攻入河中地区时，摩诃末苏丹完全丧失了抵抗的勇气。起初还督促军队加固撒麻耳干城防工事的苏丹汗得知蒙古大军连战连捷后，将十一万守军留在城里，自己则弃城而逃。在逃出城的那天，苏丹汗看见撒麻耳干的军民打开城壕引水进来，便说："倘若即将进攻我们的军队中每个军士都投进他的鞭子，它会被填平。"（《世界征服者史》第438页）之后逃向那黑沙不。在逃亡的过程中，苏丹汗不停地劝诫沿途的花剌子模百姓逃往他处或找地方躲藏，告诉他们蒙古军队不可抵抗。他的这些话语使花剌子模军民灰心丧气。他又派人将自己的家人从乌尔坚奇城转移到祃楼答而城。当时，摩诃末苏丹的忠臣们和其子札兰丁提出死守呼罗珊和伊拉克，以阿姆河作为防线，集中军力誓死抵抗蒙古军队的建议。摩诃末却没有采纳他们的建议，反而听取另一部分人的建议逃向哥疾宁，他认为如果守不住哥疾宁也可以从那里逃到印度。到达巴里黑城之后，摩诃末获知蒙古军

· 大德三年款青铜秤砣 ·

队攻占了不花剌、撒麻耳干等地，于是又急匆匆离开了巴里黑。当时，护送摩诃末的士兵多数为突厥人，军官几乎都是摩诃末之母秃儿罕的亲族。那些突厥士兵途中预谋试图杀害摩诃末，不过他们的预谋被泄露，摩诃末提高警惕而逃过一劫，在 1220 年 4 月 18 日到达你沙不儿城。摩诃末认为蒙古军队无法渡过阿姆河，于是试图在你沙不儿避难一段时间。但过了三个星期以后得知蒙古军队已经攻入呼罗珊，惊慌失措的摩诃末以出猎为由带着少数随从逃离了你沙不儿城。

受命追击摩诃末苏丹的由先锋大将者别、速别额台率领的蒙古军队在忒耳迷附近的般扎卜之地渡过阿

· 荷花纹高足金杯 ·

姆河，渡河时他们没有用船只，而是将兵器和装备用牛皮包裹后扛在肩上，抓着马尾蹚水而过的。者别的军队渡过阿姆河后立即攻打巴里黑、你沙不儿等呼罗珊州城池，在剌夷城附近与速别额台的军队会合后攻占该城，随后继续追击摩诃末苏丹，攻向伊拉克。当摩诃末苏丹逃到伊拉克时，正赶上掌管该地的儿子罗克那丁忽儿赛赤征集伊拉克军三万之众，于是摩诃末苏丹试图在该地抵抗蒙古军队。但蒙古军队攻占剌夷城的消息传来后，摩诃末苏丹手下的将臣们惊慌失措，随即各自逃命，下面的士兵也是四处逃散。于是，摩诃末苏丹和他的儿子们逃向哈仑堡，追击的蒙古军队赶上他们，摩诃末苏丹的马被蒙古士兵射伤，不过那些蒙古士兵不认识摩诃末，因此他才逃过一劫。

之后没过多久，曾经攻占多个国家和地区、攻占辽阔疆域而不可一世的花剌子模国主摩诃末苏丹汗沦落到走投无路的境地，在1220年12月的一天逃到里海东南角上离鸦儿楼答而城不远的一座孤岛上。据记载，摩诃末苏丹在一年多心惊胆战、疲惫不堪的逃亡过程中患上了肋膜疾病，上岛后不到一个月，即1221年1月11日病逝于该岛。临终前他更改之前让季子斡思剌黑沙继位的决定，改由札兰丁继位，并将自己的佩剑传给了札兰丁。随后札兰丁登基成为花刺子模国新一任苏丹汗。

那么，花刺子模国最高权力持有者摩诃末苏丹之母秃儿罕合屯——即"世界与信仰之保护者，宇宙之女皇秃儿罕"（《多桑蒙古史》上册，第91页）的下场如何呢？成吉思汗在攻陷撒麻耳干时，遣使至乌尔坚奇城秃儿罕合屯处，欲利用秃儿罕和摩诃末母子之间的矛盾劝降秃儿罕合屯。然而秃儿罕合屯没有答复，之后没过多久，她带着摩诃末的妻妾和子女们，带着金银珠宝迁移到祸桴答而城附近山里一处牢固的堡垒中。后来速别额台的军队到达那里，围攻堡垒几个月后俘获秃儿罕和摩诃末的妻妾子女们，秃儿罕后来被带到蒙古帝国。据记载，1233年（斡歌歹年间）秃儿罕合屯死于蒙古帝国都城喀剌和林。

申河战役

成吉思汗在1220年3月攻占花刺子模新都城撒麻耳干城之后，亲自率领主力军进攻呼罗珊地区之前，驻夏于撒麻耳干和忒耳迷之间的那黑沙不草原[18]，让兵马修养生息了一整个夏天。

该年秋天，成吉思汗从那黑沙不起兵，首先攻打了阿姆河北岸的忒耳迷城。该城城墙和堡垒修建得特别牢固且城内兵强马壮，于是该城守兵顽强抵抗蒙古大军。据记载，蒙古大军经过十天的激战最终攻陷忒耳迷，随后实施屠城。

随后成吉思汗率兵攻入康格儿忒和薛蛮（有些史学家解释该地为今塔吉克斯坦首都杜尚别所在地）二地，将该二地洗劫一空，并在攻占地度过了 1220 年冬季。之后成吉思汗将兵力分开，派部分兵力攻打了巴达哈伤地区，又让季子拖雷率领一支军队渡过阿姆河进攻呼罗珊各地。拖雷的军队攻入呼罗珊，1221 年到 1222 年初期间攻陷呼罗珊地区的马鲁、你沙不儿等多个城池，随后攻进阿富汗。据记载，马鲁城为此次战争中损坏最为严重的中亚古城之一。

至此，蒙古大军攻占了整个阿姆河以北地区（此时只有乌尔坚奇城未被攻破，且还处于蒙古军队的围攻下），于是河中地区大战役就此告一段落，新一场战役，即与札兰丁苏丹交战的申河战役或南方战役拉开了战幕。

1221 年春，成吉思汗亲自率领的主力军渡过阿姆河，随即攻打巴里黑城。虽然巴里黑城的官员们进贡投降，但由于札兰丁不断在当地制造事端，蒙古军队不相信对方投降的诚意，导致该城未能逃过屠城之灾。

之后成吉思汗率军攻入塔里寒山区。该地有个著名的城堡叫作讷思来忒忽。处于险要之地的该城堡修建得特别坚固，守军也特别英勇。成吉思汗遣使劝降讷思来忒忽守军，对方却始终没有投降，反而誓死抵抗起蒙古大军。据记载，双方的战斗持续了近六个月，直到拖雷的军队攻陷呼罗珊各地之后前去支援，才得以攻破讷思来忒忽，随后该城堡被夷为平地。

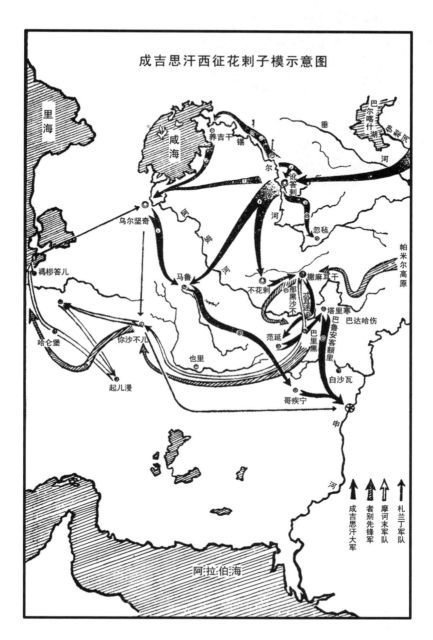

成吉思汗西征花剌子模示意图

里海

咸海

养吉干

锡

尔

垂

巴尔喀什湖

母斯母

河

讹答剌

忽毡

帕米尔高原

乌尔坚奇

阿

姆

河

马鲁

撒麻耳干

那黑沙不

必昔塞

塔里寒

巴达哈伤

巴鲁安客额里

褐椤答儿

不花剌

范延

巴里黑

哈仑堡

你沙不儿

也里

白沙瓦

起儿漫

哥疾宁

申

河

阿拉伯海

成吉思汗大军

摩诃末军队

者别先锋军

札兰丁军队

· 成吉思汗西征花剌子模示意图 ·

成吉思汗攻占塔里寒地区后，在那一带山区度过了1221年的夏季。当成吉思汗在塔里寒地区驻夏时，察阿歹、斡歌歹等人的军队攻陷乌尔坚奇城，随后前去与成吉思汗会合，术赤则率军渡过锡尔河北上，留守在河中地区。

· 褐釉碗 ·

此后成吉思汗收到一则急报：之前成吉思汗和拖雷的军队南攻时，札兰丁苏丹的军队歼灭了这两支军队的预备部队——驻守札布里斯坦的一支蒙古军队。接下来札兰丁苏丹又收复哥疾宁地区，随后召集哥疾宁地区的六七万骑兵，从那里起兵到达范延附近的巴鲁安客额里之地，突袭当时围攻瓦里安堡的蒙古军队的先锋部队，杀死了一千左右蒙古士兵。

于是成吉思汗立即起兵，途经古儿疾汪之地时遭遇当地军民的顽强抵抗，经过一个月的激战才得以攻占此地。攻占古儿疾汪之后，成吉思汗率军越过雪山（兴都库什山脉）围攻范延城。双方激战，乱箭横飞，察阿歹之子木阿秃干中箭身亡。成吉思汗见爱孙毙命，悲愤至极，于是下令猛攻，蒙古军队破城后大肆屠杀城里的人畜，将范延城夷为平地。

这时成吉思汗又收到一个坏消息。之前在塔里寒时，成吉思汗曾让失乞刊忽都忽率领三万大军前往可不里、札布里斯坦一带山区，任务为打探札兰丁的动向以及作为援军听遣。到达目的地后没过多久，失乞刊忽都忽听说札兰丁苏丹率领六七万骑兵重创围攻瓦里安堡的蒙古军队的消息，便立即起兵，八天后到达巴鲁安客额里，在那里与札兰丁军队交战。失乞刊忽都忽是在兵力不及（三万）且无支援的情况下参加了此次战斗，双方攻势都异常猛烈，不分胜负，均受重创。札兰丁苏丹见状吹起军号，集中全军之力猛攻失乞刊忽都忽部，蒙古军队伤亡惨重，失乞刊忽都忽落败而逃。札兰丁苏丹虽获胜，但由于清楚蒙古大军随后会赶到而没有追击失乞刊忽都忽部，于是欲渡申河而退向哥疾宁。

成吉思汗在九月份听到这个消息后勃然大怒，便率领军队快速行进，两天后赶到哥疾宁，不过那时札兰丁苏丹离开哥疾宁已有十五天之久。该城居民不战而降，于是成吉思汗命祃祃·牙老瓦赤[19]接管该城，自己则继续率军追击札兰丁苏丹。

1221年10月[20]，成吉思汗大军在申河畔赶上札兰丁苏丹的军队，著名的申河战役就此拉开战幕。巴托尔德在其《突厥斯坦》一书中记载此次战役的实际地点也许就是今卡拉巴黑附近的丁科特（位于阿富汗境内）之地。

成吉思汗大军赶到前，札兰丁苏丹命令军队将沉重物丢到河里，备好船只，准备第二天渡河。成吉思汗得知这一情况之后连夜疾驰，在申河畔重重包围了札兰丁军队，清晨下达总攻的命令。蒙古军队首先摧毁札兰丁右翼军，接着又击溃其左翼军。身边仅剩七百人的札兰丁试图突围而不停地左右猛攻。成吉思汗为了活捉札兰丁，下令停止射箭，命军队步步逼近，蒙古军队的包围圈变得越来越小。札兰丁苏丹不时地换骑战马，疯狂攻击逼近的蒙古军队，从早晨战到中午。札兰丁多次突围未果，便脱甲弃盾，高举战旗，快马加鞭跃下二十尺高崖，跳入申河激流之中，游上彼岸逃去。蒙古军队这边有人请命渡河追击，成吉思汗则出言制止，他见札兰丁渡河的情景，一再向诸汗子说道："为父者须有若此之子。"（《世界征服者史》上册，第157页）札兰丁苏丹军队的不少士兵都在锡尔河里淹死了，其余的则成了蒙古士兵的刀下鬼。

申河战役就此结束。在成吉思汗征伐花剌子模的过程中，战争的性质逐渐超出了报仇雪冤的初衷。13世纪初期发生在蒙古与花剌子模之间的这场战争消灭了花剌子模两代国主摩诃末和札兰丁的势力，击溃整个花剌子模的武装力量和国力，至此成吉思汗的西征战争基本上告一段落。之后的短时间内进行的战争则均属剿除残敌的小规模战争。

不过，成吉思汗认为勇猛无比的札兰丁苏丹虽然落败，但只要活着就等于后患无穷，所以特别重视追杀札兰丁之事。于是成吉思汗命札剌亦儿部巴剌那颜率领一支军队前往欣都思（北印度）追击札兰丁苏丹，

此外也让朵儿别部朵
儿伯朵黑申率领
另一支军队前去
攻打了位于欣都
思和巴黑塔惕之
间的阿鲁、马鲁
（木剌夷）、马答

·灰陶瓦当·

撒里等族居住地阿卜秃巴剌合孙[21]。

1221 年 11 月，成吉思汗得知阿姆河以北地区土匪作乱，遂遣察阿歹前去镇压并修复阿姆河大桥（《长春真人西游记》）。

申河战役后的 1222 年春，成吉思汗调遣完上述几支军队后，亲自率领大军沿着申河西岸一路肃清札兰丁苏丹残部而回。途中成吉思汗想起之前哥疾宁城因归降而留存如初之事，便担心敌军利用该城，遂派斡歌歹向申河下游一路剿除残敌的同时将哥疾宁夷为平地。当时巴里黑城再次叛变，成吉思汗亲自率军前去镇压，屠杀了居民，又烧毁了哥疾宁城里的建筑物。

1222 年夏，成吉思汗大军到达额客小河、格温小河一带，驻夏于巴鲁安客额里[22]。

成吉思汗又遣额勒只吉歹那颜前去镇压哥疾宁辖地也里镇居民起义。之前拖雷军队攻打哥疾宁时，只有也里镇没有遭遇战乱，该城居民先是假装投降，听说札兰丁苏丹的军队在巴鲁安客额里之地打败失乞刊忽都忽部的消息后起义叛变，抵抗起蒙古军队。

1222年夏，成吉思汗在格温小河一带驻夏时，斡歌歹的军队从哥疾宁回到该地，与主力军会合。受命追击札兰丁苏丹的巴剌那颜所率军队渡过申河后，一直没有发现札兰丁的踪影[23]，途中攻打了北印度一些地区，碍于天气炎热而未能继续追讨，反渡申河，途经哥疾宁回到了格温小河附近成吉思汗主力军处。此外朵儿伯朵黑申的军队也回到主力军安营地。

　　至此，成吉思汗基本征服西域，便向各个重地和城池派遣了官吏。为此，成吉思汗与接管乌尔坚奇城的牙老瓦赤（这是《蒙古秘史》的写法，西方人所谓马合木·牙老瓦赤和祃祃·牙老瓦赤实为同一人）、马思忽惕父子二人交谈，充分了解了花剌子模城池各方面的情况和各地民俗，遣耶律阿海接管不花剌、撒麻耳干、乌尔坚奇、兀丹、乞思合儿、兀里羊、古先答邻勒[24]等城池，又命牙老瓦赤之子马思忽惕辅佐耶律阿海。

　　1222年秋，成吉思汗接见了中原道教大师长春真人丘处机，关于相关内容下文另作专述，因而在此不赘。

　　1222年冬，蒙古大军驻冬于申河源地附近的不牙迦秃儿

· 金币 ·

山。由于该地海拔较高，空气稀疏且气候多变，导致蒙古军队内部突发瘟疫。

者别、速别额台率军远征

这里需要叙述的是蒙古大军另一支军队的动态——者别、速别额台率军远征向北攻进之事。

1220 年冬，者别、速别额台、脱忽察儿等人率领的三万大军未能找到逃到里海一座孤岛的花剌子模国主摩诃末苏丹，于是不得已而沿着里海西岸向北攻入，直至阿哲儿拜占都城帖必力思。

当蒙古军队逼近帖必力思时，当时的阿哲儿拜占之主——年迈且嗜酒如命的突厥人月即伯汗派人求降，给蒙古军队送去了金钱、服饰、牲畜等贡品。于是者别、速别额台率军退出阿哲儿拜占辖地，驻冬于里海沿岸的木干草原。那年冬天，气候异常寒冷，大雪封锁了所有道路。然而木干草原气候较暖且牧草丰足。者别、速别额台率领军队抄道攻入谷儿只（今格鲁吉亚）。

谷儿只人万万没有想到那个严寒的冬季在气候较暖的木干草原驻冬的蒙古军队会突然出现在谷儿只。之前他们遣使至阿哲儿拜占、河间二地，商讨了第二年春天联兵抵抗蒙古军队之事。然而谷儿只人始料不及，蒙古军队突然攻入，一举歼灭了谷儿只军队的一大半。谷儿只人信奉基督教，所以他们排斥和压迫该地境内信奉伊斯兰教的突厥蛮人和曲儿忒人。因此，当蒙古军队攻入谷儿只时，当地的突厥蛮人和曲儿忒

人主动归降蒙古军队，蒙古军队便利用他们之间的矛盾，让突厥蛮人和曲儿忒人充当先锋部队，1221年进攻亚美尼亚和谷儿只东南地区，不过碍于谷儿只的地势险阻而未能深入。

1222年冬，者别、速别额台的大军越过太和岭（今高加索山脉），使计攻灭阿速部落联军（勒思吉、薛儿客速惕、钦察兀等部落），随后深入钦察兀[25]辖地，钦察兀人纷纷离开水草丰美的草原，逃向边缘地区。其中仅渡过顿河逃入拜占庭帝国境内的钦察兀人就有万户之众，也有不少钦察兀人逃到俄罗斯境内。

者别、速别额台的军队在钦察兀故地度过了1222年冬季，1223年春末或夏初在不祖河畔将钦察兀军队一举歼灭。

1223年5月，俄罗斯联军[26]欲迎战蒙古军队而到达的涅培儿江附近。蒙古军队遣使至俄罗斯联军处，"言无犯斡罗思部之意，所讨者仅其邻部。况此部平息侵扰斡罗思（俄罗斯）部有年，应乘此时期而谋报复，与蒙古军结合，同分卤获"（《多桑蒙古史》上册，第138页）。但俄罗斯诸王没有听取蒙古人的建议，反而杀害了蒙古使者十人。俄罗斯联军后又渡过的涅培儿江，俘虏蒙古军队先锋部队的统领，交由钦察兀人杀害，俄罗斯联军随后到达顿河附近的卡尔卡河。于是者别、速别额台率领的蒙古军队和俄罗斯联军激战于卡尔卡河畔。战斗开始时，蒙古军队试图将俄罗斯联军诱出俄罗斯边界后反攻，于是他们开始引退。

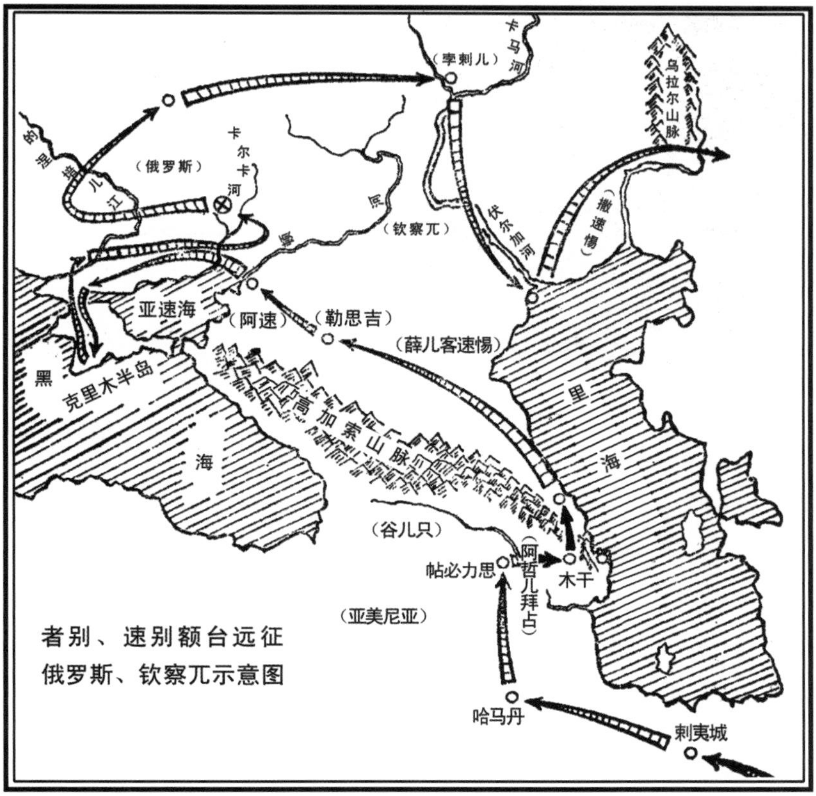
卡马河
（孛剌儿）
乌拉尔山脉
的涅培儿江
（俄罗斯）
卡尔卡河
（钦察兀）
伏尔加河
撒速惕
亚速海
（阿速）
（勒思吉）
（薛儿客速惕）
黑
克里木半岛
海
高加索山脉
里
海
（谷儿只）
帖必力思
（阿哲儿拜占）
木干
（亚美尼亚）
者别、速别额台远征
俄罗斯、钦察兀示意图
哈马丹
剌夷城

·者别、速别额台远征俄罗斯、钦察兀示意图·

俄罗斯联军中计渡过卡尔卡河，做好战斗准备的蒙古军队便于5月30日反攻。当时，俄罗斯伽里赤公国国王密赤思老狂妄自大地认为能够以本国之力打胜蒙古军队，于是没有与乞瓦、彻儿尼果夫的国王联合，当日率领本国军队与蒙古军队作战。结果他的军队和钦察兀人都被蒙古军队打败，密赤思老弃下军队仓皇而逃。蒙古军队渡过卡尔卡河时将河里的船只全部烧毁，因而密赤思老的军队只有十分之一得以逃命。俄罗斯

·景教铜徽章·

的六个王、七十名侯在此次战役中毙命，而钦察兀人也趁机作乱，杀死很多伽里赤公国败兵，夺取了他们的战马。

而乞瓦国王见密赤思老的军队战败却没有前去支援。蒙古军队兵分两路，一支追击密赤思老的败军，另一支与乞瓦军队交战。乞瓦国王率军抵抗三天后，蒙古军队的另一支赶到，于是他向蒙古军队求降，称将他和两个女婿（二人均为俄罗斯小王）免死的话，将无条件投降。蒙古人假装答应他的请求，将他们捉拿后全部处死。

俄罗斯另一个公国兀剌的迷儿公国大公阔儿吉应南俄罗斯诸王的求援率军前去的途中，听说联军被击败的消息后立即原路返回。于是蒙古军队以秋风扫落叶之势攻占了南俄罗斯地区，绕过亚速海，攻掠克里米亚半岛（今克里木半岛）和的涅培儿江下游地区，后又攻向孛剌儿，直至伏尔加河中游。

孛剌儿为居住在伏尔加河和卡马河流域，主要经营农业的民族。孛剌儿人信奉伊斯兰教和基督教，与俄罗斯和里海沿岸的国家和地区保持经贸往来。

1223年年底或1224年年初，蒙古军队到达孛剌儿辖地。"不里阿耳军队抵抗，被蒙古军击灭，遂接

受城下之盟，承认蒙古为宗主国，作为术赤封地（钦察）的外藩。"（李则芬《成吉思汗新传》第481页）

者别、速别额台等人的远征[27]就此告一段落，蒙古军队途经撒哈辛城（冯承钧先生认为该城便是《蒙古秘史》所记"撒速惕"）到达康里辖地，者别那颜病逝于此地。速别额台那颜则率领军队在1224年与从花剌子模返回蒙古故地的成吉思汗大军会合。

者别、速别额台两位那颜率领区区三万军队几年间远征上万里，发动几十次战役，征服很多国家和民族，攻毁诸多城池，可谓是创造了世界军事史上的奇迹。欧洲史学家们认为实际上这是一次武装侦察或是在蒙古大军出征花剌子模的过程中偶然产生的一次征战。正如韩儒林先生所言："看来这次战争，是乘机复仇，是偶然的。若说成吉思汗在蒙古大本营早就制定了进军克里米亚半岛的作战计划，似乎是不大可能的。"（《论成吉思汗》）本人认为所言极是。

远征军与主力军会合后，成吉思汗大加赞赏了者别、速别额台两位那颜。"因脱忽察儿擅自掳掠罕·篾力克的边城，惊走了罕·篾力克，依法当斩；但赦免未斩，对他加以严厉申斥，削去了他的管军职务。"（《蒙古秘史》第257节）

61. 成吉思汗率军回师

1222年冬季成吉思汗驻冬于不牙迦秃儿山区时，

蒙古军队内部发生的疫情在第二年春天被控制住。于是成吉思汗决定率领军队抄道印度和西藏回到蒙古故地。

成吉思汗回师的原因在于他达到了此次西征的所有目的，不再有继续征战的需求。而有的史学家如是记载："他（成吉思汗）急于回去的原因是契丹人和唐兀人乘他不在的时机，变得倔强，动摇于降叛之间。"（《世界征服者史》第164页）成吉思汗此次西征发生在讨伐金朝的过程中，以及从西夏征援未果，西夏人反而恶言相加激怒成吉思汗的情况下。这两件事情成吉思汗不会忽略不计，也必定会通过自己的方式去处理。因而，成吉思汗在征伐花剌子模国达到报仇雪冤这一目的的情况下立即回到蒙古帝国的决定是正确的。

1223年春[28]，成吉思汗做好一切回师所需准备工作后，率军起程，向印度和西藏地区走了几天后，因难以继续前进而到达白沙瓦后改变行军路线，折向之前进军之路。关于这一点，剌失德·哀丁如是记载："当军队病愈后，成吉思汗最后做出了班师的决定，他想取道忻都向唐兀惕地区进发。当他得到唐兀惕人复叛的消息时，他在路上已走了好几程路。由于唐兀惕人复叛，也由于山路崎岖，森林难以通过以及水土不服，他便回到白沙瓦，带着所有的儿子和那颜们沿着来时所走的原路回去了。"（《史集》，第一卷第二分册，第310页）

成吉思汗率领大军从白沙瓦出发，越过范延一带的山脉，沿途行猎至巴鲁安客额里与驮队会合，在当地度过了 1223 年的夏天。秋天从那里起程，渡过阿姆河，冬季安营于撒麻耳干城以东二十里地处。

·琉璃滴水·

是年冬天，成吉思汗组织了大型狩猎活动。之前术赤、察阿歹二人在攻打乌尔坚奇城时出现矛盾，术赤渡锡尔河北上之后一直没有与成吉思汗相见。到这时，成吉思汗遣使至术赤处，叫术赤携带猎物前来觐见父汗。但术赤只是将猎物（多为野驴）赶往成吉思汗那边的猎围处，自己则没有前去与其父汗相见。察阿歹、斡歌歹二人从不花剌给成吉思汗送去了猎物。之后他们到哈剌库耳（"哈剌库耳"意为"黑湖"，是当地的一处沼泽地。今乌兹别克斯坦有一座城名叫"卡腊库耳"）之地捕猎天鹅，每周一次，用五十头骆驼驮载猎杀的天鹅送到成吉思汗处。

1224 年春，成吉思汗率军从撒麻耳干一带出发，回蒙古帝国。蒙古大军到达锡尔河西岸的费纳客忒河（今安格廉河注入口附近）后，成吉思汗与诸子相会并举行了忽里勒台。随后蒙古军队驻夏于豁兰八失[29]。

1224 年整个秋季成吉思汗都在行军路上。10 月，成吉思汗的两个孙儿——十岁的忽必烈和六岁的旭烈兀到达叶密立河（注入今哈萨克斯坦境内阿拉湖的一条河）附近迎接蒙古大军，觐见了祖父。前去的途中，忽必烈射杀了一只兔子，旭烈兀射杀了一只鹿。成吉思汗依照蒙古人的习俗亲自为两个孙儿举办了拭指仪式（蒙古族传统习俗，小孩子第一次出猎后由长辈在孩子的手指上拭油，即用所杀猎物的肉或油脂拭指）。

之后，蒙古大军到达阿尔泰山脉额儿的失河源地附近的不哈速赤忽之地，在此地举行大型宴会，欢庆凯旋，慰劳全军。其间还举行了射击表演，成吉思汗之弟合撒儿的次子也松格篾儿干射出了三百三十五庹远的射程。为纪念也松格超人的射术，后来在此地修建了一座石碑。该石碑被称作"也松格篾儿干碑"或"成吉思汗石碑"，如今收藏于俄罗斯圣彼得堡市艾尔米塔什博物馆。

成吉思汗二十年，即乙酉年或公元1225年春初[30]，六十四岁的成吉思汗结束西征回到土拉河畔的大斡儿朵。成吉思汗此次西征用时六年（1219—1225年）。

62. 和平使者——长春真人和乌古孙仲端

成吉思汗在率领二十万大军西征中亚、讨伐花剌子模的过程中出现的一个有趣的事情是他在前线接见了两位来自中国内地的和平使者。一位是南宋道教大师长春真人丘处机，另一位是金朝使者乌古孙仲端。

关于成吉思汗接见二人的前因后果，简述如下。

长春真人及其《西游记》

"长春真人"为此人教号，名为丘处机，字通密。长春真人于1148年元月十一日出生于山东省登州栖霞的滨都里之地，十九岁出家到宁海（今山东省牟平），拜道教两大分支之一全真教祖师王重阳为师，开始学道。王重阳死后，他在龙门山等地潜修多年，自创道教龙门派，被誉为"全真七子"之一，从而名扬天下。后来在己卯年（1219年）丘处机移居莱州。1216年到1219年期间，南宋和金朝皇帝屡次遣使诏请丘处机赴朝，不过均被他婉言谢绝。

1219年5月，成吉思汗在出征花剌子模的途中到达乃蛮部故地后，为诏请长春真人而派刘仲禄（汉族人，曾任成吉思汗御医，因会制作响箭而深受成吉思汗赏识）、札八儿（据记载札八儿为中亚赛夷族人，他参加过巴勒诸纳之盟，成吉思汗过居庸关攻打中都时因给大军引路而立下战功，相关史料所记出使金朝的阿剌浅与札八儿同为一人）等人持虎头金符（《长春真人西游记》记载牌上印文为"如朕亲行，便宜行事"）和成吉

· 青铜高足盘 ·

思汗的诏书前往山东省莱州。

刘仲禄等人途经中都和益都府（今山东省青州市），己卯年（1219年）农历十二月到达莱州，送达国书并诏请长春真人。

关于成吉思汗到底为何诏请长春真人，以及长春真人为何不应金朝皇帝和南宋皇帝的诏请，却应了成吉思汗的诏请，不顾万里之行的辛苦劳累而前往中亚战场觐见成吉思汗等问题，后世史学家们各执己见，众说纷纭。本人认为如果从成吉思汗的角度来看这些问题，那么他认为治国需要贤士指点。这一点也能够反映成吉思汗所追求的不仅仅是以武力扩张版图，他同样注重和平安定。我们可以从成吉思汗写给长春真人的诏书中看出这一点。诏书内容如下：

"制曰：天厌中原，骄华大极之性。朕居北野，嗜欲莫生之情。反朴还淳，去奢从俭，每一衣一食，与牛竖马圉共弊同飧。视民如赤子，养士若兄弟，谋素和，恩素畜，练万众以身人之先，临百阵无念我之后。七载之中成大业，六合之内为一统。非朕之行有德，盖金之政无恒。是以受天之佑，获承至尊，南连赵宋，北接回纥，东夏西夷，悉称臣佐。念我单于国，千载百世以来，未之有也。然而任太守，重治平，犹惧有阙。且夫刳舟剡楫，将欲济江河也；聘贤选佐，将以安天下也。朕践祚已来，勤心庶政，而三九之位，未见其人。访闻丘师先生，体真履规，博物洽闻，探赜穷理，道冲德著，怀古君子之肃风，抱真上人之雅操；久栖岩谷，

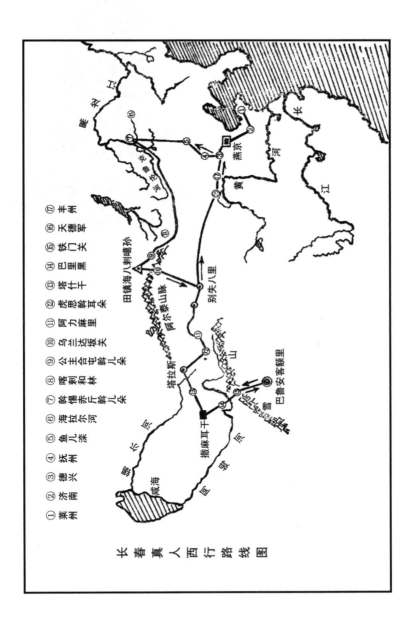

长春真人西行路线图

① 莱州
② 济南
③ 德兴
④ 抚州
⑤ 鱼儿泺
⑥ 海拉尔河
⑦ 斡辰赤斤斡儿朵
⑧ 喀剌和林
⑨ 公主合屯斡儿朵
⑩ 乌兰达板夫
⑪ 阿力麻里
⑫ 虎思斡耳朵
⑬ 塔什干
⑭ 巴里里黑
⑮ 铁门关
⑯ 天德军
⑰ 丰州

田镇海八剌噶孙

别失八里

巴鲁安客额里

撒麻耳干

· 长春真人西行路线图 ·

藏身隐形，阐祖宗之遗化，坐致有道之士，云集仙迳，莫可称数。自干戈而后，伏知先生犹隐山东旧境。朕心仰怀无已，岂不闻渭水同车，茅卢三顾之事。奈何山川悬阔，有失躬迎之礼。但避位侧身，斋戒沐浴，选差近侍官刘仲禄，备轻骑素车，不远千里。谨邀先生暂屈仙步，不以沙漠悠远为念；或以忧民当世之务，或以恤朕保身之术。朕亲侍仙座，钦惟先生将咳唾之余，

·青铜塔·

但授一言斯可矣。今者聊发朕之微意万一，明于诏章。诚望先生既著大道之端要，善无不应，亦岂违众生之愿哉！故兹诏示，惟宜知悉。五月初一日（即1219年农历五月一日。——引用者）笔。"（参见《南村辍耕录》卷十）

这份诏书内容简短，不过还是完整地表达出了成吉思汗的意图。成吉思汗诏请长春真人的目的还包括寻求长生不老之道，不过从这份诏书和《长春真人西游记》的内容中能够看出这种意愿不是成吉思汗最注重的。

如果从长春真人的角度来看这些问题，换句话说关于长春真人没有接受金朝皇帝和南宋皇帝的诏请的原因，我觉得长春真人认清了当时的金朝和南宋均走

向衰落的事实，两国当政者只会将百姓推向苦难的深渊，而不能给他们幸福安定的生活，在这样的情况下，唯有成吉思汗才能完成中国的统一，实现和平安定。长春真人的举动证实了他既是一位德高望重的道教领袖，又是一位深谋远虑的政治家。

长春真人接受成吉思汗的诏请，挑选赵道坚、宋道安、李志昌等十九名徒弟带在身边，于 1219 年 12 月 18 日从山东省莱州上路。

关于当时已经七十二岁高龄的长春真人走完从莱州湾（今渤海湾）到中亚高原的万里长路的过程，简述如下。

公元 1220 年 2 月 22 日长春真人携众弟子到达当时的金朝都城中都。长春真人本想在此地等候成吉思汗从西域回师，于是遣使将自己的想法告知成吉思汗。然而成吉思汗再下诏书盼其西上，长春真人最终决定应邀，从中都城起程后向西北行至德兴镇（位于今河北省涿鹿县）道教寺庙龙阳观，当时已是五月份，便驻夏于此地。

1220 年 8 月初，长春真人应驻守宣德州（今河北省宣化区）的蒙古军队元帅移剌公（耶律阿海之弟耶律秃花）之邀到达宣德州朝元观。是年十月，成吉思汗之弟斡惕赤斤那颜（当时斡惕赤斤那颜受成吉思汗之命在蒙古帝国后方监国）派使者阿里鲜邀请长春真人前去。

1221 年 2 月 8 日，长春真人应斡惕赤斤那颜之邀从宣德北上，翻野狐岭，路经抚州（今张北县），出明昌界，穿过大漠（可能是指今正蓝旗戈壁地带），是年3月1日到达克什克腾旗鱼儿泺。

三月末长春真人一行人渡过海拉尔河（当时称作西沙河）之后行进三天，4月1日到达斡惕赤斤那颜的斡儿朵[31]。长春真人在那里停留十几天后再起程，绕过呼伦湖沿着克鲁伦河西行，渡过土拉河、鄂尔浑河、塔米儿河、色楞格河等河流，6月28日到达鄂叠尔河（色楞格河的一个支流）边的成吉思汗之妃汉、夏公主[32]的行宫。

从公主行宫离开后沿杭爱山脉继续西行，7月25日到达阿尔泰山北的农镇田镇海八剌噶孙[33]。第二天镇海前去会见了长春真人。当时"师（指长春真人）与之语曰：'吾寿已高，以皇帝二诏丁宁，不免远行数千里，方临治下。沙漠中多不以耕耘为务，喜见此间秋稼已成。余欲于此过冬，以待銮舆之回。何如？'宣使（指刘仲禄）曰：'父师既有法旨，仲禄不敢可否，惟镇海相公度之。'公（指镇海）曰：'近有敕，诸处官员如遇真人经过，无得稽其程，盖欲速见之也。父师若需于此，则罪在镇海矣。愿亲从行，凡师之所用，敢不备？'师曰：'因缘如此，当卜日行。'公曰：'前有大山高峻，广泽沮陷，非车行地。宜减车从，轻骑以进。'"（《长春真人西游记》）于是长春真人听取他们的话，将宋道安等九名弟子留在此地，并让他们选地建观。这些弟子建观时得到各方相助，不到一个月便建成并

· 青铜药勺 ·

取名"栖霞观"。长春真人在离自己的故乡山东栖霞万里之远的蒙古高原（此地在今蒙古国科布多省境内）建观并取名"栖霞观"的举动明显是因为对故乡的思念。

1221年8月8日长春真人率赵九古等十名弟子出发，乘坐两个车，与二十多名蒙古驿骑一同沿着阿尔泰山脉向西行进。宣使刘仲禄和镇海等人属下一百名骑兵奉命护送。一行人马从乌兰达坂关越过阿尔泰山脉，途经布勒罕河、准噶尔沙漠，8月27日到达天山。后又经过当时东西方之间的交通要道别失八里城（"别失八里"即今新疆吉木萨尔北边的北庭古城的旧称，《长春真人西游记》中称作"鳖思马城"），沿途欣赏博格达山峰和天池的风景，渡过伊犁河，经过阿力麻里城和合剌契丹辖地，11月初进入花剌子模境内。之后路经塔什干，渡过锡尔河，11月18日到达花剌子模新都城撒麻耳干。

当时成吉思汗正在前线，于是长春真人遣使告知成吉思汗第二年春天前去觐见，便驻冬于撒麻耳干。当时的撒麻耳干城虽然被蒙古军队严重毁坏，但长春真人亲眼见到的情景并不像西方史学家们所记载那般废墟一片，如《长春真人西游记》记载："方算端氏（指摩诃末苏丹。——引用者）之未败也，城中常十万

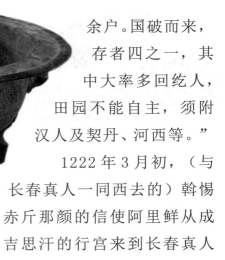

· 三足铜盆 ·

余户。国破而来，存者四之一，其中大率多回纥人，田园不能自主，须附汉人及契丹、河西等。"

1222年3月初，（与长春真人一同西去的）斡愓赤斤那颜的信使阿里鲜从成吉思汗的行宫来到长春真人处，对长春真人等人传达了成吉思汗之旨。"（首先对长春真人）传旨云：真人来自日出之地，跋涉山川，勤劳至矣。今朕已回，亟欲问道，无倦迎我。次谕宣使仲禄（刘仲禄）曰：尔持诏征聘，能副朕心，他日当置汝善地。复谕镇海曰：汝护送真人来甚勤，余惟汝嘉。"（《长春真人西游记》）又命万户官孛斡儿出率领甲士千人护送长春真人过铁门关[34]。

长春真人等人3月15日从撒麻耳干城出发，途经铁门关，4月5日到达成吉思汗行宫处。当时成吉思汗的行宫在雪山东南边的巴鲁安客额里附近。长春真人如是描述了沿途景象：

志道既无成，

天魔深有惧。

东辞海上来，

西望日边去。

鸡犬不闻声，

马牛更递铺。

千山及万水，

不知是何处。（《长春真人西游记》）

长春真人到达成吉思汗行宫后对自己的住处稍作安置，随后前去觐见了成吉思汗。成吉思汗会见长春真人的时间为壬午年（成吉思汗十七年，即 1222 年）4 月 5 日。关于成吉思汗第一次会见长春真人的情形，《长春真人西游记》如是记载：

"上劳之曰：他国征聘皆不应，今远踰万里而来，朕甚嘉焉。对曰：山野奉诏而赴者，天也。上悦，赐坐，食次，问真人远来，有何长生之药以资朕乎？师曰：有卫生之道，而无长生之药。上嘉其诚实，设二帐于御幄之东以居焉。译者问曰：人呼师为腾吃利蒙古孔（译语谓天人也），自谓之邪？人称之邪？师曰：山野非自称，人呼之耳。译者再至曰：旧奚呼？奏以：山野四人事重阳师学道，三子羽化矣，惟山野处世，人呼以先生。上问镇海曰：真人当何号？镇海奏曰：有人尊之曰师父者、真人者、神仙者。上曰：自今以往，可呼神仙。时适炎热，从车驾庐于雪山（指巴鲁安客额里。——引用者）避暑。上约四月十四日问道，外使田镇海、刘仲禄、阿里鲜记之，内使近侍三人记之。有报回纥山贼指斥者，上欲亲征，因改卜十月吉。师乞还旧馆，上曰：再来，不亦劳乎？"

以上为成吉思汗与长春真人第一次见面时所谈的内容。随后长春真人在一千名骑兵的护送下回到撒麻

耳干。

1222 年 8 月初，长春真人再次从撒麻耳干出发，是月 22 日到达成吉思汗行宫（据记载当时成吉思汗行宫在兴都库什山脉北边，距离阿姆河三天路程处），第二次与成吉思汗会面，在二人同行的途中有过几次谈话。关于成吉思汗第二次会见长春真人的情形，《长春真人西游记》如是记载：

"二十二日，田镇海东迎，及行宫，上复遣镇海问曰：便欲见邪？且少憩邪？师曰：入见是望。且道人从来见帝，无跪拜礼，入帐，叉手而已。既见，赐湩酪竟，乃辞。上因问：所居城内支供足乎？师对：从来蒙古、回纥，太师（指耶律阿海。——引用者）支给，迩者食用稍难，太师独办。翌日，又遣近侍官合住传旨曰：真人每日来就食，可乎？师曰：山野修道之人，惟好静处。上令从便。

"二十七日，车驾北回，在路屡赐葡萄酒、瓜、茶食。九月朔，渡河（指阿姆河。——引用者）桥而北。师奏：话期将至，可召太师阿海（此处好像是指耶律阿海，但从前文的记载看耶律阿海这时应该在撒麻耳干，并没有随长春真人前去。——引用者）。其月望，上设幄斋庄，退侍女，左右灯烛炜煌。惟阇利必镇海、宣差刘仲禄侍于外，师与太师阿海、阿里鲜入帐坐。奏曰：仲禄万里周旋，镇海数千里远送，亦可入帐与闻道话。于是，召二人入，师有所说，即令太师以蒙古语译奏，颇惬圣（指成吉思汗。——引用者）怀。十月九日清夜，

再召师论道，上
大悦。

·兽耳铁锅·

"二十有
三日，又宣师入
幄，礼如初。上温颜以
听，令左右录之，仍敕
志以汉字，意示不忘。谓左右曰：神仙三说养生之道，
我甚入心，使勿泄于外。"

以上为成吉思汗与长春真人第二次会见时交谈的
情形。

之后长春真人与成吉思汗一同踏上归途，在第二
年3月份起程回乡之前又与成吉思汗交谈过几次。

是年十二月末，渡过霍阐河（指锡尔河，因该河
经过忽毡城而得此名。——引用者）之后，河上的桥梁
夜里坍塌，成吉思汗闻见轰隆隆的塌桥之声后问起长
春真人雷震之事。

"（长春真人）对曰：山野闻国人夏不浴于河，
不浣衣、不造毡，野有茧则禁其采，畏天威也，此非
奉天之道也。尝闻二千之罪，莫大于不孝者，天故以
是警之。今闻国俗多不孝父母，帝乘威德，可戒其众。
上悦，曰：神仙是言，正合朕心。敕左右记以回纥字。
师请遍谕国人，上从｛不｝［之］。又集太子、诸王、
大臣曰：汉人尊重神仙，犹汝等敬天。我今愈信，真
天人也。乃以师前后奏对语谕之，且云：天俾神仙为
朕言此，汝辈各铭诸心。师辞退。"（《长春真人西

游记》）

·兽纹铜镜·

之后蒙古大军向东行至一条大河边（应该是塔什干附近的乞儿吉思河），当时已经是1223年春。

成吉思汗与长春真人之间的最后几次会面便是在此地。这几次会面可以说是长春真人离开蒙古军队回乡之前的道别仪式。关于成吉思汗与长春真人之间的这几次会面的情形，《长春真人西游记》如是记载：

"二月上七日，师入见，奏曰：山野离海上，约三年回，今兹三年，复得归山，固所愿也。上曰：朕已东矣，同途可乎？对曰：得先行便。来时汉人问山野以还期，尝答云三岁。今上所谘访、敷奏讫，因复固辞。上曰：少俟三五日，太子来，前来道话所有未解者，朕悟即行……二十有四日，再辞朝。上曰：神仙将去，当与何物？朕将思之，更少待几日。师知不可遽辞，徊翔以待。三月七日，又辞，上赐牛马等物，师皆不受，曰：祇得驿骑足矣。上问通事阿里鲜曰：汉地神仙弟子多少？对曰：甚众。神仙来时，德兴府龙阳观中，尝见官司催督差发。上谓曰：应于门下人悉令蠲免，仍赐圣旨文字一通，且用御宝，因命阿里鲜（河西人也）

为宣差，以蒙古带喝剌八海副之，护师东还。（一二二三年三月）十日，辞朝行。自答剌汗以下，皆携葡萄酒、珍果，相送数十里。临别，众挥涕。"

南宋著名道教领袖长春真人丘处机受蒙古帝国开国大汗成吉思汗之邀远行万里到中亚与成吉思汗会见的历史事件的经过便是如此。

长春真人丘处机于1223年末回到宣德城，第二年到燕京城天长观居住，后来在1227年逝世于此地，享年八十岁。长春真人去世后葬于今北京城西南西便门外白云观（即天长观或长春宫）。长春真人曾经居住的万安宫（金朝行宫）又称"北宫仙岛"，即今北京市北海公园白塔山或琼华岛。

《长春真人西游记》这本著名的游记由长春真人弟子李志昌（1193—1256年）撰写。在本书中李志昌详细记载了随师西游，途经蒙古地区到达中亚觐见成吉思汗的实际情况和途中所见所闻以及蒙古地区地域特色和风俗习惯，可谓是蒙古史研究中不可忽略的重要的第一手史料。

该书分上下两卷，成书后的五百七十余年间未曾引起人们的注意，后来到了清朝乾隆六十年（1795年），当时的学者钱大昕、段玉裁等人在苏州玄妙观翻阅《道藏》一书时发现该书，经钱大昕抄录后才得以传播。到近代，王国维、张星琅等人对该书进行了校注，后来被翻译成俄、法、英等多种语言。

乌古孙仲端"北使"

乌古孙仲端为南宋礼部侍郎，本名卜吉。

金宣宗在兴定四年（庚辰年或1220年）七月欲求和而命乌古孙仲端和翰林待制安庭珍（又作安延珍）二人出使蒙古。二人先是到达北方拜见国王木华黎。之后安庭珍留在当地，乌古孙仲端欲觐见成吉思汗而独往中亚。所以乌古孙仲端的出使之路与长春真人一样西行，所谓《乌古孙仲端北使记》可能是因乌古孙仲端起初从金朝南京向北出发而获名。

乌古孙仲端于1220年7月途经西夏，穿过沙漠，经过合剌契丹辖地，1221年7月[35]到达中亚成吉思汗行宫，呈国书求和。

当时成吉思汗驻夏于塔里寒山区。据记载，乌古孙仲端呈上的金朝国书中称成吉思汗为"兄"，这对于成吉思汗来讲显然等于不敬。乌古孙仲端从成吉思汗那里得到的答复与金朝皇帝的意愿完全相反。当时"帝（成吉思汗）谓曰：'我向欲汝主授我河朔地（指黄河以北地区。——引用者），令汝主位河南（即黄河以南地区）王，彼此罢兵，汝主不从。今木华黎已尽取之，乃始来请耶？'仲端乞哀，帝曰：'念汝远来，河朔既为我有，关（应该是指潼关。——引用者）西数城未下者，其割付我，令汝主位河南王，勿复违也。'仲端乃归"。

《乌古孙仲端北使记》为简述乌古孙仲端受金朝

皇帝之命出使西域觐见成吉思汗的过程的行记。乌古孙仲端回国后，一个叫刘祁的人将他西行经历的口述整理成《乌古孙仲端北使记》，并收入自己撰写的文集《归潜记》卷十三的附录中。

1221年12月乌古孙仲端等人回国，金帝称赞他们出使有功劳，奖乌古孙仲端升官两阶，安庭珍升官一阶。

金朝使者乌古孙仲端和南宋道教领袖长春真人二人均为到蒙古大军征战前线觐见成吉思汗的和平使者。一位是受成吉思汗之邀前去，另一位是受金帝之命出使；一位是为了宣扬人类美德和和平安定之道，另一位是为了让自己的国家免受战争之灾。他们得到的结果却大不相同。

综上所述，本章叙述了成吉思汗西征，即讨伐花剌子模的战争。西征的结果为花剌子模国灭亡。关于蒙古军队对外扩张战争的胜利，《蒙古人民共和国历史》中如是记载："蒙古帝国征服战争的胜利，其原因之一为蒙古军队高超的组织形式和战斗力。不过，仅以蒙古军队的组织形式和战斗力来解释征服战争的胜利未免过于片面，也不符合事实。蒙古军队征服战争之胜利的主要原因还在于被征服国家和地区中多数因封建制度的各种弊端

· 陶秤砣 ·

而处于没落境地以及因内部矛盾加剧而未能向蒙古军队发起有力抵抗等因素。"

成吉思汗此次西征发生在蒙古帝国征讨宿敌金朝的南征期间。如果花刺子模国的当政者们没有激怒成吉思汗，那么在向宿敌金朝发动的战争处于关键阶段时，成吉思汗也就不可能分兵西征。

·双龙纹铜镜·

西征中亚的这场战争，成吉思汗的目的是要"报仇雪冤"，要惩戒杀害商人和信使以及侮辱新兴蒙古帝国的名望和尊严的花刺子模人，所以战争过程中蒙古军队的攻势异常激烈。若说最终的结果，那就是这场战争的毁灭性远远超出成吉思汗最初的目的，封建统治者之间的仇恨变成了难以避免的灾难，落在了普通百姓的头上。关于这场恐怖的灾难发生的原因、灾难的严重性以及对这场战争的评判，后人们观点不一。后人没有理由对前人的所作所为负责，不过对前人所为给予科学的、正确的、公平的评价则是后人必须要担负的责任。

注　　解

　　［1］关于"花剌子模"，汉文写法还有几种。例如：那珂通世著文中记作"阔喇自姆"，哀忒蛮著文中记作"阔勒自姆"，耶律楚材的《西游录》中记作"谋速自蛮"。

　　花剌子模后来的情况是1388年被察阿歹汗国后裔帖木儿（即帖木儿帝国开国君主跛子帖木儿）攻占。16世纪初期被划入乌兹别克，并于16世纪中期迁都基华（或基发），因而取名基华汗国。1873年被划入沙俄版图。

　　［2］关于成吉思汗西征的原因，相关史料的记载如下：

　　《蒙古秘史》第254节记载："其后，成吉思汗派往回回国的兀忽纳等一百名使者被截留杀死。成吉思汗说：'怎么能让回回国人切断我们的金繮绳？咱们要为咱们的兀忽纳等一百名使者报仇雪冤，出征回回国！'"

　　《元史·太祖纪》记载："（成吉思汗）十四年（1219年）己卯……夏六月，西域杀使者，帝率师亲征。"

　　屠寄先生所著《蒙兀儿史记》记载："（成吉思汗）十有二年（1217年）……秋八月……花剌子模国兀都剌儿城酋杀蒙兀商人兀忽纳等百人，而夺之货。故悉以金事付木合黎，而自谋西域之事。"（卷三，第50页）

　　耶律铸（耶律楚材之子）所著《双溪醉隐集》一书记载："昔我太祖皇帝出师问罪西域。"（间接引用自巴雅尔先生的论文《金国的民族关系和成吉思汗的对金战略》）

《世界征服者史》记载："成吉思汗统治后期，他造成一片和平安定的环境，实现繁荣富强，道路安全，扰乱止息。因此，凡有利可图之地，那怕远在西极和东鄙，商人都向那里进发。因为蒙古人没有定居于任何城镇，商旅也没有在他们那里汇集，所以衣物在他们当中非常缺乏，跟他们做买卖所得到的利益，人所共知。故此，忽毡的阿合马、异密忽幸的儿子，还有阿合马·巴勒乞黑等三人，决定共同到东方各地旅行，并在收集了大量的商品——织金料子、棉织品、撒答刺欺（不花刺以北的撒答刺村出产的一种衣料名）及其他种种他们认为适用的东西之后，便登上旅途。到这个时候，蒙古诸部大多被成吉思汗所败，他们的驻地被毁，而且整个地区的叛乱已被肃清。所以成吉思汗在大道上设置守卫（他们称之为哈刺赤），并颁布一条札撒（指法典）：凡进入他的国土内的商人，应一律发给凭照，而值得汗受纳的货物，应连同物主一起遣送给汗。当这班商人抵达边境时，哈刺赤看中巴勒乞黑的织品和别的货物，就送他去见汗。打开和摆出他的货物后，巴勒乞黑对他最多用十个或二十个的那（此的那不是阿拉伯金币，而是伊朗货币。——引用者）购进的织品，竟索价三个金巴里失。成吉思汗对他的吹嘘很震怒，嚷道：'这家伙是否认为我们这儿从前根本没来过织品？'他吩咐把收存在他府库中前代诸汗所有的织品给巴勒乞黑看，籍没他的商货，作为赃物来分配，而且把他本人拘留。然后，成吉思汗派人把他的同伙叫来，连他们的货物也悉数送去。尽管蒙古人再三追问货物的价钱，商人们不肯讨价，倒说：'我们把这些织品献给汗。'这句话得到赞许，于是，成吉思汗叫每件织金料子付给一个金巴里失，每两件棉织品与撒答刺欺付一个银巴里失。他们的同伴阿合马也被放回，他的货物以同样的价钱被收购，对他们三人都优礼厚待。"

"在那些日子里，蒙古人尊敬地看待穆斯林，为照顾他们的尊严和安适，替他们设立干净的白毡帐……

"这些商人返回的时候，成吉思汗命他的儿子、那颜、将官，各从自己的部署中抽调两三个人，给他们一个金巴里失或银巴里失做本钱，让他们随那队商人去算端的国土（指花剌子模国），在那儿做生意，收购奇珍异宝。他们各自从自己麾下派出了两三个人，这样共集中四百五十名穆斯林。然后，成吉思汗给算端致以如下的使信：'你邦的商人已至我处，今将他们遣归，情况里即将获悉。我们也派出一队商旅，随他们前往你邦，以购买你方的珍宝。从今后，因我等之间关系和情谊的发展，那仇怨的脓疮可以挤除，骚乱反侧的毒计可以洗净。'

"一行人抵达讹答剌，该城的长官是亦纳勒术，他是算端的母亲秃儿罕哈敦的族人，曾受封为哈只儿汗。商人当中原有个印度人，他从前认识这个长官。现在他仅称他为亦纳勒术，同时因自己的（成吉思）汗力量强大而狂傲，他并不对这位长官敬而远之，更不顾及自身的安危。因此，哈只儿汗感到失措和不安，与此同时，他也起了谋财之念。于是他将这些商人拘留，派一名使者往见在伊剌克的算端，向他报告有关他们的事。没有稍加考虑，算端便同意要他们的命，认为剥夺他们的财货是合法的……

"（苏丹汗的）这个命令到达之前，有名商人设法逃出牢笼。弄清事情真相，探明他的同伴的处境，他动身去见（成吉思）汗，向他报告同伴们的遭遇。这些消息如此影响汗的情绪，以致无法平静下来，那愤怒的旋风把尘土投进仁爱的眼内，万丈怒火致使泪水夺眶而出，唯有洒下鲜血方能扑灭它。在这种狂热中，成吉思汗独自登上一个山头，脱去帽子以脸朝地，祈祷了三天三夜，说：'我非这场灾祸的挑起者，赐我力量去复仇吧。'于是他下山来，策划行动，准备战争。因为他军队追捕的两个逃犯屈出律和脱黑脱罕尚挡住他的去路，所以他首先派兵去扫除他们的祸害和骚乱，此事已见前述。然后，他向算端遣使，对他提出那件他本来无须干的背信事，并且警告他说，他打算讨伐他，让他作好打仗的准备，用刀枪武装自己。"（上册，第90～93页）

《多桑蒙古史》的记载与《世界征服者史》的记载基本相同，不过其中也有可注意之处："先是鞑靼地域之诸游牧部落以劫夺为生，至是诸部即皆臣属。成吉思汗乃为地方行旅谋安全，于诸大道中设置卫士。共外国人之齐可注意之商货来者，则导之达蒙古汗廷。哈剌契丹帝国亡，摩诃末之领地遂达突厥斯单之中心，与臣属蒙古主之畏兀儿国相接。屈出律汗所君临者，仅合失合儿、兀丹、鸭儿看等地。有摩诃末之臣民三人，皆穆斯林。连载绢布入蒙古境。其一人先见成吉思汗，对货唱价甚昂。蒙古汗怒曰：'此人以为吾辈从未见此类绢布！'命人出所藏以示，并出示所掠花剌子模国之货物。召余二商人至，其人不敢论值，以贡献为词。蒙古主乃厚给其价，并赏前商之值。命厚待三商，处以白毡新幕。于其将归，成吉思汗令诸王、诸那颜、诸将等各出私货，遣信仆一两辈，齐随以往。购易花剌子模珍产。有众约四百五十人，皆穆斯林也。行次细浑河上之讹答剌，守将亦纳勒术而有哈亦儿汗号者，欲没入所齐。乃拘执诸人，指为成吉思汗之间谍。以告摩诃末遽命杀之。"

"相传成吉思汗闻报，惊怒而泣。登一山巅，免冠，解带置项后。跪地求天，助其复仇。断食祈祷三日夜始下山。

"惟在进兵花剌子模以前，必先除其旧敌屈出律。遂遣使臣一人名巴合剌者，往花剌子模索（杀害商人的）罪人。巴合剌父曾仕于算端塔哈失之朝。成吉思汗并遣二蒙古人为副使。至摩诃末所，传语曰：'君前与我约，保不虐待此国任何商人。今遽违约，枉为一国之主。若讹答剌虐杀商人之事，果非君命，则请以守将付我，听我惩罚，否则请即备战。'

"顾哈亦儿汗为算端母之亲属，摩诃末虽欲惩罚，抑执之以献，势所不能。盖诸大将权重，不受算端之制也。遂杀巴合剌，剃蒙古副使二人须而遣之归。"（上册，第93～94页）

弗拉基米尔佐夫先生所著《成吉思汗》记载："当花剌子模沙获知蒙古军在中国的捷报后，便派遣了一个使臣到成吉思汗那里去，吩咐他证实外间所散布关于蒙古征服者的种种谣传，并去搜集关于其兵力的可靠情报。这个使臣到达成吉思汗的行宫是在北京被攻占以后，他受到了汗的优渥款待。蒙古皇帝很欢喜有一个机会能够和东方的伊斯兰教文明国家建立贸易关系——这件事对于几乎没有生产力量的蒙古游牧民族，将找到一个供应他们所需要商品的新来源。成吉思汗依靠他的旧友——伊斯兰教徒商人得悉花剌子模沙帝国里的情形，并正确地估计跟它从友好贸易关系里所能获得的利益。这些利益也同样被伊斯兰教徒贸易者所熟悉的。他们到现在已经坚定地相信资本家的利益是跟成吉思汗的利益完全一致的。因为汗虽然是一个异教徒，但是无疑是一个宽宏大量和强有力的统治者。"

"成吉思汗在给予花剌子模沙的传旨中，承认后者是西方的统治者，正如他自己是东方的统治者一样，他很欢喜互相缔结一种友谊的关系，并允许商人们得以在两国间自由往来。花剌子模沙境内的商人，因为二帝领域的接壤而获得实际上的利益，所以他们现在装备了一列商队，很圆满地到达成吉思汗的行宫。商人们都得到热忱和崇高的款待，但是外国人显然不太知道汗的性格，起初对于他们的商货喊价甚昂，这样便引起了汗的愤怒。但是不久以后，他们便理解他们所带来的商品，对于蒙古人来说并不是什么新奇的东西，于是便感觉到蒙古皇帝对他们的公道和宽大了。

"成吉思汗为答礼花剌子模沙的遣使，便派遣了他的使节随着商队一起去。这个使节和商人都是伊斯兰教徒，乃是花剌子模、不花剌和属于摩诃末其他各州里的人民。使臣们是带着赠给花剌子模沙的珍奇礼物和确保两国间贸易关系的安全提案前去的。使节和商队一行于一二一六年到达花剌子模沙的领域。但是当摩诃末接见使臣的时候，商队却在讹答剌地方遭遇了劫掠，同时所有商人们都被当地守将下令屠杀了。于是被成吉思汗所派遣的人们，都成为花剌子模沙贪婪和猜疑的牺牲品。摩诃末或许实际上没有颁布过讹答剌屠杀的命令，但是在事后他不仅护着守将，而且还拒绝了对那个守将的引渡。他甚至把成吉思汗派遣到他那里去要求引渡守将的使节也加以杀害，并且还剃光了全体人员的须鬓以示对汗的侮辱。"

张振珮所著《成吉思汗评传》和冯承钧所著《成吉思汗传》的记载大致与马可·波罗、多桑等人的记载相同，不过其中也有一些实际内容的补充："成吉思汗征西辽时，闻西北有此大国（即指花剌子模），乃遣回教三人为使节通好，相约共保商贩行旅之安全，献银锭、麝香、玉器及白毛毡袍等物，并致辞曰：'我知君势之强，君国之大，我知君统治广大土地，并深愿与君修好，我之视君，犹爱子夜。君当知我已征服中原，服属此国北方之诸突厥民族。君应知我国战士如蚁之众，财富如银矿之丰，实无须再觊觎他人领土，所冀彼此臣民之间，得以互市，利想正同也。'由此可见汗初无黩武绝荒之心也。"

"摩诃末接得此书，即召三使中籍隶花剌子模之一，人名马合木者入见，告之曰：'汝本花剌子模人，我知汝忠诚可恃，若以实告，并于将来以成吉思汗之举动来告，将有重赏。'此赏一宝石镯，为保证其言语之信物，并询之曰：'成吉思汗征服中原，信乎？'对曰：'此一大事，安能虚构？'摩诃末又问曰：'我之国大，汝所知也，顾乃敢谓我为子，比虏何物，兵力几何？'马合木见其有怒意，不敢直对，仅言蒙古汗兵何能与花剌子模兵相比较，摩诃末未怒始霁，温语遣之使归。"

"三使归，报通好保商之约，既不得要领。汗乃于诸大道中设置卫士，外人贵可注意之商货来者，即导之至和林。时有花剌子模人民三人皆回教徒，运载绢布入蒙古境……（下文内容与志费尼、多桑二人的记载基本相同，故略）。"（第六章）

李则芬所著《成吉思汗新传》记载："成吉思汗与花剌子模初无敌意，引其二国战争的直接原因有二，一为花剌子模杀害蒙古商旅队及使者，一为术赤与穆罕默德的不预期冲突。"（第三十章，第421页）

[3] 关于蒙古帝国派往花剌子模的商人之数，《蒙古秘史》记作"一百名"，屠寄之《蒙兀儿史记》的记载也与之相同。有些相关文献不见具体数目。《世界征服者史》《多桑蒙古史》等西方史学家们的相关文献或传记作品中均记作"四百五十人"。

[4] 关于成吉思汗派遣的商队前往花剌子模的时间、商人被屠杀的时间、成吉思汗得知此事的时间和再次遣使的时间等时间问题，相关史料记载各有出入。邱树森先生的书中记载商队出发的时间为1218年。屠寄先生所著《蒙兀儿史记》记载："（成吉思汗）十有二年（1217年）丁丑……秋八月……汗闻撒儿塔兀勒种花剌子模国兀都剌儿城酋杀蒙兀商人兀忽纳等百人，而夺之货。"（卷三，第50页）弗拉基米尔佐夫先生所著《成吉思汗》一书中记载花剌子模的使者到达蒙古帝国的时间在成吉思汗攻陷金朝中都之后，蒙古商队于1216年前往花剌子模。他的这些记载与屠寄之《蒙兀儿史记》所记成吉思汗于1217年收到商人被杀害的消息之说相符，也与《多桑蒙古史》所记成吉思汗在攻灭合剌契丹之后第二次向花剌子模遣使（巴合剌等人）之说相符。因而本书将蒙古帝国商队到达花剌子模的时间记作1216年末或1217年初。

[5] 关于成吉思汗为西征花剌子模之事召开的忽里勒台，《多桑蒙古史》记载的时间为公元1218年。然而张振珮先生所著《成吉

思汗评传》记载为 1219 年。诸多相关史料均记载成吉思汗率军向花剌子模进发的时间为 1219 年夏季首月，因而忽里勒台举行的时间应该在前一年，即战备工作开始之前，因而本书沿用了多桑的记载。

［6］"阿力麻里"为一座古城的名字，汉文写法还有"阿力马力"或"阿里马"。"阿里马"为突厥语，意为"梨"。忽必烈可汗时期，该地为省府，后被划入察阿歹汗国，不少察阿歹汗国的汗均以该城为都。当时的阿力麻里城为天山北边的东西方交通要道，后来到 15 世纪末或 16 世纪初该城在战火中变为废墟，遗址在今新疆维吾尔自治区伊犁哈萨克自治州霍城县水定镇西北。

［7］关于成吉思汗西征花剌子模的军队人数，多数相关史料均记载为"二十万大军"。然而，屠寄先生所著《蒙兀儿史记》记载为"号六十万"，贝勒津的书中记载二十五万蒙古士兵和几十万其他民族的士兵参加了西征，吉本所著《罗马帝国衰亡史》一书中记载七十万人参加了西征，弗拉基米尔佐夫所著《成吉思汗》一书中记载："被成吉思汗集合着去对抗花剌子模沙的部队，其总数还不到二十万人。"李则芬先生则认为这些都是古代史学家们夸大其词，并记载："西征的蒙古军不过十万至十一万人之间，加上汉人编成的炮工兵，即畏兀儿人等异族附庸军队（畏兀儿一万人，其他不详），合计不过十三四万人，无论如何不会超过十五万。"（《成吉思汗新传》第三十一章，第 428 页）多数人认可的是二十万之说。

［8］关于成吉思汗西征花剌子模的时间，相关史料记载如下：《蒙古秘史》第 257 节和《圣武亲征录》记作"兔儿年（己卯，1219 年）"；《元史·太祖纪》记作"十四年己卯……夏六月，西域杀使者，帝率师亲征"；屠寄之《蒙兀儿史记》记载"（成吉思汗）十有四年己卯……夏四月汗亲征撒儿塔兀勒（注：五月行在乃蛮，知以四月出师也）……五月行在乃蛮故地……避暑额儿的失水……六月进兵"（卷三，第 50 页）。

《多桑蒙古史》、弗拉基米尔佐夫所著《成吉思汗》、小林高四郎所著《成吉思汗》、邱树森所著《元朝史话》等后来的相关文献史料均将成吉思汗进兵花剌子模的时间记载为1219年秋；《世界征服者史》也记载："……于六一五（回历）/1218—1219年开始出兵……"（上册，第95页）这些记载与贝勒津所记1218年冬天者别率领的先锋部队出发，第二年春天主力军出动之说相符。

［9］"河中地区"（Mavera-un-nehr），即今阿姆河（古时被称作乌浒水）流域以及阿姆河与锡尔河中间的花剌子模国中心地区，自古以来为突厥人的居住地。8世纪初被哈里发统治，当地人开始信奉伊斯兰教。蒙古大军攻入时，该地的城池中居住了不少波斯人和阿拉伯人。当时的河中地区为花剌子模国最富有、繁华的地区，当地游牧突厥人的牲畜群和草场直抵里海边的沙地。该地区如今被划入乌兹别克斯坦、南哈萨克斯坦、塔吉克斯坦和吉尔吉斯斯坦等国家和地区。

［10］"申河"，即今南亚大河印度河。其上流为源自中国西藏冈底斯山的狮泉河和噶尔河。印度河经克什米尔、巴基斯坦后注入阿拉伯海，总长3180公里。

［11］关于术赤的军队攻陷毡的城的时间，志费尼所著《世界征服者史》记作"（回历）六一六年沙法儿月四日（1219年4月21日）"（上册，第103页）。李则芬先生的书中关于摩诃末和术赤的军队在毡的城附近作战的记载也许就是根据志费尼这段记载。但是关于成吉思汗进军花剌子模的时间，相关史料记载基本相同，即1219年夏秋时节（月份略有出入，不过年份均相同），因而攻占毡的城的时间不可能是1219年4月。只有剌失德的书中记作"鼠年（1221年）二月"，屠寄先生认为这是因为剌失德将龙年误记为鼠年。屠寄之《蒙兀儿史记》将术赤军队攻陷毡的城的时间记作一二二○年三月到五月之间。因而本书记作"1220年春末"。

〔12〕不花剌城被蒙古军队焚烧的记载源自志费尼的《世界征服者史》，此外志费尼还详细记载了不花剌城复兴的情况："攻陷撒麻耳干后，成吉思汗派塔兀沙八思哈（指官员。——引用者）管制不花剌。他到那里，使该城恢复些繁荣。最后，奉天下的皇帝，当代的哈惕木（原文注释：即塔亦的哈惕木，一个伊斯兰以前的阿拉伯人，以慷慨好客而闻名。）合罕（即指成吉思汗）的诏旨，（不花剌）政柄交给丞相亚老瓦赤来认真掌管，那些流散到穷乡僻壤的人，为他（牙老瓦赤）的公正、仁慈所吸引，返回故里，人们从世上各地到那里去；因他的诚挚，该城日趋繁荣，甚至达到他的顶峰，其领域成为名门望族的家园，贵人黎庶的聚集地。"（《世界征服者史》上册，第123页）

〔13〕关于驻守撒麻耳干城的苏丹汗军队人数，本书沿用了志费尼的记载。然而，多桑的记载较有出入："算端以突厥波斯兵四万守撒麻耳干。"（《多桑蒙古史》上册，第103页）

〔14〕关于攻打撒麻耳干城的时间，本书沿用了志费尼的记载。然而，《多桑蒙古史》记作"回历三月，公元4月"，屠寄先生所著《蒙兀儿史记》记作"（成吉思汗）十有五年庚辰……夏五月（也许是农历五月，若是这样，阳历应该是六月份）"。虽然较有出入，但年份和季节基本相同。

〔15〕关于"术赤、察阿歹、斡歌歹等人受成吉思汗之命率领右翼军"的记载源自屠寄先生所著《蒙兀儿史记》。《多桑蒙古史》记载："术赤且命人告诫民，言其父（指成吉思汗）已以花剌子模（指乌尔坚奇城）封彼，彼愿其都城完全无缺，已下令禁止损害云云……然其足使此城久攻而不能下者，要为术赤、察合台二王之失和，号令不一，纪律亦弛。花剌子模人利用此事，屡使蒙古兵多所损伤，六个月而城不下。"（上册，第113页）然而，志费尼记载："他（成吉思汗）派他的长子察合台（有误，应为次子。——引用者）、窝阔台，率领一支人马，像时间那样

无穷尽，遍布山岳原野，出师花剌子模。他又命术赤从毡的调兵赴援。"（《世界征服者史》上册，第 144～145 页）并在英译本注解中注明："从志费尼的叙述看，术赤并没有亲自参加玉龙杰赤（乌尔坚奇）的围城战，这和其他所有的史料——回教的、远东的，记载都不同。"（《世界征服者史》上册，第 149 页）

［16］关于"乌尔坚奇"城名，本书使用的是该城今称，该名基本保留着古称发音。《蒙古秘史》中标写为"兀笼格赤"，《元史》记作"玉龙杰赤"。乌尔坚奇城当时也被称作"花剌子模"，志费尼的书中采用的便是这一城名。

［17］"亚历山大第二"这一称号是将摩诃末比作古代马其顿国王亚历山大大帝，关于亚历山大大帝详见《辞海》。

［18］"那黑沙不草原"为今乌兹别克斯坦卡尔希市附近的草原。屠寄先生根据《西域补传》记作"渴石"，"渴石"即"卡尔施"之古称。然而屠寄先生注释："渴石有二，今图撒马尔罕城南百五十里有城名基大普，在唐为'史国'，或曰'佉沙'，或曰'羯双那'，此成吉思汗庚辰年避暑之渴石也。又基大普西偏南二百数十里有城曰'加尔支'，亦渴石声转，此地在唐为'小史'，一曰'那色波'。《西北地附录》作'那黑沙不'。元英宗至治元年（1321 年）以后察阿歹六世孙怯别可汗于其地建宫殿。蒙古谓宫殿曰'喀而什'，故谓那黑沙不曰喀而什，声转为加尔支，此《明史·西域传》之渴石，非成吉思汗避暑之渴石。"（《蒙兀儿史记》卷三，第 51 页）

［19］"祸祸·牙老瓦赤"和"马合木·牙老瓦赤"均为志费尼书中的写法，实为同一人。《蒙古秘史》中将牙老瓦赤称作"忽鲁木石斡孛黑坛"（意为此人姓氏叫"忽鲁木石"）。其实，所记"忽鲁木石"不是姓氏之名，而是"花剌子模"一名的变音，因牙老瓦赤来自乌尔坚奇城（又称"花剌子模"）而如是记载。斡歌歹可汗时期，

祸祸·牙老瓦赤管制契丹（指北方汉人）地（《蒙古秘史》记作中都），后来其子马思忽惕受命掌管畏兀儿、兀丹、喀什噶尔和河中地区。

[20] 关于申河战役发生的时间，志费尼记载："这个老天显的奇迹事件，发生在（回历）六一八年剌扎卜月（回历七月。——引用者）（1221 年 8 月至 9 月）。"（《世界征服者史》第 158 页）《札兰丁传》记作"回历 10 月 22 日，星期三（公元 12 月 9 日）"（间接引用自《世界征服者史》上册，第 126 页）。屠寄先生认为是辛巳年（1221 年）十月，他如是注释："……按《（长春真人）西游记》，长春以辛巳年十一月十八日至斜米斯干（撒麻耳干）即欲朝帝，宣差刘仲禄但以大河桥坏为词，未言帝以兵事故不能见。知十一月十八日战事已毕……"（《蒙兀儿史记》卷三，第 52 页）纳萨怖的书中记作"11 月 24 日，礼拜三"（间接引用自《世界征服者史》波伊勒英译本注释，上册，第 159 页）。若将这个时间换算成中国农历历法，便与屠寄先生所谓"十月"相符，因而本书沿用了"十月"之说。

[21] 这段内容的依据为《蒙古秘史》和屠寄先生所著《蒙兀儿史记》。关于其中提到的阿鲁、马鲁（木剌夷）、马答撒里等族，屠寄先生如是注释："阿鲁即唐书所谓'亚俱罗'也……然则亚俱罗即里海……"然而，《辞海》解释"亚俱罗"为古城名，故址在今伊拉克巴格达南幼发拉底河西岸的库法，由大食哈里发欧默尔于公元 638 年修建，曾为大食首都，其叙利亚文名称为"Akula"。唐杜环《经行记》译作"亚俱罗"，其阿拉伯文名称为"Al—Kūfah"。元代译作"苦法"。由此看来，屠寄先生的解释有误。屠寄先生又解释："马鲁即木剌夷之异文。"据《辞海》解释，木剌夷即阿拉伯语"Mra'i"，意为"假道学"，伊斯兰教一个教派的名称，公元 1090 年由哈桑·本·萨巴创立。该教派的教徒经常暗杀他们的敌人，故此得名"暗杀者"。该教派在 11 世纪末期以里海南岸的波斯阿拉穆特堡（Alamut）为中心建立王朝。

成吉思汗西征时归附，后又叛变，1256年被西征的旭烈兀征服。屠寄先生解释："马答撒里即……祸楼答而人。"（上述三处屠寄先生注释详见《蒙兀儿史记》卷三第52～53页）祸楼答而即里海南岸的城名。

[22] 此处所记"额客小河、格温小河、巴鲁安客额里"等均为出现在《蒙古秘史》中的地名。屠寄先生所著《蒙兀儿史记》中将"额客小河、格温小河"译作"子母河"，本人认为此译有误。志费尼将"巴鲁安客额里"记作"巴格兰"，并在波伊勒英译本中注释此地便是《蒙古秘史》第257、258节所记"巴鲁安地面"。所谓"巴鲁安地面"即"巴鲁安原野"或"巴鲁安客额里"。

[23] 花剌子模年轻的国主札兰丁苏丹在申河战役中落败后连人带马跃入申河激流之中，顺流游到不远处后上了申河东岸。之后他的亲信和随从们相继渡河会集到一起，但他们身上没剩下任何兵器装备。于是他们到处掠夺战马、兵器和其他用品，并以少数人之力歼灭印度军队几千人之众，短时间里重新武装了自己。随后札兰丁苏丹听说成吉思汗派去的巴剌那颜的军队即将到达的消息，因清楚自己的少数人马不足以抵抗巴剌那颜所率的蒙古追击军，札兰丁苏丹率军逃到底里。此处所记"受命追击札兰丁苏丹的巴剌那颜所率军队渡过申河后一直没有发现札兰丁的踪影"的原因便是如此。

[24] "不花剌"和"撒麻耳干"均为今乌兹别克斯坦共和国境内的城市。《蒙古秘史》中将"撒麻耳干"记作"薛米思坚"或"薛米思加卜"，《元史》中将其记作"寻思干城"，汉文今译为"撒马尔罕"或"撒玛耳干"。所记"兀丹"，位于新疆维吾尔自治区和田地区。有人说回族之名便是来自"兀丹"或"和阗"。"乞思合儿"一名为《蒙古秘史》中的写法，即指古时"疏勒府"之地，今新疆维吾尔自治区喀什地区。古时的乞思合儿为丝绸之路上的重要关口，如今的喀什市则是南疆地区的重要城市。"兀里羊"这一地名其实是"兀

里羌"的误写，"兀里羌"为今叶尔羌河中上游（即塔里木盆地南部地区）地区，即今莎车、叶城等县辖地。莎车即古时莎车国，古代丝绸之路南道重要关口。"古先答邻勒"（或"古先答里勒"）即古代肃州（今甘肃省酒泉）西南的西戎之地，汉朝时期被称作"西羌"，唐代被称作"吐蕃"，元代被称作"曲先答林"元帅府。那珂通世先生认为"曲先答林"便是"古先答邻勒"的声转。屠寄先生认为该地应该在今青海省。

[25]《元史》中将"钦察兀"记作"钦察"，还有一种汉译为"乞卜察兀惕"，即"钦察"之复数。钦察兀为居住在里海以北黑海沿岸地区和高加索山脉地区的突厥诸族之一。当时的钦察兀人与拜占庭帝国、匈牙利、俄罗斯、孛剌儿、康里等国家和民族毗邻而居。伊斯兰教徒们称他们为"钦察人"，俄罗斯人称其为"波洛维赤人"，其他欧洲人称其为"库蛮人"。当时的钦察兀为术赤封地，后来蒙古帝国第二次西征（1236—1242 年）期间，术赤之子拔都可汗建立了钦察汗国（又称金帐汗国），不过当时钦察汗国的领土从钦察故地向外扩张了很多。

[26]当时的俄罗斯东界为伏尔加河支流奥卡河，由好几个小公国割据那一带地区，小公国的国主均为哇列格人（或俄罗斯人）鲁里克的后裔。公元 9 世纪时期，鲁里克率兵征服的涅培儿江以东以北地区的斯拉夫诸民族，后来那些斯拉夫民族被统称为俄罗斯人。鲁里克后裔将王朝国土分封给诸子，并从其中推举一位大公，几百年间历任大公均以乞瓦城为都。1169 年鲁里克王朝（基辅公国或基辅罗斯公国）迁都兀剌的迷儿以后，其下属小公国的叛离导致连年内战。者别、速别额台把阿秃儿率领的蒙古军队 1223 年攻入俄罗斯境内时，伽里赤公国国王密赤思老在乞瓦城召集俄罗斯南部诸国国王商议了抵抗蒙古军队之策，当时建立的联军即此处所记"俄罗斯联军"。

〔27〕关于者别、速别额台把阿秃儿等人率军远征进攻俄罗斯之事，《蒙古秘史》第 262 节如是记载："（成吉思汗）又命速别额台把阿秃儿出征北方，直到康邻（康里）、乞卜察兀惕（钦察兀）、巴只吉惕、斡鲁速惕（俄罗斯）、马札剌惕、阿速惕（阿速）、撒速惕、薛儿客速惕、客失米尔、孛剌儿、剌剌勒这十一部落、外邦百姓处，渡过亦的勒河（伏尔加河）、札牙黑河这两条有水的河，直到乞瓦绵、客儿绵城。"

〔28〕关于成吉思汗回师的时间，汉文献中多数记作成吉思汗十七年，即壬午年（1222 年）冬天。这显然是采用了农历历法，因而与采用回历或公历历法的记载有出入是无法避免的。为了使其与西方史学家和波斯史学家们的记载相吻合，我在此处将成吉思汗回师的时间记作 1223 年春。

〔29〕关于 1224 年夏季成吉思汗的驻夏地，《多桑蒙古史》的记载为"豁兰塔石"，志费尼的书中记作"豁兰八失"。波伊勒英译本中如是注释："原文作 QLANTASY，读作 QLANBASY。它是个山口，位于阿雷斯和塔拉斯之间，从奇姆肯特到奥利亚阿塔（即江布尔）的途中，以酷寒（蒙古语中'酷寒'一词意为良马，该地也许是因为盛产良马而得此名。——引用者）而闻名。豁兰八失义为'野驴头'。"（《世界征服者史》上册，第 165 页）然而屠寄先生的书中记载，1224 年夏天成吉思汗驻夏于阿力麻里。所记"阿力麻里"位于今新疆维吾尔自治区西部伊犁哈萨克自治州霍城县水定镇西北一带，地理位置与多桑、志费尼等人的记载基本相同。由此看来，"豁兰八失"也许是阿力麻里辖地，志费尼记载的是实际地名，屠寄先生记载的则是区域之名。

〔30〕关于成吉思汗从西域回到土拉河畔大斡儿朵的时间，《多桑蒙古史》记载："1225 年 2 月还其斡耳朵。"（上册，第 131 页）《元史》记载："（成吉思汗）二十年乙酉（1225 年）春正月，还行

宫。"屠寄之《蒙兀儿史记》记载："（成吉思汗）二十年乙酉（1225年）春正月，车驾还土兀剌河黑林旧营。"（卷三，第55页）这些文献中所记时间基本吻合，只是存在农历和公历的历法之别。剌失德和志费尼的书中则笼统地记载为春季，与《圣武亲征录》的记载相吻合："甲申（1224年），旋师住冬，避暑，且止且行。乙酉（1225年）春，上归国，自出师凡七年。"而《蒙古秘史》第264节则记载："第七年鸡儿年（乙酉，1225年）秋天，回到了土兀剌河畔黑林中的行宫（斡儿朵思）里。"关于《蒙古秘史》的这段记载，屠寄先生如是注释："甲申（1224年）夏行任已避暑阿力麻里，且其年已闻乞卜察兀（即钦察兀）之捷，何必迟至乙酉（1225年）秋始还和林（指喀剌和林）？（蒙古）秘史定误。"（《蒙兀儿史记》卷三，第55页）根据这些记载，我将成吉思汗从西域回到土拉河畔的时间记作1225年春初。

[31] 关于成吉思汗之弟斡惕赤斤那颜的行宫所在地，张星琅先生如是注释："斡辰（斡惕赤斤）大王帐下，拍雷狄斯谓在哈勒哈果勒（哈尔哈河）河畔。然据长春（真人）记载，渡河北行三日，始达其帐，故必在更北，今之胪滨县境内也。"（《中西交通史料汇编》第五册，第89页）张星琅先生所记"胪滨县"是指今内蒙古自治区满洲里市，该市清末被称作胪滨府，1913年改称胪滨县，1934年改称满洲里市。

[32] 《长春真人西游记》所记"汉、夏公主"之"汉公主"也许是指金朝卫绍王之女岐国公主。1214年成吉思汗率军围攻金朝都城中都后双方议和，金朝卫绍王将岐国公主进献给成吉思汗，史称"公主皇后"。"夏公主"也许是指西夏王之女察合公主。不过，《元史·后妃表》中没有提到她们的名字。

[33] 关于"田镇海八剌噶孙"，程同文、丁谦等人解释该地在科布多省东南界都尔根湖西南。本人认为"都尔根湖"是指今蒙古人

民共和国科布多省杜尔格湖（经纬度为93°、47.5°）。而在本书第五章中，我根据李则芬先生的记载将镇海经营农业的地方记作"阿布罕山"，这里提到的"田镇海八剌噶孙"也许是镇海修建的城池。

[34] 此处所记"铁门关"位于今乌兹别克斯坦南部杰尔宾特以西十三公里处。古时被称作"铁门"，蒙古帝国时期改称"铁门关"，该地后来被划入察阿歹汗国。铁门关峡谷为古代中亚南北交通咽喉。

[35] 关于乌古孙仲端出使蒙古的时间，《金史》卷一百二十四记载："自兴定四年七月启行，明年十二月还至。"其中不见乌古孙仲端觐见成吉思汗的具体时间。屠寄先生所著《蒙兀儿史记》记载乌古孙仲端觐见成吉思汗的时间为辛巳年（1221 年）七月。《长春真人西游记》记载："（辛巳年十月）七日，度西南一山，逢东夏使回，礼师于帐前，因问：来自何时？使者曰：自七月十二日辞朝，帝（指成吉思汗）将兵追算端汗（指札兰丁）至印度。"关于这段记载，屠寄先生认为长春真人将乌古孙仲端误认为东夏使者。李则芬先生则认为长春真人与东夏使者当面交谈过，因而不会有误。然而，相关史料中从未出现有关东夏遣使到西域觐见成吉思汗的记载。我在此处列举上述几段记载是为了弄清乌古孙仲端觐见成吉思汗的时间。根据这些史料的记载可以认定乌古孙仲端觐见成吉思汗的时间为 1221 年农历七月。

第九章

西夏的灭亡及成吉思汗逝世

63. 战争起因

成吉思汗二十年（乙酉年）秋季或 1225 年 7 月，蒙古帝国军队第五次出征西夏。

之前，在 1205—1218 年间，成吉思汗先后四次出征西夏，后又征伐中亚长达六年之久。成吉思汗为何从西域回师后又立即出征西夏呢？

成吉思汗率军征讨金朝期间决定出征花剌子模，依照以前的协议欲向西夏征兵，却遭到西夏方面的回

·浴马图卷·

绝，这便是成吉思汗第四次出征西夏的原因。当时，西夏国主李遵顼逃向西凉（今甘肃省武威市），其子李德旺伪降，答应出兵支援，于是成吉思汗没有追击李遵顼。然而，西夏方面最终还是没有出兵支援成吉思汗，西夏大臣阿沙敢不更是恶言相加："兵力不足，做什么大汗！"成吉思汗大怒，说道："怎么能容忍阿沙敢不说这种（不堪入耳）的话？先去征讨他们，又有何难？但因为现在要出征别的国家（指花剌子模），就暂且不理他们。若蒙长生天佑护，（西征）胜利归来时，朕就去征讨他们。"（《蒙古秘史》第256节）而如今，成吉思汗已经"胜利归来"，其言出必行的性格必然导致了蒙古帝国对西夏的第五次征伐战争，导致了西夏的灭亡。这便是成吉思汗第五次出征西夏的第一个原因，也是最重要的原因。

第二个原因为西夏的叛变，即西夏与金朝的议和。《蒙古人民共和国历史》记载："作为蒙古帝国的附庸国，西夏在蒙古军队征讨金朝时提供过支援，但后来蒙古军队因主力西征中亚以及木华黎的军队进攻金朝而导致军力分散，于是西夏方面企图趁机摆脱蒙古帝国的控制。"《金史·哀宗纪（上）》中也有记载："（今哀宗正大元年，即甲申年或1224年）冬十月戊午，夏国遣使来修好。"于是西夏和金朝恢复了关系，这直接导致了西夏与蒙古帝国之间关系的恶化。

第三个原因为西夏"不遣质子"。《元史·太祖纪》记载："（成吉思汗）二十一年丙戌（1226年）春正月，帝以西夏……不遣质子，自将伐之。"1223年3月，木华黎那颜病逝于山西省闻喜县，其子孛鲁受命从中亚战场回国，继承了国王之位。因当时西夏国主已经心生叛念，成吉思汗命孛鲁回国后着手出征西夏的战备工作。是年12月，西夏第八任国主李遵顼让位次子李德旺[1]。于是西夏从联蒙抗金转变成联金抗蒙，并遣使与北方部族联盟，"当成吉思汗从中亚回师的途中安营于额儿的失河边时，西夏王李德旺（1223—1226年间在位）率军袭扰了弱水一带的蒙古地区"。成吉思汗获知这一情况后，"命木华黎将军之子孛鲁率领军队攻打西夏东界银州城。1224年5月[2]，孛鲁的军队到达银州城外，随即击败出城迎战的塔海所率西夏守军，银州告急。李德旺得知后急遣信使求和，成吉思汗考虑到蒙古军队刚西征回师且战备工作不足等因素，让信使告知李德旺若遣质子便可议和。李德旺答应了成吉思汗的要求，随后蒙古军队退兵。然而，

1224年秋天(《金史》记作甲申年十月,月份有出入。——引用者),李德旺暗中与金朝结下以共同抗蒙为目的的国家联盟。成吉思汗于1225年2月回到土拉河边后遣使追问李德旺迟迟不遣质子之事。这期间西夏正在部署对蒙古帝国的战备工作,加固防御工事,同时与金朝洽谈兵力和武器装备援助之事,双方于1225年10月签订相关协议,11月公开了该协议"。(《蒙古人民共和国历史》)《元史·李鲁传》记载:"甲申秋九月,攻银州,克之,斩首数万级,获牲口马驼牛羊数十万,俘监府塔海,命都元帅蒙古不华将兵守其要害而还。"

上述三方面的原因促使成吉思汗决定再次出征西夏,西夏方面当时也认为与蒙古帝国开战的最佳时机到了,因为"当时蒙古帝国和宋朝之间的关系破裂,双方在山东开战,西夏和金朝便决定趁机向蒙古帝国宣战"。

于是,蒙古帝国对西夏的第五次征伐战争不可避免地爆发了。

64. 以所向披靡之势攻灭西夏

成吉思汗随时都在掌握西夏和金朝的军情,于是从西域回师后短期休整军队,于1225年秋季[3]亲自率领十万大军出征西夏。斡歌歹、拖雷二子和孛斡儿出、速别额台把阿秃儿等将臣以及也遂合屯随成吉思汗出征，察阿歹统领后备部队留在后方。

成吉思汗率领的蒙古大军从土拉河畔出发，是年11月到达图音河，随后驻冬于此，并在阿儿布合[4]之地举行了大型狩猎活动。狩猎期间，"成吉思汗骑着一匹红沙马，一群野马跑过来，红沙马受惊，成吉思汗坠马受伤，遂在搠斡儿合惕[5]地方驻营住下"。（《蒙古秘史》第265节）

·石雕击鼓童子像·

见成吉思汗因坠马受伤而发烧，第二天早晨，也遂合屯召集诸汗子和将臣们商议应付之策，随后向成吉思汗建议先回师，等到成吉思汗的伤痊愈后再去征伐西夏。成吉思汗却说："（如果就这样回师）唐兀惕百姓会认为我们畏怯而退回去了。我们先派使者去，朕在这里搠斡儿合惕疗病，探明了敌方的情况，才可回去。"（《蒙古秘史》第265节）

"于是，派遣使者去传话说：'不儿罕（指西夏王）你以前曾说："我们唐兀惕百姓愿做您的右手。"但当我们出征与我们不和好的回回国时，请你一同出征，你不儿罕没有履行诺言，非但不发兵，还恶言挖苦。那时我们因别有所向，只好留待以后与你算账。蒙长

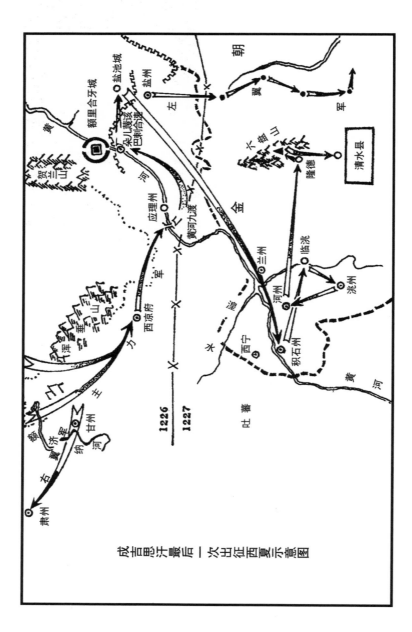

成吉思汗最后一次出征西夏示意图

生天佑护，我们征服了回回国，如今我们要来与你算账了！'

"不儿罕说：

"'我没有说过挖苦的话。'

"阿沙敢不说：

"'挖苦的话是我说的。如今你们蒙古人以为惯战而欲来战，我们贺兰山营地有撒帐房和骆驼的驮包，就请你们到贺兰山来与我们交战吧。如果需要金银、缎匹和财物，就请你们到中兴府（额里合牙）、西凉府（额里折兀）[6] 来吧！'

"说罢，就把使者打发回去了。

"使者把不儿罕说的话禀告了成吉思汗。成吉思汗还在发烧，他说：

"'你们看，他们说出这样的大话，我们怎么可以退回去呢？就是死了，也得照着他们说的大话去攻打他们！长生天，你知道！'"（《蒙古秘史》第265节）

就这样，成吉思汗下定决心进攻西夏。

蒙古大军于成吉思汗二十一年（丙戌年）或1226年春季首月（阳历2月或3月）从图音河一带出动，从弱水一带攻入西夏，攻陷黑水城[7]等西夏城池。

1226年夏，成吉思汗避暑于浑垂山[8]。是年七月，西夏王李德旺去世，其孙李睍继承了王位，李睍即西夏末帝。

是秋，蒙古军队攻占甘州（今甘肃省张掖市）、西凉府和搠罗县、河罗县（均为西凉府辖县）等地，

·铜翁贡像·

又通过较长时间的激战攻陷肃州城（今甘肃省酒泉市）。之后蒙古军队穿过沙漠到达黄河九渡（指应理州南边的渡口，而非黄河源头处的九渡），攻陷应理州（今宁夏回族自治区中卫市）等地。

是年11月庚申，成吉思汗率军包围朵儿蔑该巴剌合速（汉语文献中记作灵州）。这时西夏王率领大军，以名将嵬名为先锋，支援朵儿蔑该巴剌合速。七天后，成吉思汗的军队踏冰渡过黄河，迎击西夏援军。据记载，因成吉思汗下达"矢毋虚发"的命令，蒙古军队的攻势异常凶猛，西夏军队伤亡惨重，蒙古士兵战死沙场者也不少（"蒙兀兵死者什一，唐兀兵死者什三"——《蒙兀儿史记》卷三，第56页）。战后，落败的西夏王逃回都城额里合牙。仅过十天，蒙古军队逼近额里合牙城，安营于盐州川（即朵儿蔑该巴剌合速以东盐池城之地）。

不过蒙古军队并没有立即攻打额里合牙城，成吉思汗考虑到攻打该城需要时间，便将攻城之事交给手下将领，自己则率领主力军，于1227年农历一月渡过黄河，向夏金边界处的金朝城池发起进攻。成吉思汗率领的军队率先攻破积石州（今青海省贵德县），二月攻陷临洮（今兰州市东南洮河周边地区），三月先后攻占洮州（今甘肃省临潭县）、河州（今甘肃省临夏市以北）、西宁县（今甘肃省会宁县）等地。四月成吉思汗率军到达隆德（宁夏以南六盘山山区）。

是年五月，成吉思汗遣唐庆[9]出使金朝。

闰五月，成吉思汗驻夏于六盘山[10]。六月一日戊申，金朝派遣完颜合周、奥屯阿虎二使至六盘山成吉思汗处求和。当时"（成吉思）汗谓群臣曰：朕自去冬五星聚时，已当许不杀略，遽忘下诏耶。今可布告中外，令彼行人亦知朕意。时金所馈有一大珠，盛以盘，围小珠无数，汗呼近侍穿耳者自来领取，人人给之，及续至求珠者众，乃掷诸地观其争拾"。（《蒙兀儿史记》卷三，第56页）

实际上成吉思汗的戎马生涯在是年四月已经结束，上述两件事情属于他晚期的政治行为。

65. 成吉思汗逝世及其遗嘱

1227年6月，成吉思汗从六盘山驻夏地迁移到清水县西江之地。成吉思汗在西江时，西夏王因无力抵抗蒙古军队攻势而遣使求降，成吉思汗派遣脱仑扯儿必与西夏使臣商谈此事。

成吉思汗二十二年（丁亥年）农历七月初五壬午或1227年8月18日[11]，成吉思汗患病不豫[12]，之后过了八天，于七月十二日己丑（阳历 8 月 25 日）在六盘山附近清水县西江[13]之地与世长辞，享年六十六岁（六十五周岁）。

成吉思汗在临终前一直在对自己的诸子和将臣们嘱咐身后事。

丙戌年（1226 年）春，成吉思汗从搠斡儿合惕迁到翁古答兰忽都克之地后，"得噩梦，知死期将至。是时诸子在侧者惟也孙格（合撒儿之子）阿合。因问斡歌歹、拖雷今安在，相离远否。也孙格谓去此仅二三里，遣人召至。次晨，汗屏退诸将及从官，谓诸子曰：'吾始至寿终时矣。我为汝等创此基业，无论东西南北，自此首往彼首，皆有一岁期程，我遗命无他。汝等欲能御敌，多得民人，必合众心为一心，方可长享国祚。我死后，汝等奉斡歌歹为主。'又曰，'汝等可各归理事。我享此大名，死无所憾。我魂魄愿归故土。察阿歹虽不在侧，当不至背我遗命生乱也'。"（《蒙兀儿史记》卷三，第 56 页）《史集》第一卷第二册第 318～319 页记载：他曾得一梦，启示了他死期将至。宗王之中，（当时）拙赤哈撒儿的儿子也孙格阿合在成吉思汗的旁边。成吉思汗向也孙格阿合问道："我的儿子窝阔台和拖雷在什么地方，在远方还是在近处？"（当时）他们都在自己的军队里。也孙格阿合说，他们在距此约二三程之地。成吉思汗立即派人去把他们叫来。第二天早晨，在他们进餐的时候，成吉思汗对群臣说道："我有事想与儿子们商量，请你们暂时离开。"群臣离开后，成吉思汗和儿子们坐下来密谈。他说了许多训言后，接着说道："我的孩儿们啊！（你们）知道，我的死日已近，我快要到地府去了！我为你们（我的）儿子们，在主的威力和（长生）天的佑助下征服和开创了一个地域辽阔的国家，从这个国家的中央向各个方向走去都需要一年的时间。现在，我对你们立下如下遗言：你们要想过富足满意的生活，享受统领大权的快乐，必须齐心协力抵御敌人，尊崇朋友。"接着他立窝阔台合罕为继位者，最后吩咐道："去统治我所留下的领地，（我的）国家和兀鲁思（百姓）吧！我不愿死在家里，我要为了声名和荣誉走出去。从今以后，你们不可更改我的命令。察合台不在这里，如果他在我死后，违背我的话，在国内引起纷争，那可真不得了。（现在）你们去吧！"勒内格鲁塞所著的《成吉思汗》第七十六章记载：一天，成吉思汗忽得一梦，遂据此而预知自己死期将至。于是，他派人将两个儿子窝阔台和拖雷召到身边（当时此二子正驻兵于附近）。当时将校满帐，成吉思汗命这些将领暂避，接着就秘密叮嘱他的两个儿子（他俩一直是成吉思汗最

· "卍"字符十字架景教挂饰 ·

·畏兀体蒙古文题记·

宠爱的儿子）说："吾儿，父殆至寿终矣。赖长生天之助力，吾已为汝等建此大帝国。自国之中央达于四方边极之地，皆有一年行程。设若汝等欲保其不致分解，则必同心御敌，一意为汝等之友朋增加富贵。汝等中应有一人承大位。吾死后，汝等应奉窝阔台为主，不得违我遗命。察合台不在侧，应使其勿生乱心。"

成吉思汗"临崩谓左右曰：'金精兵在潼关，南据连山，北限大河，难以遽破。若假道于宋，宋、金世仇，必能许我，则下兵唐、邓，直捣大梁。金急，必征兵潼关。然以数万之众，千里赴援，人马疲弊，虽至弗能战，破之必矣。'"（《元史·太祖纪》，《蒙兀儿史记》卷三）勒内格鲁塞所著的《成吉思汗》第七十六章记载："他对拖雷等人说：'金精兵在潼关（河南省、陕西省一侧的门户），南据险山，北限黄河，难以遽破。从此进兵，势难取胜。应假道于宋。

宋金世仇，必能许我。可由宋道下兵河南南部，由河南南部直取开封。届时金急，必征屯集于潼关之精兵。然以数万之众，千里赴援，为时已晚。即使彼潼关援兵赶到，必定人马疲惫而不能战。如此，则破开封易矣。'"其后人正是利用该策攻灭了金朝。

最后，成吉思汗嘱咐道："（我们）身在敌境，夏主降而未至，谓我死勿令敌知。待合申主（指西夏王。——引用者）来，杀之。"（《蒙兀儿史记》卷三，第56页）《史集》第一卷第二册记载："我死后，你们不要为我发丧、举哀，好叫敌人不知我已死去。当唐兀惕国王和居民在指定时间从城里出来时，你们可将他们一下全部消灭掉。"）说罢，成吉思汗与世长辞。

成吉思汗去世后，麾下将臣们遵循其遗言没有讣告，严密封锁了成吉思汗去世的消息。当西夏王李睍前去求降之时，将臣们以成吉思汗患病不能见为由让他在斡儿朵外施礼。三天后，脱仑扯儿必将李睍满门抄斩。西夏王国就此灭亡，领地被划入蒙古帝国。

· 苏勒德 ·

66.成吉思汗的葬礼

彻底攻灭西夏后，成吉思汗的诸子和将臣们遵循他的遗言，为了将其遗体埋葬到故土肯特山，由大将速别额台把阿秃儿率军护送成吉思汗的殡车赶往蒙古故地。关于这段行程，成书于17世纪时期的相关蒙古语文献中有生动的描述[14]。

当时，由速别额台把阿秃儿护送的殡葬队伍将成吉思汗的灵柩载到辒车之上，途经乌拉山，是年九月（屠寄先生所记时间）送达萨里川哈老徒[15]行宫。

当时由成吉思汗季子拖雷监国将成吉思汗升天之事讣告全国，主持举行了殡葬仪式。据记载，行程远者三个月以后才到达蒙古故地。由此看来，成吉思汗的殡葬仪式举行的时间应该是在1227年底。当时成吉思汗四宫同时举哀，将成吉思汗的灵柩埋葬于肯特山脉南大鄂托克[16]之地。

67.成吉思汗陵、八白室及伊金霍洛

将成吉思汗灵柩埋葬在他的故乡克鲁伦河畔、肯特山脉南边，也是遵循其遗嘱。"先是（成吉思）汗当出猎至此，见孤树荫，盘桓其下，谓左右曰：'我百岁后即葬此。'"（《蒙兀儿史记》卷三，第57页）因而成吉思汗的灵柩可能埋葬在这样的一棵大树下，只是过了很多年后，那棵大树变得难以辨认而已，更

何况"其墓无塚，以马践蹂，使如平地"。[17]（成吉思汗逝世后的第九年，即1236年，出使蒙古的南宋使臣彭大雅根据自己在蒙古地区的所见所闻撰写的《黑鞑事略》一书中如是记载。）

"若忒没真（帖木真，即成吉思汗）之墓，则插矢以为垣，逻骑以为衡。"（《黑鞑事略》）据剌失德、志费尼等人的记载，看护成吉思汗陵寝的是一千户兀良合部人。

后来"拖雷汗、蒙格哥可汗、忽必烈可汗、阿里不哥皆附葬于此，他子孙则别葬"[18]（《蒙兀儿史记》卷三，第57页）。

埋葬成吉思汗的同时还修建了供奉祭奠成吉思汗的灵堂——八白室，即"成吉思汗八白室"。关于八白室的修建，17世纪时期的鄂尔多斯史学家萨敢思辰明

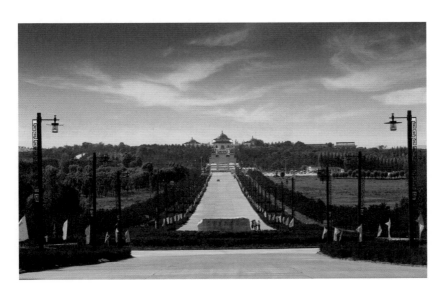

·成吉思汗陵·

确记载道："遂造永安之陵寝，并建天下封戴之八室焉。"（《蒙古源流》卷四，第185页）关于"八白室"，《蒙古人民共和国历史》记载："在成吉思汗逝世地鄂尔多斯修建了八白室，将成吉思汗生前所用物供奉在里面，因此八白室后来以成吉思汗灵堂著称。"这段记载与其他相关文献史料的记载存在出入。因为最初修建八白室的地方并不是鄂尔多斯，而是埋葬成吉思汗的地方——肯特山脉南，即蒙古故地，这一观点具有充分的史料依据。起初看护成吉思汗陵寝的并不是鄂尔多斯部，而是一千户兀良合部人。"鄂尔多斯"一名出现的时间较晚，整个元朝时期一直未出现，更不用提成吉思汗时期了。相关史料中将元朝灭亡后从内地退回北方的六万户蒙古人和蒙古故地的蒙古人统称为鄂尔多斯、察哈尔、喀尔喀等六个万户。如今的鄂尔多斯地区，成吉思汗时期属于西夏辖地，元朝时期属于陕西省和中书省辖地。如今的鄂尔多斯人为成吉思汗四宫之后裔，起初他们居住在蒙古故地，后来到了15、16世纪时期南迁到河套一带。他们渡过黄河来到鄂尔多斯高原定居的时间应该在16世纪末或17世纪初。众所皆知，

· 成吉思汗陵保护标志 ·

如今的"成吉思汗陵"在内蒙古自治区鄂尔多斯市伊金霍洛旗境内。然而，越来越明晰的是坐落于伊金霍洛旗境内的"成吉思汗陵"并不是成吉思汗的实葬地，更不是修建于成吉思汗逝世的 13 世纪时期。

成吉思汗灵堂——八白室，最初修建于蒙古故地，由一千户兀良合部人看护，从斡歌歹可汗时期到蒙哥可汗（拖雷长子）时期的三十多年间均是如此。

蒙古帝国第四任可汗蒙哥于 1259 年逝世后，蒙古贵族内部发生政治斗争，拖雷五子阿里不哥在喀剌和林举行忽里勒台，继承了蒙哥可汗之位。与此同时，拖雷三子忽必烈也在上都（即后来的元上都）自立为蒙古帝国可汗，后来他成为大元帝国建国皇帝。不过在相关史料中不见当时在蒙古故地的八白室的相关记载。

然而，八白室祭奠先祖的传统一直没有中断。元初，由于八白室祭奠先祖的传统与汉族太庙祭祖的传统基本相同，八白室变成了蒙古帝国和元朝诸可汗的灵堂。元世祖忽必烈薛禅可汗于至元三年（1266 年）十月下令修建太庙，根据安童、伯颜等大臣所言，命平章政事赵璧等诸大臣商议相关事宜，制定庙号和祭祀之制，将太庙定为八室。毫无疑问，该八室修建在元朝都城大都，八室的部署情况如下：

"烈祖神元皇帝（指成吉思汗之父也速该把阿秃儿）、皇曾祖妣宣懿皇后（指成吉思汗之母诃额仑兀真）第一室，太祖圣武皇帝（指成吉思汗）、皇祖妣光献皇后（指孛儿帖兀真）第二室，太宗英文皇帝（指蒙古帝国第二任可汗斡歌歹可汗）、皇伯妣昭慈皇后（指斡歌歹可汗之妻朵列格捏合屯，即乃蛮真合屯）第三室，皇伯考术赤、皇伯妣别土出迷失（术赤之妻）第四室，皇伯考察合带（即察阿歹）、皇伯妣也速伦（察阿歹之妻）第五室，皇考睿宗景襄皇帝（指成吉思汗季子、忽必烈可汗之父拖雷）、皇妣庄圣皇后（指忽必烈可汗之母莎儿合黑塔泥别乞合屯）第六室，定宗简平皇帝（指蒙古帝国第三任可汗贵由可汗）、钦淑皇后（指贵由之妻海迷失合屯）第七室，宪宗桓肃皇帝（指蒙古帝国第四任可汗——忽必烈可汗之兄蒙哥可汗）、贞节皇后（指蒙哥可汗之妻忽都台合屯）第八室。"以上为《元史·祭祀（三）》（卷七十四）的相关记载。忽必烈可汗以后，元朝历代可汗们一直遵循着忽必烈可汗制定的太庙祭祀制，给去世的可汗们指定庙号，并定期举行相关的祭祀仪式。

1368 年元朝失去对中原的统治，《元史·顺帝纪》记载，在妥懽帖睦尔可汗退出大都城的前三天（1368 年农历闰七月二十六日），"左丞相失列门传旨，令太常礼仪院使阿鲁浑等，奉太庙列室神主与皇太子同北行。阿鲁浑等即至太庙，与署令王嗣宗、太祝哈剌不华袭护神主毕，仍留室内"。由此看来，妥懽帖睦尔可汗北退时确确实实带走了八白室或八白室里供奉的神主。

1368 年以后元朝改称北元。妥懽帖睦尔可汗 1370 年于应昌府逝世，其子阿猷识理达腊即位，史称必里克图汗。是年，明军攻打应昌府，必里克图汗落败，带着少数人马逃到喀剌和林。然而，相关史料中不见关于必里克图汗逃出应昌府时如何处理八白室的记载。如果必里克图汗从应

·成吉思汗陵园·

昌府逃出时，身边的人马极少，八白室留在应昌府的可能性也就不小。那么，八白室祭祖的传统是否就此中断？显然不是，因为在后来的文献史料中还是出现了与之相关的记载。例如，关于1434年（即必里克图汗从应昌府逃出后的第六十四年）卫拉特（斡亦剌惕）部托欢太师征服蒙古东部之事，《蒙古黄金史纲》如是记载："既已篡夺蒙古的权力，脱欢太师便掌握了大统。拜谒了主上的八室，表示了'来取汗位'的意图。朝拜之后，做了可汗。"（第58页）《蒙古源流》记载："托欢太师乃乘密尔伞（意为阁下、官人）之黄骐，绕主上宫帐三匝，冲之，破之，而言曰：'汝为威灵身之八白室乎！我乃威灵后之裔托欢也。'"（卷五，第247页）这些记载均说明北元迁都喀剌和林后又恢复了八白室祭祖的传统。

1470年满都海彻辰合屯牵着七岁的巴图孟克在天后灵前献祭起誓，扶立巴图孟克为蒙古可汗，号达延汗。所谓"天后"即《元史》所记庄圣皇后，指拖雷汗之妻、忽必烈可汗之母莎儿合黑塔泥别乞合屯，而天后之灵显然是供奉在八白室里。拉西彭斯格所著的《水晶数珠》记载："癸巳年（1473年）六月，巴图孟克达延汗之八白室位于克鲁伦河畔，并在此地举行了全国之大聚会。"《蒙古秘史》记载："于是，达延合罕尽行收服右翼（之众），平定其六万大国于一统，于主（陵）之八白室前宣告其合罕号也……"从这些记载中，我们可以得知第二次统一全蒙古的巴图孟克达延汗时期，八白室仍在汗宫处。"鄂尔多斯乃守主上八白室，受大命之国也……"（《蒙古源流》卷六，第314页）从巴图孟克达延汗所言这句话来看，当时八白室由鄂

· 成吉思汗陵内成吉思汗灵柩 ·

尔多斯万户看护,而且鄂尔多斯部当时居住在蒙古故地。

不过,巴图孟克达延汗以后,蒙古可汗的统治转向察哈尔部。继承达延汗之位的是巴图孟克之孙博迪阿拉克。"其后,博迪阿拉克率领左翼三万户参谒八白室……遂拜过八室,即了可汗的大位。"(《黄金史纲》第100页)这段记载可证实八白室和蒙古可汗的统治已转到察哈尔部那里。察哈尔部自达赉逊库登可汗时期开始,从蒙古故地迁向辽东之地,他们迁移时自然会将八白室一同带走。关于此事,《蒙古源流》如是记载:"长子达赉逊库登台吉甲辰年生,岁次戊申(1548年),年二十九岁,于白室前称合罕号,与右翼三部郭睦结盟而归……"(卷六,第327页)

达赉逊库登可汗的后裔林丹汗实际上只是统治左翼三万户的察哈尔部可汗。不过,依据汗位世袭制称其为蒙古最后一任可汗或第三十四任可汗。因而八白室也会被传承到林丹汗的手里。

1628年,清军进攻蒙古地区时,林丹汗从辽东之地退到右翼三万户领地。八白室自然会与林丹汗一同到达右翼三万户领地,鄂尔多斯万户也在这时归附了林丹汗,这些都是具有史料依据的历史事实。1634年,林丹汗战败,便带领少数人马渡过黄河逃向西方。当时他没来得及携带妻儿和可汗御玺,更无法顾及八白室,于是八白室与察哈尔部众一同留在今河套地区。

至此,北元彻底灭亡。那么,八白室的下落也就值得我们研究了。关于这一点,鄂尔多斯史学家萨敢思辰的记载可以告诉我们答案："时有察哈尔之金塔宰桑策仍博多玛勒者，将主君之白室奔乃弟图巴岱总洪台吉来，营于其旁焉。"（《蒙古源流》卷八，第450页）所谓"时"是指鄂尔多斯部林沁彻辰济农和萨囊彻辰洪台吉（萨敢思辰）等人于1634年离开察哈尔部回到鄂尔多斯的时间，即林丹汗西逃以后。"主君之白室"即蒙古历代可汗灵堂八白室。"图巴岱总洪台吉"即林沁彻辰济农之弟。"营于其旁"之"其"也许是指萨囊彻辰（即萨敢思辰）的故乡，即当时的济农斡儿朵所在地。《蒙古源流》清译本将其译作"伊纳之家"，而道润梯步先生新译校注《蒙古秘史》译作"其旁"。我认为应该译作"伊克"。这段记载明确地给出了八白室迁到鄂尔多斯的时间。

有些人认为成吉思汗实葬地在鄂尔多斯地区，其主要依据有两个方面。

其一，17世纪时期成书的蒙古文献中的相关记载。《蒙古黄金史》记载："……行进到穆纳山嘴大车车轮陷进土里，车不能前进。再加驾五色骏马也拉不动，大家都无能为力……因为圣主成吉思汗在出征西夏途中，曾在穆纳山嘴之巴尔干地区说过这样的话：'国破家亡之日，可在这里谋求复兴；和平兴旺之时，可在这里定居发展。饥饿的梅花鹿可在这里繁衍，耄耋之年可在这里颐养天年。'这次载灵柩之车，在这里车轮下陷，不能前进。于是向全国发布命令，将圣主穿过的衣服，住过的帐房，用过的冠带、旧袜子，都运到穆纳山之巴尔干地区埋葬，并筑陵供祭。"（第二十章第二节，第 280～283 页）《蒙古源流》记载："……至穆纳冈时，车轮陷嵌，岿然不动矣。遂以五族人众之马驾而拉之，亦不能移动……奏毕，则合罕之（神主）降恩，辇舆辚辚而动，群下人众感戴欢喜，遂送合罕于大葬之地焉。于是，以诸后妃、诸皇子为首，均极号啕致哀，因不能请出其金身，遂造永安之陵寝，并建天下奉戴之八白室焉。"（卷四，第 183～185 页）《蒙古黄金史纲》记载："……行至穆纳之泥淖处。辐车之毂陷住，深达辐轴而移动不得，套上许多牲畜都拽不出……奏毕，汗主垂恩，施以慈悯。于是辐车辚辚徐动，众庶欢欣，运往汗山大地，在那里将臣们为成吉思汗营建了万世陵寝，修筑了永世坚固的八白室。成吉思汗成了大宰相们的佑护支柱，成了全体人民的奉祀之神。主圣在世时途经此地，曾对此地表示过赞美与欣赏，据说，当辐车轮毂深没时，众臣庶接到了疑似之诏，把大汗生前

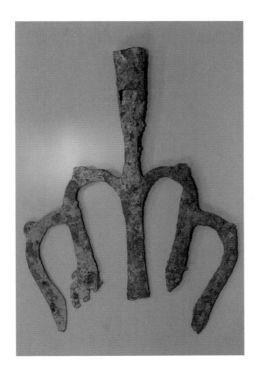

· 元代五股铁叉 ·

所穿的衫子、居住的房子和一只袜子，留在那里。"（第32～35页）其实这些记载具有一定的神话色彩，没有依据可证实这些记载的真实性。就算发生过类似事情，所记"穆纳山嘴"也不一定就是成吉思汗的实葬地。这些文献的作者本身也都对此持怀疑态度，再说，所记"穆纳山嘴"（或"穆纳冈"或"穆纳之泥淖"）之地也不在今鄂尔多斯市辖地内。"穆纳山"（乌拉山）位于贺兰山以东黄河以北，因而"穆纳山嘴"肯定也在黄河以北。"穆纳山嘴"的具体地理位置难以判断，不过该地显然是在从成吉思汗逝世地清水县前往斡难河、克鲁伦河一带蒙古故地的途中，这条路不可能经过今鄂尔多斯地区，成吉思汗出征西夏时也不可能路过此地。该地当时为西夏辖地，蒙古人不可能将自己可汗的遗体埋葬于异国他乡。

其二，《青年之宴》[19]《成吉思汗大祭文》等书中关于蒙古六万户的赞词。

　　"好似海青的翅膀

　　看护着圣主的枢车

　　善骑射，胆识过人

　　看护圣主山岳般的白室者

　　——鄂尔多斯万户！"（《青年之宴》）

　　"兢兢业业看护山岳般的白室

　　忠心耿耿效力于可汗

　　太阳的信仰者

　　八白室的守护者

国之中央

诸部之首

钢铁般的勇士

鄂尔多斯万户乎！"（《成吉思汗大祭文》）

根据这些记载断定成吉思汗实葬地在鄂尔多斯，我觉得这一说法缺乏说服力。有依据可证实这两部文献成书于十七八世纪时期。《青年之宴》和《古代蒙古汗统大黄史》的内容基本一致，因而可以认定为同一本书，而《古代蒙古汗统大黄史》的成书时间为 17 世纪 30 年代。据策·达木丁苏荣先生的注释，《成吉思汗大祭文》的抄本有三个版本，其中一个版本中注明成书时间为康熙六十一年，即 1722 年。若将上述两部文献的成书时间认定为清朝时期，即可断定鄂尔多斯地区并不是成吉思汗实葬地，也可证实八白室迁到鄂尔多斯地区的时间为 1634 年的几方面依据。

其中萨敢思辰的记载是最为可信的。因为萨敢思辰曾亲身经历林丹汗落败逃向青海以及察哈尔之金塔宰桑策仍博多玛勒将八白室交给鄂尔多斯部林沁彻辰济农之弟图巴岱总洪台吉

· 叙利亚文景教碑 ·

等历史事件。

　　清朝初期，八白室迁到今鄂尔多斯市达拉特旗伊克昭寺。当时清朝皇帝将鄂尔多斯部内设置六个旗，此后鄂尔多斯六旗每年在伊克昭寺举行一次盟会，这便是"伊克昭盟"一名的由来。顺治六年（1649年），清政府将鄂尔多斯左翼中旗贵族林沁封为郡王，命其出任伊克昭盟盟长。此后，为了便于每年一届伊克昭盟盟会的举行，林沁郡王将八白室从达拉特旗迁到自己的辖旗鄂尔多斯左翼中旗（又称郡王旗），即今伊金霍洛旗。"伊金霍洛"一名的出现便是在那时，此后每年一届伊克昭盟盟会改到伊金霍洛旗举行，蒙古诸汗的灵堂八白室从此被视作成吉思汗陵，相关祭祀活动传承至今。

　　然而，直到嘉庆十四年（1809年），清政府批复相关程文之后，成吉思汗陵才变成官方称谓。关于这一点，《钦定理藩院则例》中如是记载："伊克昭盟境内向有成吉思汗园寝，其鄂尔多斯七旗，向设有看守园寝承办祭祀之达尔扈特五百户，每

· 元代商贸图 ·

年共出银五百两以供修理祭礼之用。"并将每年农历三月二十一日定为大祭举行日。所记五百户人被称作达尔扈特，世世代代负责看护成吉思汗陵和主持祭祀活动，他们的首领被称作济农（即后达延汗时期右翼三万户统领的官称）。

1939年6月，成吉思汗陵从内蒙古伊克昭盟迁到甘肃省榆中县兴隆山。关于此次迁陵的原因，在迁陵总指挥、蒙古游击军第二区司令部少将司令陈玉甲撰写的《奉移成陵记》（出版于1942年）和方效功发表于《内蒙古社会科学》（1980年第四期）的论文《谈谈一九三九年成吉思汗灵柩迁移的原因》，主要内容如下：

"日本帝国主义为了进一步统治全内蒙古，在蒙汉民族之间及蒙古族各阶层内部，采取了分裂政策，进行分裂阴谋活动，因此又密遣汉奸，指使德王（即德穆楚克栋鲁普亲王）盗劫成吉思汗陵墓，移葬于归绥以为号召，以欺骗蒙古人民。当时，内蒙古人民和以沙王（伊克昭盟盟长）为首的抗日爱国封建上层人士，了解到日本帝国主义嗾使德王阴谋盗取成陵的活动后，非常愤恨。为了保护成吉思汗灵柩的安全，为使灵柩免遭日帝及汉奸蒙奸的侵害，沙王等代表蒙古族各阶层，向国民党政府提出了迁移陵寝以保安全的要求。国民党政府根据这个要求，分派了移灵委员，与以沙王为首的蒙古族抗日爱国人士一起办理了移陵事宜。1939年6月21日，当成吉思汗的灵柩途经延安时，延安各界百余单位，约一万余人，举行了盛大祭典。中共中央代表谢觉哉、八路军总部代表滕代远、八路军联络部部长王若飞以及边区政府的代表都参加了祭典。中共中央、毛泽东同志、八路军、边区政府等为成吉思汗灵堂献了花圈。6月22日，延安各机关学校代表和蒙古族同胞列队瞻仰灵柩，并欢送灵柩离延安南下，移往甘肃。"

1946年，成吉思汗陵又迁到青海省塔尔寺。

1954年3月，伊克昭盟人民代表大会决定迁回成吉思汗陵。代表团到达塔尔寺后，主持举行了迁陵相关大型祭祀活动。4月3日成吉思汗陵途经内蒙古首府呼和浩特市，4月7日被重新安放到伊克昭盟伊金霍洛旗原址上。1955年由内蒙古自治区民委出资修建新陵，考虑到天气原因，将原先的大祭举行日农历三月二十一日改成五月十五日。

本书列举史料来否定成吉思汗灵堂八白室始终在鄂尔多斯的传说是为了以科学的态度对待历史。不过，鄂尔多斯人民长期以来看护蒙古族祖先的陵寝八白室的历史功绩是任何时候都不可否定的。

那么，后人所供奉的成吉思汗陵是什么样的？里面都摆放着什么？

1875年，来自比利时的基督教传教士屋斯、尔林登二人到达鄂尔多斯地区，参观成吉思汗陵后他们写道："游历鄂尔多斯之地时见过成吉思汗陵。成吉思汗陵修建在仅数尺高的丘陵之上。丘陵上有二庭，南

· 陶秤砣 ·

庭有围栏，北庭中央有形状如中国民房的建筑物，以及六座蒙古包。

据说大汗神圣的遗骸（这只是作者所闻而已，实际上那里根本没有遗骸。——引用者）就在其中一座复式蒙古包内。其他蒙古包里摆放着各种金银器具，例如：一个金马鞍、一套银盘银杯等器物、一尊银鼎等等。"他们还绘制了成吉思汗陵寝略图，一并发表于《罗马教杂志》（1875 年 5 月 18 日第 365 期）。

屋斯、尔林登二人参观成吉思汗陵后过了二十年，即 1896 年，法国旅行家博宁游历鄂尔多斯。关于成吉思汗陵他如是记载："另有大毡帐两所，相并而立，形似波古色，覆于陵寝之上。第二毡帐内，有红毡一方，而成吉思汗银棺即掩蔽其中，揭而去之，则银棺毕露，形如一大箱，内藏大汗之骨烬，外镂蔷薇之花纹。"（发表于 1898 年 2 月 15 日《巴黎杂志》，今见《内蒙古地名》1981 年第 2 期译文）

1959 年 10 月末，我第一次实地走访了伊金霍洛成吉思汗陵。当时的成吉思汗陵为 1955 年新建的建筑。其主体由三座以黄蓝两种颜色的琉璃瓦装饰的蒙古包式宫殿组成。中间为正殿，东西各一殿，正殿背面还有一座平顶小殿，各殿之间由走廊连接。三座宫殿的顶部均为蒙古包式穹庐顶，且均有蓝色琉璃瓦砌成的云头花装饰。正殿里面的墙上挂有成吉思汗画像（据说由一位法国画家绘制）。正殿里摆放有祭祀用品、兵器以及获赠纪念物。西殿里供奉成吉思汗的黑苏鲁定，那是一杆挂有黑色马鬃的长枪。据成吉思汗陵守陵人（达尔扈特）解释，如今供奉的黑苏鲁定是清朝时期按照蒙古族传统复原的，而且制作黑苏鲁定所用的黑色马鬃，是从整个鄂尔多斯市辖地精挑细选的几百匹相应毛色的儿马身上收集的。西殿殿内还摆放着一副镀金马鞍，据达尔扈特讲该马鞍是由班禅额尔德尼赠送。北殿里摆放着三座帷幄式黄缎蒙古包（鄂尔多斯地区称此类蒙古包为毡包，不过因该三座黄段蒙古包用于安放灵柩，应该将其称作灵包。——译者）。中间较大一座灵包中供奉着锁在银盒里的成吉思汗灵柩。东西两座灵包的形状与中间的灵包基本相同，不过体积较小，里面摆放的灵柩盒上面的花纹也不同。据达尔扈特解释，这两座灵包里供奉成吉思汗后妃们的灵柩，东边的灵包里供奉拖雷可汗的灵柩。那些银盒里也有制作于光绪年间且刻有德穆楚克栋鲁普亲王（德王）之名的银盒。我见到的这些物品想必都是后人根据蒙古族传统习俗制作的。

· 陶秤砣 ·

1980 年成吉思汗陵被翻新。1983 年 4 月，我第二次走访了祖先的灵堂——成吉思汗陵。成吉思汗陵有了些许变化：灵包变成了四座，苏鲁定和灵柩盒均被翻新。新增物品有正殿里摆放的大型成吉思汗雕像和雕像背后的墙上雕刻着的欧亚地图。北殿中间的灵包里摆放了成吉思汗上半身铜像。另外在西廊里的大理石碑上刻有成吉思汗写给长春真人丘处机的诏书（原在山东省崂山）。

综上所述，位于鄂尔多斯地区的成吉思汗陵并不是真正的成吉思汗陵寝，而是从八白室演变而来的举行相关祭祀活动的场所。

本章主要叙述了西夏的灭亡、成吉思汗逝世以及成吉思汗陵寝相关的内容，之所以在关于成吉思汗陵寝的问题上花费笔墨较多，是因为这个问题是焦点问题，于是将关于这个问题的各种论断以及自己的观点记录于此，但愿能够对其他人的研究提供些许帮助。

注　　解

[1] 李德旺为西夏第八任国主李遵顼（1211—1223 年间在位）之子。癸未年（1223 年）十二月李遵顼传位李德旺，自立为太上皇。

[2] 将字鲁率军攻打西夏的时间记作 1224 年 5 月的依据为《蒙古人民共和国历史》的记载。屠寄先生所著《蒙兀儿史记》中根据《元

史·孛鲁传》记作甲申年（1224 年）秋七月。《中国通史》（第六册第四编第 197 页）没有记载月份："即于一二二四年，组织大军从东面进攻夏境，直抵银州。九月，蒙古兵攻破银州，夏兵数万人战死，俘获牲口、牛羊数十万，夏将塔海兵败被俘。""银州"为当时西夏东界城池，辖地为今陕西省米脂县、佳县一带。北宋时期银州州府在永乐城（今陕西省榆林市东南），1106 年改称银川城。

　　［3］关于成吉思汗第五次出征西夏的时间，相关史料记载有 1225 年和 1226 年两种说法。《圣武亲征录》记载："乙酉（1225 年）春，上（从花剌子模。——引用者）归国，自出师凡七年。是夏，避暑。秋，复总兵征西夏。丙戌（1226 年）春，至西夏。"《多桑蒙古史》记载："1225 年终，成吉思汗自其斡耳朵率师伐夏……1226 年 2 月，兵入西夏。"（上册，第 147 页）《蒙兀儿史记》记载："（成吉思汗）二十年乙酉（1225 年）……秋，汗亲征西夏……二十有一年丙戌春正月师入西夏。"（卷三，第 55 页）《成吉思汗评传》记载："汗之五征西夏，亦即亡西夏最后一役，则在宋宝庆元年乙酉，即公元 1225 年……翌年二月，即入西夏……"（第五章）《蒙古人民共和国历史》记载："1225 年 11 月初（成吉思汗）亲自率领十万大军出征西夏。"《蒙古秘史》记载："狗儿年（丙戌，1226 年）秋天，成吉思汗上马出征唐兀惕国。"（第 265 节）《元史·太祖纪》记载："（成吉思汗）二十一年丙戌（1226 年）春正月，帝以西夏纳仇人亦腊喝翔昆（指你勒合桑昆，我认为此说有误，详见本书第七章之注解［2］。——引用者）及不遣质子，自将伐之。"另外，弗拉基米尔佐夫、余元庵等人的记载均以《蒙古秘史》为依据。我认为《蒙古秘史》和《元史》记载的均是成吉思汗的军队到达西夏的时间，即 1226 年，由此看来 1225 年起兵之说应该正确。

　　［4］"是（1225）年 11 月到达图音河，随后驻冬于此"之说源自《蒙

古人民共和国历史》。图音河位于东经101°、北纬45.5°。关于"阿儿布合之地举行大型狩猎活动"的时间，屠寄先生所著《蒙兀儿史记》记作1225年冬季，《蒙古秘史》记作1226年冬季，《蒙古人民共和国历史》也记作1226年。然而，1226年冬季成吉思汗已经在西夏辖地率军作战，因此举行狩猎活动的可能性甚小。因而本书沿用了屠寄先生的记载。关于"阿儿布合"之地，《蒙兀儿史记》注释："（喀尔喀）赛因诺颜部有阿尔察博哈多山，正直和林南向西夏之道，即此阿儿布合，沙漠中一阜，其形似牛，故有此名。"（卷三，第55页）

［5］"搠斡儿合惕"为《蒙古秘史》所记地名。多桑的书中将此地记作"翁古答兰忽都克"，屠寄先生注释该名意为"一眼井"，其依据不得而知。剌失德的书中将此地记作"翁浑答兰忽都黑"，显然多桑引用了剌失德的相关记载。

［6］此处所记"西凉府"（《蒙古秘史》记作"额里折兀"，《元史·耶律留哥传》记作"阿里湫"）为今甘肃省武威市。

［7］"弱水"为《蒙古人民共和国历史》所记地名，可能是指今额济纳河。"黑水城"即位于今内蒙古额济纳旗旗政府达来呼布镇东北纳林河东岸的古城，元代被称作"亦集乃路"。《马可·波罗游记》所记"亦集乃城"便是此地。

［8］此处所记"浑垂山"位于西凉府南边。《元史》《多桑蒙古史》《蒙兀儿史记》等文献中成吉思汗驻夏地均为此地。但在《蒙古秘史》中记载："成吉思汗驻夏于察速秃山（旁译'雪山'）。"《蒙古人民共和国历史》将成吉思汗驻夏地记作"弱水附近"。

［9］成吉思汗出征金朝时唐庆任左翼军统领，后来斡歌歹可汗时期出使金朝被杀害。

［10］六盘山位于今宁夏回族自治区南部、甘肃省东部，南北走向，总长约240千米。六盘山南段又被称作陇山，为陕北高原和陇

中高原的分界。六盘山最高峰为米缸山（海拔2942米），第二高峰为六盘山（海拔2928米）。六盘山山路曲折险狭，须经六重盘道才能到达顶峰，因此得名。

　　[11]在相关文献史料记载中，成吉思汗逝世的年份都是相同的，即成吉思汗二十二年（丁亥年）或1227年。不过，关于逝世的具体日期的记载均有出入。《元史·太祖纪》记载："秋七月壬午，不豫。己丑，崩于萨里川哈老徒之行宫。"《黄金史纲》记载："于丙亥（丁亥，1227）年，六十七岁，七月十二日殡天。"（第31页）《蒙古源流》记载："于是，岁次丁亥，年六十六岁之七月十二日，于灵州城升遐矣。"（卷四，第182页）《罗·黄金史》记载："于（成吉思汗）二十二年丙亥（即丁亥）年七月二十日殡天。享年六十六岁。"（第二十章第一节，第279页）《大黄史》记载："丁亥年春季末月十六日（即三月十六日。——引用者），六十六岁，逝世于西夏灵州。"《恒河之流》记载："丁亥年冬季末月，六十六岁时驾崩于六盘山。"屠寄所著的《蒙兀儿史记》、魏源所著的《元史新编》、柯劭忞所著的《新元史》等汉语文献均沿用了《元史》的记载。以上为蒙古语和汉语主要文献中关于成吉思汗逝世时间的记载。

　　此外，国外史学家们的相关记载有如下几种。剌失德所著《史集》记载："猪儿年秋第二月十五日（伊斯兰教历六二四年九月、1227年9月），他为他那著名的兀鲁黑留下了汗位、领地和国家，离开了（这个）易朽的世界。"（第一卷第二分册，第321页）《世界征服者史》记载："成吉思汗的病情愈来愈厉害，因为不能把他从所在之地挪走，他便在（伊斯兰教历）年剌马赞月4日（1227年8月18日）与世长辞。"（上册，第214页）《多桑蒙古史》记载："（成吉思）汗病八日死。时在1227年8月18日，年66岁，计在位22年。"（上册，第149～150页）弗拉基米尔佐夫、小林高四郎等人均沿用了8月18

日逝世之说。然而，那珂通世先生记载："己丑即基督教历（指公历。——引用者）1227 年 8 月 25 日。《史集》译本所记'8 月 15 日'，错矣。"《蒙古人民共和国历史》记载："成吉思汗患病不愈，是年（即 1227 年。——引用者）8 月 25 日于上文所记清水县之地升天，享年 65 岁。"另外，日本蒙古学家北村三郎所著《成吉思汗》记载："（成吉思）汗在西历 1227 年 8 月 16 日逝世于六盘山。"

从各个角度分析上述种种记载，我们可以得出如下结论。

一是蒙古语、汉语文献中均将月份记作"七月"，应为中国农历历法之"七月"。而国外史学家们的记载均为"八月"，应为公历（或阳历）历法之"八月"。

二是《元史》等文献所记"秋七月壬午"以及其他文献，尤其是蒙古语文献所记"七月十二日"，这一点具有一定的历史依据。古时，汉族史学家们习惯以天干地支记日。将每月初一注明为朔日，往下便以天干地支的顺序记日。然而，《元史·太祖纪》中自成吉思汗元年之后不再注明朔日，这给时间的确定增加了难度。不过还有解决这个问题的办法，我们可以对照其他文献的记载。我将《元史·太祖纪》和《金史》中关于同一年代的内容相对照后有了些收获。1227 年为金哀宗正大四年。《金史》关于这一年的记载中朔日只出现了两次，其一为"（正大）四年春正月辛亥朔"，其二为"六月戊申朔"。若从春正月初一（即朔日）辛亥日往后推算，"戊申"（相同天干地支日每隔六十天出现一次）于第五十八天、第一百一十八天、第一百七十八天出现一次（共计三次）。从春正月初一到六月初一正常情况下应该间隔五个月时间。若将一个月算作二十九天，这五个月共计一百四十五天；若将一个月算作三十天，这五个月共计一百五十天。实际上，这五个月不可能每个月都同样是二十九天或三十天，因为农历历法中大月三十天，小月二十九天，而且大、小月是交替的。因而不管怎么算，第一百一十八天出现的"戊申"都不可能是当年六月初一。那么第一百七十八天出现的"戊申"应该就是六月初一。不过这样的话又出现了一个问题，即多出二十七至三十二天，而这种情况只能在其间有闰月的前提下才能出现。《金史》记载兴定五年（1221年）有闰十二月，之后直到1227年都没有记载有闰月。然而，《元史·太祖纪》中成吉思汗在位二十二年间（1206—1227年）所记闰月只有一个，即1227年的闰五月。将这个闰五月和《金史》所记1221年闰十二月合起计算，便可得知两个闰月的间隔期与农历历法的闰月间隔期规律（每三年一次、每五年两次、每七年三次）恰好吻合。换言之，由于1221年有闰月，1223年、1225年和1227年应该都有闰月。由此看来，《元史》所记1227年"闰五月"具有科学依据，是正确的。

接下来，我们在得知1227年农历六月初一为戊申的基础上计算成吉思汗患病的壬午日，便知第三十四天出现一个壬午。而成吉思汗逝世日己丑为第四十一日。如果我们将多数蒙古语文献所记"七月十二日"视作己丑，那么壬午便是七月初五，而七月初一为戊寅，六月便是具有二十九天的小月。从而我们得出成吉思汗于1227年农历七月初五壬午患病，于七月十二日己丑逝世的结论。而多桑所记"（成吉思）汗病八日死"是有依据的，也可视作蒙古语和汉语文献记载的旁证。另外我们也可以否定非"农历七月十二日己丑"者，比如《恒河之流》所记"冬季末月"之说是错误的。

三是我们应该认定国外史学家们所记"八月"，尤其是"8月18日"和"8月25日"之说具有科学依据。上文中我们已经得出成吉思汗于1227年农历七月初五壬午患病，于七月十二日己丑逝世的结论。而且多桑所记"（成吉思）汗病八日死"之说也与之相吻合。这样一来，将"8月18日"（阳历）视作成吉思汗患病日"农历七月初五壬午"，将"8月25日"（阳历）视作成吉思汗逝世日"七月十二日己丑"不无道理，也符合公历（或阳历）和农历之间的换算法。例如，将"8月25日"视作"七月十二日己丑"，那么当年正月初一便是阳历1月19日。因为从1227年1月1日到8月25日共计237天，减去218天（从正月初一到七月十二日己丑）便是农历正月初一。

从而我们也可以认定成吉思汗于1227年8月18日患病，8天后的8月25日逝世。由此看来，志费尼、多桑、弗拉基米尔佐夫、小林高四郎等人记载的是成吉思汗患病日（8月18日），而那珂通世和《蒙古人民共和国历史》记载的是成吉思汗逝世日（即8月25日）。这些国外文献的记载与使用农历历法的国内文献的记载时间是相吻合的。

［12］关于成吉思汗逝世的原因，相关史料记载均有出入。主要有如下几种说法：

一是病逝之说。《元史·太祖纪》的记载为："不豫。"多桑的记载为："汗得重病。"（《多桑蒙古史》上册，第149页）余元庵的记载为："病逝。"志费尼的记载为："他得了由不良气候而引起的不治之症。"（《世界征服者史》上册，第212页）《黄金史纲》的记载为："患重病于灵州城。当黄金之命将息之际……所有该嘱托的话嘱托完毕，于丙亥（丁亥，公元1227）年，六十七岁，七月二十日殡天。"（第29～31页）（《罗·黄金史》的记载也基本相同）德国蒙古学家海涅什先生认为成吉思汗所患"重病"也许是斑疹伤寒。不管是什么病，我认为成吉思汗因重病去世之说最可靠。不过也有其他种种说法。

二是坠马受伤致死之说。有些文献记载成吉思汗逝世的原因为坠马受伤。然而，成吉思汗狩猎时坠马受伤之事发生于1225年冬季。1227年秋季时，此事已过去近两年时间，因而可认定当时坠马所受之伤已经痊愈。其间成吉思汗在西夏辖地征战一年多时间，这一点也可证实那次坠马所受之伤已经痊愈。

三是中箭受伤致死之说。《马可·波罗游记》记载："后来在围攻一个叫泰津的城堡时，膝部受了箭伤，并且因伤势过重而死去，遗体葬在阿尔泰山。"（第二卷）这段记载有些与众不同，不过只是马可·波罗所闻传言而已。

四是被西夏王妃古尔伯勒津高娃杀害之说。17世纪时期的蒙古族史学家萨敢思辰所著的《蒙古源流》如是记载：

"于是锡都尔固合罕（指西夏王）化为蛇，则主上（指成吉思汗）化为飞禽之王鹍鹏；及其化为虎，则主上化为兽中之王狮子；及其化为童子，则主上化为玉皇上帝焉。锡都尔固合罕遂势穷而被擒矣。锡都尔合罕曰：'杀我则害及汝身，赦我则害及汝嗣。'主上曰：'不妨害我此身，善于我子孙可也。'或射之，或砍之，俱不能伤。锡都尔固合罕曰：'汝等他刃毋能伤我，唯用我靴底所藏之三折叠卷密萨哩钢刀方可。'取出其刀时，又曰：'而今汝等杀我焉，我身若出乳，则害及汝身，若夫出血，则害及汝嗣。再者，汝若自纳我古尔伯勒津高娃，当细细搜检其全身。'于是，用其密萨哩钢刀断其颈而杀之。则其颈出乳焉。既如是杀锡都尔固合罕，纳其古尔伯勒津高娃夫人，并收服密纳克、唐古特国……及夜，寝后，遂伤主上，全体不预。古尔伯勒津高娃夫人乘间逃去，投哈喇江而死矣……由是，主上伤重，沈河弥留……言讫，岁次丁亥，年六十六岁之七月十二日，于灵州城升遐矣。"（卷四，第176～182页）

我认为《蒙古源流》这段记载纯属虚构。类似的记载还有："古尔伯勒津高娃合屯在被窝里藏起刀具，寝时刺伤主上（指成吉思汗），逃走后掉进哈喇江毙命矣……时主上伤重，命息之际……言毕，丁亥年春季末月十六日（即三月十六日。——引用者），六十六岁，逝世于西夏灵州。"（《大黄史》）

实际上，其他文献史料中从未出现过西夏王妃古尔伯勒津高娃，成吉思汗当时也没有从西夏纳妾，而且在西夏投降之前已经逝世。（可是，在伊金霍洛旗成吉思汗陵中至今还供奉着古尔伯勒津高娃合屯的灵柩。）有记载可证实的成吉思汗从西夏纳妾之事是发生于蒙古帝国第三次出征西夏的 1209 年，所纳之妾名叫察合公主。西夏灭亡后，西夏王李睨被处斩，不过当时成吉思汗已逝世，只是消息被封锁而已。由此可认定成吉思汗被西夏王妃古尔伯勒津高娃杀害之说毫无历史依据，将此说记录于此只是为了澄清历史事实。

五是被雷电击毙之说。贵由可汗时期出使蒙古帝国（1245 年 4 月 16 日—1246 年 11 月 13 日）的欧洲人、罗马教皇的使臣普兰迦儿宾所著的《出使蒙古记》（即《普兰迦儿宾行记》）记载："被雷电所击毙。"这只是普兰迦儿宾所闻传言，没有任何可证实的依据。

［13］关于成吉思汗逝世地，相关史料记载均有出入。常见的说法有如下几种。

一是《多桑蒙古史》、《蒙古人民共和国历史》、张振珮所著的《成吉思汗评传》、弗拉基米尔佐夫所著的《成吉思汗》、余元盦所著的《成吉思汗传》、小林高四郎所著的《成吉思汗》等文献记作"清水县西江"。

二是《蒙古黄金史纲》、《蒙古源流》、《罗·黄金史》、柯劭忞所著的《新元史》、屠寄所著的《蒙兀儿史记》等文献记作"灵州"（或"朵儿蔑该巴剌合速"）。

三是剌失德所著的《史集》和史学家官布扎布所著的《恒河之流》记作"六盘山"。

四是《元史·太祖纪》记作"萨里川哈老徒之行宫"。

五是魏源所著《元史新编》记作"六盘山之萨里川行宫"。

此外，《马可·波罗游记》记作"退津"，《世界通史》记作"中兴府"（或"额里合牙"）。

经过仔细探究，我认为成吉思汗在清水县西江逝世之说依据比较

CJSHSJ

充足，原因有以下几点。

其一，1227 年农历闰五月，成吉思汗驻夏于六盘山，六月在那里接见金朝使臣，之后到达清水县西江之地。当时应该是六月末，而成吉思汗患病的时间为七月初五，仅过八天（十二日）便逝世。成吉思汗的主力军无法在这么短的时间内返回六盘山。

其二，从地理位置上看，不存在蒙古军队从清水县到朵儿蔑该巴剌合速（即灵州，今宁夏回族自治区银川市以南黄河东岸的灵武县）的可能性，因为从清水县到朵儿蔑该巴剌合速直线距离为 360 千米（即七百多里地，路程则不下一千里地），路途非常遥远。再说，蒙古军队早在 1226 年 11 月便攻占了朵儿蔑该巴剌合速，所以成吉思汗逝世前没必要再去该地。

其三，有些史料记载成吉思汗攻占大部分西夏辖地，并包围都城额里合牙之后亲自率领军队南下清水县，是为了借南宋之地攻打金朝。在没有达到这一目的的情况下，七月初五患病之前成吉思汗不可能返回。

其四，不存在成吉思汗患病后返回的可能性。成吉思汗患的是急病，又是重病，所以难以赶路。

其五，《金史·撒合辇传》记载："四月，大元既灭西夏，进军陕西……八月，朝廷得清水之报，令有司罢防城及修城丁壮，凡军需租调不急者权停。"有些学者认为此处所记"清水之报"是指成吉思汗逝世的消息，我认为这一说法比较可信，金朝得到了成吉思汗逝世的消息后，才会减少战备工作。

成吉思汗在六盘山逝世之说，可能是采用了比较笼统的地域名。六盘山南北总长二百四十余里，而且还经过清水县地界。再说清水只是一县之地，名号显然没有六盘山响亮。

萨里川哈老徒之行宫在蒙古故地，也就是远在几千里之外。六月身在清水县的成吉思汗七月初五回到萨里川哈老徒之行宫的可能性微乎其微。将成吉思汗逝世时间记载得那么准确的《元史·太祖纪》，怎会对成吉思汗逝世地的记载有这么大的出入呢？我认为这是有意为之。成吉思汗逝世时西夏还未投降，而他临终前曾嘱咐须严密封锁自己逝世的消息。这便是成吉思汗的高明之处，因为这一消息一旦走漏，一会导致内乱，二会导致迫降西夏之事落空。所以，有可能是当时的文官故意将成吉思汗灵柩送达地记作逝世地，但《元史》的作者没有加以考证。

如今，越来越多的中外学者已认可成吉思汗逝世地为清水县的说法，我亦是如此。

清水县位于甘肃省东部，与陕西省毗邻，位于东经106.1°、北纬34.42°。置县于西汉，又称秦州。西江为清水县境内一条小河。

［14］关于成吉思汗灵柩的安葬，相关蒙古语文献的记载如下。

《蒙古黄金史纲》如是记载。

辒车套上衡轭奉载汗的金柩归来之际，雪你惕的吉鲁格台把阿秃儿颂扬主上道：

"你竟似飞翔的鹰翼而逝去吗？

我的主；

你竟成了辚辚之车的载负吗？

我的主；

你竟似翱翔的鹰翼而逝去吗？

我的主；

你竟成了轮转之车的载负吗？

我的主；

你竟似啼鸣的鹰翼而逝去吗？

我的主；

你竟成了隆隆之车的载负吗？

我的主。"

他一边赞唱一边前进，行至穆纳之泥淖处。

辋车之毂陷住，深达辐轴而移动不得，套上许多牲畜都拽不出。

泱泱大国全体黎庶在忧虑，雪你惕的吉鲁格台把阿秃儿禀说：

"我的受长生天所命而降生的英杰圣主，

你抛弃普土大国驾返而去了。

你生前绥服、定统的邦基，

你肇基、立纲的国家，

你所庇护的后妃、皇子，

你所诞育的山岳和土地、水流，乃在彼处；

你清明兴建的汗统，

你威武创立的国家，

你可亲可爱的后妃、皇子，

你的黄金宫阙，乃在彼处；

你精心创立的邦基，

你有缘际遇的后妃、皇子，

你从前管理的众百姓，

你的宗亲、知己，乃在彼处；

你的繁荣的国家，

你净身的水和雪，

你的众蒙古人民，

我所降生的斡难迭里温孛勒答黑和土地、水流，乃在彼处；

你那用枣骝马鬃编制的旗纛和'苏尔德'，

你的战鼓、号角、军笳，

你的说各种语言的百姓，

你所居住的怯禄涟阔迭兀阿剌勒之山和土地、水流，乃在彼处；

你建立丰功以前结缘的孛儿帖哈屯，

你的不峏罕山和土地、水流、营盘，

你的二位忠信的伴侣博尔术与木华黎，

你的完整而且伟大的邦基、法律，乃在彼处；

你的由于神的启示而邂逅的忽兰哈屯，

你的琴瑟、歌舞，

你的泱泱大国的永恒的山水、土地，乃在彼处。

为了哈尔古纳山（即大青山）的温暖，

为了古尔伯勒津的美貌，

为了夏国人庶众多，

你就把可爱的故土蒙古国遗弃了吗？

我的主啊！

你可怜的黄金之命即使超升，

由我们将你那玉宝殿般的灵柩载还故土，

请你那皇后孛儿帖格勒津观看吧，

让你那全体人民瞻仰吧！”

奏毕，汗主垂恩，施以慈悯。于是辒车辚辚徐动，众庶欢欣，运往汗山大地，在那里将臣们为成吉思汗营建了万世陵寝，修筑了永世坚固的八白室。成吉思汗成了将臣们的佑护支柱，成了全体人民的奉祀之神。主圣在世时曾途经此地，表示过赞美与欣赏，据说，当辒车轮毂深没时，众臣庶接到了疑似之诏，把大汗生前所穿的衫子、居住的房子和一只袜子留在那里。而成吉思汗的真身，有人说，葬于不峏罕哈里敦；有人说葬在阿尔泰山之阴、肯特山之阳，名为大鄂托克的地方。（第31～35页）

《蒙古源流》如是记载。

于是，奉其金枢辇舆，凡所属大众人等号啕而行时，苏尼特之吉鲁根巴图尔献颂词曰：

"吾主其如鹰隼而飏去乎！

吾主其如辚然之辋而去乎！

吾主其果遗弃妻孥而去乎！

吾主其果弃乃众庶而去乎！

吾主其如鸦鹊而翔去乎！

吾主其如浮萍而飘去乎！

吾主其享年六十六岁时，

致九族之国于安乐而去乎！"

如是赞颂而行，至穆纳冈时，车轮陷嵌，岿然不动矣。遂以五族人众之马驾而拉之，亦不能移动，凡所有人众，正自忧虞中，苏尼特之吉鲁根巴图尔复奏曰：

"奉苍天之明命而生者，

人中之狮我圣主天子，

既弃汝普国之大众，

乃超生返往上界乎！

君所际遇之原配夫人，

君所创基之国家统绪，

君所治理之人间朝政，

君所经营之大众在彼焉。

君所亲昵之原配夫人，

君所（居止）之金阙宫殿，

君所经营之清平国朝，

君所聚集之隶民在彼焉。

君生身之地沐浴之水，

君之投下蒙古国人众，

君之宪宰诺延诸大臣，

君之生地斡难之德里衮孛勒答黑在彼焉。

君所制枣骝马鬃之战旗，

君所用之鼓铙画角诸器，

君所整备之金阙宫殿，

君所即位之克鲁伦之曲雕阿兰在彼焉。

君所先退之孛儿帖彻辰夫人，

君在吉祥布尔哈图山之大众营地，

君之忠仆博古尔济、木哈黎二人，

君所置备之典章制度在彼焉。

君所神会之妃忽兰夫人，

君之胡笳胡琴等诸般乐器，

君之济苏、济苏凯二美夫人，

君总揽天下之金阙宫殿在彼焉。

君主岂以哈尔古纳山为温暖，

岂以获外邦唐古特之人众，

岂以古尔伯勒津高娃夫人貌美，

而抛弃君之蒙古故国乎？

虽未能保君上之金命，

奉送君如珍宝之圣躯；

俾君之孛儿帖夫人瞻视，

慰君普国大众之所望乎！”

奏毕，则合罕之（神主）降恩，辇舆辚辚而动，群下人众感戴欢喜，遂送合罕于大葬之地焉。

于是，以诸后妃、诸皇子为首，均极号啕致哀，因不能请出其金身，遂造永安之陵寝，并建天下奉戴之八白室焉。乃葬主上之金身于阿勒

台山阴、肯岱山阳。也客斡克之地云。（卷四，第182～185页）

《罗·黄金史》如是记载。

大轮车驾骏马，可汗的金躯被抬上去，返回根据地时，雪你惕人吉鲁格台把阿秃儿唱道：

"我的主啊，

你像展翅的鹞鹰般飞翔而去，

成为辚辚大车的载重，你被驮去！

我的主啊，

你像展翅的苍鹰般飞翔而去，

成为辚辚大车的载重，你被驮去！

我的主啊，

如鸣唱的鸟儿展翅般飞翔而去，

成为辚辚大车的载重，你被驮去！"

这样颂扬着行进到穆纳山嘴大车车轮陷进土里，车不能前进。再加驾五色骏马也拉不动，大家都无能为力。雪你惕人吉鲁格台把阿秃儿唱道：

"永恒的苍天委派你降生到人间，

人中之豪杰，我的圣主啊！

你遗弃你的众多人民，

你回到，回到了极乐世界。

你所建立的朝廷，

你所创立的伟大国家，

与你有缘分的合敦和儿孙，

你所治理的山山水水，

都在那里啊！（用手指着北方）

你所建立的廉洁的朝廷，

你所创建的伟大国家，

你可爱的合敦和儿孙，

你的金宫玉殿，

都在那里啊！（用手指着北方）

你亲手创立的国家，

你命中有缘分的后妃和皇子，

你收复的众多属国，

你的亲人和你的眷属，

都在那里啊！（用手指着北方）

你的国家和人民，

你沐浴的水和雪，

你众多的蒙古人民，

你出生的斡难河的迭里温孛勒答合，

都在那里啊！（用手指着北方）

用骅骝儿马的脑鬃制作的

你的旗帜，

你的国徽，

你的战鼓、号角、胡笳，

你的全体民众，

你的客鲁仑河滨之曲雕阿兰原野，

你登上宝座的净土，

都在那里啊！（用手指着北方）

你成就大业之前知遇的

你的孛儿帖合敦，

你的福地、养育你的山水，

你最亲密的伙伴孛斡儿出、木合黎，

你所热爱的一切，

都在那里啊！（用手指着北方）

你那神遇的忽兰合敦，

你的四弦琴和马头琴的旋律，

你热爱的全体人民，

给你快乐幸福的山山水水，

都在那里啊！（用手指着北方）

你觉得合里温山气候温暖吗？

你觉得古尔伯勒津合敦的容貌美丽吗？

你以为唐兀惕国人口众多吗？

你忘了你故有的蒙古吗？

我的圣主啊！

你可爱的生命已经仙逝，

我们带回你的灵柩玉体！

让你的孛儿帖合敦瞻仰你的遗容，

护送你回到你的故国土地！"

可汗重恩，

大车吱吱呀呀缓缓地向前移动，

所有的人不禁雀跃欢腾。

到达了大葬之地，

玉体永久埋葬在这里。

这里是可汗和臣宰的精神支柱，

全国人民信仰叩拜的圣地！

搭起八顶白色帐房，

永远供祭！

因为圣主成吉思汗在出征西夏途中，曾在穆纳山嘴之巴尔干地区说过这样的话："国破家亡之日，可在这里谋求复兴；和平兴旺之时，可在这里定居发展。饥饿的梅花鹿可在这里繁衍，耄耋之年可在这里颐养天年。"这次载灵柩之车，在这里车轮下陷，不能前进。于是向全国发布命令，将圣主穿过的衣服，住过的帐房，用过的冠带、旧袜子，都运到穆纳山之巴尔干地区埋葬，并筑陵供祭。

真正的成吉思汗陵地，有的说在不儿罕合勒敦山，有的说在阿尔泰北麓、肯特山南麓，伊克兀图克地区。（第二十章第二节，第279～283页）

《大黄史》对相关内容的记载与《蒙古黄金史纲》和《罗·黄金史》的内容基本一致。

从内容上看，可认定这几种记载同源，其中的些许不同之处可能是在抄录的过程中产生的。

［15］"萨里川哈老徒"为《元史·太祖纪》所记。屠寄先生认为这是成吉思汗大斡儿朵所在地，即孛儿帖兀真合屯的斡儿朵所在地，也是成吉思汗灵柩送达地和举哀之地。屠寄先生又记载该地具体位置在"秃忽剌河上源东岸阔迭兀阿剌勒（阔朵额阿剌勒）之西六日程，当在今土谢图汗部中旗噶老台岭下噶老台泊之边"。（《蒙兀儿史记》卷三，第57页）我认为应该是阔朵额阿剌勒之北六日程才对，依据为《元史·明宗纪》中的相关记载。元明宗和世剌为元武宗海山之长子。1325年正月，他在喀剌和林（位于今蒙古国乌兰巴托市以北鄂尔浑河上流东岸）城北即位（元朝第七任皇帝），随后前往上都时途经撒阿里客额儿："天历二年（1325年）正月……丙戌，帝即位于和宁（元代喀剌和林又被称作和宁）之北……三月戊午朔，次洁坚察罕之地……（五月）庚申，次斡耳罕木东……乙亥，次秃忽剌……（六月）庚寅，次撒里之地……己亥，次阔朵之地。"此处所记"撒里"即"撒阿里客额儿"，"阔朵"即"阔朵额阿剌勒"。策·达木丁苏荣先生认为"阔

朵额阿剌勒"也许是今乌兰巴托市东南处巴彦乌拉干山。和世剌可汗应该是从喀剌和林北边的某个地方南行，途经撒阿里客额儿，到达阔朵额阿剌勒。因而可认定撒阿里客额儿位于阔朵额阿剌勒北边。换言之，成吉思汗灵柩送达地、大斡儿朵所在地撒阿里客额儿应该在乌兰巴托市东北，斡难、克鲁伦二河源头附近。而屠寄先生所记"阔迭兀阿剌勒（阔朵额阿剌勒）之西六日程"，也许是因为他认为当时和世剌可汗是从喀剌和林东行，但他可能没有注意到，"帝（和世剌可汗）即位于和宁（元代喀剌和林又被称作和宁）之北"之事。

[16] 蒙古语文献均将成吉思汗的实葬地记作"阿尔泰山之阴、肯特山之阳，名为大鄂托克的地方"。《元史》记作"起辇谷"。《黑鞑事略》中宋使许霆记载："霆见虺没真（即帖木真，指成吉思汗）墓在泸沟河（克鲁伦河）之侧，山水环绕，相传云虺没真生于斯，即死，葬于斯，未知果否。"《蒙古人民共和国历史》记载："遵循成吉思汗遗言，将其灵柩葬于他的出生地肯特山大鄂托克之地。"

[17] 《草木子》记载："元朝官椁，用梡木二片，凿空其中。类人形小大合为棺，置遗体其中，加髹漆毕。则以黄金为圈，三圈定。送至其直北园寝之地深埋之。则用万马蹴平，俟草青方解严，则已漫同平坡。无复考志遗迹，岂复有发掘暴露之患哉，诚旷古所无之典也。"（卷三下，第60页）

此外，《多桑蒙古史》记载："诸将奉柩归蒙古，不欲汗之死讯为人所知。护柩之士卒在此长途中遇人尽杀之。至怯绿连河源成吉思汗之大斡耳朵始发丧，陆续陈柩于其诸大妇之斡耳朵中。诸宗王公主统将等得拖雷赴告，皆自此广大帝国之各地奔丧而来，远道者三月始至。举行丧礼后，葬之于斡难、怯绿连、秃剌三水发源之不儿罕合勒敦诸山之一山中。先时成吉思汗至此处，息一孤树下，默思移时，起而言曰：'将来欲葬于此。'故其诸子尊遗命葬于其地。葬后周围树木养生，成为密林，不复能辨墓在何树之下。其后裔数人，后亦葬于同一林中。命兀良哈部千人守之，免其军役。置诸汗遗像于其地，香烟不息。他人不得入其中，虽成吉思汗四大斡耳朵之人亦然。成吉思汗死后百年，尚保存如是也。"（上册，第150页）

[18]"拖雷汗、蒙格哥可汗、忽必烈可汗、阿里不哥皆附葬于此，他子孙则别葬"，这是《蒙兀儿史记》的记载。而《草木子》中记载元朝所有可汗均葬于起辇谷。

《马可·波罗游记》记载："一切大汗和成吉思汗——他们的第一个主人——死后，都必须葬在一座叫阿尔泰的高山上。无论他们死在什么地方，哪怕相距有一百日的路程，也要把灵柩运往该处，这已经成为皇室一种不可改变的传统惯例。"（第一卷）

张鹏翮所著的《奉使俄罗斯行程录》记载："（从归化城往北，归化城即今呼和浩特市。——引用者)行九里，入祁连山(指大青山。——引用者)……相传元世帝后俱潜厝此山，而不立陵墓。"（第15页）洪钧先生则记载："归化城北非太祖葬地，或即所谓他子孙别葬之地也。"

《察哈尔通志》记载："元朝诸后妃太子的陵墓均在独石口以北毡帽山……而可汗们的陵墓在北，下葬后用万马踏平，不留标号。后妃们的陵墓想必也如此。如今独石口北边不见有陵墓痕迹，因而无从考证。"

[19]《青年之宴》也许就是19世纪时期蒙古族著名文学家尹湛纳希在他的长篇巨著《大元盛世青史演义》中提到的十部引用文献之一《达赖喇嘛所著青年之宴》。不过至今我们还未找到尹湛纳希所说的这本书。

如今，北京图书馆藏有《达赖喇嘛所著青年之宴之诸汗诺颜源流》的影印本。据说该书原本藏于蒙古国乌兰巴托市国立图书馆。该书也许就是尹湛纳希所说的《达赖喇嘛所著青年之宴》。

还有一件有趣的事情：1957年苏联科学院东方研究所把《古代蒙古汗统大黄史》更名为《黄史——十七世纪的蒙古编年史》出版，书中的内容与上面提到的《达赖喇嘛所著青年之宴之诸汗诺颜源流》中的内容几乎一致。因而可认定这两本书是同一本书的两个版本。《达赖喇嘛所著青年之宴之诸汗诺颜源流》这一书名也许是从崇仰和宣传达赖喇嘛的角度所取，或者是后人根据该书开篇第一句话所取，因为这两本书的开头均为："达赖喇嘛所著青年之宴一书言人若忘根与林中之猿无别。"

《黄史——十七世纪的蒙古编年史》的俄译者、注释者沙斯提娜说，书中的这段话引自五世达赖喇嘛阿旺罗桑嘉措（1617—1682年）于癸未年（1643年）用藏文撰写的西藏佛教史《青年之宴》。五世达赖喇嘛所著《青年之宴》将蒙古诸汗的起源与印度、西藏诸王联系到一起，从孛儿帖赤那记载到固什汗。然而，"该书中与蒙古史相关的内容不甚多"。（呼·普尔赖，《阿萨拉克齐史》注释）

值得注意的是，《青年之宴》和《大黄史》的内容与萨敢思辰所著《蒙古源流》的内容几乎一致，只不过前两本书的记载比较简略而已。由此我们可认定《大黄史》便是萨敢思辰撰写《蒙古源流》时所引用的七部文献之一《蒙古诸军统之大黄谱》（详见《蒙古源流》结尾），也可认定《大黄史》不是五世达赖喇嘛所撰。因为萨敢思辰（生于1604年）的《蒙古源流》成书于1663年，开始编撰的时间会更早，五世达赖喇嘛所著的《青年之宴》成书于1643年。我认为在当时的交通和文化条件下，该书到达蒙古地区并被翻译成蒙古文，被萨敢思辰引用的可能性微乎其微。

综上所述，尹湛纳希所引用的《达赖喇嘛所著青年之宴》可能是萨敢思辰所引用的《蒙古诸军统之大黄谱》。

第十章

一代天骄成吉思汗

关于成吉思汗生平事迹，上文基本介绍完毕。仅从记载历史的角度看似乎已经可以收笔。然而，对待成吉思汗这一曾经威震世界的伟大历史人物，很有必要去探究他的精神世界，即其思想、品格以及出神入化的军事和政治才华等各个方面。这也是后人们评判成吉思汗的主要依据。

由于过去各方面历史条件的局限，直接反映成吉思汗思想、品格以及军事和政治才华的史料或记载甚少，流传至今的更是屈指可数。因此，撰写与之相关的内容难度较大，且学术界各执己见，评价不一[1]。

虽说探究成吉思汗的精神世界是件较难的事情，但并不是难若登天。因为在成吉思汗的生平事迹中始终渗透着他的思想、品格以及军事和政治才华如此说来，似乎从哪儿开始写都可以。然而，主张反映历史实际的人们，也就是说以科学的态度面对人类历史的人们，尤其是历史唯物主义者们不会含糊，不会以不负责任的态度对待这个问题，他们面对历

·献文庙铜爵祭器·

史时不会掺杂个人的好恶或某个国家民族的特殊利益等因素。在编撰本书的过程中，我试图实事求是地反映成吉思汗的精神世界。只是碍于学识浅薄，难免会出现心有余而力不足时。不图贡献，只求避免历史事实被扭曲，故在此提出拙见。

68. 蒙古族伟大的政治家——成吉思汗

多数文献史料评价成吉思汗为用兵如神的军事家或杰出的军事统帅。这些评价显然没错，但是仅仅从军事方面不足以评价成吉思汗这位伟大的历史人物。

我认为成吉思汗首先是一位伟大的蒙古族政治家。毛泽东同志曾说："战争——从有私有财产和有阶级以来就开始了的、用以解决阶级和阶级、民族和民族、

国家和国家、政治集团和政治集团之间、在一定发展阶段上的矛盾的一种最高的斗争形式。"（《中国革命战争的战略问题》载《毛泽东选集》第一卷）战争是政治的延续，战争是流血的政治，这是古今中外所有战争共有的性质。12 世纪、13 世纪时期成吉思汗发动的战争亦是如此。成吉思汗是一位古代蒙古族伟大的政治家之说是根据他的重大事迹和特殊经历而言的。

首先，对时势和历史发展方向的清楚认识是成吉思汗成为伟大政治家的基本条件。12 世纪末或 13 世纪初期，即成吉思汗生长的年代是这样的：

"有星的天空旋转，

诸部落混战，

没有人进入自己的卧室，

都去互相抢劫。

有草皮的大地翻转，

诸部落纷战，

没有人睡进自己的被窝，

都去互相攻杀。

…………

"当你父汗（成吉思汗）创建这个国家时，你母亲与他同历艰辛。他们同生死，共命运，从来没有三心二意。他们以衣袖为枕，衣襟为巾，涎水为饮，牙缝中肉为食。"（《蒙古秘史》第 254 节）

当时，蒙古诸部的贵族们腐化堕落，且相互敌对，战乱不断，将百姓推入战争灾难的水深火热之中。金朝统治者们实施"以夷制夷"的阴毒政策，利用蒙古部族之间的矛盾，不断挑起蒙古内部战争的同时多次出兵蒙古地区，进行剿杀和掠夺。

在这种混乱时期，蒙古百姓期盼和平安定的生活，蒙古诸部则期盼统一，从而形成民族共同体进入文明时期。而实现这一大业需要领袖，需要出类拔萃的政治家。

新兴封建贵族的杰出代表帖木真认识到了蒙古社会当时的情况，而他的所作所为与历史发展的规律相符，这些因素促使帖木真成长为伟大的政治家。

其二，动员征募蒙古百姓，组建强大的政治和军事力量，从而战胜所有敌对力量以及建立帝国的过程便是成吉思汗作为伟大政治家的具体且突出的表现。成吉思汗从只有九匹马的孤儿成长为具有几十万大军的蒙古帝国缔造者的历史是一段依靠群力，军队从无到有，势力从弱到强，逐步消灭所有敌人，从而建立大帝国的历史。成吉思汗对蒙古历史甚至对世界历史的发展都具有举足轻重的作用。铸就如此伟业，尤其在中世纪的历史条件下统率几十万大军，且有组织有纪律地做到百战百胜，前提必然是得民心，万众一心才可以。如果成吉思汗是个"只识弯弓射大雕"的一介武夫，他就不可能做到那些，不会有那么多人跟随他、同心协力效忠于他，甚至不惜性命。正如弗拉基米尔佐夫先生所言："众所周知，成吉思汗支持蒙古的草原贵族制，然而在此应当说明的，就是蒙古社会的多

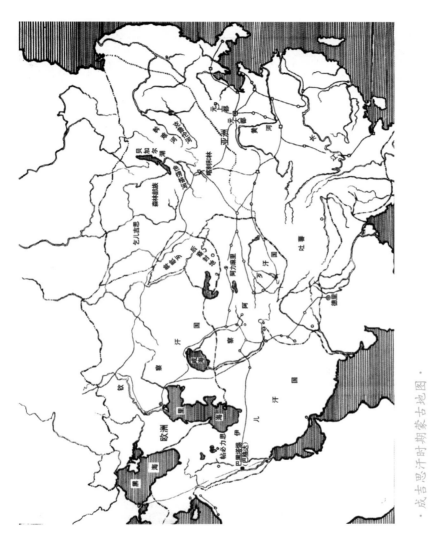

·成吉思汗时期蒙古地图·

数下层阶级屡屡帮助他，与他竭诚协力这件事情。”
（《蒙古社会制度史》第一章第二节，第 139 ～ 140 页）
关于这一点，有很多生动的故事。例如，成吉思汗年
少时曾遭遇几次劫难，因锁儿罕失剌、孛斡儿出、者
勒篾等人的相助才得以逃过那几次劫难；十三翼之战
时亦乞列思部木惕客脱塔黑、孛罗勒歹二人给成吉思

汗送去了札木合正准备率领大军突袭的消息；卯温都儿之战时巴歹、乞失里二人给成吉思汗送去了客列亦惕部王汗欲率精兵突袭的消息；乃蛮部塔阳汗试图与汪古惕部联兵先发制人攻打成吉思汗，不过汪古惕部首领阿剌忽失的吉惕忽里未与乃蛮部联兵，反而将这个消息同乃蛮部信使一起交到成吉思汗处，这件事对成吉思汗征服乃蛮部的战事起到重要的作用。这些事情均说明当时很多蒙古百姓的心都在向成吉思汗靠拢。而成吉思汗得民心的原因是"他的统治十分公正谦和。人民不仅把他当作君王，简直视他为自己的主人。他的善良、伟大的品格远播各地，所以所有的鞑靼人无论住在多么偏远的地方，都愿意服从他的命令"（《马可·波罗游记》第一卷）。

成吉思汗之伟业的成功实际上就是当时的蒙古族杰出人士和他麾下将臣们共同的功劳。他们的杰出代表便是成吉思汗的包括四杰、四先锋、九乌尔鲁克、二猛将（兀鲁兀惕部人主儿扯歹、忙忽惕部人忽余勒答儿）在内的八十八功臣以及成吉思汗"参谋团"的成员们，成吉思汗则是他们的最高领袖、最高统帅。成吉思汗自己也没有把所有的功绩都揽给自己，他首先归功于长生天："蒙长生天佑护，平定了全国百姓。"（《蒙古秘史》第203节）不过始终将将臣们的功劳记在心里，正如蒙古帝国开国大忽里勒台上对蒙力克父亲所言："您与我们共生共长，您有福有吉庆，您的功劳很大，给朕的恩惠很多。例如……朕深感您的恩德，直至朕的子子孙孙，永不忘记！"（《蒙古秘史》第204节）如对孛斡儿出、木华黎二人的夸赞："赞助朕做好事，劝阻朕做不好的事，才使朕得以登上这大位。"（《蒙古秘史》第205节）并对他们逐一进行封赏。

其三，制定正确的路线和政策以及正确的战略和战术是成吉思汗作为杰出政治家的又一个具体的表现。成吉思汗通过不断壮大自身势力以及不断以少胜多战胜强敌的过程将数百年处于割据状态的蒙古诸部统一到一起，从而建立了蒙古民族共同体。这样的历史壮举，只有武力、只会弯弓射箭是难以实现的，它需要正确的路线和政策以及正确的战略和战术。

成吉思汗选择的路线或方针便是先平定蒙古内部的敌人，统一蒙古诸部，再攻灭仇敌金朝。肃清内部敌人时，成吉思汗从篾儿乞惕、塔塔儿等在蒙古内部到处结仇而变成众矢之的的部族开始入手。

成吉思汗选择的策略为拉拢所有可拉拢的势力，利用所有可利用的矛盾，逐一消灭敌人，逐步壮大自己的势力，从而获取最终的胜利。这一策略的主要表现为"联远攻近"战略，这与成吉思汗先统一内部，再以统一之力攻击外敌的大方针相符。例如，成吉思汗第一次攻打篾儿乞惕部的不兀剌客额列之战便是与客列亦惕部王汗、札答剌部札木合二人联兵发起的；第一次出征塔塔儿部时与王汗联盟，又利用了金朝之力；进攻金朝时，与南宋联盟的同时镇压西夏，又利用了契丹军力。

其四，统一蒙古诸部之后，成吉思汗将蒙古帝国治理成一个独立强大的军国主义封建帝国，这是成吉思汗作为伟大政治家的远大志向和重要表现。统一蒙古诸部建立蒙古帝国之后，成吉思汗实施了依法（大札撒）治国之策，这是一个只懂得作战的武夫或没有远见的政客无法做到的。自1206年建立蒙古帝国到1227年逝世，成吉思汗在位22年。自蒙古帝国建立到1271年忽必烈可汗统一中国将国号改为元朝的四十四年时间为蒙古帝国的巩固发展时期。当然，向外扩张的侵略战争也是在这段时间里发生的，不过这是另一个方面的问题。蒙古帝国的建立对蒙古族共同体的形成，甚至对吸取其他国家和民族的文化和文明成果起到了重要作用，开创了蒙古民族的文明时代。

由于蒙古帝国的建立，蒙古族经济（尤其是畜牧业）才得到持续的发展。如果没有经济持续的发展，成吉思汗和他的继承者们发动的征伐战争就不会胜利。蒙古帝国的建立使蒙古族的手工业、农业以及城镇建设得到了快速的发展，尤其是规定畏兀儿体蒙古文为蒙古族统一文字并开始实施教育之事实属蒙古民族文明的里程碑，也是蒙古民族全面发展的关键性起点。
"从铁矿石的冶炼开始，并由于拼音文字的发明及其应用于文献记录而过渡到文明时代。"（《家庭、私有制与国家的起源》第一章）恩格斯的文明起源说同样符合蒙古族历史变迁的过程。

　　本书第五章曾提到乃蛮、汪古惕等部因居住在蒙古地区西部，与开化程度较高的国家民族或部族毗邻而使用文字的时间相对较早。不过，规定畏兀儿体蒙古文为蒙古族官方统一文字的事情则与成吉思汗统一蒙古诸部后重用塔塔统阿等文官之事有必然的联系。关于成吉思汗麾下的文官，相关史料中只记载有塔塔统阿一人。不过乃蛮部统治者们不可能只用塔塔统阿这么一位畏兀儿文人，而成吉思汗征服乃蛮部之后又与畏兀儿人联姻，所以他也不可能只征用塔塔统阿一人，不可能找不到其他塔塔统阿那样的人才或找到后却不征用。

· 白纛 ·

所以，相关史料没有记载其他人或相关记载失传的可能性极大。因而我们可将塔塔统阿视为那些人才中的杰出代表。

·铜制叙利亚文印押·

其五，重视人才是成吉思汗深谋远虑的又一体现，也是他大获成功的主要原因之一。用人问题是古往今来任何国家和民族的统治者们都须面对的问题，也是关乎统治阶级生死存亡的重要的问题。正如毛泽东同志所言："在这个使用干部的问题上，我们民族历史中从来就有两个对立的路线：一个是'任人唯贤'的路线，一个是'任人唯亲'的路线。前者是正派的路线，后者是不正派的路线。"（《中国共产党在民族战争中的地位》载《毛泽东选集》第二卷）用人问题就像是一块"试金石"，考量着那些政治人物。关于成吉思汗的文献史料中不见具体记载其用人策略的例子，不过成吉思汗的生平事迹会间接且明确地告诉我们他的用人策略。例如，成吉思汗"忠臣团"成员的选用问题便是所谓"使用干部的问题"，换言之，成吉思汗是"任人唯贤"，还是"任人唯亲"？关于这个问题，成吉思汗"忠臣团"成员们可给出明确的答案。

包括四杰、四先锋、九乌尔鲁克的成吉思汗八十八功臣中除了没有注明姓氏的十九人，其余人来自三十一个部族，这一点能够反映成吉思汗"忠臣团"的规模。尤其其中包括来自以下部旗的人：札剌亦儿、兀良合、速勒都思、巴牙兀惕、塔儿忽惕等奴从部族，塔塔儿、篾儿乞惕、泰亦赤兀惕、客列亦惕等敌对部族，汪古惕、斡亦剌惕、亦乞列思、翁吉剌惕、豁罗剌思等蒙古尼伦部以外的其他部族。其中还包括起初与成吉思汗为敌、后来诚心归附的人，例如大将者别。此外成吉思汗还重用了畏兀儿人塔塔统阿、巴而术阿儿帖的斤，花剌子模人牙老瓦赤、札八儿火者，契丹人耶律阿海兄弟二人、耶律楚材、石抹明安，女真人粘合重山，汉人郭宝玉、刘仲禄，西夏人察罕、常八斤等异族他国的很多能人贤士。从这一点来看，成吉思汗的用人原则并非"任人唯亲"，而是反映新兴封建统治者兴旺之道的"任人唯贤"。

综上所述，成吉思汗不仅仅是一位军事家，也是一位杰出的政治家，是蒙古族历史上最伟大的政治家、文武双全的国家领袖。

69. 杰出军事家、伟大统帅——成吉思汗

人们评价成吉思汗为用兵如神的军事家，这是有历史依据的。在这方面我的观点如下：

首先，成吉思汗是蒙古族历史中最伟大的军事家。

当然，蒙古族历史中在成吉思汗之前，尤其在成吉思汗时期和之后出现过很多军事组织者、参谋指挥者、将领以及统帅。但没有谁曾达到成吉思汗的高度。在蒙古族历史中出现成吉思汗这样伟大的军事家并非偶然，它有很深的历史和社会基础。

游牧狩猎民族独特的经济生活方式造就了一个善于骑射、不惧危难、不怕艰险的勇敢的蒙古民族，军事在蒙古族历史中占据举足轻重的特殊地位。这便是出现成吉思汗这样伟大的军事家的历史和社会基础。有人认为成吉思汗的军事才华是从某个其他国家和民族的军事家那里学到的。但我认为，蒙古族作为一个历史悠久的古老民族，必然在某些方面受到其他国家和民族的影响。不过碍于历史条件，成吉思汗之前或成吉思汗时期上半段受到外界军事思想熏染的可能性甚小，因而可认定成吉思汗为生长在蒙古社会环境中的具有鲜明蒙古族特色的军事家。

其二，论军事才华，在中国所有封建皇帝和军事家之中成吉思汗是举世无双的。《元史·太祖纪》记载："帝深沉有大略，用兵如神，故能灭国四十，遂平西夏。其奇勋伟绩甚众……"并封成吉思汗为"法天启运圣武皇帝"。在中国历史上首次建立统一封建帝国的秦始皇[2]只是攻灭六个国家，统治的版图仅仅为长城以南、长江以北地区。而成吉思汗建立的蒙古帝国版图横跨欧亚大陆，北起贝加尔湖、南抵黄河、东至朝鲜半岛、西达克里木半岛，"灭国四十（实际上也包括那些独立的部族）"。

举世闻名的《孙子兵法》是由春秋时期伟大军事家孙武[3]所著。然而，据记载孙武亲身经历的战争只有一场，即其率领吴国军队攻打楚国之战。在战争实践方面，孙武难以与成吉思汗相提并论，正如国民党陆军二级上将万耀煌所言："中国之兵学，至孙子而集理论上之大成，至元太祖成吉思汗，而呈实践之巨观。此两人者，遥遥相距千祀，一则援笔以言，一则仗剑以行，卒以造成历史上中国军威震烁欧亚之伟业，发扬数千年中国兵学蓄精养锐之奇辉。"（布尔霖《成吉思汗传》，汉译本"序言"）中国几千年的历史中，如果说军事理论方面的灯塔是孙武，那么军事实践方面永恒的丰碑便是"战神"——成吉思汗。

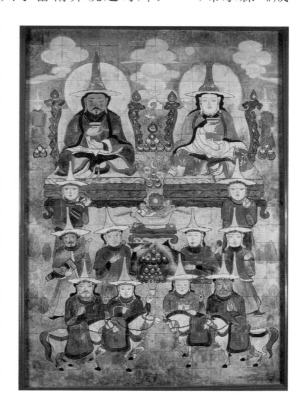

· 成吉思汗陵内成吉思汗家族图 ·

其三，翻阅世界历史，用兵如神且达到成吉思汗那般境界的再无他人。诞生

于成吉思汗逝世前一年（1226年）的波斯史学家志费尼在13世纪中期撰写的《世界征服者史》中概括得很精确："说实话，倘若那善于运筹帷幄、料敌如神的亚历山大活在成吉思汗时代，他会在使计用策方面当成吉思汗的学生，而且，在攻略城池的种种妙策中，他会发现，最好莫如盲目地跟着成吉思汗走……"（上册，第27页）于是，成吉思汗变成亚洲人的骄傲。正如日本军事家、学者饭村穰所言："西方人很是崇拜拿破仑、毛奇、汉尼拔[4]、亚历山大等人，但与孙子、成吉思汗相比，拿破仑、毛奇、汉尼拔、亚历山大等人只能望尘莫及、甘拜下风。孙子、成吉思汗等伟人使得我们东方人昂首挺胸。"当然，这些人都是成吉思汗的崇拜者。而那些仇视成吉思汗的人也是无不佩服成吉思汗卓绝的军事才华，亚美尼亚史学家多桑便是其中的代表人物之一。多桑如是记载："其（成吉思汗）经略之地广大无限，奉之为主者，何止民族百种？其在狂傲之中，竟欲完成世界之侵略，自以为天之国付之……成吉思汗之胜利，盖因其意志之强，才具之富，而使用一切方法有以致之。凡有机可乘，皆以狡计阴谋济其兵力之穷。其破坏行为有类天灾。威名远播，致使被侵之民族畏慑而不敢自卫。"
（《多桑蒙古史》上册，第 151 页）

综上所述，成吉思汗是一位用兵如神的蒙古族伟大军事家，也是一位在中国以及世界历史上留下诸多军事奇迹的"人中之狮圣主天子"（《蒙古源流》）。

那么，成吉思汗的"用兵如神"具体表现在哪里？

其一，成吉思汗统领的武装力量经历了从无到有、从少到多、从弱到强，最终壮大成可征服世界的几十万精锐骑兵之师的过程。"面对强劲的对手、兵强马壮的敌人，当代的库萨和、成吉思汗却是单枪匹马杀出，征服和消灭了从东至西的海内雄长；谁胆敢反对他，他就执行他颁布的札撒和法令，把此人连同他的部属、子女、党羽、军队、国家和土地，统统毁灭干净。"（《世界征服者史》上册，第 27 页）

成吉思汗的军事史为以少胜多的军事史，成吉思汗统一蒙古诸部的战争为以少胜多的战争，其向外扩张的战争亦是如此。例如，成吉思汗出征金朝时几乎所有战役均为以少胜多。成吉思汗以少数兵力一举歼灭金朝三十万大军的浍河堡战役便是最典型的例子。此外，出征西夏以及出征花剌子模的战争均是以少胜多的战争。不仅是成吉思汗亲自率军发动的战争以少胜多，其麾下将领们发动的战争亦是如此。例如，成吉思汗四杰之一木华黎率领区区几万人的军队攻打金朝长达五年有余；先锋大将者别、速别额台率领少数人马远征万里，以所向披靡之势征服了诸多国家和民族。

其二，成吉思汗是一位"常胜将军"。毛泽东同志说："我们不能要求事实上的常胜将军，这是自古以来就很少的。"（《中国革命战争的战略问题》载《毛泽东选集》第一卷）那么，成吉思汗便是"自古以来就很少"的"常胜将军"之一。除了十三翼之战，成吉思汗在其戎马生涯中没有吃过其他败仗。

其三，成吉思汗是个熟练掌握战争规律，并能够出色地遵循和利用战争规律的杰出军事家。"战争的规律——这是任何指导战争的人不能不研究和不能不解决的问题"（《中国革命战争的战略问题》载《毛泽东选集》第一卷）。如果成吉思汗未能掌握好战争规律，他就不可能成为"用兵如神"的军事家。

成吉思汗在掌握战争规律方面的重要表现为他根据时势变化不断调整自己的势力，采取灵活的战略战术。例如，十三翼之战以前军队组织或战术方面以源自古代蒙古氏族制的以"翼"为单位的组织或战斗方式为主，但这一军队组织方式被证实并不适合其统一蒙古诸部的战争。于是，成吉思汗在1204年攻打乃蛮部之前将军队组织方式改为"千户制"，战术方面也有了很大变化。成吉思汗从不盲目坚持任何一种战术。例如，1203年春夏，成吉思汗与客列亦惕部王汗之间的卯温都儿之战中双方伤亡都不小，因此成吉思汗主动退出战场，休整军队并重新组织后，是年秋天通过者者额儿温都儿之战彻底攻灭了客列亦惕军队。

向外扩张的战争中成吉思汗也是采取了灵活的战

术。例如，1213 年第二次攻打金朝都城中都时，由于该城防御森严而久攻不破，于是成吉思汗改变作战计划，兵分三路攻向金朝后方纵深处。另外攻打花剌子模国讹答剌城和西夏都城额里合牙时均使用了该策。

其四，善于观察敌方内部矛盾或分裂，善于利用所有可利用的势力，这也是成吉思汗战略战术中不可或缺的因素之一。例如，成吉思汗出征统治中国北方的强敌金朝时，南宋与金朝之间、西夏与金朝之间、契丹与金朝之间均存在不可调和的矛盾，另外金朝内部也充斥着农民和地主之间的阶级矛盾、汉人和契丹人与女真人之间的民族矛盾以及统治阶级内部投降派和抵抗派之间的矛盾等各方面的矛盾分歧。成吉思汗首先很好地利用了这些矛盾，与南宋联盟的同时几次出征西夏，逼迫西夏进贡、纳赋，充当蒙古帝国的附庸，从而加剧西夏与金朝之间的矛盾。成吉思汗又利用契

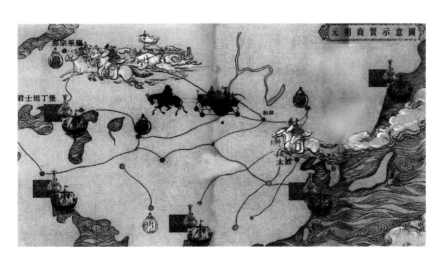

· 元代贸易图 ·

·人物故事图案壁画·

丹人和女真人之间根深蒂固的民族矛盾，支持以耶律留哥为首的反抗金朝的契丹小国，又劝降效力于金朝的很多契丹军和汉军，而那些降将降军则成了成吉思汗出征金朝的战争中不可忽略的军事力量。据不完全统计，1211年到1215年间归降成吉思汗的将领多达三十八人，其中：

1211年归降的将领有耶律捏儿哥（契丹人）、刘柏林（汉人，金朝威宁城防千户）、郭宝玉（汉人，金朝汾阳郡公）、石抹明安（契丹人，金朝西京守将）、张拔都（汉人，本名无从考证）。

1213年归降的将领有史天倪（汉人，金朝万户）、赵珪（汉人，金朝万户）、奥屯世英（女真人，金朝淄州刺史）、赵柔（汉人，山西省保乡民团领袖）、王机（汉人，金朝军队副统军）、焦用（汉人，金朝千户）、杨杰只哥（汉人）、讹鲁不儿（契丹人，金朝居庸关守将）、石抹孛迭儿（契丹人，金朝霸州平曲水寨管民官）、孙吴（汉人，金朝雄州节度使）。

1214年归降的将领有札剌儿（契丹人，金朝乣军统领）、斫答（契丹人，金朝乣军统领）、比涉儿（契丹人，金朝乣军统领）、卢琮（汉人，金朝高州守将）、金朴（汉人，金朝高州守将）、张鲸（汉人，金朝锦州兵马提控）、李守贤（汉人）、邸顺（汉人，义军统领）、耶律忒末（契丹人，金朝都统）、石抹也先（契丹人）、张荣（清州汉人）、薛塔剌海（民族不详，燕京人）。

1215 年归降的将领有攸哈剌拔都（女真人）、乌古伦寅答虎（女真人，金朝上京守将）、石天应（汉人，大地主）、田雄（汉人，金朝北京都统）、杜秀（汉人）、王珣（契丹人）、蒲察七斤（女真人，金朝军队右副元帅）、乞住（民族不详，金朝经略使）、董俊（汉人，金朝藁城守将）、赵迪（汉人，金朝藁城县丞）、鲜卑仲吉（祖先为中山人）。

这些降将多数跟随成吉思汗出征金朝，甚至参加了出征花剌子模和西夏的战争。

以上的例子能够反映成吉思汗的军事策略中存在唯物主义的因素。

70. 有关成吉思汗思想品格之一二

对我而言，全面系统地反映成吉思汗思想品格是个难题，因为目前我还不具备这样的能力。因而，在此记录有关成吉思汗思想品格的一两点，以便读者参考。

其一，成吉思汗特别强调忠心不二，即将臣忠于自己的主人。关于这一点，有不少生动的故事。例如，

1202 年冬天，成吉思汗攻灭泰亦赤兀惕部之后，该部首领塔儿忽台乞邻勒秃黑只身一人逃入森林时，你出古惕巴阿邻部失儿古额秃老人和其阿剌黑、纳牙阿二子捉住了他，随后将他绑在车上送往成吉思汗处。途中纳牙阿说："如果咱们把这个塔儿忽台捉住送去，成吉思汗认为我们是对自己的正主、自己的君主下了手，他将说：'对自己的正主、自己的君主下了手，怎么能是可依靠的人呢？这些人怎么能做我们的友伴呢？把这些不能做友伴，而且对正主、君主下了手的人斩了吧！'这样，咱们不就被斩了吗？咱们不如把塔儿忽台释放了，去见他说：'我们来为成吉思汗效力。我们曾把塔儿忽台捉来，但舍不得自己的正主、君主，怎能看着他被处死呢？就把他放走了。我们诚心诚意地来为您效力。'"失儿古额秃、阿剌黑赞同纳牙阿的话，便释放了塔儿忽台乞邻勒秃黑，父子三人前去投靠了成吉思汗。成吉思汗果然称赞了父子三人："如果你们对自己的君主塔儿忽台乞邻勒秃黑下了手，把他捉来，我就要族诛你们这些对自己的正主、君主下手的人！你们有不忍背叛自己的正主、君主之心，这就对了！"（《蒙古秘史》第 149 节）随后成吉思汗重用了他们，纳牙阿后来被封为万户官。

　　1203 年秋天，在攻灭客列亦惕部的者者额儿温都儿之战中，为了让自己的主人王汗、你勒合桑昆等人逃出战场，王汗麾下的大将只儿斤部人合答黑把阿秃儿率军与成吉思汗军队激战三天三夜，等到主人逃远后才归降成吉思汗。当时，他对成吉思汗说："我厮杀了三夜三天。我怎能眼看着自己的正主、可汗被人捉去杀死呢？我不忍舍弃他。为了使他能有保全性命的机会，我厮杀着。如今，叫我死，我就死！若蒙成吉思汗恩赦，我愿为您效力。"

·日月贺兰山石砚·

（《蒙古秘史》第185节）成吉思汗没有责怪他，将他和一百名只儿斤部人赐给了忽余勒答儿的遗孤。

成吉思汗特别欣赏那些忠心不二的人，也自然会唾弃和严惩那些不忠者。例如，者者额儿温都儿之战后，逃亡的"桑昆和他的同伴、马夫阔阔出以及阔阔出之妻三个人一起同行。桑昆把马交给他的马夫阔阔出牵着，（不料）这马夫牵着他的马，就往回跑。他的妻子说：'穿金衣、吃美食的时候，他不是常说"我的阔阔出"吗？你怎么能这样背弃你的汗逃走呢？'阔阔出说：'你想要桑昆做你的丈夫吗？'他的妻子说'你说我是狗脸皮的女人吗？你把他的金盂给他，留给他舀水喝吧。'于是马夫阔阔出说：'给你金盂！'就把金盂向后抛去，驰马而前。马夫阔阔出来到成吉思汗处，对成吉思汗讲了把桑昆抛弃在荒野上前来的经过，以及他们在那里所说的话。成吉思汗降旨道：'可恩赐其妻。而马

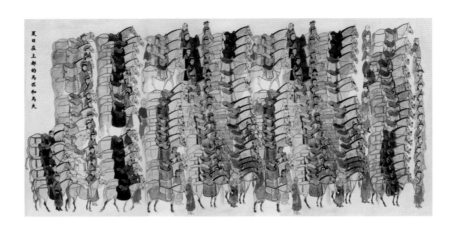

· 夏日在上都的马匹和马夫 ·

夫阔阔出这样遗弃其正主、汗前来，这样的人如今能给谁做伴，谁敢信任？'说着，就命人把他斩了，（把他的尸体）抛弃了"。（《蒙古秘史》第 188 节）

还有一个例子。成吉思汗的宿敌札木合走投无路时，只剩下五个随从，他们登上唐努山猎杀羱羊烤肉充饥时，五个随从捉住了札木合，随后将他押送到成吉思汗处。成吉思汗"降旨道：'怎么能容忍这种侵犯本主的人呢？这种人还能与谁为友伴？可传旨：族斩侵犯本主之人！'于是，当着札木合的面，把下手擒拿札木合的那些人全部斩杀"（《蒙古秘史》第 200 节）。

在自己的亲族、亲信和将臣们中，成吉思汗强调"忠心不二"，这也是他用人的重要条件和标准，因而是成吉思汗思想品格的重要体现之一，正如他所言："奴不忠其主，肯忠他人乎？"（《元史·速不台传》）

其二，成吉思汗主张纪律严明，违者必究。这方面的故事也有不少。例如，1200 年，成吉思汗在答兰捏木儿格思之地第二次攻打塔塔儿部时，其弟合撒儿统领另一支军队驻扎在其他地方。合撒儿从随从者卜客那里听说翁吉剌惕部叛变的传言后没有向成吉思汗通报，擅自率领军队前去掳掠了该部。翁吉剌惕部记恨合撒儿无理掳掠之事，于是他们真的叛变了，去投靠了札木合。成吉思汗得知后大怒，严斥了合撒儿。

1202 年秋季，在攻打塔塔儿部之前，成吉思汗颁布了三条军纪。然而，忽图剌可汗之子阿勒坛、捏坤太子之子忽察儿和把儿坛把阿秃儿季子答里台等成吉思汗三位长辈贪图战利品，违反了军纪。为了整饬军纪，成吉思汗派遣忽必来那颜等人，没收了他们掳掠的所有战利品，分给了众人。后来这三人叛离成吉思汗，投靠了札木合。从后来成吉思汗斥责蒙力克父亲的话语中可确定阿勒坛、忽察儿二人和札木合一样被处以极刑。当时成吉思汗如是斥责蒙力克父亲："你不劝戒你的儿子的毛病，他想与我同样地掌握大权，所以他贴卜腾格里就丢掉了性命！如果早知道你们这副德行，早就把你们像札木合、阿勒坛、忽察儿等人那样地处置了！"（《蒙古秘史》第 246 节）

通过此次战役征服塔塔儿部之后，成吉思汗召集黄金家族成员们召开忽里勒台，决定将比车辖高的塔塔儿男人全部处死。然而，成吉思汗同父异母之弟别勒古台不小心将消息泄露给了塔塔儿人也客扯连。为了"死之前，先找个垫背的杀掉"，塔塔儿人发动暴乱，给成吉思汗军队造成了一定的伤亡。成吉思汗勃然大怒，取消了别勒古台参加黄金家族大忽里勒台的资格。

上述几则故事均是成吉思汗为严格执行纪律而"大义灭亲"的例子。由此看来，成吉思汗可谓是"法律面前人人平等"这一原则的坚决维护者。

其三，成吉思汗是一位极端的复仇者，也是一位仁慈的宽恕者。"仇恨"和"宽恕"似乎无法共存，然而在成吉思汗身上两者的共存体现了其思想品格独特的另一面。

成吉思汗出生在蒙古社会内外俱乱、兵革互兴的昏暗时期，从小到大他的生活中充斥着各种各样的新仇旧恨。这一点造就了成吉思汗有仇必报的心理特征。

成吉思汗按照自己的意愿，在其有生之年前前后后了结了上下几辈人的仇恨，复仇的手段包括"以牙还牙"，还有更为极端的。例如在蒙古内部，成吉思汗征服塔塔儿、泰亦赤兀惕、蔑儿乞惕等部族的同时对这些部族采取复仇手段，尤其对毒害其父也速该把阿秃儿的塔塔儿部，成吉思汗采取了极其残忍的复仇手段。在蒙古以外，成吉思汗首先向杀害其祖先且屡次出兵对蒙古部族进行剿杀和掠夺的宿敌金朝发动毁灭性的攻击战，又将杀害蒙古商人和使臣的中亚大国花剌子模推入战争深渊之中。

在这些过程中成吉思汗表现出他那残忍凶狠的性情，极端的复仇行为使敌方百姓不断遭受战争之灾。这便是成吉思汗作为封建统治者的黑暗面。

然而成吉思汗又是一位爱憎分明的人。换言之，成吉思汗对效忠于自己的亲信、贤相猛将、能人贤士和随从们则是特别仁慈的。所以他才能得到那么多人的拥护和爱戴，才能铸就大业。可以说蒙古历史上的仁政是从成吉思汗那一代开始的。正如弗拉基米尔佐夫先生所言："成吉思汗被称为'气质出众的王子'也并非没有其原因。"（《蒙古社会制度史》第一章第二节，第140页）这方面的故事也有很多。例如，在统一蒙古诸部的战争期间，他在战场上收养曲出、阔阔出、失乞刊忽都忽、孛罗忽勒等四个孤儿；他没有责怪起初敌对自己的者别、合答黑把阿秃儿等人，且信赖并重用了他们；每次战前他都会遣使告知敌方若投降免遭问罪等等。成吉思汗甚至对自己的宿敌也会施予宽恕。例如，始终抵抗成吉思汗统一大业的札木合被捕后，成吉思汗对他表示了宽恕之心："如今咱俩又相会了，咱俩仍然相伴为友吧？（以前）咱俩互相依靠，都是大车的一条辕，你却产生了分离的念头。如今咱俩可以在一起，互

·铜鎏金释迦牟尼像·

·永乐宫壁画——救苦天尊图·

相提醒忘记的事。熟睡不醒时，可以互相唤醒。（前些年）你虽离我而行，终究还是我的有吉庆的安答（义兄弟）。"（《蒙古秘史》第200节）札木合却只求一死，成吉思汗最终才下令处死了这位宿敌。

出征花剌子模时，战败的强敌札兰丁苏丹连人带马跃入印度河后，成吉思汗下令停止射箭。让札兰丁安全渡河逃走的事情也反映了成吉思汗身上英雄相惜且宽容大度的情怀。

此外，成吉思汗总会宽恕那些无意犯错的人。西征花剌子模时，失乞刊忽都忽在一次战役中落败，成吉思汗却没有责怪他，这一点反映了成吉思汗宽容的品性。"关于成吉思汗控制发怒的能力，我们已经拥有不少可靠的证据。有时，当他感觉到宽大待人可以谋求策略时，甚至对违犯纪律的人也没有进行十分严厉的惩罚，虽然他通常对于这点是主张毫不宽待地严惩的……当成吉思汗在他的军队里面建立起最严厉的纪律，和在他的帝国里面树立最严格秩序的时候，他也始终是一个自由、宽大和仁慈的人，这些方面也十分符合草原战士的理想。"（弗拉基米尔佐夫《成吉思汗》第十六章）

成吉思汗在出兵西征时所说的一句话反映了他对待自己的属民和对待敌人的两种截然相反的态度："对待百姓要像温顺的母牛，攻打敌人要像捕食的猛禽。"（《圣武成吉思汗战书》序文）

成吉思汗仁慈宽容的品格造就了他那爱国爱民的情怀，正如他的那句箴言："我的七尺身躯无足轻重，但我们的国家与子民要万世永存！"

其四，成吉思汗是一位信奉长生天的萨满教徒，但他不迷信。在《蒙古秘史》等相关文献史料中，关于成吉思汗信奉长生天的记载很多。例如，《蒙古秘史》第80节记载："帖木真在密林里住了三夜，想要出去，牵着马正走着，他的马鞍子（从马背上）脱落下来。他回头一看，见板胸仍旧扣着，肚带仍旧束着，马鞍却脱落了。他（自言自语地）说：'肚带束着，马鞍脱落倒还有可能，这板胸扣着，鞍子怎么会脱落下来呢？莫不是上天阻止我（走出去）？'于是，他走回（密林）又住了三夜。再次走出来时，（却见）密林出口处有帐庐般大的一块白石倒下来塞住了出口。他说：'莫不是上天阻止我（走出去）？'他又走回（密林）里住了三夜。"《蒙古秘史》第 103 节记载："等到篾儿乞惕人远离之后，帖木真才从不儿罕山下来，捶着胸说道：'……合勒敦不儿罕山，庇护了我蝼蚁之命，惊惧惶恐已极！对不儿罕合勒敦山，每天早晨要祭祀，每天都要祝祷！我的子子孙孙，都要铭记不忘！'说罢，他面向太阳，把腰带挂在颈上，把帽子托在手里，以（另一）手捶胸，面对太阳跪拜了九次，洒奠而祝祷。"策·达木丁苏荣主编、谢再善译的《蒙古秘史》第 149 节记载："成吉思汗为了感谢上天，登上山冈，展开双臂，把带子挂在脖子上，祷祝说：

'我之所以能当国君，

不是靠我的强壮，

而是靠伟大的上天的仁爱，

我才当了国君。

由于上天的惠赐，

我歼灭了逆贼。

我之所以能当合罕，

不是靠我的勇敢，

而是靠伟大的上天的仁爱，

我才当了合罕。

由于上天的仁慈，

我歼灭了外敌。'

他边祝祷边跪拜着。"

《蒙古秘史》第 172 节
记载卯温都儿之战时，成吉
思汗得知斡歌歹失踪，便捶
着胸说："长生天知道！"
此外，成吉思汗每次出征之前都会
向长生天祈祷，甚至有的史料记载
成吉思汗的这种祈祷会持续三天三夜。

· 陶秤砣 ·

这些记载可证实成吉思汗是一位信奉长生天的萨
满教信众，这与当时的蒙古社会状况相吻合。萨满教
是古代蒙古族的原始宗教，也是 13 世纪时期蒙古族最
主要的宗教。13 世纪 40 年代出使蒙古的欧洲人普兰迦
儿宾记载："……他们相信，一个神正在同他们说话。
这个神，他们称之为亦脱哈（itoha）……他们相信万
事万物是被火所净化的。"（《普兰迦儿宾行记》第
三章）比普兰·迦儿宾晚二十年到达蒙古地区的意大
利旅行家马可·波罗记载："他们还崇拜一个叫纳蒂
盖（Natigay）的神。他的塑像被毡子或其他布匹盖着，
供奉在每个家庭中。"（《马可·波罗游记》第一卷）
所记"亦脱哈（itoha）"或"纳蒂盖"也许是萨满教
女巫"亦都干"之古称或异写。成吉思汗崛起后，豁儿赤、
兀孙、阔阔出等萨满教巫师们利用蒙古百姓迷信萨满

教的落后状态，开展了拥立成吉思汗登基的相关宣传工作，1206年蒙古帝国建立后，萨满教获得一定的合法地位。

12、13世纪时期，在乃蛮、客列亦惕、汪古惕等蒙古部族中传入基督教聂思脱里派等其他宗教。但是，"当时萨满教为蒙古地区主要宗教，因而成吉思汗和他的继承者们并不重视其他宗教"（日本文献《亚洲史》）。这是基本符合历史事实的。不过成吉思汗并不排斥其他宗教，其宗教政策也是很正当的。成吉思汗麾下将臣中有多种宗教的信众，有的信仰来自花剌子模的伊斯兰教，有的信仰来自汉、契丹等民族的道教，有的信仰来自西夏的佛教，有的信仰来自客列亦惕、乃蛮等部的基督教聂思脱里派教，等等。成吉思汗的军队进攻合剌契丹时采取了对多种宗教一视同仁的正当政策，从而大获人心，很快便攻占了合剌契丹。

然而，信奉萨满教的成吉思汗并不盲目迷信。就像上文所记《蒙古秘史》第80节的记载："帖木真在密林里住了三夜，想要出去，牵着马正走着，他的马鞍子（从马背上）脱落下来。他回头一看，见板胸仍旧扣着，肚带仍旧束着，马鞍却脱落了。他（自言自语地）说：'肚带束着，马鞍脱落倒还有可能，这板胸扣着，鞍子怎么会脱落下来呢？莫不是上天阻止我（走出去）？'于是，他走回（密林）又住了三夜。再次走出来时，（却见）密林出口处有帐庐般大的一块白石倒下来塞住了出口。他说：'莫不是上天阻止我（走出去）？'他又走回（密林）里住了三夜。就这样共住了九夜，吃的东西没有了。他说：'与其这样无声无息地死去，不如走出去吧。'"这段记载反映了当时的成吉思汗不再相信所谓"上天阻止"，而是变成了相信"人不吃饭会饿死"的唯物主义者。尤其是成吉思汗在关键时刻处死曾经深信不疑的萨满教权威——蒙力克父亲之子阔阔出巫师之事充分说明了成吉思汗是一位权力至上的唯物主义者，而不是盲目迷信者。由此我们能够看出，在成吉思汗那里，权力的扩张比宗教信仰更为重要。

总而言之，成吉思汗是蒙古族古代史中最伟大的人物。作为诞生于战乱年代的世界征服者，成吉思汗戎马一生，他的思想品格中毫无疑问会存在独特的一面，而这一点也是他传奇一生的根源。

· 石雕力士像 ·

71. 如何评价成吉思汗

　　成吉思汗是一位世界级的历史人物，是一位引起古今中外人们关注的焦点人物，因而产生了各种各样关于成吉思汗的评价，我在本章注解［1］中抄录了具有代表性的一些评价。其中包括不同国家和民族、不同阶级、不同宗教信仰、不同职业、不同时期的人们提出的褒贬不一的种种观点和评价。

　　这些观点和评价大致可以分为三个类别：

　　一是全面肯定和赞颂成吉思汗。

　　二是半肯定半否定成吉思汗，即肯定他的前半生或统一蒙古诸部的过程，否定他的后半生或向外扩张的过程。

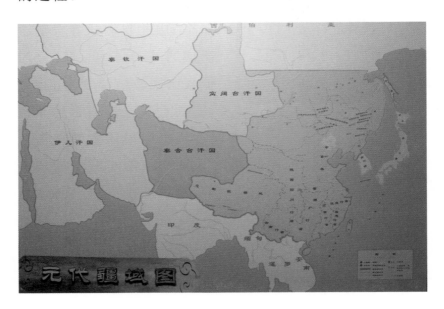

· 元代疆域图 ·

三是全面否定甚至诅咒成吉思汗。

我们作为马克思列宁主义者，看待任何问题都要坚持辩证唯物主义和历史唯物主义。列宁曾指出："在分析任何一个社会问题时，马克思主义理论的绝对要求，就是要把问题提到一定的历史范围之内。"（《论民族自决权》载《列宁选集》第二卷下册）毛泽东也曾指出，"列宁说：马克思主义的最本质的东西，马克思主义的活的灵魂，就在于具体地分析具体的情况"（《矛盾论》载《毛泽东选集》第一卷）。因而我们评价成吉思汗这一历史人物时须注意以下几点。

其一，不能依据现时标准或观念去评价，而是需要"把问题提到"成吉思汗生活的年代，即 12 世纪末 13 世纪初期的蒙古社会、中国以及世界环境的"历史范围之内"才可以。因而我们评价成吉思汗时还要考量他对历史发展起到的作用。人民群众是推动历史进步和发展的根本动力，这是永恒不变的真理。不过，作为推动历史进步和发展的根本动力，人民也需要他们的政治领袖和先进代表。因为，"历史上，任何一个阶级，如果不推举出自己善于组织运动和领导运动的政治领袖和先进代表，就不可能取得统治地位"（《我们运动的迫切任务》载《列宁选集》第一卷上册）。成吉思汗便是蒙古封建贵族的杰出代表。查阅历史，任何国家和民族的"善于组织运动和领导运动的政治领袖和先进代表"多数都是贵族阶级的杰出人物，就算是底层出身的"政治领袖"和"先进代表"，获得一定的地位之后便会跻身于贵族阶级。而成吉思汗正是当时蒙古社会的"政治领袖"和"先进代表"。

其二，以实事求是的态度对待具体问题。我没有全面肯定或全面否定成吉思汗，也没有半肯定半否定成吉思汗，而是在一一剖析他的重大历史事迹后做出自己的评价。具体地说，不能认为成吉思汗的前半生或统一蒙古诸部的过程中不存在不足之处或阴暗面，而且分析问题时要区分轻重。在这期间，成吉思汗的某些政治和军事行为也存在阴暗面。例如，极端地屠杀塔塔儿部百姓；统一蒙古诸部之后没有将精力放在医治蒙古社会长期以来遭受的战争创伤以及治国安民等事情上，而是决定大肆扩张等等。不过，在这期间积极的一面还是大于消极的一面，因而对成吉思汗在这段时间的所作所为应该给予基本肯定。

评价成吉思汗的后半生或向外扩张的过程时也应该采取同样的方法。我联系当时的战争起因和具体情况，经过剖析后认为，成吉思汗向外扩张的战争并不是纯粹的侵略战争。因为一个主权国家或民族的权益被侵犯时，该国家或民族为保护主权而奋起反抗甚至反击之事，在古代社会制度下几乎所有国家和地区均发生过，如今亦是如此。这是合乎情理的正义之举。因而，如果将在其他国家的领土上发动的所有战争都视为侵略战争，便很难解释现代文明世界里发生的很多事情。如果具体地对待具体问题，就没有难以理解的事情了。金朝在蒙古部族实力薄弱且处于割据状态时不断出兵剿杀和掠夺，不断挑拨离间，造成蒙古内部战争，甚至以残忍的手段杀害蒙古贵族。花剌子模国则屠杀蒙古商队，甚至杀害了蒙古帝国全权国使。在这样的情况下，实在难以想象性情暴烈的成吉思汗不会去以牙还牙。别说在当时，就算是当今世界的某个国家或民族遇到这样的情况时，如果他们的国家领导或统治者不采取针对措施或毫无反应的话，就无法向自己的人民交代。不过，成吉思汗的征服战争虽然起初有着反抗民族压迫的正义性质，但在战争进行的过程中使战地百姓遭受灾难，犯下了不可饶恕的罪行。

因而，我们应该具体分析成吉思汗的征服战争，该肯定的则肯定，该否定的则否定，而不能全面肯定或全面否定。

马克思主义讲究看问题一分为二。成吉思汗向外扩张的征服战争存在一定的毁灭性，不过也有打通东西方交通和经济文化交流，将人类文明传播到更广阔领域的积极性。普兰迦儿宾、鲁不鲁克、马可·波罗等人便是沿着成吉思汗行军路最早到达东方的欧洲人。此后过了三百多年，哥伦布发现美洲大陆，不过他的目的地却是中国。他拿着西

· 元代乐舞陶俑 ·

班牙国王写给中国皇帝的国书，沿着马可·波罗返回欧洲的海路一路航行到美洲，他误以为那里就是印度，因而将那里称作"西印度群岛"，将那里的土著人称作"印第安人"。

东方文化随着成吉思汗的征服传入欧洲。这些事例可反映成吉思汗征服战争的影响是世界性的。

其三，关于成吉思汗所杀人数，我们也需要具体分析研究。成吉思汗戎马一生，由他发动的战争规模空前，因而被征服地区的人民毫无疑问会遭受战争之灾。不过，关于成吉思汗到底杀了多少人，从来没有过准确和可信的数据记载，而且在当时的战争环境下做准确数据统计的可能性几乎没有，就算是如今也很难做到。如今，我们所听到的"成吉思汗杀人无数"之说均是传言或推测，其中甚至存在有意或无意加减的情况。例如，成吉思汗的军队攻占花剌子模旧都乌尔坚奇城后，蒙古士兵每人杀了二十四人。据记载，当时蒙古军队人数为五万，这么算来，蒙古军队杀死的人数要达到一百二十万之多。另外，从乌尔坚奇城送往蒙古地区的匠人有十万。（以上数据引自《多桑蒙古史》第一卷第七章）。据记载，蒙古军队攻打乌尔坚奇城时攻六个月未破。这么一来，我们可以提出很多问题，例如，在这六个月的时间里难道没有死人？后来杀了一百二十万，向蒙古地区遣送了十万匠人后还有没有剩下其他人？这么算来，战前乌尔坚奇城居民应该有多少？

我认为这一数据很可疑。若以上述数据为依据，那么当时的乌尔坚奇城显然是个至少有一百五六十万人的大城。这么一来，整个花剌子模的人口会有多少？多桑等人记载花剌子模的军队人数共为四十万。退一步讲，就算是乌尔坚奇城真有那么多人口，那么随之会出现另一个问题：蒙古军队是如何杀死一百二十万人的？众所皆知，13 世纪时期人类社会生产力低下，还处于冷兵器时代，在这样的条件下杀死一百二十万人是何等难的一件事情。士兵人均刺死二十四名乌尔坚奇人，有没有遇到过反抗？以上只是关于数据的分析。另一方面，我们可以与如今的情况相比较分析这个问题。例如，人类历史上最具杀伤力的武器——原子弹。1945 年 8 月 6 日，美国空军在日本广岛市投掷原子弹，三天后又在长崎投掷第二颗原子弹。据记载，这一人类历史上的第一次核难中，广岛市民丧生八万多人，占据广岛市总人口的四分之一。（利德尔·哈特《第二次世界大战史》）长崎市民丧生七万三千多人，即两个城市的市民共丧生十五万多人。这个数目比成吉思汗军队在乌尔坚奇城所杀"一百二十万人"少了很多。然而，那可是世界历史上从未发生过的核难，但也未能彻底毁灭广岛和长崎。据 1950 年的统计，广岛人口为二十五万八千七百，长崎人口为二十四万两千。

其四，我们需要以正确的态度对待成吉思汗发动的战争，以及其他所有战争。没有比战争更大的灾难，

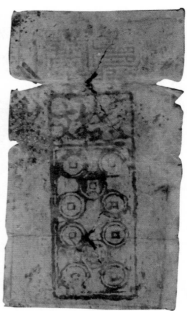

·元代中统元宝交钞·

但战争是人类社会中出现私有财产和阶级之后出现且客观存在的社会现象，至今人类已经经历了几千年的战争史。

"战争——这个人类互相残杀的怪物"也随着人类社会的发展在不断变化。人类已经经历了两次世界大战，局部战争更是从未间断。1914—1918 年间，在帝国主义国家之间爆发的第一次世界大战中，参战国共有三十三个，十五亿多人口被卷入这场大战，伤亡人数达到三千万。1939—1945 年间由德国、意大利、日本三个法西斯国家发动的第二次世界大战的战争规模在人类历史上空前绝后。参战国家达到六十多个，二十亿以上人口被卷入战争，伤亡人数达到六千万。这便是机械化、电气化时代的战争的危害。如今，人类社会已经从原子时代进入电子时代，疯狂的战争分子们不断将新的科学成果首先利用于杀人的勾当上。

作为马克思主义者，我们首先要反对战争。不过我们不会反对所有的战争，而是具体问题具体分析，不反对且支持所有正义战争，反对所有非正义战争。对待历史上发生的战争亦是如此。

我们不主张战争，若没有战争，人类发展会更快。不过我们也不是悲观主义者，人类历史上几千年以来发生过的战争虽然给人类社会造成重创，但也未能毁灭人类，人类社会还在继续发展，科学还在继续发展。而人类的发展最终会彻底消灭"战争——这个人类互相残杀的怪物"。

评价成吉思汗就像对待一切其他事物一样，具体问题要具体分析研究。不能全面肯定或全面否定成吉思汗，也不能肯定其前半生，否定其后半生。而是以实事求是的态度，肯定其该肯定的一面，该否定的一面则要否定。

总而言之，成吉思汗是一位蒙古族历史上的伟大政治家和军事家，也是一位对中国的统一、东西方的连接、世界文明的发展起到无可比拟的作用，做出不朽贡献的世界级历史人物。不过，作为蒙古封建贵族阶级的代表人物，为了满足这一阶级的利益需求，成吉思汗给蒙古民众和被征服地区的人民带去了不可估量的战争灾难和压迫凌辱。相比较成吉思汗的功过，能够肯定的是他对社会和历史的发展起到的积极作用大于消极作用。如何评价成吉思汗的功过，这是个需要继续深入研究的问题。作为历史人物，成吉思汗的丰功伟绩基本可以肯定，如今越来越多的人认同这样的观点。

注　解

　　[1] 成吉思汗是一位世界级的历史人物，是一位引起古今中外人们关注的焦点人物，学者们对成吉思汗的评价不一。为了便于读者朋友们参考，我按照从古至今的顺序，抄录了其中具有代表性的一些评论（而非全盘接受）。列举的次序为蒙古族专家学者的评论、国内专家学者的评论、国外专家学者的评论。

　　一、蒙古语文献及蒙古族专家学者对成吉思汗的评价。

　　《蒙古秘史》的主要内容为成吉思汗的生平事迹，是蒙古"三大圣典"之首。书中有不少评价成吉思汗的内容。例如，该书第 201 节成吉思汗统一蒙古诸部的过程中最主要的敌人之一札木合如是评价成吉思汗：

　　"如今安答你已平定全国，兼并邻部，汗位已归属于你，天下已定，我与你做友伴又有何用？（我若不死，）只怕会使安答你夜里睡不安稳，白天不能安心，只怕会成为你衣领上的虱子、衣襟内的刺。我是一个毛病很多的人，离开安答你另搞一套，以致走上错路。

　　"在这一生中，安答你与我二人的名声，从日出之地到日落之地，人人皆知。安答你有贤明的母亲，生下你这位豪杰，你有能干的弟弟们，你的友伴皆为英豪，你有七十三个战马（般的豪杰），因此我被安答你所打败。而我自幼就失去了父母，又无兄弟，妻子是个长舌婆，友伴没有可依靠的，因此被天命所归的安答你所打败。"（余大钧译注本）

《罗·黄金史》中借孛斡儿出的话如是称赞成吉思汗：

"英雄的也速该是你的父亲，

贤明的诃额仑是你的母亲。

你有九员大臣，

你有五色四夷的国土。

伟大的成吉思汗啊，你有神权，

在你的治理下，

国家繁荣，人民幸福、快乐。

你的儿子们，

天神般英勇无畏，

他们是斡歌歹、拖雷，

你脚下踩着敌人的首级，

跟着你，我们信心百倍。

和你在一起啊，

我们不惧强敌。

大家不要像天鹅雏似的相互猜疑，

更不能相信恶人的甜言蜜语。

敌人来了，我们齐心协力，

奉献出生命，为国家把鲜血洒满大地。

大家莫要像鸳鸯雏似的自相残杀，

不能轻信无信无义者的花言巧语。

敌人来了，我们协同作战，

不顾一切，我们把头颅抛弃。"（色道尔吉汉译本，第七章第一节，第 109 ~ 110 页）

蒙古族近代文学巨匠尹湛纳希在其长篇巨著《大元盛世青史演义》中如是记载："主公从十三岁起，大举义兵，报先主之仇，四面出征，历经跋涉之苦，虎豹之难，遭受饥寒之患，备历欺凌之祸，受尽千难万苦，饱尝人间辛酸，冒百刃之林，渡血水之海，避千死之险，闯万死之关，方到四十五岁。整整奋战三十二年，才荡平万里，降服若干强国。"（黑勒、丁师浩汉译本，下册第 552 页）

1935 年，蒙古族学生理彬在《新蒙古》月刊第一卷第二期上发表论文《伟大的成吉思汗》，该文主要内容如下：

"一、成吉思汗的伟大形象

有些人总是错误理解成吉思汗这一形象，认为成吉思汗是个滥杀无辜的暴君或嗜血如命的魔鬼。这种观点的依据源自成吉思汗对其他国家的征服战争。那么，成吉思汗的征服战争真的是以故意毁坏世界文明为目的的吗？真的是以剿杀和掠夺为乐趣的吗？若真是这样，成吉思汗也就不可能成为伟人或英雄，反而会沦为丧失人性的魔鬼。不过这种观点是荒唐的，是带有诬蔑性的。

作为成吉思汗的后代，我有义务去澄清那些针对圣祖的诬蔑，并有权利去继承和发扬祖先的伟大精神。于是我在仔细查阅很多相关历史文献后，明白了成吉思汗并不是嗜血如命的魔鬼，也不是沉迷于侵略和征服的极端野心家，而是一位慈悲为怀、重视情谊、注意礼节、不会无缘无故使用武力的伟大人物。当然，其性格中也有血腥的一面，不过这是他所处的时代和环境造就的。

二、成吉思汗的立国之功

……建立国家需要具备民众较高的素养、丰富的资源、便利的交通等客观条件。然而，成吉思汗时代不具备这样的条件，这位民族英雄生长在生产力落后的蒙古高原……不惧艰难的成吉思汗在斡难河畔崛起，率领自部消灭泰亦赤兀惕部，利用金朝之力攻灭塔塔儿部，灭王汗，亡乃蛮，最终统一了蒙古诸部，登基成为蒙古帝国开国可汗……

要说成吉思汗铁骑征服的地方，西至中亚的花剌子模和里海以西俄罗斯辖地，南抵印度，以及北边的广袤土地。成吉思汗扩张版图，给帝国江山社稷打下了坚实的基础，也推动了东西方文明的交流。梁启超先生如是评价成吉思汗：'成吉思汗的部落崛起于戈壁北部，几十年间席卷地球东半部，的确是历史上的一股旋风。'从这样的评价中，我们能够看出成吉思汗的威力之大。

三、成吉思汗对世界文明所做的贡献

古代中国的民族状况很复杂。契丹、女真、西夏等民族均被汉族同化，他们的文化也属于中国文化的一部分。成吉思汗在北方崛起，扩张版图，吸收印度、阿拉伯、汉文化以及欧洲文化，使得蒙古文化日趋完善。汉朝、唐朝时期曾出现过几次打通东西方之间交通的机会，不过均没有成功……直到成吉思汗时期才得以打通。虽然成吉思汗是出自扩张版图的目的，但他推动了东西方的文化交流，从而为如今的科学发展打下了基础。关于这一点英国史学家赫瑞如是评价：'蒙古人的征服战争开辟一条崭新的历史道路，以及推动文化交流，由此而产生国家民族之间的联系……'由此看来，成吉思汗对世界文明做出的贡献不可估量。成吉思汗还在支持佛教的传播、支持基督教在东方的传播、使用邮票、整饬军纪、分治军政等方面，在当时具有跨时代的意义……

总而言之，成吉思汗的伟大形象使世人崇仰；成吉思汗的立国之功铭刻在其子孙的心中；成吉思汗对世界文明所做的贡献应得到全世界的赞扬……"

20世纪40年代，阿拉坦鄂齐尔（汉文名金永昌）所著的《圣武成吉思汗战书》中对成吉思汗的评价在当时具有代表性。该书序文中如是记载："我们蒙古人古时霸占亚洲北部大陆，以铁骑之威武书写了举世无双的光荣历史。圣武成吉思汗那恢宏的战争史则是全世界其他国家都无法企及的……我们蒙古人开化甚早，这一点拜读圣武成吉思汗的远征史方可领略。显然，当时的军用盔甲和兵器等均由蒙古人自己生产，军粮和衣物等所有军需也均由蒙古人自己生产。若当时这些军需均从别处觅得，那么何谈征服世界的壮举？"

陶克涛（汉名黄静涛）先生于1957年用汉文编撰的《内蒙古发展概述》（上册）一书可以说是内蒙古自治区蒙古人自己编撰的第一部史书。该书记载：

"综上所述，可以看出13世纪初以后，成吉思汗的活动，确曾使蒙古社会有了很多新变化，而最主要的是建立了国家，并在这个国家内行使了他的王权制度。

"成吉思汗的国家，当然是牧主贵族压迫蒙古人民的工具，但是国家的出现，从社会发展的规律来看，与之前相比，无疑是一种进步。国家依地域划分公民，不但打破了氏族界限，加深了蒙古人关于族的共同体的感觉；而且在促进与加速蒙古族的形成和发展上，亦有重要的作用。

"王权（汗或合罕权）较之原始的混乱纷争，仍然是一个进步。马克思说：'王权是混乱中的秩序的代表。'对于当时的蒙古人来说，王权是正在形成的部族的代表。

"……综上所述，可以说，成吉思汗从某些方面来看（除了其后来的侵略行为），确乎称得上是一个蒙古历史上的英雄人物。他的很多活动和愿望是表现了当时社会经济发展的要求的，这是几百年来蒙古人之所以崇信他、歌颂他的缘故。蒙古人在自己的著作《蒙古秘史》《蒙古源流》《蒙古黄金史》中，在民间文学中，一直将成吉思汗作为'博克多'，作为自己奋发的力量，这不能说完全是一种偶然。

"但如夸大成吉思汗的历史作用也是完全错误的。成吉思汗只是在统一蒙古、解除金人的统治、促进蒙古社会变革方面，起到了一定的作用；在其他方面，成吉思汗所做的则是完全不足取的。但是既然成吉思汗有其历史进步作用的一面，就应予以一定的肯定，而不能取一笔抹杀的观点。某些历史学家视成吉思汗为'残忍的政治家'，是完全'蔑视人类'的屠夫，甚至因此而认为'刻印蛮野性之蒙古史，只能表示有丑恶之叙述'，是完全荒谬的。"（第一编第一章，第42～43页）

1966年出版于乌兰巴托的三卷本《蒙古人民共和国历史》一书中如是记载：

"成吉思汗登上历史舞台的时间恰好赶上蒙古社会生活发生巨变，原有的氏族制解体，新兴生产关系——封建制度出现，建立封建制度政治力量的所有条件成熟且变成历史需求的时代。

"成吉思汗为蒙古新兴封建贵族的代表人物，一生都在为封建贵族阶级的利益而斗争。成吉思汗统一蒙古诸部后在其帝国内部巩固封建制度，一直坚持对庶民百姓实施专政，以及针对其他游牧部族的抵抗实施残忍的镇压。

…………

"帖木真是争夺对人民实施专政权力的封建贵族之一，更是其中的佼佼者，他的组织领导能力和军事指挥能力首屈一指。

"成吉思汗通过长期的斗争，依靠智慧和魄力以及当时的天时地利人和最终战胜了所有的敌人或竞争者，从而统一了蒙古诸部。

"成吉思汗将当时处于散乱和割据状态下的蒙古诸部统一到一起，作为蒙古帝国的缔造者做出很大贡献，但是从1211年开始发动了大规模的向外扩张战争，正是从那时开始，成吉思汗的所作所为显示出他那凶残的一面。由成吉思汗发动的征服战争带给亚欧人民难以估量的灾难，毁灭了被征服地区的历史文明，严重影响了被征服地区的社会发展。"（第一卷第二部，第一编第三章）

道润梯步先生在其新译简注本《蒙古秘史》的序文中写道：

"……再经俺巴孩罕、忽秃刺罕，到了成吉思合罕时代，他从濒于灭亡的境地，与族内外的各种敌对势力展开了曲折复杂的政治斗争和军事斗争。逐渐强大起来后，他用掠夺战争的手段，消除了在各部落之间连亘几百年反复进行的掠夺战争。建立起了以成吉思合罕家族为中心的奴隶主贵族的统一帝国。

"他在斗争过程中，以天力论和忠君说为最高指导原则，敢于破旧立新，明于赏功罚罪，以军政统一、军民统一的组织形式建立了类乎典谟、训诰、誓命的政治秩序，以其亲军为核心，组织起了九十五个千户兵团。这支军队有战必胜、攻必取的力量，人数虽不甚多，然而从战士的天赋素质和战斗能力来说，在当时是举世无敌的，征服了许多经济、文化较为先进的部落，完成了成吉思合罕建立新国家的大业。它生动地展现了历史发展的不平衡的规律。这条规律说明，在一定条件下，落后者可以胜过先进者。这里所谓的"一定条件"，就是成吉思合罕在他的斗争实践中，充分发挥了政治才能，其他各部是没有这个条件的。

"成吉思合罕建立起他强大的帝国后，紧接着就开始了震撼世界的掠夺性大征伐。从史料看，他对金国用兵，是因为金国是杀害他父祖的世仇。对花剌子模的征讨，是由于其无理地杀使挑衅，对欧洲的远征是追逐其宿敌的连锁反映。他创造了新兴的、集中的、强盛的奴隶制国家，战胜并征服了衰老的、割据的、分散的封建制国家。（这个问题有待于从理论上予以系统地阐述）成吉思合罕当然不知道，也不可能知道，他自己在这个时候，已经由社会历史发展的推动者转变为摧残先进生产方式的破坏者了。"

满昌先生所著的《蒙古文学史》中记载：

"蒙古部首领帖木真于1204年统一蒙古诸部，1206年登基，国号大蒙古帝国，汗号成吉思……

"蒙古族经历三个发展阶段，最终走上历史舞台，进入世界民族之林。在这个过程中，蒙古族社会发展经历了一次跳跃——即从奴隶社会初级阶段直接跨入封建社会，与其他先进民族并驾齐驱，最终发展成一个强大的民族。"

《蒙古族历史人物论集》（1981年中国社会科学院出版社出版）中布林、留金锁的论文《略评成吉思汗前半生》如是记载：

"成吉思汗是蒙古历史上的伟大历史人物。他一生的活动，不仅对蒙古历史的发展，而且对整个世界历史的发展也起了很大的影响。"

"12世纪末13世纪初，蒙古社会生产力的发展和当时的历史环境，决定了蒙古社会由氏族制直接向封建制过渡的这一特殊性……蒙古和近邻地区有了广泛的经济联系和政治文化交流，它所接触的以及接受的都是封建制度的产物。在这种影响下，蒙古氏族社会解体后直接过渡到了封建社会。

"成吉思汗之所以完成这个过渡，是由于他在实践中打破了氏族制的传统。"

"成吉思汗之所以在短短的七年间取得统一蒙古的伟大胜利，是因为他具备了许多客观条件。"

"第一，在统一蒙古过程中，成吉思汗并未忽视生产的发展。首先，他安定了多年经受战乱之祸的广大牧民的生产与生活，对战时的征兵措施做了明确规定，从而使广大牧民群众安心于生产。同时，成吉思汗在战胜敌对部落时，对该部落尤其对先进部落的各种工匠采取积极保护和重用的措施，使蒙古社会手工业和建筑业有了很大发展。"

"第二，成吉思汗统一蒙古后，以国家组织代替了氏族组织。"

"第三，采取了新的封建的生产关系。成吉思汗是蒙古新兴的封建阶级的代表人物。统一蒙古后，成吉思汗根据他们的功绩，分别进行封赏，建立了封建的从属关系。"

"第四，成吉思汗打破旧氏族习惯法，制定成文法，在蒙古地区实行法治。"

"第五，打破旧氏族贵族世权，量才用人。在用人方面，成吉思汗不是'嫉贤妒能'的帝王，而是'任人唯贤'的统治者。"

"成吉思汗的宗教政策，基本上也是正确的。他与东西方其他帝王不同，对人们的宗教信仰采取自由政策。"

"成吉思汗发展和巩固了交通事业。他在广阔的大草原上首建驿站。"

"从以上成吉思汗为统一蒙古而执行的政策和一系列具体措施来看，他无疑促进了蒙古社会的发展。仅就这一点来说，在 12 世纪和 13 世纪初的蒙古社会里，他不愧是一个顺应社会发展趋势的进步势力的代表者，这是应该予以肯定的。但是，不言而喻，成吉思汗是蒙古新兴的封建阶级的代表人物，他对内所执行的一切政策、措施，都是为了维护封建主阶级利益，新兴的封建国家给蒙古人民带来的只是残酷的封建统治和剥削。历史事实证明，成吉思汗后半生的一连串的对外扩张和侵略行动无疑是反动的，给被侵略的各国人民带来了极大的灾难，这方面必须予以否定。"

阿拉坦傲其尔先生发表于《内蒙古师范学院学报》的论文《试述成吉思汗对蒙古族历史起到的作用》中写道：

"统一散乱状态下的蒙古诸部，实现蒙古社会的兴旺，推动蒙古民族共同体的形成，以及开创蒙古民族的文明时代，这便是成吉思汗对蒙古族历史起到的不同于前人的作用。

"从事史学研究的一些人以成吉思汗征服战争所犯下的罪责完全

否定了他对人类历史发展起到的作用。这是违背历史唯物主义的做法。依马克思主义的观点，不存在超过集群体作用的个体作用。蒙古军队的征服战争的始作俑者为蒙古封建贵族阶级，不能将一个阶级共同犯下的罪责全部扣到成吉思汗一人身上。蒙古军队的征服战争对毗邻国家、民族和蒙古族本身的发展起到一定的消极作用，但在客观上对中国和世界历史起到了积极作用，而且可认为积极作用大于消极作用。列宁曾指出：'在分析任何一个社会问题时，马克思主义理论的绝对要求，就是要把问题提到一定的历史范围之内。'（《论民族自决权》载《列宁选集》第二卷下册）我们探究成吉思汗对蒙古族历史起到的作用时不能离开蒙古族、蒙古社会、蒙古帝国等基本因素和 12 世纪末 13 世纪初这一时间因素……因而我们必须要正确地评价成吉思汗，必须要充分肯定他对蒙古历史起到的伟大作用。并以此为基础，再结合他对中国历史和世界历史起到的影响去探究，便可认定成吉思汗是一位理应被认可的伟大历史人物。"

二、汉语文献以及汉族专家学者们对成吉思汗的评价。

1221 年出使蒙古帝国的南宋使臣赵珙在其所著《蒙鞑备录》中记载："成吉思少被金人虏为奴婢者，十余年方逃归，所以尽知金国事宜（类此记载不见其他，且不符事实。——引用者）。其人英勇果决，有度量，能容众，敬天地，重信义。"

《元史·太祖纪》记载："帝深沉有大略，用兵如神，故能灭国四十，遂平西夏。其奇勋伟迹甚众，惜乎当时史官不备，或多失于纪载云。"

魏源所著的《元史新编》记载："帝深沉有大略，用兵如神，故能灭国四十，遂平夏克金，有中原三分之二。使舍其攻西域之力，以从事汴京，则不俟太宗（指斡歌歹）而大业定矣。然兵行西海、北海万里之外，昆仑、月窟重译不至之区，皆马足之所蹦，如出入户阔焉。

天地解而雷雨作，鹍鹏运而溟海立，固鸿荒未辟之乾坤矣。"（卷二）

柯劭忞所著的《新元史》记载："天下之势，由分而合，虽阻山限海、异类殊俗，终门于统一。太祖龙兴朔漠，践夏戡金，荡平西域，师行万里，犹出入户阈之内，三代而后未尝有也。天将大九州而一中外，使太祖抉其藩、蹢其途，以穷其兵力之所及，虽谓华、夷之大同，肇于博尔济锦氏可也。"（本纪第三）

鲁迅先生于1934年11月发表的《随便翻翻》中说道：

"'我们'的成吉思汗征服欧洲，是'我们'最阔气的时代。到二十五岁，才知道所谓这'我们'最阔气的时代，其实是蒙古人征服了中国，我们做了奴才。直到今年八月里，因为要查一点故事，翻了三部蒙古史，这才明白蒙古人的征服'斡罗思'，侵入匈奥，还在征服全中国之前，那时的成吉思还不是我们的汗，倒是俄人被奴的资格比我们老，应该他们说'我们的成吉思汗征服中国，是我们最阔气的时代'的。

"我久不看现行的历史教科书了，不知道里面怎么说；但在报章杂志上，却有时还看见以成吉思汗自豪的文章。事情早已过去了，原没有什么大关系，但也许正有着大关系，而且无论如何，总是说些真实的好。"

张振珮先生所著的《成吉思汗评传》中记载：

"（成吉思）汗之一生功业，震铄欧亚，迈越古今……（此处张振珮先生引用了上文所录《元史》《元史新编》《新元史》中对成吉思汗的评价，故略。——引用者）凡此三种见解，均谓汗之功业，仅有武力与权威。魏源复深惜其分兵西域之非，此乃未能熟玩郭宝玉之言也。惟柯劭忞氏谓汗肇建大同之初基，似始放眼于武力威权之外观察汗之功业，惜亦未能透辟言之。首以文化进步史观点评论汗之功业者，实始于西方史学家。但因彼等首先获睹之史籍，均为汗之仇雠暴行，故虽著名文化史学家如桑戴克等，亦未能洞察其底蕴。直至著名史学家韦尔斯著《世界史纲》，对汗及其后裔建立之功业，始有比较正确之评价……韦氏此评，第一郑重指出汗之伟绩在于影响人类观念之扩大，第二盛道欧亚交通开辟之功，第三则昭告汗有传播知识及制造方法之功劳。读此可以了解汗之功业，绝不限于武力与权威，而其成就，不愧为现代世界文明之桥梁、中华民族之基石也。"（第十一章，第131～132页）

"吾人评述成吉思汗之生平既竟，不禁重有感焉。汗以朔漠之雄，奋其神武，使宋末分崩离析之局重归于统一。东起渤海，西至里海，汗以铁的纪律统御其地。往日部落与部落间永续不断之战争既以戢止，行旅商贩遂得长享和平安宁之幸福，东西之文化互通，近世之文明斯启，论者谓汗终身虽从事于战争，而其成就则在取得人类之和平。马可·波罗于汗之死，谓为'廉明之人之大损失'，探本之论也。乃曩者史家不察，竟谓汗以恐怖为治法，以屠杀为常规，几使成吉思汗一名为严酷残暴之象征，抑何诬妄之甚耶？

"综观本书各章所述之史迹，则可知汗固非甘黩武自嬉者。概括言之，汗之作战，多出于自卫而应战。汗之杀戮，亦皆出于情势之不得已。其功泰赤乌也，既系显然出于自卫。其初功蔑儿乞，亦为夺还被劫之爱妻。塔塔儿有杀父之仇、札木合多反复之迹、王罕负恩、乃蛮挑战，凡此事例，独可谓其时汗之实力未充，不能自行攻伐。但即就丙寅即位以后之事而论，西夏纳叛，金为世仇，花剌子模杀使绝商，信使历历，可资覆按。稍有血气，难忍须史，况在以匡济为心之伟丈夫，宁能缓其问罪之师耶？"（"结论"，第149页）

杨志玖先生于1954年发表的论文《成吉思汗的历史地位》（《历史教学》杂志1954年第十期）是中华人民共和国成立初期最具代表性的关于成吉思汗的论文之一。该论文由五节组成，其中第五节论述了成吉思汗的历史地位，其主要内容为：

"根据以上的叙述，成吉思汗的历史地位可概述如下：成吉思汗兴起前，蒙古是个被统治的、落后的部族。它的内部包含着许多大大小小的氏族集团，只有一种很松懈的联合，彼此常有纠纷。由于金朝的分化政策，它又和邻近的部族常生战争，因而削弱了彼此的力量。在社会制度方面，它正从瓦解的氏族制向封建制过渡，因而需要一个社会制度的变革以推动社会的前进。

"成吉思汗的兴起适应了统一蒙古和改革社会的要求，因而获得了极大的社会力量，使他的事业得以成功。成吉思汗兴起后，不但统一了分散的蒙古部族，而且统一了整个漠北诸部，因而壮大了蒙古的力量，摆脱了金朝的统治和压迫。

"成吉思汗的改革事业，确立了蒙古的封建制度，巩固了蒙古人精神和物质生活。

"成吉思汗的兴起，将部落之间不间断的战争消灭，赋予商队以从未有过的安宁。使人头顶金盘，自东徂西，竟没有人敢侵犯。这就保障了交通和商业的安全，促进东方和西方的经济文化交流。

"成吉思汗的兴起，改变了蒙古部族的落后状态，使被人轻视的、无人知晓的部族的名字震惊了当时的世界，大大提高了蒙古人在世界上的地位。虽然蒙古帝国最终灭亡了，但蒙古民族从此保持了它的独立性而延续至今，并且以有成吉思汗和蒙古帝国的辉煌历史而感到自豪。成吉思汗变成了号召蒙古民族团结、唤起蒙古民族自尊心和自信心的英雄。

"当然，我们不应忘记，成吉思汗是蒙古统治阶级的代表者，他的一切活动，主要是为了他自身、他的宗室和亲族的利益。虽然某些方面和人民的利益一致，但和人民利益冲突的地方也有很多。在对钦察人的征伐中，连十三四的小孩也被征发从军。对外战争使蒙古人民遭受伤亡，离家万里而散之四方，而主要的俘获物资和奴隶则归蒙古贵族所占有。蒙古入主中原后，蒙古人民的生活也不见好转。在山东、河南的蒙古军前往甘肃驻防时为了准备行军物资，必须卖掉田产甚至妻子，有的蒙古子女甚至被卖为回回和汉人的奴婢，甚或被人贩到国外做奴隶贸易。蒙古人民也和被压迫的汉族人民一样，成为统治阶级剥削的对象。

"我们指出这点，并不想抹杀成吉思汗的主要历史功绩，只是想说明成吉思汗作为统治者的阶级的局限性，这也是历史上任何统治阶级所共同拥有的。

"同样应该指出，在阶级社会里是避免不了民族（或种族）压迫的。成吉思汗和他的后人对中国或其他国家的统治，除了阶级压迫外，还有民族（种族）压迫，所以在元朝统治下的汉族人民对这压迫的反抗就是正义的行动。"

余元庵先生于 1955 年撰写的《成吉思汗传》中写道：

"由于蒙古地区的统一，诸部落之间的隔离障壁被打破了，经济联系加强了，牧民生活安定了，生产力也发展了。显而易见，蒙古人民的生活水平与统一之前相比无疑是提高了，因此成吉思汗促使蒙古迅速地完成统一，对当时蒙古人民来说是起着进步作用的。

"蒙古地区的统一，促成了蒙古人民的团结，增强了保卫蒙古族的力量，从而把蒙古族从女真贵族的掠夺、剿杀之下拯救出来，并为发展蒙古人民的畜牧经济、手工业生产创造了社会条件。"

"成吉思汗在征服蒙古诸部落的过程中，为增强自己的力量而建立了军事组织、护卫制度（这类制度在成吉思汗征服其他蒙古部落如客列亦惕部之前，已经实行，成吉思汗又加以整顿，使之更趋完备）、政治制度、行政区划（千户制）、宫务管理，并制定了法律条例，又将畏兀儿字输入蒙古。这些措施，使原来没有秩序、没有比较完备的制度、没有组织、没有文字的蒙古社会向前推进了一步，这一切在蒙古历史上也是起着一定的积极作用的。而其中的行政区划的设置大大削弱了氏族制的血缘关系，使封建制度得到进一步发展。"

"而且，由于成吉思汗建立了广大的帝国，蒙古人从此跃登世界历史舞台，蒙古由一个被人轻视的小部落成为声名响彻于世界的蒙古帝国。

"成吉思汗在蒙古历史上所起的积极作用，如上所述；但是这并不等于说他在整个人类历史上也是起着那样的作用。恰恰相反，他在征服蒙古诸部后，为了巩固内部的统治，为了夺取领土和财富，发动了向外扩张的战争，这样的战争是侵略性战争。他在侵略战争中，为了达到战胜对方的目的，不惜大量屠杀对方国家的百姓及失去战斗力的降卒，焚毁城郭，破坏一切文化成果，造成了被征服地区特别是中亚细亚的几个世纪的落后，因此他在世界历史上是起着破坏作用的。他为了行军而修建了很多道路，在占领了欧、亚广大领土之后，为了联系帝国各地而建立了驿站制度，使东西交通畅达，加强了商品及文化的交流，在客观上起到了一定的积极作用，但是所有这些积极作用都抵消不了他给被征服地区的百姓带来的灾难。这就是马克思主义者在讲述世界历史或有关各国的历史时没有肯定他的历史地位的缘故。"

（第 86 ~ 88 页）

周庆基先生所著的《成吉思汗》（1955 年上海新知识出版社出版）在"简短的结论"部分写道：

"成吉思汗是蒙古历史上的一个伟大人物，他对蒙古社会产生了很大影响。他的观念和愿望符合当时蒙古社会经济发展的要求，他的事业促进了蒙古社会经济的发展，他在蒙古历史上是起了一定的积极作用的。

"成吉思汗生活在蒙古历史发生转变的年代里，当时蒙古的氏族制度已经开始解体，阶级的分化日趋明显，封建的因素也开始萌芽，生产力的发展要求打破陈旧的生产关系。成吉思汗统一了蒙古，终止了部落和氏族之间的不断混战，使蒙古的生产力在新的统一的情况下，获得进一步发展的可能。他即位后的一切措施，都给旧的氏族制度以致命的打击，促进了蒙古国家的形成，也促进了蒙古族从奴隶社会向封建社会的转化。

"在成吉思汗的统治下，蒙古很快地成为一个强盛的国家，经济和文化都开始迅速发展，蒙古不再是一些涣散的、落后的部落了，它摆脱了金国的控制，这一切对蒙古人民来说都是有利的。

"成吉思汗的事业虽然有利于蒙古人民和蒙古社会经济的发展，但是仍然不可避免地要受他自己的阶级和时代所限制。对内，他是蒙古封建贵族的代表者，他的一切行为的目的都是为了巩固正在形成中的封建制度，迫使人民服从贵族，加强贵族阶级的统治；对外，他为了掠夺牧地、奴隶和财富，发动了大规模的战争。

"成吉思汗和他的后继者们的战争，虽然使蒙古接触了高度发展的封建经济和文化，促使蒙古的社会向更高的阶段发展，但是这些战争却给被征服的国家带来了莫大的灾害，给予亚洲和欧洲的历史以巨大的影响……

"总之，成吉思汗和他的后继者们的对外战争，加速了蒙古社会的进步，而蒙古社会的进步却使得许多国家的人民付出了惨重的代价。"（第 45 ~ 46 页）

南京大学教授、蒙古学家韩儒林先生在《历史研究》杂志 1962 年第三期上发表了论文《论成吉思汗》，以下为该论文的内容摘录：

"过去有些历史家完全否定了成吉思汗。他们强调蒙古人在战争中的屠杀和破坏，看不见成吉思汗在历史上所起的进步作用。对成吉思汗有好评的人，例如 13 世纪末期亲身到过中国的意大利人马可·波罗，法国历史家茹安维尔（1224—1317年），以及小阿美尼亚的海敦和谷儿只的历史家等，他们的评论各有所偏。因此我们今天就成吉思汗在蒙古民族历史上、中国历史上、世界历史上所起的作用继续加以考察，看来是有必要的……"

"有星的天

旋转着

众百姓反了

不进自己的卧内

互相抢掠财物

有草皮的地

翻转着

全部百姓反了

不卧自己被儿里

相互攻打

…………

"《元朝秘史》第254节这首诗歌真实地说明了12世纪末蒙古高原上社会混乱的局面。这种混乱局面是当时各部落间的复仇和掠夺战争造成的。13世纪波斯的历史学家也说：'在成吉思汗出现之前，他们没有首领或君长。每一个或两个部落分散地居住着，他们互相不联合，他们之间进行着不断的战争和敌对行动。其中有的人把抢掠和暴行、不道德和放荡视为英勇和美德的行为。金朝皇帝经常强索或掠取他们的财富。'蒙古广大人民处在这种无休止的战争中，遭受了很大的灾难。当时谁能统一各部落、制止抢掠和残杀，谁就会受到人民的拥戴和歌颂，谁就推动了历史向前发展。成吉思汗就是完成这一伟大历史任务的人物。

"当时蒙古高原上的部落很多，大体说来，以成吉思汗为首，以克鲁伦、鄂嫩、土拉三河发源处为根据地的蒙古诸部落是一个集团。在它的东方的呼伦、贝尔两湖及额尔古纳河一带十几个部落是一个集团，其中以塔塔儿为最大。此外，土拉河流域有克烈集团，色楞格河下游有蔑儿乞集团，这两个集团的西方是阿尔泰山地区的乃蛮国。这几个集团进行的长期复仇战和掠夺战，使蒙古陷于分裂和混乱。最后，成吉思汗把他们都打败了，把蒙古统一了，人民才得到了安定。当然，成吉思汗和其他几个集团的首领一样，主观上不是为了人民的安定，而是为了满足'恶劣情欲——贪欲和权势欲'而进行战争的。"

"……自从成吉思汗统一各部落后，有不少非蒙古族的人民也被吸收进去。于是蒙古顿时成为一个势力强大、人口众多的共同体。我们当然不能说有了成吉思汗才有了蒙古族，但成吉思汗的统一事业对蒙古族的形成起到了很大的推动作用，这是不能否认的。至少我们可以说，伟大的蒙古族在世界历史的舞台上的重要作用，是从成吉思汗开始的。

"对于以成吉思汗为首的贵族来讲，掠夺所得比劳动所得还要光荣。因此蒙古统一之后，虽然社会秩序安定了，可是他们并不从事畜牧业，而是迫使蒙古牧民远离蒙古高原，深入邻国进行大规模的掠夺战争……"

"中国北方自安史之乱后，就陷于割据状态。自契丹族占据燕云十六州，白沟河便成了契丹、北宋两国不可逾越的深渊。十二世纪初女真南下，更把中国从潍河中游拦腰切断分成两个天下。此外，西夏据河西，西辽也建国于新疆及其以西的地区。成吉思汗兴起时，中国正处在这样四分五裂的衰落局面……"

"成吉思汗摧毁了或开始摧毁这几个处在腐朽阶段的王朝，使汉唐以来我们多民族的大国又恢复了原貌……"

"在我国历史上，北方少数民族有许多杰出的首领：匈奴的冒顿，突厥的土门、室点密兄弟，回纥的怀人可汗，都是盖世之雄。但是为何他们都不能进入中原，唯独成吉思汗及其后人能成功呢？看来不是成吉思汗比冒顿等人更有才干或武力更强大，而是当时中国北方特别腐朽，和以上诸人所面对的汉唐时代，形势大不相同。

"当时西夏最小，它'抗衡辽、金、宋三国，倔乡无常，视三国之势强弱以为异同焉'。可是成吉思汗对这样一个小国攻打了四次，临死还没见到其灭亡。可见他的武力并不是无敌的。

"蒙古和金国之间的战争最久，战祸也最残酷，有人把'河朔生灵尽''白骨纵横似乱麻'的责任都推给成吉思汗，是不是公平呢？我们详细分析一下金国内部的情况，认为结论不是那样的简单。

"当时的金国逐渐走向衰落，蒙古兵一踏进金国的国境，所有矛盾都暴露出来了……"

"可见成吉思汗兴起时，金朝已处在瓦解的前期。除了南宋与金国、西夏与金国、蒙古与金国、契丹与金国的战争外，金国内部还有农民与地主的阶级矛盾，汉族、契丹族与女真政权的民族矛盾，也有地主阶段内部存在的继续效忠女真皇帝和降服蒙古可汗的矛盾。在遍地战火的中国北方，无数人死亡了，很多良田沃土荒废了，农业生产受到了严重的破坏，金国山东、河北、山西、河南到处缺粮，百姓普遍处于饥饿状态，有的地方竟到了人吃人的地步……那么我们若把所有这一切灾难完全推到成吉思汗身上，显然是不符合事实的。

"可是这些灾难的某些部分究竟是成吉思汗造成的。成吉思汗初入中原，目的只在抢掠财物，不在占有土地，金国大河以北虽说只有十一个州县没有被攻下，可是接受金国降款后，他就退出居庸关了。蒙古以畜牧为业，不需要大量劳动力，因而屠杀人民，毫不顾惜……"

"……蒙古受地理条件的限制，除了为畜牧狩猎服务的简陋手工业外，当时其他技术工人，不仅极端缺乏，甚至根本没有，成吉思汗为了军事的需要，竭力输入当时世界上最先进的军事经验和技术。他从中原召集了大批手工业技术人员——造弓的、造甲的、造鸣镝的、造攻战之具的、造火炮的以及造金汁炮的等等，改进了他们的武器，间接地也提高了他们手工业的技能。他又从中原输入造桥技术、符牌与驿站制度，来改善他们的交通条件，重用中原医生来改善蒙古的医疗和卫生，更迁移大量农民到漠北，发展蒙古农业。成吉思汗的主观意图虽然是用这些农民、技术人员和手工业工人加强武力，进行掠夺战争，但同时也改善了蒙古的物质生活条件，发展了生产力，对蒙古人民是起积极作用的。不过这一点积极作用是建立在广大中原人民的痛苦和死亡上的。因沿途缺乏食物，大批成吉思汗向漠北迁移的农民和工人死亡，就是到了漠北，由于地理环境突变，后来也有大批成吉思汗向漠北迁移的农民和工人再迁回中原，利害得失衡量起来，代价显然是太大了。

"成吉思汗让太平洋西到里海间疆界都消失了。在当时的世界上，中国是经济文化发展的国家之一，中国的经济文化发展的水平最高。大批外族进入中国、大批少数民族移居内地后，他们都得到了发挥才能的机会，特别是进入内地的少数民族在散文、诗歌、书法、绘画上，在医药和农业科学上都做出了卓越的贡献。

"成吉思汗所建立的王朝，在中国的历史大背景下，其社会经济是发展了呢，还是衰退了呢？有些大汉族主义历史学家有少数民族做中国皇帝的时代必为黑暗时代的偏见，抓住一些符合自己需要的史料，把那个时代渲染成了人间地狱……任何封建王朝都是民族的监狱，在一定的时期或一定的条件下，民族矛盾都会变得突出，要说蒙古王朝没有一线光明，是不符合历史事实的。

"从成吉思汗到元顺帝，总的来看，这个王朝可分两个阶段。忽必烈以前，政权是统一的，政治中心在和林，经济文化高度发展的汉族地区只是国家的一部分，蒙古贵族仅遣人搜刮、索取，却没把全部力量投到这里。忽必烈以后，西北藩属独立，政权分裂，他仅仅占有东方……"

"蒙古统治者在经济落后的边疆地区实行的屯田政策十分成功，这种屯田政策从成吉思汗开始实行。他迁移大批汉族农民到漠北，委任镇海管理，进行垦殖。之后，他的子孙继续执行这种政策……从蒙古的鄂尔浑河流域到西南诸省，开辟了汉唐两代所未曾开辟过的土地。

"蒙古统治者为了养马，把牧地也扩大了……"

"虽然蒙古皇帝加强屯田和马政的目的，在于镇压国内各族人民、解决粮饷和交通工具的问题，但耕地面积和牧地范围扩大了，农产品和牲畜的数量增加了，对社会经济的发展是有利的，这不正是所谓'祸兮福所倚'吗？

"元代地方官的升降往往由其对农业增产有无成绩来决定。就当时留下的生产数字来看，至少在一定时期内，生产力确实年年有所增加的……若说元代由于蒙古人做皇帝，社会经济趋于萎缩，显然也是不符合历史事实的。

"历史学家说成吉思汗一生曾'灭国四十'，他所灭的西域各国，当然也在这个数目之内，这些国家的奴隶主或封建主为了巩固自己的统治，把自己的国家看成禁区，封闭本国人民的耳目，与世隔绝。他们只希望自己国家的人民浑浑噩噩，愚昧忠顺，千秋万代供他们一家一姓任意压迫和剥削。如今'一代天骄成吉思汗'出现了，他的战马冲破了大大小小'四十'个国家封禁人民的铜墙铁壁，使这些国家的人民看见了更大的世界，看见了更先进的文化，从历史发展的趋势看，成吉思汗难道是该否定的吗？灭国四十是不会没有流血和破坏的，我们应该拥护各国大小奴隶主、封建主的封锁禁闭呢，还是赞成成吉思汗打破封闭、给各族人民在经济文化上创造互相交流互相学习的条件呢？对社会发展起推动作用的是封闭呢，还是冲破封闭呢？答案当然不会是前者。"

"成吉思汗把东西交通大道上的此疆彼界消除了，把阻碍经济文化交流的堡垒削平了，于是东西方的交往开始频繁，距离开始缩短了。中国的创造发明如火药、纸币、驿站制度等输出到西方，西方的药物、织造品、天文历法等也输入了中国。"

1962 年 6 月 22 日至 29 日，内蒙古史学会在呼和浩特市召开了纪念成吉思汗诞生 800 周年蒙古史科学讨论会。从事蒙古史研究的不少国内专家学者参加了此次讨论会。此次讨论会应该是成吉思汗研究史上的第一次大型学术活动。关于专家学者们在讨论会上发表的有关成吉思汗的论述，《历史研究》杂志 1962 年第四期如是记载：

"对成吉思汗的评价：大家普遍认为成吉思汗是蒙古族的英雄，是我国历史上的一位杰出的帝王。与会者对他的生平活动从三个方面进行了讨论。

"成吉思汗对蒙古族的历史贡献。大家普遍认为应当充分肯定成吉思汗对蒙古民族的历史贡献。成吉思汗建立蒙古汗国，把分散在蒙古草原上的各个游牧部落团结在一起，从此开始形成蒙古民族。蒙古汗国建立后，蒙古族的经济、政治和文化得到了很大的发展，畜牧业水平有了提高，蒙古地区发展了种植业和手工业，出现了民族的城市，产生了民族的文字，蒙古社会有了比较迅速的进步。有人认为，在我们多民族国家的历史上，不论哪一个兄弟民族的形成和发展都是我国历史上的大事，蒙古民族在成吉思汗时代开始形成之后，一直繁衍至今，因此成吉思汗的功绩是不容抹杀的。有人认为，成吉思汗是 12 世纪末 13 世纪初蒙古社会进步过程中的代表人物。

"对成吉思汗在建立蒙古汗国的斗争中所表现出的个人作用，大家给予了很高的评价，认为成吉思汗是知人善任、具有雄才大略的政治家，用兵如神的统帅。有人还认为，成吉思汗素有统一蒙古各部的强烈愿望，这在客观上反映了人民的要求。

"成吉思汗的南进中原问题，成吉思汗建立的蒙古汗国为我国元代大统一打下了基础，而元代大统一结束了我国历史上的宋、金、夏、吐蕃、大理等国分裂割据的局面，对我国统一的多民族国家的形成和发展有重要贡献，这是大家一致的看法。讨论中还提到，蒙古族同中原的联系是由来已久的，成吉思汗及其后人的南进中原和入主全国是当时经济、政治发展的结果，有着深刻的客观必然性。

"在具体分析成吉思汗对金和西夏的战争时，有下述几种异同交错的意见。

"有人认为，成吉思汗攻金，就战争本身来说是反动战争，目的在于掠夺财富。声称报仇，不过是借口。只是从长远后果上看，这场战争在客观上对后来的元朝统一全国有利。有人还认为蒙古军队在伐金灭夏的过程中对华北、河西进行了巨大的破坏，对一些城市进行残酷的屠洗，这些都是有害的，是当时走向全国大统一的过程中付出的代价。在阶级社会，每次较大的历史进步，都常常要人民付出沉重的代价。

"有的人不同意这种看法。他们认为，成吉思汗伐金反映了蒙古人民反剥削反压迫的要求。金统治者强迫蒙古各部每岁朝贡，进行经济压榨；金世宗时对蒙古各部施行残酷的'减丁'政策，每三年进行一次屠杀。金统治者还在蒙古草原肆行人口掠劫，掳来的奴隶远贩山东、河北。金王朝唯恐蒙古诸部团结一致，经常挑拨这些部落相互残杀。只是在伐金的后期，战争性质才由反对民族压迫转化为掠夺财富、征服土地的非正义战争。

"还有人主张，蒙古伐金以后打开了接受中原文明的道路。成吉思汗任用耶律楚材等人，是接受中原传统的统治方式的开端。这个转变过程是为期较长的，从成吉思汗晚年一直延续到忽必烈时期。

"成吉思汗的西征问题。对如何正确评价成吉思汗西征，在讨论会上展开了热烈的争论。

"一种意见认为，成吉思汗西征，最初是因为花剌子模统治者杀掉蒙古使臣，劫去蒙古商队的货物，才使成吉思汗放弃了与花剌子模和平通商的打算。随着战争规模的扩大，蒙古军队也就逐渐西进。当时蒙古人处在刚刚从原始公社末期进入阶级社会的阶段，烧杀掠夺，自不可免。而且由于蒙古人是游牧民，从草原生活习惯和游牧生活方式出发，自然要毁坏城市，使田亩荒芜，从而使当地经济文化发展遭到一时的挫折和破坏。但战争的破坏和战争的历史作用仍有不同；成吉思汗西征的功绩不在于为蒙古帝国开辟了大片疆土，而在于打开了一条沟通中西的交通线。在成吉思汗及其后人统治的年代，中西陆路通道大开，驿站交通四通八达，大大便利了商旅往来，对中西文化交流起了重要作用。那时，中亚和西方的药物、纸币、印刷术等远传西方。这些应予肯定。有人认为蒙古贵族不是简单的掠夺者，而是取其土、有其民的征服者。虽然在军事征服时期有严重的破坏，但蒙古统治者后来接受了各个先进地区的统治形式。比如，在伊尔汗国，13—14世纪时文化有了很大发展，出现了合赞汗这样英明的君主。所以，对具体情况应当具体分析，不能简单地一概否定。

"相反，另一种意见认为成吉思汗西征是蒙古军事贵族发起的反动的掠夺战争，是蒙古那颜贵族阶级本质的表现。那颜贵族刚刚从原始公社走进阶级社会，富于掠夺性和破坏性。不能把表面的因果当作根本原因，花剌子模杀使劫货，只不过是蒙古贵族发起掠夺战争的导火线。战争是政策的继续，西征的根本目的在于蒙古贵族要扩大自己的财富，满足自己的贪欲。鉴于自己军队数量不多，以成吉思汗为首的蒙古贵族采取了大量屠杀敌方人口的战略方针。在西征过程中，蒙

古贵族对中亚以及东欧进行了惨重的破坏，不花剌、邪米思干、玉龙杰赤等繁华的城市横遭劫洗，劳动力锐减，农业、手工业急剧衰落，使这一带的经济文化倒退，给当地广大人民带来沉重灾难。蒙古贵族从落后的游牧生活方式出发，毁城杀人，使田野荒芜，这正表现了他们阻碍社会进步的反动性。有人认为，成吉思汗南进中原有历史上客观必然性做依据，中原高度发展的经济文化历来是吸引北方民族的磁轴，促进了我国各民族的交往。而在剥削制度下，这种交往常常采取军事征战的途径。可是成吉思汗西征就不同于此，它并没有类似的历史前提。唯其如此，横跨亚欧的蒙古帝国只能是个暂时的军事行政联合，不久便四分五裂了。有人认为，蒙古贵族后来在伊朗等文明国家之所以能施行一些清平政治，归根结底，是因为那些国家的较高的文明征服了他们。有人还认为，在当时自然经济统治下，不能夸大中西交通的作用。如果没有生产力的内在发展做依据，个别的发明创造的传入并不能在推动社会前进方面起什么显著作用。"

大型综合性辞典《辞海》记载："成吉思汗（1162～1227年），即元太祖，名铁木真，古代蒙古首领，军事家和政治家。出生于蒙古部孛儿只斤氏族。12世纪末13世纪初，蒙古社会生产进一步发展，各部间经济联系加强，蒙古族人民倾向于统一。他代表蒙古贵族利益，统一蒙古诸部，1206年被推为可汗，称成吉思汗，建立了蒙古汗国。制定军事、政治、法律等制度，开始使用文字，从而改变了诸部之间长期的争战局面，加强了经济联系，对蒙古社会的发展起了进步作用。即位以后，展开了大规模的军事活动。1211年和1215年两次大举向金进攻，直到黄河北岸，占领中都（今北京）。1219年发动蒙古军的第一次西征，攻灭了花剌子模，在喀勒喀河打败了斡罗斯和钦察联军，版图扩展到中亚地区和南俄，并把这些地方分封给长子术赤、次子察合台和三子窝阔台。1226年，率兵南下攻西夏，次年在西夏病死。元

朝建立后，被追尊为元太祖。"（1979 年版，第 3786 页）

南京大学教授邱树森先生所著的《元朝史话》中写道：

"1206 年（金泰合六年、宋开禧二年），全蒙古的奴隶主贵族们在鄂嫩河畔举行了忽里勒台（大聚会之意），推举 44 岁的铁木真为全蒙古的大汗，并上尊号为成吉思汗。'成吉思'是蒙古语强大的意思。

"成吉思汗成为全蒙古的汗，标志着蒙古族的历史进入了新的阶段。几个世纪以来，蒙古各部从来没有统一过，他们互相残杀，纷争不已；现在，他们在强有力的领袖成吉思汗的统治下形成了统一的局面。在东起呼伦贝尔草原，西至阿尔泰山的辽阔地域内，过去语言、民族文化水平各有差异的各部落开始结合成一个共同体，他们之间文化和经济联系进一步加强。共同的语言逐步形成，勤劳勇敢的蒙古族开始形成。从此，伟大的蒙古族开始在中国和世界舞台上发挥巨大的作用。

"成吉思汗成为全蒙古的汗，也标志着蒙古历史上第一个统一的政权——大蒙古国正式建立。这个政权的性质是奴隶制政权。成吉思汗在建设政权机构的过程中，显示了他非凡的组织能力。

"蒙古政权的建立和逐步完善是蒙古社会前进中的一件大事，它巩固了蒙古各部的统一局面，有利于蒙古社会生产的发展，也促进了蒙古共同体的形成。当然，这个政权是为了维护奴隶主阶级利益，保证奴隶主对广大蒙古劳动人民剥削和压迫，为使蒙古奴隶主阶级统治范围不断扩大而设置。"（第一章，第 13 ～ 15 页）。

"蒙古统治者对各部的统治是很残酷的。成吉思汗为了自己享受，派豁儿赤到秃马惕去挑选 30 名美女（与《蒙古秘史》第 207、240、241 节的相关记载不符。——引用者），引起秃马惕人的极大愤慨，他们把豁儿赤抓了起来；成吉思汗只好派忽都合别乞去镇压，结果又被抓了起来。成吉思汗不得不派他的心腹'四杰'之一的博尔忽领兵前往，不料博尔忽进入秃马惕境内后，被秃马惕人截断去路，抓住杀了。连续损兵折将，使成吉思汗大为恼火，他决定亲征，诸将竭力劝阻，改派朵儿伯领兵马出征，这样才把秃马惕人的反抗镇压下去，并把秃马惕人分给有功人员为奴隶。

"成吉思汗为了使自己的统治范围进一步扩大，让他的弟兄、儿子们'各分土地，共享富贵'，决定继续向外进行军事行动，降服蒙古境外的相邻政权。这些向外扩张的战争，具有很大的掠夺性和破坏性，暴露了蒙古奴隶主阶级的贪婪本质。

"蒙古国的南方，有两个政权：一个是党项族建立的西夏，另一个是女真族建立的金朝。当成吉思汗统一了蒙古各部后，就不断派兵南下。他的主要目的也是两个：一是掠夺财物，供蒙古奴隶主享受；一是灭亡夏、金，达到为其祖先复仇和扩大统治的目的。

"蒙古反对金朝，在开始时是带有反抗民族压迫的正义性质。

"成吉思汗的第一次攻金战争，是以反对女真贵族的民族压迫战争开始的，以掠夺性战争告终的。"（第二章，第 16 ～ 21 页）

"成吉思汗及其继承者对西部的战争，在 1218 年成吉思汗击败乃蛮的屈出律灭西辽以前属于国内民族战争，从 1219 年成吉思汗亲自率军侵入花剌子模开始，则属于向国外的侵略扩张战争。"（第三章，第 30 页）

三、外国语文献及国外专家学者们对成吉思汗的评价。

波斯史学家志费尼所著的《世界征服者史》中写道：

"全能的真主使成吉思汗才智出众，使他思想之敏捷、权力之无限为世上诸王之冠；所以史书虽然记载古代伟大的库萨和的实施，以及法老、恺撒的法令律文，成吉思汗却是凭自己的脑子创造出来的。既没有劳神去查阅文献，也没有费力去遵循传统；而有关征服他国的方略，消灭敌军、擢升部属等措施，也全是他自己领悟的结果，是他的才智的结晶。说实话，倘若那善于运筹帷幄、料敌如神的亚历山大活在成吉思汗时代，他会在使计用策方面当成吉思汗的学生，而且，在攻略城池的种种妙策中，他会发现，最好莫如盲目地跟着成吉思汗走……当世上多半的城镇、国家因财富、权势和地位而自负，反抗他的统治，拒绝纳款（从突厥斯坦境到遥远的西利亚的伊斯兰国家尤其如此），这时，凡抗拒他的帝王、君主、城镇长官，成吉思汗统统予以消灭，连他的家人、部下、族属和百姓亦无豁免；因此，毫不夸张地说，原有十万人口的地方，所余的活人不足一百。"

"成吉思汗统治初期，当蒙古各部归并于他的时候，他废除了那些蒙古各族一直奉行、在他们当中得到承认的陋俗，然后制定了值得称赞的法规。"

"成吉思汗在遣往四方召谕各族归降的使信中，从来不施加威胁、恐吓，这倒是古代暴君的手法，他们经常拿他们广阔的领土、大量的甲兵粮草来吓唬他们的敌人；相反地，蒙古人最严重的警告是：'如你们不屈服，也不投降，我们怎知道如何呢？古老的天神，他知道。'"

"他们有一种可称赞的作风是：不讲究礼仪，不追求头衔，毫不高高在上、难以接近，有钱有势的人对此是习以为常的。"

"成吉思汗极其重视狩猎，他常说，行猎是军队将官的正当职司，从中得到教益和训练是士兵和军人应尽的义务。"（何高济汉译本，上册，第 27 ~ 30 页）

"《马可·波罗游记》记载："自从鞑靼人迁居到新的地方后，约在一一八七年，他们选举成吉思汗为自己的君王。成吉思汗体格健壮，聪明机智，擅长辞令，更以勇敢而著称，他的统治十分公正谦和。人民不仅把他当作君王，简直视他为自己的主人。他的善良、伟大的品格远播各地，所以所有的鞑靼人无论住在多么偏远的地方，都愿意服从他的命令。成吉思汗看到自己统治着这么多勇敢的人民，便雄心勃勃地想要离开这个蛮荒之地。他命令他的人民准备好弓箭和他们所擅长的其他武器，率领他们攻城掠寨，占领了许多城市和省区。成吉思汗凭借他的公正与德行赢得了广大人民的拥护。他所到之处，人民都十分欢悦，都以得到他的保护和恩惠而感到幸福。"（梁生智汉译本，第一卷）

英国作家威尔斯（1866—1946年）所著的《世界史纲》记载：

"话说，这段蒙古人的征服故事确实是历史上最出色的故事之一。亚历山大大帝的征服，在范围上不能和它相比。在散播和扩大人们的思想以及刺激他们的想象力上，它所起的影响是巨大的。一时间，整个亚洲和西欧享受了一种公开的交往，所有的道路暂时畅通了，各国的代表都出现在喀拉和林的宫廷上。

"由于基督教和伊斯兰教的宗教宿怨而在欧洲和亚洲之间树立起的壁障降低了。罗马教廷对蒙古人皈依基督教抱着很大的希望。到目前为止，他们唯一的宗教是一种原始的异教萨满教。教皇的使节，从印度来的佛教僧人，巴黎、意大利和中国的技工，拜占庭和亚美尼亚的商人，阿拉伯官员，波斯和印度的天文学家及数学家都汇集在蒙古宫廷里。我们在历史上听得太多的是关于蒙古人的战役和屠杀，而听得不够的是他们对学问的好奇和渴望。也许不是作为一个有创造力的民族，但作为知识和方法的传播者，他们对世界历史的影响是很大的。从成吉思汗和忽必烈的模糊而传奇式的人格上所能看得到的一切，都倾向于证实我们的印象，这些人却至少和那浮华而自负的人物亚历山大大帝，或那政治幽灵的招魂者、那精力充沛而又目不识丁的神学家查理大帝一样，都是些颖悟而有创造力的君主。"（吴文藻等人汉译本，第三十二章，第763页）

弗拉基米尔佐夫先生所著的《成吉思汗》中写道：

"成吉思汗乃是为了他自身、他的宗室和亲族的利益而征战的。

他把广大的帝国遗留给子孙，并且还留下了包含其行政指导原理的律令（札撒）和训言（必里克）。对广大领土和文明民族的征服并没有改变成吉思汗原来的见解，甚至他的见解仍旧和一切有'毛毡帐裙的百姓'刚刚统一在他的统治下时一样……"

"虽然成吉思汗与文明民族接触频繁，但是他的思想仍旧没有丝毫改变过。蒙古帝国被他的家族——黄金家族（阿勒坛兀鲁黑）、诸王（就是皇子们）和近亲们所统治，他们已经跟全蒙古贵族、汗的幕僚和其子孙、近卫和答儿合惕（自由人）等合体组成了帝国的统治阶级——这个阶级是在他们的利益中建立起来的，而且只有在他们的利益中才能继续存在。一个氏族的集团对于合罕的个人权威观念是决不反对的，因为成吉思汗是被上天和全体氏族人员升到高位上去的自己氏族的领袖。帝国必须统一，它的领袖必须是唯一的皇帝……"

"直到临终前，成吉思汗还仍旧是一个畏兀儿文化的信仰者，他也是一个认为畏兀儿教育乃是最适合于蒙古民族的信仰者，这就是他伟大的洞察力的表现。他的爱好畏兀儿文明的信念，并不会因为他接触过汉文化和伊斯兰国家的高度文明，或者结识过这种文明的代表者如耶律楚材和长春真人那样著名的人物而有所损减。成吉思汗认为受过畏兀儿教育的蒙古人，等到人数增加到一定数量时，那时候在内政上便可以不再雇用外族人（色目人）了。他看到教育（假使没有教育，要想维持帝国的统一，并且要想在高度文明的诸州里确保帝国的权力，那简直是不可能的）和游牧生活可以完全并存……"

"成吉思汗的帝国，在它伟大的创建者死后大约存续了四十年……成吉思汗怀抱着的野心计划，终不免归于失败。他的帝国已经解体了，虽然蒙古民族曾经靠他在军事上和政治上的天才力量被领导着走到了世界历史的舞台，可是他们自己也没有持续多久……"

"成吉思汗政治制度中的弱点，就是他计划把文明跟游牧生活相结合，同时他希望他的宗室不会瓦解，并且还希望能够以汗为元首继续行使他们的集体统治权，而汗则被'长生天底气力里'所统治，并服从其万古不谬的'札撒'法则。这两种希望都被证明是不可能的。因为文明和游牧制度势不两立，而'札撒'没有力量制止许多因素，这些因素是和皇室统一的存续相冲突的。"（余元庵汉译本，第十五章）

《多桑蒙古史》记载：

"亚细亚之一大部，与欧罗巴之东方诸地，在13世纪时，曾受鞑靼地域诸民族之侵略残破。先是有无数民族及游牧部落之互相为敌者，至是集合于同一麾下，侵入富庶之区，杀其人民，墟其城市。其统驭此种残猛之部落者，盖为游牧与斡难、怯绿连、秃剌等水发源处，拜哈勒湖东南诸高山中之若干贫苦部落之首领。其人名铁木真，先在诸蒙古君主觊觎大权之战争中，历平诸敌；迨将诸蒙古部落泰半征服以后，复历降鞑靼地域之其他民族，遂称帝，而号成吉思汗。先是诸鞑靼民族臣事中国北方之金国，至是成吉思汗率领人数甚众之骑士进略此国，达于黄河两岸，得捕获品甚众；复转而侵略中亚，残破河中、花剌子模、波斯等地。"

"成吉思汗残破波斯以后，还军唐兀，屠其民。唐兀者，原属中国之地也。成吉思汗至是得疾死，遗命诸子完成其世界侵略。"

"蒙古人之侵略业已变更亚洲之面目，旧之诸大国因以瓦解，诸王朝因以灭亡，诸民族间有消灭者。蒙古人民足迹之所经过，仅见尸骨遍地，城市为墟，其残猛较之最蛮野之民族为更甚，于所略之地杀男妇婴孺，焚城市村庄，毁禾稼，变繁华之地为荒原。然其所以如是残忍者，并非愤恨于谋报复有以致之，且其认识所歼灭民族之名亦不甚久；脱诸国史书对于此点记载未能一致，必有信史书有言过其实者在也。"（冯承钧汉译本，序言，第1～3页）

日本东方学家白鸟库吉（1865—1942年）在其发表于1939年的

论文《从历史上看蒙古的现在和过去》中写道："成吉思汗是一位史上罕见的政治、军事奇才。将成吉思汗视作极端侵略者的观点是大错特错的。当时的蒙古社会已经出现贫富阶级，正处于从父系氏族制到封建制度的过渡期。在那个时代的战乱中，战胜一方掠夺财物以外还会将敌方属民贬为奴仆；战败一方除了奴从其他部族以外，还会归附草原上的新兴封建贵族。成吉思汗一方面完善了封建制度，另一方面统一了蒙古诸部。然而，如何为那么多属民供应饮食和衣物呢？这确实是个很实际的问题。成吉思汗不断取得战争胜利，于是他的属民越来越多，物质需求当然也是水涨船高，实际上当时的蒙古社会生产力难以保障蒙古帝国百姓的生活需求。据记载，成吉思汗在西征途中到达阿尔泰山脉一处峡谷后亲自巡查军营，以惆怅的口气说道：'我只祈祷我的士兵们有吃有穿，有肥壮的战马和丰茂的草场。'由此可知成吉思汗发动战争的目的。从南北朝时期到隋唐时期，北方游牧民族一直在侵袭汉地，但他们的目的并不是征服汉地，而是为了掠夺财物。"

"成吉思汗的威名远扬欧洲，因而普兰·迦儿宾作为教皇的信使、鲁不鲁克作为路易九世（1214—1270 年，法兰西卡佩王朝国王）的使臣先后出使蒙古帝国，意大利人马可·波罗则在忽必烈可汗的元朝任职十七年。此外，忽必烈可汗也向罗马派遣过使臣。这些信使的相互往来拉开了东西方文明交流的大幕。"

由诺索夫主编的《苏联简史》（1972 年）记载：

"自古以来，蒙古人就赶着畜群在中亚细亚草原上游牧。他们从游牧转到侵略，是他们社会制度的改变所决定的。12 世纪，蒙古人的氏族制度解体，出现了早期封建关系。蒙古贵族霸占畜群，抢夺牧场，战利品成了他们发财致富的重要来源。13 世纪初，蒙古人以成吉思汗为首建立了一个国家。"

"在极端残暴和背信弃义的统治者成吉思汗的领导下，蒙古人侵犯并征服了中国北方。1219年，蒙古匪帮出没于中亚细亚。当时中亚细亚有个花剌子模沙赫国以城市富庶和文化繁荣驰名。在侵略者的猛攻下，中亚细亚的城市布哈拉、撒马尔罕、乌尔根奇、梅尔夫相继陷落，遭受了毁灭的厄运。"

"1222年至1223年，蒙古军队从南方迂回里海，经伊朗侵犯外高加索。军队所经之地，留下一片片冒烟的废墟。他们又翻越山间峡谷进抵北高加索草原。在这里，他们打败了波洛维茨人各部落，随后又转到黑海沿岸的草原上，向罗斯边境推进。以基辅王公姆斯季斯拉夫·罗曼诺维奇为首的南罗斯各个王公，事前获悉波洛维茨人告急，便率领扈从队奋起迎战。1223年5月31日，在卡尔卡河上，罗斯人和蒙古人发生了第一次遭遇战。由于罗斯各个王公没有配合行动，罗斯扈从队遭到惨败。卡尔卡战役以后，蒙古人曾进逼第聂河边，接着挥师东进，陈兵伏尔加河东岸的草原。"

"成吉思汗及其军事首领在转战之后，建立了大蒙古帝国。蒙古人取得军事胜利的原因在于：他们处在尚未出现封建内讧的早期封建阶段，军事组织具有铁的纪律；而同蒙古人对抗的较为发达的民族，则已进入封建主义成熟期，政治上分崩离析。"（武汉大学外文系汉译本，第一卷第三章，第74～76页）

美国哥伦比亚大学教授海斯等人编撰的《世界史》记载：

"成吉思汗，作为一个战士，和匈奴阿梯拉一样的野蛮；作为一个统治者和组织者，他比后者更为伟大；他所征服的地方比较宽广，胜利也比较多。在他的几个直接的继承者统治之下，蒙古旋风扫掠得越来越远。"（中央民族学院研究室汉译本，第二十一章，第559页）

[2]秦始皇为战国时期秦朝的开国皇帝，由此得名"秦始皇"，本名嬴政，生活在前259—210年间。从前230年攻灭汉朝开始到前221年攻灭齐国的十年间，秦始皇先后攻灭六个国家（楚、汉、魏、燕、

赵、齐），建立了中国历史上第一个中央集权统一封建国家。

［3］孙武为中国古代春秋时期齐国人。他带着自己撰写的《孙子兵法》十三篇觐见吴王，得到吴王的赏识，之后率领吴国军队攻灭楚国。孙武认为"兵者，国之大事"，提出"知彼知己，百战不殆"等观点，注重对敌我、众寡、强弱、虚实、攻守、进退等对立范畴的分析。可见，他的思想观念中渗透着唯物主义和辩证主义的因素。

［4］拿破仑（1769—1821年）：法国资产阶级政治家、军事家，法兰西第一帝国的缔造者。

毛奇（1800—1891年）：德国军事家。1871—1888年间任德国全军总参谋部参谋长，1888年辞职后还担任国家保卫委员会会长。他指挥过西欧地区多次战争，编写了不少军事著作，他的军事思想在德国军队内产生较大影响。

汉尼拔（前247—前182年）：古代迦太基军事家。前218年汉尼拔率领六万大军远征意大利，这便是第二次布匿战争的发端。起初汉尼拔的军队处于优势，后来由于长期奋战而军力穷竭，难以招架意大利军队的反攻。此后汉尼拔逃到叙利亚，后来在小亚细亚服毒自尽。

参考文献

[1] 佚名. 蒙古秘史 [M]. 策·达木丁苏荣, 编译. 呼和浩特: 内蒙古人民出版社, 1957.

[2] 佚名. 蒙古秘史 [M]. 额尔登泰, 乌云达赉, 校勘本. 呼和浩特: 内蒙古人民出版社, 1980.

[3] 佚名. 蒙古秘史 [M]. 巴雅尔标音本. 呼和浩特: 内蒙古人民出版社, 1980.

[4] 佚名. 蒙古秘史 [M]. 策·达木丁苏荣现代蒙文编译本之谢再善汉译本（第二版）. 北京: 中华书局, 1957.

[5] 佚名. 蒙古秘史 [J]. 姚从吾, 札奇斯钦, 译注. 台湾大学文史哲学报, 1960—1961, 第九期至第十一期.

[6] 佚名. 蒙古秘史 [M]. 道润梯步, 译. 简注

本．呼和浩特：内蒙古人民出版社，1979．

[7] 佚名．蒙古秘史 [M]．那珂通世，译．日本：大日本图书株式会社，1907．

[8] 佚名．蒙古秘史 [M]．小林高四郎，译．生活社，1940．

＊[9] 佚名．蒙古秘史 [M]．余大钧，译注．河北：河北人民出版社，2001．

[10] 剌失德•哀丁．史集：第一卷第二册 [M]．斯米尔诺娃，译．苏联：苏联科学院出版社，1952．

＊[11] 剌失德•哀丁．史集：第一卷第二册 [M]．余大钧，周建奇，译．北京：商务印书馆，1983．

[12] 佚名．圣武亲征录 [M] //《蒙古史料校注四种》之《圣武亲征录校注》．清华国学研究院，1926．

[13] 佚名．圣武亲征录 [M]．博•巴格那，译．呼和浩特：内蒙古人民出版社，1979．

[14] 洪钧．元史译文证补 [M]．刻本．1897（光绪二十三年）．

＊[15] 洪钧．元史译文证补 [M]．初版．上海：商务印书馆，1936．

[16] 志费尼．世界征服者史 [M]．何高济，译．呼和浩特：内蒙古人民出版社，1980．

＊以星号注明的版本为不同于作者引用版本的译者引用版本，下同。——译者

［17］宋濂，等．元史［M］．北京：中华书局，1976.

［18］宋濂，等．元史［M］．简体字本．北京：中华书局，2000.

［19］邵远平．元史类编［M］．刻本．1795（乾隆六十年）．

［20］屠寄．蒙兀儿史记［M］．上海：上海古籍出版社，1958.

［21］柯劭忞．新元史［M］．上海：上海开明书店，1935.

［22］魏源．元史新编［M］．上海：上海大光书局，1936.

［23］罗桑丹津．黄金史［M］．乌兰巴托蒙古文本．［出版者不详］，1937.

＊［24］罗桑丹津．黄金史［M］．色道尔吉，译．呼和浩特：内蒙古人民出版社，1983.

［25］佚名．黄金史纲［M］．留金锁蒙古文校注本．呼和浩特：内蒙古人民出版社，1980.

［26］朱风，贾敬颜．汉译蒙古黄金史纲［M］．呼和浩特：内蒙古人民出版社，1985.

［27］佚名．圣成吉思汗传［M］．北京：北京蒙文书社，1925.

［28］萨敢思辰．蒙古源流［M］．内蒙古人民出版社影印本．呼和浩特：内蒙古人民出版社，1962.

［29］萨敢思辰．蒙古源流［M］．内蒙古人民出

版社校勘本．呼和浩特：内蒙古人民出版社，1980．

[30] 沈曾植，张尔田．蒙古源流笺注 [M]．[出版者不详]，1933．

[31] 道润梯步．新译校注《蒙古源流》[M]．呼和浩特：内蒙古人民出版社，1980．

[32] 官布扎布．恒河之流 [M]．乔吉校注本．呼和浩特：内蒙古人民出版社，1981．

[33] 沙斯提娜．黄史——十七世纪的蒙古编年史 [M]．苏联：苏联科学院出版社，1957．

[34] 佚名．达赖喇嘛所著青年之宴诸汗诺颜源流 [M]．乌兰巴托蒙古国立图书馆馆藏影印本．

[35] 善巴．阿萨拉克齐史 [M]．油印本之抄本．蒙古：蒙古人民共和国科学院，1959．

[36] 脱脱，等．金史 [M]．北京：中华书局，1975．

[37] 李有赏．金史纪事本本 [M]．北京：中华书局，1980．

[38] 张廷玉，等．明史 [M]．北京：中华书局，1974．

[39] 太田三郎．成吉思汗 [M]．屠孝宽，译．上海：上海作新社，1903．

[40] 冯承钧．成吉思汗传 [M]．上海：商务印书馆，1934．

[41] 张振佩．成吉思汗评传 [M]．上海：中华书局，1943．

*[42]冯承钧，张振佩．成吉思汗传［M］．合辑本．北京：北京东方出版社，2009.

［43］布尔霖．成吉思汗［M］．沈颖，译．［出版地不详］：中训团印刷所，1945.

［44］弗拉基米尔佐夫．成吉思汗［M］．余元庵，译．上海：上海巨轮出版社，1952.

［45］周庆基．成吉思汗［M］．上海：上海新知识出版社，1955.

［46］余元庵．成吉思汗传［M］．上海：上海人民出版社，1955.

［47］史维．成吉思汗［M］．香港：香港中华书局，1985.

［48］李则芬．成吉思汗新传［M］．台湾：台湾中华书局，1970.

［49］丁向宾．成吉思汗之歌［M］．台湾：台湾维新书局，1973.

［50］嘉年华编辑委员会．成吉思汗［M］．台湾：台湾嘉年华文化出版事业公司，1981.

［51］韩儒林．成吉思汗［M］．江苏：江苏省人民出版社，1982.

［52］尾崎士郎．成吉思汗［M］．东京：东京新潮社，1940.

［53］贝勒津．成吉思汗［M］．东京富山房，译．［出版者不详］，1940.

［54］饭村穰．大统帅成吉思汗之谜［M］．［出

版者不详］，1982.

［55］柳田泉．成吉思汗平话［M］．东京：东京大观堂，1942.

［56］小叶野梅．成吉思汗全传［M］．东京：东京高山书院，1944.

［57］胜藤猛．成吉思汗——草原上的世界帝王［M］．东京：东京清水书院，1972.

［58］小林高四郎．成吉思汗［M］．东京：东京岩波书店，1979.

［59］仲小路．成吉思汗战争史［M］．东京：东京战争文化研究所，1939.

［60］佚名．圣武成吉思汗战书［M］．铅板．张家口：［出版者不详］，1943.

［61］内蒙古自治区历史学会．纪念成吉思汗诞生八百周年蒙古史科学讨论会集刊［M］．内蒙古自治区历史学会编印，1962.

［62］佚名．圣成吉思汗纪念集［M］．北京：北京蒙文书社，1925.

［63］佚名．成吉思汗箴言集［M］．成吉思汗陵建陵委员会编印，［出版时间不详］.

［64］尾崎士郎．论成吉思汗［M］．东京：［出版者不详］，1943.

［65］小叶喜一郎．成吉思汗及亚洲民族［M］．东京：东京伊藤书房，1933.

［66］陈玉甲．奉移成陵记［M］．内蒙古图书馆

藏本.［出版者不详］，1942.

　　［67］韩善徵.前蒙古纪事本末［M］.上海：上海春记书局，1905（光绪三十一年）.

　　［68］韩善徵.后蒙古纪事本末［M］.上海：上海春记书局，1905（光绪三十一年）.

　　［69］时中书局编译所.亚洲三杰（帖木儿、成吉思汗、丰臣秀吉）［M］.上海：时中书局，1903（光绪二十九年）.

　　［70］多桑.蒙古史［M］.冯承钧，译.上海：商务印书馆，1936.

　　［71］巴克霍森.成吉思汗帝国史［M］.林孟工，译.上海：中华书局，1940.

　　［72］黄静涛.内蒙古发展概述（上册）［M］.呼和浩特：内蒙古人民出版社，1957.

　　［73］余元庵.内蒙古历史概要［M］.上海：上海人民出版社，1958.

　　［74］蒙古人民共和国科学院，苏联科学院.蒙古人民共和国历史［M］.北京：民族出版社，1956.

　　［75］蒙古人民共和国科学院历史研究院.蒙古人民共和国历史（三卷本）［M］.乌兰巴托：［出版者不详］，1966—1969.

　　［76］高越天.蒙古史纲［M］.台湾：台湾中华书局，1972.

　　［77］拉西彭思格.水晶数珠［M］.内蒙古语言文学历史研究所图书馆手抄本.

［78］邱树森．元朝史话［M］．北京：中国青年出版社，1981．

［79］德·呼恒巴特尔．蒙古外交［M］．蒙古国国家出版社，1964．

［80］北京军区编印．中国北方战争战例选编［M］．内部发行本，1973．

［81］张穆．蒙古游牧记［M］．上海：商务印书馆，1938．

［82］东亚考古学会蒙古调查班．蒙古高原横断记［M］．东京：日光书院，1941．

［83］周清澍．汪古部事辑（1～5）［J］．中华书局《文史》杂志第9～12辑、14辑，1980年6月—1982年7月．

［84］朱家积，姚积安．蒙族英雄拔都［M］．南京：正中书局，1936．

［85］策·达木丁苏荣．蒙古文学史［M］．呼和浩特：内蒙古人民出版社，1957．

［86］满昌．蒙古文学史［M］．呼和浩特：内蒙古教育出版社，1980．

［87］佚名．箭筒士阿尔噶逊的传说［M］．呼和浩特：内蒙古人民出版社，1979．

［88］佚名．成吉思汗大祭文［M］．呼和浩特：内蒙古人民出版社，1979．

［89］额尔登泰，乌云达赉，阿萨拉图．《蒙古秘史》词汇选释［M］．呼和浩特：内蒙古人民出版社，

1980.

[90] КОЗИН．《蒙古秘史》词汇解释［M］．苏联科学院出版社，1941．

[91] 施世杰．元秘史山川地名考［M］．台北：广文书局，1978．

[92] 王寅侯．元朝历代皇帝皇后画像［M］．北京：北京蒙文书社，1924．

[93] 蔡美彪，周清澍，等．中国通史（第六册）［M］．北京：人民出版社，1979．

[94] 耶律铸．双溪醉隐集［M］．北京图书馆馆藏抄本．［出版者不详］．

[95] 佚名．理藩院则例［M］．编印本．［出版者不详］，1908（光绪三十四年）．

[96] 佚名．钦定外藩蒙古回部王公表传［M］．编印本．［出版者不详］，1779（乾隆四十四年）．

[97] 大清一统志（第三部），道光年间编印本．

[98] 佚名．绥远通志稿（1～8卷）［M］．内蒙古图书馆藏本．［出版者不详］．

[99] 丁谦．西辽立国本末考［M］．上海《国粹学报》编印本．［出版者不详］．

[100] 张监．西夏纪事本末［M］．文盛局刻本．，1903（光绪二十九年）．

[101] 杜齐．西藏中世纪史［M］．北京：中国社会科学院民族研究所，1980．

[102] 蔡美彪．元代白话碑集录［M］．北京：科

学出版社，1955.

[103] 叶子奇. 草木子 [M]. 上海：中华书局，1959.

[104] 高文德. 蒙古奴隶制研究 [M]. 呼和浩特：内蒙古人民出版社，1980.

[105] 陶宗仪. 辍耕录 [M]. 北京：中华书局，1959.

[106] 弗拉基米尔佐夫. 蒙古社会制度史 [M]. 蒙古文本. 北京：民族出版社，1980.

*[107] 弗拉基米尔佐夫. 蒙古社会制度史 [M]. 瑞勇，译. 台北：南天书局，[出版时间不详].

[108] 留金锁.13—17世纪蒙古历史编纂学 [M]. 呼和浩特：内蒙古人民出版社，1979.

[109] 周一良，吴于廑. 世界通史 [M]. 北京：人民出版社，1962.

[110] 海斯，穆恩，韦兰. 世界史 [M]. 纽约麦克米伦公司，1941.

[111] K.B. 巴集列维奇，等. 蒙古统治时期的俄国史略 [M]. 姚家积，黄巨兴，译. 北京：科学出版社，1959.

[112] 诺索夫. 苏联简史：第一卷 [M]. 苏联科学院出版社，1972.

*[113] 诺索夫. 苏联简史：第一卷 [M]. 武汉大学外文系，译. 三联书店，1977.

[114] 策·沙格达尔苏荣. 蒙古文字学 [M]. 蒙

古人民共和国科学院语言文学院，1981.

　*［115］李志常．长春真人西游记［M］．党宝海译注本．石家庄：河北人民出版社，2001.

　［116］耶律楚材．西游录［M］．中华书局合辑本（《西游录》《异域志》）．［出版者不详］，1931.

　［117］赵珙．蒙鞑备录［M］．孟克吉雅，译．合辑本．哈尔滨：黑龙江省人民出版社，1979.

　［118］彭大雅，许霆．黑鞑事略［M］．孟克吉雅，译．合辑本．哈尔滨：黑龙江省人民出版社，1979.

　［119］刘祁．（乌古孙仲端）北史记［M］．［出版者不详］.

　［120］普兰·迦儿宾．普兰·迦儿宾行记［M］．沙斯提那，译．苏联地理书籍出版社，1957.

　*［121］普兰·迦儿宾．普兰·迦儿宾行记［M］．吕浦，译．北京：中国社会科学出版社，1983.

　［122］马克·波罗．马可·波罗游记［M］．长春：吉林省人民出版社，1978.

　［123］中国历史地图集编辑组．中国历史地图集［M］．上海：中华地图学社，1975.

　［124］佚名．中华人民共和国地图集［M］．北京：中国地图出版社，1958.

　［125］佚名．世界地图集［M］．中国地图出版社，1958.

　［126］爱伦·F.丘．俄国历史地图解说［M］．郭圣铭，译．北京：商务印书馆，1980.

［127］B. 贡嘎达希 . 蒙古经济地理［M］. 沈阳：辽宁人民出版社，1977.

［128］北京蒙文书社 . 蒙古文分类辞典［M］. 北京：民族出版社，1956.

［129］舒新城 . 辞海［M］. 上海：中华书局，1937.

［130］辞海编辑委员会 . 辞海［M］. 上海：上海辞书出版社，1979.

［131］策布勒 . 简明蒙古语词典［M］. 蒙古国苏赫巴特尔出版公司，1966.

［132］亦邻真 . 中国北方民族与蒙古族族源［J］. 内蒙古大学学报，1979（3）；1979（4）.

［133］东堂 . 成吉思汗画像跋［J］. 文物，1962（10）.

［134］邵循正 . 成吉思汗生年问题［J］. 历史研究，1962（2）.

［135］周清澍 . 成吉思汗生年考［J］. 文史，1962.

［136］佚名 . 新华社消息：苏联一支考察队找到了成吉思汗诞生地［N］. 文汇报，1958-04-07.

［137］敖·其木德，敖·札木杨 . 迭里温孛勒答合访问记［J］. 蒙古历史语文，1958（6）.

［138］理彬 . 伟大的成吉思汗［J］. 新蒙古，1935（2）.

［139］韩儒林 . 论成吉思汗［J］. 历史研究，

1962（3）.

[140] 周良霄．关于成吉思汗 [J]．历史研究，1962（4）.

[141] 布林．成吉思汗事略 [C] // 中国蒙古史学会论文选集（1980 年）．呼和浩特：内蒙古人民出版社，1981.

[142] 赵秉昆、李桂枝．试论成吉思汗 [C] // 中国蒙古史学会论文选集（1980 年）．呼和浩特：内蒙古人民出版社，1981.

[143] 乌力吉．试论成吉思汗 [J]．内蒙古师范学院学报，1981（1）.

[144] 袁国蕃．元太祖班朱尼河饮水誓众考略 [J]．大陆杂志，1959，19（12）.

[145] 贺希格陶克陶胡．成吉思汗合罕与札木合薛婵——谈《蒙古秘史》的人物 [J]．内蒙古社会科学，1982（4）.

[146] 本田实信．成吉思汗之千户 [J]．史学杂志，1953（62）.

[147] 本田实信．成吉思汗十三翼考 [J]．东方，1952（4）.

[148] 韩儒林．成吉思汗十三翼考 [M] // 韩儒林．穹庐集．上海：上海人民出版社，1982.

[149] 扎噶尔．关于成吉思汗苏鲁定 [J]．内蒙古师范学院学报，1981（1）.

[150] 贾敬颜，洪俊．关于成吉思汗历史的几个

问题［C］//中国蒙古史学会论文选集（1980年）．呼和浩特：内蒙古人民出版社，1981．

［151］杨志玖．成吉思汗的历史地位［J］．历史教学，1958（46）．

［152］布林，留金锁．略评成吉思汗的前半生［C］//蒙古族历史人物论集．北京：中国社会科学出版社，1981．

［153］赵永春．论成吉思汗统一蒙古的原因［C］//中国蒙古史学会论文选集（1980年）．呼和浩特：内蒙古人民出版社，1981．

［154］陈国干．成吉思汗统一蒙古的历史功绩［C］//中国蒙古史学会论文选集（1980年）．呼和浩特：内蒙古人民出版社，1981．

［155］舒振邦．成吉思汗南征的性质和作用［C］//中国蒙古史学会论文选集（1980年）．呼和浩特：内蒙古人民出版社，1981．

［156］巴雅尔．金国的民族关系和成吉思汗的对金战略［J］．内蒙古师范学院学报，1981（3）．

［157］阿拉坦敖其尔．试述成吉思汗对蒙古族历史起到的作用［J］．内蒙古师范学院学报，1981（1）．

［158］B.T.帕舒托．成吉思汗西侵和人民反侵略的英勇斗争［J］．陈得芝，译．历史教学问题，1958（4）．

［159］鲁迅．随便翻翻［M］//鲁迅．鲁迅全集：第六卷．北京：人民文学出版社，1958．

［160］邱树森．关于评价成吉思汗的几个问题

［C］//中国蒙古史学会成立大会纪念集刊．呼和浩特：中国蒙古史学会，1979．

[161] 舒振邦．成吉思汗称号考释［C］//中国蒙古史学会成立大会纪念集刊．呼和浩特：中国蒙古史学会，1979．

[162] 孙国栋．略谈元朝对中西方文化交流的贡献［J］．内蒙古社会科学，1980（3）．

[163] 留金锁．古代蒙古及蒙古汗国的建立［J］．蒙古史文稿，1978（2）．

[164] 翁独健．蒙古时代的法典编纂［J］．燕京社会科学，1948，1．

[165] 包祥．再论蒙古文字史［J］．蒙古语言文学，1981（2）．

[166] 袁国蕃．十三世纪蒙古战士之装备［J］．大陆杂志，1969，38（1）．

[167] 韩儒林．关于西夏民族名称及其王号［M］//韩儒林．穹庐集．上海：上海人民出版社，1982．

[168] 伯希和．马可·波罗游记注释［M］．巴黎：［出版者不详］，1959．

[169] 鄂·苏如台．简述元代北方少数民族画家［N］．内蒙古日报，1981-12-10．

[170] 呼·普尔赖．蒙古秘史地名考［J］．蒙古语文，1957（1）．

[171] 额尔登泰．呼伦贝尔盟境内有关蒙古历史的地理名称考证［J］．内蒙古社会科学，1980（2）．

[172] 策·哈斯道尔吉．关于蒙古之名［J］．蒙

古语文，1980（5）.

[173]丁学芸．监国公主铜印考释［C］//中国蒙古史学会成立大会纪念集刊．呼和浩特：中国蒙古史学会，1979.

[174]丁彦博．元代虎符考［J］．中国文史论丛，第四辑.

[175]郝苏民．对西藏元代八思巴字蒙古语圆牌的译释兼论其意义［J］．蒙古语文，1981（2）.

[176]呼•普尔赖．蒙哥可汗石碑和斡儿朵的发现及研究［M］．乌兰巴托印行本．［出版者不详］，1956.

[177]纳姆囊道尔吉．蒙哥可汗石碑和斡儿朵的发现及研究［J］．蒙古语文，1957（1）.

[178]佚名．蒙古汗陵之谜及成吉思汗圣武之号来由［J］．新蒙古，1935（1）.

[179]张相文．成吉思汗圆寝之发现［J］．地学杂志，1915（3）.

[180]张相文．成吉思汗陵寝辨证书［J］．地学杂志，1917（4）；1917（5）.

[181]屠寄．成吉思汗陵寝商榷书［J］．地学杂志，1917（7）；1917（8）.

[182]张相文．再答屠敬山（即屠寄）成吉思汗陵寝辨证书［J］．地学杂志，1917（8）；1917（9）.

[183]张相文．成吉思汗陵寝之旁证［J］．地学杂志，1917（10）.

[184]方效功．谈谈一九三九年成吉思汗灵柩迁

移的原因［J］．内蒙古社会科学院，1980（4）．

［185］尹湛纳希．大元盛世青史演义［M］．第二版．呼和浩特：内蒙古人民出版社，1979．

［186］金庸．射雕英雄传［M］．第四版．香港：香港明河社，1980．

［187］杨契维茨基．成吉思汗［M］．蒙古文本．呼和浩特：内蒙古人民出版社，1981．

一、成吉思汗生平事迹年表

该年表编排依据为本书所述成吉思汗事迹和相应时间。由于按照时间顺序编排，该年表顺序和本书内容顺序略有出入。

1162 年（壬午）4 月 16 日：成吉思汗诞生，取名帖木真。

1164 年（甲申）：帖木真三岁（虚岁，下文类同）。帖木真二弟合撒儿诞生。

1166 年（丙戌）：帖木真五岁。帖木真三弟合赤温诞生。

1168 年（戊子）：帖木真七岁。

帖木真四弟帖木格斡惕赤斤诞生。

1169 年（己丑）：帖木真八岁。

帖木真妹妹帖木仑豁阿诞生。

1170 年（庚寅）：帖木真九岁。

帖木真与孛儿帖兀真定亲。

帖木真之父也速该把阿秃儿被塔塔儿部人毒害。

1171 年（辛卯）：帖木真十岁。

由于也速该把阿秃儿逝世，蒙古部分崩离析，帖木真一家落入苦难境地。

1172 年（壬辰）：帖木真十一岁。

帖木真在斡难河冰上与札木合结为安答。

1173 年（癸巳）：帖木真十二岁。

帖木真射杀了同父异母之弟别克帖儿。

1177 年（丁酉）：帖木真十六岁。

帖木真被泰亦赤兀惕部人捉去，由于锁儿罕失剌的相助得以逃脱。

帖木真的八骏马被劫，夺回八骏马时与孛斡儿出结识。

1178 年（戊戌）：帖木真十七岁。

帖木真与孛儿帖兀真成婚。

将孛儿帖兀真的嫁妆黑貂皮短袍当作礼物送给客列亦惕部王汗。帖木真与客列亦惕部王汗结盟。

帖木真派遣别勒古台邀请孛斡儿出，孛斡儿出应邀前去投其帐下。

兀良合部札儿赤兀歹老人携子者勒篾前去投奔帖

木真，者勒篾开始效忠帖木真。

篾儿乞惕部突袭，劫去孛儿帖兀真。

帖木真开始组建武装力量。

1179 年（己亥）：帖木真十八岁。

不兀剌客额列之战中，帖木真打败篾儿乞惕部，夺回孛儿帖兀真。

孛儿帖兀真生下长子术赤。

是年冬季到第二年，帖木真与札木合一同营居豁儿豁纳黑主不剌之地。

1181 年（辛丑）：帖木真二十岁。

春季，帖木真和札木合分道扬镳。

札木合离去后，帖木真不断与草原贵族们结盟。

1183 年（癸卯）：帖木真二十二岁。

孛儿帖兀真生下次子察阿歹。

1186 年（丙午）：帖木真二十五岁。

孛儿帖兀真生下三子斡歌歹。

1189 年（己酉）：帖木真二十八岁。

帖木真被拥立为"全体蒙古"的可汗，号"成吉思汗"。

组建国家机构，分配公职，建立了蒙古帝国军政机构的雏形。

1190 年（庚戌）：成吉思汗二十九岁。

札木合发动"十三翼之战"。

1193 年（癸丑）：成吉思汗三十二岁。

孛儿帖兀真生下四子拖雷。

1194 年（甲寅）：成吉思汗三十三岁。

合塔斤、撒勒只兀惕等蒙古部族袭扰金朝边界。

1195 年（乙卯）：成吉思汗三十四岁。

金朝军队与乣军和塔塔儿部军队协力攻打合塔斤、撒勒只兀惕等部，攻占他们的领地，随后塔塔儿部叛离金朝。

1196 年（丙辰）：成吉思汗三十五岁。

金朝出征塔塔儿部，成吉思汗借金朝之力，与王汗联兵攻败塔塔儿部。

王汗在客列亦惕部内乱中落败，出逃合剌契丹。

1197 年（丁巳）：成吉思汗三十六岁。

成吉思汗率军征服了主儿勤部。

札剌亦儿部木华黎投奔成吉思汗。

王汗之弟札合敢不投奔成吉思汗。

1198 年（戊午）：成吉思汗三十七岁。

秋季，成吉思汗迎接并接济逃亡回来且穷困潦倒的王汗。

成吉思汗第二次征伐篾儿乞惕部，在木鲁彻薛兀勒之地击败了脱黑脱阿别乞。

王汗在未与成吉思汗商议的情况下独自率领部队在不兀剌客额列之地攻打篾儿乞惕部残敌，未给成吉思汗分拨战利品。

1199 年（己未）：成吉思汗三十八岁。

成吉思汗和王汗联兵征讨了北部乃蛮。

冬季，成吉思汗准备与南部乃蛮大将可克薛兀撒卜剌黑作战时，王汗未战而逃。可克薛兀撒卜剌黑追击王汗，王汗落败后成吉思汗派遣孛斡儿出、木华黎等人支援了王汗。

篾儿乞惕、泰亦赤兀惕等部勾结，预谋攻打成吉思汗。

1200 年（庚申）：成吉思汗三十九岁。

成吉思汗与王汗联兵，在斡难河边的沙地击败了泰亦赤兀惕部。

合塔斤、撒勒只兀惕等十一部联兵，在贝尔湖附近与成吉思汗交战，成吉思汗大胜。

冬季，成吉思汗和王汗二人的关系破裂。

冬季，察阿安、都塔兀惕、阿勒赤、阿鲁孩等四部塔塔儿结盟，成吉思汗在答兰捏木儿格思之地第二次与塔塔儿部交战，大获全胜。

1201 年（辛酉）：成吉思汗四十岁。

翁吉剌惕、亦乞列思、豁罗剌思等部拥立札木合为"古儿汗"，成吉思汗在帖尼豁罗罕之地迎击札木合率领的联军，大胜敌军。

1202 年（壬戌）：成吉思汗四十一岁。

成吉思汗在答兰捏木儿格思之地第三次与塔塔儿部交战，终消灭塔塔儿部。

秋冬时期，成吉思汗在阔亦田之战中再次击败札木合率领的联军。

阔亦田之战后，成吉思汗率军攻灭泰亦赤兀惕部。

与泰亦赤兀惕部作战时成吉思汗被射伤，也因此

结识者别。

消灭泰亦赤兀惕部之后，锁儿罕失剌等人前去投奔了成吉思汗。

1203年（癸亥）：成吉思汗四十二岁。

春季，札木合、王汗、你勒合桑昆等人预谋加害成吉思汗。

巴歹、乞失里二人将王汗等人的预谋通报给了成吉思汗。

成吉思汗和王汗在卯温都儿之地第一次交手，双方皆因伤亡严重而退出战场。

巴勒诸纳之盟。

秋季，成吉思汗在者者额儿温都儿之地与王汗交战，消灭了客列亦惕部。

1204年（甲子）：成吉思汗四十三岁。

春季，汪古惕部给成吉思汗送去乃蛮部企图攻打蒙古部的消息，并归附成吉思汗。

成吉思汗以十户、百户、千户为单位重新编排了军队。

四月，成吉思汗在纳忽昆之地攻灭乃蛮部。

成吉思汗俘获畏兀儿文人塔塔统阿，在蒙古地区开始普及畏兀儿体蒙古文，并开始使用了印章。

秋冬时期，成吉思汗派兵肃清各敌对部族残敌。

1205年（乙丑）：成吉思汗四十四岁。

春季，成吉思汗亲自率兵肃清了北部乃蛮和篾儿乞惕部残敌。

孛罗忽勒、沈白等将领率兵镇压了兀洼思篾儿乞惕部叛军。

成吉思汗从阿尔泰山北回师。

因西夏纳敌你勒合桑昆，成吉思汗第一次出征西夏。

成吉思汗处死始终反对其统一大业的札木合，至此统一蒙古诸部。

1206年（成吉思汗一年，丙寅）：成吉思汗四十五岁。

蒙古帝国宣告建立，成吉思汗第二次登基。

封赏八十八位开国功臣。

建立军政合一的蒙古帝国国家机构，分设四个万户、九十五个千户，并创建一万怯薛军。

制定颁布"大札撒"。

命忽必来那颜出征合儿鲁部，命者别那颜追击古出鲁克汗。

1207年（成吉思汗二年，丁卯）：成吉思汗四十六岁。

成吉思汗命长子术赤率领右翼军出征森林部族。

因西夏终止纳贡，成吉思汗第二次出征西夏。

成吉思汗给黄金家族成员分封领地和百姓。

1209年（成吉思汗四年，己巳）：成吉思汗四十八岁。

畏兀儿亦都护汗杀死当时合剌契丹派去管制畏兀儿的监国少监后归附成吉思汗。

成吉思汗第三次出征西夏。

1210年（成吉思汗五年，庚午）：成吉思汗四十九岁。

成吉思汗除掉野心膨胀的萨满教巫师帖卜腾格理。

成吉思汗开始着手出征金朝的战备工作。

1211年（成吉思汗六年，辛未）：成吉思汗五十岁。

忽必来那颜征服合儿鲁，引合儿鲁部阿儿思兰汗觐见了成吉思汗。

二月，成吉思汗亲自率领大军，兵分三路攻入金朝。

四月，大将者别那颜率领的蒙古军队左翼先锋军攻占了金朝大水滦、丰利等县。

夏季，成吉思汗避暑于汪古惕部领地。

七月，者别那颜的军队攻占了金朝西京的防御屏障乌沙堡、乌月营等地，蒙古军队第一次攻占金朝西京大同。

成吉思汗亲自率领中军攻打昌州、抚州二地，蒙古军队在翠屏山、浍河堡等地屡胜金朝将领完颜承裕所率主力军，乘胜攻占了宣德、德兴等城池。

金朝将臣郭宝玉等人归降蒙古。

九月，蒙古军队第一次攻占居庸关，直抵金朝都城中都。

蒙古军队右翼军攻占云内等地。

蒙古军队首攻中都未果，冬季向北退到金朝北部边境一带，在那里休整了军队。

1212年（成吉思汗七年，壬申）：成吉思汗五十一岁。

春季首月，蒙古军队第二次进攻金朝首都中都城。

春季，蒙古军队与金朝军队在野狐岭激战，随后在浍河堡一举歼灭了金将胡沙虎的三十万大军，并攻占宣德。

金将石抹明安归降蒙古。

八月，成吉思汗亲自率军再攻金朝西京，被乱箭射伤而退兵。

九月，蒙古军队攻占德兴。

契丹人建立"东辽国"，随后归降蒙古。

1213年（成吉思汗八年，癸酉）：成吉思汗五十二岁。

春季首月，成吉思汗派者别那颜攻打金朝东京辽阳。

七月，成吉思汗将主力军移至中都以北地区，再破德兴。

八月，成吉思汗率兵抵妫川，在那里战胜金朝行省完颜纲、右都监术虎高琪所率军队。

因金军严守居庸关，成吉思汗率领者别下属精兵抄居庸关西小路，突袭紫荆关，攻占易州。又派者别那颜攻占南口，随后夹击居庸关，再次占领了居庸关。

也在八月，金西京守将胡沙虎发动政变，毒杀完颜永济后拥立丰王完颜珣为金朝第八位皇帝。

十月，成吉思汗派阿剌浅至中都，通知金帝投降。

碍于中都城防备森严，蒙古军队多次攻城均未果。于是成吉思汗兵分三路，向金朝后方发动攻击，攻占了山东、山西、河北、辽西等地区的九十多个城镇。

冬季，成吉思汗安营于中都城西北郊失剌客额儿之地。

1214年（成吉思汗九年，甲戌）：成吉思汗五十三岁。

春季首月，成吉思汗得知金朝欲求和，遂停止攻势。

三月，金帝使臣到蒙古军营求和，成吉思汗同意议和，并遣阿剌浅至中都城，与金方谈判议和的条件。

双方议和后成吉思汗退兵，驻夏于鱼儿泺。

四月，金帝迁都南京汴梁。

七月，因金帝迁都而勃然大怒的成吉思汗率军第三次攻打中都城。

十月，成吉思汗派木华黎那颜攻打辽西。

1215 年（成吉思汗十年，乙亥）：成吉思汗五十四岁。

春季，蒙古大军攻占了整个辽西地区。

春季首月，金朝右副元帅蒲察七斤归降蒙古军队。

三月，蒙古军队一举歼灭前去支援中都的金军。

五月，蒙古大军攻占中都城。

成吉思汗从中都城征用了契丹族文人耶律楚材。

六月，蒙古军队退到鱼儿泺驻夏。

森林部族叛变。

成吉思汗派遣三路军队继续攻打金朝。

秋季，为了处理帝国国内事务，成吉思汗回到克鲁伦河边的大斡儿朵。

1216 年（成吉思汗十一年，丙子）：成吉思汗五十五岁。

成吉思汗派兵镇压豁里秃马敦等森林部族的起义。

成吉思汗命速别额台把阿秃儿率铁车军与之前委派的脱忽察儿所率三千骑兵一同追击篾儿乞惕残部。

为了肃清古出鲁克汗为首的乃蛮残部，成吉思汗派者别那颜攻入合剌契丹。

遣使至花剌子模，商定有关商贸往来的合约。

1217 年（成吉思汗十二年，丁丑）：成吉思汗五十六岁。

朵儿别部大将朵儿伯朵黑申率军平定森林部族的起义。

速别额台把阿秃儿在垂河边消灭了篾儿乞惕部残敌。

八月，成吉思汗封木华黎那颜为国王、太师，赏九斿白纛，命其负责继续征伐金朝的战略任务。

成吉思汗将以兀忽纳为首的四百五十名商人组成的商队遣至花剌子模，讹答剌城守将亦纳勒术却奉摩诃末之命屠杀了那些商人。

1218年（成吉思汗十三年，戊寅）：成吉思汗五十七岁。

花剌子模国苏丹汗摩诃末杀害成吉思汗派去问罪的国使巴合剌。

者别那颜攻灭合剌契丹。

成吉思汗召开忽里勒台商议了出征花剌子模之事，并开始着手战备工作。

春季，成吉思汗第四次出征西夏。

成吉思汗派遣十万大军前去攻打契丹残部，并与高丽国建立关系。

成吉思汗命阿剌合别乞公主和汗弟斡惕赤斤那颜在战时监国，分管漠南、漠北政事。

成吉思汗指定三子斡歌歹为汗位继承人。

成吉思汗命者别、速别额台、脱忽察儿三将率领蒙古西征军先锋部队。

1219年（成吉思汗十四年，己卯）：成吉思汗五十八岁。

四月，成吉思汗率领蒙古大军出征花剌子模。

五月，蒙古西征军途经乃蛮故地，驻夏于额儿的失河畔。

二十万蒙古西征军在额儿的失河边聚集。

成吉思汗遣派刘仲禄、札八儿等人前去邀请道教领袖长春真人丘处机。

秋季，成吉思汗率领二十万大军从额儿的失河畔起兵，直抵锡尔河畔的花剌子模重镇讹答剌城。之后成吉思汗兵分四路，发动了河中地区大战役。

成吉思汗亲自率领蒙古主力军在攻向不花剌、撒麻耳干的途中，攻占了匝儿讷黑、讷儿等城池。

1220年（成吉思汗十五年，庚辰）：成吉思汗五十九岁。

三月，成吉思汗率领蒙古大军攻占不花剌城。

也在三月，成吉思汗率领蒙古大军攻占花剌子模新都城撒麻耳干。

蒙古大军到达撒麻耳干之前，花剌子模国王摩诃末苏丹弃城而逃。成吉思汗命先锋大将者别、速别额台、脱忽察儿三人率军追击摩诃末。

察阿歹、斡歌歹率领军队经过半年的攻势攻陷讹答剌城。

术赤率领的第二路军和阿剌黑、雪亦客秃扯儿必、塔孩等人率领的第三路军攻占了从忽毡城到养吉干城的整个锡尔河沿岸地区。

春季，成吉思汗率军进攻呼罗珊地区。

夏季，成吉思汗避暑于那黑沙不草原。

秋季，成吉思汗率领的军队攻占忒耳迷城。

冬季，成吉思汗驻冬于康格儿忒、薛蛮地区。

者别、速别额台的军队进攻阿哲儿拜占都城帖必力思，驻冬于里海沿岸的木干草原。

者别、速别额台的军队在严寒的冬季突然攻入谷儿只境内，重创谷儿只军队。

十二月，摩诃末苏丹逃到里海一座孤岛。

冬初，蒙古军队开始进攻乌尔坚奇城，攻城战持续整个冬季。

1221年（成吉思汗十六年，辛巳）：成吉思汗六十岁。

一月，摩诃末苏丹病逝于里海一座孤岛，其子札兰丁继位。

春季，成吉思汗的军队渡过阿姆河，攻占了巴里黑城。

春季，札兰丁苏丹的军队突袭蒙古军队先锋部队，杀死一千名左右蒙古士兵，随后又击败了失乞刊忽都忽率领的援军。

五月，蒙古军队通过六个月的攻城战终于攻陷乌尔坚奇城。

夏季，成吉思汗的主力军通过六个月的攻势攻占塔里寒山区讷思来忒忽城堡。

夏季，成吉思汗避暑于塔里寒山区。

察阿歹之子木阿秃干牺牲于攻打范延堡的战役中。

七月，前去议和的金朝使臣乌古孙仲端持国书觐见成吉思汗。

九十月，成吉思汗大军在申河边与札兰丁苏丹的军队激战，札兰丁落败而逃。

冬季，成吉思汗命札剌亦儿部巴剌那颜率领一支军队前往欣都思（北印度）追击札兰丁苏丹，又命朵儿别部朵儿伯朵黑申率领另一支军队前去攻打欣都思和巴黑塔惕之间的阿鲁、马鲁（木剌夷）、马答撒里等族居住地阿卜秃巴剌合孙。

者别、速别额台的军队进攻亚美尼亚和谷儿只东南部。

1222年（成吉思汗十七年，壬午）：成吉思汗六十一岁。

年初，拖雷的军队攻占呼罗珊地区。

春季，成吉思汗的主力军再攻巴里黑城。

四月五日，成吉思汗第一次会见长春真人丘处机。

夏季，成吉思汗避暑于巴鲁安客额里，各路蒙古军队会师此地。

成吉思汗向花剌子模各地派遣官吏。

八月，成吉思汗第二次会见长春真人丘处机。

冬季，者别、速别额台的大军越过高加索山脉，攻灭阿速部落联军，随后深入钦察兀辖地。

蒙古大军驻冬于申河源地附近的不牙迦秃儿山，蒙古军队内部突发疫情。

1223年（成吉思汗十八年，癸未）：成吉思汗六十二岁。

春初，蒙古军队回师，向印度西藏地区方向走了几天后因气候不适而改变行军路线，改变之前的进军路线，返回蒙古地区。

三月，长春真人丘处机告别成吉思汗回国。

三月，国王木华黎病逝于山西省闻喜县，成吉思汗遣回其子孛鲁继承其位。

五月，者别、速别额台率领的蒙古军队在顿河附近的卡尔卡河歼灭俄罗斯联军。

夏季，蒙古军队在回师途中避暑于巴鲁安客额里。

冬季，成吉思汗的主力军安营于撒麻耳干城以东二十里地处。

冬季，成吉思汗组织了大型狩猎活动。

成吉思汗从中亚回师的途中安营于额儿的失河边时，西夏王李德旺率军袭扰了弱水一带的蒙古地区。

年末，者别、速别额台率领的蒙古军队征服孛剌儿，将孛剌儿领地划入术赤封地的外藩，随后回师。

1224 年（成吉思汗十九年，甲申）：成吉思汗六十三岁。

春季，成吉思汗在锡尔河西岸与诸子相会并召开了忽里勒台。

五月，木华黎之子孛鲁的军队在银州击败了西夏军队，随后西夏王求和。

夏季，成吉思汗避暑于豁兰八失之地。

秋季，成吉思汗一直在回师途中。

秋季，西夏与金朝议和。

十月，成吉思汗的两个孙儿忽必烈和旭烈兀到达叶密立河附近迎接蒙古大军，觐见了祖父成吉思汗。

者别那颜回师途中病逝于康里辖地，速别额台那颜率领蒙古远征军与成吉思汗大军会合。

年末（或1225年初），成吉思汗在额儿的失河源地附近的不哈速赤忽之地举行了欢庆凯旋的大型宴会，其间举行的射击表演中合撒儿次子也松格篾儿干射出三百三十五庹远的射程。为纪念其射术，后来成吉思汗命人在此地修建了一座石碑，该石碑被叫作"也松格篾儿干碑"或"成吉思汗石碑"。

1225年（成吉思汗二十年，乙酉）：成吉思汗六十四岁。

初春，成吉思汗结束西征回到土拉河畔的大斡儿朵。

二月，因西夏李德旺迟迟不遣质子，成吉思汗遣使声讨。

秋季，成吉思汗率领十万蒙古大军出征西夏。

西夏部署战备工作，加固防御工事，十月与金朝签订兵力和兵器装备援助相关的协议，十一月公开了该协议。

十一月，蒙古大军到达图音河，并驻冬于此。

冬季，成吉思汗组织了大型狩猎活动，其间坠马受伤。

1226年（成吉思汗二十一年，丙戌）：成吉思汗六十五岁。

春季首月，蒙古大军从图音河一带出动，从弱水一带攻入西夏，攻陷黑水城等西夏城池。

夏季，成吉思汗避暑于浑垂山。

七月，西夏王李德旺去世，其孙李睨继承王位。

秋季，蒙古军队攻占了甘州、西凉府、搠罗县、河罗县、肃州等西夏城池，随后穿过沙漠到达黄河九渡，攻陷应理州等地。

十一月，成吉思汗率军攻占朵儿蔑该巴剌合速。

冬季，蒙古大军包围西夏都城额里合牙，随后成吉思汗将攻城之事交由手下将领负责。

1227 年（成吉思汗二十二年，丁亥）：成吉思汗六十六岁。

春季首月，成吉思汗率领军队渡过黄河，向夏金边界处的金朝城池发起进攻，率先攻破积石州。

二月，攻陷临洮。

三月，成吉思汗先后攻占洮州、河州、西宁县等地。

四月，成吉思汗率军到达隆德。

五月，成吉思汗遣唐庆出使金朝。

闰五月，成吉思汗驻夏于六盘山。

六月，金朝派遣完颜合周、奥屯阿虎二使至六盘山成吉思汗处求和。

也在六月，成吉思汗从六盘山迁移到清水县西江之地。

成吉思汗在西江时，西夏王遣使求降，承诺一个月之后投降。

七月五日壬午（或 1227 年 8 月 18 日），成吉思汗患病不豫，是月十二日己丑（阳历 8 月 25 日）在清水县西江之地与世长辞，享年六十六岁（六十五周岁）。

二、成吉思汗四大斡儿朵及诸汗子、公主简介

成吉思汗四大斡儿朵

关于中国封建皇帝的妻妾，俗言有三宫六院七十二嫔妃之说。实际上，不同时期不同朝代皇帝的后妃编制并不相同。据记载，汉朝皇帝的嫔妃和宫女区分十四等级，共有几百人。唐朝设六局二十四司，共计二百四十余人，"皆选良家女充之"。"明太祖鉴前代女祸，立纲陈纪，首严内教"（《明史》卷一百一十三）。于是明朝设六局一司，嫔妃和宫女之数相比唐朝减少了一百四十余人。

作为封建皇帝，蒙古帝国的每一位可汗都有诸多嫔妃。不过在这方面具有自己民族的传统和特色。

从 13 世纪时期到过蒙古地区的外国使臣或旅行家的记载中可知，在古代蒙古社会，一夫多妻的现象比较普遍，如马可·波罗所记："鞑靼的男子可以随意娶妻。"对可汗和贵族而言，这方面更是没有任何限制。

最初成吉思汗并没有制定相关的后妃编制，后来根据辽朝相关制度设立了斡儿朵。平时斡儿朵是成吉思汗和诸后妃的住所，不过战时会变成发号指令的指挥所。

成吉思汗共设立四个斡儿朵。

第一斡儿朵为克鲁伦河大斡儿朵。关于该斡儿朵名称，相关史料中的写法各有出入：《罗·黄金史》记作"古瑞斡儿朵"，《圣武亲征录》记作"太祖皇帝之大宫"，《元史·太祖纪》记作"庐朐河（指克鲁伦河）行宫"。

多数史学家认为该斡儿朵位于克鲁伦河阔朵额阿剌勒之地，该斡儿朵的主人是成吉思汗原配夫人孛儿帖兀真。据记载，除了孛儿帖兀真，住该斡儿朵的还有六后一妃（关于诸后妃之名，详见《元史·后妃表》）。

孛儿帖兀真为翁吉剌惕部德薛禅之女，生于1161年（辛巳），长成吉思汗一岁。1170年与成吉思汗定亲，1178年成婚。孛儿帖兀真与成吉思汗成婚不久后被篾儿乞惕人劫去，后来成吉思汗攻打篾儿乞惕部夺回了她。之后孛儿帖兀真与成吉思汗同甘共苦，一同度过了因也速该把阿秃儿去世而众叛亲离的苦难日子。

为了支持帖木真的统一大业，孛儿帖兀真献出贵重的嫁妆黑貂皮短袍，帖木真以它为礼得到了王汗的支持。在成吉思汗统一蒙古诸部的过程中，孛儿帖兀真抚养儿女，操持家务，在成吉思汗"忘却时提醒，沉睡时唤醒"，总会针对成吉思汗的国政之事提出独到的见解和明智的策略。由此看来，孛儿帖兀真不只是一位贤妻良母，她还是成吉思汗的事业伴侣及幕僚。

孛儿帖兀真生育术赤、察阿歹、斡歌歹、拖雷四子和五位公主（这是剌失德·哀丁的记载。《罗·黄金史》则记载孛儿帖兀真生育三位公主，即阿勒合别乞、阿勒阿勒屯别乞、扯扯亦坚阿盖"三位公主。关于五位公主，详见下文公主简介）。

目前，相关史料中关于孛儿帖兀真的记载甚少，她的去世时间等无从考证。1265年或忽必烈薛禅可汗至元二年，孛儿帖兀真被追封为"光献翼圣皇后"。

《元史·食货三》（卷九十五）记载有四大斡儿朵每年的岁赐，每个斡儿朵所得岁赐附录于斡儿朵简介之后。

"大斡耳朵（所得岁赐）：

"岁赐，银四十三锭，红紫罗二十匹，染绢一百匹，杂色绒五千斤，针三千个，段七十五匹，常课段八百匹。

"五户丝，乙卯年，分拨保定路六万户。延祐六年，实有一万二千六百九十三户，计丝五千二百七斤。

"江南户钞，至元十八年，分拨赣州路二万户，计钞八百锭。"

第二斡儿朵为忽兰合屯的斡儿朵。《罗·黄金史》将该斡儿朵记作"瑞林古斯·巴拉斯斡儿朵"，《元史》记作"第二斡儿朵"，屠寄先生所著的《蒙兀儿史记》和张振珮先生所著的《成吉思汗评传》记作"撒阿里客额儿合里勒秃纳兀儿之行宫"。除了忽兰合屯，住该斡儿朵的还有三后一妃。

忽兰合屯为兀洼思篾儿乞惕部首领答亦儿兀孙之女。1204年秋季，成吉思汗率兵攻打篾儿乞惕部残敌，兀都亦惕篾儿乞惕部首领脱黑脱阿别乞与忽都、赤剌温二子带领少数人马逃向北部乃蛮。篾儿乞惕部另一个分支兀洼思篾儿乞惕首领答亦儿兀孙则是献女归降，此女便是忽兰。

忽兰合屯天生貌美聪慧，因而深得成吉思汗宠爱。成吉思汗西征花剌子模时带在身边的便是忽兰合屯。

据记载，忽兰合屯生育古列坚一子。

值得一提的是，17、18世纪时期成书的几部蒙古语文献中编入的《箭筒士阿尔噶逊的传说》一文中将忽兰合屯记作"瑞林固惕国公主"。这与历史事实不符，策·达木丁苏荣先生对此做出正确的解释："该传说部分为历史事实，部分为虚构。成吉思汗有一位名叫忽兰的合屯，该合屯深得成吉思汗的宠爱，这是历史事实。然而，忽兰合屯并不是'瑞林固惕国公主'，而是蒙古篾儿乞惕部首领答亦儿兀孙之女。当时，篾儿乞惕部与索伦巴尔虎部有联姻关系。因而忽兰合屯的家乡'瑞林固惕'并非今之朝鲜（蒙古语'瑞林固惕'与'朝鲜'的蒙古语音译同音。——译者），而是索伦巴尔虎。萨敢思辰先生探明了这一点，于是在《蒙古源流》中将忽兰合屯记作'索伦——墨尔格特·岱尔乌逊之女忽兰高娃'……成吉思汗迎娶瑞林固惕可汗宝哈查干之女后溺居三年不返之说也许是受15世纪时期在蒙古地区广泛传播的史诗《格萨尔王传》的影响所致。"（《蒙古文学史》）

"第二斡耳朵（所得岁赐）：

"岁赐，银五十锭，段七十五匹，常课段一千四百九十匹。

"五户丝，丁巳年，分拨河间青城县二千九百户。

延祐六年，实有一千五百五十六户，计丝六百五十七斤。

"江南户钞，至元十八年，分拨赣州路一万五千户，计钞六百锭。"（《元史·食货三》）

"第三斡儿朵为也遂合屯的斡儿朵。《罗·黄金史》将该斡儿朵记作"锡尔嘎奇斡儿朵"，《元史》记作"第三斡儿朵"，《圣武亲征录》记作"土兀剌河上黑林间（龙庭）"（"龙庭"即斡儿朵。——译者）。除了也遂合屯，住该斡儿朵的还有六后三妃。

也遂合屯为塔塔儿部也客扯连之女，也速干合屯的亲姐姐。1202 年，成吉思汗攻灭塔塔儿部之后迎娶也遂的妹妹也速干。当时，"也速干合敦说：'把我当普通人对待也好，甚至当牲畜对待也好，都是大汗对我的恩典。我有个姊姊名叫也遂，比我强，更配得上大汗。她刚有了夫婿，但如今这离乱中不知她到哪里去了。'成吉思汗听了她的话后，说道：'如果你姊姊比你还要好，我就派人去寻找。你姊姊来了，你能让位给她吗？'也速干合敦说：'若蒙大汗恩典，只要能见到我姊姊，我就让位给她。'成吉思汗听了她的话后，便传旨派人去寻找……也遂……就被（我军）从那里带来了。也速干合敦见她的姊姊来了，就践行自己的诺言，她站起来，把自己的座位让给她姊姊，自己坐在下边。"（《蒙古秘史》第 155 节）

也遂合屯聪慧且有远见，因而成吉思汗定夺重大决策时经常会让也遂合屯参与。

1219 年，在成吉思汗西征花剌子模之前的忽里勒台上，也遂合屯首次提出汗位继承之事。成吉思汗采纳她的提议，指定三子斡歌歹为汗位继承人。之后1226年秋季，成吉思汗出征西夏时身边带着也遂合屯。路上狩猎时成吉思汗坠马受伤，也遂合屯见成吉思汗身体状况差，便召集诸汗子和将臣们商议了对策。

据记载，也遂合屯生育察兀儿一子。但《罗·黄金史》记载："也遂合敦生了拙赤白公主。也速干合敦生了合儿赤儿、合儿合秃、察兀儿三个儿子。"（第二十章第三节）

"第三斡耳朵（所得岁赐）：

"岁赐，银五十锭，段七十五匹，常课段六百八十二匹。

"五户丝，壬子年，查认过真定等处畸零三百一十八户。延祐六年，实有一百二十一户，计丝四十八斤。

"江南户钞，至元十八年，分拨赣州路二万一千户，计钞八百四十锭。"（《元史·食货三》）

第四斡儿朵为也速干合屯的斡儿朵。《罗·黄金史》将该斡儿朵记作"哈牟图特辉斡儿朵"，《元史》记作"第四斡儿朵"。除了也速干合屯，住该斡儿朵的还有四后七妃。该斡儿朵所在地便是之前的乃蛮部塔阳汗汗宫所在地，即阿尔泰山北。长春真人西去时路过的斡儿朵也许就是该斡儿朵，《长春真人西游记》中将该斡儿朵记作"窝里朵"。据《长春真人西游记》记载，成吉思汗从金朝迎娶的岐国公主和从西夏迎娶的察合公主均居住该斡儿朵，但在《元史·后妃表》

中不见这两位合屯的名字，也许是记作别名或遗漏。

《罗·黄金史》记载："也速干合敦生了合儿赤儿、合儿合秃、察兀儿三个儿子。"

"第四斡耳朵（所得岁赐）：

"岁赐，银五十锭，段七十五匹。

"五户丝，壬子年，分拨真定等处二百八十三户。延祐六年，实有一百一十六户，计丝四十六斤。

"又八不别及妃子位，至元二十五年，分拨河间清州五百一十户，计丝二百四斤。"（《元史·食货三》）

所述关于成吉思汗四大斡儿朵的情况，依据为《元史·后妃表》以及其他相关文献史料的记载。其中具体人名的写法有出入的现象比比皆是。此外也有成吉思汗纳锁儿罕失剌之女合答安和乃蛮部塔阳汗庶母古儿别速为妻的记载，不过此说没有确凿依据。

值得注意的是，关于成吉思汗设立的斡儿朵之数，相关史料的记载也有出入。本书以《元史》记载为依据。然而，剌失德、多桑等人记载斡儿朵有五个，即孛儿帖兀真的第一斡儿朵，忽兰合屯的第二斡儿朵，也速干合屯的第三斡儿朵，公主合屯的第四斡儿朵，也遂合屯的第五斡儿朵。屠寄先生所著的《蒙兀儿史记》虽然记载有四个斡儿朵，但四个斡儿朵的主人则与其他文献不甚相同，即也遂、也速干两位合屯同在第三斡儿朵，第四斡儿朵的主人则是金朝公主可敦。

成吉思汗诸汗子

相关文献史料记载，成吉思汗有发妻孛儿帖兀真所生四个儿子、庶室所生两个儿子，共有六位汗子。

长子术赤

1178 年，孛儿帖兀真怀上术赤后被篾儿乞惕部劫去。之后的 1179 年，帖木真与客列亦惕部王汗、札答剌部札木合联兵，在不兀剌客额列之地击败篾儿乞惕部，夺回孛儿帖兀真。是年秋季术赤诞生。

术赤自小跟随成吉思汗，南征北战无役不从，成长为骁勇善战的大将。据记载，术赤性情急躁，但不滥杀无辜，受到手下将臣们的敬仰和拥戴。

术赤一生的重大事迹为：1207 年率领蒙古帝国右翼军征服森林部族。1211 年成吉思汗出征金朝时，术赤与察阿歹、斡歌歹一同率领右翼军，攻占了云内、东胜、武威、朔州等地。两年后又从太行山一带向南攻入，攻占金朝二十七州。1216 年随其汗父北归。第二年，成吉思汗在出征合剌契丹之前从乞儿吉思征援未果，遂派术赤率兵攻打。征服乞儿吉思后，术赤驻扎于蒙古帝国西界。速别额台那颜追击篾儿乞惕部残敌，捉住脱黑脱阿别乞三子押送给了术赤。据记载，术赤命其射靶，第一箭便射中靶心，第二箭则从同一个孔射了出去。术赤见后大悦，惜其射术而欲饶其命，但禀报成吉思汗后遭拒。1219年随成吉思汗出征花剌子模。

成吉思汗很疼爱术赤这个长子。例如，成吉思汗召开忽里勒台欲定夺汗位继承人时首先问了术赤的想法。然而察阿歹不从，恶言相加术赤而起冲突时，成吉思汗如是说道："怎么可以这样说拙赤（术赤）呢？拙赤不是朕的长子吗？以后不可以说这种话！"

不过成吉思汗也有误解术赤的时候。孛儿帖兀真是从篾儿乞惕部被夺回之后生下术赤的，因而察阿歹始终不尊重术赤，两人之间一直存在矛盾。在指定汗位继承人的忽里勒台上，以及后来的乌尔坚奇攻城战时，二人之间的矛盾均有体现。乌尔坚奇攻城战后，术赤再没有见到父亲成吉思汗。当时作为者别、速别额台远征军的后援，术赤驻扎于咸海和里海之间的封地。之后成吉思汗主力军回师的时候，术赤仍然留在当地。成吉思汗到达锡尔河附近后派人传唤术赤，术赤则以患病为由没有前去见其汗父。后来成吉思汗又传唤几次，术赤始终没去见成吉思汗。后来发生的事情则证实了术赤当时真的患病在身。

成吉思汗起初对术赤的频唤不至耿耿于怀。据记载，1225年初成吉思汗回到蒙古地区后，术赤的一位随从回去过。成吉思汗向他问起术赤的情况，那人回答成吉思汗，术赤的身体很健康，不久之前他还见过术赤行猎。听到这些火上浇油的话，成吉思汗勃然大怒，甚至决定对术赤兴师问罪。

然而没过多久，成吉思汗收到术赤与世长辞的消息，他这才明白术赤不久之前在行猎之说为无中生有的谎言，想问罪却没有找到术赤的那位随从。成吉思汗自责至极，流下悲伤的泪水。

1225 年初，术赤在其四十七岁那年病逝于西域。后来术赤次子拔都统治其封地（咸海、里海附近的钦察兀故地），建立钦察汗国，1243 年建都于萨莱。

次子察阿歹

察阿歹诞生于 1183 年（癸卯）。察阿歹是个胆识过人、骁勇善战的大将，始终跟随成吉思汗征战，从役无数。1211 年成吉思汗出征金朝时，察阿歹与哥哥术赤、弟弟斡歌歹一同率领右翼军作战。1219 年西征花剌子模时率军攻占讹答剌、乌尔坚奇等城池。如本书第八章所述，察阿歹长子木阿秃干牺牲于攻打范延的战役中。"察合台丧子时适他往，毁范延时始还。成吉思汗命人秘其事，伪言其子他适。越数日，汗与三子共食，伴作怒色，责诸子不从命。语时蜀目察合台，察合台惧。跪而自明，父命死不敢违，汗犹反复前词谴责之。既而曰：'汝言实软？汝能践言软？'察合台亟曰：'宁死必不违所言。'汗乃曰：'汝子木阿秃干亡矣，不许汝悲。'察合台闻言，如受点击，然犹自制不流泪。食毕出，始一泄其悲痛之情。"（《多桑蒙古史》上册，第 122 页）从这件事情可以看出察阿歹刚强的性格以及对其父成吉思汗的耿耿忠心。

也许，察阿歹对其兄术赤的排斥始终未变。不过与斡歌歹之间的兄弟情谊很深，全力支持斡歌歹继位之事。1230年斡歌歹可汗出征金朝时，察阿歹率领自部参战，并立下赫赫战功。1235年，蒙古帝国第二次西征时，察阿歹提出派遣长子参战的主意。此次西征便是著名的"长子西征"。

斡歌歹继承汗位之后，察阿歹始终以臣礼待弟。关于这一点有这样一则故事："一日（察阿歹）与其弟可汗并骑而出，时二人皆醉。察合台（即察阿歹）以其马优于窝阔台（即斡歌歹）马，于是二人赌赛，察合台马果胜。是夜，察合台还帐自思，与君竞马，且马出君前，于君为大不敬，遂欲以身作则。次日黎明，率领诸臣进至窝阔台帐前，窝阔台见其兄于黎明率多人至，惊询其故。察合台对曰：'昨日无礼于君，今特来请罪，赐杖或死，惟君之命。'窝阔台感其兄从顺至于此极，乃顺其意，薄责数语，察合台始谢而出。然仍遵罪人被宥之例，在可汗帐前跪拜，并献九倍九数之马。且命人高声唱言，可汗已宥察合台死罪，察合台已跪谢可汗之恩。"（《多桑蒙古史》上册，第208页）

据记载，斡歌歹可汗也很尊重哥哥察阿歹，凡是国家大事都会与察阿歹协商。1236年，斡歌歹可汗统计中原民户，给亲族、将臣们划分领地时分给察阿歹太原府辖地四万七千三百三十民户，后又追加深州一万民户。

察阿歹特别认真地遵守和奉行成吉思汗制定的大札撒，严惩那些违背大札撒的人。他让钦佩且奉行成吉思汗大札撒的牙老瓦赤之子马思忽惕掌管了经济事务。据记载，马思忽惕在征收赋税等方面特别公正公平，所以不花剌等西域城池的经济迅速恢复，人口增长也很快。

　　1241年斡歌歹可汗逝世后，在察阿歹的提议下，乃蛮真合屯朵列格捏称制。

　　察阿歹病逝于1242年。木阿秃干次子合剌旭烈兀奉乃蛮真合屯之命继承了察阿歹之位。

　　察阿歹的封地为合剌契丹故地和畏兀儿故地西部，即东起伊犁河、西达锡尔河西岸、南至阿姆河、北抵垂河流域以及西伯利亚的土地。察阿歹汗国建都于阿力麻里。

　　值得一提的是，多数相关史料中不见察阿歹的诞生时间。我读到的记载有1959年在莫斯科出版的俄译本《普兰迦儿宾行记》和《鲁不鲁克东游记》中沙斯提娜补加的注释[68]中将察阿歹的在世时间记作"1190（？）—1242（？）年"，显然是缺少依据的。此外，张振珮先生所著的《成吉思汗评传》中成吉思汗大事迹年表中记载："淳熙十年癸卯，公元1183年，汗二十九岁，次子察合台约生于十年。"（第七章）"至其（指察合台）生年寿算，均无可考，惟知死于公元1241年。就术赤、窝阔台两人生年推之，当生于公元1179至1184年之间，享寿约五十七至六十二。"（第八章）1972 年在台湾出版的《成吉思汗之歌》中成吉思汗事迹年表中记载察阿歹生于淳熙十一年（甲辰，1183 年），与张振珮先生的记载比较接近。张振珮先生所记时间只是推测，不过比较贴近实际时间，本书记作 1183 年。察阿歹的逝世时间为 1242 年之说则比较常见。

三子斡歌歹

斡歌歹诞生于 1186 年（丙午）。斡歌歹自幼跟随成吉思汗，无役不从，战功显赫。因而在蒙古统治阶级内部威望很高，成吉思汗生前指定其为汗位继承人。

成吉思汗生前给斡歌歹划分的封地为额儿的失河上游和今巴尔喀什湖以东地区。后来斡歌歹后裔建立斡歌歹汗国，建都于也迷里城（今新疆额敏县）。

斡歌歹于 1229 年继承成吉思汗大位，在位十三年（1229—1241 年）。斡歌歹于 1230—1234 年间出征金朝（这是蒙古帝国第三次出征金朝），攻灭了这一宿敌。此后斡歌歹又发动蒙古帝国第二次西征，1236 年派遣由拔都统领的长子西征军，一直攻入欧洲中部。

斡歌歹可汗知人善任，重用耶律楚材等能人贤士，依法治国，制定赋税制度，加快了蒙古社会的封建化进程。此外，斡歌歹可汗还修建城池，将新建的喀剌和林城指定为蒙古帝国都城。又着手设置驿站、找水打井、强化治安等很多利国利民之事。尤其是命人编撰蒙古族历史文化之圣典——《蒙古秘史》，给蒙古民族文化宝库增添了最为珍贵的一件瑰宝，做出了不可磨灭的贡献。

斡歌歹可汗的思想品格中有一种帝王身上罕见的自我批评精神，正如《蒙古秘史》第281节所记：他认为自己"做了四件错事"。从斡歌歹可汗的话语和相关史料记载中不难看出，他"沉湎于酒"，这一点影响了他的执政生涯，甚至害其毙命。

1241年11月，斡歌歹可汗逝世于自己的行宫，享年五十六岁。后来被追封为英文皇帝，庙号太宗。

四子拖雷

拖雷诞生于1193年（癸丑）。这一诞生时间的依据为《元史》相关记载。然而从《蒙古秘史》的记载看，拖雷的诞生时间争议较大，关于这一点详见本书第三章注解［6］。拖雷为孛儿帖兀真所生季子，依照古代蒙古习俗，季子被称作"家炉的守护者"或"火的主人"，因而拖雷的父母及祖母诃额仑兀真都很疼爱这个"家炉的守护者"。

拖雷心胸开阔，特别尊重几个哥哥，尤其对大哥术赤尊爱有加。拖雷与他的几个哥哥一样，自幼跟随成吉思汗南征北战，从役无数。而且经常在成吉思汗身边随主力军出征，所以拖雷对成吉思汗的用兵策略了解颇深，从而成长为一名智勇双全的大将。

1212年攻打金朝德兴时，拖雷和赤古古列坚二人率先攻入城里。西征花剌子模时，拖雷独自率领一支军队渡过阿姆河，征服了呼罗珊地区。

1225 年成吉思汗给诸子划分封地时，作为"家炉的守护者"，拖雷分得斡难河源地和喀剌和林一带地区，该地区正是成吉思汗四大斡儿朵所在地。

1227 年成吉思汗升天后，诸汗子和将臣们将成吉思汗的灵柩送回北方，举哀过后他们回到各自的领地。之后直到斡歌歹可汗即位，由拖雷监国。

1228 年秋季，诸将臣、驸马、万户官、千户官们收到第二年夏季召开忽里勒台推举新主的通知。据记载，在第二年的忽里勒台上，黄金家族成员和将臣们持续讨论了四十天还是无法统一意见。这时拖雷和察阿歹遵从成吉思汗指定汗位继承人的遗嘱，坚决拥立斡歌歹。是年八月，斡歌歹登基，成为蒙古帝国第二任可汗。

斡歌歹即位后，拖雷全力支持其汗兄，1230 年二人率领蒙古大军出征金朝。蒙古大军于第二年二月攻陷凤翔后，"有降人李昌国者言：'金主迁汴，所恃者黄河、潼关之险尔。若出宝鸡，入汉中，不一月可达唐、邓。金人闻之，宁不谓我师从天而下乎！'拖雷然之，言于太宗。太宗大喜，语诸王大臣曰：'昔太祖尝有志此举，今拖雷能言之，真赛因也。'赛因，犹华言大好云。遂大发兵……拖雷总右军自凤翔渡渭水，过宝鸡，入小潼关，涉宋人之境，沿汉水而下。期以明年春，俱会于汴。遣揓不罕诣宋假道，且约合兵。宋杀使者，拖雷大怒曰：'彼昔遣苟梦玉来通好，遽自食言背盟

乎！'乃分兵攻宋诸城堡，长驱入汉中，进袭四川，陷阆州，过南部而还。遂由金取房，前锋三千人破金兵十余万于武当山，趋均州。乘骑浮渡汉水……拖雷既渡汉，金大将合达设伏二十余万于邓州之西，据隘待之。时拖雷兵不满四万，及得谍报，乃悉留辎重，轻骑以进。十二月丙子，及金人战于禹山，佯北以诱之，金人不动。拖雷举火夜行，金合达闻其且至，退保邓州，攻之，三日不下。遂将而北，以三千骑命札剌等率之为殿。明旦，大雾迷道，为金人所袭，杀伤相当。拖雷以札剌失律，罢之，而以野里知给歹代焉。未几，败金军。壬辰春，合达等知拖雷已北，合步骑十五万蹑其后。拖雷按兵，遣其将忽都忽等诱之……天大雨雪，金人僵冻无人色，几不能军，拖雷即欲击之……遂奋击于三峰山，大破之，追奔数十里，流血被道，资仗委积，金之精锐尽于此矣。余众进走睢州，伏兵起，又败之。合达走钧州，仅遗数百骑。蒲阿走汴，至望京桥，复禽获之。太宗寻至，按行战地，顾谓拖雷曰：'微汝，不能致此捷也。'诸侯王进曰：'诚如圣谕，然拖雷之功，著在社稷。'盖又指其定册云尔。拖雷从容对曰：'臣何功之有，此天之威，皇帝之福也。'闻者服其不伐。"（《元史·睿宗传》）

从金朝回师的途中，"斡歌歹合罕得了病，口不能言。得病难过时，（人们）让巫师、占卜者占卜……巫师奏禀说：'金国的土地神、水神们，因为他们的地方和水被毁，百姓、人口被掳，急遽作祟，占卜时许（神）以别的什么为替身禳之，（神）作祟愈急。又问：可否用亲人作替身，作祟就放慢了。如今听凭圣裁。'（斡歌歹）降旨说：'如今朕身边的宗王有谁？'宗王拖雷正在他身边，就说：'神圣的父汗成吉思汗像选骟马、择羯羊般的在诸兄弟之中选中了合罕兄长你，把他的大位指给了你，让你担当了统治百姓的重任。让我在合罕兄长身边，把你忘记的事提说，在你睡着了时唤醒。如今如果失去了我的合罕兄长你，我向谁去提说忘记的事，谁睡着了要我去唤醒呢？如果合罕兄长你真有个不测，众多蒙古百姓将成为遗孤，金国人必将快意让我来代替我的合罕兄长吧。我曾劈开鲟鱼的脊，横断鳇鱼的背。我曾战胜亦列，刺伤合答。我面貌美好，身材高大。（可以侍奉神。）巫师你来诅咒吧。'说着，巫师就诅咒了，把诅咒的水让拖雷大王喝了。"（《蒙古秘史》第 272 节）于是，过了两三天，拖雷在阿剌合的思（屠寄先生认为该地也许是今内蒙古自治区乌拉特旗北部阿雷克井）之地暴崩。拖雷逝世于 1232 年（壬辰），而《蒙古秘史》所记这一死因有疑。

从蒙古帝国第三任可汗蒙哥开始，拖雷的后裔相继继承汗位，时间长达三百八十余年（1251—1634 年）。

上文所述四人均为成吉思汗发妻孛儿帖兀真所生嫡子，因而具有可继承汗位的权力。此外，成吉思汗还有两名庶子：

一为古列坚，忽兰合屯所生。成吉思汗待他如嫡子，分配军队时古列坚分得四千人。斡歌歹可汗时期古列坚分得河间府百姓，1236年随拔都西征，第二年攻打奥卡河边的科洛姆纳城时受伤不愈而死。

二为兀鲁赤，成吉思汗庶室所生。尚幼时死于攻打金朝西京的战役中。

成吉思汗诸公主和古列坚

豁真别乞

孛儿帖兀真所生长女。起初，成吉思汗将妹妹帖木仑豁阿赐嫁亦乞列思部不秃古列坚，帖木仑豁阿去世后作为继室又赐嫁豁真别乞。《元史·诸公主表》中将豁真别乞排在"昌国公主位"第二位。

扯扯亦干

孛儿帖兀真所生次女。成吉思汗将其许配给了斡亦剌惕部首领忽都合别乞之子亦纳勒赤（详见第六章注解［3］）。《元史·诸公主表》中将扯扯亦干排在"延安公主位"第二位。

阿剌合别乞

孛儿帖兀真所生三女（《蒙鞑备录》记作二公主）。1207年，成吉思汗将阿剌合别乞赐嫁给汪古惕部首领阿刺忽失的吉惕忽里，阿刺忽失自称年迈而婉拒，让阿刺合别乞转嫁长子不颜昔班。1211年，汪古惕部内乱，阿刺忽失、不颜昔班父子被杀。之后阿刺合别乞嫁给阿刺忽失侄子镇国。后来镇国率领汪古惕部军队随木华黎那颜进攻中原时身亡。阿刺合别乞公主最后嫁给了不颜昔班之弟孛要合（详见第五章注解［15］）。

1219 年，成吉思汗西征花刺子模时命阿刺合别乞掌管漠南政事，史称"监国公主"者便是阿刺合别乞，《元史·诸公主表》将阿刺合别乞排在"赵国公主位"第一位。

秃满伦

孛儿帖兀真所生四女（《蒙鞑备录》中将孛儿帖兀真三女记作"阿五"，洪钧、屠寄等人认为该"阿五"便是秃满伦）。成吉思汗将秃满伦赐嫁国舅孛思忽尔翁吉刺惕部阿勒赤那颜的长子赤古。《元史·诸公主表》中将秃满伦排在"郓国公主位"第一位。

阿勒塔鲁罕

孛儿帖兀真所生五女（据刺失德记载）。成吉思汗将她赐嫁斡勒忽纳兀敦部人照儿薛禅泰出。屠寄先生认为"照儿薛禅"为泰出的封号。《元史·诸公主表》之"□□公主位"第一位记载："□□□公主，适塔出驸马。"而刺失德的书中记载赐嫁泰出（《元史·食货》中又记作"塔出")的公主为"阿儿塔勒黑"（剌失德的记载前后有出入。——译者），多桑记作"阿勒塔伦"。屠寄先生所著的《蒙兀儿史记》之"带鲁罕公主位"第一位记载这位公主便是《元史·诸公主表》所记的"□□□公主"。

此外还有赐嫁合儿鲁首领阿儿思兰汗的脱烈公主，其母身份无从考证；赐嫁畏兀儿首领巴而术阿儿帖的斤的阿勒阿勒屯别乞公主（详见第六章注解[6]），《元史·诸公主表》记作"太祖女"，屠寄之《蒙兀儿史记》记作庶女，其母身份不详。

三、成吉思汗家族世系表

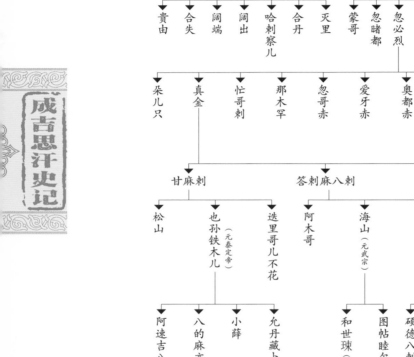

四、名录

人名名录

A

阿八哈	阿拉坦鄂齐尔（金永昌）
阿保机	阿拉坦花
阿不法剌	阿剌丁摩诃末（苏丹汗）
阿布勒哈兹	阿剌丁摩诃末（合剌契丹人）
阿赤黑失鲁	阿剌合别乞（阿剌海别吉、
阿儿孩合撒儿	阿剌罕、阿里海百因）
阿儿思兰汗	阿剌黑
阿儿塔鲁黑	阿剌忽失的吉惕忽里
阿尔噶逊	阿剌浅
阿尔浑	阿剌兀都儿
阿骨打	阿勒阿勒屯别乞
阿合马	阿勒巴儿汗
阿合马巴勒乞黑	阿勒不秃黑
阿忽台	阿勒赤（塔塔儿部人）
阿即思	阿勒赤（第七十一位功臣）
阿拉坦傲其尔	阿勒赤古列坚

阿勒赤那颜（按陈）　　　阿兀出把阿秃儿

阿勒赤歹　　　　　　　阿兀站孛罗温勒

阿勒赤歹（亦鲁该之弟）　阿猷识里达腊

阿勒赤歹（合赤温之子）　阿泽罕

阿勒迪额儿　　　　　　阿只乃

阿勒灰　　　　　　　　阿术鲁

阿勒塔鲁罕（成吉思汗之女）阿旺罗桑嘉措

阿勒塔泥　　　　　　　哀忒蛮

阿勒坛　　　　　　　　爱王

阿勒坛可敦　　　　　　安庭珍（安延真）

阿勒坛斡惕赤斤　　　　安童

阿兰豁阿　　　　　　　俺巴孩可汗

阿里不哥　　　　　　　俺答汗

阿里火者　　　　　　　俺都剌大王

阿里鲜　　　　　　　　按弹

阿邻太子　　　　　　　按竺迩

阿鲁浑　　　　　　　　奥屯

阿迷的布祖儿格　　　　奥屯阿虎

阿木台洪台吉　　　　　奥屯世英

阿三　　　　　　　　　奥屯襄

阿沙敢不

阿失黑　　　　　　　　B

阿失黑古列坚

阿提拉　　　　　　　　八思巴

阿惕乞剌黑　　　　　　巴阿里歹

　　　　　　　　　　　巴歹

巴而术阿儿贴的斤（巴而术）	包祥
巴尔斯博罗特	北村三郎
巴合剌	贝勒津
巴忽撒罗吉	本田实信
巴忽搠罗吉	比涉儿
巴剌	必勒格别乞
巴剌扯儿必	毕勒哥王
巴剌汗	别尔多尔多
巴剌合赤	别克帖儿
巴剌斡罗纳儿台	别勒古讷台
巴拉第·卡法罗夫	别勒古台
巴鲁剌台	别速台
巴鲁剌台合剌察儿	别土出迷失
巴塔赤罕	波伊勒
巴图孟克（达延汗）	伯琴
巴托尔德	伯希和
巴雅尔	孛端察儿
把儿坛把阿秃儿	孛儿帖赤那
拔都（又称巴秃，术赤之子）	孛儿帖兀真（孛儿帖、孛
伯颜	儿帖格勒津）
伯颜丞相	孛儿只吉歹篾儿干
伯升豁儿多黑申	孛忽都
白鸟库吉	孛坚
拜答儿	孛兰奚
拜忽	孛罗丞相

孛罗忽勒（博尔忽）

孛罗勒歹

孛鲁

孛脱灰塔儿浑

孛斡儿出（博尔术）

孛要合

博迪阿喇克

博宁

博·仁琴

蒲察

蒲察七斤

蒲鲜万奴

波伊勒

不察兰扯儿必

不古讷台

不合

不合古列坚

不合台

不合秃撒勒只

不忽儿

不忽合塔吉

不可汗

不勒贴出把阿秃儿

不里

不里孛阔

不劣那颜

不鲁罕

不秃古列坚

不兀剌

不颜昔班（白四部、白撕马）

不只儿

布尔霖

布林

C

册

策布勒

策仍博多玛勒

策·达木丁苏荣

策·哈斯道尔吉

策·沙格达尔苏荣

查理曼

察阿歹（察合台）

察阿仑

察罕

察罕豁阿

察罕那颜

察合安

察合公主（察忽思）

察忽斤

察剌孩领忽

察剌合

察乃

察兀儿

察兀儿别乞

察兀儿罕

抄兀儿（抄吾儿）

抄真斡儿帖该

长春真人（丘处机）

常八斤

扯扯亦干（扯扯亦坚阿盖）

陈宦

陈玉甲

程同文

成帖木儿

赤不黑

赤儿吉歹把阿秃儿

赤古古列坚（慎古）

赤合歹

赤剌温（脱黑脱阿别乞之子）

赤剌温孩亦赤

赤老温（锁儿罕失剌之子）

赤勒格儿字阔

赤勒古台

楚噜格洪台吉

楚明善

出勒格台

绰儿马罕

绰纳黑

村上正二

D

答儿伯

答剌汗

答里台斡惕赤斤

答失蛮哈只不

答亦儿

答亦儿兀孙

达尔海乌哈

达赉逊库登可汗

大轻吉牙带

歹都忽勒莎豁里

给察儿

带孙

倒温

道尔吉·班扎洛夫

道润梯步

德王（德穆楚克栋鲁普亲

岗田英弘

高令公（高惠良）

高文德

高智耀

格儿八速

格泥格思

哥伦布

贡布耶夫

苟吉

古出古儿

古出古惕不亦鲁黑汗

古出鲁克汗

古儿别速

古儿汗（客列亦惕部人）

古儿汗（合剌契丹人）

古尔伯勒津高娃

古列坚

古温兀阿

古亦古捏克把阿秃儿

固什汗

顾广圻

官布扎布（《恒河之流》作者）

贵由可汗（定宗）

郭宝玉

郭子仪

H

哈班

哈答

哈答吉贝

哈儿合孙

哈剌不华

哈剌察哈思哈只不

哈剌蔑力吉台

哈拉·达凡

哈里发

哈散哈只

哈散纳

哈台

哈惕木

哈亦儿汗（亦纳勒术）

哈真

哈只吉

海都

海都王

海敦

海涅什

海迷失后

海山皇帝

喝剌八海

赫瑞

黑邻赤哈剌

洪钧

忽拜失列

忽必来（成吉思汗四先锋
之一）

忽必烈（忽必烈薛禅可汗、
元世祖）

忽察儿别乞

忽都

忽都合别乞

忽都鲁汗

忽都思（忽都思合勒潩）

忽都台后

忽都兀答儿

忽儿察忽思

忽儿察忽思不亦鲁黑

忽古出

忽兰把阿秃儿

忽兰拔都

忽兰合屯

忽郎不花

忽勒巴里

忽勒秃罕

忽林失

忽邻儿把阿秃儿

忽邻勒

忽鲁浑

忽马儿的斤

忽纳答儿

忽难

忽秃黑台

忽秃黑秃蒙古儿

忽图

忽图剌可汗

忽图抹里赤

忽兀儿臣合屯

忽幸

忽余勒答儿

呼·普尔赖

胡沙虎

怀都

晃忽

豁阿黑臣

豁埃马阑勒

豁敦斡儿长

豁儿赤

豁儿豁孙

豁雷罕

豁里（延安公主）

豁里不花

豁里察儿篾儿干

豁里歹

豁里剌儿台篾儿干

豁里失列门太子

豁里速别赤

豁里真合屯

豁沙忽勒

豁真别乞

火力台

火鲁公主

J

基谢廖夫

吉鲁根巴图尔

吉本

夹谷清臣

贾敬颜

贾塔剌浑（贾博宵）

夹谷清臣

坚都赤那

焦用

金哀宗

金朴

金山

金熙宗

金幼孜

金章宗

君不花

K

柯劭忞

可克薛兀撒卜剌黑

客台

客帖

库图克台彻辰洪台吉

窟出沽儿

阔儿吉

阔阔

阔阔出

阔阔出（帖卜腾格理）

阔阔出（客列亦惕部牧马人）

阔阔出乞儿撒安

阔阔干公主

阔阔搠思

阔里吉思

L

刺失德·哀丁
拉西彭斯格
李安全
李彬
李纯祐
李德旺
李盖提
李善长
李守贤
李文田
李睨
李英
李元昊
李则芬
李志常
李遵顼
利德尔哈特
梁启超
林丹汗
林沁彻辰济农
林沁郡王
刘柏林
刘哈剌八都鲁

刘祁
刘仲禄
留金锁
卢世荣
卢琮
鲁不鲁克
鲁里克
鲁迅
路易九世
罗克那丁忽儿赛赤
罗桑丹津（鲁卜桑丹津）

M

马阿里黑伯牙兀歹
马儿忽思不亦鲁
马飞阿·波罗
马合某
马合木·牙老瓦赤（祃祃·牙老瓦赤）
马黑木二世
马可·波罗
马刺勒
马思忽惕
马爕
马札儿

麦里

满昌

满都海

忙格秃乞颜

忙忽歹

忙豁勒秃儿坚

冒顿单于

毛齐

蒙哥可汗（元宪宗）

蒙格秃

蒙格秃乞颜

蒙古不华

蒙古带

蒙古兀儿

蒙可合勒札

蒙克秃彻辰

蒙客

蒙力克

密赤思老

灭里

灭力算端

篾格秃

篾古真薛兀勒图

蔑年土敦

蔑台

摩诃末（阿剌丁摩诃末苏
丹汗）

抹赤别都温（别都兀讷）

抹罗合

抹撚尽忠

木阿秃干

木格

木忽儿忽兰

木华黎（木合黎、模合里）

木勒合勒忽

木惕客脱塔黑

N

那古单夫

那忽伯颜

那珂通世

那莫仑

那牙吉歹

拿破仑

纳陈

纳臣把阿秃儿

纳合买住

纳忽伯颜

纳邻脱斡里剌

纳姆囊道尔吉

撒察别乞（斜出）　　　失乞刊忽都忽

撒合辇　　　　　　　石抹孛迭儿

撒里合察儿　　　　　石抹明安

撒木合把阿秃儿　　　石抹也先

萨敢思辰（萨囊彻辰）　石天应

赛夷·宝合丁·剌昔　　史天倪

赛亦柱歹　　　　　　史维

桑戴克　　　　　　　守忠

沙尔巴·胡土克图　　硕德八剌（元英宗）

沙王（沙古都儿札布）　搠马儿罕

沙亦黑汗　　　　　　搠坛

善哥　　　　　　　　斯米尔诺娃

少监　　　　　　　　宋道安

邵循正　　　　　　　宋君荣

绍古儿　　　　　　　宋濂

摄叔　　　　　　　　苏别该

申忽儿　　　　　　　苏天爵

神撒　　　　　　　　速别额台把阿秃儿（雪不

沈白　　　　　　　　台、速不台）

沈曾植　　　　　　　速别该

失儿古额秃　　　　　速赤格勒

失剌忽勒　　　　　　速忽薛禅

失列门　　　　　　　速客该者温

失鲁该　　　　　　　速罗海

失鲁孩　　　　　　　速秃那颜

宿敦那颜

孙吴

孙武

锁儿罕失剌

朔鲁罕

莎儿合黑塔泥别乞

莎儿合秃主儿乞

莎豁儿

T

塔不烟

塔察儿

塔出古列坚

塔儿忽台乞邻勒秃黑

塔海

塔海哈

塔孩

塔孩忽剌海

塔忽答儿

塔马察

塔马赤

塔乞

塔塔儿

塔塔统阿

塔兀沙

塔亦儿拔都儿

塔阳汗（台不花）

台纳勒那颜

泰出

泰亦赤兀歹

唐济

唐井然

唐庆

陶克陶（黄静涛）

陶宗仪

特古斯根高娃

特穆格图（王瑞昌）

滕代远

田清波

田雄

帖卜腾格理

帖哥

帖古思（脑忽）

帖列格秃伯颜

帖木迭儿

帖木儿

帖木儿（雪你惕部人）

帖木儿（塔塔儿部人）

帖木儿灭里

帖木儿乌哈

帖木伦豁阿	托欢太师
帖木真（铁木真）	托纳依
帖木真兀格	拖雷
铁穆耳可汗（元成宗）	脱不合
统格	脱卜撒合（都亦速合）
统古	脱迭儿
统灰歹	脱朵格
秃儿罕合屯	脱朵延吉儿帖
秃该	脱朵延斡惕赤斤
秃格	脱儿必塔失（秃里必答思）
秃忽	脱古思
秃花元师	脱古思别乞
秃满伦公主	脱黑脱阿别乞
秃灭干公主	脱忽
秃撒	脱忽察儿（成吉思汗麾下
秃撒合	先锋大将）
秃亦迭格儿	脱忽察儿（斡歌歹可汗时
图巴岱总洪台吉	期）
图克坦镒	脱欢
图们台吉	脱欢帖木儿
屠寄	脱烈公主
土格马合	脱劣勒赤（脱亦列赤）
土门	脱仑扯儿必
吐思不匋	脱罗豁勒真伯颜
屯必乃薛禅	脱斡里剌（纳邻脱斡里剌）

脱斡里勒

脱斡邻勒

脱斡邻勒汗（王汗）

妥懽帖睦尔

W

完颜安国

完颜承晖

完颜承裕

完颜纲

完颜合达

完颜合周

完颜虎沙

完颜兀奴

完颜珣（金宣宗）

完颜雍

完颜永锡

完颜子渊

完泽都汗

万耀煌

汪古儿保兀儿赤

王瞫

王重阳

王汗（王罕）

王国维

王机

王建

王京丞相（完颜襄）

王若飞

王嗣宗

王炜

王珣

威尔斯

嵬名

卫绍王（永济）

卫征索博海

魏源

畏翼

温禺犊

翁独健

翁古儿

翁古兰

沃尔纳德斯基

斡陈

斡赤

斡歌歹（窝阔台）

斡歌连扯儿必

斡黑答

斡豁秃儿

斡剌儿古列坚

斡列别克的斤

斡罗纳剌

斡勒巴儿合黑

斡思蛮

斡思剌黑沙

斡惕赤斤那颜（帖木格斡
惕赤斤）

兀答赤

兀都台

兀孩

兀忽纳

兀勒带

兀良合歹

兀鲁兀歹

兀鲁赤

兀沙

兀孙额不干

乌古迺

乌古伦庆寿

乌古伦寅答虎

乌古孙仲端（卜吉）

乌云达赉

屋斯

吾也而

吾也儿元帅

X

昔哈惕木勒克

西利尔·卡拉列夫斯基

辖里袅

鲜卑仲吉

挦锁赤

挦薛出列

想昆必勒格

小林高四郎

谢觉哉

谢再善

谢稚柳

徐霆

许孙

旭烈兀

旭失台

薛扯朵抹黑

薛赤兀儿（失乞兀里）

薛塔剌海

薛秃干

薛阇

雪格额台

雪格那克的斤

雪亦客秃扯儿必

雪里坚

亦巴合别乞

亦都合歹

亦剌黑秃阿

亦力哥帖木儿

亦列惕古灭里

亦邻真

亦鲁该

亦难察罕

亦难赤

亦纳勒赤

亦纳勒术

亦速莆

亦秃儿坚

尹湛纳希

雍古黱公

永乐皇帝

攸哈剌拔都

余剌乞

余鲁罕

余元庵

玉烈客情赤那

袁国藩

袁世凯

月忽难

月即伯汗

Z

札八儿

札儿赤兀歹

札儿赤兀惕阿当罕兀良合真

札合敢不

札剌儿

札剌亦儿台

札剌亦儿台也速儿

札兰丁算端

札邻不合

札木合

札木杨

札只剌歹

扎噶尔

扎雅班迪达

粘汗术赤

粘合合打

粘合重山

盏塔兀

张拔都

张珩

张鲸

张鹏翮

张荣

张相文

张星琅

张振珮

掌吉

赵璧

赵秉文

赵冲

赵道坚

赵迪

赵珙

赵珪

赵九古

赵柔

赵埚

者台

者卜客

者别

者迭儿

者该晃答豁儿

者勒篾

者篾勒火札

镇国

镇海

只儿豁按

直鲁古

志费尼

冢率

周清澍

周庆基

朱元璋

主儿扯歹

主儿鲁黑篾儿干

术赤

术忽难（汪古惕部人）

术忽难（阔里吉思之弟）

术虎高琪

拙赤

拙赤答儿马剌

斫答

国家、民族、部族名录

A

阿答儿斤

阿儿浑

阿富

阿拉伯人（阿剌伯）

阿勒赤塔塔儿

阿勒灰翁吉剌

阿勒坛塔塔儿

阿里黑兀孙

阿鲁族

阿鲁孩塔塔儿

阿鲁剌惕

阿速族

阿亦里兀惕塔塔儿

昂可失温

波斯人

孛儿只斤

孛剌儿族

孛思忽尔翁吉剌

不答安惕

不儿合敦

不古讷惕

不里

不里牙惕

布里亚特蒙古苏维埃社会主义自治共和国

布隆吉尔族（波黎吐蕃）

B

巴阿邻

巴儿忽（巴尔虎、巴儿忽真）

巴儿忽歹（巴儿忽惕）

巴嘎图特

巴鲁剌撒

巴牙兀惕

巴亦惕

巴只吉惕（巴施吉儿笃、巴施乞儿、巴思喀儿）

拜占庭帝国

备鲁兀惕塔塔儿

别勒讷古惕

别速迭

C

察阿安塔塔儿

察哈尔

察哈惕

察罕

敞失兀惕

赤那思（捏兀歹）

绰罗斯（准噶尔）

D

大理国

大真国

东夏国

杜尔伯特

都塔兀惕塔塔儿

朵儿别

朵豁剌歹

朵笼吉儿多

E

俄罗斯族（斡罗斯、斡鲁
速惕）

额不格真

额儿点图巴鲁剌

额里干

额里诃

客连古惕

额蔑勒翁吉剌

G

伽里赤公国

高丽国

格儿巴牙兀歹

格你格思

H

哈剌赤

哈剌那提翁吉剌惕

哈讷惕

汉族

合阿惕篾儿乞惕

合卜合纳思

合卜秃儿合思

合儿鲁（葛逻禄、合儿鲁
兀惕）

合剌契丹国（西辽）

合申（西夏）

合塔斤

和硕特

赫喇古特

黑鞑靼

弘古里兀惕

弘哈马儿

忽巴儿

忽木撒兀惕

花剌子模国（撒儿塔兀勒）

晃豁坛

辉特

豁里

钦察兀族（钦察、波罗维
赤、库蛮）

曲儿乣族

曲先彻儿哥思蛮族

彻儿尼果夫公国

S

撒合亦惕（赛因惕）

撒麻耳干国

撒勒只兀惕

撒里畏兀族

撒乞阿

撒速惕族

萨述惕

赛尔主王朝

赛夷族

升豁惕

失只兀惕

斯拉夫族

速干

速客虔（速客客）

速客秃惕

速勒都思

索伦巴尔虎

T

塔儿忽惕

塔思

塔塔儿

泰亦赤兀惕

唐奴乌梁海

田列克

帖儿格克翁吉剌

帖良古惕（丁灵、铁勒）

秃巴昔

秃合思

秃马惕

秃绵斡亦剌惕

突厥族

突厥蛮族

土尔扈特

土绵土别干（秃别干、脱
马亦）

土默特

吐蕃族（秃巴）

脱朵延巴鲁剌

脱额列思

脱忽剌温

脱里孛斤（脱塔哈林）

脱斡劣思

W

完颜部（女真分支）

汪古惕（阴山鞑靼、阴山锡伯）

汪豁真

畏兀儿族

卫喇特（瓦剌、外剌、额鲁特、厄鲁特）

温真（许兀慎、委神）

翁吉剌惕

斡勒忽讷兀敦

斡栾懂合亦惕

斡罗纳剌

斡思巴兀惕

斡思蛮国

斡亦剌惕

兀都亦惕篾儿乞惕

兀儿速惕

兀剌的迷儿公国

兀勒也惕

兀良合

兀泷古儿真

兀鲁兀惕

兀洼思篾儿乞惕

乌出干把鲁剌

X

西夏王朝（唐兀、弭药、木雅）

鲜卑族

薛儿客速惕族

雪你惕

Y

亚美尼亚国

燕只吉台（也里吉斤）

也客巴鲁剌

亦勒都儿斤

亦乞列思

云谢布

Z

札答剌

札敦巴牙兀惕

札剌亦儿

沼兀列亦惕

只儿斤（赤儿乞儿）

只温篾儿乞惕

主儿扯惕

主儿勤（主儿乞、月儿乞）

主因

主因塔塔儿

准噶尔

地名名录

A

阿巴该图

阿巴根河

阿布达兰山

阿布罕山

阿卜秃巴剌合孙

阿卜只阿阔迭格里

阿城

阿儿布合

阿儿合勒苟吉

阿儿却翁吉剌

阿尔察博哈多山

阿尔格乃衮

阿尔山

阿尔泰

阿尔泰山脉

阿富汗

阿嘎

阿拉伯

阿拉伯海

阿拉湖

阿拉善

阿拉善右旗

阿剌屼屼惕

阿剌合的思

阿剌模忒

阿来岭

阿勒灰不剌阿

阿勒台河

阿雷克井

阿雷斯

阿力麻里

阿姆河（乌浒水）

阿母牙

阿亦勒合剌合纳

阿哲儿拜占

爱挥

埃及

安格廉河

安固里淖

安加拉河

安陆

按坦孛都罕

奥地利

奥地利亚阿塔

奥卡河

B

八达岭

八剌撒浑

巴达哈伤

巴儿忽真

巴儿忽真脱窟木

巴尔喀什湖

巴耳赤邗

巴黑塔提（巴格达）

巴基斯坦

巴勒谆阿剌勒

巴泐渚纳浯儿（巴勒诸纳湖）

巴里黑城

巴黎

巴林左旗

巴鲁安客额里（巴格兰）

巴夏（巴戞）

巴颜城

巴彦查干诺尔

巴彦鄂博苏木

巴彦汗

巴彦乌拉干山

巴彦乌列盖省（蒙古国）

巴亦答剌黑别勒赤列（拜达里河）

霸州

白城

白登

白沟河

白沙瓦

白塔子

般扎卜

宝鸡

保州

北冰洋

北高加索

北京（北平）

北印度

贝尔湖（捕鱼儿纳浯儿）

贝加尔湖

比利时

毕都尔诺尔

边墙（辽金）

别迭儿豁失儿

别儿客额列惕

别失八里（鳖思马城）

滨都里

波兰

波斯

波斯湾

波罗城

波罗托罗海

柏林

博格达山峰

博脱罕字斡儿只

渤海

渤海湾

不儿吉额儿吉

不峏罕合勒敦

不哈速赤忽

不黑都儿麻河

不花剌

不兀剌客额列（布拉卡伦）

不牙迦秃儿

不祖河

布拉格山

布勒罕河

布连思奇

布特哈

赤塔省

楚库河

垂河

绰诺西巴尔达胡

葱岭

翠屏山

D

答不昔牙

答兰巴勒主惕

答兰答八思

答兰捏木儿格思

达巴梁

达尔泊（鱼儿滦）

达拉特旗

达勒贵汗

达尔罕茂明安联合旗

大定府（波罗城）

大都

大鄂特克

大监滦

大库伦（乌兰巴托）

大马群山

大明

大宁府（金朝北京）

大青山

大水滦

得列伊斯买里城

得胜口

德国

德兴

的的克撒合勒

的涅培儿江（德涅伯河）

登州

邓县

邓州

低楞

底里

地中海

迭里温孛勒答合

丁科特

定安

东昌

东古斯（通古斯）

东欧

东平

东胜

东土城

东乌珠穆沁旗

董格淖尔

独石口

杜尔伯特旗

杜尔格湖（都尔根湖）

杜楞敖包公社

顿河（多瑙河）

多伦

朵罗安孛勒答兀惕

E

额叠尔河（依德尔河）

额尔德尼召

额尔古纳河

额儿的失河

额尔德尼托罗海

额儿根合答

额儿克纳克

额泐古捏沐涟

额济纳

额济纳旗

额济纳河

额客小河

额里合牙城（中兴府）

额里折兀城（西凉府、阿里湫、阿勒楚尔城）

额捏坚归列秃

额失纳思城

鄂尔多斯

鄂尔多山

鄂尔虎泊

鄂尔浑河（斡儿罕河）

鄂霍次克海

讹答剌

讹迹邗

恩和哈达

F

法国

范延

非洲

费尔干纳盆地

费纳客忒

飞虎道

汾阳郡

丰利

凤翔

伏尔加河

抚宁

抚州

抚州（今张北）

韩州	河罗县
汗山	河南省
汉水	河曲
汉中	河中
杭爱山	河州
浩奇特旗	贺兰山
河套	黑海
合池儿兀速	黑河
合迪黑里黑山岭	黑龙江
合剌答勒	黑山
合剌合勒只惕额列惕	黑水城（彻勒城）
合剌思不剌思	衡山
合剌屯	弘州
合剌温石硕都	红山
合剌泄兀渤	洪果尔吉勒
合剌只客额列	忽巴合牙
合剌只鲁肯山	忽尔哈江
合申（河西）	忽剌阿讷兀惕孛勒答兀惕
合失合儿（喀什噶尔、喀什）	忽剌安不鲁合惕
	忽剌安忽惕（红井子）
和博克萨里	忽速秃失秃延
河北	忽木升吉儿
和阗（今和田）	忽毡
河东	呼和浩特
河间	呼伦贝尔

呼伦贝尔盟

呼伦湖（俱伦泊）

呼罗珊

呼舒诺尔

胡尔哈鄂伦诺尔

虎思斡耳朵

虎图泽（虎敦淖尔）

湖北省

华北

华州

怀来

怀州

淮河

桓州

獾儿嘴

潢水（辽河）

黄河

黄河九渡

会宁县

会宁府

辉河

辉腾梁山

浍合堡

混同江

浑垂山

霍城县

豁儿出恢孛勒答合

豁儿豁纳黑主不剌

豁兰八失（豁兰塔石）

豁罗罕合剌温合卜察勒

J

积石州

基发汗国

基辅（乞瓦）

基华城

吉尔吉斯坦

吉林省

吉木萨尔

吉生太公社

集尔马台河

集宁市

集宁（元）

济南

济源县

蓟州

加尔支（基大普、羯霜那、喀而什、伐沙、史国）

佳县

嘉峪关

尖帽山（毡帽山）

江东城

江布尔

江苏

交河

洁坚察罕

杰尔宾特

金山（沈阳北）

金朝东京（辽阳）

金朝南京（汴梁）

金朝上京

金朝西京（大同）

金帐汗国

锦州

缙山

京兆府

泾州

景州

净州

九原

居庸关

均州

君士坦丁堡

郡王旗

K

喀剌和林（和宁、合剌豁
鲁麻）

卡尔卡河

卡尔施（渴石）

卡腊库耳

卡拉巴黑

卡马河

开封

刊河

康格儿忒

康合儿合纳

科布多河

科布多省（蒙古国）

科洛姆纳

科山

科右中旗

可不里（喀布尔）

克里米亚

克鲁伦河

克什克腾旗

克夷门

客儿绵巴剌合孙

客勒帖该合答

客失米儿（克什米尔）　　兰州

肯特山　　　　　　　　　狼山

肯特山脉　　　　　　　　阆州

肯特省（蒙古国）　　　　崂山

枯库岭　　　　　　　　　乐康

库尔喀剌乌苏　　　　　　里海

库兰沙碛　　　　　　　　力吉里寨

库库齐老台　　　　　　　连山

苦烈儿温都儿　　　　　　良乡

酷寒（浩罕）　　　　　　凉泾

奎腾河　　　　　　　　　辽东

奎屯山　　　　　　　　　辽河

盔腾岭　　　　　　　　　辽西

昆都伦口　　　　　　　　聊城县

昆仑山　　　　　　　　　列宁格勒

阔朵额阿剌勒　　　　　　临潢府

阔阔纳浯儿　　　　　　　临潭县

阔勒巴儿忽真　　　　　　临洮

阔亦田　　　　　　　　　临夏

　　　　　　　　　　　　灵州（灵武县、朵儿蔑该
　　　　　　　　　　　　巴剌合速）

L　　　　　　　　　　　　岭北省

　　　　　　　　　　　　六盘山

刺夷城　　　　　　　　　隆安

拉胡巴彦山　　　　　　　隆德

莱州

莱州湾

陇门山

陇山

陇中

龙首山

卢沟桥

潞安

滦州

洛州

落思城（乞邻古撒）

M

马鲁城（梅尔夫）

马其顿

褵梭答儿

满洲里（胪滨县、胪滨府）

卯温都儿

毛义勒图沙碛

茂明安旗

美国

美因

蒙古高原

蒙古人民共和国

孟州

米缸山

米奴幸斯克

米脂县

密谷口

密云县

敏吉河

明昌界

莫斯科

漠河

木干

木兰围场

木鲁彻薛兀勒

穆纳冈

穆素图失秃延

N

那黑沙不（那色波）

纳忽昆

纳剌秃失秃额

纳林河

纳普达鲁台山

南俄

南京

南口

讷儿城（努腊塔）

讷墨尔根河

讷思来忕忽

搠罗县　　　　　　　　塔什干

斯大林纳巴德　　　　　塔塔勒苏木

四川省　　　　　　　　台合勒豁儿合

四子王旗　　　　　　　台湾

松花江　　　　　　　　太行山

松潘　　　　　　　　　太和岭（高加索山脉）

窣利河（泽拉夫善河）　太平洋

苏联　　　　　　　　　太仆寺旗

苏尼特左冀旗　　　　　太原

苏州　　　　　　　　　泰州

肃州（今酒泉）　　　　檀州

速格纳黑城　　　　　　唐河县

速末河　　　　　　　　唐努山（傥鲁山）

遂州　　　　　　　　　唐州

索果克河　　　　　　　洮安

索岳尔济山　　　　　　洮河

　　　　　　　　　　　洮州

T　　　　　　　　　　桃儿河

　　　　　　　　　　　陶林

塔儿寺　　　　　　　　忒耳迷

塔吉克斯坦　　　　　　腾格黎豁罗罕

塔拉斯　　　　　　　　天池

塔勒浑阿剌剌　　　　　天德军（腾杜克）

塔里寒　　　　　　　　天山

塔里木盆地　　　　　　田镇海八剌喝孙

塔米儿河

帖必力思

帖儿古捏温都仑山

帖儿速惕

帖列格秃阿马撒剌

帖列秃阿马撒剌

帖篾延客额里

帖尼豁罗罕（特尼河）

帖斯河

铁门关

通顺

通州

潼关

统格豁罗合

统烈泽

秃合思河（东古斯河、通
古斯河）

秃驴别儿水

突厥

突厥斯坦

图喇尔河

图音河

土儿合兀的

土拉河（秃忽剌河）

土谢图汗

吐蕃

退津

托克马克（钦察兀）

托木斯克

托诺山

W

瓦里安堡

外高加索

外兴安岭

万平

万全坝

汪古惕秃剌思

威尼斯

威州

渭水

闻喜

翁古答兰忽都克

斡列该不剌合

斡难河

斡儿讷兀山

兀丹

兀剌孩城

兀剌孩关

兀剌黑啜勒

兀勒灰失鲁格勒只惕

咸平府
香港
镶红旗
镶黄旗
镶兰旗
消豁黑兀孙
小肯特山
欣都思
新巴尔虎
新巴尔虎左旗
新疆
邢州
兴安岭
兴都库什山脉（雪山）
兴和城
兴和县
兴隆山
匈牙利
叙利亚
宣德（宣化、宣德州）
宣平
旋风寨
薛蛮
雪山

鸭绿江
鸭子河
亚速海
亚俱罗（库法）
亚洲
燕京
延安
盐州川（盐池城）
养吉干（兀里羊）
耀州
夜来山
也里
也迷里城
野狐岭
叶城
叶尔羌
叶尼塞河
叶密立河
衣兰布虎图山
伊儿汗国
伊集额儿奇纳克山
伊金霍洛
伊金霍洛旗

　　我自 1981 年 9 月 3 日到 1982 年 10 月 3 日完成了《成吉思汗史记》的初稿。自 1982 年 12 月 19 日到 1983 年 3 月 18 日第一次修稿。自 1983 年 8 月 30 日到 10 月 7 日在解放军第二五三医院的病床上完成第二次修稿，之后又进行了几次专业性修撰。

　　撰写的过程中，我始于遵循的原则为：一则杜绝歪曲历史事实，二则杜绝泄私愤，再则尽所能记录那些为蒙古史研究而呕心沥血者的功德。关于是否做到这一点，只待读者明辨。

　　至此，将这部拙著献给广大读者，权当注入辛勤劳动的一份礼物。若能够提起读者朋友们的兴趣，那将是源自蒙古族人民和伟大祖先的恩泽以及热心帮助我的挚友同仁们的功德。

　　在这部拙著即将与读者见面之际，对于书中所引用的文献史料的作者们，那些古今中外的专家学者们致以由衷的感谢。

动笔之前，在搜集文献史料的过程中，中央民族学院教授贺希格陶克陶胡、中央民族翻译局哈图照日格、北京图书馆乌云等很多挚友提供了热心的帮助。内蒙古军区编译处编辑宝力高同志提供了多本带有照片的图书，以供插图之用。我在北京进行校勘时，贺希格陶克陶胡同志不惜花费自己的宝贵时间参加了这项工作。著名蒙古史学家留金锁同志审阅本书，对本书给予很高的评价并撰写了序言。对这些挚友同仁们致以由衷的感谢。

人的一辈子会做很多事情，但做好一项事业并非易事，甚至忙碌一辈子都无法做好。不过，跌倒了再爬起来不断进取者的勇气和精神力量是否比手到擒来的成功更珍贵？我认为，如果我这一生所得比所失多，那是因为我丢弃了曾经的异想天开。

衷心祝愿所有朋友都能够登上成功之巅！

作者：赛熙亚乐

1985 年 7 月—1986 年 6 月